Mythen und Symbole in populären Medien

Beiträge zur Medienpädagogik – Band 4

Franz Josef Röll

Mythen und Symbole in populären Medien

Der wahrnehmungsorientierte Ansatz in der Medienpädagogik

Gemeinschaftswerk der Evangelischen Publizistik, Abt. Verlag
Frankfurt am Main

Redaktion: Johannes Gawert / Thomas Hammerschmidt

Die Deutsche Bibliothek - CIP-Einheitsaufnahme

Röll, Franz Josef:
Mythen und Symbole in populären Medien: der wahrnehmungsorientierte Ansatz in der Medienpädagogik / Franz Josef Röll. - Frankfurt/Main: Gemeinschaftswerk der Evang. Publizistik, 1998
(Beiträge zur Medienpädagogik; Bd. 4)
ISBN: 3-932194-12-8

ISBN: 3-932194-12-8
Satz: Redaktion medien praktisch, GEP
Layout, Umschlag und Abbildungen: Katharina Gandner
Titelfoto: HB-Anzeige (Ausschnitt der Abb. 89 auf Seite 240)
Druck und Verarbeitung: Memminger Zeitung Verlagsdruckerei, Memmingen

Inhalt

Einleitung 9

1. Kapitel: Forschungsleitende Annahmen und Darstellungsziele 13

2. Kapitel: Zur Relevanz des Bildlichen 25

2.1 Aktuelle Mediatisierungstendenzen 29
2.1.1 Mediennutzung 29
2.1.2 Bildkommunikation als Handlungsstrategie 31

2.2 Wandlungen in der Aneignung von Wirklichkeit 33
2.2.1 Segmentierung und Inselerfahrung 34
2.2.2 Kulturelle Modernisierung von Jugend 35
2.2.3 Leben als Film – Film als Leben 40
2.2.4 Welt als Kopie und Simulation 42

2.3 Zur Bedeutung der Wahrnehmung 46
2.3.1 Welt und ihr Abbild in der Wahrnehmung 47
2.3.2 Wahrnehmung und Erkenntnis 49
2.3.3 Wahrnehmung und Kognition 52
2.3.4 Wahrnehmungsdispositionen 57

2.4 Ästhetische Erziehung als Herausforderung 62

3. Kapitel: Stadien der Bildbedeutung 67

3.1 Bild und Wesen 71
3.2 Bildimmanentismus 72
3.3 Bild als Differenz 75
3.4 Reanimismus des Bildes 78

4. Kapitel: Funktion und Bedeutung des symbolischen Denkens 81

4.1 Der Mensch als „animal symbolicum“ 86
4.2 Symbol und Kollektivität 89
4.2.1 Die Macht der Mitte 91
4.2.2 Mythologie als Steuerungssystem 96
4.2.3 Das kollektiv Unbewußte – die Archetypenlehre 99
4.2.4 Der Beitrag des Strukturalismus 105
4.2.4.1 Strukturale Anthropologie 107
4.2.4.2 Mythen des Alltags 110
4.3 Mythos und Aufklärung 114
4.4 Das Konzept einer präsentativen Symbolik 119

4.5 Symbolbildung und Subjektkonstitution 124
4.5.1 Sinnlich-unmittelbare Symbole 124
4.5.2 Bildsymbole und intrapsychisches Erleben 130

4.6 Das Symbol im Spannungsfeld zwischen Regression und Progression 135
4.7 Symbole, Hilfsmittel für Perspektivenwandel 140

5. Kapitel: Symbolik in medialen Alltagskulturen 147

5.1 Das Geheimnis des erfolgreichen Films 152
5.1.1 *Terminator 2 – Tag der Abrechnung* (Cameron) 161
5.1.2 *Indiana Jones – Jäger des verlorenen Schatzes* (Spielberg) 170

5.2 Videoclip – synästhetische Klangbilder 177
5.2.1 Zur Stellvertreterfunktion von Popidolen 183
5.2.1.1 Der androgyne Gott (Michael Jackson) 186
5.2.1.1.1 Suche nach ästhetischer Vollkommenheit 189
5.2.1.1.2 Das androgyne Wesen 190
5.2.1.1.3 Alle Menschen sind Brüder (und Schwestern) 192
5.2.1.1.4 Die stilisierte Gottheit 193
5.2.1.2 Die erwachende Göttin (Madonna) 197
5.2.1.2.1 Der Mythos der Großen Göttin 199
5.2.1.2.2 Suche nach Androgynität 202
5.2.1.2.3 Die herrschende Göttin 205
5.2.1.2.4 Die Erlöserin der Entrechteten 207
5.2.1.2.5 Die transsexuelle Utopie 209
5.2.2 Animus/Anima-Thematik im Videoclip 210
5.2.2.1 Suche nach weiblicher Identität (Kate Bush) 213
5.2.2.2 Hegel meets Buddha (Guesch Patti) 217
5.2.2.3 Suche nach männlicher Identität (Depeche Mode) . . . 222

5.3 Werbung – die Macht der schönen Bilder 227
5.3.1 Die neuen Bilder der Werbung 228
5.3.2 Mythische und symbolische Subtexte in der Werbung . 231
5.3.2.1 Religiöse Subtexte in der Werbung 231
5.3.2.1.1 Animistische Bildsymbole 232
5.3.2.1.2 Schamanistische Bildsymbole 233
5.3.2.1.3 Transreligiöse Symbole 235
5.3.2.1.4 Symbole aus asiatischen Religionen 237
5.3.2.1.5 Symbole des „untergegangenen" Matriarchats 238
5.3.2.1.6 Die Utopie vom Paradies 241
5.3.2.1.7 Die Erlösungssymbolik des Christentums 242
5.3.2.1.8 Die Wiederkehr der „herrschenden" Göttin 246
5.3.2.2 Strukturell-anthropologische Subtexte 249

5.3.2.3 Geschlechtsrollensuche in der Werbung 252
5.3.2.3.1 Traditionelles Geschlechterbild – *Gerstel-Bräu* 252
5.3.2.3.2 Wandel der Geschlechterrollen – *Carling-Bier* 255
5.3.2.3.3 Werbung als Initiationserfahrung – Gebrauchsanweisung Waschmaschine 257

5.4 Videokunst – Video heißt nicht, ich sehe, Video heißt, ich fliege 260
5.4.1 *Buddha* – Die Erfahrung des Closed-Circuit 260
5.4.2 *Labyrinthian Space* – Orbit Fernseher 263
5.4.3 *Tränen aus Stahl* – elektronische Körperfaszination . . 264

5.5 Computeranimation – Die digitale Schöpfung 266
5.5.1 Anthropomorphismus – *Luxo Junior* 268
5.5.2 Parthenogenese – *Particle Dream* 269
5.5.3 Das multiple Ich – *Green Movie* 270

5.6 Subtext und Symbolik in der Musik 272
5.6.1 Musik in Spielfilmen – die akustische Brille 276
5.6.2 Klassische Musik in der Werbung – das Konzert der Verführer 281
5.6.3 Symbolik in der Rockmusik – *Sympathy for the Devil* . . 283

5.7 Medienkonsum und symbolische Identität 289

6. Kapitel: Zur Instrumentierung einer symbolorientierten Medienpädagogik 295

6.1 Bausteine einer präsentativen Kompetenzerweiterung 298
6.1.1 Medienpädagogik als Lebensgestaltungsfunktion 301
6.1.2 Lebensweltbezug und ästhetischer Lernprozeß 303
6.1.3 „Alphabetisierung“ (audio)visueller Kompetenzen 304
6.1.3.1 Emotionale Strategien der Filmgestaltung 305
6.1.3.2 Hinweise zur normativen Kraft der Ästhetik 307
6.1.3.2.1 Die Macht der Mitte 308
6.1.3.2.2 Der Bildrand 311
6.1.3.2.3 Harmonie und Spannung 313
6.1.3.2.4 Raum und Perspektive 316
6.1.3.2.5 Aufhebung der Form 319
6.1.3.2.6 Klänge der Farben 321

6.2 Seminarkonzept symbolorientierter Medienpädagogik 324
6.2.1 Visuelle Animation 324
6.2.2 Raumwahrnehmungen 326
6.2.2.1 Topographischer Raum als symbolischer Raum 327
6.2.2.2 Inszenierung des Zufalls 328
6.2.2.3 Der symbolische Raum der Bilder 329
6.2.3 Clustering und Mind-mapping 332

6.2.4 Montage - die Dialektik der Bilder 337
6.2.4.1 Montage als Sinnproduktion 338
6.2.4.2 Horizontale Montage - die Verdichtung von Raum und Zeit 340
6.2.4.3 Vertikale Montage - Klangbilder und Bildklänge 344
6.2.5 The Final Cut - Öffentlichkeit 346

6.3 Wahrnehmungsorientierte Medienprojekte 347
6.3.1 Filme als Anstiftung zur Kommunikation 348
6.3.1.1 Kinderkino in der Provinz 349
6.3.1.2 Erlebnisraum Kinderkino 350
6.3.1.3 Sinnlich-ästhetische Aneignung imaginärer Bildwelten 352
6.3.2 Fotografie als sozialästhetische Annäherung 355
6.3.2.1 Fotografie als Ontologie 355
6.3.2.2 Fotografische Grenzerfahrungen 362
6.3.2.3 Fotografische Inszenierungen 365
6.3.3 Audiovision - Bilder lernen laufen 369
6.3.3.1 Bildhauerei in Licht und Zeit 370
6.3.3.2 Kompositionsregeln und Subtexte in der Dia-AV 372
6.3.3.2.1 Der Inhalt 372
6.3.3.2.2 Die Farbe 373
6.3.3.2.3 Die Struktur 374
6.3.3.2.4 Der Ton - die Musik 376
6.3.3.2.5 Die Montage 376
6.3.3.3 *Triade* 377
6.3.3.4 Musikeinsatz in *Triade* 383
6.3.4 Video - Ich sehe, also bin ich 385
6.3.4.1 Kompilation und Kreativität 387
6.3.4.2 *Every Week* 387
6.3.4.3 *Da werden die Augen Ohren machen* 390
6.3.5 True-Multimedia 391
6.3.5.1 *Sein oder Design* 392
6.3.5.2 Multimediale Inszenierungen - *Der Gewalt auf der Spur* 397

6.4 Ästhetische Erfahrung als progressiver Lernprozeß 401

7. Kapitel: Medien und Identität 407

7.1 Identität im Medienzeitalter 409
7.2 Initiation und Identität 415
7.3 Das Subjekt im Zeitalter der entgrenzten Medien 419

Literaturliste 427
Bildnachweis 451

Einleitung

Die vorliegende Arbeit beabsichtigt, das beim Landesfilmdienst Hessen e.V., Institut für Medienpädagogik und Kommunikation (MuK) entwickelte Konzept einer handlungsorientierten Medienarbeit mit dem Schwerpunkt der ästhetischen, symbolorientierten Aneignungsweise von Lebenswelt theoretisch zu begründen und beispielhaft darzustellen.

Ein unmittelbares Ergebnis dieser medienpädagogischen Aktivitäten ist die Unterstützung von Kindern und Jugendlichen bei dem Erwerb von Medienkompetenz. Baacke (1996a) definiert Medienkompetenz als die Fähigkeit, „in die Welt aktiv aneignender Weise auch alle Arten von Medien für das Kommunikations- und Handlungsrepertoire von Menschen einzusetzen" (ebd., S. 8). In dem hier vorgestellten Ansatz steht die sinnenhafte und sinnlich-ästhetische Aneignung von sozialer Wirklichkeit im Vordergrund. Mehrere Aspekte erhalten bei diesem Ansatz Bedeutung. Den Kindern und Jugendlichen soll bewußt werden, daß ästhetische Kriterien maßgeblich beteiligt sind bei der Aufnahme und Verarbeitung von Erfahrungen in der Lebenswelt. Im Rahmen von medienpädagogischen Lernprozessen können sie lernen, die sich in ihrem Wahrnehmungssystem abbildende Welt „vollständiger" wahrzunehmen und in einem zweiten Schritt kompetenter bewerten zu können. Bei dieser Bewertung geht es jedoch nicht primär um einen kognitiven Erkenntnisprozeß, sondern um die Befähigung, sich Welt(bilder) mittels symbolhaft-assoziativer Reflexionen und aktiver Medienarbeit aneignen zu können. Die wesentliche erkenntnisfördernde Kompetenz wird dem produktiven Umgang mit Medien zugeschrieben.

Im ersten Kapitel wird der in dieser Arbeit diskutierte Ansatz in Bezug gesetzt zum medienpädagogischen Forschungsstand. Anschließend werden die angewandte Methode und die Darstellungsziele der Arbeit vorgestellt.

Im zweiten Kapitel wird zunächst beschrieben, inwieweit Medien (allein) quantitativ den kommunikativen Diskurs in unserer Kommunikationskultur bestimmen und welche Relevanz Bildmedien für die Gegenwartserfahrung haben. Es werden Gründe genannt, weshalb innerhalb dieses Diskurses die Bilder eine immer bedeutendere Rolle erhalten. Danach wird über die Relevanz von Medien in der Wahrnehmungswelt und im Selbstverständnis von Jugendlichen reflektiert. Parallel zur zunehmenden Bedeutung des Bilddiskurses sind weitere Veränderungen zu beobachten. Subjektivierung, Erlebnisorientierung, Ästhetisierung und Ontologisierung werden als Ausdrucksformen einer soziokulturellen Modernisierung von Jugend (Ziehe 1988, 1994) dargestellt. Bildkommunikation erhält einen höheren Stellenwert im kommunikativen Alltag. Daraus folgt die Notwendigkeit einer intensiveren Auseinandersetzung mit der visuellen Wahrnehmung, der eine Schlüsselfunktion bei der Erkenntnisfähigkeit des Menschen zukommt. Aus diesem Grund wird dieses Kapitel durch Forschungsergebnisse der Wahrnehmungsforschung ergänzt, die lehrt (Gardner 1992), daß das Zustandekommen von Vorstellungen von dem, was wir Wirklichkeit nennen, von vielen Faktoren abhängig ist. „Die Bilder, die wir uns von der sozialen Wirklichkeit machen, unsere Wirklichkeitsmodelle, werden einerseits von der tatsächlichen Beschaffenheit der Welt beeinflußt, andererseits von apriorischen Kategorien der Wahrnehmung und der Wirklichkeitskonstruktion, die in existentiellen Anschauungsweisen angelegt sind" (Schulze 1993, S. 72). Der Bedarf nach medienpädagogischen Antworten auf die beschriebene Ästhetisierung der Kommunikationskultur endet in einer ersten Skizze über die Notwendigkeit ästhetischer Lernprozesse.

Im dritten Kapitel wird vergegenwärtigt, daß Bildern seit Jahrhunderten die Funktion von Deutungshilfen zugeschrieben wurde. Das sich wandelnde Verhältnis zwischen Bild, Abbild und Betrachter wird reflektiert. Es wird verdeutlicht, daß es mehrere Ebenen zwischen dem Bild und dem Betrachter von Bildern gibt. Bei der gegenwärtigen Diskussion um die Wirkung von Bildern handelt es sich keineswegs um ein neues Phänomen. Ein historischer Rückblick zeigt, daß sich diese Diskussion auf jahrhundertealte Argumente und Vorstellungen bezieht. Dargestellt werden vier Stationen von Bildbedeutung: Bild als Wesen, die Immanenzthese, Bild als Differenz und die Reanimisierung des Bildes.

Im vierten Kapitel wird die für das menschliche Denken so bedeutsame Fähigkeit, im kommunikativen Austausch Symbole zu verwenden, reflektiert. Verschiedene Theoriemodelle dienen dazu, theoretische Grundlagen zu erarbeiten, die (später) helfen, die subtextuale Kommunikationsstruktur heutiger Medienbotschaften (Film, Videoclip und Werbung) angemessen zu verstehen und zu interpretieren. Herausgearbeitet wird die Genese und Bedeutung des Symbols aus der Sicht der Kulturwissenschaft (Cassirer 1956, 1960, 1990a, 1990b; Langer 1953, 1987), der Kollektivgenese (Eliade 1988, 1994a; Campbell 1978, 1989, 1992, 1993; Jung 1976, 1985a, 1985b; Lévi-Strauss 1991, 1992; Barthes 1964, 1966) und der Individualgenese (Lorenzer 1970, 1972, 1991; Gaube 1978; Salje 1976, 1980; Ziehe 1988, 1994). Die regressive Bedeutung, die einige der genannten Autoren in dem Symbol sehen, wird in Bezug gesetzt zu Überlegungen, die progressive Dimension des Symbols hervorzuheben. Gefragt wird, welchen Beitrag Symbole oder über Bilder vermittelte symbolische Kommunikation bei der Suche nach Sinn leisten kann. Besondere Bedeutung erhält das von Susanne K. Langer (1987) herausgearbeitete Konzept der präsentativen Symbolik, einem nicht-diskursiven, aber dennoch rationalen Symbolmodus. Während die diskursive Logik sich auf logische Gesetzmäßigkeiten bezieht, sind mit der präsentativen Logik alle simultanen integralen Präsentationen, die nicht den logischen Gesetzmäßigkeiten zuzuordnen sind, gemeint. In der präsentativen Logik sehe ich ein Instrumentarium, die potentiell progressive Funktion der audiovisuellen Medien diskutieren zu können.

Im fünften Kapitel werden beispielhaft erfolgreiche Medienprodukte analysiert. Mainstream-Medien sind keineswegs so banal, wie die Feuilletons der Tageszeitungen und viele Filmkritiker vermuten. Es gibt ein dechiffrierbares „Geheimnis des Erfolges" dieser Medienprodukte. Einen besonderen Stellenwert erhält der Nachweis, daß in erfolgreichen Medien, die vorwiegend von Jugendlichen konsumiert werden, den symbolischen und mythischen Botschaften eine besonders hohe Gewichtung zukommt. Gezeigt wird, daß in diesen Produktionen vor- bzw. unbewußte Codes enthalten sind. Diese Medien arbeiten mit symbolischen Modi, expressiv-emotionalen Formen, die ebenso wie metaphorisches Denken und Kunst eine bestimmte geistige Tätigkeit bedeuten, deren Bezugssystem sich jedoch keineswegs auf Anhieb erschließt. Filme und audiovisuelle Medien werden als poetischer Modus des präsentativen Symbolismus beschrieben. Im Diskurs der Bilder sind neben dem Text immer auch Subtexte enthalten, die sich über psychophysische Wahrnehmungselemente als vorbewußte Kommunikationsstruktur vermitteln. Als Beleg für die These der Zunahme symbolischer Botschaften in den Medien, werden symbolische Subtexte beispielhaft in Spielfilm, Videoclip, Werbung, Videokunst, Computeranimation und in der Musik nachgewiesen. Sie bieten sinnliche Erfahrungsfelder und sozio-emotionale Bausteine beim Bestreben nach Selbst-Vergewisserung. Anhand beispielhafter Medienanalysen wird belegt, daß die Bedeutung von Einheit stiftenden Monomythen zurückgeht. So konkurriert im Moment der christliche Mythos mit mehreren anderen, historisch älteren mythischen Leitbildern.

Im sechsten Kapitel wird gezeigt, daß der kompetente Umgang mit Symbolen und mythischen Botschaften in der Medienpädagogik eine bedeutsame Rolle spielen kann. Die Begründung liefert Langer (1987, S. 33), die in dem fundamentalen Begriff der Symbolisierung nicht nur einen „Schlüssel zu aller menschlichen Existenz", sondern gleichzeitig den Schlüssel für einen konstruktiven Prozeß sieht. Erfahrungen aus der Bildungsarbeit bestätigen, daß Jugendliche allein durch Konsumerfahrungen Kompetenzen im Umgang mit der Symbolwelt der Bilder erwerben. Ohne Reflexion und die Erfahrung im gestalterischen Umgang mit Bildern, dem konstruktiven Prozeß, verkümmern die über passiven Umgang mit den Bildern erworbenen Potentiale. Sie können jedoch mühelos im einem medienpädagogischen Lernprozeß aktualisiert werden. Wie bei der Sprache, die ohne Grammatik bedeutungslos wäre, gibt es auch für Bildmedien eine durch ästhetische Regeln geprägte (sub)textuale „Grammatik". Mit deren Hilfe ist es möglich, die unterschiedlichen Botschaften der Bilder zu analysieren und kompetent anzuwenden. Es wird ein medienpädagogisches Modell vorgestellt, das von der Intention geprägt ist, die ästhetischen Potentiale der symbolischen Ausdrucksformen qualitativ zu nutzen. Die hier vorgeschlagene Erziehung zur Erweiterung ästhetischer Wahrnehmung bezieht analytische, reflexive und handlungsorientierte Kompetenzen mit in den Lernprozeß ein.

Im siebten Kapitel geht es um die Rolle der Medien im Prozeß der Individuation, der Identitätsbildung bzw. Selbst-Verortung. Den Medien wird die Funktion zugeschrieben, als Reservoir von Erfahrungsfeldern zu dienen, aus dem Jugendliche bei ihrer Selbstkonstitution „schöpfen". Sie dienen als Anregungsmaterial für intentionale und unbewußte Orientierung und haben damit eine sozialisationsstabilisierende Bedeutung. Es wird die These aufgestellt, daß Medien in telematisch geprägten Gesellschaften die Funktion von Transmittern im Übergang von räumlichen und sozialen Übergangszuständen erhalten. Abschließend werden Prognosen über die Rolle des Subjekts angesichts zu erwartender digitaler Medienwelten diskutiert, so z.B. auch Vilém Flussers (1994) Überzeugung, daß sich das Subjekt zum Projekt verwandeln wird. Die Medien spielen dabei eine zentrale Rolle. Flusser (1985, S. 55) hat in seinem Buch *Ins Universum der technischen Bilder* recht früh darauf hingewiesen, daß die als Revolutionäre geltenden Che Guevara und Ulrike Meinhof nichts als Entertainer sind. Die wahren Revolutionäre sind für ihn die Erfinder der technischen Bilder. „Die gegenwärtigen Revolutionäre sind Einbildner (Fotografen, Filmer, Videoleute, Computerprogrammierer), und sie sind aus dem Boden der Revolution durch die technischen Bilder gewachsen" (ebd., S. 58). Der vielerorts beschworenen (nicht auszuschließenden) Gefahr einer programmierten Gesellschaft von Bild- und Datenempfängern wird die ebenfalls mögliche Utopie einer dialogisierenden telematischen Gesellschaft von Bilderzeugern und Bildsammlern entgegengehalten. Den oft beschworenen apokalyptischen Ängsten vor einer „Medienflut" läßt sich auch im „Zeitalter der entgrenzten Medien" (Schulze 1994) bei entsprechenden Kompetenzen durch Navigieren im Medienraum begegnen. Doch schon heute ist absehbar, daß in der zukünftigen Gesellschaft symbolische Bezugsebenen weiterhin Bedeutung erlangen werden. Jedoch läßt sich ebenso erkennen, daß der seit der Renaissance „herrschende" Betrachterstandpunkt seine dominante Stellung einbüßen wird. An die Stelle des Standpunkt-Denkens tritt die Befähigung zum Nachvollzug mehrdimensionaler Sichtweisen.

Aus Gründen der besseren Lesbarkeit wird immer die männliche Form verwandt. Das weibliche Geschlecht möge der Leser bzw. die Leserin ergänzen.

1. Kapitel

FORSCHUNGSLEITENDE ANNAHMEN UND DARSTELLUNGSZIELE

1 Forschungsleitende Annahmen und Darstellungsziele

Jugendliche nutzen Medien in unterschiedlichsten Zusammenhängen. Es kann daher von einer Funktionsvielfalt der Medienaneignung ausgegangen werden (vgl. Baacke/Sander/Vollbrecht 1990a, Bd. I, S. 16). Medien erfüllen unabhängig von ihrer eigentlichen Bedeutung subsidiäre Funktionen. Sie verhelfen den Jugendlichen, kommunikative Alltagskultur zu gestalten, ihre soziale Situation zu interpretieren und ihre Identität heranzubilden. Medien sind für Jugendliche Bestandteil des biographischen Normalitätsstandards (vgl. Baacke 1996b, S. 4). Medien sind keine einseitigen Verursacher von Meinungen, wie auch autonomes Handeln keineswegs bei allen Jugendlichen selbsttätig dem Medienkonsum folgt. Die meisten Medien verfügen über eine komplexe semantische Struktur, so daß nicht alle oder nur ein Teil der Botschaften (bewußt) rezipiert wird. Medienpädagogische Lernprozesse sind daher notwendig, um die unterschiedlichen Leseformen, so z.B. die symbolischen Kontexte der Medien, zu entziffern. Handlungsorientierte Medienprojekte bieten darüber hinaus die Chance, sich Medien als Produzenten anzueignen.

Diese Arbeit konzentriert sich auf die Entscheidungs- und Handlungsbedingungen der einzelnen Subjekte. Es läßt sich somit eine Verbindung zum Nutzenansatz (Renckstorf 1977, S. 7ff.), der in den siebziger Jahren zu einem Perspektivenwechsel in der Medienforschung führte, herstellen. Der Nutzenansatz fragt nach den Interessen und Bedürfnissen, bestimmte Medien und Medieninhalte auszuwählen. In den Medien werden keine einseitigen Verursacher von Einstellungen und Meinungen gesehen. Im Gegensatz zum Nutzenansatz *(uses- and gratifications-approach)* gehe ich nicht von einem rational wählenden Subjekt aus. Vielfältige unbewußte Dispositionen und Erwartungen üben Einflüsse auf die Entscheidungen der Nutzer aus.

Der Auffassung von Bernd Schorb (1995, S. 184), daß mediale Systeme in unserer Gesellschaft nach dem Gesetz der Distribution von Waren für eine größtmögliche Anzahl von Abnehmern konstruiert sind und die „freie" Wahl durch institutionalisierte Machtverhältnisse eingeschränkt bleibt, ist zuzustimmen. Seine Überzeugung, Entscheidungen über Produktion und Inhalt würden nach den Möglichkeiten der Vermarktung getroffen, vernachlässigt jedoch die (potentiell) aktive und produktive Potenz der Rezipienten, und somit deren Möglichkeit, den Markt zu verändern. In Gesellschaften mit gesättigten Märkten müssen die Produzenten die Erwartungen und die Bedürfnislage der Rezipienten berücksichtigen. Es ist unübersehbar, das sieht auch Schorb (ebd., S. 94), daß Rezipienten Gestaltungs-, Verarbeitungs- und Beeinflussungskompetenz entwickeln. Kinder und Jugendliche sind den Medien keineswegs passiv ausgesetzt. Sie sind dazu in der Lage, sich Medien aktiv anzueignen und können durch ihre Präferenzen Wirkung auf die Produzenten ausüben.[1]

Es besteht gleichwohl die Notwendigkeit, kommunikative Kompetenzen im Kontext der Medien zu vermitteln, um, so Dieter Baacke, „eine systemdifferenzierte, komplexe Gesellschaftsstruktur durch die Prozesse kommunikativen Handelns beeinflussen und bestimmen zu können" (1980, S. 334). Die Vermittlung dieser kommunikativen Kompetenz wird in meinem Konzept jedoch vorwiegend im ästhetischen Denken, dem symbolhaft-assoziativen Bilddenken und nicht im kognitiv-reflexiven Lernprozeß gesehen.

Mein Ansatz grenzt sich gegenüber der bewahrpädagogischen Tradition, dem funktionalistisch technologischen Verständnis und ideologiekritischen Positionen von Medienpädagogik ab, deren Grundprämissen bei Fred Schell (1989, S. 16ff.), Wolfgang H. Swoboda (1994, S. 14ff.) und Schorb (1995, S. 50ff.) ausführlich beschrieben werden. Die von Schorb formulierte Ausgangsprämisse medienpädagogischer Forschung, „die Weiterentwicklung und Stärkung der Kompetenz auf Seiten der Subjekte" (ebd., S. 11) zu fördern, damit sie sich vom Medienalltag nicht bestimmen lassen, wird geteilt. Sein reflexiv-analytisch-handlungsorientierter Ansatz sowie Schells kritisch-reflexive Medientheorie favorisieren ein kognitiv-rationales Konzept. Demgegenüber dominieren in meinem Konzept sinnlich-emotionale, symbolorientierte Lernziele. Das Vermitteln von Medienwirkungen und deren Bedeutung für gesellschaftliche Diskurse stehen nicht im Vordergrund, sie sind ein mittelbares Ergebnis der medienpädagogischen Aktivitäten. Im Zentrum des Konzeptes stehen die Vermittlung neuer Wahrnehmungspotentiale, anderer Standpunkte und Welt-Sichten und die Stabilisierung und Stärkung des Selbst-Konzeptes. Hierbei wird eine sinnenhafte und sinnliche Durchdringung von Lebenswelt im Rahmen einer ästhetischen Erfahrung angestrebt. Mein Ansatz steht in der Tradition der alternativen Medienarbeit (Anfang 1985; Niesyto 1991), die in eine aktivierende, partizipatorisch akzentuierte Richtung tendiert, und der bedürfnisorientierten Jugendarbeit (Damm 1977, 1980), die den

---

1 Bei einer Tagung des MuK zum Thema *Gameboy im Wohnzimmer* hatten wir den Pressesprecher der Firma Nintendo zu einem Referat eingeladen. Bei diesem Gespräch wurde unmißverständlich deutlich, daß die Entscheidungsträger der Firma Nintendo genaueste Kenntnisse über die aktuelle Kinder- und Jugendkultur besitzen. Bevor ein Produkt auf den Markt kommt, erfolgt zuerst eine Marktanalyse. Dabei wird nach Bedürfnispotentialen „geforscht". Der Prototyp wird von einer repräsentativen Auswahl von Kindern gespielt und erst dann erfolgt die Serienfertigung. Ein weiterer Beleg sind die Nachfragequoten von Fernsehsendungen. Sie haben längst zu nicht unbedeutenden Programmbeeinflussungen geführt.

subjektiven Bedürfnissen große Aufmerksamkeit schenkt. Durch die Betonung eines sinnlich-ästhetischen Lernprozesses läßt sich der von mir vertretene wahrnehmungsorientierte bzw. symbolorientierte Ansatz als eigenständige Entwicklung innerhalb der Medienpädagogik bezeichnen.

Im Rahmen der (medien-)pädagogischen Theorie findet der sinnlich-ästhetische Lernprozeß, der über das Bild bzw. die Anschauung Erkenntnisprozesse aktiviert, kaum Beachtung. Bei Schorb (1995, S. 180ff.) wird zwar die kreative und handlungsorientierte Komponente neben der analytischen und kommunikativen Komponente gewürdigt, dem medienpädagogischen Lernprozeß wird die Aufgabe zugeschrieben, zu einem differenzierten Wahrnehmungsbegriff beizutragen. Gleichwohl wird schon in dem Begriff „reflexiv-praktischer Ansatz" deutlich, daß der kognitive Lernprozeß eine zentrale Rolle spielt. „Der Begriff reflexiv-praktische Medienaneignung meint, daß die Aneignung der Medien durch die Individuen bewußt vollzogen wird, indem sie zum einen als geistigen Prozeß die Medien wahrnehmen ... zum anderen diesen Erkenntnisprozeß vollziehen als einen der praktischen Aneignung, dadurch daß sie Medien als Mittler der und Mittel zur Kommunikation nutzen" (ebd., S. 181).

Schell (1989, S. 39) beklagt, daß medienpraktische Modelle allzuoft keine theoretische Fundierung haben. Er diagnostiziert zwar, daß die (Medien-)Pädagogik nicht umhin kommt, die veränderten Wahrnehmungsformen in ihre Überlegungen und Bemühungen einzubeziehen und akzeptiert, daß sie die Befähigung zum Bilddenken als ihre Aufgabe zu begreifen hat, aber auch bei ihm erhält der kognitiv-rationale Erkenntnisprozeß den höheren Stellenwert. „Handelndes Lernen strebt als übergreifende Fähigkeit kommunikative Kompetenz an, die die Jugendlichen in die Lage versetzen soll, ihren eigenen und den gesellschaftlichen Lebensprozeß reflexionsorientiert, selbstbestimmt und verantwortlich zu gestalten und sich aktiv an der Veränderung gesellschaftlicher Bedingungen zu beteiligen, die ihrer Möglichkeit zu authentischer Erfahrung entgegenstehen" (ebd., S. 179f.).

Ben Bachmairs (1990a) alltagsorientierter Ansatz nutzt psycho-historische und kulturhistorische Analysen, um die Entstehung „symbolischer Objektivationen", die sich durch das Fernsehen, Sprache und andere traditionelle Systeme bilden, im Alltag zurückverfolgen zu können. Bachmair (1990b) nähert sich mit Hilfe des ethnomethodologischen Instruments der teilnehmenden Beobachtung seinem Forschungsfeld. Ziel seiner methodischen Auswertung ist eine Textanalyse. Während Bachmairs Ansatz stärker auf die Rekonstruktion von Medienerfahrung bezogen ist und die Textanalyse eine wichtige Rolle spielt, dient die Medienerfahrung in meinem Ansatz als Ausgangsbedingung für imaginatives Medienhandeln.

Fernsehen als Medium ist für Bachmair (1990a) kommunikative und sinnbezogene Tätigkeit im Rahmen von Alltagserlebnissen und Alltagsbeziehungen. Zwischen Medienerfahrung und Handlungswirklichkeit im Alltag kommt es zu einer symbolischen Vermittlung. Die von den Kindern und Jugendlichen konsumierten audiovisuellen Medien erhalten im alltäglichen Handlungskontext eine Mitteilungs- und Deutungsfunktion. Medien bilden für sie ein soziales Referenzsystem, das ihnen Hilfen gibt beim Erfassen von Welt. Das Leitmedium Fernsehen hat für Bachmair „die kulturelle Funktion der Einordnung von alltäglichen Handlungs- und Deutungsmustern und deren Entwicklung in Form ordnender Schemata" (ebd., S. 67). Für die symbolischen Aneignungs- und Darstellungsformen haben die Medien, insbesondere das Fernsehen, Konsequenzen für Interpretationsmechanismen (Bachmair 1990b, S. 107). Bachmair bezieht sich auf die Handlungs- (Schütz 1971) und Kommunikationstheorie (Mead 1973) sowie auf das gesellschaftliche Konzept von Massenkommunikation und Wirklichkeit (Berger/Luckmann 1970). Er operiert mit einem (symbolischen) Interaktionsansatz und tendiert zu einer rationalen Bewertung von Medienerfahrungen. Mein wahrnehmungsorientierter Ansatz teilt mit Bachmair dessen Analyse über die zentrale Bedeutung der Medien für alltägliche Handlungs- und Deutungsmuster. Neben interaktiven Lernprozessen (gesellschaftlichen Erfahrungen) gehe ich allerdings auch von unbewußten Beeinflussungsfaktoren (archetypischen bzw. phylogenetischen Lernerfahrungen) aus.

Am markantesten hat sich Stefan Müller-Doohm (1990) mit dem Symbolbegriff auseinandergesetzt. Er stellt sich der methodologischen Frage einer kultursoziologischen Kommunikationsforschung als Symbolanalyse. Kultur ist für Müller-Doohm (ebd., S. 78) die „Gesamtheit symbolischer Formen". Symbolische Bedeutungs- und Sinngehalte vermitteln den Beteiligten Information. Sie sind immer auf Kommunikation bezogen und basieren auf kommunikativen Verständnisakten. Kommunikationsforschung läßt sich als Symbolanalyse begründen, da Kultur symbolisch konstituierte Lebensform ist, und „die Massenmedien selbst in der symbolischen Ordnung situiert und funktional auf ihre kulturelle Gestaltung bezogen sind" (ebd., S. 81). Weil die symbolische Realität selbst sinnhaft ist, setzt Müller-Doohms Analyse des Symbolischen eine rekonstruktiv interpretative, eine deutend verstehende Methodologie voraus. Er erkennt die mangelnde Reichweite einzelner Ansätze, daher integriert er unterschiedliche Ansätze. Das methodologische Potential unterschiedlicher Positionen des Sinnverstehens kann seines Erachtens für ein Modell der kultursoziologischen Hermeneutik fruchtbar gemacht werden. Sinnvolle Unterstützung und Anregungspotentiale geben ihm der genetische Strukturalismus von Ulrich Oevermann (1986), die Handlungstheorie von

Jürgen Habermas (1971, 1981), die psychoanalytische Interaktionstheorie von Alfred Lorenzer (1986), die eine sprach- und bildhermeneutische Kulturanalyse beabsichtigt, und die Kultursoziologie von Pierre Bourdieu (1974). Es bedarf seines Erachtens eines einheitlichen Modells des Sinnverstehens, das er „Konstellationsanalyse“ nennt, um die jeweiligen Hermeneutik-Konzeptionen zu integrieren.

Der Symbolbegriff bei Müller-Doohm (1990) basiert auf der strukturgenetischen Hermeneutik Oevermanns (1986), dessen Anspruch es ist, die Textförmigkeit der sozialen Realität und deren latente Sinnstruktur interpretativ aufzudecken. Für Oevermann (ebd., S. 47) ist die soziale Wirklichkeit prinzipiell textförmig, da sie uns nur in ihrer sprachlichen oder symbolischen Strukturiertheit zugänglich ist. Texte sind für ihn Träger von Sinnstrukturen, in ihnen vergegenständlicht sich das Soziale. Oevermanns Absicht ist es, das Symbolische am Sozialen als Strukturgegebenheit faßbar zu machen. Dabei geht er davon aus, daß die prinzipielle Möglichkeit besteht, die nonverbalen Artikulationsweisen des Symbolischen diskursiv zugänglich zu machen. Müller-Doohm (1987) bewertet demgemäß die diskursive Symbolik höherwertig als die bildorientierte. Für ihn droht durch die Bilder die Gefahr, daß die Subjekte als Schöpfer ihrer sprachlich-symbolischen Ausdrucksmittel entmündigt werden und es durch die Ausbreitung der Medien zu einer „Enteignung des Symbolischen“ kommt (ebd., S. 205).

„Sprache“ im Sinne von Schriftsprache und gesprochener Sprache bedeutet nicht per se eine authentischere symbolische Vermittlung im Vergleich zum Bild-Denken (vgl. Niesyto 1991, S. 57). Bis in die jüngste Zeit läßt sich die „Tendenz“ feststellen, daß Denken und

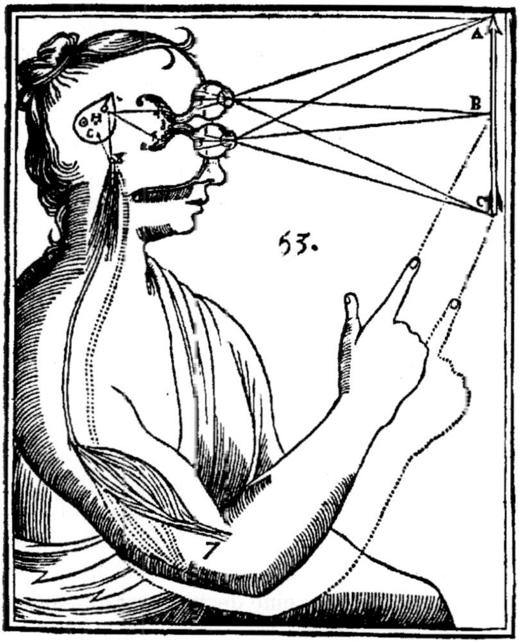

Abb. 1: Noch vor dem Lesen kommt das Sehen – René Descartes hat 1664 aufgezeichnet, wie seiner Ansicht nach ein visueller Reiz via Zirbeldrüse zu Muskel- und Armbewegung führt. Zur Literalität, der Fähigkeit, richtig zu lesen, gehört wiederum, diese Schemazeichnung auch ohne Erklärung zutreffend zu deuten.

Erkenntnis vorwiegend im Kontext von Sprache und Zeichen(bildung) reflektiert werden. Bildkommunikation wird demgegenüber eine regressive Funktion zugeschrieben. Ernst Cassirer hat darauf aufmerksam gemacht, daß sich die Voraussetzung von Kultur über Kommunikation erschließt, die nicht nur auf der Grundlage von Sprache basiert, sondern auch auf nichtsprachlichen, symbolischen Ausdrucks-, Darstellungs- und Bedeutungsformen (1960, S. 152ff.). Diese Erkenntnis, wie auch die Bedeutung der Wahrnehmung als ein wesentlicher Akt der zwischenmenschlichen Kommunikation, wird in der Medienpädagogik kaum zur Kenntnis genommen.

Die medienpädagogische Theoriebildung orientiert sich nahezu ausschließlich an der Handlungstheorie von Jürgen Habermas (1971). Für Habermas existiert Sinn nur als sprachlicher Sinn, er insistiert auf einer Hermeneutik als rationaler Deutung, und er fordert eine Erschließung von Bedeutung aus der Innenperspektive des Sinnzusammenhangs einer Lebenswelt. Habermas weist der Sprache den konstitutionellen Faktor für die menschliche Kommunikation zu. Obwohl Baacke zum damaligen Zeitpunkt auch der Sprache die zentrale Bedeutung im kommunikativen Prozeß zuordnete, erkannte er, daß auch andere kommunikative Formen eine wichtige Bedeutung haben (1980, S. 280). Er verweist auf Niklas Luhmann (1971), für den sinnhaftes Erleben und Handeln und Virtualisierung Voraussetzungen für die Zeichenbildung in der Sprache sind. Neben Sprache und Denken stellt das *Wahrnehmen* eine eigene Qualität dar, die funktional unersetzlich ist. Für Luhmann sind Situationen denkbar, bei der die Überführung in sprachliche Mitteilung nicht notwendig ist, da die Wahrnehmung allein die notwendige Orientierung leistet (ebd., S. 303, 320). Beispielhaft erwähnt er Liebe, Haß und Streit, bei denen Sprache nicht ausreicht. Auch bei Baacke (1980, S. 282) ist Kommunikation „nicht nur ein sprachlicher Akt“. Ebenso gehört für ihn das Ausdrucksverhalten zur kommunikativen Kompetenz.

Selbst die zunehmende „Bildwerdung“ unserer Kommunikationskultur änderte nichts am Primat der Dominanz des Sprachlichen als Ausdrucks- und Denkform. Wiederum war es Baacke (Baacke/Schäfer/Vollbrecht 1994, S. 183f.), der die Bedeutung dieser Veränderung in unserer Kommunikationskultur erkannte. Nunmehr sieht er in der Wahrnehmungsbildung, der Ausarbeitung von Wahrnehmungskompetenz, einen zentralen Bestandteil für eine umfassende „kommunikative Kompetenz“. An diesem Aspekt setzt der hier dargestellte Ansatz an. Die von mir favorisierte Medienpädagogik stellt ästhetische Kriterien an die oberste Stelle ihres Lernzusammenhangs. Sie orientiert sich dabei an den herrschenden Sehweisen und damit der herrschenden Bildkommunikation, da dies die Sprache nicht nur der Herrschenden ist, sondern auch die Sprache der Beherrschten. Ästhetisches Lernen bedeutet immer Auseinandersetzung mit Bild-Welten. In der Bild-Kommunikation werden Aspekte angesprochen, die durch Sprache nur eingeschränkt „bearbeitet" werden können. Benötigt werden daher ästhetische Kompetenzen. Bilder enthalten emotionale und affektive Botschaften. In ihnen sind symbolische Botschaften enthalten, die beim Betrachter tiefere Schichten der Wahrnehmung aktivieren können.

Im Jahre 1750 gründete Alexander Gottlieb Baumgarten die philosophische Disziplin *episteme aisthetike,* deren Kurzbezeichnung Ästhetik lautet. Er verstand darunter die Wissenschaft der sinnlichen Erkenntnis (1983, S. 79). Lange Zeit wurde Ästhetik auf die Kunst und das Schöne reduziert. Ästhetik im hier verstandenen Sinne bezieht sich auf den Ursprungsbegriff *Aisthesis,* der Wahrnehmungen aller Art thematisiert. In diesem Begriff sind neben dem künstlerischen auch die lebensweltlichen und alltäglichen Wahrnehmungen integriert. Mit dem Begriff *Aisthesis* steht die Vorstellung der Wahrnehmung an sich in Verbindung. Dabei ist nicht nur an visuelle Wahrnehmungstypen gedacht. Wahrnehmung ist ein weitergehender Begriff als *Sinneswahrnehmung.* Es geht um das *Gewahrwerden,* das Erfassen von Sachverhalten, um einen qualitativen Bedeutungszuwachs von Sinnenorientierung. Bildhaftes Denken und Wahrnehmungskompetenz tragen sowohl zur Erfassung von Oberflächenstrukturen manifester Inhalte als auch der Tiefenstruktur latenter Sinngehalte bei.

Es bedarf der Erweiterung des Textbegriffs, da der Text nur eine symbolische Form für Bedeutungen ist. Cassirers (1990a) Konzept der Ausdrucks- und Darstellungsdimension des Symbolischen geht im rationalen Medium nicht auf. Nach seiner Auffassung müssen die nichtrationalen Bedeutungsdimensionen ergänzt werden. „Der Mensch *denkt* und *begreift* die Welt nicht nur durch das Medium der Sprache; sondern schon die Art, wie er sie anschaulich sieht und wie er in dieser Anschauung *lebt,* ist durch eben dies Medium bedingt" (ebd., S. 240). Bei der Sprache und der Textform handelt es sich nur um zwei von zahlreichen Möglichkeiten der Symbolisierung. Als symbolische Mittel der Verständigung können auch audiovisuelle Kommunikationsprozesse in Form von Bildern, Geräuschen, Musik, Gesten, Gebärden gelten. Notwendig ist daher die Erweiterung des Begriffs Text bzw. die Befreiung des Textes von seiner Reduktion auf Sprachlogik. Während Oevermann und Habermas der Überzeugung sind, daß die Sprache die „höchste Entwicklungsstufe des Symbolischen" darstellt, hat im Anschluß an Cassirer die amerikanische Philosophin Susanne K. Langer (1987, S. 86ff.) zwischen der Diskursivität des verbalen Symbolismus und der präsentativen Symbolik als eigenständigem Typus unterschieden. Die präsentativen Darstellungs- und Ausdrucksmöglichkeiten verkörpern sich in den visuellen und auditiven Darstellungsformen der Kultur.

Der von mir vertretene wahrnehmungs- bzw. symbolorientierte Ansatz basiert auf der von Langer als präsentative Symbolik bezeichneten Ausdrucksform. Er konzentriert sich auf die Aspekte, die bei den aufgeführten Autoren vernachlässigt werden. Es handelt sich dabei um die besondere Berücksichtigung der Gestaltung und Wirkung von Bild, Musik, Ton, Farbe etc., den sogenannten „Subtext" von Medienprodukten. Der Ansatz versteht sich auf der einen Seite als Teil eines visuellen Aufklärungsprozesses. Die Praxis der Manipulation von Zeichen und ästhetischen Prozessen soll sichtbar und damit bewußt gemacht werden. Darüber hinaus geht es um die Herausarbeitung und Formung eines sich auch im konkreten Lebensalltag umsetzenden Zugewinns an perzeptivem Vermögen.

Wie bei den anfangs genannten Autoren geht es um die Vermittlung von kommunikativen Kompetenzen. In dem hier verstandenen Sinn entfalten sie sich vor allem als eine Auseinandersetzung mit dem Bild bzw. der (symbolischen) Abbildung von Welt und dies auf der Ebene einer aktiven, reflexiven und produktiven Imagination. Mit aktiver Imagination ist die Befähigung gemeint, die sich in unserem Wahrnehmungssystem abbildende Welt und deren (symbolische) Botschaften sich bewußt oder unbewußt anzueignen. Reflexive Imagination bedeutet sowohl die kognitive als auch die emotionale Befähigung zur Bewertung des Zusammenhangs von ästhetischen Objekten und sozialen Alltagserfahrungen. Produktive Imagination konkretisiert sich in einer handlungsorientierten Beschäftigung mit Bildwelten. Sie verweist auf das Vermögen zur Symbolbildung, der schöpferischen Auseinandersetzung mit bewußten und unbewußten Wahrnehmungen. Hier geht es um die Kompetenz, Lebenswelterfahrung in symbolische Kontexte zu übersetzen und das Ergebnis in den sozialen Alltag zu reintegrieren. Aktive, reflexive und produktive Imagination trägt dazu bei, unsere soziale Wirklichkeit besser zu verstehen, sie hat vor allem die Absicht dazu beizutragen, sie auch zu verändern. Es handelt sich somit um die Instrumentalisierung eines medienpädagogischen Lernfelds, bei dem Kinder und Jugendliche Chancen erhalten, ihre Lebensumwelt mit Hilfe von Medien produktiv zu gestalten. Dabei geht es um das handlungsorientierte Erlernen der Differenzierung eigen wahrgenommenen Handelns durch konkrete Praxis. Die bei den Jugendlichen vorhandenen audiovisuellen Kompetenzen werden zum Erscheinen gebracht, ihr Selbstwertgefühl gefördert und ihre Suche nach Selbst-Wahrnehmung und Identitätsstabilisierung unterstützt.

Wahrnehmungsbildung steht somit im Zentrum dieses Konzepts. Besondere Aufmerksamkeit wird auf die Funktion gerichtet, die das symbolhafte Denken, die Ästhetik im Sinne einer Lehre der Wahrnehmung, im sozialästhetischen Bildungsprozeß einnehmen kann und sollte. Angesichts der hohen Bedeutung des Sehsinns innerhalb unseres Wahrnehmungssystems, wird von der Hypothese ausgegangen, daß mit der Bildwahrnehmung Identitätsbildungsprozesse verknüpft sind, da Medien Anlaß zur Identifikation bieten und helfen, Ordnungskategorien für die Lebensorientierung zu finden.

Da eine Einzelwissenschaft nicht in der Lage ist, der „Strukturgesetzlichkeit des Symbolischen" (Müller-Doohm 1990, S. 99) gerecht zu werden, wird ein methodenpluraler Ansatz vertreten, der eine wechselseitige Ergänzung und Korrektur einzelner Methoden zuläßt. Nur durch die Verbindung unterschiedlicher Ansätze ist eine Durchdringung symbolischer Formen möglich. Damit wird implizit die Position vertreten, daß Reflexionen im Kontext von Bild- und Symbolreflexionen die Notwendigkeit der Pluralität und Variation unterschiedlicher Perspektiven erfordern. Wissenschaftstheoretisch geschlossene Theoriegebilde geraten in Gefahr, kontextspezifische Erkenntnisse zu produzieren, wo perspektivbezogene Erkenntnisse wahrscheinlicher sind. Diese Arbeit strebt somit keine Allgemeingültigkeit im herkömmlichen Sinne an. Sie beansprucht „nur" relativitätsbezogene Erkenntnisse – die aber mit dem Anspruch auf Geltung. Ihre Intention ist es, Denk- und Wahrnehmungshorizonte zu öffnen und zu einem sinnlichen und pragmatischen Kompetenzzuwachs von aktivem Medienhandeln beizutragen.

Die Arbeit beansprucht somit keine Suche nach der Wahrheit in der Tendenz der abendländischen Tradition, in der Wahrheit als Übereinstimmung mit der Realität vorgetragen wird (Rorty 1988, zitiert nach Mecheril, S. 10). Die hier vorgetragene Position geht von der These aus, daß das Bewußtsein von Realität sowie wissenschaftliche Erkenntnisse abhängig von der Perspektive sind und keine einzelne Perspektive in der Lage ist, die unterschiedlichen Aspekte eines Phänomens analysieren zu können. Die Arbeit versteht sich somit nicht als geschlossener Argumentationsblock, sondern als Bricolage. Sie basiert daher eher auf einem „postmodernen" bzw. reflexiv-modernen Verständnis (Welsch 1989).

Die Abbildungen begleiten den Text, an manchen Stellen bilden sie eine Kontrastmontage oder beziehen sich auf zurückliegende oder noch kommende Textpassagen.

2. Kapitel

ZUR RELEVANZ DES BILDLICHEN

2 Zur Relevanz des Bildlichen

Alle Formen der Kommunikation bilden ein miteinander vernetztes Kommunikationssystem. Die unterschiedlichen Segmente innerhalb des Systems bestimmen das individuelle Fühlen, Wünschen und Handeln im Lebensalltag. Das jeweilige Denken und Wahrnehmen wird von der Struktur dieser Segmente geformt, durch die die Menschen die Welt und sich selbst erfahren (kommunizieren). Die verschiedenen Teile dieses Kommunikationssystems sind soziokulturell einem ständigen Wandlungsprozeß ausgesetzt. Keine mediale Struktur, kein Code und kein Kanal bleibt über längere Zeit unverändert.[2] Historisch gesehen läßt sich ein identitätszersetzender Zwang zur Permanenz des Wandels beobachten. „Permanent bleibt nur die Beschleunigung der auferzwungenen Adaption und damit der Wahrnehmungswandel" (Reck 1994, S. 112).

Die audiovisuellen Medien durchbrechen zur Zeit die Dominanz von Sprache und Schrift, die Kommunikationsformen, die in den letzten Jahrhunderten den höchsten Stellenwert innehatten. Vilém Flusser ist der Überzeugung, daß der sogenannte alphanumerische Code, der sich über technische Bilder vermittelt, wie z.B. Fotos, Filme, Fernsehen und Digitalisierung (Computer), den logisch-rationalen Diskurs verdrängen wird. Das bisher dominierende Wort steht nach seiner Überzeugung in einem Verdrängungskampf mit dem Bild und dem mathematischen Code (1988b, S. 7).

Die Bewertung der „Bildwerdung der Welt" (Wisser 1994) ist umstritten, wie es u.a. in den Beiträgen des Sammelbandes *Gestern begann die Zukunft* zum Ausdruck kommt (Hoffmann 1994). Einige Wissenschaftler sehen in dieser Veränderung eine quasi apokalyptische Entwicklung, an deren Ende eine „sprachlose Generation" steht. Es wird eine „Wissenskluft", verbunden mit einem funktionellen Analphabetismus, befürchtet. Effekte sozialer Desensibilisierung beobachtet Jerry Mander (1981) als Folge von Fernsehkonsum: „Krieg ist fernsehgerechter als Frieden. Gewalt ist fernsehgerechter als Gewaltlosigkeit. Geschehnisse sind fernsehgerechter als Informationen" (ebd., S. 274f.). Besonders eindringlich haben

---

2 Neben dem Code bestimmt vor allem das Medium die Logik des Kommunikationsdiskurses. „Jede Wahrnehmung und Darstellung ist bestimmt von den jeweiligen Medien ihrer Übermittlung und Beschreibung" (Reck 1994, S. 366). Durch den Zugriff auf mediale Kommunikationstechnologien und durch die Spezifika der Übermittlung wird die Wahrnehmung beeinflußt. Obwohl die Frage der Bedeutung der Kommunikationsmittel für den Kommunikationsprozeß keineswegs unbedeutend ist (vgl. Cohen-Séat 1962), wird im Rahmen dieser Arbeit das Augenmerk auf die sinnlich-ästhetischen Botschaften gerichtet, die „software" des Kommunikationsprozesses.

sich zu den Gefahren Mary Winn (1979), Claus Eurich (1980), Claus Eurich und Gerd Würzberg (1983) und Neil Postman (1987) geäußert.

Andere Wissenschaftler gehen davon aus, daß jedes Medium seine Licht- und Schattenseiten hat. In der alphanumerischen und bildhaften Kommunikation sehen sie nicht nur Gefahren, sondern auch Ausdruckspotentiale. Patricia M. Greenfield betont, daß jedes Medium zur menschlichen Entwicklung beitragen kann und für jedes Thema eine eigene Sichtweise anbietet (1987, S. 5). Norbert Bolz sieht in der Geburtsstunde der neuen Medien das Wiedererwachen des ästhetischen Bedürfnisses (1990, S. 24).

Ausgehend von der quantitativen Darstellung der aktuellen Medienkommunikation wird hier die Bedeutung der Bildkommunikation im Rahmen jugendlicher Aneignungsweisen erörtert. Dies dient zur besseren Einschätzung der Ästhetisierung des Lebensalltags von Kindern und Jugendlichen. Nie zuvor wuchs eine Generation mit so vielen visuellen Reizen auf. Fotos, Dias, Filme, Videos und Computersoftware verkörpern seit etwa zwei Jahrzehnten einen neuen Diskurs bei der Aneignung von Realität. Es wundert daher nicht, daß diese Generation vorwiegend durch das Bild, die visuelle Kommunikation und nicht, wie frühere Generationen, durch die Sprache und damit die kausale Denkform geprägt ist. Während Erwachsene eher durch die Schriftkultur sozialisiert sind, stellen Jugendliche durch Medien vermittelte Kommunikationsformen in den Mittelpunkt ihres Denkens. Ihre Wahrnehmung von Welt und Wirklichkeit ist mit hoher Wahrscheinlichkeit anders als bei Erwachsenen. Diese „andere“ Art

Abb. 2: Videowand in einem Kaufhaus

des Wahrnehmens gilt es darzustellen. Erkenntnisse der Kognitionswissenschaft erlauben es, die Konsequenzen dieser Veränderung in Beziehung zu setzen mit der Art und Weise, wie unsere Wahrnehmung funktioniert. Diese Überlegungen bilden den Ausgangspunkt zu einer ersten Einschätzung über medienpädagogische Handlungsfelder wahrnehmungsorientierter Medienpädagogik.

2.1 Aktuelle Mediatisierungstendenzen

Der moderne Mensch des westlichen Industriezeitalters verbringt ein Drittel seines wachen Lebens mit Medien (vgl. Stark 1994, S. 10). Ob es uns gefällt oder nicht, die Medien durchdringen und prägen unseren kommunikativen Alltag. Die Bedeutung der Bildkommunikation oder der mittelbaren Kommunikation erschließt sich jedoch nicht nur über Fernsehen, Telefon und Computer. Auch andere Medien, wie z.B. Zeitschriften, Magazine und Zeitungen, unterstreichen diesen Trend. Ergebnisse der aktuellen Mediennutzungsforschung veranschaulichen dies. Innerhalb aller Medien nimmt die Bildkommunikation zu. Ein Blick auf die Strategie der Werbefachleute vergegenwärtigt, daß es sich dabei keineswegs um einen Zufall handelt.

2.1.1 Mediennutzung

Konsumenten konnten 1996 zwischen 745 verschiedenen Publikumszeitschriften, die eine Verkaufsauflage von 125,4 Mio. im Quartal haben, 978 Fachzeitschriften, 408 Tages- und 28 Wochenzeitungen auswählen (vgl. Mediaperspektiven 1996, S. 43). Bei den Zeitschriften läßt sich ein eindeutiger Trend zur Verringerung des Fließtextes und der Erweiterung der Bildanteile feststellen. Die hohe Bedeutung des Bildes wird durch das Medium Fernsehen noch deutlicher. 98 % der deutschen Haushalte besitzen ein Fernsehgerät. Ende 1996 konnte ein durchschnittlicher Fernsehhaushalt 33 Programme empfangen (vgl. Darschin/Frank 1997, S. 174).

Wer über eine Satellitenantenne verfügt, kann zwischen 80 und 100 Fernsehprogramme aus ganz Europa sehen. In keinem Land Europas stehen den Fernsehzuschauern so viele Programme zur Verfügung. Im Jahre 1996 hatten an einem durchschnittlichen Wochentag 88 % aller westdeutschen Haushalte einen Fernseher eingeschaltet. 73 % aller Erwachsenen und 61 % aller Kinder haben ferngesehen. Gegenüber früheren Jahren hat sich die Einschalt- und Sehdauer nur geringfügig geändert. „Es gibt nicht ‚mehr', sondern immer nur ‚mehr vom selben'" (Reetze 1993, S. 202). Insgesamt waren 1996 die Fernseher durchschnittlich 312 Min. täglich eingeschaltet (1989 waren es 251 Min.). Die Sehdauer der Erwachsenen betrug 1996 durchschnittlich 195 Min. (1989: 153 Min.), die Sehdauer der Kinder betrug 100 Min. (1989: 86 Min.) (vgl. Darschin/Frank

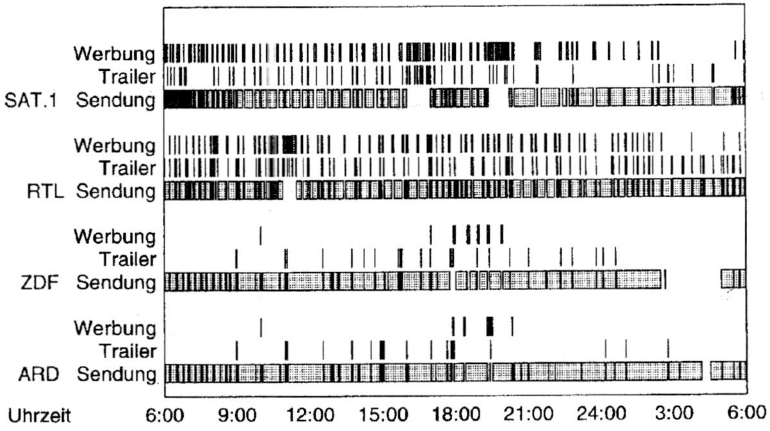

Lesehilfe:
Schwarze Balken in der Zeile Sendung kennzeichnen den Sendungswechsel bzw. eine Häufung kleiner eigenständiger Sendungen wie z.B. Kurznachrichten, Wetterinfos usw. In der Zeile Werbung sind neben Werbeblöcken auch Dauerwerbesendungen und Sponsorhinweise ausgewiesen.

Abb. 3: Programmablauf von *ARD, ZDF, SAT.1* und *RTL* am Dienstag, den 21.11.1995

1994, S. 98; Darschin/Frank 1997, S. 175). Dies bedeutet eine kaum vorstellbare Anzahl von Bildern, die auf die Rezipienten einwirken.

Neben der Programmerweiterung läßt sich eine Programmdynamisierung feststellen.[3] Die Sender streben danach, die knappe Aufmerksamkeit der Zuschauer an ihr Programm zu binden. Dies geschieht u.a. durch kurz gehaltene Zuwendungsintervalle und die damit einhergehende Verstärkung des Reizpotentials. Schnelle Einstellungsänderungen und Schnittfolgen erzeugen einen Beschleunigungseffekt innerhalb der Sendungen. Durch den Wechsel der Programmeinheiten entstehen Aufmerksamkeitsreize auf der Senderebene (vgl. Krüger 1996, S. 429). Besonders deutlich macht sich dies bei den kommerziellen Sendern bemerkbar, die u.a. wegen der Unterbrecherwerbung eine doppelt so hohe Programmdynamik als die beiden öffentlich-rechtlichen Sender aufweisen. Im Zeitraum von 1988 bis 1995 hat sich die Programmdynamik bei allen Sendern verdoppelt. Die Dynamisierung des Programmablaufs steht in Verbindung mit einer intensiveren Nutzung von Bildbotschaften. Auf der Ebene der Bildeinstellung läßt sich eine Verkürzung von Bildstandzeiten, die Zunahme von Bild-

[3] Die Dynamik eines Programmes erfaßt die Anzahl und Dauer der jeweiligen Programmeinheiten, so z.B. redaktionelle Sendungen, Werbung, Trailer, Programmhinweise.

schnitten und eine höhere Dynamik durch computeranimierte Bilder oder Morphingeffekte konstatieren.

2.1.2 Bildkommunikation als Handlungsstrategie

Die Industrie, speziell die Konsumindustrie, ist daran interessiert, möglichst viele Waren umzusetzen. Ihr zentrales Mittel, Kunden zu finden, ist die Werbung. Die Daten zur Mediennutzung haben gezeigt, daß es angesichts der Masse der konkurrierenden Produkte schwieriger wird, das eigene gegen das konkurrierende Produkt abzugrenzen, da es für viele Produkte (z.B. Kühlschränke) keinen notwendigen Bedarf gibt.

Eine immer größer werdende Anzahl von Werbebotschaften (und Produkten) wird auf eine (begrenzte) Aufmerksamkeit gerichtet (vgl. Gleich/Groebel 1994, S. 86). Dies führt zu einer Divergenz zwischen Angebot und Nachfrage und steigert zwangsläufig die Konkurrenz. Diese Situation verschärft sich unter der Bedingung gesättigter Märkte, wie dies bei uns in der Regel der Fall ist. Ähnliche Produkte und Marken beanspruchen eine Marktnische. 1970 wurden z.B. in Deutschland 288 verschiedene Autotypen beworben. 1985 wurden auf dem Markt bereits 911 Autotypen angeboten (vgl. Stark 1994, S. 12). Durchschnittlich 100 Fernsehspots wurden Ende der siebziger Jahre gesendet. Seit Anfang der neunziger Jahre werden mindestens 1000 Werbespots täglich geschaltet, das bedeutet täglich 6 Stunden Werbung pur. Die Medienkonkurrenz treibt die Medienanbieter untereinander zu immer größeren Aktivitäten.

Die Konsequenz all dieser Bemühungen um die Konsumenten ist ein Trend zum Informationsüberangebot. Die Konsumenten reagieren auf die Überfülle der Angebote unterschiedlich. Vielen gelingt es, selektiv aus der Vielfalt der Informationen zu wählen.[4] Der größere Teil der Konsumenten reagiert mit Low-involvement-Verhalten. Low-Involvement bedeutet niedrige Ich-Beteiligung. Der Konsument antwortet auf die Vielfalt der Werbebotschaften mit oberflächlicher und flüchtiger Wahrnehmung.[5] Die Werbung erreicht die Konsumenten nicht mehr in dem Ausmaß, wie es

---

[4] Kloepfer/Landbeck (1991, S. 21ff.) haben in ihrer Untersuchung über Werbung gezeigt, daß in den letzten Jahren die Werbung unter dem Einfluß von „Sympraxis" eine spezifische Ästhetisierung erfährt, die vom Konsumenten erhebliche audiovisuelle Qualifikationen verlangt, um die subtilen Botschaften verstehen zu können. Unter Sympraxis verstehen Kloepfer/Landbeck das Vermögen von Zeichen, nicht nur auf etwas Abwesendes zu verweisen, sondern darüber hinaus Empfinden, Wollen, komplexes inneres Verhalten und zweckgerichtetes inneres Handeln wechselseitig auszulösen. Da diese Werbung Akzeptanz erfährt, ist zu vermuten, daß sich auch die Wahrnehmungskompetenzen „verbessert" haben.

[5] Für Welsch (1993, S. 64) wird in Anbetracht der enormen Vielfalt des Visuellen das Wegsehen zu einer Bedingung für die Selbsterhaltung. In der Ignorierung, Panzerung, Wahrnehmungs- und Kommunikationsverweigerung sieht er notwendige Reaktionsmuster.

die Macher wünschen. So liegt z.B. die Werbeerinnerung heute fünfmal niedriger als in den siebziger Jahren. Um die Erinnerung an die Werbebotschaft bei dem Konsumenten zu plazieren, muß der Kommunikator auf diese Anforderungen reagieren, will er nicht in dieser „Informationsflut“ übersehen werden. Eine zunehmende Aktivierungsspirale ist die Folge.

Die Werbetreibenden stehen vor dem Widerspruch, bestehende Wahrnehmungsmuster in ihren Kampagnen widerzuspiegeln und/oder neue Trends zu setzen, um aufzufallen. Sie sind somit gezwungen, die Präferenzen und den Medienalltag ihrer potentiellen Kunden zu evaluieren, um frühzeitig auf Trends reagieren zu können. Zwei Reaktionen sind als Antwort auf diese Marktsituation zu beobachten. Einerseits entwickelt sich eine Segmentierung der Märkte. Die Medien richten sich nicht mehr an den Konsumenten allgemein, sie richten sich an sogenannte „special interests“, d.h. individuelle Zielgruppen. Es bilden sich in Folge immer mehr Segmente (Sport, Hobby, Musik, Foto, etc.) für immer speziellere Zielgruppen. Für jede Zielgruppe gibt es mehrere individuelle Marken. Konsequenterweise muß für die größere Anzahl der Produkte mehr geworben werden.

Der zweite Trend ist die Tendenz, Themen auszuwählen, die eine stärkere Betroffenheit auslösen.[6] Die Werbeformen haben sich in Folge dieser Entwicklung weitgehend geändert. Inzwischen gehört es zum Werbealltag, daß eine hohe Anzahl von Werbeclips nicht primär für ein Produkt, sondern eher für ein Lebensgefühl werben. Bei dieser Werbung haben Stilelemente wie Fiktion, Selbstbezüglichkeit der Botschaft und Intertextualität eine zentrale Bedeutung (vgl. Kloepfer/Landbeck 1991, S. 22). Weiterhin werden emotional erlebbare Themen, die positiv besetzt sind, wie z.B. Action, Erotik, Abenteuer, Gewalt, Katastrophen, benutzt, um zum Kauf eines Magazins oder zum Einschalten eines Fernsehkanals zu motivieren. Susanne Stark (1994, S. 13) identifiziert drei Handlungsmöglichkeiten, die oft gleichzeitig eingesetzt werden, als Attraktoren, die dem Kommunikator zur Verfügung stehen, um die Konsumenten zum Kauf zu animieren:

1. *Aktivierung* – Die Frequenz der Werbebotschaften wird beschleunigt, d.h. häufigere Schnitte und kürzere Einstellungen.[7]

---

6 Den Hintergrund dieser Strategie bildet das aus dem 19. Jahrhundert stammende AIDA-Prinzip (attention – interest – desire – action), das nunmehr auf die Ebene der Bilder angewandt wird (vgl. Haubl 1992, S. 19).

7 Zwischen 1978 und 1991 hat sich die durchschnittliche Einstellungslänge in Fernsehwerbespots von 3,8 Sek. auf 2,3 Sek. verringert. Die mittlere Anzahl von Kameraeinstellungen für einen 30-Sekunden-Spot betrug 1978 durchschnittlich 7,9 und 1991 13,2 Einstellungen (vgl. Gleich/Groebel 1994, S. 87).

2. *Emotionalisierung* – Die Werbung wird erotischer und aggressiver.
3. *Ästhetisierung* – Die Werbung wird sensualistischer.[8]

Diese „Anforderungen" werden am ehesten durch Bildkommunikation eingelöst. Das Fernsehen ist, wie die Daten zur Mediennutzung zeigen, längst zum Leitmedium geworden. Ein Trend zur Bildkommunikation als effektiver Kommunikation läßt sich in allen Medien beobachten. Die Anzahl großformatiger Bilder in plakativem Stil nimmt zu. Auch in den Werbeanzeigen werden die (Fließ-)Texte immer kleiner und verschwinden teilweise völlig. Die amerikanische Tageszeitung *USA Today* und die neue deutsche Wochenzeitschrift *Focus* verdanken ihren überraschenden Erfolg, wie viele Werbetreibende behaupten, ihrem bildorientierten Design. Der Frage, ob die Dominanz der Bilder zu Wahrnehmungsveränderungen führt, wird im folgenden nachgegangen.

2.2 Wandlungen in der Aneignung von Wirklichkeit

Wirklichkeit konstituiert sich wesentlich über Wahrnehmungsprozesse. Die heutige Wirklichkeit ist durch die Erfahrung medialer Wahrnehmung geprägt. Die Jugend der achtziger/neunziger Jahre hat im Vergleich zu Erwachsenen eine andere Disposition zur Wahrnehmung von Welt, sie geht von anderen Prämissen, anderen Vorstellungen von Wirklichkeit aus. Ein wesentliches Element der Erfahrung von Kindern und Jugendlichen ist die frühe Vertrautheit mit Medien und die Veränderung ihrer Lebenswelt. Bei der Konstitution jugendlicher Wirklichkeitsinterpretationen sind die sozialökologischen Bedingungen maßgeblich beteiligt (vgl. Baacke 1987).

Medien bieten Deutungsmuster an, die für Kinder und Jugendliche bei der Selbst-Findung eine wichtige Rolle spielen. Dabei gehe ich nicht von einer deterministischen Beziehung zwischen Medien und Rezipient aus. Beim Individuum vorhandene Schemata sind bei der Deutung von Medienerlebnissen beteiligt, wie auch soziale bzw. gesellschaftliche Lernerfahrungen die Wahrnehmung beeinflussen. Bevor die These im Verlauf der Arbeit belegt wird, bedarf es der Darstellung von Ausgangsbedingungen. Dazu gehören erstens die Auseinandersetzung mit den strukturellen Veränderungen für Kindheit und Jugend und zweitens die Beschäftigung mit den Auswirkungen der kulturellen Modernisierung auf die Herausbildung von Persönlichkeitsstrukturen, drittens eine Reflexion über imaginäre Lebenswelterfahrungen und viertens die Beschäftigung mit der Schwierigkeit, zwischen Wirklichkeit und Simulation unterscheiden zu können und

[8] Gleich/Groebel (1993, S. 445) konnten bei ihrer Untersuchung über die emotionale Qualität von (Fernseh-)Nachrichten bestätigen, daß der Zuschauer „visuelle Elemente insgesamt und emotionale Bilder im besonderen" attraktiv empfindet.

damit die Notwendigkeit, sich der Bedeutung des ästhetischen Denkens bewußt zu werden.

2.2.1 Segmentierung und Inselerfahrung

Kindheit und Jugend stehen nicht mehr in einem ganzheitlichen Lebenszusammenhang. Helga Zeiher (1983) beschreibt, wie sich die Außenwelt des Kindes nach 1945 verändert hat. Im Zuge der Verstädterung und durch die Entflechtung der Funktionen Wohnen, Arbeit und Einkauf werden die Wohngebiete zur Schlafstadt und damit vom Ort der Freizeit, der Kommunikation und des Konsums getrennt. Der neue Lebensraum von Kindern besteht nunmehr aus einzelnen Segmenten (Kitas, Schule, Freunde, Vereine), meist gesellschaftlich organisierten Spezialräumen, die wie Inseln (Segmente) in einem größeren, unüberschaubar gewordenen Gesamtraum liegen. Damit geht eine Zunahme institutionalisierter Regulierungen des Lebenslaufes einher. Dieser Lebensraum vermittelt keine sinnliche Einheit mehr, er ist abstrakt und bruchstückhaft.[9] „Die Umwelt tritt den Individuen als kodifizierter, verregelter Raum gegenüber, der kaum mehr Qualitäten an sich besitzt, sondern nur mehr Mittel für andere Zwecke ist" (Becker/Eigenbrodt/May 1984, S. 13).

Kinder und Jugendliche werden von Beginn an mit anderen Grundqualifikationen vertraut gemacht. Die Handlungsmöglichkeiten in spezialisierten Räumen sind einerseits komplex, andererseits sind sie auch determiniert. Kinder können in diesen Räumen nur das spielen, was durch Funktionsspezialisierung vorgegeben ist. Gleichzeitig wird jedoch auch die Bereitschaft und Fähigkeit gefordert, sich ständig wechselnden Räumen und Identitäten anzupassen, wobei innerhalb der jeweiligen Räume die Entfaltung eingeschränkt wird. Bezogen auf die Gesamtgesellschaft wird erhöhte Mobilität gefordert. Der Bewegung kommt dadurch nicht nur eine dynamische, sondern explizit eine inhaltliche Bedeutung zu (Mobilität als Grundqualifikation).

Der verinselte Lebensraum verlangt eine höhere Mitwirkung der Betroffenen. Spontanes Handeln wird erschwert, da erst ein entsprechender Spezialraum aufgesucht werden muß. Der Zerstückelung des Raumes entspricht daher auch eine Zerstückelung der sozialen Beziehungen. Die segmentierte Lebenserfahrung verlangt die Fähigkeit zu kategorieller Einschätzung, um die Erfahrungen zu einem Sinnzusammenhang ordnen zu können.

---

9 Flaig/Meyer/Ueltzhöffer haben darauf hingewiesen, daß diese Prozesse nicht nur für Kinder gelten (1993, S. 31). Auch bei Jugendlichen und Erwachsenen ist der reale und der soziale Raum blockiert und wird durch Barrieren verschlossen. Die Gesellschaft löst sich in Klein- und Kleinstgruppen auf.

Im Alltagsleben führt dies zwangsweise zu Schwierigkeiten, sich zurechtzufinden. Kinder und Jugendliche müssen lernen, mit dieser „Neuen Unübersichtlichkeit“ (Habermas 1985) zurechtzukommen. Unsicherheit begünstigt die Suche nach stabilisierenden Handlungsstrategien. Alltagsästhetische Traditionsbildung, Wiederholung und Anlehnung an eingeübte Muster können dabei helfen. Eines dieser notwendigen sich wiederholenden Erfahrungsmuster wird durch die Medien ermöglicht. Technische Medien, wie z.B. Telefon, Fernsehen und Computer, sind in der Lage, Kommunikationsstränge herzustellen. Der imaginäre Raum des Fernsehens (und in Folge auch andere Medien) bietet Kindern und Jugendlichen die Chance, die Lücken zwischen den segmentierten Lebensräumen wieder zu schließen. Die Medien simulieren nunmehr für den Zuschauer im Wohnzimmer einen Aufenthalt in Räumen, die er real nicht mehr aufzusuchen braucht. Das Fernsehen gestaltet die Raumerfahrung neu. Durch den Umgang mit den Medien wird die Welt zum Pseudo-Lebensraum. Obwohl dieser Schein-Raum auch verinselt ist, da keine Vorstellungen über Zwischen-Räume vermittelt werden, weckt er die Phantasie, Räume schließen zu können. Insbesondere das Fernsehen erweist sich als eine Art Amalgam, da es auf vielfältigen Codes aufbaut. Printmedien, Theater, Foto, Radio und Film sind in dem bisher höchstentwickelten Medium[10] integriert. Die Medien gewinnen eine „konstitutionell therapeutische“ bzw. eine „gesellschaftskonstituierende Funktion“ (vgl. Baacke 1994b, S. 9). Sie bleiben „Garanten einer Zeit- und (fiktiven) Raumordnung, denn bei ihnen läuft das Leben immer weiter, und die Anschlüsse funktionieren“ (ebd.).

Mit zunehmendem Fernseh- bzw. Medienkonsum verschieben sich die Gewichte: der Lückenbüßer wird zum Schienenleger. Die sinnliche Erfahrung der „Welt als Abbild“ prägt die Wirklichkeitskonstruktion, so daß sich die Bezugspunkte für eine Orientierung in der Realität auch aufgrund der Folie (Schiene) medialer Vorerfahrungen herausbilden. Die subjektive Wirklichkeitsaneignung der Realität bleibt von dieser Erfahrung nicht unberührt. Die Welt und deren Bezug zur eigenen Identität stehen nunmehr in Korrespondenz mit der tagtäglichen Erfahrung der ästhetischen Kommunikation der Bilder. Die mediale Vorstellung von Welt bildet jetzt eine der Grundlagen für Entscheidungen, die Erfahrungsdimension der „Realität“ verliert ihre bisherige dominante Bedeutung.

2.2.2 Kulturelle Modernisierung von Jugend

Parallel zu der skizzierten Segmentierung der Lebenserfahrung kommt es in den letzten Jahrzehnten im Zusammenhang mit der umfassenden

---

[10] Im Moment sind deutliche Anzeichen erkennbar, daß der multimediafähige Computer zum dominanten Medium der Kommunikation wird.

Modernisierung von Gesellschaft und Kultur zu einem sozialen Wandel, der einhergeht mit einer allmählichen Veränderung grundlegender kognitiver Operationen (vgl. Schulze 1993, S. 249). Wirklichkeitsmodelle und existentielle Anschauungsweisen wandeln sich, wenn sich elementare Kategorien ändern. Noch am Ende des 19. Jahrhunderts war die Außenorientiertheit handlungsleitend. Prägend für das außenorientierte Handeln waren die Sorge um die Reproduktion der Arbeitskraft, die Altersvorsorge, die Beschaffung von lebensnotwendigen Ressourcen, die Aneignung von Qualifikationen und das Erfüllen einer Lebensaufgabe (vgl. ebd., S. 37). Aus der Knappheit, dem Niveau der Güterversorgung, der Ressourcensicherung und dem Vermeiden negativer Sanktionen erwuchs ein Problembewußtsein, das an einer äußeren Situation ansetzte. Außenorientierte Lebensauffassungen richten sich nach Vorgaben, die außerhalb des eigenen Selbst entstehen. Erfolg definiert sich unabhängig vom Subjekt.

Seit den fünfziger Jahren lassen sich eine Steigerung des materiellen Lebensstandards, eine gestiegene soziale und geographische Mobilität der Bevölkerung und die individualisierenden Effekte der Bildungsexpansion beobachten. In Folge dieser Entwicklung kommt es zu Individualisierungsprozessen (vgl. Beck 1986, S. 122f.). Die überwiegende Lebenssituation ist heute gekennzeichnet durch Überfluß. Die alltägliche Erfahrung steht nicht in Verbindung mit Versorgung oder einem stabilen Gefüge von Gesetzmäßigkeiten, sondern im Kontext von subjektiver Wahl. Überlebensorientierung heißt zum heutigen Zeitpunkt die Aktivierung von subjektiven Handlungsmustern. Die außenorientierte Lebensauffassung verändert sich hin zu einer innenorientierten (vgl. Riesmann 1982). Die Veränderungen beziehen Kindheit und Jugend mit ein. Jugendliche müssen heute selbständig ihre Identität erproben und biographische Selbstdeutungen entwickeln und absichern. Das hat frühe Reife zur Konsequenz, aber auch die frühe Einbuße von Schutz. Die Kategorien einer innengerichteten Lebensauffassung sind auf das innere Erleben des Subjekts gerichtet. Es gibt keine äußeren Bedrohungen mehr, dafür ist der Lebenssinn bedroht (vgl. Schulze 1993, S. 68).

Die innengerichtete Lebensauffassung sucht nach Anpassung an die gesellschaftlichen Rahmenbedingungen. Bei der Adaption der kulturellen Modernisierung kommt es zu veränderten Relevanzkriterien in der Aneignung von Wirklichkeit, anderen selektiven Filtern der jeweiligen Wahrnehmung und Erfahrung von Welt. Nunmehr werden andere subjektive Bausteine für die Ausbildung von Deutungs- und Handlungsstilen herangezogen. Alltagsmotive, Selbstdeutungen und Lebensformvorstellungen spielen dabei offensichtlich eine bedeutsame Rolle. Vier Entwicklungen lassen sich als Verarbeitungsversuche der allgemeinen kulturellen Modernisierung diagnostizieren: die Individualisierung, die Erlebnisorientierung, die Ästhetisierung und die Ontologisierung.

Die *Individualisierung* ist eine der markantesten Folgen der beschriebenen Veränderungen. Sie beginnt allerdings schon mit dem Übergang in die Neuzeit. Es handelt sich dabei um einen Grundsachverhalt und ein „Problem" der Moderne (vgl. Arbeitsgruppe Bielefelder Jugendforschung 1990, S. 11). Die seit den fünfziger Jahren beobachtete neue „Unmittelbarkeit zwischen Individuum und Gesellschaft" (Beck 1986, S. 158) läßt sich als ein „sekundärer" Individualisierungsschub bezeichnen. Die Autorengruppe (Arbeitsgruppe 1990, S. 28) konstatiert einen Ambivalenzcharakter gesellschaftlicher Individualisierung. Neben die Erweiterung von Optionen und Handlungsspielräumen treten Blockierungen von Lebensplänen und neue Formen der Ungleichheit. Baacke/Sander/Vollbrecht (1990b) stellen ebenfalls eine Hinwendung zur Ich-Orientierung fest. Die Realisierung der Unmittelbarkeit konstruiert sich zunehmend aus den Interessen, den Triebimpulsen, der Autonomie und den Selbstverwirklichungsvorstellungen des Ichs. Die Autoren sehen diese Entwicklung im engen Zusammenhang mit der Verdrängung der „durch lebensweltliche Bindungen organisierten mittelbaren Kommunikationsbeziehungen durch medienverstärkte unmittelbare" (ebd., S. 95).

Abb. 4: Jugendlicher Skinhead

Von *Erlebnisorientierung* läßt sich reden, wenn die eigenen Affekte im Mittelpunkt der Aufmerksamkeit stehen. Die vom Bedürfnis nach Erlebnis bestimmte Beeinflussung des eigenen Innenlebens durch Situationsmanagement wird zum zentralen Thema. Typisch für die aktuelle Umsetzung dieser Lebensform ist das „Projekt schönes Leben" (Schulze 1993, S. 39). Das Schöne wird als Sammelbegriff für positiv bewertete Erlebnisse verwendet. Erlebnisse werden zum hauptsächlichen Zweck und nicht zur Begleiterscheinung des Handelns. Es wird versucht, Umstände so zu arrangieren, daß sie als schön empfunden werden. Dabei kommt das Schöne nicht von außen auf das Subjekt zu, sondern wird vom Subjekt in Gegenstände und Situationen hineingelegt. Dies führt zu einem „Bedarf an Kriterien der Selbstbewertung" (ebd., S. 53). Die Formel für das erlebnisrationale Handeln lautet: „Richte die Situation so ein, daß sie dir gefällt" (ebd., S. 42). Das Programm der Erlebnisorientierung entspricht dem Entschluß des Subjekts, etwas Bestimmtes zu sein. Das ist nicht einfach, da das Ziel innen liegt, die zu mobilisierenden Mittel jedoch außen bleiben. Innen- und außenorientierte Komponenten können sich jedoch mischen. Wenn B einen Mantel anzieht, um sich schön zu fühlen, betont er die innenorientierte Komponente. Wenn B den Mantel anzieht, um einen guten Eindruck zu machen, dominiert die außenorientierte Komponente.

Thomas Ziehe (1988, S. 107) sieht dies ähnlich, obwohl er nicht von Erlebnisorientiertheit, sondern von Subjektivierung spricht. Er nennt als Ausdruck dieser Tendenz, die Sehnsucht nach unmittelbarem und lebendigem Selbstausdruck, die starke Sehnsucht nach Erlebnissen der Nähe, nach Situationen, die psychische Intimität ermöglichen. Der Mensch soll in sich hineinhören, um sein Ich zu finden. Damit verbunden ist eine hohe Wertschätzung von Nähe und Expressivität. „Das Innere soll zum Sprechen gebracht werden“ (Ziehe 1994, S. 19).

Im Gegensatz zu früher setzt die Lebenssituation keine Grenzen mehr, sondern löst Prozesse aus. An die Stelle der früheren ökonomischen Semantik tritt eine fundamentale psychophysische (vgl. Schulze 1993, S. 35). In der Folge handeln die Subjekte eher durch Wählen als durch Einwirken. Eine Begleiterscheinung dieser Situation ist Unsicherheit. „Unsicherheit erzeugt ein ästhetisches Anlehnungsbedürfnis, das sich in Mentalitäten, Gruppenbildungen, typischen Handlungsstrategien und neuen Formen der Öffentlichkeit niederschlägt“ (ebd., S. 62). Täglich besteht die Notwendigkeit von freien Wahlen (Essen, Kleidung, Unterhaltung, Kontakte, Information etc.). Die Alltagssituation zwingt uns ständig, Unterscheidungen nach ästhetischen Kriterien vorzunehmen. „Das Leben selbst wird zum ästhetischen Projekt, zum ‚verschärften‘ Leben“ (Ziehe 1994, S. 21).

Die *Ästhetisierung* des Alltagslebens zählt somit zu den Suchbewegungen der Innenorientierung und der kulturellen Modernisierung. Beziehungsmuster und Gruppenbildungen sind dem Einfluß dieser Basismotivation unterworfen. Ohne kollektive Muster sind viele überfordert, so zu leben, wie sie wollen. Soziale Milieus bilden sich als Lebensstilgemeinschaften, die sich über ein System von Zeichen im Raum der sozialen Beziehungen orientieren. „Es entwickelt sich ein Geflecht von Gemeinsamkeiten: alltagsästhetische Schemata, soziale Milieus, typische Existenzformen, existentielle Anschauungsweisen, Rationalitätstypen, Zeichenkosmen, Szenen“ (Schulze 1993, S. 35). Darüber hinaus dienen sie auch der Abgrenzung, der Distinktion. Distanzierungen und Zuordnungen zu den Milieus laufen über flüchtige Eindrücke wahrnehmbarer alltagsästhetischer Signale. Nur ganz wenige evidente und signifikante Zeichen genügen, um in der Alltagsinteraktion zu komplexen Einschätzungen zu gelangen, die weit über das Sichtbare hinausgehen.

Sowohl zur Distinktion gegenüber anderen, als auch zur Assimilation an Gleichgesinnte bedarf es der Kenntnisse von ungeschriebenen Regeln für das Outfit. Stilvorgaben, Einstellungsmuster und das Verhalten werden zu ästhetischen Ausdrucksformen, die in den Feinheiten nur den Eingeweihten vertraut sind. Gerhard Schulze (ebd., S. 253) geht dabei von drei permanent offenen Fenstern aus: Körpersprache (Mimik, Gestik, Bewegungsabläufe), alltagsästhetische Episoden (Erlebniserfahrungen) und gefühlsorientierte Selbstbeschreibung. Aufgrund dieser alltagsästhetischen Syntax bilden sich die Bausteine einer „Sozialästhetik". Die (permanente) ästhetische Veränderung hat Einfluß auf das Selbstwertgefühl. Stil- und Zeichenbeherrschung werden angestrebt. „Je künstlicher ich mir die Welt mache und je künstlicher ich sie wahrnehme, um so mehr ist es eine von mir ‚gemachte', und insofern dann ‚meine Welt'" (Ziehe 1994, S. 21).

Flaig/Meyer/Ueltzhöffer (1993, S. 28) bestätigen in ihrer Untersuchung die Auswirkungen der Ästhetisierung auf die Dynamik der Differenzierung moderner Gesellschaften. Kommunikation wird nicht mehr primär von sozialökonomischen Kriterien des Berufs, des Einkommens, der Ausbildung und des Besitzes bestimmt, sondern von sozialästhetischen Kriterien des Lebensstils. Alltagsästhetik, so das Ergebnis ihrer Studie, ist zum entscheidenden Faktor für die sozialen Differenzierungs- und Orientierungsprozesse geworden. Die Selbstzuordnung zu einer Gruppe erfolgt über den Lebensweltbezug (Kommunikations- und Freizeitverhalten, Wertemuster) und den Lebensstil (Kleidung, Einrichtung, Redestil). Die Ästhetisierung der sozialen Welt findet in der Lebenswelt, in der Politik, in den Lebensstilen und in der sozialen Segmentierung statt (vgl. ebd., S. 11).

Verschiedene Wissenschaftler aus unterschiedlichen Wissenschaftszweigen, die sich im *Kunstforum* (1993) zum Thema *Das neue Bild der Welt* zu Wort meldeten, Gerhard Johann Lischka (1993a), Jean Baudrillard (1978, 1982) und insbesondere Wolfgang Welsch (1988, 1993) haben ebenso die These der Ästhetisierung der sozialen Welt aus unterschiedlichen Perspektiven reflektiert. Welsch beobachtete in seinen Studien Lebensformen, die aus Wahrnehmungen konstruiert und auf die Erweiterung von Wahrnehmungsfähigkeit und -relevanz hin orientiert sind.[11] Ein erweitertes Wahrnehmen wird nach seiner Auffassung zum essentiellen Bestandteil des Denkens.

Bei der vierten Suchbewegung, der *Ontologisierung*, handelt es sich um eine zeitlich versetzte Reaktion auf die Subjektivierung. Darunter läßt sich

[11] Für Peter Sloterdijk ist Ästhetik „die Aufklärung menschlicher Bewegungen durch ein waches Dabeisein und Darinsein" (1987, S. 126). Die Schranke zwischen dem Ästhetischen und dem Logischen wird, so Sloterdijk, heute hinfällig. „Etwas merken ist Wahrnehmung, ist Ästhetik im weitesten Sinne und bleibt bis in die letzte Instanz die Angelegenheit des Denkens" (ebd., S. 125).

die Sehnsucht nach Gewißheit und Ursprünglichkeit verstehen. Der Verlust von übergeordnetem Sinn soll ausgeglichen werden. „Ontologisierung will Boden zurückgewinnen über Orientierung an Spiritualität, Kosmologie, einen bestimmten Naturbegriff, über Weltbilder, die eine Festigkeit versprechen, die höher ist, als dieses doch etwas nußschalige Gefühl meiner eigenen Subjektivität" (Ziehe 1994, S. 20). In der Ontologisierung sieht Ziehe eine Sehnsucht nach vormoderner Sicherheit und einen Hinweis auf den Überdruß an der metaphysischen Bodenlosigkeit der Moderne. „Ökologische, anthropologische und zivilisationskritische Motive gehen hier ineinander und verschieben die Vorherrschaft des Selbst wieder ‚zurück' zu einer Vorherrschaft der ... Ordnung des Seins" (ebd., 1988, S. 110).

Die ontologische Suchbewegung kommt in den von den Lebensstilgemeinschaften benutzten Symbolen zum Ausdruck. Nach meiner Auffassung haben diese Symbole nicht nur Signalcharakter, in ihnen sind handlungsleitende Wissensmuster über grundlegende Wertvorstellungen enthalten. Diese Zeichen sind zugleich der signalhafte Ausdruck des *Wesens* selbst. Ob diese Wesenszüge von den Trägern der Symbole bewußt rezipiert werden, ist ungeklärt. Unzweifelhaft ist das wiederholte Auftauchen bestimmter Symbole in der Alltagskultur der Jugendlichen (so z.B. das Kreuz, der Tunnel, die Schlange). Die vorliegende Arbeit beabsichtigt, ontologische Bezüge zu diesen Symbolen aufzuzeigen, sie setzt sich jedoch nicht mit der konkreten Wirkung dieser Symbole auseinander.

2.2.3 Leben als Film – Film als Leben

Die geschilderten sozialökologischen und kulturellen Modernisierungsbedingungen schaffen, in Verbindung mit der Dominanz der Medien im Erfahrungsfeld, ein figurales Koordinatennetz, mittels dessen sich Kinder und Jugendliche Realität[12] aneignen. Die Vorstellung einer lebensweltlich erschlossenen sinnstiftenden Umgebung muß aufgegeben werden (vgl. Baacke 1992, S. 29f.). Das Individuum ist nicht mehr in einer einmaligen Identität erkennbar, „sondern es entschwindet sozusagen immer wieder in den Schattenbildern imaginärer Welten und Territorien (in den Fernsehprogrammen)" (ebd., S. 30). Lebensstile sind verfügbar und disponibel wie Warenangebote, wie es in dem Slogan „Das Design bestimmt das Bewußtsein" zum Ausdruck kommt. Die Privatwelt ist längst zum Ausdruck expressiver Selbstdarstellung geworden, die Aura wird gewechselt und der Körper wird zum Kultobjekt symbolischer Bedeutung. Das Ästhetische ist dabei nicht nur Form, sondern ein substantieller Bestandteil des Alltags.

[12] Als Realität bezeichne ich die konkret physisch vorfindbare Welt. Wirklichkeit nenne ich die subjektive Aneignung dieser Welt.

Image-Bildungen führen über inszenierte Künstlichkeit hinaus zur authentischen Selbstdarstellung. „Die alten Grenzen zwischen Kunst und Leben, Vorstellung und Wirklichkeit, zweckrational Gemachtem und Authentischem sind keine einschneidenden Signaturen mehr, an denen man sich orientieren könnte“ (ebd., S. 24).

Das Interventionspotential der Medien in Hinsicht auf Jugend und Jugendliche ist höchstwahrscheinlich erheblich (vgl. Baacke 1984, S. 51) Jugendliche orientieren sich nicht nur an der Realität, sondern auch an der Wirklichkeit der Fiktion, des Filmes oder unter Zuhilfenahme fiktiver imaginärer Erlebniswelten. Dabei kann es dazu kommen, daß die Medienerfahrungen von Jugendlichen zu einer Schematisierung ihrer Wahrnehmung beitragen, von der ausgehend sie die Welt interpretieren und deuten. Es wäre jedoch falsch, daraus zu schließen, daß Jugendliche die Welt mit ihrem Abbild vertauschen. Es scheint allerdings, daß ältere Generationen aus ihren Erfahrungen mit der Realität eine andere Wirklichkeit deduzieren als Jugendliche.

Erwachsene finden an den in Filmen und Videoclips gezeigten schnellen Handlungsabläufen selten Gefallen. Sie sind den Abbildern, „die wie echt aussehen“, oft hilflos ausgesetzt. Kinder und Jugendliche entwickeln nicht nur eine erhöhte Verarbeitungskapazität an Bildern, sondern auch eine höhere Kompetenz im Umgang mit der Wirklichkeit der Bilder. Die Trennung zwischen Filme Sehen, Filme Machen, in Filmen Lebendig-Sein ist für sie aufgehoben. Bis heute baut das Kino in den Wochenend-Alltag eine Gegenwelt heroischer und romantischer Vorstellungen auf (vgl. Schäfer/Baacke 1994). „Das Kino ist die zentrale Tankstation für Emotionen ... Sie leben nicht nur immer wieder ‚wie im Film‘, sondern der Film wird auch auf ihre Welt hin angeeignet, umgedeutet“ (ebd., S. 50).

Woody Allen persifliert und karikiert diese Tendenz in seinem Spielfilm *The Purple Rose of Cairo*. Eine Zuschauerin steigt in den Film ein, und ein Filmschauspieler kommt von der Leinwand herunter. Die Erfahrung der Biographie ist wandelbar, veränderbar wie Filmsegmente. Der Jugendliche erfährt sein Leben in einer Als-ob-Realität, die sich jederzeit, wie Joachim Koch (1988) es formuliert, durch Filmwechsel anders beeinflussen läßt. „Nicht das Individuum geht in die Welt hinaus, sondern umgekehrt, sein Tele zoomt die Welt herein. Allenorts befinden sich seine Videokameras nebst Bildschirm, auf dem sich die Wirklichkeit als Realitätssimulation beobachten läßt. Die Sicht der Dinge ist ein Blick auf den Monitorturm, auf dem sich die wechselnden Programme und Sender abzeichnen. Einmal Leinwand, einmal Bildschirm, einmal TV, einmal die Windschutzscheibe des Autos, auf der die Fluchtlinien der Zivilisation hergeholt werden, ... immer wieder erweist sich die Identifikation als ein Zoom, durch das sich die draußen befindlichen Äquivalente in innere Identitäten verwandeln“ (ebd., S. 77).

Die aufgenommenen Daten der realen Welt vermischen sich mit der im Gehirn konstruierten subjektiven Wahrnehmung der Welt als Simulation. Es wird immer schwieriger die jeweilige Herkunft der Wahrnehmungsprozesse zu erkennen. Die Jugendlichen sind zugleich Betrachter und Akteure ihrer Handlungen. Die visuellen Ausdrucksformen des Filmes werden u.a. mit den Techniken des Schnittes, der Montage und der Überblendung geschaffen. Diese Grammatik der Filmsprache ist durchaus übertragbar auf die Wahrnehmungsweisen von Kindern und Jugendlichen. Sie verstehen ihr Leben als eine Montage, in der es darauf ankommt, sich mit günstigen Überblendungen eine geeignete Ausgangsposition zu schaffen. Schein und Wirklichkeit ist für Außenstehende nahezu unentwirrbar miteinander verwoben. Die Identität des Jugendlichen bekommt ein filmisches Double. Das Leben wird wie ein Film betrachtet, wie auch jeder Film das eigene Leben bedeuten könnte. Wer den Code nicht beherrscht, versteht den Film nicht, nicht den auf der Leinwand und nicht den im wirklichen Leben. Mit Kenntnis von ästhetischen Formaten gelingt es jedoch, interne Kommunikationsstrukturen zu entwickeln, die es ermöglichen, sich zurechtzufinden bzw. hervorzuheben. Jugendliche wissen, daß in einer Welt, in der Bilder herrschen bzw. gesellschaftliche Herrschaft sich über Bilder vermittelt, die Kompetenz im Umgang mit Bildern zu einer unumgänglichen Basisqualifikation wird.

Äußere Bilder werden zu Vorbildern eines Lebensentwurfs im ganzen. Die Übernahme von Zeichen führt zu identitätsstiftender Kraft. Symbole und Zeichen übernehmen Sinngebung in der Lebensführung und im Selbstverständnis. Zeichen und Symbole werden zur strukturellen Verfaßtheit ihrer Träger. Während Flaig/Meyer/Ueltzhöffer (1993, S. 20f.) in diesem „symbolischen Leben" nur eine Imitation der in den Medien präsentierten Bilder sehen, in der die Zeichenwelt auf einen Sinn verweist, den andere gegeben haben, gehe ich davon aus, daß Jugendliche Potentiale haben, die Zeichen und Symbole zu dechiffrieren und sie in Form von Bricolage in den eigenen Lebenskontext zu integrieren.

2.2.4 Welt als Kopie und Simulation

Wandlungen in der Realitätsaneignung durch Medienerfahrungen werden auch von anderen Wissenschaftszweigen diagnostiziert. Die Funktionssysteme der modernen Gesellschaft, wie auch die Realität der Massenmedien, haben sich, wie Niklas Luhmanns (1992) es formuliert, auf die Ebene „der Beobachtung zweiter Ordnung ausdifferenziert" (ebd., S. 83; vgl. auch Luhmann 1995, S. 59f.). Längst ist die medial veröffentlichte öffentliche Meinung, das publizistische System, zwischen die Herrschenden und das Volk getreten. Wie ein undurchsichtiger Spiegel fungiert das System der Massenmedien zwischen Politik und Volk. Von den Herrschenden sehen die Zuschauer nur das, was die Massenmedien zeigen – und das ist zum Medienzweck inszeniert. Ihren Identitätspanzer bildet Politik im Spiegel der Massenmedien. „Im Grunde reagiert Politik heute nur noch auf ihre eigene mediale Aufzeichnung“ (Bolz 1992, S. 112). Thomas Meyer (1992) hat in seiner Studie an mehreren Beispielen gezeigt, daß gerade die Politik die Medien zunehmend zur „symbolischen Politik“ zweckentfremdet. Unter symbolischer Politik versteht er symbolisches Handeln zu politischen Zwecken. Politisches Handeln schlüpft selbst in die Rolle des Symbols, die Tat wird zum Symbol, nur um Wahrnehmung und Kommunikation zu induzieren. Dadurch wird die „Wirklichkeit als Medium des Mediums“ genutzt. Beispielhaft erläutert Meyer (ebd., S. 11f.) die Ereignisse in der Silvesternacht 1989 am Brandenburger Tor. Die Feiernden konnten in der „Nacht der Deutschen“ auf einer gigantischen Leinwand, die das DDR-Fernsehen errichtet hatte, simultan die Feier und die Feier im Medium wahrnehmen. Das Geschehen wird dadurch in den Rang der inszenierten Welt der Ereignisse gehoben. „Das Ereignis sollte dadurch zum Ereignis werden, daß es denen als Ereignis vorgeführt wurde, die das Ereignis herbeiführten“ (ebd., S. 13). Geschehnisse generieren sich in einer Welt der inszenierten Bilder erst zur Wirklichkeit, wenn sie als inszenierte Bilder dargestellt werden.

In der Medienwelt hat medial Produziertes und Reproduziertes einen höheren Stellenwert. Dies gilt keineswegs nur für den Bereich der Politik. So werden kulturelle Ereignisse von Anfang an auf ihre mediale Attraktivität hin konzipiert (vgl. Welsch 1993, S. 58). Wie sich anhand der Bedeutung von Reality-TV zeigen läßt (vgl. Wegener 1994), ist die Realität längst zur Software geworden. Dieter Baacke (1984) berichtet von seinem damals fünfzehnjährigen Neffen Marko, der sich, wie er meinte, eine „toffe Gruselschockerszene“ anschaute. Er hatte jedoch den Film-

Abb. 5: *Pissoir*, Acryl auf Leinwand, Robert Schneider. Die Malerei wirkt wie ein Foto. Schein und Sein verschmelzen.

anfang verpaßt. Es stellte sich heraus, daß der Film von Opfern eines Erdbebens handelte. „Realität und Fiktion sind nicht mehr auseinanderzuhalten, da die Unterscheidungssignale häufig unscharf geworden sind. Es entsteht eine Surrealität, in der aus Ketchup Blut wird und aus Blut Ketchup. Was scheinbar ist, erweist sich dann doch als Fiktion, und umgekehrt" (ebd., S. 38f.).

Wir leben bereits in einer Repro-Kultur, so die These von Hans-Jürgen Seemann (1992, S. 9). Darunter versteht er die Gesamtheit der kulturellen Techniken der Repräsentation, Aufzeichnung und Reproduktion. In der Repro-Kultur ist Fortschritt „Kumulation von Reproduktionskräften" (ebd., S. 11). Die Reproduktion wird in der Repro-Kultur zum beherrschenden Merkmal der subjektiven Realitäts-Konstruktion. Nachahmung und Imitation haben längst Techniken Platz gemacht, die den Unterschied von Original und Kopie auflösen. Das Graffiti „Only Xerox is live, you are just a copy" aus der Jugendkulturszene (zitiert ebd., S. 10 und in leicht abgewandelter Formulierung bei Baacke 1984, S. 39) bringt diesen Sachverhalt ironisch auf den Punkt.

Jean Baudrillard (1978) beobachtet eine Tendenz zum inszenierten Bilderkreislauf. Fernsehen und Werbung schaffen ein Bild von Wirklichkeit, und die Wirklichkeit selbst wird zum Abbild des Kreislaufs der Bilder. Diese Tendenz zum selbstinszenierten Bilderkreislauf schafft eine komplexe Eigenrealität. Botschaften, Normen und Formen der Visualisierung von Informationen werden zur prägenden Erfahrung der sozialen Welt. Wahrnehmungsformen und Kommunikationsgewohnheiten werden zunehmend von der Logik der bildgeprägten Information und Unterhaltung bestimmt. Da der Eindruck zählt und nicht das Argument, wird logisch-kausales Denken in den Hintergrund gedrängt. Bildliche (Schein-)Welten treten an die Stelle der interessegeleiteten Weltbilder des diskursiven Zeitalters. Für Baudrillard (ebd., S. 49) wird mit dem Fernsehen die gesamte traditionelle Form der Kausalität in Frage gestellt. Gefährdet sind für ihn die Unterscheidung von Ursache und Wirkung, Subjekt und Objekt, Zweck und Mittel.

Das Selbstverständnis und die Sozialprogrammierung der Menschen ist über televisionäre Prozesse und damit massenmediale Erfahrung so stark konstituiert, daß ihr Lebensalltag von dem einer Fernsehfamilie nicht zu unterscheiden sei. So jedenfalls beschreibt es Baudrillard, der von einer amerikanischen Fernsehfamilie, der Familie Loud, berichtet, die 300 Stunden ohne Script und Szenario nicht nur O-Ton, sondern auch O-Live aufgenommen wurde. Die Reaktion des Aufnahmeleiters: „Sie haben so gelebt, als ob wir nicht dabeigewesen wären", hinterläßt bei Baudrillard (ebd., S. 45) Schaudern vor einer zur gleichen Zeit ablaufenden „Vergrößerung und Entfernung". Fernsehen schafft nach seiner Überzeugung Scheinbeteiligung und unterläuft die Urteilsfähigkeit der Bürger. Die

Unterscheidung zwischen Wirklichkeit und inszeniertem Schein wird damit immer schwieriger.

Der Kreislauf der Bilder nachgemachter Wirklichkeit und Widerschein dieser Wirklichkeit in den Medien hat sich für Baudrillard hermetisch vollendet. Zeichen sind für ihn in der Realität deckungslos geworden, frei flottierende Signifikanten ohne Signifikat. Es entsteht die Ablösung der Wirklichkeit durch ihre simulatorische Überbietung. Das Reale wird durch Zeichen des Realen substituiert. „Die Realität geht im Hyperrealismus unter, in der exakten Verdoppelung des Realen" (Baudrillard 1982, S. 113). Allerdings macht Baudrillard deutlich, daß Originale im Vergleich zu ihren Simulationen enttäuschen. Hyperrealität bedeutet daher für ihn eine Steigerung des Wirklichen in seiner reinen Formqualität. In der Hyperrealität wird die Realität „ekstatisch" übertroffen.

Baudrillard (1978, S. 30) unterscheidet zwischen der Logik der Simulation und der Logik der Tatsachen. Tatsachen bedeuten bei ihm höhere Seinsstufen an den Schnittpunkten zirkulierender Simulakra. Modelle konstruieren den Schnittplatz der Ereignisse. Das Reale entsteht aus der Kombination von Modellen, wie auch die Landkarte erst das Territorium produziert. Daher definiert die Logik der Simulation das Reale, wie auch genetische Befehlsmatrizen Leben und Tod diktieren. Er nennt daher die Wirklichkeit, die sich der Zirkularität von Modellen verdankt, Hyperrealität, da sie sich nicht mehr sinnvoll von einem Imaginären unterscheiden läßt. Die Frage nach Wirklichkeit und Schein, „wahr" und „falsch" wird von der Hyperrealität der Simulation absorbiert. Die sogenannte Realität, die Geschichte, gestaltet sich im reinen „als ob" und wird damit zum Simulakrum. Simulation unterscheidet sich von der Fiktion durch das Unterlaufen der Realität bei gleichzeitiger Schaffung von Wirklichkeit. Imaginäres und Reales werden durch die Simulation zur Deckung gebracht. Durch die neuen Technologien, so Baudrillard, verschwindet nunmehr der Mensch im Simulakrum seiner Medien.

Die Vorzeichen einer semiotischen Apokalypse und damit verbunden die Ununterscheidbarkeit von Realität und Zeichen erkennt auch Dietmar Kamper (1990). Unser dominanter Sinn, das Sehen, fungiert nach seiner Auffassung als Agentur einer restlosen Selbsttäuschung. „Unter den Bedingungen eines fortgeschrittenen Kapitalismus kann das ‚Wirkliche' nicht mehr vom ‚Vorgestellten' unterschieden werden, oder präziser: auch das Wirkliche ist bloß ein bestimmtes Vorgestelltes. Seitdem die ‚Bilder' sich als das Sinnliche ausgeben können und die Vorstellung als Erfahrung sich aufspielt, fällt der harte Kern der Dinge aus. Das Leben der Menschen gerät zu einem bebilderten Gefängnis" (ebd., S. 32f.).

Die neuere technologische Entwicklung vermittelt den Eindruck, als ob die Ängste der genannten Autoren sich bewahrheiten. Längst ist es möglich, mit Hilfe der elektronischen Fotografie und nachträglicher Computerbearbeitung bildpunktgenau Veränderungen zu schaffen, die von keinem Menschen mehr erkannt werden können. Nur ein baugleicher Computer wäre in der Lage, die Korrektur zu erkennen. Filme wie *Jurassic Park, Forrest Gump, Terminator 2* und *Die Maske* haben dies eindrucksvoll gezeigt. Eine saubere Trennung zwischen Alltagsrealität, simulierter Realität und konstruierter Medienrealität wird dadurch immer schwieriger. „Die unendlichen technischen Möglichkeiten der Simulation ermöglichen es heute, beliebige ‚Projektions'flächen zu schaffen, die keine allgemeine Verbindlichkeit als Realitätsinterpretationen aufweisen und nur ihren imaginären Bezug zum jeweiligen Unbewußten des einzelnen haben" (Kleinspehn 1989, S. 324).

Aus den gleichen Indizien lassen sich andere Folgerungen ziehen. Welsch (1993) geht davon aus, daß in Zukunft mehrere Wirklichkeitsversionen miteinander koexistieren. Er insistiert auf der Notwendigkeit ästhetischen Denkens. Die alten Kategorien von Sein und Schein, Realismus und Fiktionalismus greifen nicht mehr. Der sinnliche Schein wird zum Wesen. „Wo Wirklichkeit aus weichen Mäandern und ununterscheidbaren Übergängen von Schein und Realität oder Fiktion und Konstruktion besteht, da braucht es, um solchen Prozessen auf die Spur zu kommen und einigermaßen gewachsen zu sein, ein ähnlich bewegliches und geschmeidiges Denken, da ist nur noch ein ästhetisches Denken navigationsfähig" (ebd., S. 59).

Die Schwierigkeit im Umgang mit dem Auflösen der markanten Unterscheidung zwischen Schein und Wirklichkeit verweist auf die Unumgänglichkeit, ästhetische Kriterien in den Mittelpunkt medienpädagogischer Aktivitäten zu stellen. Die Argumentationen von Meyer (1992), Baudrillard (1978, 1982) und Kamper (1990) stehen in der Tradition des Immanentismus, der Vorstellung, daß das Bild mit dem Wesen der Darstellung übereinstimmt. Die implizierte Vermutung, daß die Bilder einen direkten Einfluß auf die Wahrnehmung der Rezipienten ausüben, läßt sich in dieser monolithischen Form nicht aufrechterhalten, wie durch Ergebnisse der Kognitionsforschung belegt werden kann.

2.3 Zur Bedeutung der Wahrnehmung

Bei den meisten wissenschaftlichen Reflexionen über die Wirkung von Medien (Bildern) stehen sich zwei Positionen diametral gegenüber. Eine Forschungsrichtung stellt eine immanente Beziehung zwischen den Bildern und dem Dargestellten her, wobei sie zu unterschiedlichen Wertungen kommt. Eine Lehrmeinung, wie z.B. die Position von Meyer (1992), Baudrillard (1978, 1982), Kamper (1990), aber auch die von Günter Anders (1987) und Hans M. Kepplinger (zitiert nach Meyer 1995, S. 56), der von einem „essentialistischen Trugschluß" der Bilder spricht, zieht kulturpessimistische Konsequenzen. Eine andere Richtung, zu der die Gestaltpsychologen, wie z.B. Rudolf Arnheim (1980), aber auch die Mythenforscher Mircea Eliade (1988) und Joseph Campbell (1989) zu rechnen sind, erkennen in den Bildern Potentiale, die unseren Wahrnehmungsprozeß aktivieren können. Mit dem Bild-Wahrnehmen steht nach deren Auffassung eine Erkenntnismöglichkeit in Verbindung. In Opposition zu diesen Richtungen postulieren u.a. Paul Willis (1991) oder Hans Ulrich Reck (1994), die Dominanz der gesellschaftlich vermittelten Aneignung von Wirklichkeit. Bilder haben nach diesem Selbstverständnis keinen Eigenwert, sondern erhalten ihre Bedeutung durch gesellschaftliche Zuschreibung. Ich gehe von einer möglichen bewußten oder unbewußten Beeinflussung durch Bilder aus. Durch A-priori-Kategorien, wie z.B. Zeit und Raum, durch Schemata geprägte Wahrnehmungsvorgänge und/oder durch phylogenetische Erfahrungen gibt es *Filter* (Faksimile), die auf unsere Weltaneignung einwirken. Ich bezweifle allerdings eine universale immanente Beziehung. Aktuelle und biographische Erfahrungen können den Wahrnehmungsprozeß verändern. Die Ergebnisse der Kognitionsforschung, die im folgenden dargestellt werden, belegen die Notwendigkeit der Verzahnung beider Forschungsrichtungen.

Die Forschungstradition der Wahrnehmungspsychologie besteht aus drei Ansätzen: dem psychophysischen, dem kognitionspsychologischen und dem ökologischen Optik-Ansatz. Die Abhängigkeit des Wahrnehmungserlebnisses vom zugrundeliegenden Reizverhältnis (Psychophysik) oder die Suche nach den Prinzipien, nach denen das Reizmaterial bei der Wahrnehmung organisiert wird (Gestalttheorie), ist Ausgangspunkt des psychophysischen Ansatzes. Der kognitive Ansatz fragt nach der Beeinflussung der Wahrnehmung durch das Gedächtnis. Der Ansatz der ökologischen Optik untersucht die Struktur der von den Oberflächen der Gegenstände reflektierten Licht- und Schallwellen für den Organismus. Nach einem einführenden Kapitel werden der gestalttheoretische Ansatz und Aspekte der kognitiven Psychologie zur Sprache kommen, weil diese Ansätze geeignet sind, die für den Erkenntniszusammenhang dieser Arbeit relevanten Fragen zu diskutieren.

2.3.1 Welt und ihr Abbild in der Wahrnehmung

Es ist nicht die Welt, die wir mit unseren Sinnesorganen wahrnehmen. Es gibt eine Welt der *Gegenstände* und eine Welt der *Wahrnehmung der Gegenstände* (vgl. Roth 1997, S. 21). Das Auge war ursprünglich eine optische Alarm- und Orientierungsapparatur und ist nur beschränkt in der Lage, die Realität real abzubilden (vgl. Ditfurth 1980, S. 116ff.). Das Auge ist keine objektive Kamera. Wir erleben immer nur einen Ausschnitt der

Welt. Die Mehrzahl der Informationen, die wir mit der Netzhaut empfangen, erfahren wesentliche Veränderungen im Prozeß der Wahrnehmung, so daß von den ursprünglich aufgenommenen Informationen nur wenige Bits empfangen werden. Gesehen wird mit dem Gehirn und nicht mit dem Auge, d.h. die gesammelten und bewerteten Vorerfahrungen geben eine Grundlage für Erkenntnis. Das Auge liefert nur die Ausgangsdaten, die in einem komplexen Prozeß mit den bisherigen Erfahrungen abgeglichen werden. Bei unseren Wahrnehmungen handelt es sich immer um künstliche oder fiktionale Leistungen unseres Gehirns. Unser visueller Apparat, unser Vorwissen, aber auch die biographischen Erfahrungen und unsere Sehgewohnheiten bestimmen ganz entscheidend, was und wie wahrgenommen wird.

Das ordnende Gehirn, das mittels des Auges wahrnimmt, erkennt keine „Objekte" oder „Bilder" außerhalb seiner Existenz. Das Gehirn wertet nur die sich zu einer Gestalt verdichteten reflektierten Daten aus. Der kompetente Umgang mit diesen Re-Konstruktionen verleitet uns dazu, die ausgewerteten Daten als Realität zu interpretieren. Bei unseren Wahrnehmungen handelt es sich immer um Ausschnitte aus der Erfahrungswelt. Die Realität in ihrem An-und-für-Sich können wir nicht erkennen. Im Jahre 1781 hatte schon Immanuel Kant darauf aufmerksam gemacht, daß die Erfahrung uns nichts über die Natur der Dinge an sich lehren kann. Unser Erkenntnisvermögen ist von der Erfahrung unserer Organe geprägt. Darauf weist Kant in seiner *Kritik der reinen Vernunft* hin. Unserer Erfahrung vorausgehend tritt uns das Feld von Zeit und Raum *a priori* gegenüber (1990, S. 63ff.). Kant spricht davon, daß die Gesetze unseres Denkens bestimmen, was wir denken können. Die Welt-Wahrnehmung ist für Kant vor allem ein Ergebnis der Informationsverarbeitung unserer Wahrnehmungsapparate. Notwendigerweise erscheint uns die erfahrene Welt als stabil, da sie von uns selbst konstruiert wird. Die Erkenntnis von existentieller Welt (objektive Welt) erschließt sich uns jedoch nur bedingt.

Alle Wahrnehmungswelten, das betont auch Welsch (1995, S. 73f.), sind im Grunde künstliche Welten. Baacke (1995) weist ebenfalls darauf hin, daß es einen unmittelbaren, einen deutungsfreien Zugriff auf die Realität nicht gibt. Die Wahrnehmung von Wirklichkeit ist Resultat von Deutungen des sich Welt aneignenden Subjekts. Was wir wahrnehmen, sind Wirklichkeits-Welten. Die Realität entzieht sich unserer gänzlichen Beobachtung. Realität wird dabei definiert als der Bereich, der vorfindbar ist, während Wirklichkeit als der Bereich gilt, den der einzelne zur Konstruktion seines Welt-Bildes stets neu zu schaffen hat. Das, wozu unsere Sinnesorgane in der Lage sind, in für uns lesbare Informationen zu übersetzen, entspricht unserem Wirklichkeitsempfinden und wird daher als wirklich wahrgenommen. Dies ist aber keineswegs die Realität. Unabhängig von den verdrängten Inhalten gibt es viele reale Ebenen, wie z.B. Radioaktivität, die Relativität von Raum und Zeit, die sich unserer Beobachtungsmöglichkeit entziehen. Wirklichkeit ist, wie Rolf Kloepfer (1988) sagt, ein Vermittlungsgefüge, „das sich für eine Gemeinschaft als günstig, nützlich und tragfähig erwiesen hat“ (ebd., S. 75), eine Konstruktion, die sich mit der Zeit verfestigt, die aber immer den gesellschaftlichen Reproduktionsbedingungen unterworfen ist. Das Abbild der Außenwelt bildet nur das Rohmaterial, das bearbeitet und aufbewahrt wird. Wahrnehmen ist somit kein passiver Vorgang, eine mechanische Reaktion auf optische Reize. Das, was jeder einzelne sieht, wahrnimmt, worauf er reagiert, ist immer eine aktive Leistung des Gehirns. In wesentlicher Hinsicht unterscheidet sich das Bild der Außenwelt von der Projektion der Retina. Die Wahrnehmung der Größe eines Gegenstandes steht nicht in direkter Beziehung zur relativen Größe der Netzhautabbildung. Das unrichtige Abbild wird durch ein unbewußtes Urteil korrigiert, wie schon Hermann von Helmholtz herausfand (1867, S. 26f.). Schon im elementaren Wahrnehmungsakt muß daher von einem aktiven Auffassen gesprochen werden.

Nur ein Bruchteil eines Informations-Reizes verbleibt im Langzeitgedächtnis (vgl. Rexrodt 1981, S. 138). Trotzdem löst die bewußte Vorstellung dieses Reizes eine komplexe Wahrnehmung aus. Das heißt, daß nicht jeder die gleichen Botschaften empfängt. Ein großer Teil der Informationsverluste bzw. der Informationsverwandlung haben gattungsspezifische Arten der Wahrnehmung zur Grundlage. Ein anderer Teil erfolgt aufgrund subjektiver Transformationen der Informationsreize.

2.3.2 Wahrnehmung und Erkenntnis

Die psychophysischen Ansätze nehmen an, daß die Wahrnehmung eines Reizes mit der Darbietung eines Reizes beginnt und die Leistung darin besteht, den Reiz in einen Wahrnehmungsinhalt zu transformieren. Diese Forschungsrichtung betont die aktive Leistung der Rezipienten. Nach Auffassung von Bernhard Waldenfels (1985) und Jacques Lacan (1987) entspricht Wahrnehmung einer Textbildung und beinhaltet Artikulation und Reziprozität von Blick und Angeblicktem (zitiert nach Zillessen 1991, S. 160). Arnheim (1978) sieht in der Wahrnehmung von Formen ebenfalls eine äußerst aktive Beschäftigung. „Zum einen prägt sich die Welt der Bilder nicht einfach einem getreulich aufnehmenden Organ ein. Vielmehr greifen wir nach einem Objekt, wenn wir es ansehen. Mit einem unsichtbaren Finger bewegen wir uns durch den Raum um uns her und gehen zu entfernten Orten, wo Dinge zu finden sind; wir berühren sie, fangen sie ein, prüfen ihre Oberfläche, ertasten ihre Umrisse, erforschen ihre äußere Beschaffenheit“ (ebd., S. 46).

Die Gestaltpsychologie lehrt, daß die Formwahrnehmung über das Erfassen des visuellen Reizes hinausgeht. Formen, Figuren oder *Gestalten* sind dieser Theorie gemäß das Ergebnis von Prozessen der Gliederung und Herstellung von Zusammenhängen im Wahrnehmungsfeld. Indem ich wahrnehme, trenne ich eine Figur von einem Hintergrund (vgl. u.a. Rubin 1921, S. 3ff.; Kebeck 1994, S. 39, 150ff.). Bestimmte Elemente werden von unserem visuellen System als *Figuren* aufgefaßt, während das übrige visuelle Feld als Hintergrund interpretiert wird. Diese Leistung des Wahrnehmungssystems gilt als Voraussetzung für sichere und schnelle Orientierung und wird *Figur-Grund-Unterscheidung* genannt. Abhängig ist die Unterscheidung von Figur und Grund von der Bildung von *Gestalten*. Die Gestalttheoretiker Max Wertheimer (1923, S. 301ff.), Ivo Kohler (1962, S. 63ff.), Wolfgang Köhler (1920, 1971) und Kurt Koffka (1950) haben bei ihren Untersuchungen folgende Gesetzmäßigkeiten herausgearbeitet:

1. Faktor der Gleichartigkeit und der geringsten Inhomogenität (Gruppenbildung),
2. Faktor der Nähe (möglichst kleiner Abstand zwischen den Gruppen),
3. Faktor des gemeinsamen Schicksals (übereinstimmendes Verhalten),
4. Faktor der (objektiven) Einstellung (frühere Gruppierungen werden bevorzugt),
5. Faktor des Aufgehens ohne Rest (Abstoßung oder Ergänzung),
6. Faktor der durchgehenden Kurve (des glatten Verlaufs),
7. Faktor der Geschlossenheit.

Es gibt nach Auffassung der Gestaltpsychologie eine Tendenz unseres Wahrnehmungssystems, unser Wahrnehmungsfeld möglichst einfach zu strukturieren, die sogenannte Tendenz zur *guten Gestalt* (Prägnanzeffekt). Wenn Teile und Einheiten eines Musters auf einer Linie liegen oder ihre Richtungen nur geringe Abweichungen aufweisen, unterstellen wir eine stetige Fortsetzung. Bei abrupten Richtungsänderungen interpretieren wir Konturen als nicht zusammengehörig. Demgemäß deckt unser Wahrnehmungssystem im visuellen Reizmuster objektive Strukturen und Gruppierungen unserer Umwelt auf.

Die Wahrnehmung erfaßt bevorzugt hervorstechende Merkmale von Objekten bzw. hervorragende Strukturmerkmale (vgl. Arnheim 1978, S. 47).[13] Der normale Gesichtssinn erkennt die Gestalt ganz unmittelbar. „Er begreift eine Gesamtstruktur“ (ebd., S. 56). Dabei ist offensichtlich, daß die primären Erfahrungswerte Merkmale der Gesamtstruktur sind.

---

[13] In der Wahrnehmungsgestalt selbst sieht Arnheim (1980, S. 50) das Ergebnis eines Wechselspiels zwischen dem physikalischen Gegenstand, dem Medium Licht als dem Übermittler von Information und den im Nervensystem des Betrachters herrschenden Bedingungen.

Wahrnehmen besteht bei Arnheim (ebd., S. 49) im Bilden von Wahrnehmungsbegriffen. Das Sehen schafft „Muster aus allgemeinen Formen", die auf eine unbestimmte Zahl ähnlicher Fälle anwendbar sind, daher erfüllt der Sehvorgang für ihn die Bedingungen der Begriffsbildung.[14] „Die Wahrnehmung vollbringt auf der sinnlichen Ebene, was im Bereich des Denkens Verstehen genannt wird. Im Sehen nimmt jedermann auf bescheidene Art und Weise die zurecht bewunderte Fähigkeit des Künstlers vorweg, Muster zu erzeugen, die mittels gestalteter Form eine gültige Interpretation von Erfahrung liefern. Sehen ist Einsehen" (ebd., S. 50). Für Arnheim hat nicht nur das Denken, sondern auch die Gesichtswahrnehmung Erkenntnisfunktionen, da sie bereits wesentlicher Bestandteil der Wahrnehmung selbst ist, wie z.B.:

Aktives Erforschen – Aussondern – Erfassen des Wesentlichen – Vereinfachen – Abstrahieren – Analyse und Synthese – Ergänzen – Korrigieren – Vergleichen – Kombinieren – Unterscheiden – in Zusammenhang bringen – Aufgaben lösen – Kategorisieren – Umformen – Wählen – Generalisieren.

Unter *Erkennen* versteht Arnheim (1980, S. 24) alle seelischen Tätigkeiten, „die beim Empfangen, Bewahren und Verarbeiten von Tatsachenmaterial im Spiel sind, also die Sinneswahrnehmungen, das Gedächtnis, das Denken und das Lernen". Auch beim künstlerischen Schaffen sind Wahrnehmung und Denken untrennbar vereint (ebd., S. 9). Er postuliert die Einheit von Wahrnehmung und Denken. Alles schöpferische Denken in der Philosophie und in der Wissenschaft erfolgt für ihn in Formen von anschaulichen Bildvorstellungen. „Es scheint keine Denkprozesse zu geben, die nicht wenigstens im Prinzip in der Wahrnehmung anzutreffen sind. Anschauen ist anschauliches Denken" (ebd., S. 24).

Die besondere Leistung des gestalttheoretischen Ansatzes liegt in der Herausarbeitung der Bedeutung des Anschaulichen (Visuellen) für die Denktätigkeit des Menschen. Mit hoher Wahrscheinlichkeit wird unser Netzhautbild anhand der Prinzipien der Gestaltpsychologie organisiert. Danach werden die vom Sehsystem isolierten Formen der Bildelemente als Objekte beschrieben. Es kann allerdings ein weiterer Wahrnehmungsschritt folgen (vgl. Rock 1985). Es ist denkbar, daß es zu einer Suchaktion nach ähnlichen Gedächtnisinhalten kommt. Werden Übereinstimmungen festgestellt, läuft ein dritter Schritt ab: „Die Erinnerung wird mobilisiert und mit der Wahrnehmung verwoben, um sie zu verfeinern" (ebd., S. 113). Damit werden biographische und somit auch gesellschaftliche Einflüsse

[14] Das Wort „Begriff" weist bei Arnheim nicht auf eine verstandesmäßige Tätigkeit hin. Die beschriebenen Vorgänge laufen innerhalb des visuellen Bereichs der Wahrnehmung ab. Das Wort „Begriff" soll auf eine auffallende Ähnlichkeit hinweisen.

für Wahrnehmungsprozesse relevant. Mit der Bedeutung dieser Beeinflussungsfaktoren hat sich die Kognitionsforschung beschäftigt.

2.3.3 Wahrnehmung und Kognition

Die kognitionspsychologische Wahrnehmungsforschung versteht Wahrnehmung als Instrument des Erkennens, die aktive Informationsverarbeitung steht hier im Mittelpunkt. Wahrnehmung und Gedächtnis werden in engem Zusammenhang gesehen. Wahrnehmung dient als Vorbereitung für Handlung und wird als Funktion der Orientierung in einer sinnhaften Umgebung interpretiert. Während für die Psychophysik die Funktionsweise des Organismus von der Person des Wahrnehmenden weitgehend unabhängig ist und eher deterministisch auf sie einwirkt, dominiert bei der kognitiven Wahrnehmungspsychologie eine personenabhängige Sicht. Wahrnehmung und damit auch die Vorstellung von Wirklichkeit stehen nach dieser Auffassung im Kontext des Betrachters. Jeder Beobachter konstruiert seine eigene Welt, indem er Aspekte der Umwelt auf seine spezifische Art und Weise selektiert und auswertet.

„Wahrnehmung wird hier in unmittelbarer Beziehung zu Prozessen der Aufmerksamkeitssteuerung gesehen, und der früheren Erfahrung wird bei der Interpretation von neuartigen Wahrnehmungssituationen eine steuernde Funktion zugestanden" (Kebeck 1994, S. 123). Schon bei der Selektion der zu verarbeitenden Informationen, bei der *Steuerung der Aufmerksamkeit* beginnt der aktive Prozeß der Wahrnehmung. Aufmerksamkeit wird als gezielte Selektion von Informationen interpretiert, die Voraussetzung für eine bewußte Wahrnehmung ist. Ausgegangen wird von der These, daß es, bezogen auf die Sinnesorgane, ein ständiges „Reiz-Überangebot" gibt. Systematische Such- und Steuerungsprozesse sorgen für eine Reduktion und Auswahl der ankommenden Informationen. Die These von der „Medienflut" ist somit allein aus wahrnehmungspsychologischen Gründen nicht haltbar, wie auch Peter Winterhoff-Spurk bestätigt (1994, S. 198ff.).

Die Steuerungsprozesse laufen keineswegs zufällig ab. Das *Flaschenhalsmodell* (vgl. Broadbent 1966, S. 210ff., 297ff.) geht von einer Verengung der Übertragungskanäle aus, die wie ein Filter die Übertragung von Informationen begrenzen. Ob diese früh, d.h. direkt bei der Aufnahme durch die Sinnesorgane, erfolgt oder zu einem späteren Stadium des Prozesses, ist unklar. Die meisten Befunde sprechen allerdings für eine späte Selektion. Vor jeglicher Aufmerksamkeit werden „vorbewußte" Verarbeitungsschritte aktiviert. Das *Kapazitätsmodell* (vgl. Moray 1967, S. 84ff.; Kahneman 1973, S. 66ff.) unterstellt ebenfalls eine begrenzte Verarbeitungskapazität der Informationsverarbeitung. Der sensorische Gesamtinput ist in den meisten Fällen deutlich höher, so die These, als die vorhandene Kapazität der Verarbeitung. Die ankommenden Informationen können aber auf unterschiedliche Verarbeitungsaufgaben verteilt werden. Bei einkommenden Informationen wird ein Entscheidungsprozeß in Gang gesetzt, der Prioriäten zuweist. Umstritten ist, ob mehr als ein Verarbeitungsprozeß bewußt und zeitgleich stattfinden kann.

Wenn Teile der ankommenden Informationen gezielt ausgeblendet werden, wird von *selektiver Aufmerksamkeit* gesprochen. Mit Hilfe dieser selektiven Wahrnehmungsweise können Wahrnehmungsinhalte bewußt wahrgenommen werden. Der Fokus unserer Aufmerksamkeit kann verschoben werden (Cocktail-Party-Effekt). Eine simultane Verteilung der Aufmerksamkeit auf zwei unterschiedliche Informationskanäle scheint nicht möglich zu sein (vgl. Kebeck 1994, S. 161).

Mit der Aufmerksamkeit verbunden sind immer auch motorische Reaktionen (vgl. Broadbent 1966, S. 36ff.). Die von den Sinnesorganen empfangenen Reize führen zu einer Ausrichtung der Aufmerksamkeit. Dieser Effekt wird als *Orientierungsreaktion* bezeichnet. Unsere Augen richten sich immer zentriert auf die von der Aufmerksamkeit georteten relevanten Wahrnehmungsbereiche. Diese Wahrnehmungsteile werden über das foveale Sehen (hohe Sehschärfe und Diskrimination, geringer Winkel) angeeignet. Insbesondere Töne lösen die Orientierungsreaktion aus.

Die selektierten Informationen erfahren „positive" Korrekturen. Ziel dieser Korrekturen ist es, Wahrnehmungsobjekte weitestgehend „originalgetreu" zu erfassen, d.h. konstant zu erhalten. Die Wahrnehmung ist darauf ausgerichtet, ungeachtet von Irrtümern und Täuschungen, tatsächliche Eigenschaften zu identifizieren.[15] Einer der zentralsten Korrekturmechanismen besteht in der Wahrnehmung unserer Umwelt als „aufrechte Welt". Mit Hilfe der *Orientierungskonstanz* sind wir in der Lage, unser Netzhautbild, das, physikalisch gesehen, auf dem Kopf steht und seitenverkehrt projiziert ist, umzudrehen. Bei Forschungen, in denen mit einer Umkehrbrille bei Probanten eine Umkehrung des Netzhautbildes erzielt wurde, trat bei den meisten Testpersonen eine Anpassung an die neue visuelle Welt auf (vgl. Kohler 1951, S. 15ff.). Es scheint, daß der Mensch die meisten Informationen und Wahrnehmungsobjekte der Horizontalebene zuordnet. Darüber hinaus spielt die Raumwahrnehmung (Kinästhesie) eine entscheidende Rolle. Auch bei anderen Manipulationen (Farbbeeinflussung, Helligkeit, Größe und Form) stellt sich heraus, daß eine Wahrnehmungskorrektur (Anpassung der Wahrnehmung) an neue Bedingungen stattfindet. Die Wahrnehmung ist offensichtlich in der Lage,

---

[15] Wenn z.B. bekannt ist, daß Tomaten rund und rot sind und etwa einen Durchmesser von 5 cm haben, wird diese Eigenschaft später allen Wahrnehmungen zugeschrieben, die als „Tomaten" identifiziert werden (vgl. Kebeck 1994, S. 139).

zwischen einem physikalischen Objekt und äußeren Bedingungen (Licht, Entfernung) zu unterscheiden.

Die Produktivität der Verarbeitungsmechanismen ist am deutlichsten bei *uneindeutigen Reizvorlagen* zu erkennen. Diese können identische Netzhautbilder hervorrufen, ebenso wie dasselbe Objekt in unterschiedlicher Weise auf der Netzhaut abgebildet werden kann. „Dabei scheint es eine grundsätzliche Tendenz zu geben, zu einer möglichst klaren, eindeutigen und stabilen Interpretation der Reizvorlagen zu gelangen. Die Transformation der sensorischen Information beinhaltet deshalb in der Regel auch eine Deutung und Festlegung darüber, um welches Objekt es sich handelt" (Kebeck 1994, S. 168f.).

Der *natürliche Kontext* des Wahrnehmungsfeldes entscheidet meist „automatisch", wie eine Reizinformation zu bewerten ist. Bei Kippfiguren (vgl. Abb. 6) konnte festgestellt werden, daß die Erwartungen und Einstellungen des Betrachters in Abhängigkeit vom Kontext beeinflussen, ob z.B. eine alte Dame oder eine junge Frau gesehen wird. Die Interpretation und Identifikation kann durch uneindeutige Vorlagen oder durch das Vorwissen zwischen Objekt und Kontext die Wahrnehmungsleistung beeinträchtigen.

Abb. 6: Kippfigur

Richard L. Gregory sieht den Wahrnehmungsprozeß gesteuert von Konzepten (1966, S. 12). Vorhandene Hypothesen werden mit einer Reizinformation abgeglichen. Vorwissen, Erwartung und Kontextinformation bilden das Ausgangsmaterial von Hypothesen, die Ausgangsbasis sind für die nachfolgenden, detaillierten Sinnesinformationen. Mit dieser Datengrundlage werden die Hypothesen verworfen oder bestätigt. Frühere Erfahrungen mit der Wahrnehmungswelt, die sich manifestieren in den *Gedächtnisinhalten*, gelten als Basis der Hypothesen, mit denen Reizinformationen verglichen werden. Der Vergleich findet unwillkürlich und unbewußt statt. Beim Prozeß des Abgleichens wird gezielt nach Merkmalen gesucht, die zu dem aktivierten Konzept (Hypothese) passen. Gegebenenfalls werden Deutungsalternativen abgegrenzt, d.h. die Versuchspersonen gehen an die Lösung der Aufgabe mit einem eigenen Schema, einer Strategie oder einem Rahmen heran (vgl. Gardner 1992, S. 110). Dieser Prozeß wird als *top-down*-Strategie bezeichnet. Vom *bottom-up*-Ansatz spricht man, wenn faktische Details einer konkreten Situation oder Aufgabe den größeren Einfluß auf die Leistung einer Versuchsperson haben. Jean Piagets und Bärbel Inhelders Untersuchung über die Entwicklung des inneren Bildes beim Kind kommt zu dem Ergebnis, daß bei Kindern, bevor sie eine graphische oder gestische Skizze gestalten, vom Vorhandensein von Vor-Bildern oder antizipatorischen Ausführungsplänen ausgegangen werden muß (1990, S. 79, S. 462). Das visuelle Bild entspricht bei Piaget/Inhelder einer „figuralen Evokation", verbunden mit einem hohen Grad an Schematisierung (ebd., S. 471).

Die Schemata haben vor allem die Funktion, Hypothesen zu bilden, d.h. Wahrnehmungsinhalte anhand erster sensorischer Informationen zu antizipieren und Hypothesen zu testen, bzw. die Auswahl und Verarbeitung von Informationen zu steuern. Nach Ulric Neissers Ansicht führt die Anwendung eines bestimmten Schemas dazu, daß wir nach bestimmten Informationen suchen (1979, S. 48ff.). Informationen, die nicht in das aktive Schema passen, werden eher ignoriert. Nur eine Auswahl der verfügbaren Information wird verarbeitet und damit wahrgenommen. Durch eine neue Information kann ein Schema ergänzt oder revidiert werden. Die Wahrnehmung stellt in Neissers Modell einen zyklischen, sich wiederholenden Prozeß aus Erkunden, Aufnahme neuer Informationen und den Einwirkungen auf Gedächtnisschemata dar (vgl. Abb. 7). Neissers Zyklus besagt, daß Wahrnehmen ohne Gedächtnis nicht möglich ist. Das Gedächtnis wird als eine aktive Ordnungsstruktur für die Organisation des Wissens aufgefaßt. Es stellt ein antizipierendes Schema für die Wahrnehmung bereit, die auch die Erkundungsvorgänge leitet und Interpretationen über die aufgenommenen Informationen liefert.

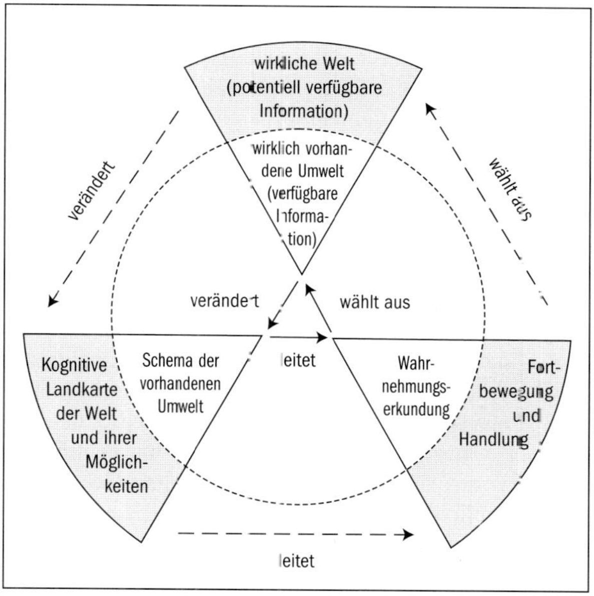

Abb. 7: Wahrnehmungszyklus nach Ulric Neisser (1979). Visuelles Erkunden, Umweltinformationen und die Schemata im Gedächtnis sind in einem Kreisprozeß zusammengeschlossen.

Bei jeder neuen Erfahrung wird auf bereits existierende Schemata zurückgegriffen, diese können dann durch ein aktiviertes Schema revidiert oder ergänzt werden. Schemata sind daher nicht starr, sondern veränderlich. Dadurch bleibt der Wahrnehmungsprozeß optimal an die Verhältnisse der Umwelt angepaßt. Bei Neissers Ansatz sind einige grundlegende Strukturen angeboren, aber im wesentlichen muß die Wahrnehmung als Interaktion eines Handelnden mit seiner Umwelt angesehen werden. Er spricht daher von einem „zyklischen Fluß zwischen Schema und Informationsaufnahme“ (ebd., S. 8).

Bei den referierten Ansätzen fungiert die Wahrnehmung primär als eine Ordnungsfunktion. Forscher, die unter dem Begriff *New Look* zusammengefaßt werden (Bruner/Postman 1949, S. 14ff.), widersprechen dieser Position. Sie beharren auf den interindividuellen Unterschieden in der Wahrnehmung. Bei ihnen ist Wahrnehmung gesteuert durch motivationale und differentialpsychologische Faktoren. Nach dieser Theorie beeinflussen individuelle Bedürfnisse, Interessen, Einstellungen und Motive maßgeblich unsere Wahrnehmung. Die Organisation der Wahrnehmungsinhalte ist dementsprechend bedürfnisabhängig. Individuumsspezifische *Selektionen* bestimmten die Sensibilität, mit der wir auf unterschiedliche Reize reagieren. Unsere Reaktionen geben Hinweis auf unsere Bedürfnisse und Einstellungen gegenüber den Reizen. Wahrnehmungsobjekte, die in Zusammenhang mit aktuellen Bedürfnissen stehen, werden größer bzw. intensiver wahrgenommen. Dies wird als *Akzentuierung* bezeichnet. Mit dem Begriff *Fixierung* weist diese Forschungsrichtung auf die Tendenz hin, bestimmte Deutungsmuster und Interpretationen immer wieder anzuwenden. Unabhängig von Reizinformationen werden Objekte in einer bestimmten Weise wahrgenommen. Selbst mehrdeutige Informationen werden bezogen auf die augenblickliche Bedürfnissituation.

Herman A. Witkin (1954) betont ebenfalls den individuellen Modus der Verarbeitung von Wahrnehmungsreizen. Er vermutet, daß dauerhafte Persönlichkeitseigenschaften oder Dispositionen die Wahrnehmung grundlegend prägen. Der individuelle Modus der Verarbeitung von Wahrnehmungsreizen hängt nicht von augenblicklichen Bedürfnissen oder Emotionen ab, sondern bleibt zeitlich stabil. Die individuelle Wahrnehmung der Umwelt ist diesem Ansatz gemäß zu vergleichen mit einer „Persönlichkeit“, ähnlich wie die Körpersprache. Der *kognitive Stil* bestimmt, wie wir die Wahrnehmung organisieren und insbesondere mehrdeutige Reize interpretieren.

Das Konzept der kognitiven Stile ist in Einzelfällen sicherlich vorstellbar. Die Befunde der referierten Ansätze sprechen allerdings dafür, daß die Behauptung eines nur individuellen Modus der Verarbeitung von Wahrnehmungsreizen nicht haltbar ist. Eine Verbindung der Ansätze, wie sie ansatzweise von Irvin Rock (1985, S. 3f.) vorgenommen wird, ist notwendig. Er sieht Wahrnehmung als konstruktiven Prozeß, da sich die Weltwahrnehmung qualitativ von den Reizverhältnissen der Umwelt unterscheidet. Wahrnehmung funktioniert bei ihm auf allen Ebenen auf gedankenähnlichen Prozessen. Für Rock gelten Wahrnehmungen als intelligent, sie funktionieren zumindest so, als ob sie intelligent seien. Zwar sind Wahrnehmung und Bewußtsein voneinander getrennt, es lassen sich jedoch eine Reihe von Prozessen finden, die typisch sind für das Denken, so z.B. Beschreiben, Schlußfolgern, Problemlösen. Beschreiben ist bei ihm die abstrakte Analyse der Geometrie und Orientierung eines Objektes. Unter „Schluß" versteht er, daß aus der sensorischen Information nach unbewußt verlaufenden Regeln bestimmte Eigenschaften abgeleitet werden. Die Problemlösung setzt einen kreativeren Prozeß des Hypothesen-Aufstellens voraus (ebd., S. 198). Bei der internen Konstruktion von Ereignissen oder Objekten sieht Rock (1983) vier kognitive Prozesse beteiligt: 1. Formkonstruktion (Wahrnehmung einer Gestalt), 2. Problemlösung (Hypothesengenerierung und -testung), 3. Relationale Bestimmung (Interpretation von Stimulusverhältnissen) und 4. Schlußfolgerungen.

Die Befunde sprechen für eine notwendige Integration der psychophysischen und der kognitiven Ansätze. Rock (1983, 1985) verzahnt zwar beide Ansätze, bei seinem Konzept wird jedoch der psychophysische Ansatz der Kognition untergeordnet. In dieser Arbeit wird davon ausgegangen, daß es eine Autonomie der Wahrnehmung gegenüber kognitiven Prozessen geben kann, wie die Ergebnisse der Gestaltpsychologie nahelegen. Weiterhin wirken Schemata aufgrund phylo- und ontogenetischer Vorerfahrungen. Dies führt zu Vorzugsinterpretationen bei den Wahrnehmungsprozessen. Soziokulturelle und biographische Erfahrungen können allerdings die Autonomie der Wahrnehmung und die Schemata modulieren. Das Gehirn bringt Organisation in den Wahrnehmungsreiz. Es macht Annahmen, die durch Erfahrung bewußt oder unbewußt verändert werden können.

2.3.4 Wahrnehmungsdispositionen

Die referierten Forschungsergebnisse lassen die These zu, daß es eine Ordnung gibt, gleiche und ähnliche Dinge wieder gleich bzw. ähnlich wahrzunehmen, unabhängig davon, ob diese Ordnung durch Gestaltwahrnehmungsgesetze, generalisierte Schemata oder durch biographische Erfahrungen erworben werden. Es läßt sich somit vermuten, daß unsere Weltbilder als innere Raster zu interpretieren sind, die unsere Wahrnehmung anleiten, um die Weltwahrnehmung zu vereinfachen und irgendwie beherrschbar zu machen. Die Annahme einer einfachen, linearen Kausalität ist anscheinend in unserer Wahrnehmungsdisposition integriert. Ganz geringe Hinweise genügen, um auf bekannte Phänomene zu schließen, ohne daß exakte Kenntnisse der Gesamtzusammenhänge zur

Verfügung stehen. Wir gehen an die Welt heran mit der Grundvorstellung, daß die Dinge eine Ursache haben. Der Neurologe Detlef B. Linke bestätigt diese These (in einem Interview mit Alexander Kluge *Zwischen Steinzeit und TV. Metaphysik des bewegten Bildes*, RTL 1994). Er sieht in unserem Gehirn ein sinngebendes Instrument. Unsere Psyche ist darauf aus, allem einen Sinn zu geben. Wir können gar nicht anders, als Sinn zu finden. Nach Auffassung von Linke ist der Mensch eine Sinngebungsmaschine. Unser Gehirn entspricht einem Spiegelungssystem, das Bilder auf verschiedene Weise interpretiert und neu zusammenstellt. Es handelt sich jedoch um keine interdependenten Wechselmechanismen. Gerade der Mensch ist befähigt zum gezielten Umgang mit dem „Gegner" (Gegenüber).

Die Beschäftigung mit dem Thema Wahrnehmung zeigt, daß Sehen und Wahrnehmen einer hochkomplexen Fähigkeit entspricht. Offensichtlich funktioniert unsere Wahrnehmung selektiv. Unser Wahrnehmungssystem ist in der Lage, Daten (Informationen, Beobachtungen, Gefühle, etc.) über Wahrnehmungskonstrukte zu generieren. Da sich die Wahrnehmungsbildung der individuellen Wahrnehmung an der Umwelt (Gesellschaft) orientiert, können Veränderungen in der Umwelt und kulturelle Einflüsse im Lebensalltag auch zu anderen Wahrnehmungsdispositionen führen.

Die Fähigkeit zur Identifikation vertrauter Gegenstände in Abbildungen wird spontan gelernt. Dies „entnehmen wir zweidimensionalen Darstellungen aber auch Informationen, die auf bestimmten Darstellungskonventionen oder auf der ‚gelernten' Beachtung bestimmter monokularer Tiefenhinweise basieren" (Kebeck 1994, S. 184). So symbolisieren z.B. bei Comiczeichnungen Striche die Bewegungen der Akteure. Die durch Erfahrung erworbene Fähigkeit ist die Voraussetzung des Verstehens dieser Bilder in der vom Urheber beabsichtigten Weise. Insbesondere scheint die durch Erfahrung erworbene Fähigkeit zur Wahrnehmung von Räumlichkeit in einem Bild aufgrund von Überlagerung, der Zentralperspektive oder der Größenverhältnisse ein Ergebnis kultureller Lernprozesse zu sein (vgl. Panofsky 1992; Ramm 1989; Röll 1993; Shegin 1982).

Hudsons (1960) internationale Studie (zitiert nach Kebeck 1994, S. 185) verwendete Zeichnungen mit monokularen Tiefenhinweisen (Zentralperspektive, Größe des dargestellten Objekts und Überlagerung). Die Handlung konnte jedoch auch zweidimensional interpretiert werden (vgl. Abb. 8). Hudson fragte weiße und schwarze Südafrikaner nach den dargestellten Handlungen, um zwischen zweidimensionaler und räumlicher Interpretation unterscheiden zu können. Bei der Deutung der Vorlagen der untersuchten elf Subgruppen zeigten sich deutliche Unterschiede zwischen den Gruppen. Zweidimensional wurden die Zeichnungen von Teilnehmern mit niedriger und fehlender Schulbildung (überwiegend schwarze Minenarbeiter) interpretiert. Betrachter mit höherer Schulbildung (Weiße wie

Abb. 8: Testvorlage im Experiment von Hudson

Schwarze) nahmen die Zeichnungen fast durchgängig räumlich war. Mit räumlichen Abbildungen unvertraute Mitglieder von relativ isolierten Stämmen ignorierten die dargestellte dritte Dimension völlig. Sie gaben z.B. an, der Mann in Abb. 8 richte seinen Speer auf den Elefanten, weil die Antilope von ihm weiter entfernt sei.

Die Studie von Hudson bestätigt die wechselseitige Beziehung von speziellen Wahrnehmungskompetenzen und kulturellen Erfahrungen. Gerhard Roth (1997, S. 257f.) geht davon aus, daß die frühontogenetisch erworbene „Grundausrüstung" weitgehend die perzeptive und präkognitive Phase der Wahrnehmung nahelegt. Kinder und Jugendliche, die in einer vom Bild geprägten Gesellschaft aufwachsen, entwickeln demgemäß andere Schemata zur Aneignung ihrer Wirklichkeit als Erwachsene, die in einer Buchkultur sozialisiert wurden. Ergebnisse der Gehirnforschung (vgl. Eccles 1993; Rico 1987) lassen vermuten, daß sich die Hemisphärendominanzen wandeln.

Unser Großhirn besteht aus zwei Hälften. Jede dieser Hälften kann unabhängig voneinander arbeiten, und jede dieser beiden Hemisphären decodiert identische Informationen anders. So entspricht die rechte Gehirnhälfte dem schöpferisch-künstlerischen Teil des menschlichen Gehirns, die linke Gehirnhälfte ist zuständig für die Fähigkeiten, auf deren Leistungen unser abendländisches Bildungssystem beruht, wie z.B. Sprache und rationales Denken. Die Einflüsse audiovisueller Informationen in der Frühphase der Entwicklung führen zu einer Wandlung in der Dominanz der Aneignung von Wirklichkeit. Während frühere Generationen vorwiegend mit der linken Gehirnhälfte Welt interpretierten, werden nunmehr die Potentiale der rechten Gehirnhälfte bedeutender aktiviert. Bei der ästhetischen Erfassung und Wiedergabe der Welt ist die rechte Gehirnhälfte mehr gefordert, da sie die Gesamtstruktur, den Zusammenhang herstellt. Die linke Gehirnhälfte steuert Einzelheiten und Folgerichtigkeit bei. In einer sich rapide wandelnden Welt wird die Bedeutung kreativen Handelns, die ständige Anpassung an sich verändernde Sinneseindrücke überlebensnotwendig. Je bedeutsamer die ästhetischen Erfahrungen im Alltag werden, desto eher verlagern sich Welt-Sicht und Problemverarbeitung von der logisch-rational arbeitenden Hälfte des Gehirns zur intuitiv-assoziativen. Da die rechte Gehirnhälfte zuständig ist für das Schöpferische, Künstlerische, das Verstehen übertragener Bedeutungen, das symbolisch-assoziative Denken (Kreativität, Phantasie, Ganzheitsbetrachtung, Neigung zur Synthese), werden die Bild-Welten als Kommunikationsform aufmerksamer verfolgt. Die Fähigkeiten der linken Gehirnhälfte sind damit nicht verschwunden. Das Corpus callosum bildet eine Informationsbrücke und vermittelt zwischen den verschiedenen Teilen des Gehirns. Beobachtungen in der alltäglichen Praxis im Umgang mit Jugendlichen bestätigen, daß die Fähigkeiten der linken Gehirnhälfte (Analyse, Logik, schrittweise Zergliederung von Denk- und Bedeutungsvorgängen) im Vergleich zur Relevanz der rechten Gehirnhälfte immer mehr zurückgedrängt werden.

Es wäre allerdings verkürzt zu vermuten, daß die Dominanz der rechtshemisphärischen Denkweise Prozesse des Denkens und Abstrahierens verhindert. Bilddenken kann, wie ausgeführt, ebenfalls logische, abstrahierende Prozesse auslösen. Piaget/Inhelder (1990) sehen gleichfalls im Bild „ein unentbehrliches Hilfsmittel für das Funktionieren des Denkens" (ebd., S. 510). Georg W. F. Hegel (zitiert nach Wohlfahrt 1994, S. 166) insistierte schon in seiner Schrift *Wissenschaft der Logik* darauf, daß die Unmittelbarkeit der Anschauung nicht unberührt vom Begriff ist. Eine Konzeption der Sinnesdaten gibt es schon beim Akt der Wahrnehmung. Rezeption ist immer auch Konzeption und das Unmittelbare immer schon vermittelt. „Sehen heißt schon theoretisieren. Niemand sieht unmittelbar, denn nicht das *Auge* sieht, sondern *wir* sehen. Sehen ist nicht bloß etwas Rezeptives, sondern zugleich etwas Spontanes" (ebd., S. 166f.).

Durch Sehen bestimmen wir unseren Platz in der Umwelt. Schon die einfachste sinnliche Wahrnehmung unterliegt reflexiven Strukturen. „Über das Sehen formt sich das Bild von anderen und damit in der Spiegelung auch von uns selbst. Das Visuelle ist die Basis für unser Bild als ganze Menschen und ermöglicht gleichzeitig auch die ersten objektlosen Kontakte. Dadurch ist das Sehen ein Sinn für Nähe und Distanz gleichermaßen" (Kleinspehn 1989, S. 71). Das Gehirn stellt detaillierte und stabile interne Abbildungen her, die dann unser visuelles Verhalten lenken. Wir wählen Abbildungen aus, die uns nützlich sind, stabilisieren sie, modellieren sie und passen sie unseren Bedürfnissen an. Sehen heißt also nicht nur, die Information im Bild zu erfassen, sondern auch Annahmen über das gesehene Objekt zu machen. Bilddenken ist keineswegs unlogisch, es arbeitet nur mit anderen Mitteln. Die alltäglichen Erfahrungen im Umgang mit Kindern und Jugendlichen zeigen die Sinnhaftigkeit eines wahrnehmungsorientierten Konzeptes.

Linke Hemisphäre

verarbeitet Informationen nacheinander

hält sich an eine Reihenfolge: erst A, dann B, dann C (sequentiell)

registriert Einzelheiten: eine Warze

zergliedert die Welt in überschaubare, benennbare Abschnitte und Teile

ist logisch: sieht Ursache und Wirkung

spricht auf verifizierbare Aspekte der Welt an: 2x2

verzeichnet informative Aspekte der Welt

denkt linear

regelgeleitete Ideenbildung: hält sich an vorgegebene, festliegende Strukturen; ist weitgehend abhängig von gespeicherter, organisierter Information

ist syntaktisch, verknüpft Wörter nach grammatikalischen Regeln

zerlegt: wichtig sind Unterscheidungen

kann komplexe Bewegungsfolgen erinnern

redet und redet und redet

weiß, „wie"

verwendet Wörter primär als Zeichen: „eine Frau ist ein Erwachsener weiblichen Geschlechts"

Begriffliches Denken

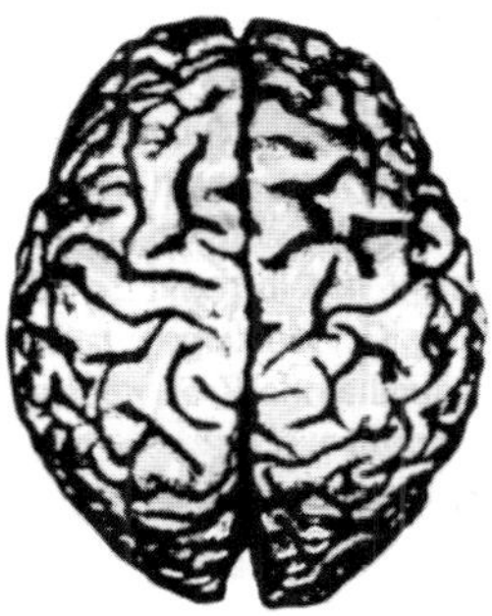

Rechte Hemisphäre

verarbeitet Informationen gleichzeitig

geht simultan vor: erfaßt ein komplexes Bild

erfaßt das Ganze: ein Gesicht

verbindet die Welt zu einem Gefüge von Ganzheiten

ist analog: sieht Entsprechungen und Ähnlichkeiten

spricht auf qualitative, nicht quantifizierbare Aspekte der Welt an: Gefühlszustände

verzeichnet emotionale Aspekte des Denkens

denkt bildhaft

transformative, offene Ideenbildung: hält sich an qualitative, nicht quantifizierbare Strukturen, die nicht in eine bestimmte Reihenfolge gebracht werden, sondern sich um stark gefühlsbesetzte Bilder gruppieren

hat nur eine begrenzte Syntax, reagiert aber auf den Bildgehalt von Wörtern oder ruft Sätze als geschlossene Einheiten ab: den Wortlaut eines Lieds, Gedichts oder Abzählreims

fügt zusammen: wichtig sind Verbindungen

kann komplexe Bilder erinnern

ist stumm – benutzt Bilder und keine Worte

entdeckt, „was"

ist empfänglich für die Bilder und den Klang der Wörter: „das weite weiche weißschenklige Weib" (Updike)

Bildliches Denken

Abb. 9: Die verschiedenen Potentiale der Hemisphären (Gabriele L. Rico)

2.4 Ästhetische Erziehung als Herausforderung

Der Lebensalltag nicht nur von Kindern und Jugendlichen ist von Medien durchdrungen. Bildkommunikation und die Ästhetisierung des Alltags sind, wie ausführlich dargelegt, Begleiterscheinungen dieser Entwicklung. Die Wirklichkeit der heutigen Menschen konstituiert sich heute vermittels ästhetischer Kategorien. Eine solche Wirklichkeit kann nur mit Hilfe ästhetischen Denkens dechiffriert werden. Ästhetisches Denken läßt sich daher als zeitgemäßes Denken bezeichnen. „Seitdem Bilder und Imaginationen leitend geworden sind, stößt begriffliches Denken an eine Grenze und wird umgekehrt ästhetisches Denken kompetent. Der Wirklichkeitswandel – von einer Wirklichkeit der Konstruktion zu einer der Imagination – verlangt den Übergang zu einer anderen Form des Begreifens. Daraus erklärt sich die Dominanz ästhetischen Denkens“ (Welsch 1988, S. 41). Die Ästhetik wirkt wie ein Raster, von dem ausgehend wir unsere Vorstellungen von Wirklichkeit konstruieren.

Die hohe Bedeutung, die der Ästhetik zukommt, hat bei vielen Kritikern, dazu geführt, vor der Ästhetisierung als einer kalkulierten Blendung der Sinne zu warnen (u.a. Flaig/Meyer/Ueltzhöffer 1993, S. 211). Die Beherrschung der Gegenwart durch die Ästhetik führt auch nach Auffassung von Welsch (1993, S. 63) zur Gefahr der Anästhetisierung. Anästhesie wird als Kehrseite der Tele-Ontologie, als katastrophische Bedrohung in fortgeschrittenen Industriegesellschaften bzw. als Fluchtpunkt der Ästhetik beschrieben. Befürchtet wird der Verlust des Anspruchs auf demokratische Mündigkeit und die Urteilsfähigkeit der Bürger, die potentielle Betäubung durch eine uniformierte Medienlandschaft (vgl. Lischka 1993a, S. 22), die scheinbar willenlose Indienstnahme der Sinne (vgl. Flaig/Meyer/Ueltzhöffer 1993, S. 17), eine Kontakt- und Gefühllosigkeit gegenüber der konkreten Wirklichkeit oder gar „die Umformung des Menschen zur Monade im Sinn eines sowohl bildervollen wie fensterlosen Individuums“ (Welsch 1993, S.16). Nach diesen Vorstellungen steht der „Wahrnehmungsflut“ ein Wahrnehmungsverlust gegenüber. Die Ergebnisse der Kognitionsforschung zeigen allerdings, daß Begriffe wie Wahrnehmungsflut sehr problematisch sind. Diese Argumentationen gehen davon aus, daß nur durch den logisch-rationalen Diskurs Denkprozesse initiiert werden. Deutlich wird ein deterministischer Immanentismus.

Die Autoren mißachten, daß die „Bildlichkeit“ der medialen Welt auch Chancen für eine umfassende Welt- und Selbsterfahrung eröffnen kann. Die zunehmende Technisierung des Alltags und die damit verbundene Mediatisierung der Sinne erfordert, um kompetent mit der gesteigerten Komplexität umgehen zu können, die Fähigkeit ästhetischer Urteilsbildung. Gesellschaftlich verantwortliches Denken muß der Ästhetisierung der Erfahrungswelt Rechnung tragen. Ästhetisches Denken und ästhetische

Erfahrung haben die Aufgabe, zur Kompetenz im Umgang mit der Wirklichkeit beizutragen. Der Vorstellung einer „katastrophischen Bedrohung“ wird daher im Rahmen dieser Arbeit nicht gefolgt. Dennoch ist unzweifelhaft, daß die Medien die Wirklichkeitswelten verändern, sie vielschichtiger (vgl. Baacke/Röll 1995, S. 15) machen. Gerade weil durch Bilder, wie natürlich auch durch Sprache und Schrift, manipuliert werden kann, bedarf es der Aneignung und Entwicklung ästhetischer Differenzierungsfähigkeit. Das sieht trotz seines apokalyptischen Vokabulars auch Welsch (1993, S. 68). Er zieht den Schluß, daß gegen systematische Anästhetik nur gezielte Ästhetik hilft.

Die medienpädagogischen Erfahrungen im Umgang mit Jugendlichen zeigen, daß Bilder eine hohe Suggestivkraft auf Jugendliche ausüben. Gleichfalls läßt sich aber auch beobachten, daß viele problemlos in der Lage sind, deren Wirkkraft zu durchschauen. Dies trifft insbesondere auf diejenigen zu, die mit Bildern (Ästhetik) alltäglich umgehen, weniger auf die, die ihnen distanziert gegenüberstehen. Zu befürchten ist, daß die Analphabeten der telematischen Gesellschaft diejenigen sein werden, die nicht in der Lage sind, die Komplexität des Diskurses der Bilder zu bewältigen. Die im Vergleich zu Erwachsenen kompetentere Befähigung im Umgang mit Bildern wird jedoch nicht immer genutzt, und oftmals sind sie auch nur potentiell enthalten und müssen in einem kommunikativen (medienpädagogischen) Lernprozeß habitualisiert werden. Wie bei der Sprache, die ohne Grammatik unverstehbar wäre, lassen sich auch für Bildmedien durch ästhetische Regeln beeinflußte (sub)textuale Regelsysteme herausfinden, die helfen, die unterschiedlichen Botschaften der Bilder zu interpretieren und zu analysieren. Ohne Übung und die Erfahrung im gestalterischen Umgang mit Bildern verkümmern die über den sogenannten passiven Umgang mit den Bildern erworbenen Potentiale.

Die sich abzeichnenden Veränderungen sollten als Herausforderung und nicht als Bedrohung interpretiert werden. Die Medienpädagogik, die wie Baacke (1995) zeigt, meist eine rigide Moralität der Selbstdisziplinierung der Sinne vertritt und den Begriff des Erkennens mit einer normsichernden Kontrolle des Bildlichen in Verbindung bringt, müßte jedoch umdenken. Der klassische Bildungsbegriff, dessen Prämissen in der Vermittlung von Überzeugungswissen liegen, müßte neu interpretiert werden. Bilder sind immer mehrdeutig, und damit wird ein Bildungsbegriff verlangt, der die Segmentierung der Lebenswelt, die Ästhetisierung und Stilisierung der sozialen Welt anerkennt und die Notwendigkeit pluraler Entscheidungen für die Lebensnormen, Orientierungsmuster und Bedürfnisstrukturen akzeptiert. Im Angesicht ästhetischer Dominanzen bei der Aneignung der Wirklichkeit helfen keine monokausalen Standpunkte. Die

Befähigung zur Variabilität und die Bereitschaft, unterschiedliche Standpunkte zu adaptieren und angemessen darauf zu reagieren, könnte zu einer zukunftssichernden Qualifikation werden. Die Schulung der Wahrnehmung als die Basisqualifikation ästhetischer Denkweisen könnte dabei eine zentrale Rolle spielen. Wo die Ästhetisierung der Lebenswelt den Lebensalltag dominiert, helfen keine kognitiv orientierten Postulate und gutgemeinten Absichten.

Es besteht daher nicht nur die Notwendigkeit, die Ästhetisierung der Lebenswelt zum zentralen Thema von kulturellen und politischen Bildungsprozessen zu machen, sondern darüber hinaus handlungsorientierte Modelle zu entwickeln, die den ästhetischen Lernprozeß in das Zentrum des (medien)pädagogischen Lernprozesses stellen. Dieser Lernprozeß bedarf jedoch einer anderen Didaktik. Waren früher eher kausale Denkmuster vorherrschend, deutet sich eine steigende Bedeutung finaler Denkweisen an. In der medienpädagogischen Praxis läßt sich in den letzten Jahren deutlich beobachten, wie die Relevanz des Wortes (z.B. Erstellung eines Drehbuchs, Exposés, serielle und logisch-strukturelle Denkweise) schwindet. Demgegenüber erhält die sequentielle, assoziative, symbolische und prozessuale Logik des Bildes, die präsentative Logik (vgl. Langer 1987) immer mehr an Gewicht.

Aufklärerische Konzepte, wie sie Flaig/Meyer/Ueltzhöffer (1993) vertreten, behandeln nur einen Aspekt der notwendigen Auseinandersetzung. Ihrer Forderung nach „Unterscheidungsvermögen zwischen den Absichten und der Formsprache des inszenierten Interesses auf der einen Seite und dem unmittelbaren Bildeindruck auf der anderen“ (ebd., S. 213) läßt sich zustimmen, doch kann dies nicht nur über einen rationalen Diskurs eingelöst werden. Kompetentes und bewußtes Erlernen von Bilddenken kann ebenso dazu beitragen, das Spannungsfeld zwischen Wesen und Erscheinung nicht nur von Bildern besser beurteilen zu können. Wahrnehmungsfähigkeit wird zu einer entscheidenden Kompetenz in der angemessenen Beurteilung von realer und medialer Wirklichkeit. Sie ist ein unerläßliches Instrument für die Befähigung, verändernd und gestaltend auf die „reale“ Wirklichkeit Einfluß zu nehmen.

Mit der Kenntnis über die Kommunikationspotentiale ästhetischer Abbilder eröffnen sich Möglichkeiten, die Funktionen des symbolischen Bewußtseins kompetenter zu beschreiben. Es geht daher auch um den Anspruch, ästhetische Vermittlung als Form der Wirklichkeitsaneignung zu nutzen, um symbolbewußt kommunizierende Subjekte zu erziehen. Mediatisierung in dem hier verstandenen Sinn wird nicht als Verrat am Ursprünglichen gesehen. Reck weist zu Recht darauf hin, daß gerade die umfassende, totale Mediatisierung die Chance eröffnet, „über die Einsicht in die Wahrnehmung und Verhalten steuernden symbolischen Modelle mehr an anthropologischen Grundmustern und Motiven menschlicher Existenzbewältigung aufzufinden" (Reck 1994, S. 44).

Dessen ungeachtet insistiert Reck (ebd.), wie auch Ernst H. Gombrich (1986, S. 113) darauf, daß die Zuordnung von Zeichen und Bedeutungen in Kulturen durch sich geschichtliche verändernde ästhetische Konventionen reguliert werden, da die verschiedenen Deutungsmöglichkeiten nach ihrer Auffassung in Zusammenhang mit den Zeichenarten und der jeweiligen kulturellen Semantik stehen. Die Diskussion über Wahrnehmung hat verdeutlicht, daß Sehen stets von Deutungen begleitet wird, unabhängig, ob kollektive, gesellschaftliche oder biographische Prägungen diese Deutungen bestimmen.

Entscheidend ist, daß die Rezipienten offensichtlich Routinen bei der kognitiven Aneignung von Erfahrungen bilden, die wie Orientierungsmarken den Aufbau subjektiver Welten beeinflussen. Das subjektive Wirklichkeitsmodell wird von Grundmotiven, die auf kollektiven Schemata basieren, gespeist. Es zeigt eine Tendenz zur Vereinfachung und zur Akzentuierung, wie u.a. die Arbeiten von Arnheim (1980), C.G. (Carl Gustav) Jung (1984), Schulze (1993) und Wertheimer (1923) nahelegen. Diesen Wirklichkeitsmodellen kommt die Rolle einer stabilisierenden apriorischen Bedingung zu (vgl. Schulze 1993, S. 231). Allerdings sind diese Schemata meines Erachtens nicht fixiert, sie können aufgrund subjektiver Alltagserfahrungen transformiert werden (vgl. Neisser 1979 und Rock 1985). Die Rezipienten denken und fühlen mit inneren Bildern. Bei jedem visuellen Vorgang (Außen-Bild) erfolgt ein Up-Date (Abgleich) mit den inneren Bild-Welten (ohne daß sich die Rezipienten dessen bewußt werden). Entsprechend der Präferenzen wird die Bildbotschaft decodiert und in das Handlungsgefüge integriert. Da dies vor allem auch ein visueller Vorgang ist, ist es sinnvoll, die Auseinandersetzung mit der Ästhetisierung der Lebenswelt am Bild anzusetzen.

In der Kunsttheorie hat die Überzeugung, daß der Mensch mit inneren Bildern denkt, nachhaltigen Einfluß gewonnen. Pierre Bourdieu hat darauf hingewiesen, daß jede Betrachtung eines Kunstwerks bewußt oder unbewußt eine Decodierung enthält. „Es gibt keine Wahrnehmung, die nicht einen unbewußten Code einschlösse" (1974, S. 420). Allerdings kam es in der Kunsttheorie ebenso zu unterschiedlichen Einschätzungen über die Beziehung zwischen Bild und Dargestelltem. Wie die Diskussion zum Thema Medien und Gewalt zeigt, handelt es sich dabei um eine aktuelle Frage. Ist ein Film ein Abbild der Wirklichkeit oder kann sich das Bild von seinem Ursprung lösen? Um diese Frage besser beurteilen zu können, bedarf es einer Reflexion über die Be-Deutung von Bildern.

3. Kapitel

STADIEN DER BILDBEDEUTUNG

3 Stadien der Bildbedeutung

Unser Denken wird von der Struktur der Codes geformt, mit denen wir die Welt und uns selbst erfahren. Wir richten unser Handeln und unsere Reflexionen nach Orientierungen, die uns über Zeichen, Symbole und Bilder vermittelt werden. Die von uns konstruierten Zeichen-, Symbol- und Verweisungssysteme repräsentieren die Strukturen unserer Sinnorientierung. Aus den Strukturen unserer Wahrnehmung und Zeichenverwendung werden Hypothesen über die Strukturiertheit der Welt konstruiert. Dieser Prozeß läßt sich als generalisierendes Element der subjektiven Aneignung von Wirklichkeit beschreiben.

Die hohe Relevanz von (Sinn-)Bildern und Symbolen als Deutungshilfen in Religion, Kultur und Gesellschaft ist von einigen Autoren beschrieben worden. Mircea Eliades (1988) religionssoziologische Untersuchungen über *Ewige Bilder und Sinnbilder* verweisen auf die Bedeutsamkeit der Symbolik für archaische und überlieferungstreue Gesellschaften. Wie das jeweilige Weltbild als Weltanschauung interpretiert werden kann, läßt sich nicht nur an früheren Weltkarten des sogenannten Abendlandes zeigen. Eine in nahezu allen Kulturen vorfindbare Symbolik ist die Koinzidenz von Weltzentrum und Wir-Gruppe, wie dies sehr schön anhand der *Londoner Psalterkarte* aus dem 13. Jahrhundert zu sehen ist (vgl. Abb. 10). Paul Zankers (1990) Analyse über *Augustus und die Macht der Bilder* weist nach, wie es Augustus zu Beginn unserer Zeitrechnung gelang, „Bilder" in die Dienste der politischen Macht zu stellen. Abb. 11 zeigt beispielhaft eine Panzerstatue des Augustus, die ihn als strahlenden Sieger nach dem Partherseig zeigt. Der Statuenkörper ist den klassischen Formen der griechischen Kunst des 5. Jahrhunderts vor Christi nachempfunden, um die Gestalt des Siegers zu erhöhen. Louis Charpentiers (1972) Recherchen über die *Geheimnisse der Kathedrale von Chartres* machen offenkundig, daß die gotischen Baumeister mit Ihrer Architektur beabsichtigten, auf alle Sinne des Menschen einzuwirken. Sie setzten Maß, Rhythmus, Licht und Symbolik (vgl. Abb. 12) ein, um die Kathedrale zu einer Stätte der Wandlung für den Besucher zu machen. Dieter Bartetzkos (1985) Untersuchung *Illusionen in Sein* über die Bedeutung der Architektur im Nationalsozialismus zeigen, wie Hitler und seine Baumeister die Wirkungen und Botschaften der Architektur für ihre Herrschaft eingesetzt haben. Eine der markantesten „Argumente in Stein" waren Straßenachsen, wie dies anhand der geplanten Nord-Süd-Achse von Berlin zu sehen ist (vgl. Abb. 13).

Diese Beispiele verdeutlichen, daß Bildern traditionell eine zentrale Bedeutung im Rahmen der Meinungsbildung zukam. Religion und Politik verstehen es seit Jahrhunderten, Bilder als Vehikel für ihre Botschaften zu instrumentieren. Im Hintergrund stand dabei immer die Vorstellung, daß sich in dem Bezeichneten die Natur des Offenbarten spiegelt. Zeichensetzung ist demnach nie beliebig, sondern immer ontologisch. Es wurde bzw. wird vermutet, daß das Subjekt dem Bild(-objekt) einen Komplex von Bedeutungen zuordnet.

Bei diesem Verständnis wird vernachlässigt, daß bei der Verwendung von Zeichen immer zwei Bedeutungsebenen mitschwingen. Einerseits lassen sich Zeichen naturalistisch deuten. Andererseits gibt es eine arbiträre Bedeutung von Zeichen, die auf Typisierung durch Kulturentwicklung setzt (vgl. Reck 1994, S. 70, 112). Die permanente Beschleunigung der auferzwungenen Adaption und damit der Wahrnehmungswan-

Abb. 10: Jerusalem als Mittelpunkt der Welt

Abb. 11: Augustus als „göttlicher" Kaiser

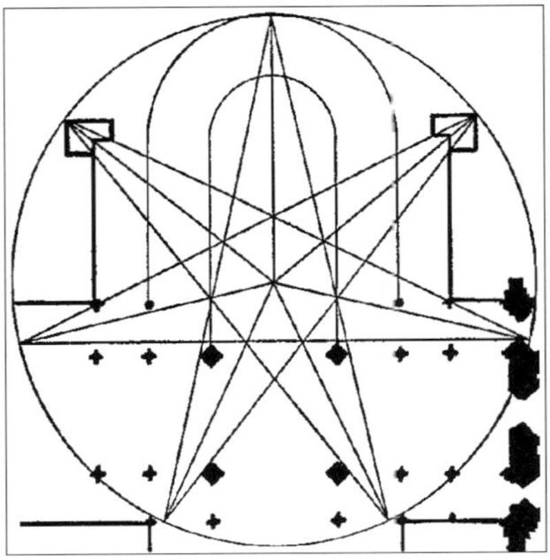

Abb. 12: Erziehung mittels Licht, Chartres

Abb. 13: Argumente in Stein, Berliner Achse

del verändert auch das Zeichensystem. Bei der Decodierung von operativen Technologien (Maschinen, Apparate) sind in der Moderne alltagskonzeptuelle Zeichen dem Zugriff medialer Kommunikationstechnologien ausgesetzt. Kein Zeichensystem bleibt im modernen Leben über längere Zeit unverändert. Das Selbstbewußtsein wird Maßstab der Zeichensetzung. Daher sieht Hans Ulrich Reck zunehmend eine Entkoppelung von Persönlichkeit, Identität und interpretierendem Handeln, obwohl er auch historische Beeinflussungsfaktoren nicht ausschließt. „Die Organisation der Wahrnehmung hat eine historische Signifikanz und kommt unbewußt, kollektiv und intermedial-synästhetisch zustande" (ebd., S. 106).

Abb. 14: Felsbilder als Orientierung in der Welt

Wiederkehrende Topoi, Strukturen und Schemata in erfolgreichen Medienprodukten (vgl. Kap. 5) lassen allerdings vermuten, daß (mediale Vor-)Bilder weiterhin Bedeutung für die Sinnorientierung von Rezipienten haben (können). Gleichwohl gibt es keine Zweifel, daß sich im Verlauf der Menschheitsgeschichte differierende Bedeutungskontexte bei der Wahrnehmung von Bild-Welten identifizieren lassen. Das Wissen um die Wandlung unserer Bild-Aneignung kann helfen, den Zusammenhang zwischen Bild und Abbild besser einschätzen zu können.

3.1 Bild und Wesen

Bilder dienen seit Jahrtausenden als Hilfe bei der Orientierung in der Welt. In der Frühzeit der Menschheit unterschied der Mensch (vermutlich) nicht zwischen dem Bild und dem Abbild. Julian Jaynes (1993, S. 128ff.) geht davon aus, daß der Mensch mit hoher Wahrscheinlichkeit selbst seinen Träumen und Halluzinationen vergleichbare ontologische Bedeutung zuwies wie den Erfahrungen, die er über seine Sinnesorgane sammelte.[16] Vilém Flusser (1988b, S. 11) spricht davon, daß der Mensch in dieser Phase in der gegenständlichen Welt in-sistierte, d.h. er war kein Beobachter der Welt, er verstand sich als Teil dieser Welt. Die außen- und die innen wahrgenommene Welt sowie die durch Abbilder dargestellte Welt wurde

[16] Die hohe Bedeutung, die dem Traum bei der Herausbildung der menschlichen Kultur zukam, wird insbesondere bei Lewis Mumford (1986, S. 65ff.) ausgeführt.

als wesensgleich interpretiert. In der Frühzeit der Menschheit dominierte die Einheit von *Bild und Wesen.* Bild und Abgebildetes wurden als wesensgleich wahrgenommen. Dem Bild wurde, wie auch der Natur und den Naturkräften, eine Seele (anima) zugesprochen.

Im Verlaufe der Zeit gelang es mit Hilfe kodifizierter Systeme wie z.B. von Symbolen, die Daten und Informationen, die von den Sinnesorganen aufgenommen wurden, zu bewerten, zu ordnen und zu interpretieren. Ideogramme, Piktogramme, Zeichnungen und Grafiken hielten „Anschauungen" an Felswänden fest. Diese Felsbilder hatten die Aufgabe, Hilfen für künftiges Handeln zu geben. Sie hatten die Funktion, zur *Orientierung in der Welt* beizutragen. Ermöglicht wurde dies durch die Befähigung des imaginären Denkens (Antizipation, Vorausschau) und des Zurücktretens vom Gegenstand und damit der Herausdifferenzierung von Subjekt und Objekt.

Diese Befähigung zum Subjektwerden, zum Ex-sistieren nennt Flusser (1988b, S. 11) „Einbildungskraft". Die Differenz von Objekt und Subjekt, die Veränderung der Bedeutung vom Greifen zum Blicken, die damit verbundene höhere Nutzung von Einbildungskraft führt allerdings zum Verlust des Vertrauens zu den Bildern. Es entwickelte sich ein *ontologischer Zweifel,* ob diese Welt tatsächlich objektiv, d.h. begreifbar ist. Weiterhin stellte sich heraus, daß Bildercodes notwendigerweise konnotativ sind und daher unterschiedliche Interpretationen seitens der Rezipienten zulassen. Wegen der Mehrdeutigkeit der Bilder waren sie keine verläßliche Methode zur Beschreibung von Welt. Damit die Eindrücke als Modell für Handeln genutzt werden konnten, bedurfte es jedoch der Speicherung und Kodifizierung des Gesehenen. Dies führte zum Verlust der Erfahrung, Bild und Wesen als Einheit zu sehen und begünstigte die Entwicklung von alphabetischen Symbolsystemen.

3.2 Bildimmanentismus

Gleichwohl ging die Vorstellung einer Beziehung zwischen Bild und Abbild nie verloren. Das Bilderverbot des jüdischen und islamischen Glaubens knüpft an dem Bildverständnis der Frühzeit der Menschheit an. Es steht unter dem Dogma der Immanenzthese. Die Immanenzthese geht von der Überzeugung aus, daß zwischen medialen Abbildern und den sie darstellenden Dingen und Objekten eine unmittelbare Beziehung besteht. Am bekanntesten wurde der Konflikt, ob Bilder identisch sind mit dem, was sie abbilden, im sogenannten Bilderstreit. Leo III. ließ im Jahre 726 n. Chr. im damaligen Konstantinopel eine Ikone des Erlösers an der Eisernen Pforte entfernen und ersetzte sie durch ein figurloses Kreuz. Mehrere Generationen dauerte der Konflikt, der durch diese Geste ausgelöst wurde. Leo III. war Bildergegner (Ikonoklast) und setzte die Verehrung von Bildern in Bezug zum heidnischen Götzendienst. Die Bildergegner gingen von der Vorstellung aus, daß Christus Gott und Mensch zugleich ist. Eine Darstellung seiner göttlichen Natur ist demgemäß unmöglich, da sie die Einheit seiner Person zerstört. Die Bilderverehrer (Ikonodulen) gingen von einer mystischen Gegenwart des Heiligen im Bild aus und sahen in der Verehrung der Bilder eine rechtmäßige Form der Frömmigkeit. Original

Abb. 15: Bilderstreit im 8. Jahrhundert: Handelt es sich bei der Ikone um Gott oder ein Abbild von Gott?

Abb. 16: Obwohl wir wissen, daß der Dino eine Kunstfigur ist, löst er eine immanente Wahrnehmung aus *(Jurassic Park)*.

und Bild galt bei den Ikonodulen zur gleichen Substanz zugehörig wie das Original. Eine Zerstörung eines Bildes kam damit einem Martyrium gleich. Zur Klärung dieser strittigen Frage berief Konstantin V. ein ökumenisches Konzil. Es kam zu einem Kompromiß. Fortan gingen die Bilderverehrer von einer Theorie der Nachahmung aus. Nach Platon kann den Bildern eine Teilhabe an der Wirkungskraft des Abgebildeten zugestanden werden (Theorie der *methexis*). Das Original und die Nachahmung entsprechen nicht der gleichen Substanz. Die Nachahmung verhält sich wie ein Schatten zum Original. Das Bild hat jetzt Anteil am Wesen, entspricht aber nicht seinem Wesen (vgl. Doelker 1991a, S. 39). Nunmehr wird in dem Bild eine *Spur des Wesens* gesehen. Das Bild verknüpft die Einheit der sinnlichen Erscheinung mit der theoretischen Wesensbestimmung. Es bezieht sich damit auf die Wirkungskraft des Abgebildeten, drückt jedoch nicht die substantielle Einheit der sinnlichen Erscheinung aus. In der Repräsentation des Heiligen (Ikone = Licht des auferstandenen Christus) sah man nunmehr die geheimnisvolle Präsenz des dargestellten Ereignisses selbst gegenwärtig. Die Bildergegner im byzantinischen Bilderstreit nahmen den Kompromiß zum Anlaß, das Bild abzulehnen, da es sich nur um eine degenerierte Fassung des eigentlichen Wesens handeln würde.

Der Immanentismusstreit ist heute genauso aktuell wie vor 1200 Jahren (vgl. Bauch 1960, S. 16). Diskussionen über die Schädlichkeit des Fernsehens (vgl. u.a. Anders 1987; Postman 1987) oder zum Thema Video und Gewalt (vgl. Glogauer 1994) argumentieren in der Tradition dieses Konfliktes. Die Diskussion um die Funktion von Medien als „Wirklichkeit aus zweiter Hand" (vgl. u.a. Bauer/Hengst 1980), die vermutete Wirkung von Bildern als „unkritisierbare Realinstanz" bzw. als „essentialistischer Trugschluß" (Kepplinger 1987, zitiert nach Meyer 1995) verweist auf den gleichen Problemzusammenhang. Es wird befürchtet, daß durch die Bilder eine kritische Wahrnehmung unterlaufen wird sowie die technisch produzierten Abbild-Welten unhinterfragbar eine Vorstellung über das Ur-Bild (Realität) geben und damit zu Vorbildern der Weltwahrnehmung werden, von der ausgehend die gesammelten Erfahrungen interpretiert werden. Diese Vorbilder induzierten sowohl eine bestimmte Vorstellung von Welt, als auch die Entwicklung von Einbildungskraft im Umgang mit der Welt des Bildes. Schlagzeilen der Boulevardpresse, „Kind schaut *Superman*-Film und stürzt sich danach vom Hochhaus" spekulieren mit dem Potential des menschlichen Wahrnehmungsvermögens, das Dargestellte mit dem Darstellenden als Einheit zu interpretieren. Diese Argumentation leidet unter dem Nachteil monokausaler Erklärungsmuster und der negativen Konnotation potentieller Bildwirkungen. Dennoch bleibt unbestritten, daß es zu Verwechslungen zwischen Bild und Abbild kommen kann. Dies wird in Zukunft noch schwieriger werden. Erschwert wird dies u.a. durch CGI (Computer Generated Imagery), einer Mischung zwischen Film und Computeranimation. Mit dieser Technik ist es möglich, selbst komplexe Bildinformationen zu manipulieren. Spielfilme wie *Terminator 2, Jurassic Park, Toy Story* oder *Forrest Gump* machen deutlich, daß in Zukunft nahezu keine Kriterien mehr helfen, Schein und Wirklichkeit zu trennen (vgl. Abschnitt 2.2.4). Während in *Terminator 2* das Auflösen und Mutieren einer Person noch deutlich als „effect" erkennbar ist, hilft in dem Film *Jurassic Park* nur die Vernunft bzw. das rationale Wissen, daß die wirklichkeitsgetreu kreierten Saurier eigentlich ausgestorben sind, obgleich die Augen etwas anderes beobachten. Die nicht mehr unterscheidbare Konvergenz zwischen Fiktion und Fakt läßt sich in dem Film *Forrest Gump* sehen. Scheinbar reale Handlungen, z.B. ein Tischtennisspiel, fanden nur in der Simulation, aber nicht in Wirklichkeit statt. Die Zuschauer sehen einen virtuosen Ballwechsel, in Wirklichkeit nehmen sie eine Computeranimation wahr. Der virtuelle Tischtennisball löst die gleiche Immanenz aus wie ein realer Ball.

Hans Georg Gadamer (1975, S. 132) geht von einer Nichtunterscheidbarkeit als einem Wesenszug aller Bilderfahrung aus. Das Abgebildete kann sich demgemäß nie ganz vom Ursprungsbild lösen, trotz immer differenzierterem Bildbewußtsein, das sich von der magischen Realität zunehmend löst. Nach meiner Auffassung enthalten Bilder Potentiale, die immanente Wirkungen auslösen können. Sie erschließen sich allerdings nicht zwangsläufig. Aufgrund biographischer oder kultureller Erfahrungen sind die Rezipienten befähigt, eigene Entwürfe bei der Beurteilung von Bildern hinzuzufügen. Die jeweilige Wirklichkeit wird nicht unabhängig von den Betrachtern wahrgenommen, wie die kognitive Wahrnehmungspsychologie (vgl. Kebeck 1994; Gardner 1992) lehrt. Dies trifft zumindest auf die Ebene des Erkennens von Bedeutung zu. Auf der Ebene unbewußter Wahrnehmungen lassen sich Beeinflussungen keineswegs ausschließen.

3.3 Bild als Differenz

Die Art und Weise wie die Sinne einen Gegenstand erfassen, bestimmt die Erfahrung der Wirklichkeit. Die eigene Affiziertheit zu bezeugen und/oder sich getrennt von dem Objekt der Wahrnehmung zu verstehen, läßt sich als das Paradox der Sinneswahrnehmung bezeichnen. Die innere Dialektik der Bilder erschwert die kommunikative Vermittlung. Bilder haben die Aufgabe, zwischen der realen Welt und der subjektiven Wirklichkeit der Menschen zu vermitteln. Faktisch stellen sie sich jedoch vor die Gegenstände (der Welt), anstatt sie vorzustellen. Anstatt die Entfremdung zur Welt aufzuheben, wird sie eher verstärkt. Mit Hilfe von Abstraktion wird das Erscheinen-Lassen des anderen als es selbst erreicht. Eine kognitive Synthese eröffnet sich erst durch die fortgesetzte Abstraktion von den unterschiedlichen Empfindungen. In der Folge nutzten die Menschen nicht mehr die Bilder als Orientierung in der Welt, sondern ihre Erfahrung mit der Welt als Orientierung in den Bildern (vgl. Flusser 1988b, S. 12). Es ergibt sich dadurch eine Umkehrung der ontologischen Bedeutung der Bilder.

Nach Annahme der (modernen) Ikonoklasten (u.a. Anders, Kepplinger, Postman) kann nur durch Sprache und kognitive Lernprozesse die Befähigung zur distanzierten Beurteilung gebildet werden. Nach der hier vertretenen Auffassung läßt sich diese Befähigung des abstrakten Denkens auch auf der Ebene der Bildwahrnehmung erreichen, wie sich mit Hans Jonas (1994) belegen läßt. „Von allen Sinnen verwirklicht das *Sehen* in seinem normalen Vollzug am vollkommensten diese doppelte Leistung der ‚Abstraktion‘: die Absetzung des in-sich-beschlossenen Gegenstandes vom affektiven Zustand der Empfindung und die Wahrung seiner Identität und Einheit über die ganze Spannweite seiner möglichen Transformation der Erscheinung, deren jede bereits in sich eine synthetisch-simultane Mannigfaltigkeit ist“ (ebd., S. 117). Jonas weist darauf hin, daß diese Abstraktion nur gelingt, weil jede Ansicht den Gegenstand bereits symbolisch repräsentiert. Die Abstraktion, die Repräsentation und der Symbolismus sind daher für ihn beim Sehen inhärent.

Sehen beinhaltet ein Zurücktreten von der Umwelt. Wenn Erscheinungen von der Umwelt unterschieden werden, liegt daher schon ein Zurücktreten zweiter Ordnung vor. Der Mensch erreicht diese freie Verfügung durch Imagination bzw. Einbildungskraft. „Imagination trennt das erinnerte Eidos (vom griechischen *eidos* = Aussehen, Erscheinung, d. Verf.) von der individuellen Begegnung mit ihm und befreit so seinen Besitz vom Zufall des Raumes und der Zeit. Die so gewonnene Freiheit - den Dingen in der Imagination nachzusinnen - ist eine Freiheit der Distanz und der Herrschaft zugleich" (ebd., S. 120). Eine innere Einbildung wird in ein äußeres Bild transformiert, die wiederum Gegenstand einer Repräsentation des ursprünglichen Zustandes wird. Durch die äußere Darstellung, die Konkretisierung, kommt es zu einer Objektivierung der individuellen Erfahrung. Ein Wandel vom Immanentismus zur symbolischen Darstellung und damit zur Differenz zwischen Bild und Abbild wird bei dieser Position deutlich. Trotz gemeinsamer Formen, darauf weist Arthur C. Danto (1994) hin, können Darstellungen Eigenschaften haben, die sie nicht mit den Tatsachen oder Dingen, die sie abbilden, teilen. „Das Bild ist dann eine Darstellung, die uns eine gewisse Art von Information über das gibt, was es bezeichnet (und dem es ähnlich ist), aber diese Information erfordert keine interne Verbindung. Sie kann auch durch Beschreibung gegeben werden" (ebd., S. 137).

Maurice Merleau-Ponty (1994) hat sich in seinem Spätwerk bemüht, dem Auge einen produktiven Gestaltungsraum und einen eigenen Geist zuzuerkennen. In seinen Texten *Der Zweifel Cézannes* (1994) und *Das Auge und der Geist* (1984) entwickelt Merleau-Ponty eine Wandlung von dem überkommenen cartesianisch-zentralperspektivischen Bildbegriff zu einer Vorstellung des Bildes als Projektionsfläche. Das Sehen verliert seine technische Abstraktheit, seine konstruktive Statik und gewinnt seine ihm eigentümliche Prozessualität zurück. Der Mensch wird als Beteiligter interpretiert, wenn eine Person außerhalb von sich und gleichzeitig in sich selbst sieht. „Das Auge ist in der Welt, die Welt im Auge" (Boehm 1994a, S. 19). Ein anderes Modell der Wahrnehmung ist Ausgangspunkt dieser Überlegungen. Es geht um das Verschränken von Sehen, wobei der Bildschaffende Autor und Medium seines Tuns zugleich ist. Nach vorn und nach hinten vermittelt die Bildschicht - im Bild überkreuzen sich die Blicke.

Jugendliche genießen es, historisch aufgeladene Zeichen im neuen Kontext in die Dynamik eines jugendlichen *style-war* zu integrieren. In Form von Bricolagen formen sie Codes um. Gegebenen Bedeutungen werden weitere hinzugefügt oder ganz neue Bedeutungen entwickelt. Nicht jedes

Hakenkreuzmotiv, christliche Kreuz oder satanische Symbol, das Jugendliche als Emblem tragen, transportiert die in diesen Symbolen verinnerlichten Werte. Wenn auch offen bleiben muß, welche Wirkung diese Bildmotive hinter dem Rücken der Anwender im Unbewußtsein entfalten.

Abb. 17: Graffiti *The Cure* in Budapest

Gerade im Bereich der subkulturellen Jugendkultur lassen sich selbstgedeutete zeichenhafte Systeme finden, die nach innen einen gemeinsamen Code repräsentieren, während sie nach außen abgrenzen. Bei Jugendlichen läßt sich beobachten, wie soziokulturell gelernte Zeichen eine eigenständige Transformation erfahren. Folgendes Beispiel mag dies verdeutlichen. Das Graffiti *The Cure*, aufgesprüht auf eine Wand in Budapest (vgl. Abb. 17), verweist, bezogen auf die Zeichenfunktion, auf eine gleichnamige Popgruppe aus England. Die symbolische Bedeutung beinhaltet aber auch die Aufforderung zu unkonventionellem Verhalten. Dieses Image hat sich die Gruppe *The Cure* mit einigen Skandalen hart erarbeitet. Als Symbol kann *The Cure* natürlich nur von denen verstanden werden, die über den gleichen soziokulturellen Zeichenvorrat verfügen. *The Cure* wird als Code benutzt, der die Eingeweihten von den Uneingeweihten trennt. In der Regel sollen dabei die Erwachsenen von der Alltagskultur der Jugendlichen getrennt werden. Doch auch die Jugendlichen bilden keine homogene Gruppe. Sie selbst benutzen innerhalb ihrer Peergroup nichtlineare Zeichen zur Abgrenzung. Die Graffiti-Subkultur, um bei dem Genre zu bleiben, benützt als Selbstdarstellung künstliche Code-Namen, die nur in der Gruppe der Gleichgesinnten decodiert werden können, wie z.B. *Talu, Redo, Ulp*. Bei diesen Namen handelt es sich um die Künstlernamen der Graffitisprayer.

Das Bild kann daher auch die *Funktion des Zeichens* erhalten. Das Abgebildete (denotative Bedeutung) kann sich von der konnotativen Bedeutung lösen. Das Symbol wird zum Zeichen, d.h. es besteht nur noch ein imitativer Zusammenhang. René Magritte schrieb über eines seiner Bilder

[17] Doelker (1991a,b) identifiziert in seiner Bildtheorie noch eine weitere Stufe der Bildbedeutung, in der das Bild sich selbst meint. Er nennt diese Stufe den *Eigenwert des Bildes*. Das Bild löst sich von der referierten Realität. Die Ausstattung und Gestaltung des Bildes nehmen einen Eigenwert an. Als Beispiele dieser Bildfunktion verweist Doelker auf Unikate und technologischen Materialismus.

„C'est ne pas une pipe". Die Loslösung vom Gegenstand wird um so deutlicher, je abstrakter das Zeichen ist. Für unser Medienzeitalter ist nach Meinung von Christian Doelker (1991b, S. 40) diese Bildfunktion charakteristisch.[17]

3.4 Reanimismus des Bildes

Der hohe Konsum von Popstar-Postern und Fotos von Filmschauspielern gibt Hinweis auf einen ungebrochenen Gebrauch des Bildes als magische Kommunikation. Das überlebensgroße Standbild von Michael Jackson, das bei seiner HIStory-Tour eingesetzt wurde, knüpft unverwechselbar an dem Idolkult mythischer Gesellschaften an. Insbesondere die Werbeproduzenten gehen davon aus, daß durch die Nutzung von geeigneten Bildern suggeriert werden kann, daß ihr Produkt die Werte hat, die durch das jeweilige Bild repräsentiert werden. Nicht nur in der Pop- und Medienkultur läßt sich dies beobachten. Wenn bei politischen Wandlungen Statuen und Bildzeichen der alten Macht zerstört werden (z.B. Marx- und Leninbüsten nach der Wende), beabsichtigen die Bildzerstörer auch das Wesen des im Bild Dargestellten zu zerstören. Diese Denkvorstellungen sind mythischem Denken verpflichtet.

Parallel zu der Entwicklung, Bilder nur noch als Zeichen zu sehen, gibt es in der telematischen Gesellschaft offensichtlich einen parallelen Trend zur Reaktualisierung ursprünglicher Bildvorstellungen. Bilder werden zu Eigenwesen stilisiert und mit mythischen Kontexten aufgeladen. Das Medium bzw. das im Medium Abgebildete wird zum mythischen Wesen. Damit kommt es zum *Reanimismus* des Bedeutungsgehaltes des *Bildes*, wenn auch auf einer anderen Stufe als dies in der Frühzeit der Menschheit der Fall war. „Nur ist es nicht mehr, wie auf der ersten Stufe, das Wesen des Abgebildeten, das via Bild Wirkungen ausübt, sondern das Bildwesen selbst ist die wirkende Größe" (Doelker 1991a, S. 42). Die Bilder (Medien) deuten nicht mehr nur auf die Welt, um sie zu erklären, sondern, in den Worten von Flusser (1988b), sie bedeuten wieder die Welt. Es geht nicht wie bei der Immanentismusthese um die Verwechslung von Bild und Abbild, sondern um eine Aufladung der Bild-Bedeutung, d.h. Bilder erhalten eine zusätzliche Bedeutung, einen symbolischen Subtext, ergänzend zu dem, was sie eigentlich abbilden. Diese Subtexte richten sich nicht an das rationale Bewußtsein, sondern sprechen phylo- und ontogenetische Erfahrungen an.

Am Beispiel der Mode hat Lucius Burckhardt (1986) daraufhingewiesen, daß nur bestehende Zeichen verstanden werden. So sei jede Mode nur eine Uminterpretation von älteren Bekleidungen. Ein neu erfundenes Zeichen hätte keine Aussagekraft. „Wir müssen im Vorrat der bestehenden Zeichen operieren. Nur mit diesen können wir tatsächlich eine Mitteilung machen. Also nimmt man bestehende Zeichen und wertet sie um" (ebd., S. 51). Es bleibt natürlich die Frage, ob die ursprüngliche Bedeutung der Zeichen und Symbole als unbewußter Code transportiert wird oder eine vollständige Lösung von der Ursprungsbedeutung gelingt. Wie auch ungeklärt ist, ob die zitierten symbolischen Kontexte von den Rezipienten decodiert werden.

Die skizzierten Stationen unterschiedlicher Bildbedeutungen verdeutlichen, daß divergierende Positionen mit jeweils nachvollziehbaren Argumenten auf die Widersprüchlichkeit des Phänomens der Wirkung von Bildern aufmerksam machen. Die Position der Bildimmanentisten wie auch die Argumente, die den Bildern und dem Beobachter eine Differenz zugestehen, können einige, jedoch nicht alle Phänomene erklären. Wenn auch ungeklärt bleibt, ob der Reanimismus zu wahrnehmungsrelevantem Verhalten führt, läßt sich die massenhaft auftauchende Präsenz dieser Bilder nicht verleugnen. Angemessen ist eine Verzahnung der einzelnen Ansätze. Wenn sich auch die Darstellung als historische Beschreibung lesen läßt, verlieren die früheren Stufen nie ihren Gehalt und können stets ihre Relevanz aktualisieren.

Da die mit symbolischen Subtexten aufgeladenen Bilder besonders in den von Kindern und Jugendlichen favorisierten Medien (Spielfilme, Videoclips und Werbung) nachweisbar sind (vgl. Kap. 5), konzentriert sich diese Arbeit speziell auf die potentielle Bedeutung dieser Stufe der Bildbedeutung. Ich gehe in dieser Arbeit von der These aus, daß in der gegenwärtigen Phase, wenn auch auf einer anderen Entwicklungsstufe, das Bild als Ausgangspunkt für die Erklärung von Welt wieder eine wichtige Bedeutung erhält. Aus diesem Grunde ergibt sich die Sinnhaftigkeit, Bild-Welten als ontologisches Phänomen zu diskutieren. Im Gegensatz zu den oben dargestellten kulturpessimistischen Positionen sehe ich in Bildern und Symbolen Potentiale, die dazu beitragen können, Welt zu verstehen und zu ordnen. Es geht um den Versuch, die progressive Dimension des Bildes bzw. symbolischer Abbildungen zu reflektieren. Insbesondere für die Herausbildung von Identität wird ihnen eine Schlüsselrolle zugeschrieben. Welche mögliche Funktion Bilder und Symbole für Jugendliche haben können, wird im Verlauf der Arbeit erörtert. Bevor dies anhand von beispielhaften Produktanalysen geschieht, bedarf es der theoretischen Auseinandersetzung über die Bedeutung symbolischen Denkens.

4. Kapitel

FUNKTION UND BEDEUTUNG DES SYMBOLISCHEN DENKENS

4 Funktion und Bedeutung des symbolischen Denkens

In dem bei uns vorherrschenden kausal-mechanischen, naturwissenschaftlichen Weltbild wird die Bedeutung von Symbolen weitgehend vernachlässigt. Aufgrund der Beobachtung aktueller Medienwelten läßt sich die Vermutung äußern, daß symbolische Bildwelten Einfluß auf das Erleben, Handeln und die jeweilige Weltanschauung von Menschen ausüben können. Phänomenologisch läßt sich nachweisen (vgl. Kap. 5), daß in den heute produzierten Medienprodukten, besonders ausgeprägt im Videoclip, in der Werbung, Computerspielen und im Spielfilm, bewußt oder unbewußt symbolisch „angereicherte" Bildmotive Verwendung finden.

Symbolische Bildmotive, genauso wie in der Imagination produzierte Bilder, lassen sich als Orientierungsmarken (der menschlichen Seele) interpretieren. Sie können entscheidende Impulse geben bei der Suche nach Identität. Dabei wird von der Hypothese ausgegangen, daß Menschen (nicht nur, aber auch) durch Bildwelten beeinflußt werden können, zu denen sie rational keinen Zugang haben. Wie bereits ausführlich diskutiert (vgl. Abschnitt 2.3.3 und 3.3), kann es zu zeitgemäßen kulturellen Transformationen, zu Umcodierungen von Zeichen und Symbolen kommen. Im alltagskulturellen Zeichenhandeln von Jugendlichen ist ein schneller Wechsel zwischen Semiotisierung und De-Semiotisierung kein Ausnahmezustand. Der Urbanisierungsprozeß trägt zu einer allgemeinen De-Strukturierung bei. „Moderne Alltagskultur ist die Summe von Denotations-, Signifikations- und Stilsystemen, die als Repräsentationen der Prozesse, Institutionen und Ausdrucksformen der übergreifenden Industriekultur fungieren" (Reck 1994, S. 102). Das schließt allerdings nicht aus, dies vernachlässigt Hans Ulrich Reck, daß die jeweils „geltenden" Symbole, seien sie jetzt gesellschaftlich oder biographisch konstruiert, bei der Konstitution von Identität eine wichtige Rolle spielen können.

Sprache ermöglicht eine annähernde Zuordnung von Ding und Begriff, Bilder lassen sich nicht ohne weiteres in ihrer Bedeutung dechiffrieren. Bilder stehen nicht nur für den Gegenstand, den sie abbilden. Bilder können auch symbolische Informationen enthalten. Neben ihrer Zeichenfunktion (dem Bezug zur Realitätsebene) verweisen sie oftmals auf eine andere Realität. Während ein Zeichen auf einer Übereinkunft beruht, hat das Symbol neben seiner Mitteilungs- insbesondere eine Bedeutungsfunktion. Ein Abbild deutet nicht nur auf ein konkret erfahrbares Objekt, sondern kann immer auch eine Botschaft mit symbolischen Bezügen enthalten. Symbole dienen dazu, das Unsichtbare als Anschaubares begreiflich zu machen (vgl. Lurker 1990, S. 13).

Die symbolischen Botschaften speisen sich aus zwei Quellen. Einerseits beziehen sie sich auf den archetypischen, den stammesgeschichtlich erworbenen Zeichenvorrat, andererseits rekurrieren sie auf kulturell erworbenen Konventionen. Die Sprache unserer Psyche, unseres Unbewußten, gestaltet sich in und durch Bilder. Sowohl in der Frühphase der Menschheit als auch in der Kindheitsphase prägen Bilderfahrungen, die sich in späteren Phasen des Lebens (individuell und kollektiv) wieder (unbewußt) artikulieren können.

Symbole werden emotional aufgenommen und bewertet. Selten gelangen jedoch die Interpretationen dieser Botschaften in das Bewußtsein der Rezipienten. In Anbetracht der schon in Kap. 2 geschilderten Verbildlichung unserer Welt wird es immer wichtiger, sich mit dem Kommunikationscode von Bildern auseinanderzusetzen. Während Sprache ein hochkomplexes Auffindungsverfahren axiomatisch festgelegter Bedeutungszusammenhänge zur Verfügung stellt, bieten Bilder sinnstiftende Deutungen an. Die medienpädagogische Praxis zeigt, daß Kinder und Jugendliche auf die (mit Symbolen angereicherten) Bildwelten reagieren.

Im Verlauf der Arbeit wird nachgewiesen, daß Jugendliche in ihrer Alltagskultur verstärkt mit symbolischen Botschaften konfrontiert werden. Es wird vermutet, daß diese symbolischen Bildwelten einen Beitrag liefern bei der Sinn-Bild-Suche. Wenn sich Belege für diese These finden, ist es sinnvoll, ausgehend von einer „Didaktik der Symbole" eine wahrnehmungsorientierte Medienpädagogik zu entwickeln, die dazu beiträgt, Jugendlichen zu helfen, mit Hilfe von Bild-Welten einen sinnhaften Bezug zur Welt zu finden. Die Reflexion verschiedener Theorieansätze über die Bedeutung von Symbolen kann dazu dienen, Kriterien zu finden für die Instrumentalisierung einer symbolorientierten Medienpädagogik.

Eine Reflexion des Begriffs *Symbol* läßt sich mit Hilfe einer Einzelwissenschaft nicht leisten. Kein einzelner Ansatz ist geeignet, als universale Erklärung das Problemfeld angemessen zu beschreiben. Es besteht die Notwendigkeit einer mehrdimensionalen Erklärung für die Beschreibung der Bedeutung und Wirkung von Symbolen. Damit ist nicht „Beliebigkeit" gemeint. Von den unterschiedlichen Symboltheorien werden diejenigen vorgestellt und reflektiert, die geeignet sind zur Analyse aktueller Medienprodukte. Gleichfalls sollen sie Hilfestellung geben bei der Entwicklung einer symbolorientierten medienpädagogischen Praxis. Drei zentrale Sichtweisen werden einer Reflexion unterzogen: die kulturanthropologische, die kollektive und die individualistische Sicht.

Bei der kulturanthropologischen Sicht steht der Symbolbegriff von Ernst Cassirer (1956, 1988, 1990a, 1990b) und von Susanne K. Langer (1987) im Vordergrund. Bei den Vertretern einer kollektiven Denkweise kommen der vergleichende Religionswissenschaftler Mircea Eliade (1988, 1990, 1994a), der Mythenforscher Joseph Campbell (1989, 1992, 1993), der

Abb. 18 und 19: Verwendung des gleichen Bildmotivs in unterschiedlichen Kulturen (Japan, Europa)

analytische Psychologe C. G. Jung (1976, 1984, 1985), der Anthropologe Claude Lévi-Strauss (1991, 1992, 1994) und der Strukturalist Roland Barthes (1964, 1966) zu Wort. Die Position einer individuellen Denkweise wird vertreten durch die Psychoanalytiker Alfred Lorenzer (1970, 1972, 1976, 1991), Uwe Gaube (1978), Gunther Salje (1976, 1980) und den Hermeneutiker Thomas Ziehe (1988, 1994). Die Darstellung beginnt mit Cassirers Symbolbegriff. Langer wird, obwohl sie ebenfalls eine kulturanthropologische Auffassung hat, zu Beginn der individualistischen Sicht dargestellt, da ihre Trennung zwischen diskursiver und präsentativer Logik direkte Auswirkungen auf die Positionen von Lorenzer, Gaube und Salje hat. Jeweils am Ende der kollektiven und individuellen Ansätze erfolgt eine kritische Bewertung. Diskutiert wird die Bedeutung des Symbols im Spannungsfeld zwischen Mythos und Aufklärung und zwischen Regression und Progression. Am Schluß stehen Überlegungen über die mögliche Funktion von Symbolen als Hilfsmittel für einen Perspektivenwechsel.

Symboltheorien						
Kultur	**Kollektivität**			**Kultur**	**Individuum**	
Anthropologie	Religion, Mythen	Analytische Psychologie	Strukturalismus	Philosophie	Psychoanalyse	Hermeneutik
Cassirer	Eliade / Campbell	C. G. Jung	Lévi-Strauss / Barthes	Langer	Lorenzer / Salje / Gaube	Ziehe

Abb. 20: Schema der verwendeten Symboltheorien

4.1 Der Mensch als „animal symbolicum“

Der Mensch ist nicht in der Lage, der physischen Welt unmittelbar gegenüberzutreten. Die Sinnesorgane des Menschen bilden Filter zur realen Welt. Ausgehend von den Inputs errechnet das Gehirn Repräsentanzen, die wiederum in Beziehung gesetzt werden mit den durch Erfahrung vermittelten symbolischen Wahrnehmungsmustern. Weitere Filter formen Sprache, Mythos, Kunst und Religion. Ihre Bedeutung liegt im Bereich der Relation und nicht der konkreten Wirklichkeit. Sie sind Repräsentanzen für Dinge in dieser Wirklichkeit. Mit der Herausbildung der Eigenschaft, durch Symbolisierung den Erfahrungsraum „Welt“ zu errichten, erscheint der Eindruck, als ob die reale Welt immer mehr schwindet. Seit Jahrtausenden gelten Riten, Bilder, Symbole und Sprache als Hilfsmittel, die Welt zu erklären.[18]

[18] In der Antike bezeichnete Symbolon die ursprüngliche Einheit, die zerbrochen wird, um sie später wieder zusammensetzen (*symballein*) zu können. Symbole dienten unter Freunden, Verwandten, Liebenden als identifikatorisches Erkennungszeichen. Durch Zusammenfügen dieser Zeichen konnten die früheren Beziehungen nachgewiesen werden. Später wurden Marken aus Blei, Knochen, Ton oder Bronze, die als Berechtigungszeichen für den Besuch der Volksversammlung dienten, des Theaters, des Bades etc., Symbole genannt.

Dabei wird oft vernachlässigt, daß das Bedürfnis zu symbolisieren sich zwischen den Mensch und die reale Welt schiebt (vgl. Abschnitt 3.1).

Nach Cassirers Auffassung ist die klassische Vorstellung vom Menschen als *animal rationale* zwar ein allem menschlichen Handeln innewohnendes Merkmal, dennoch kann die Fülle und Mannigfaltigkeit der Kultur mit dem Begriff der Vernunft nur „höchst ungeeignet“ erfaßt werden (1990b, S. 51). Angemessener ist es daher, den Menschen als *animal symbolicum* zu definieren. Der gesamte Fortschritt der Kultur ist für Cassirer (ebd., S. 52) auf den Voraussetzungen des symbolischen Denkens und Verhaltens aufgebaut, es gehört daher zu den charakteristischen Merkmalen menschlichen Lebens. Nur der Mensch verfügt über die Befähigung der Symbolsprache, symbolische Phantasie und symbolische Intelligenz. Das rationale Denksystem entsteht erst, nachdem sich ein komplexes Symbolsystem etabliert hat.

Zeichen nennt Cassirer Sachverhalte, die einen außerbewußten Ereignis-Charakter haben. Symbol (sinnliches Zeichen) wird ein Sachverhalt erst dann, wenn er von dem Menschen eine Bedeutung zugewiesen bekommt und damit zum Träger von Sinnhaftem wird. Erst dann erhält es eine geistige Bedeutungs-Existenz. Die Verwandlung von Zeichen in Symbole ist nicht von Anfang an zugänglich, aber strukturell angelegt. Diese Strukturen werden von Cassirer *a priori symbolische Formen* genannt. Cassirers Definition einer symbolischen Form lautet: „Unter einer ‚symbolischen Form‘ soll jede Energie des Geistes verstanden werden, durch welche ein geistiger Bedeutungsgehalt an ein konkretes sinnliches Zeichen geknüpft und diesem Zeichen innerlich zugeeignet wird“ (1956, S. 175). Alle symbolischen Formen können auf jeden beliebigen Gegenstand angewendet werden. Das Symbol ist gekennzeichnet durch Vielseitigkeit und Wandelbarkeit. Das symbolische Denken überwindet die natürliche Trägheit des Menschen und stattet den Menschen mit der Fähigkeit aus, „sein Universum immerfort umzugestalten“ (1990b, S. 100). Die symbolischen Formen durchlaufen eine „ideelle Geschichte“, von der mimetischen zur analogischen und schließlich zur symbolischen Form. Dies korrespondiert mit einer Orientierung vom Objekt zum Subjekt und schließlich zum Symbol. Die Zahl „fünf“ kann als Zeichen für fünf Dinge, für die Tätigkeit des Zählens oder als Teil eines Bedeutungssystems verstanden werden.

In Religion, Mythos, Sprache, Technik, Kunst und Wissenschaft sind die symbolischen Formen in einer Emanation miteinander verbunden, da mythisches Bewußtsein in der Lage ist, die Real-Existenz und Bedeutungs-Existenz der Symbole zu dechiffrieren. Während sich die religiösen Symbole unablässig wandeln, bleibt jedoch das zugrundeliegende Prinzip, die Symboltätigkeit, als solche konstant. Der Mythos ist für Cassirer der Mutterboden aller Symbolik. „Im Mythos stoßen wir auf die ersten Versuche, die Dinge und Ereignisse in eine chronologische Ordnung zu bringen, eine Kosmologie und eine Genealogie der Götter und Menschen zu entwerfen" (ebd., S. 264f.). Die mythische Zeit ist „ewige Zeit", sie hat keine feste Struktur. Die Vergangenheit ist für das mythische Bewußtsein keineswegs vergangen, sie ist hier und jetzt.

Die mythische Welt ist für ihn kein Dogmensystem, sie ist eine Welt der widerstreitenden Mächte, eine Welt des Handelns. Alle Lebewesen und alle Dinge sind in einem Netz mythischer Gemeinsamkeiten und Ausschließlichkeiten miteinander verbunden. Cassirer weist das mythische Denken als prälogisches Denken aus. Der Mythos selbst ist ein Abkömmling der Emotion. „Für das mythische und religiöse Empfinden wird die Natur zu einer einzigen großen Gesellschaft, der *Gesellschaft des Lebens.* Der Mensch hat in dieser Gesellschaft keine Vorrangstellung. Er ist ein Teil von ihr, und er steht in keiner Hinsicht höher als irgendein anderes Glied" (ebd., S. 132). Es gibt keine Bewertungshierarchien und höchste Formen. Pflanzen, Tiere und Menschen haben die gleiche Würde und stehen auf derselben Stufe. Das erwachende Selbstvertrauen des Menschen beginnt mit dem religiösen und magischen Denken. Da Cassirer auch die Fähigkeit des diskursiven Denkens als symbolische Form versteht, hat jedoch das Symbol auch Zeichenfunktion. Mit dem Begriff Symbol meint er die geistige Verarbeitung der sichtbaren Dinge und ihrer Verknüpfungen. Symbolformen dienen dem menschlichen Intellekt.

Neben dem Begriff der symbolischen Form hat Cassirer noch einen zweiten Begriff, den der „symbolischen Prägnanz" entwickelt (vgl. Krois 1988, S. 25f.). Unter symbolischer Prägnanz versteht er die Art, in der ein Wahrnehmungserlebnis als sinnliches Erlebnis zugleich einen bestimmten anschaulichen Sinn in sich faßt und ihn für das Bewußtsein zur unmittelbaren konkreten Darstellung bringt (vgl. Cassirer 1990a, S. 274f.). Diese symbolische Prägnanz ist eine selbständige und autonome Beziehung, ohne die es weder eine Einheit des Gegenstandes noch eine Einheit des Selbst gibt. Die Grundidee ist dabei, daß Wahrnehmungserlebnisse als sinnliches Erlebnis immer schon Träger eines Sinns sind. Orientiert ist der Begriff *Prägnanz* an der Gestalttheorie. Während jedoch die Gestaltpsychologie Prägnanz als die tatsächliche Art der Organisation irgendeiner Wahrnehmung interpretiert, ist bei Cassirer Prägnanz immer symbolisch, da die Erscheinung immer ein über sich selbst hinausgehendes Ganzes bedeutet. Cassirers Verständnis geht von der Vorstellung eines Zusammenhangs zwischen den Menschen, der Welt und den Symbolen aus. Er fragt nach der (Geltungs-)Konstitution von (gegenständlichem) Sinn. Aus diesem Grunde ist Cassirer ein wichtiger Ideengeber, da durch ihn deutlich wird, daß Bild- bzw. Symbolwahrnehmung mit Sinnfragen in Verbindung stehen.

Cassirers Verdienst liegt darin, die Rolle des mythischen Denkens für die geistige Orientierung des Menschen wiederentdeckt zu haben. Sein „Theorem der symbolischen Formen" kann als Grundstruktur dieser Suche nach Orientierung bezeichnet werden. Seine Überzeugung, daß Repräsentation die Welt nicht nur abbildet, sondern ihre konstitutionelle Bedingung ist, hält auch heutigen Wahrnehmungsforschungen stand. Die Sprache hat für Cassirer eine homogenitätsstiftende Funktion und daher eine Vorrangstellung vor allen anderen symbolischen Formen. Seine Überzeugung, daß Persönlichkeit nur auf dem Symbolischen der Sprache entsteht, und nur anhand der überpersönlichen, sozialen Sprache sich Identität entwickelt, teile ich nicht. Wie die moderne Säuglingsforschung herausgefunden hat (vgl. Dornes 1994, Stern 1992), können nicht-diskursive symbolische Formen Anteile haben an der Herausbildung des Selbst.

4.2 Symbol und Kollektivität

Betrachtet man das symbolische Denken aus der Sicht kollektiver Deutungsmuster, bedarf es der Hinzuziehung des Begriffs des Mythos. Der Mythos läßt sich als ein vorwissenschaftlich-vorphilosophisches System der Welterklärung bezeichnen. Mythen sind Geschichten, die Ausdruck geben von unserer Suche nach Wahrheit, Sinn und Bedeutung. Es handelt sich um narrative Formen, in denen Deutungen von gesellschaftlichen Ritualen gegeben werden. Sie teilen mit Metaphern und wissenschaftlichen Modellen die Eigenschaft, „Paradigmata oder Vorschläge zur einer allgemeinen und systematischen Weltdeutung an die Hand zu geben" (Frank 1983, S. 19). Das Problem im Umgang mit dem Mythos liegt darin, daß es keinen archimedischen Punkt außerhalb des mythischen Denkens gibt und so der Mythos nur mythisch erklärbar ist. Wenn ein Mythos lebt, bedarf er keiner Erklärung. Wir können ihn auslegen, deuten und erweitern, dann ist er uns aber verloren. Dem Mythos fehlt im Vergleich zum Logos die lineare Konsequenz. Die Frage nach dem Ursprung des Menschen und die Frage nach dem Ursprung der Welt sind in allen frühen Erklärungen des Universums eng verflochten.

Abb. 21: Der Mythos der Frau als kollektive Führerin *(Metropolis)*

Für Walter Friedrich Otto handelt der Mythos von göttlichen Dingen, „die keines Beweises bedürfen, sondern unmittelbar gegeben und offenbart sind“ (1962, S. 285). Tyler sieht das zentrale Anliegen des Mythos, der Magie, beizutragen zur Gestaltung eines religiösen Universums und zur Symbolisierung einer göttlichen Gegenwart (zitiert nach Langer 1987). Die Wurzeln der Magie erkennt Tyler in den tiefsten Schichten des Geistes. Sie hatte ihren ursprünglich legitimen Platz in der Welt. „Sie ist in Wirklichkeit ein aufrichtiges, jedoch trügerisches philosophisches System, das der menschliche Intellekt in Prozessen, die uns noch großenteils unverständlich sind, entwickelt hat“ (ebd., S. 56f.).

Langer sieht in dem Mythos eine Sprache. „Sie ist ein integrierender Bestandteil eines umfassenden Phänomens, des Rituals, welches die Sprache der Religion ist. Das Ritual ist eine symbolische Transformation von Erfahrungen, die in keinem anderen Medium adäquat zum Ausdruck gebracht werden können“ (ebd., S. 57). Ritus ist nach Langer die ständige Wiederholung von Empfindungen gegenüber den „ersten und letzten Dingen“ (ebd., S. 155). Hauptleistung der Riten ist Selbstzucht. In ihnen verkörpert sich das menschliche Suchen nach Orientierung und des Begreifens der vielmals nicht nachvollziehbaren Mächte der Natur und der Gesellschaft. In den Riten vollzieht sich das Verlangen nach einem Weltbild, das alle Erfahrungen ausfüllt.

Der Tätigkeitsbereich des Mythos ist die wirkliche Welt. Der Mythos setzt sich mit dem Schicksal der Menschen auseinander, er erzählt von Geburt, Leiden, Niederlage und Tod. Der Mythos vermittelt Anschauungen von fundamentalen Wahrheiten. Die menschlichen Vorstellungen vom Göttlichen gewinnen erst im Reich des Mythos ihre Ausprägung. „Gottheiten gehen aus dem Ritual hervor, Theologien aber entspringen dem Mythos“ (ebd., S. 171). Religion ist ein schrittweises inneres Erschauen der Wesensstruktur des menschlichen Lebens. Zu dieser Einsicht vermag nahezu jeder Gegenstand jede Handlung oder jedes Ereignis beizutragen (vgl. ebd., S. 157).

In den westlichen Industriegesellschaften läßt sich in den letzten zwei Jahrzehnten ein stetig wachsendes Interesse an Mythen beobachten. Das aktuelle Interesse, das gerade im Moment den Mythen gilt (Bohrer 1983; Kemper 1989), gründet sich vermutlich auf seiner einheitsstiftenden Kraft. Der Mythos vermittelt Weltvertrauen, verfügt über Absolutismen, Grundsätzlichkeiten und weltfestigende „Bedeutsamkeiten“ (Blumenberg 1971, S. 35) und liefert eine Theodizee (ebd., S. 56). Hermann Timm geht davon aus, daß der Mythos den mythopoetischen Untergrund des Verstehens liefert: „In-der Welt-Sein heißt Im-Bilde-Sein“ (Timm 1983, S. 439).

Die als leer und desolat empfundene Realität ist das zentrale Motiv für den Rückgriff auf alte Denkmuster und Symbole (vgl. Kemper 1989, S. 2), da die Menschen sich von ihnen Lebenssinn und Orientierung versprechen. Die eigentliche Provokation liegt für ihn im digitalen Zeitalter. Im Kontext des ungebrochenen Fortschrittsdenkens erweist sich der „Mythos als subversive Kraft“ (ebd., S. 7). Er findet seinen bildhaften Ausdruck in Filmen von Hollywood-Regisseuren (u.a. Spielberg). Gerade im Genre des Spielfilms werden kollektive Mythen zitiert und bearbeitet (Campbell 1978; Heuermann 1994; Seeßlen 1991a). Anhand von drei Forschungsansätzen wird verdeutlicht, warum kollektive Mythen für die Menschen eine besondere Bedeutung haben: Die religionssoziologische Sicht wird vertreten durch Eliade und die Mythenforschung durch Campbell, die von der Zeitlosigkeit des Mythos als einer sich selbst gründenden Lebensmacht ausgehen. Die analytische Sicht wird repräsentiert am Beispiel der Archetypenlehre Jungs. Durch Lévi-Strauss und Barthes, die den Mythos in Bezug setzen mit strukturellen bzw. gesellschaftlichen Erfahrungsfeldern, wird das Vergängliche in den Vordergrund gestellt.

4.2.1 Die Macht der Mitte

Der Religionswissenschaftler Eliade betont die Wichtigkeit der Symbolik nicht nur für das archaische Denken, sondern auch für die „überlieferungstreue“ Gesellschaft. Das Symbol erhält bei ihm die „eigengesetzliche Form der Erkenntnis“ (1988, S. 9). Der Mensch ohne Imagination ist abgeschnitten von der tiefen Realität des Lebens und seiner eigenen Seele. Die etymologische Bedeutung dieses Begriffs setzt sich aus *imago* (Darstellung) und *imitor* (ich ahme nach) zusammen und deutet hin auf seine „psychologische Wirklichkeit“ und „geistige Wahrheit“. Imagination zu besitzen heißt für Eliade, die Welt in ihrer Totalität zu sehen, „all das zu *veranschaulichen,* was sich der begrifflichen Fassung widersetzt“ (ebd., S. 22).

Symbol, Mythos und Bild gehören bei ihm zur Substanz des geistigen Lebens. Man kann sie zwar entwerten, verfälschen oder verstümmeln, aber es gelingt nicht, sie auszurotten. „Die Symbole verschwinden nie aus der *Aktualität* der Psyche“ (ebd., S. 18). Da die Symbole „aus weiter Ferne“ kommen, können sie nicht sterben. „Sie bilden einen Teil des Menschen, und es ist unmöglich, daß sie irgend einmal nicht mehr auffindbar wären in einer existentiellen Situation des Menschen im Kosmos“ (ebd., S. 25). Die großen Mythen sind, wenn auch verändert in ihrer äußeren Erscheinung, weiterhin zu erkennen. Auch das Leben des modernen Menschen ist unterschwellig „konfrontiert“ von halb vergessenen Mythen, ihres Gefühlswerts beraubten Symbolen und heruntergekommenen Hierophanien. „Wohl steht dem modernen Menschen die Mißachtung der Mythologien, der Theologien frei, aber sie kann ihn nicht daran hindern, seine Nahrung weiterhin aus den verunstalteten Bildern und entwerteten Mythen zu beziehen“ (ebd., S. 21). So erinnern Neujahrsvergnügungen und Hauseinweihungen an die Struktur eines Erneuerungsrituals. Das gleiche findet sich bei Hochzeiten oder der Geburt eines Kindes (Eliade 1990, S. 176f.). Dieser mythische Schatz ruht in „modernisierter“ Form in uns und läßt sich u.a. finden in den Tagträumen, in den Melancholien, im freien Spiel der Bilder, aber auch im Kino. Die im Alltag abgewerteten Bilder können, so Eliade, einen Ausgangspunkt bilden für eine geistige Wiedergeburt.

Eliade konstatiert auch bei den überlieferungsgebundenen Gesellschaften eine Sehnsucht nach einer periodischen Rückkehr zur *Großen Zeit,* zur mythischen Zeit der Anfänge. So haben einige Mythen, wie die vom *Paradies auf Erden),* bis heute überlebt. Am deutlichsten ist dies in der Werbung zu sehen (vgl. Abb. 22), aber auch beim Heimweh*gefühl.* Schon ein paar Takte irgendeines Musikstücks genügen, um „die Sehnsucht nach etwas im Verhältnis zum gegenwärtigen Augenblick ganz und gar anderem, die Sehnsucht nach Unzugänglichem oder hoffnungslos Verlorengegangenem: nach dem Paradies“ (Eliade 1988, S. 19) auszulösen. Bilder der Paradiessehnsucht haben die Eigenschaft, Menschen wirksamer und realer einander näher zu bringen als die analytische Sprache. „Wenn irgendwo eine völlige Solidarität der Gattung Mensch besteht, so kann sie nur auf der Ebene der Bilder erfaßt und gelebt werden“ (ebd.). Das Symbol kann helfen, die besondere Situation zu verlassen und sich dem Allgemeinen und Universellen zu öffnen. „Die Symbole wecken das individuelle Erleben und verwandeln es in einen geistigen Akt, in ein metaphysisches Erfassen der Welt“ (Eliade 1990, S. 182). Das Symboldenken ist für Eliade der Vorläufer der Sprache und des diskursiven Denkens und gehört wesentlich zum Menschen. Bilder, Mythen und Symbole erfüllen die Funktion, „die geheimsten Formen des Seins bloßzulegen“ (Eliade 1988, S. 13). Das Studium der Symbole erlaubt es, den Menschen besser kennenzulernen, der noch nicht in die „Bedingtheiten der Geschichte“ verstrickt ist. Dies ist sinnvoll und notwendig, da jedes geschichtliche Sein „zugleich Behälter und Träger eines großen Teiles ‚vorgeschichtlicher‘ Menschheit“ (ebd., S. 13) ist. Das Bild stellt in den meisten Fällen eine Bündelung von Bedeutungen dar.[19] Die Bezugnahme auf nur eine Bedeutungsebene führt

---

[19] Am Beispiel von Sigmund Freuds Ödipuskomplex, dem Wunsch, die eigene Mutter zu besitzen, macht Eliade deutlich, daß die von Freud sichtbar herausgestellten Anspielungen auf „das Konkrete“ (Eltern-Kind-Beziehung), „das Wirkliche“ nicht ausschöpft. „Hält man sich hingegen vor Augen, daß es sich um das Bild der Mutter schlechthin handelt, so will dieser Wunsch viele Dinge auf einmal zum Ausdruck bringen, denn er ist das Verlangen nach restloser Wiedererringung jener Glückseligkeit, die dem lebendigen, noch nicht ‚geformten‘ Urstoff eignet: dieser Materie mit allen ihr noch möglichen Sonderentwicklungen in kosmologischer, anthropologischer und sonstiger Richtung; er umfaßt auch jene Anziehung, welche die Materie auf den ‚Geist‘ ausübt, die große Sehnsucht nach der ursprünglichen Einheit und mit ihr den Wunsch nach Aufhebung der Gegensätze, der Polaritäten usw.“ (Eliade 1988, S. 16).

Abb. 22: Ansicht vom „Paradies", 20. Jahrhundert (*Renault*-Werbung)

zu einer Aufhebung des Werts, ein Mittel zur Erkenntnis zu sein. Die Erforschung der Symbolik kann daher für die Selbsterkenntnis des Menschen von Interesse sein.

Eliades Forschungsansatz beschäftigt sich mit dem Bild, das die Menschen in archaischen Gesellschaften von sich und ihrer Stellung im Kosmos haben. Eliade (1994a, S. 2) unterscheidet beim Menschen zwei einander prinzipiell entgegengesetzte Grundhaltungen. Die „positive Haltung" ist die des modernen Menschen, der sich als Schöpfer der Geschichte sieht. Die „negative Haltung" ist die Position des archaischen Menschen, der sich gegen die konkrete, historische Zeit auflehnt und die Geschichte abwehrt. Alles Historische ist bei ihm in ein System von Archetypen[20] und Mythen eingebunden. Alles Geschehen der Gemeinschaft, wie auch im Leben des Individuums, wird zum Teil einer überzeitlichen Gegenwart, nimmt teil an einem Urbild. Der archaische Mensch sieht sich untrennbar mit den kosmischen Rhythmen verbunden und erfährt Geschichte anhand der Wirklichkeit beispielhafter Vorbilder. Seine Geschichte läßt sich als *heilige Geschichte* beschreiben, die durch Mythen weitergegeben wird. Die Mythen dienen als Vorbilder für Zeremonien, die periodisch die Ereignis-

[20] Der Begriff „Archetypen" entspricht nicht dem gleichen Terminus wie bei Jung. Für Eliade entsprechen den Archetypen „beispielhafte Vorbilder" oder „Paradigmata". Damit will er betonen, daß Menschen in archaischen Gesellschaften an Vorbilder glauben, die zu Beginn der Zeiten „offenbart" wurden und dadurch „transzendenten" Ursprungs sind.

se zu Beginn der Zeiten reaktualisieren. „Die Mythen bewahren und vermitteln die Paradigmata, die beispielhaften Vorbilder, für das gesamte verantwortliche Handeln des Menschen. Kraft dieser beispielhaften Vorbilder, die den Menschen in mythischen Zeiten offenbart wurden, werden Kosmos und Gesellschaft wiedergeschaffen" (ebd., S. 11).

Das Leben der archaischen Menschen besteht in einer ursprünglichen Ontologie, in einer ununterbrochenen Wiederholung von vorgelebten Handlungen. Jeder beliebige menschliche Akt, so z.B. die Nahrungsaufnahme bedeutet nicht einfach eine physiologische Handlung, sondern sie verweist auf mythische Urbilder, erneuert eine Handlung, die im Anfang („in jener Zeit", *ab origine*) von einem Gott, Heros oder von Ahnen vollzogen und damit geweiht worden waren. Hochzeitsriten reproduzieren die Vereinigung zwischen Himmel und Erde, die Götterhochzeit.

Menschliche Handlungen und die Gegenstände der Außenwelt besitzen *„keinen selbständigen inneren Wert"* (ebd., S. 16). *Wirklichkeit und Identität* erlangen die Handlungen und Gegenstände erst durch die Teilhabe an einer transzendenten Wirklichkeit. Sinn und Wirklichkeit erschließt sich in der Wiederholung einer urtümlichen Handlung (Schöpfungsakt). Wirklichkeit wird ausschließlich durch Wiederholung oder Teilhabe erworben. „Alles, was kein exemplarisches Vorbild besitzt, ist ‚des Sinnes entblößt', das heißt, es besitzt keine Wirklichkeit" (ebd., S. 48). Der Mensch wird durch die Nachahmung in die mythische Epoche versetzt, in der zum ersten Mal die Archetypen offenbart wurden. Wirklichkeit ist demgemäß die Funktion der Nachahmung eines himmlischen Urbildes. Das Wahrnehmen des *wirklichen Selbst* bedeutet daher das Aufhören des Selbst. „Das symbolische Denken ‚sprengt' die unmittelbare Wirklichkeit, jedoch ohne sie zu beeinträchtigen oder zu entwerten ... alles hängt miteinander zusammen, durch ein strenges System von Entsprechungen und Gleichsetzungen" (Eliade 1988, S. 19f f.).

Die Welt, selbst Landschaften, Gebirge, Städte und vor allem Tempel besitzen nach der Überzeugung von Eliade ein außerirdisches, göttliches Urbild bzw. Abbild, das auf einer höheren kosmischen Ebene, im Goldenen Zeitalter *(in illo tempore)* existierte. Die uns umgebende Welt wird als Abbild dieses außerirdischen Urbildes verstanden. Jede Grundsteinlegung, jeder Schaffensakt wiederholt den kosmogonischen Akt der Erschaffung der Welt, das exemplarische Werk der Götter. Die Projektion eines festen Punkts, des Zentrums, kommt der Weltschöpfung gleich (Eliade 1990, S. 24). Alle Gründungen befinden sich im Mittelpunkt, da die Schöpfung selbst von einem Mittelpunkt ausging. „Jedes Territorium, das man besetzt, um es zu bewohnen oder als ‚Lebensraum' zu nutzen, wird zunächst vom ‚Chaos' zum ‚Kosmos' umgeschaffen; das heißt, durch die Wirksamkeit des Rituals wird ihm eine Form verliehen, die es wirklich werden läßt"

(Eliade 1994a, S. 23f). Die konkrete Zeit wird durch die Wiederholung des kosmogonischen Aktes (Bauzeit) in die mythische Schöpfungszeit projiziert *(in illud tempus)*, dadurch wird nicht nur der profane in einen transzendenten Raum verwandelt, sondern auch die konkrete in eine mythische Zeit, d.h. die Dauer (profane Zeit) und die Geschichte werden aufgehoben. Im Zusammenhang mit Ritualen und wichtigen Handlungen (Zeremonien, Zeugung, Nahrungsaufnahme, Jagd, Arbeit etc.) versetzt der Mensch sich in die mythische Zeit, während er den Rest des Lebens in der sinnentleerten und profanen Zeit verbringt.

Die Wirksamkeit von Mythen bis in die heutige Zeit steht im Zusammenhang mit unserer Tendenz, so Eliade, geschichtliche Figuren einem mythischen Modell anzugleichen und das Ereignis in die Kategorie einer mythischen Handlung einzuordnen. Maximal bleibt ein geschichtliches Ereignis oder eine authentische Gestalt zwei bis drei Jahrhunderte im Gedächtnis des Volkes erhalten. „Das beruht auf dem Umstand, daß das Gedächtnis eines Volkes nur mühsam ‚individuelle' Ereignisse und ‚authentische' Gestalten festzuhalten vermag. Das Gedächtnis funktioniert mit Hilfe völlig anderer Strukturen: Kategorien anstelle von *Ereignissen*, *Archetypen* anstelle von *historischen Gestalten*" (ebd., S. 57). Das kollektive Gedächtnis ist ungeschichtlich und bewahrt das Exemplarische und nicht das Individuelle. Dieses Exemplarische wiederum steht in Übereinstimmung mit der archaischen Ontologie.

Eliade geht es um das Humane in der Gestalt des Religiösen. Er sucht nach dem Homo religiosus, dessen Wiederentdeckung einen neuen Humanismus ermöglicht, der hinter das Sichtbare und Vergängliche greift und damit nach dem, was immer ist und bleibt (vgl. Braun 1988, S. 208). Eliade sympathisiert offen mit dem Weltbild und der Existenzdeutung archaischer Religionen. Mit dem Weltbild des archaischen Menschen verbindet Eliade eine „rückwärtsgerichtete" Utopie, die sich wie der Titel eines seiner Bücher als *Sehnsucht nach dem Ursprung* bezeichnen läßt. Die mythischen Zeit wird als vorbildlich dargestellt, während die profane Zeit als Last gilt. Er trauert der verlorenen Einheit von Mensch und natürlichem Kosmos nach. Ulrich Irion wirft Eliade vor, dabei jede historische Differenzierung verloren zu haben (1989, S. 304). So gibt es keine Nachweise, daß die Einheit jemals bestand. Eliades enthusiastische Sympathie zentriert sich auf die paradiesischen Anfänge und die periodische Erneuerung der Welt. Er streitet, so Irion, für die edle Einfalt des Archaischen. „Klasseninteressen oder individuelle Machtgier haben in seinen beschaulichen, im wortwörtlichen Sinne reaktionären Betrachtungen keinen Platz" (ebd., S. 305). Eliade ist daher für ihn als religiöser Sinnsucher blind für eine bedeutende geschichtliche Möglichkeit, „die entzauberte Welt" als historische Chance zu begreifen. Es gibt auch die unprätentiöse Utopie eines lebenswerten Lebens ohne Religion, sowie die Aufhebung des Mythischen in der Kunst (ebd., S. 308).

Irions Hinweis, über die Kunst zu einer Aufhebung des Mythischen zu kommen, ist ernstzunehmen. Gleichwohl ist seine Bezeichnung des Archaischen als „edle Einfalt“ überzogen. Er ignoriert die Fähigkeiten und Kulturleistungen der archaischen Gesellschaften. Längst werden real wie auch ideengeschichtlich Zweifel angemeldet, ob der Zivilisationsprozeß und die mit ihm verbundene Vorstellung eines linearen Fortschritts zwangsläufig zu einer Emanzipation des Menschen führt. Irion ist vorzuwerfen, daß er einem Fortschrittsglauben nachgeht, der einen stufenweisen Aufstieg von der mythischen Zeit in die strahlende Epoche der Vernunft annimmt. Eliades Verdienst ist es, auf die bis heute Einheit und Gemeinsamkeit stiftende Kraft von (Sinn-)Bildern aufmerksam gemacht zu haben. Wie bei der Analyse aktueller Medienprodukte zu zeigen sein wird (vgl. Kap. 5), sind die von Eliade zitierten Paradiessehnsuchtsmotive weiterhin aktuell.

Peter Kemper sieht ebenfalls in einer Kunst, die vom Kommerziellen befreit ist, ästhetische Symbole sich abbilden, die als Erfahrungsganzes sich in einem mythischen Bild offenbaren und durchschaut werden können (1989, S. 10). Er kann sich sogar in den Worten Paul Ricoeurs vorstellen, daß über den Mythos etwas entdeckt werden kann, das ungesehen bleibt. „Der Mythos ist nicht nur eine Pseudo-Geschichte, er ist offenbarend; als solcher entdeckt er eine Dimension der Erfahrung, die ohne ihn ohne Ausdruck geblieben und gleichzeitig damit als gelebte Erfahrung im Stich gelassen worden wäre“ (Ricoeur, zitiert nach ebd.). Während Cassirer vom Menschen her denkt, bei ihm die Mythen als Symbole Werkzeuge sind, mit deren Hilfe sich der Mensch seine Welt gestaltet, stellt Eliade den „Symbolschatz“ fest, mit dem der Mensch sich aus dem Chaos aufrichtet. Kritikwürdig ist, daß der Mensch als reines Gefäß gesehen wird, in das die Hierophanie eindringt. Interaktion und damit auch Weiterentwicklung entsprechend den sich gewandelten gesellschaftlichen Bedingungen werden von Eliade vernachlässigt. Demgegenüber ist bei Cassirer der Mensch ein sich ständig mit sich selbst auseinandersetzendes Wesen.

4.2.2 Mythologie als Steuerungssystem

Bei Campbell (1993) hat die Mythologie die Funktion eines Steuerungssystems, das die Gemeinschaft in Übereinstimmung bringt mit einer intuitiv gewußten Naturordnung. „Die Hauptfunktion der Mythologie ist, uns in Harmonie und Einklang mit dem Universum zu bringen und zu erhalten“ (ebd., S. 7). Mit Hilfe ihrer erzieherischen Rituale führt die Mythologie „die einzelnen durch die unvermeidlichen psychophysischen

Wandlungstufen eines Menschenlebens“ (Campbell 1992, S. 24). Campbell zufolge hat der Mythos im wesentlichen vier Aufgaben:

1. Der *mythischen Funktion* geht es um die Erkenntnis, was für ein Wunder die Welt und jeder einzelne ist, und um das Erlebnis der Ehrfurcht vor diesem Geheimnis.

2. Der *kosmologischen Funktion* geht es um die Frage, welche Gestalt das Universum hat.

3. Der *gesellschaftsbezogenen Funktion* geht es um das Stützen und Bestätigen einer bestimmten Gesellschaftsordnung.

4. Der *pädagogischen Funktion* geht es um die Möglichkeit, mit Hilfe von Mythen zu lernen, wie man ein menschliches Leben führt.

Jede mythische Erzählung enthält ein Stück menschlicher Seelengeschichte. Lebendig sind sie geblieben, da sie kollektiven Wünschen und Sehnsüchten entsprechen. Dem Verstand verschlossene Wahrheiten können durch sie offenbar werden. Mythen sind daher für Campbell (1989, S. 17) Schlüssel zu den geistigen Entwicklungsmöglichkeiten des menschlichen Lebens. Für ihn hilft der Mythos nicht bei der *Suche* nach Sinn, sondern bei der *Erfahrung* des Sinns, d.h. der Erfahrung des *Lebens.* Mythen lehren, daß man sich nach innen wenden kann. Die Mythen sind dazu da, uns auf eine geistige Bewußtseinsebene zu bringen.

Campbells Leitgedanke ist es, Gemeinsamkeiten von Motiven in Weltmythen zu finden, die Hinweise geben auf ein konstantes Bedürfnis in der menschlichen Psyche. Mythologie ist daher für ihn eine „innere Landkarte von Erfahrungswelten“ (ebd., S. 10). Alle mythischen Traditionen beabsichtigen, ein tieferes Erkennen des Lebensaktes hervorzurufen. Mythen lassen sich nach Auffassung von Campbell als symbolische Erzählungen darstellen, die kollektive Prozesse abbilden. Sie sind ein Schlüssel zu unserem tiefsten geistigen Potential. Sie setzen den Menschen in eine Beziehung zu seiner Umwelt (Tierreich, Pflanzenwelt, Gesellschaft). Für Campbell ist das Material des Mythos das Material unseres Lebens. Doch der Mythos bezieht sich auch auf eine mystische Tradition. Wenn diese fehlt, haben wir es nicht mit Mythologie, sondern mit Ideologie zu tun. „Die mystische Dimension bezieht sich auch auf die Erziehung des einzelnen und gibt ihm eine Bahn vor, nach der er sich richten kann“ (1993, S. 51).

Campbell weist im Umgang mit Mythen darauf hin, nicht die im Symbol enthaltene Botschaft, die stets geistiger Natur ist, zu vergessen (ebd., S. 97). Er warnt aber davor, sich im Symbol zu verlieren. Symbole reden seiner Auffassung nach über etwas Unaussprechliches, sie müssen transparent gemacht werden (ebd. S. 99). Das Problem der westlichen Philosophie ist es, daß sie „nur“ auf zwei Wurzeln gründet, auf dem Rationalismus von Aristoteles und der Bibel. Bei Aristoteles gewinnt das Rationale

Oberhand und das Transzendente fällt weg. Es entsteht die Vorstellung vom Menschen als Mitte, der nicht mehr an Gottheiten gefesselt ist. „Die Gottheiten sind noch da, wie ein Echo, verkörpern aber Kräfte, die im Menschen schlummern" (ebd., S. 125).

Die Welt der Bilder steht bei Campbell in Verbindung mit dem Traum und dem Mythos. „Mythen bilden sich im selben Bereich wie die Träume" (ebd., S. 96). In der Weisheit des Traumes erkennt er „die Weisheit der Ewigen Philosophie".[21] Für Campbell (ebd., S. 160) gilt der Traum als der persönliche Aspekt des Mythos. Für ihn gehören Mythos und Traum der gleichen Stufe an, der Stufe des Traumbewußtseins. Mit Hilfe des Mythos kann Unbewußtes aufleuchten. Während der Mythos der öffentliche Traum ist, repräsentiert der Traum den privaten Mythos.

Wir Menschen sind, so Campbell, die Manifestationen eines allumfassenden Bewußtseins. „Die Erfahrung der Getrenntheit ist nur eine untergeordnete Erfahrung im *a priori* gegebenen Rahmen von Zeit und Raum, dem Prinzip der Trennung. Nietzsche spricht hier vom *principium individuationis,* dem Prinzip der Individuation, dem Existenzgrund der Einzelwesen, der auf Zeit und Raum zurückzuführen ist" (ebd., S. 133). Die Lebensfähigkeit in dieser Welt hängt von dieser Erfahrung ab. Erstrebenswert ist es, sich aus der Bindung von Zeit und Raum zu lösen, damit wir uns in beiden Bereichen des Wissens bewegen können. Campbell möchte die Qualitäten des mythischen Denkens in die Jetztzeit transformieren, da auf der Suche nach einem Lebenssinn die bildlichen Vorstellungen des Mythos Hilfe und Bestätigungen leisten können.

Die Hauptmotive der Mythen sind dieselben geblieben. Zeitlose Themen sind Schöpfung, Tod und Auferstehung, Himmelfahrt und Jungfrauengeburt. Diese Motive finden sich in vielen Kulturen, die konkrete Ausprägung erfolgen jeweils durch die Kultur. Ein zentrales Motiv bei Mythologien sind Lebensstadien, Initiationsriten, so z.B. die Übergangssituation von der Kindheit zum Erwachsenen. Die bei diesen Übergängen eingesetzten Rituale entsprechen mythischen Riten. „Es geht in ihnen um die Anerkennung der neuen Rolle, die man übernimmt, um den Prozeß, in dem man die alte abwirft und in der neuen auftritt und einen verantwortungsvollen Beruf ergreift" (Campbell 1989, S. 23). Mythen bieten auf der unmittelbaren Lebens- und Strukturebene Lebensmodelle. Jedoch ist es verfehlt, die althergebrachten Religionen in einem anderen Zeitalter anzuwenden, dadurch kommt man aus dem Takt der Geschichte. Die Modelle müssen der Zeit angemessen sein, in der man lebt. „Die moralische Ord-

[21] Der Begriff „Die Ewige Philosophie" stammt von Aldous Huxley. Campbell versteht darunter den Prozeß der Umwandlung der geistigen Inhalte der mythischen Bilder in einen sprachlichen Diskurs.

nung muß mit den moralischen Notwendigkeiten des wirklichen Lebens in der Zeit, hier und jetzt, Schritt halten“ (ebd., S. 24).

Campbell ist an Transtheologischem interessiert, nach seinem eigenen Verständnis ein undefinierbares, unfaßbares Geheimnis. Konkret ist seine Forderung, wieder in einen Einklang mit der Weisheit der Natur zurückzukehren, wie es in der Aussage: „Wir sind ein Teil der Erde, und sie ist ein Teil von uns“ (ebd., S. 44), zum Ausdruck kommt. Bei Campbell bedeutet die Funktion von Ritual und Mythos nicht, sich in eine graue Vorzeit zurückzuversetzen, sondern sie hier und nicht irgendwo erleben zu lassen. Man darf nämlich nicht „sein Selbst mit irgendeiner der erlebten Figuren und Mächte identifizieren. Der indische Yogi, der nach Befreiung strebt, identifiziert sich mit dem Licht und kehrt nie zurück. Aber niemand mit dem Willen zum Dienst an anderen und am Leben würde sich eine solche Flucht erlauben. Das höchste Ziel der Suche darf weder Befreiung noch einsame Ekstase sein, sondern muß in der Weisheit und Kraft bestehen, anderen zu dienen“ (ebd., S. 9).

Auch heute noch, so Campbell (ebd., S. 36) brauchen wir Mythen, damit die einzelnen sich nicht mit einer beschränkten Gruppe, sondern mit dem Planeten identifizieren. Heute zeigen sich die Mythen insbesondere im Film. Campbell vergleicht das Kino mit einem Tempel. Daher werden im Kino, und nicht im Fernsehen, Schauspieler von Filmen, wie z.B. John Wayne, oft zu Vorbildern für das Leben anderer Menschen und steigen damit auf in eine Sphäre, wo sie mythologisiert werden. Mythische Figuren im Film spielen oft Erzieher zum Leben. „Filme haben etwas Magisches. Die Person, die man anschaut, ist gleichzeitig auch noch woanders. Das ist ein Zustand des Gottes. Wenn ein Filmschauspieler ins Kino kommt, dreht sich jeder um und schaut den Filmschauspieler an. Er ist der wirkliche Held des Augenblicks. Er ist auf einer anderen Ebene. Er ist eine vielgestaltete Erscheinung“ (ebd., S. 28). Campbells Absicht ist es, östliche Weisheiten und westliches Denken miteinander zu verbinden. Sein Verständnis von Mythen ist nicht wie bei Eliade in die Vergangenheit, sondern in die Zukunft gerichtet. Da er die modernen Medien wie z.B. Film mit in seine mythische Denkweise einbezieht, bietet sein Ansatz wichtige Anknüpfungspunkte (exemplifiziert wird dies ausführlicher in Abschnitt 5.1).

4.2.3 Das kollektiv Unbewußte – die Archetypenlehre

Das Symbol ist bei Jung (1985a, S. 20) die bestmögliche Ausdrucksform für einen Bereich, der dem rationalen Bewußtsein nicht zugänglich ist. Es ist uns im täglichen Leben vertraut, hat aber neben dem konventionellen Sinn noch besondere Nebenbedeutungen, die ohne diese symbolische Gestalt nicht wahrzunehmen sind. Das durch das Symbol Erscheinende wird durch das Symbol evoziert und unterscheidet sich damit von anderen Gebilden mit Hinweischarakter, wie z.B. dem Zeichen. Während ein Zeichen auf etwas Konkretes hinweist, verweist bei ihm das Symbol auf etwas Metaphysisches. Das Symbol steht für ein verdichtetes Fragment, die Kompensation von Universalien. Viele Symbole sind in ihrem Ursprung nach nicht individuell, sondern kollektiv.

Jung (1984, S. 114ff.) geht davon aus, daß es „vererbte" oder „angeborene" psychische Dispositionen[22] gibt, die Bilder hervorbringen und in allen Kulturen ähnliche Strukturmuster aufweisen. Neben der persönlichen Natur der bewußten Psyche gibt es für ihn noch ein zweites psychisches System, das bei allen Menschen identisch ist, und zwar ein System von kollektivem, nicht-persönlichem Charakter. Dieses System bildet eine unbewußte, allgemeine seelische Grundlage überpersönlicher Natur, die auf eine instinktive Natur verweist. „Wie die Instinkte, von denen wir ja nicht annehmen, jedes neugeborene Tier müsse sie sich individuell wieder erwerben, so gibt es auch kollektive Vorstellungsmuster, die dem menschlichen Geist angeboren und vererbt sind" (Jung 1985a, S. 75). Die von den Phantasien wahrgenommenen „inneren" Erscheinungen verraten ihre Gegenwart oft durch symbolische Bilder. Diese bezeichnet Jung (ebd., S. 69) als Archetypen. Für Jung gibt es Grund zur Annahme, daß die Archetypen die unbewußten Abbilder der Instinkte selbst sind (Jung 1984, S. 115).[23] Bei den *Archetypen* handelt es sich um nicht anschauliche Strukturelemente, eine übergeschichtliche, kollektive psychische Konstante bzw. eine angeborene Disposition, bewußte Motivbilder zu formen, die in ihrer Grundstruktur gleich sind, jedoch im Detail sehr voneinander abweichen können.

Jung hält die Archetypen für „a priori Determinanten" der Imagination und des Verhaltens. Sie werden interpretiert als anthropologische Konstanten des Abbildens und Erlebens. „Vom Unbewußten gehen determinierende Wirkungen aus, welche, unabhängig von Übermittlung, in jedem einzelnen Individuum Ähnlichkeit, ja sogar Gleichheit der Erfahrung sowohl wie der imaginativen Gestaltung gewährleisten. Einer der Hauptbeweise hierfür ist der sozusagen universale Parallelismus mythologischer

---

[22] Maria Kassel (1991, S. 196) weist darauf, daß die sehr mißverständliche Formulierung bei Jung auf die psychische Disposition und nicht auf die archetypischen Bilder bezogen werden muß.

[23] Der Begriff des *Archetypus* stammt nicht von Jung, er findet sich schon bei Philo Judaeus (1561) mit Bezug auf die *Imago Dei* im Menschen und bei Irenaeus (1702) in seinem Werk *Adversus omnes haereses* (Jung 1984, S. 78). In unterschiedlichen Wissenschaftszweigen wird er benutzt. Der Völkerkundler Henri Lévy-Bruhl verwendet den Begriff der „représentations collectives", die vergleichenden Religionswissenschaftler Henri Hubert und Marcel Mauss den Begriff „Kategorien der Imagination" und der Ethnologe Adolf Bastian die Begriffe „Elementar- oder Urgedanken".

Motive, die ich wegen ihrer urbildlichen Natur *Archetypen* genannt habe" (ebd., S. 130).

Archetypen bilden das verdeckte phylogenetische Potential der Vergangenheit, sie entsprechen universalen Strukturen der Psyche und werden von Jung als die „Bewirker" und „Anordner" der allgemein menschlichen Symbolkombinationen angesehen. Sie treten uns gegenüber in überraschender Gleichförmigkeit, dies sowohl in Mythen, Märchen und Folklore als auch in Kunstwerken aller Völker und Zeiten. Vererbt werden jedoch nicht die einzelnen Bilder oder Mythen, sondern der Drang des Individuums, gleichbleibende Vorstellungen im Zusammenhang mit einem bestimmten Thema zu entwickeln. Bei diesem Modell entspricht das kollektive Unbewußte einem Mutterboden, aus dem neben dem Ich-Bewußtsein alle menschlichen Möglichkeiten der geistigen und seelischen Entfaltung hervorgehen.

Abb. 23, 24: Helden müssen meist verschiedene Ungeheuer und böse Mächte besiegen. Oben: Supermans Kampf gegen Verbrechen verlangt oft die Rettung schöner Mädchen. Unten: Der Held aus dem babylonischen *Gilgamesch-Epos* kämpft mit einem Löwen.

Als „Anordner der Symbole" sind die Archetypen Voraussetzung für die Entstehung von Bewußtsein, da sie den seelischen Entwicklungsprozeß durch die Symbolbildung bewirken und erhalten. Der Archetypus selbst gilt jedoch als bewußtseinsunfähiges psychisches Reaktionsmuster. Ein Archetypus entspricht einem anordnenden Prinzip und bildet einen konstitutiven Faktor der menschlichen Psyche. Archetypische Bilder dringen nur mittels Träumen, Mythen und religiöser Manifestationen ins Bewußtsein. Das subjektive Bewußtsein ist ein Abkömmling des kollektiven Bewußtseins und hat sich erst allmählich von den nicht ganz verschwunden Instinkten getrennt. „Sie haben nur den Kontakt mit unserem Bewußtsein verloren und sind daher gezwungen, sich auf indirektem Wege zu behaupten" (Jung 1985a, S. 83). Das Subjekt ist bei Jung Bildschirm (Medium) für tieferliegende Programme. Jung stellt in seinem Werk eine naturgeschichtliche Beziehung zwischen Menschheitspsyche und individueller Psyche her. Bewußtes ist mit

Instinktivem verschmolzen und zwischen Physis und Psyche wird von einer Parallelität ausgegangen.

Die Formen bzw. die Formprinzipien von Bildern, Allegorien, Symbolen und mythischen Figuren entsprechen der eigentlichen Realität des Unbewußten. Der Archetypus erschließt sich aus (ur-)bildhaften Manifestationen, wie Jung am folgenden Beispiel vor Augen führt: *„Jeder Mann trägt das Bild der Frau von jeher in sich,* nicht das Bild *dieser* bestimmten, sondern *einer* bestimmten Frau. Dieses Bild ist im Grunde genommen eine unbewußte, von Urzeiten herkommende und dem lebendigen System eingegrabene Erbmasse, ein ‚Typus' (‚Archetypus') von allen Erfahrungen der Ahnenreihe am weiblichen Wesen, ein Niederschlag aller Eindrücke vom Weib, ein vererbtes Anpassungssystem" (Jung 1985b, S. 56f.). Bedeutende universelle Symbole sind Anima und Animus, die große (Erden-)Mutter, der alte weiße Mann, die Geburt des Helden, der Schatten und Mandalamotive. Bei der Jungschen Psychologie des Unbewußten handelt es sich um ein Archiv unbewußter Bilder, das in den Tiefenschichten der Kollektivseele angelegt ist. Archetypen (*arche* heißt Ursprung, Anfang oder Grund der Dinge) sind seines Erachtens in der Lage, einen unverstellten Blick zu dem *Ursprung* herzustellen.

Bei Jungs Konzept handelt es sich um eine Ursprungsontologie. Jung schreibt dem Archetypus die Rolle eines autonomen, alles erklärenden Bewußtseins, einer von außen kommenden Macht zu. Jung zielt auf eine religiöse Ebene archetypischer Erfahrung. Es geht nicht um Handlungsorientierung.

Von Beginn an hat die Archetypenlehre zu Polarisationen geführt. Egon Böhler (1971) ist der Überzeugung, daß durch Jungs Betrachtungsweise zum ersten Mal ein einheitliches Weltbild möglich geworden ist, das ein Außen und Innen miteinander vereinigt und Bezüge zu Kants Philosophie herstellt: „Damit ist im Grunde erst die Kantsche Leistung zum Abschluß gebracht worden, weil damit die seelischen Bilder und Symbole den Seinserkenntnissen gegenüber zu gleichberechtigten Erkenntniskategorien erhoben wurden, während sie vorher ein Schattendasein geführt hatten" (ebd., S. 8).

Demgegenüber vertritt Gerhard Gamm (1989, S. 153f.) die Position, daß es sich bei diesem Ansatz um einen „kolossalen Irrtum" handelt, da bei Jung der gesellschaftliche, zivilisatorische, zeitlich aktuelle Bezug ausgeklammert ist. Das wissenschaftliche Ziel des Jungschen Ansatzes ist es, den Bestand ewiger Bilder aus dem Naturhaushalt des kollektiven Unbewußten herauszulösen. Alles wesentliche Sein ist vorbestimmt im statisch geschlossenen Kreis archetypischer Gestalten, da das Wesen des Menschen auf eine Identität hin festgelegt wird: „Das Wesen bleibt über Raum und Zeit, Kulturen und Geschichtsepochen hinweg ein und dasselbe.

Menschliches Sein ist archetypisches Bestimmtsein“ (ebd., S. 158). Die Möglichkeit der Selbsterkenntnis taucht bei Jung nicht auf. Dies ist für Gamm erkenntnistheoretisch naiv, politisch dem Ideologieverdacht ausgesetzt und „bloßer Obskurantismus“. Das „Zurück zu den Ursprüngen“ verstellt die Einsicht, wie zeitanfällig innere Bilder sein können. Derartige Positionen stehen politischer und gesellschaftlicher Funktionalisierung offen gegenüber (ebd., S. 154).

Manfred Schneider nennt das Konzept der Archetypen „die raunende mythologische Zeugenschaft eines eindrucksvollen wissenschaftlichen Irrtums“. Jungs Beweise führen seiner Meinung nach in das „Labyrinth theoretischer Verblendung“ mit dem Beweiswert einer „spiritistischen Sitzung“ (1983, S. 210). Eine der fundamentalsten Tatsachen der Psychoanalyse, daß eine Wahrheit oder Authentizität der Erfahrung nur jeweils für die Beziehung gilt, in der sie entsteht, wird von Jung geleugnet. Das Kind tritt in die etablierte kulturelle Symbolordnung ein und entwickelt seine Persönlichkeit als Anpassungsleistung aus den Imagines seiner Umwelt.

Reck kritisiert bei Jung die Einheit des biologischen Determinismus und die Rückkopplung kultureller Erfahrungen an genetische Ausgangsbedingungen des Menschen (1991, S. 451). Der Begriff des Archetypus ist für Reck kulturfeindlich. Er verwahrt sich gegen ästhetische Universalisierungen, abschließende Wahrheiten und die Verknüpfung ästhetischer Normativität mit der Menschheitsgeschichte. „An die Stelle der ästhetisch-kritischen Differenzierung tritt die Selbsttransformation der psychisch erfahrenen Tiefenbilder in ein außerhalb des Subjekts vergegenständlichtes objektives, transpersonales psychisches Bewußtsein“ (ebd., S. 457). Reck sieht bei dem Jungschen Ansatz den Hang zur bedingungslosen Überschreitung der historisch-gesellschaftlichen Modellierung von Formeln in Richtung einer zeit-mystifizierten Wahrnehmung. „Die ästhetische Transformation und die medialisierende Verschiebung der Referenz wird aufgehoben zugunsten einer Abbildung des Eigentlichen, Überzeitlichen. Realität erscheint ungebrochen in den metalogischen Universalien menschlicher Existenzbedingungen, deren Symbolik zusammenfällt mit der archetypischen Repräsentation“ (ebd., S. 450). Nur die Befähigung und Bereitschaft der permanenten Recodierungen und Umcodierungen ermöglicht die Entlastung der ästhetischen Signifikation vom Fetischcharakter und Entwicklung der Befähigung zur Differenz (Nicht-Identischen).

Bilder müssen sich nach Reck erst in kulturell spezifischen Kontexten als Bedeutungen aktualisieren. Ein Bild kann demgemäß nicht existieren ohne eine Entsprechung zwischen Gestaltung und Struktur. Gerade in der Medienkultur läßt sich zeigen, daß Symbolleistungen historisch situiert sind, ein Ergebnis einer selbstreflexiven Differenzbildung und einer ästhetischen Modellbildung (vgl. ebd., S. 459). Determiniert sind Symbolsysteme demgemäß durch kulturelle Variation. Eine Einbildungskraft ohne spezifischen historischen Kontext ist blind. Reck fordert den ästhetischen Eigensinn des Bildes. „Der Kreislauf der Zeichen in medialen wie ikonographischen Kontexten wird nicht begrenzt durch einen symbolischen Reduktionsmechanismus“ (ebd., S. 462). Für Reck sind Symbolbildung und Symbolgebrauch autonome und spezifische kognitive Fähigkeiten (ebd., S. 463). Der Symbolgebrauch wird als wesentliche Voraussetzung sozialer Kommunikation gesehen. Ästhetische Erfahrung im Sinne Recks setzt auf eine Radikalisierung der Differenz von Symbol und Signal, von Signifikation und Repräsentation.

Wenn, wie Reck behauptet, alle Symbolleistungen kognitiven und kommunikativ determinierten kulturellen Leistungen entsprechen, so bleibt die Frage bestehen, warum in den Medien (Werbung, Videoclips, Spielfilme) kulturübergreifend immer wieder die gleichen Topoi, Bilder und Symbole Verwendung finden. Wie in Kap. 5 ausführlich belegt wird, taucht in Spielfilmen und in Videoclips wiederholt das Animus/Anima-Thema auf. Die Geste der gehobenen Hände (Adorantenhaltung, vgl. Abschnitt 5.3.2.1) läßt sich in allen Alltags- und Medienerfahrungen nachweisen. Die universelle Verbreitung und die zeitliche Konstanz mythischer Motive ist nicht zu leugnen. Entkleidet man Jung seiner biologischen Determinanten, verzichtet man auf die universale Geltung der mythologischen Bilder, die ein Ausdruck der Abhängigkeit Jungs von Sigmund Freuds Positivismus ist (vgl. Wyss 1970, S. 399), läßt sich die Archetypenlehre dennoch nicht vollends entkräften. Der Begriff des Archetypus ist brauchbar, wenn auf das Universalisierungskonzept Jungs verzichtet wird. Es ist denkbar, daß Bilder nicht nur durch kollektive, phylogenetische Erfahrungen, sondern auch durch gesellschaftliche Lernprozesse und damit auch kulturimmanent ihre Struktur und Form entwickeln können.

Offensichtlich lassen sich Menschen bei der Betrachtung von Bildern nicht nur von kognitiven, sondern auch von emotionalen Eindrücken leiten. Wenn auch die Position Recks berechtigt ist, daß Nicht-Identität als Voraussetzung für den ästhetischen Lernprozeß zu sehen ist, versäumt er daraufhinzuweisen, daß er den bewußten Lernprozeß meint. Reck bewegt sich auf der Ebene der textualen Interpretation (kognitive Erkenntnis). Subtextuale Wahrnehmungsprozesse, Strukturen, Formen, Farben, die als Gegenstand des Beobachtungs- und Wahrnehmungsvorganges bei ihm nahezu nie reflektiert werden, haben gleichsam Bedeutung für den Wahrnehmungsprozeß und sind, wie die Ergebnisse der Gestalttheorie (vgl. Abschnitt 2.3.2) zeigen, nicht unerheblich beteiligt bei der Konstruktion unserer Wahrnehmung von Welt. Nur entziehen sich diese Prozesse meist der kognitiven Bearbeitung und damit der wissenschaftlichen Reflexion. Nach der in dieser Arbeit vertretenen Auffassung gibt es die Notwendigkeit, aus einem „Entweder oder“- zu einem „Sowohl als auch“-Verständnis zu kommen. Sowohl die Ergebnisse der Kognitionswissenschaft (vgl. Abschnitt 2.3.3), als auch die Reflexionen über Bildbedeutungen (vgl. Kap. 3) machen deutlich, daß sowohl die Universalisierung der Archetypenlehre als auch ein nur auf gesellschaftliche Zeichen sich rekurrierender Ansatz die Phänomene nicht gänzlich beschreiben können. Trotz nicht zu vernachlässigender gesellschaftlicher Einflüsse sind Grundmuster von Motiven auffindbar (vgl. Kap. 5).

Verzichtet man auf den dogmatischen Anspruch Jungs und richtet den Blick auf die Kunst, wird deutlich, daß in einzelnen Bereichen Jungs Vorstellungen zu brauchbaren Anregungen geführt haben. Götz Pochat verweist darauf, daß bei den meisten Autoren, die sich des Symbolbegriffs in der Ästhetik und Kunstwissenschaft bedient haben, sich Jungs Gedanken wiederfinden lassen (1983, S. 115). Für Jung besitzt die künstlerische Symbolform die einmalige Fähigkeit, zwischen den kollektiven Überbleibseln in der Psyche und dem Bewußtsein zu vermitteln. Für den fortwährenden Individuationsprozeß des Menschen wird der Archetypus in Gestalt der künstlerischen Symbolform zu einem Garanten der Entwicklung. Ästhetisches Lernen und Kunst erscheinen aus seiner Sicht lebensnotwendig, wie dies auch in der Rezeption Jungs durch Pochat zum Ausdruck kommt: „Der Künstler ist befähigt, durch seine Schöpfungen und die ihnen eigene allgemeingültige und verständliche Symbolik tieferliegenden, verdrängten Bedürfnissen der Menschen Ausdruck zu verleihen, anregend und richtungsweisend zu wirken“ (ebd.). Nach Jung schöpft der Mensch aus den Sphären des kollektiven Unbewußten Lebenskraft und Weisheit. Übertragen auf Medienpädagogik bedeutet dies, daß mittels kreativer Lernprozesse (mit und über Medien), die bewußt oder unbewußt gespeist sind von archetypischen Bildern, Identitätsprozesse gefördert werden können. Diese Jungsche Überlegung bildet eine Anregung, kreativ-künstlerische Lernerfahrungen in den medienpädagogischen Lernprozeß zu integrieren.

4.2.4 Der Beitrag des Strukturalismus

Im Unterschied zu der widerspruchsfreien Logik des kausalen Denkens, läßt sich die im Mythos eingesetzte Logik als eine Logik der Mehrdeutigkeit, Ambiguität und Polarität bezeichnen. Eine andere Logik als die binäre Logik des Logos bietet die strukturale Methode an. Das Kennzeichen des Strukturalismus ist die ernsthafte Hinwendung auf die Wortbedeutung und nicht das Wort selbst (vgl. Barthes 1966, S. 190). Der Strukturalismus bezieht sich auf die Erkenntnis von Ferdinand de Saussure (1967), daß die Zeichengebung nicht durch das Bezeichnete determiniert ist. Demgemäß gibt es keine natürliche Beziehung zwischen der Lautgestalt des Wortes (Signifikant, Bezeichnendes, Ausdruck) und dem Begriff, der Bedeutung (Signifikat, Bezeichnetes, Inhalt), die sie hervorruft. Die Bezeichnung einer Sache geschieht durch Konvention. Die Nichtübereinstimmung von Signifikat und Signifikant führt zu einem Bruch zwischen sozialer Realität und ihrer symbolischen Übersetzung.

Der Strukturalismus ist im wesentlichen eine Tätigkeit der Nachahmung, das bedeutet „die geregelte Aufeinanderfolge einer bestimmten Anzahl geistiger Operationen" (Barthes 1966, S. 191). Ziel des Strukturalismus ist es, die funktionierenden Regeln von Objekten zu rekonstituieren. „Die Struktur ist in Wahrheit also nur ein Simulacrum des Objekts, aber ein gezieltes ‚interessiertes' Simulacrum, da das imitierte Objekt etwas zum Vorschein bringt, das im natürlichen Objekt unsichtbar oder, wenn man lieber will, unverständlich blieb" (ebd.). Der struktural denkende Mensch zerlegt das Gegebene und setzt es wieder zusammen. Zerlegen und Zusammensetzen gelten als die zwei typischen Operationen der strukturalistischen Tätigkeit. Zusammengesetzt wird das Objekt, um Funktionen in Erscheinung treten zu lassen. Zwischen diesen beiden Tätigkeiten bildet sich etwas Neues: der dem Objekt hinzugefügte Intellekt. Reflexion und Schöpfung entsprechen nicht einem originalgetreuen „Abdruck" der Welt, sie sind „wirkliche Erzeugung einer Welt, die der ersten ähnelt, sie aber nicht kopieren, sondern verständlich machen will" (ebd., S. 192). Der struktural denkende Mensch muß durch die Tätigkeit des Arrangierens, die der Tätigkeit der Nennung folgt, bei den gesetzten Einheiten Assoziationsregeln ablauschen bzw. zuweisen. Der neue Mensch der strukturalen Forschung wird von Barthes *Homo significans* genannt, da das Objekt des Strukturalismus der Bedeutungen erzeugende Mensch ist, nicht der mit bestimmten Bedeutungen bedachte. Der Strukturalismus beabsichtigt, die Geschichte nicht nur an Inhalte zu binden, sondern an *Formen.* Nicht nur das Ideologische, sondern auch das Ästhetische, nicht nur das Materielle, sondern auch das Intelligible steht im Zentrum.

Die strukturale Methode arbeitet mit theoretischen Modellen, sie sucht nicht nach Wechselwirkungen zwischen empirischen Phänomenen. Über die Feststellung von formalen Beziehungen, die Phänomene konstitutiv verbinden, gelangt die strukturale Methode zum Modell. *Struktur* wird die jeweilige Realisation bestimmter Kombinationsmöglichkeiten der Elemente genannt. Hintergrund dieser Überlegung ist die Überzeugung, daß der menschliche Geist in einem konzeptionellen Schema denkt, in einer logischen Struktur. Die Struktur der Geistestätigkeit ist unbewußt. Sie wird als Natur aufgefaßt. Diese Struktur ist universell, die Basis aller organisierten menschlichen, sprachgebundenen Existenz, d.h. sie ist allen Menschen aller Kulturen gemeinsam. Um die Brauchbarkeit des Strukturalismus für Medienanalysen zu prüfen, werden die Positionen von zwei wichtigen Vertretern des Strukturalismus, Lévi-Strauss und Barthes, genauer reflektiert. Obwohl beide der strukturalistischen Schule zuzuordnen sind, operieren sie mit einem ganz unterschiedlichen Mythosbegriff. Während Lévi-Strauss in den Mythen ein notwendiges und unverzichtbares Erkenntnisinstrument sieht, ist die mythische Sprechweise bei Barthes eine defizitäre.

4.2.4.1 Strukturale Anthropologie

Die strukturelle Anthropologie geht von der Hypothese eines logischen Arrangements der sozialen Phänomene aus. Ihre Absicht ist es, bei der Beschreibung von Phänomenen der Gesellschaft Beziehungen zwischen Begriffen zu entdecken, hinter denen sich eine einsichtige Kohärenz (Systematik) abzeichnet. Eine Definition des Strukturbegriffes erweist sich als schwierig, da dieser Begriff in den unterschiedlichsten Synonymen (Polysemie) benutzt wird. Ursprünglich kommt der Begriff aus dem Bereich der Architektur. Etymologisch läßt sich der Begriff ableiten von dem lateinischen Verb *struere,* das die Bedeutung „konstruieren", „bauen" hat.

Claude Flament (1965) definiert Struktur als „eine Gesamtheit von Elementen, zwischen denen Beziehungen bestehen, und zwar solcherart, daß jede Modifikation eines Elements oder einer Beziehung eine Modifikation der anderen Elemente oder Beziehungen nach sich zieht" (zitiert nach Oppitz 1993, S. 19). In dieser Definition ist der Begriff der Totalität (eine in sich geschlossene Gesamtheit, die aus verschiedenen Elementen besteht) und die Bedeutung von Interdependenzen der sie konstituierenden Elemente angesprochen. Oppitz ergänzt diese Definition mit weiteren Eigenschaften des Strukturbegriffs. Die verschiedenen Elemente können sich wegen der interdependenten Zusammenhänge verändern bzw. transformieren. „Verändert sich ein Element der Gesamtheit, so verändern sich entsprechend alle übrigen. ... Was vorherrscht, ist stets das Bild des Ganzen, die Prioriät der Totalität über die Teile" (ebd., S. 27). Da die Umwandlung der Regeln der Gesamtheit folgt und die Beziehungen der Elemente untereinander stabil bleiben, regelt sich die Struktur selbst. Dadurch kann sehr leicht der Eindruck von Unwandelbarkeit (Invarianz) entstehen. Lévi-Strauss betont, daß eine Struktur nur mittels Modellen erkennbar ist (1991, S. 299ff.).

Die strukturale Form ist keine unmittelbare Beschreibung des Gesehenen, obwohl sie ihren Ursprung in der Anschauung hat. Sie entspricht einer Verallgemeinerung, einem Mittelwert, der die sichtbare Realität überhöht. „Wir gelangen zur Struktur einer Gesellschaft dadurch, daß wir von einer konkreten Population und ihrem Verhalten das Muster von Beziehungen abstrahieren, das zwischen Handelnden in ihrer Fähigkeit, aufeinander bezogene Rollen zu spielen, Geltung hat" (Nadel, zitiert nach Oppitz

1993, S. 40). Die Abstraktion von Fakten, die Analyse beobachteter Tatsachen und nicht die direkte Beobachtung selbst führt zur Struktur. In der konkreten Wirklichkeit ist die Struktur nur zu erkennen, wenn vorher eine Strukturbildung durch Abstraktion vorgenommen wurde.

Lévi-Strauss beabsichtigt, mit Hilfe von Schemata die Quellen einer uns fremden Gesellschaft zu erkennen, obwohl ihre Geschichte nicht bekannt und meist nur eine rudimentäre Kenntnis ihrer Sprache vorhanden ist (1991, S. 226ff.). Dies gelingt, weil es nicht sein Ziel ist, zu erfahren, was die Gesellschaften, jede für sich genommen, sind, „als vielmehr zu entdecken, wie sie sich voneinander unterscheiden. Wie in der Sprachwissenschaft bilden diese *differentiellen Abweichungen* den Gegenstand der Ethnologie" (ebd., S. 352). Die Fakten werden als *konkrete* Realität bezeichnet. Die *wirkliche* Realität wird als das nach ihr konstruierte Modell bezeichnet. Im Idealfall sind beide Welten sich sehr ähnlich. In seiner Intelligibilität gilt das Modell als perfekter als die konkrete Realität, da die Vorstellung herrscht, daß nur die Dinge erkannt werden können, von denen es eine (Modell-)Vorstellung gibt. Diese Vorstellungen entstehen im Gehirn des Forschers. Mit Hilfe dieser Modelle sollen die sozialen Beziehungen verstanden werden. Modelle sind einfacher und kleiner als die Wirklichkeit, die sie repräsentieren. Es gibt zwei Formen der Reduktion, die Vereinfachung und die Verkleinerung. Der Verlust an sinnlichen Dimensionen wird durch den Gewinn intellektueller Dimensionen ausgeglichen.

Anhand zahlreicher Mythen aus dem Amazonasgebiet zeigt Lévi-Strauss (1978), daß im allgemeinen die mythischen Erzählungen ähnlich organisiert sind und durch Modelle in ihrer Struktur erfaßt werden können. In unendlichen Variationen berichten die Mythen über den phylogenetischen Ursprung des Menschen als Kulturwesen. In allen Mythen wird das gattungsgeschichtliche Dunkel zwischen Natur und Kultur beschworen. Mythen berichten von dem Kampf des Menschen, um den durch eigene Schuld verwirkten Zustand der Einigkeit mit dem Göttlichen wiederzugewinnen. Die Mythen handeln von kollektiver Geschichte.

Jeder Mythos für sich und alle Mythen gemeinsam lassen sich, so Lévi-Strauss (1991), wie eine Orchesterpartitur lesen, dies sowohl diachronisch (auf der Achse von links nach rechts) als auch synchronisch (auf der Achse von oben nach unten). Der chronologische Erzählverlauf, die Ebene des Horizontalen enthält den manifesten Sinn, während die vertikale Ebene die tieferliegende Struktur beinhaltet. Bei der strukturalen Analyse wird die Erzählkette auf der horizontalen Ebene ersetzt durch die Ähnlichkeits- und Oppositionsbeziehungen der vertikalen Ebene. „Wir behaupten nunmehr, daß die wirklichen konstitutiven Einheiten des Mythos keine isolierten Beziehungen sind, sondern *Beziehungsbündel*, und daß jene nur in

Form von Kombinationen solcher Bündel eine Bedeutungsfunktion erlangen" (ebd., S. 232). Nach dieser Hypothese haben alle in einer Spalte gruppierten Beziehungen, so *Kadmos tötet den Drachen, Ödipus bringt die Sphinx um, Theseus tötet den Minotaurus* etc. einen gemeinsamen Charakterzug. Die gemeinsamen Strukturen der Aspekte werden herausgelöst. Durch permanenten Vergleich fand Lévi-Strauss ein Netz von Mythen, die, aufgebaut auf einem kohärenten Gegensatzpaar, alle durch Beziehungen der Wiederholung, Umkehrung oder Umstellungen von Teileinheiten miteinander in Beziehung stehen. Die Untersuchungen von Lévi-Strauss ergaben, daß die Mythen eine intersubjektive Beziehung von hoher Komplexität spiegeln.

Die geheime Logik freizulegen, die das mythische Denken lenkt, ist die Absicht der strukturalen Methode. Die strukturalistische Anthropologie konnte bei ihren Untersuchungen über Heiratsregeln feststellen, daß die sich jeweils manifestierende Ordnung auf einen *symbolischen Tausch* und nicht auf den wirklichen Stoffwechsel der Natur (Arbeit) zurückzuführen ist. Dieser symbolische Tausch zeigt sich für die Sozialstruktur archaischer Gesellschaften mindestens ebenbürtig zu den Notwendigkeiten der Ökonomie (vgl. Oppitz 1975, S. 102f.). Lévi-Strauss ist der Überzeugung, daß die Regeln der Heirat und der Abstammung als Regeln der Kommunikation nicht grundsätzlich von den Regeln zu unterscheiden sind, die in der Linguistik vorherrschen (1992, S. 99ff.). Verkürzt dargestellt bedeutet dies, daß Heiraten sich auf eine endliche Anzahl von Klassen reduzieren läßt. Durch determinierende Beziehungen sind diese Klassen miteinander verbunden. Alle Heiratsregeln einer Gesellschaft können in Gleichungen gebracht werden und mit strengen Methoden der Beweisführung behandelt werden, obwohl die innere Natur des untersuchten Phänomens nicht im Spiel ist und sogar unbekannt bleiben kann. Soziales Leben ist für ihn Austausch von Zeichen, Lesen der Symbole und damit *Sprache* im weitesten Sinne. Über die Substanz des Mythos zieht Lévi-Strauss (1991) drei Schlußfolgerungen. Er besteht erstens nicht aus isolierten Elementen, sondern durch die Art und Weise, wie diese Elemente sich zusammensetzen. Der Mythos selbst gehört zweitens zur Ordnung der Sprache, obgleich er spezifische Eigenschaften aufweist. Die Eigenschaften des Mythos liegen drittens *über* dem Niveau des sprachlichen Ausdrucks. „Der Mythos ist Sprache; aber eine Sprache, die auf einem sehr hohen Niveau arbeitet" (ebd., S. 231).

Gegenüber der strukturalen Methode lassen sich einige kritische Einwände formulieren. Gegen die Auffassung von Lévi-Strauss, Mythen seien Zeichensysteme, gibt es berechtigten Widerspruch. Der symbolische Vollzug bindet den Sinn an sein zeichenhaftes Substrat. „Im Ritual (z.B. dem Abendmahl) deutet die sinnlich ausgeführte Bewegung nicht auf eine der

Handlung äußerliche Idee, sondern *ist* diese Idee" (Frank 1983, S. 18). Bei der strukturalen Methode gibt es den Vorrang der Struktur vor dem Ereignis. Die Konstruktion von Modellen ist maßgebend für das zu beobachtende Ergebnis. Es besteht dabei die Gefahr, daß das Schema, die Struktur, den Ereignissen übergestülpt wird.

Der strukturale Blick ist ein Blick aus der Ferne. „Der Strukturalist hat bei seiner Analyse keine Möglichkeit der Einfühlung, der eigenen Betroffenheit oder der Gefühlsambivalenz. Sein Gegenstand wird künstlich entfernt, künstlich fremd gemacht - aber gerade dadurch kann der Blick auf etwas fallen, was zuvor verborgen geblieben ist" (Gallas 1989, S. 287). Die Auffassung, daß alle menschlichen Zeichensysteme auf die in der Linguistik herrschenden Regeln zurückführbar sind, läßt sich nach der in dieser Arbeit vertretenen Auffassung nicht halten. Bildwahrnehmungen sind keineswegs in ihrer stukturalen Logik identisch mit der Sprache. Das Bild kann (positive) eigene Qualitäten haben, wie z.B. Emotionalität, Mehrdeutigkeit, die sie nicht in allem mit der Sprache teilen. Es gibt auch Erkenntnisse unabhängig von Sprachlogik, wie schon dargelegt wurde (vgl. Abschnitt 2.3.2).

Es ist das Verdienst von Lévi-Strauss, zur Aufwertung des Mythos als unverzichtbares Erkenntnisinstrument beigetragen und darauf aufmerksam gemacht zu haben, „daß im mythischen Denken und im wissenschaftlichen Denken dieselbe Logik am Werke ist, und daß der Mensch allezeit gleich gut gedacht hat" (1991, S. 254). Die abendländische Überzeugung vom historisch gewordenen Privileg unserer Zivilisation ist eine der verhängnisvollsten Illusionen. Lévi-Strauss sieht die Wirksamkeit der Mythen um so unfehlbarer, je angestrengter sie das Bewußtsein niederhalten will. Als die wichtigsten Ersatz-Mythen bezeichnet er die politischen Ideologien unserer Tage (ebd., S. 230). Barthes (1964) hat in seinen *Mythen des Alltags* sich der Frage nach mythischen Formen in westlichen Zivilisationen genähert.

4.2.4.2 Mythen des Alltags

Für Barthes ist der Mythos ein Mitteilungssystem, eine Botschaft, eine Aussage, eine Sprache, „er ist eine Weise des Bedeutens, eine Form" (ebd., S. 85). Nicht durch das Objekt wird nach seiner Auffassung die Botschaft des Mythos definiert, sondern durch die Art und Weise, wie dieser ausgesprochen wird. Es gibt nur formale, aber keine inhaltlichen Grenzen. Somit kann alles Mythos werden. Barthes negiert die Vorstellung von ewigen Mythen. Der Mythos kann nicht aus der Natur der Dinge hervorgehen, er bedarf der geschichtlichen Grundlage, sie allein bestimmt über Tod und Leben der mythischen Sprache. „Manche Objekte werden Beute des mythischen Wortes nur für einen Augenblick, dann verschwinden sie wieder, andere treten an ihre Stelle und gelangen zum Mythos" (ebd., S. 86).

Abb. 25: Rituelle „Entführung" der Braut bei den Dyaks von Borneo

Abb. 26: Reste dieses Mythos: Die Braut wird über die Türschwelle getragen.

Träger der mythischen Aussage kann jede verbale oder visuelle Darstellungsform sein, wie z.B. der geschriebene Diskurs, der Sport, das Gemälde, das Plakat, der Ritus, die Fotografie, der Film und die Werbung.

Für die Wissenschaft gehört der Mythos in den Bereich der Semiologie, der Lehre von den Formen, die Bedeutungen unabhängig von ihrem Gehalt untersucht. Die Semiotik oder Semiologie gilt als die Wissenschaft vom Zeichen, die insbesondere von de Saussure (1967), Charles Sanders Peirce (1965), Charles William Morris (1988) und Umberto Eco (1972) weiterentwickelt wurde. Eco nennt Semiotik die Wissenschaft, die den Anspruch hat, alle kulturellen Vorgänge als Kommunikationsprozesse zu untersuchen (ebd., S. 38). Mit Semiologie (vom griechischen *semeion* = Zeichen) bezeichnet De Saussure die Wissenschaft, „welche das Leben der Zeichen im Rahmen des sozialen Lebens untersucht" (1967, S. 19). Schon 1916 forderte de Saussure die Entwicklung einer umfassenden *Semiologie*, die klären sollte „worin die Zeichen bestehen und welche Gesetze sie regieren" (ebd.). Leitidee ist, ausgehend von der Linguistik, die Erstellung einer allgemeinen Semiologie oder Semiotik. Die Sprachwissenschaft wird als ein Teil dieser Wissenschaft angesehen, die beabsichtigt, zu der „Gesamtheit der menschlichen Verhältnisse zu gehören" (ebd.).

Die Semiologie stellt eine Beziehung her zwischen dem Signifikanten (Bezeichnendes, Bedeutendes) und dem Signifikaten (Bezeichnetes, Bedeutete). Diese Einheit verweist auf ein Objekt und eine Referenzfunktion. In Verbindung mit dem Zeichen wird dieses Beziehungssystem semiotisches Dreieck genannt. Während das Zeichen mit Sinn „erfüllt" ist, ist das Bedeutende leer. An einem Beispiel von de Saussure läßt sich dies veranschaulichen. Bezogen auf die Sprache bildet das Bedeutende das akustische Bild, das Bedeutete den Begriff, das Zeichen wiederum (das Wort) die Beziehung zwischen Begriff und Bild.

Im Mythos gibt es nach Barthes (1964) zwei semiologische Systeme: ein lingustisches System, die Sprache, die Barthes Objektsprache nennt, und den Mythos, den er Metasprache nennt, eine Sprache, in der man von der ersten spricht. Dieser Zusammenhang ist für den Semiologen die Begründung dafür, daß er Schrift und Bild gleich behandelt. Schrift und Bild werden beide als Zeichen interpretiert, sie bilden beide eine Objektsprache und gelangen mit der gleichen Bedeutungsfunktion zur Schwelle des Mythos. Als Endterminus des primären sprachlichen Systems bezeichnet Barthes das Bedeutende *Sinn,* während er es beim zweiten System *Form* nennt. Für das Bedeutete behält er den Namen *Begriff* bei. Während der dritte Terminus im System der Sprache *Zeichen* genannt wird, bezeichnet er den dritten Terminus des Mythos als *Bedeutung,* da im Mythos das Bedeutende schon aus Zeichen der Sprache gebildet wird. Der Mythos hat eine zweifache Funktion: „er bezeichnet und zeigt an, er gibt zu verstehen und schreibt vor" (ebd., S. 96).

Beispielhaft erläutert Barthes diesen Zusammenhang anhand eines Titelbildes von *Paris-Match.* Auf dem Bild erweist ein junger Neger in französischer Uniform den militärischen Gruß. Sein Blick ist nach oben auf eine Falte der Trikolore gerichtet. Dies läßt sich als Sinn des Bildes bezeichnen. Frankreich wird als großes Imperium dargestellt, alle seine Söhne, ohne Unterschied der Hautfarbe, dienen treu seiner Fahne. „Ich habe also auch hier ein erweitertes semiologisches System vor mir: Es enthält ein Bedeutendes, das selbst schon von einem vorhergehenden System geschaffen wird *(ein farbiger Soldat erweist den französischen militärischen Gruß),* es enthält ein Bedeutetes (das hier eine absichtliche Mischung von Franzosentum und Soldatentum ist), und es enthält schließlich die Präsenz des Bedeuteten durch das Bedeutende hindurch" (ebd., S. 95). Das Bedeutende des Mythos ist zugleich Sinn und Form. Bedeutung ist bereits im Sinn geschaffen. Der Sinn verliert seine Beliebigkeit, indem er Form wird. Jedoch hebt die Form den Sinn nicht auf. „Der Sinn verliert seinen Wert, aber er bleibt am Leben, und die Form des Mythos nährt sich davon" (ebd., S. 97). Die Form des Mythos ist für Barthes kein Symbol, da ihm zuviel Präsenz zugeeignet ist.

Die Bedeutung ist der Mythos selbst. „Der Mythos leugnet nicht die Dinge, seine Funktion besteht im Gegenteil darin, von ihnen zu sprechen. Er reinigt sie nur einfach, er macht sie unschuldig, er gründet sie als Natur und Ewigkeit, er gibt ihnen eine Klarheit, die nicht die der Erklärung ist, sondern die der Feststellung" (ebd., S. 131). Sobald ein Sinn sich einstellt, verschwindet der Mythos. Der Mythos hat einen interpellatorischen, einen imperativen Charakter. „Der Mythos ist ein reines ideographisches System, in dem noch die Formen durch den Begriff motiviert sind, den sie darstellen, ohne sich jedoch im geringsten mit deren Darstellung zu erschöpfen" (ebd., S. 110). Der Mythos kann durch drei Arten des Lesens entziffert werden:

1. Wenn der Begriff die Form des Mythos ohne Doppeldeutigkeit ausfüllt, stelle ich mich auf ein leeres Bedeutendes ein. Der grüßende Neger ist dann ein *Symbol* für die französische Imperialität.

2. Wenn ich Sinn und Form unterscheide, handelt es sich um ein erfülltes Bedeutendes. Der grüßende Neger wird nunmehr zum *Alibi* für die französische Imperialität.

3. Wenn das Bedeutende des Mythos als unentwirrbares Ganzes von Sinn und Form aufgefaßt wird, empfange ich eine doppelte Bedeutung und werde der Leser des Mythos. Der grüßende Neger wird zur *Präsenz* der französischen Imperialität.

Ihre wesentliche Funktion enthüllt der Leser der Mythen. „Der Mythos ist weder eine Lüge noch ein Geständnis. Er ist eine Abwandlung" (ebd., S. 112). Der Mythos existiert von dem Augenblick an, wenn die französische Imperialität in den Zustand der Natur übergeht. Für den Mythos-Leser vollzieht sich alles, als ob das Bild auf natürliche Weise den Begriff hervorruft. „Der Mythos wird als ein Faktensystem gelesen, während er doch nur ein semiologisches System darstellt" (ebd., S. 115).

Barthes' Interesse am Mythos ist nicht an die archaische Zeit gebunden, sein Interesse liegt in der Gegenwart. Vom klassischen Mythos interessieren ihn nur die Strukturen, mit deren Hilfe er die Mythen des Alltags aufdecken und zerstören kann. Der Mythos ist bei ihm weder ein Geständnis, noch eine Abwandlung. Die Funktion und die Bedeutung des Mythos nähert sich dem Marxschen Begriff der Ideologie an, weil das eigentliche Ziel des Mythos ist, daß er Geschichte in Natur verwandelt und die Gegenwart als einen Endzustand erscheinen läßt. Der Mythos enthistorisiert, als Konsequenz bedeutet dies Entpolitisierung, so Barthes.

Die beste Waffe gegen den Mythos ist für Barthes, einen künstlichen Mythos zu schaffen, ihn selbst zu mythifizieren (ebd., S. 121). „Wenn unsere Gesellschaft objektiv der privilegierte Bereich für mythische Bedeutung ist, so deshalb, weil der Mythos formal das am besten geeignete Instrument der ideologischen Umkehrung ist, durch die sie definiert wird. Auf allen Ebenen der menschlichen Kommunikation bewirkt der Mythos die Verkehrung der *Antinatur in Pseudonatur*" (ebd., S. 130). Das mythische Zeitalter ist für ihn identisch mit der Gegenwart des Kapitalismus. Barthes interessiert sich für die Erhaltung kapitalistischer Machtstrukturen mit Hilfe von Mythen. Er sieht Herrschaft nicht nur in den Eigentumsverhältnissen begründet, sondern auch in der Fähigkeit des Kapitalismus zur ununterbrochenen Produktion von Mythen über sich selbst. Die Wirklichkeit wird von den Mythen bis zur Unkenntlichkeit verzerrt. Das mythische Gewebe des Kapitalismus hat die Lebenswelt bis in ihre innersten Schichten durchdrungen. Wenn die unbewußten, kollektiven Verzerrungen durch die Mythen, die verflochten sind in die Routine des Alltags, erkannt und mit ihren Produzenten abgeschafft sind, kann sich Aufklärung ausbreiten. Neben die Revolutionierung der Besitzkräfte muß daher eine Revolutionierung des kapitalistischen Alltags durch die Medienkritik treten.

Das mythische Gewebe des Kapitalismus durchdringt bei Barthes die Lebenswelt. *Herrschaft* wird definiert als die Fähigkeit des Kapitals zur ununterbrochenen Produktion von Mythen. „Die Analyse von Mythen erscheint als eine Form von Kapitalismuskritik" (Hüppauf 1983, S. 518). Es stellt sich die Frage, ob seine Auffassung von Mythos nicht selbst eine Folge der geschichtstötenden modernen Mythen ist, die sie beklagt. Barthes' im Zeichen der Printmedien unternommenen Analysen, so z.B. zur Mode, haben hohe Bedeutung erlangt, nicht wegen des Inhalts, sondern wegen der Methode (vgl. Schiwy 1969, S. 80). Barthes lieferte damit der Semiologie ein Modell und dem Strukturalismus eine Methode. Bei der Analyse von Spielfilmen und Werbespots (vgl. u.a. Ehmer 1971a,b; Hirseland 1992) hat die Methode Verwendung gefunden.

Barthes' Verdienst ist es, auf die Bedeutung von Mythen in unserem Alltag aufmerksam gemacht zu haben. Aus seinen Thesen ergibt sich die pädagogische Aufgabenstellung, Natur wieder in Geschichte zu verwandeln, das scheinbar naturhafte als gesellschaftlich vermittelt zu entschlüsseln, somit die Arbeit an Mythen, um Mythen zu entmythifizieren. Wichtige Bereiche der menschlichen Erkenntnistätigkeit, Intuition, Wahrnehmung, Gefühle werden bei dem Ansatz allerdings übergangen. Die positive Bedeutung, die (Sinn-)Bilder für die Identität und das Selbstwertgefühl von Menschen haben können, bleibt unberücksichtigt. So bedeutsam es ist, sich der Mythen des Alltags bewußt zu werden, erklärt dies nicht, woher der „Bedarf" an Mythen seitens der Nutzer kommt. Somit bleibt ihm die positive Kraft der Mythen verborgen. Barthes versteht sich in der Tradition der Moderne, die den Anspruch hat, vom Mythos zur Aufklärung zu kommen.

4.3 Mythos und Aufklärung

In der Tradition der Aufklärung steht das aufgeklärte Denken im Gegensatz zum Mythos. „Der Prozeß der Aufklärung führt zur Desozialisierung der Natur und zur Denaturalisierung der Menschenwelt; mit Jean Piaget läßt er sich als eine *Dezentrierung des Weltbildes* begreifen" (Habermas 1983, S. 414). Aufklärung widerspricht dem Mythos und entzieht sich seiner Gewalt. Dennoch stellt selbst Jürgen Habermas fest, daß im weltgeschichtlichen Prozeß sich die Menschengattung von den Ursprüngen immer weiter entfernt, sich gleichwohl nicht vom mythischen Wiederholungszwang gelöst hat (ebd., S. 409). Norbert Bolz konstatiert eine Verschränktheit von Fortschritt und Reaktion und spricht von der List des

Mythos, da die unbedingte Entzauberung immer tiefer in eine mythische Bewußtseinslage führt. „Die fortschreitende Rationalisierung verleiht der Welt wieder Züge mythischen Zwangs" (1989, S. 229). Die rationale Ausdifferenzierung der Wertsphären erscheint wie die zufälligen Glaubensmächte einer gottfernen Welt und schafft dabei einen Polytheismus der Sachlichkeit.

Max Horkheimer und Theodor W. Adorno gehen von einer heimlichen Komplizenschaft aus. „Schon der Mythos ist Aufklärung, und: Aufklärung schlägt in Mythologie zurück" (1984, S. 5). Aufklärung wird bei Horkheimer/Adorno als ein mißlingender Versuch verstanden, den Schicksalsmächten zu „entspringen". In dem Mythos von Odysseus, der den Doppelsinn des Schauderns vor der Entwurzelung und das Aufatmen über das Entkommen birgt, erkennen sie die „Urgeschichte der Subjektivität". Die Verleugnung der Natur des Menschen ist zugleich Kern aller zivilisatorischen Rationalität. Für das kollektive Bewußtsein ist die regenerierende Kraft einer rituellen Rückkehr zu den Ursprüngen lebensnotwendig. Damit das Mitglied des stammesgeschichtlichen Kollektivs sein Ich formieren kann, muß es gleichzeitig die Rückkehr zu den Ursprüngen scheinhaft vollziehen. Horkheimer/Adorno sehen daher in der „Urgeschichte der Subjektivität" eine erste Stufe der Aufklärung. Gelungene Aufklärung ist es, wenn mit der Entfernung von den Ursprüngen *Befreiung* verbunden ist.

Mythen erwachsen aus der Not, dem Unerklärlichen einen Namen zu geben. Im Mythos liegt daher, so der Nietzsche-Rezipient Wolfgang Lange (1983, S. 117), ein Stück Daseinsbewältigung und damit auch Aufklärung. Durch die Kunst zu täuschen (Verstellung) vermag der Mensch die Gefahren und Bedrohungen einer ganz und gar undurchsichtigen Natur zu bewältigen. Das übermächtig Numinose im Akt der Distanzierung zu veranschaulichen, ihm personale Gestalt und Konturen zu verleihen, und die Kunst des Menschen, seine Eindrücke, Empfindungen und Wahrnehmungen durch die Bildung und Ansetzung von Metaphern zu bannen, wirken wie Zeichen eines ästhetischen Fundamentaltriebes. Der Drang zur Oberfläche und zum Schein läßt sich deuten als Versuch, das Unbekannte der Natur durch die ästhetische Aneignung vertrauter erscheinen zu lassen. „So vermag der Mensch durch die Ansetzung einer fiktiven Welt der Symbole sowohl die Kompensation von Versagungen, die Verleugnung realer Schwächen und Gefahren bewerkstelligen, wie er mit Hilfe eben derselben symbolischen Formen den Versuch unternimmt, die existenzbedrohende Natur zu bändigen, um die Reproduktion des Lebens zu sichern. In der Verdeckung und Verstellung der Natur depotenziert der Mythos das Grauen des Menschen vor dem ganz Anderen und erreicht durch die anthropo- und theomorphe Steigerung des Fremden Vertrautheit im Schein" (ebd., S. 116f.).

Die heutige wissenschaftliche Methode hat gegenüber Friedrich Wilhelm Nietzsche und seiner Zeit einen höheren Grad an Exaktheit und Effizienz der Naturbeherrschung erreicht, keineswegs jedoch einen höheren Grad an Wahrheit, bezogen auf die Beschaffenheit der Dinge. Nietzsche interessierte sich jedoch nicht für den Mythos als ursprüngliche Offenbarung, sondern für die rhetorische Effizienz in historischen Konstellationen. Die Mythen sind für ihn partikulare Erzeugnisse handelnder Menschen. Nietzsche monierte das Unvermögen der positivistischen Wissenschaften, den Menschen Deutungsmuster für ihre Existenz zu geben (1954, I, S. 281f.). Damals wie heute kommt es zur Ausklammerung existentieller Befindlichkeiten zugunsten scheinbar wertneutraler Erklärungen.

Die empirische Grundlagenforschung definiert Wissenschaft als eine Form der Begründung ihrer Aussagen durch Tatsachen. Die wichtigsten wissenschaftlichen Tatsachen berufen sich nicht auf Sinnesleistungen, sondern auf etwas „Gedeutetes" (vgl. Hübner 1989, S. 42). Um Aussagen über Tatsachen zu verstehen, müssen wir meistens eine Theorie als gültig voraussetzen. Diese Theorie basiert auf Grundlagen, die letztlich nicht mehr durch Tatsachen bestätigt werden, sondern durch Deutungen von Tatsachen. In der Wissenschaft gibt es apriorische Bedingungen und Voraussetzungen, die die Deutung von Tatsachen überhaupt erst ermöglichten. Aus diesen a priori akzeptierten Prinzipien setzt sich die Ontologie einer Wissenschaft zusammen. Eine Ontologie ist ein Instrument des Deutens, des Erklärens und Überprüfens von Tatsachen und der damit in Verbindung stehenden Regeln. Die apriorischen Grundvorstellungen der je leitenden Ontologie bestimmen die Fragen, die man an die Wirklichkeit stellt. Auch für den Mythos kennzeichnend ist ein durch eine Ontologie vermitteltes Verhältnis der Wissenschaft zur Wirklichkeit. Der Mythos ist daher genauso ein Erfahrungssystem wie die Wissenschaft. Der Mythos verfügt über Logik und Systematik und über eindeutige und scharfe Begriffe, bezogen auf seine Ontologie. Der Mythos bildet jedoch keinen Gegensatz zur empirischen Wissenschaft, er verkörpert eine *andere* Sicht von der Wirklichkeit, vergleichbar mit der Vorder- und Rückseite einer Sache. „Die Meinung, die Wissenschaft biete auf empirischer Grundlage im Gegensatz zum Mythos ein zutreffendes Bild von der Wirklichkeit, ist zwar ein weitverbreitetes Klischee, hat sich aber dennoch als Irrtum erwiesen. Alles, was wir sagen können, ist, daß sie ein *anderes* Bild von Wirklichkeit bietet als er, und zwar in dem Sinne, wie man von einem anderen Aspekt spricht" (ebd., S. 46).

Der Mythos geht nicht in der Ordnungsfunktion auf, die Begegnung mit seinem Mysterium bleibt eine entscheidende Erfahrung. Die unterschiedlichen Möglichkeiten, Welt zu betrachten und zu interpretieren, sollten offen bleiben, um aus der gegenwärtigen Einseitigkeit herauszukommen. Wenn wir auch nicht in untergegangene Formen schlüpfen können, gibt es noch verdeckte und verdrängte, aber nicht erloschene mythische Potentiale. Wir denken kopernikanisch und fühlen ptolemäisch. Beim Sonnenuntergang glauben wir an den ptolemäischen Schein und nicht an das kopernikanische Wissen, das uns sagt, daß die Sonne nicht „untergehen" kann (vgl. Sloterdijk 1987, S. 57). Wir reden davon, daß „*der* Tag anbricht" und nicht „ein Tag bricht an". Festlichkeiten und Feierlichkeiten, Geburt, Tod und die Liebe erleben wir anders, als es unser modernes Bewußtsein zugibt. Berge, Täler, Flüsse und das Meer nehmen wir in ihrer einheitlichen Gestalt, als Wesen wahr (vgl. Hübner 1979, S. 92).

Cassirer zweifelt, ob die Erkenntnis in der Lage ist, Herr zu werden über den Mythos. Er warnt davor, den Mythos außerhalb der Grenzen seiner Erkenntnis zu verbannen, da der scheinbar endgültig besiegte Gegner sich schnell in ihrer eigenen Mitte wiederfindet (1987, S. XI). Karl Kerényi schreibt: „Die Mythologie singt wie der abgeschnittene Kopf des Orpheus auch noch in ihrer Todeszeit; auch noch in der Ferne weiter" (zitiert nach Lau 1997, S. 55). Ludwig Wittgenstein bezeugt ebenfalls die Ohnmacht der Vernunft. „Wir fühlen, daß selbst wenn alle *möglichen* wissenschaftlichen Fragen beantwortet sind, unsere Lebensprobleme noch gar nicht berührt sind" (1973, S. 114).

Der hartnäckigste Mythos ist der eines mythenfreien Wissens, (vgl. Bolz 1983, S. 479). Die mythische Rede kehrt im Zentrum der Wissenschaften wieder, seit die Erfahrung, daß Wissen per se illusionistisch ist, allgemein wurde. Durch die polyphone Rede ist der traditionale Widerspruch zwischen wissenschaftlicher Redeweise und erzählender, mythischer Rede suspendiert. „Der polyphonische Diskurs versucht, der topologischen Mannigfaltigkeit zu entsprechen, die jeder an sich erfährt, der die *Räume* vergleicht, in denen er arbeitet, denkt, betrachtet, taktil rezipiert; diese Räume sind ungleichzeitig und bilden von sich aus kein Kontinuum der Erfahrung" (ebd., S. 480). Die heterologe Räume verknüpfende „chaotische Morphologie" des neuen Wissens steht der *wilden Topologie* des Mythos näher als der *einen* Vernunft der euklidischen Raumes.

Der Mythos räumt der Struktur ein Primat ein vor dem Ereignis. Für Bolz steht der strukturalistische Mythos im Kontext einer ästhetischen Haltung. „Stilgefühl ist die ästhetische Voraussetzung des neuen wissenschaftlichen Denkens und löst die „Stellung des Bewußtseins zur Objektivität" ab. Stil heißt Prägung, die das endliche Repertoire der Gesten einer Gesellschaft wie das System seiner Bräuche kennzeichnet" (ebd., S. 488). Dieser Stilbegriff erlaubt es, die politischen Ideologien der westlichen Zivilisationen auf mythische Formen zu reduzieren. Sowohl der Geschichtssinn als auch die kollektive Darstellung in den Massenmedien erscheinen mythisch. Mythisch denken heißt geistig basteln, die Rekonstruktionsarbeit der Mythologien ist *Bricolage.*

Für die Daseinsbewältigung und die (Sinn-)Orientierung haben Mythen weiterhin eine nicht unbedeutende Rolle. Sicherlich nutzt der Kapitalismus (aber auch andere gesellschaftliche Systeme) die Bereitschaft der Menschen, sich an Mythen zu orientieren, für seine Zwecke. Diese Mythen zu entschleiern, wie dies z.B. Barthes (1964, vgl. Abschnitt 4.2.4.2), aber auch Thomas Meyer (1992) am Beispiel von Alltag und Politik unternommen haben, ist ein wichtiges Aufgabenfeld auch für die medienpädagogische Praxis. Genauso wichtig erscheint allerdings die Chance, die positive Kraft des Mythos für den Identifikationsprozeß zu nutzen, da Mythen und Symbole zu identitätsstiftenden Erfahrungen beitragen. Die mythische Denkweise entwirft ein positives Lebensgefühl. „Gegen die Logik des analytischen Verstandes wahren die Mythen ein verschwiegenes Einverständnis mit dem Lebensprozeß insgesamt. Die Logik – mit dem Bild aufs einzelne – tendiert dazu, ihn pessimistisch zu verneinen“ (Mattenklott 1989, S. 31).

Mythen und Symbole sind Koordinationssysteme, die deuten, gliedern und formen und damit eine bedeutende Rolle bei der geistigen Orientierung des Menschen spielen (vgl. Abschnitt 4.1 – Cassirer), sie bilden gewissermaßen einen „ontologischen Rahmen“. In Anbetracht der aufgelösten traditionalen Strukturen, den Individualisierungstendenzen in unserer Gesellschaft, stellt sich die Sinnfrage. Der mannigfaltige Konsum von Medien, die „angefüllt“ sind mit Mythen (vgl. Kap. 5), bestätigen den Bedarf an Mythen. Die theoretische oder handlungsorientierte Auseinandersetzung mit Mythen und Symbolen (vgl. Kap. 6) kann wichtige Anregungen bei der Suche nach Verortung auslösen.

Eliade (vgl. Abschnitt 4.2.1) macht in seinem Werk deutlich, daß Symbole und Mythen Instrumente der Selbsterkenntnis sein können. Mythen erlauben es, von der besonderen (individuellen) Situation zurückzutreten und universelle (Verhaltens-)Muster zu erkennen. Ein wesentlicher Aspekt bildet dabei die Imagination. Der symbolisch-ästhetische Umgang mit Medien, vermittelbar u.a. im Rahmen von medienpädagogischen Projekten (vgl. Abschnitt 6.3.3.3), ist hervorragend geeignet, die Voraussetzung zu schaffen für Imaginationsfähigkeit. Campbell (vgl. Abschnitt 4.2.2) ist der Überzeugung, daß Mythen den Menschen in Bezug zu seiner Umwelt setzen, damit ein tieferes Erkennen des Lebensaktes hervorrufen und bei der „Erfahrung des Lebenssinns“ helfen. Mit Hilfe von Jung (vgl. Abschnitt 4.2.3) läßt sich die hohe Bedeutung der künstlerischen Symbolform erkennen. Weiterhin wird durch ihn der Blick geöffnet hin zu kollektiven psychischen Konstanten, die sich in unterschiedlichsten Ausdrucksformen reaktualisieren. Die Arbeiten von Eliade, Campbell und Jung zeigen, daß menschliches Verhalten und kulturelle Dispositionen auch aus der Sicht kollektiver Wahrnehmungsprozesse verstanden werden müssen. Der Strukturalismus (vgl. Abschnitt 4.2.4 – Lévi-Strauss/Barthes) öffnet den Blick für die Differenzierung von manifesten und latenten Texten (Botschaften).

Bei allen Ansätzen wurde deutlich, daß der Überschuß des ästhetischen Potentials nicht kompatibel ist mit der wissenschaftlichen Rationalität und der politischen Vernunft, sondern eher mit dem mythischen Bild. Das von den verschiedenen Ansätzen vertiefte Konzept vom Mythos als einem Ordnungssystem liefert ein analoges Modell. Für die medienpädagogische Praxis bedeutsam ist die Erkenntnis von Karl Heinz Bohrer, der am Beispiel der letzten Phase von zeitgenössischen künstlerischen Konstrukten (Literatur, Malerei, Film) nachweist, daß qua Ästhetik der Mythos trotz der vorangegangenen weltanschaulichen Manipulationen wieder notwendig wird (1983, S. 10). Allerdings hat die Diskussion dieser Ansätze verdeutlicht, daß der jeweilig enthaltene Determinismus bei den genannten Autoren nicht aufrechterhalten werden kann. Zur Analyse des Phänomens Symbol (und Mythos) bedarf es eines weiteren Betrachterstandpunktes. Konkretisiert wird er durch die Darstellung und Diskussion von Denkansätzen, die die Bedeutung der Mythen und Symbole aus der Sicht des Individuums bzw. der individuellen Aneignung interpretieren.

4.4 Das Konzept einer präsentativen Symbolik

Langers Werk steht in der Tradition von Cassirer. Sie ist ebenfalls einem kulturanthropologischen Ansatz verpflichtet. Im Begriff der Symbolisierung liegt nach ihrer Auffassung der Schlüssel zur menschlichen Erkenntnis (1987, S. 33). Die Befähigung zur Symbolisierung ist daher ein kollektives Vermögen. Den Symbolisierungsvorgang beschreibt sie als konstruktiven Prozeß. Somit formuliert sie allerdings auch Bezüge zum Subjekt. Daher wird ihr Ansatz an dieser Stelle vorgestellt und diskutiert.

Symbole erinnern an früher Erfahrenes, Empfundenes, Gelerntes. Sie machen diese abwesende, andere Wirklichkeit zugänglich. In dieser Eigenschaft gebrauchte Zeichen nennt Langer (ebd., S. 39) Symbole. Wie Cassirer will Langer in erster Linie den Verstand und das Denkvermögen des Menschen hervorheben, um ihre spezifischen Formen des symbolischen Ausdrucks zu untersuchen. Nur Menschen gelten als symbolfähig. Die Fähigkeit zur Symbolbildung wird meist gleichgesetzt mit Kulturbildung, wobei die Sprache und die Schrift zu den bedeutendsten Symbolbildungen gezählt werden. Langer zitiert Ritchie, für die Symbolisierung der wesentliche Denkakt ist (ebd., S. 49). Um die Bewegung des Denkens zu unterhalten, liefert der denkende Organismus fortwährend symbolische Übersetzungen seiner Erfahrungen (vgl. ebd., S. 49). Insbesondere die Ausgangsvoraussetzung für die Entwicklung von Ideen vollzieht sich nach dem Prinzip des Symbolisierens.

Symbole sind keineswegs Stellvertreter ihrer Gegenstände, „sondern Vehikel für die Vorstellung von Gegenständen" (ebd., S. 69). Die Vorstellung ist das, was Langer unter Symbolen versteht. Die Anzeichenfunktion setzt sich zusammen aus Subjekt, Anzeichen und Objekt, die Symbolfunktion aus Subjekt, Symbol, Vorstellung und Objekt (vgl. ebd., S. 72); d.h. ein weiterer grundlegender Unterschied zwischen Anzeichen und Symbol kommt durch die Bedeutungsfunktion, der Bezüglichkeit auf einen dritten Partner, und damit das Subjekt zustande.

Unser Gehirn übersetzt ständig Erfahrungen in Symbole. Die Wahrnehmungswelt des Menschen baut sich nicht aus Sinneswahrnehmung aus, sondern aus den zu Symbolen und Bedeutungen verarbeiteten Sinneswahrnehmungen. Nicht alle „Hervorbringungen des symbolbildenden Gehirnes" entsprechen dem diskursiven Vernunftdenken. Symbolisches Denken manifestiert sich auch in Ritualen. Unser Lebensalltag ist mit vielfältigen Ritualen durchsetzt. Riten gelten bei Langer, ebenso wie die Kunst, dem Wesen nach als der Abschluß einer symbolischen Transformation von Erfahrung. „Symbolisierung ist vorbegrifflich, aber nicht vorrational. Sie ist der Ausgangspunkt allen Verstehens im spezifisch menschlichen Sinne und umfaßt mehr als Gedanken, Einfälle oder Handlungen" (ebd., S. 50).

Langers Untersuchung über den Symbolbegriff gilt keinem metaphysischen, sondern einem logischen Interesse. Wenn sie auch angeregt wurde von der Idee der Idealisten, daß das menschliche Begreifen im wesentlichen transformatorischer Natur ist, versteht sie die Funktion der symbolischen Transformation als natürliche Tätigkeit, „als eine hochentwickelte Reaktionsweise des Nervensystems" (ebd., S. 8). Langers Ziel ist es, eine umfassende Theorie des menschlichen Geistes zu beschreiben, deren Kern die Symbolbildung und deren Problem die Morphologie des Sinngehalts ist. Mit der Durchdringung des Symbolisierungsvorganges sollen „die festgefahrenen Antagonismen von Geist und Körper, Verstand und Trieb, Autonomie und Gesetz" (ebd., S. 33) aufgelöst werden. Das diskursive Denken soll um die Erkenntniswerte, die in der Kunst, im Ritus und in der Musik enthalten sind, erweitert werden.

Für Langer entspricht das menschliche Bewußtsein einem dauernden Prozeß der symbolischen Transformation psychophysischer Impulse. „Aus Symbol und Bedeutung baut sich die Welt des Menschen auf. In weitaus größerem Maße als aus Sinneswahrnehmungen" (ebd., S. 35f.). Die Fähigkeit, Symbole zu verstehen, d.h. alles an einer sinnlichen Gegebenheit als irrelevant anzusehen, außer einer bestimmten in ihr verkörperten Form, ist für sie der charakteristischste Wesenszug des menschlichen Geistes (ebd., S. 79f.). Das von den Sinnen gelieferte Material wird fortwährend zu Symbolen verarbeitet, die unsere elementaren Ideen sind. Langer differenziert den Symbolbegriff und unterscheidet zwischen *diskursiver* und *präsentativer Symbolik*. Sie geht von der Prämisse aus, daß jeder artikulierte Symbolismus diskursiv ist. Das Hauptmerkmal der diskursiven Symbolik ist die Darstellung der Ideen in sukzessiver Folge, entsprechend der Linearität der Sprache. Diese Eigenschaft des verbalen Symbolismus nennt sie Diskursivität. Die Gesetze des logischen Folgerns bezeichnet sie als „Gesetze des diskursiven Denkens" (ebd, S. 88).

Abb. 27: Im Jahre 1537 siedelte Johann Dryander das Denken gleich hinter der Stirn an.

Jenseits des „Unsagbaren" (Wittgenstein 1973) sieht sie der menschlichen Erkenntnis zugängliche Kommunikationsformen. Die Sprache ist keinesfalls unsere einzige artikulierte Hervorbringung. Außerhalb der Diskursivität gibt es Phänomene, die sich nicht in einem „logischen Jenseits" befinden. „Unsere Sinneserfahrung ist bereits ein Prozeß der Formulierung" (Langer 1987, S. 95). Aus dem Chaos der Sinnesempfindungen müssen unsere Sinnesorgane Formen auswählen. Augen und Ohren scheinen das sensorische Feld nach bestimmten Mustern und Sinnesdaten zu gliedern. Aus diesem Grund wächst den Formen Bedeutung zu. Ein Geist, der in erster Linie mit Bedeutungen arbeitet, muß Organe haben, die ihn in erster Linie mit Formen versorgen. Gestaltung gehört somit zur Natur der Wahrnehmung. „Ein Objekt ist kein Sinnesdatum, sondern eine durch das sensitive und intelligente Organ gedeutete Form, eine Form, die gleichzeitig ein erlebtes Einzelding und ein Symbol für dessen Begriff, für diese Art von Ding ist" (ebd.).

Unserem Empfangsapparat wohnt eine Tendenz inne (vgl. Abschnitt 2.3), das sensorische Feld in bestimmte Muster von Sinnesdaten zu gliedern. Sobald die Außenwelt auf unsere Rezeptoren wirkt, beginnt bereits „das Geistige" in der Tätigkeit unserer Sinne. Aus der Flut von Lichteindrücken werden Formen wahrgenommen. Die Formen der Wahrnehmung, die intuitiv und unbewußt vollzogenen Abstraktionen, entsprechen den primitivsten Instrumenten unserer Intelligenz. „Sie sind echtes symbolisches Material, Medien des Verstehens, durch deren Vermittlung wir eine Welt von Dingen und von Ereignissen erfassen, die die Geschichte der Dinge sind" (ebd., S. 98).

Langer vermutet einen unbewußten „Sinn für Formen“, der die Wurzel aller Abstraktion ist (ebd., S. 93). Diese Abstraktionsfähigkeit ist wiederum die Bedingung für Rationalität. Rationalität ist daher tief verankert in unserer animalischen Erfahrung, „in unserer Wahrnehmungsfähigkeit, in den elementaren Funktionen unserer Augen, Ohren und Finger“ (ebd., S. 96). Der Stempel des Geistigen trägt alle Sensitivität, das geistige Leben beginnt schon mit unserer physiologischen Konstitution. Indem sie sich auf die Gestaltpsychologie von Wolfgang Köhler und Max Wertheimer (vgl. Abschnitt 2.3.2) bezieht, konstatiert sie die geistige Tätigkeit unserer Sinne von Anbeginn an. Dementsprechend ist *Sehen* kein passiver Vorgang, sondern selbst schon ein Formulierungsprozeß. „Unser Verständnis der sichtbaren Welt beginnt im Auge“ (ebd., S. 97).

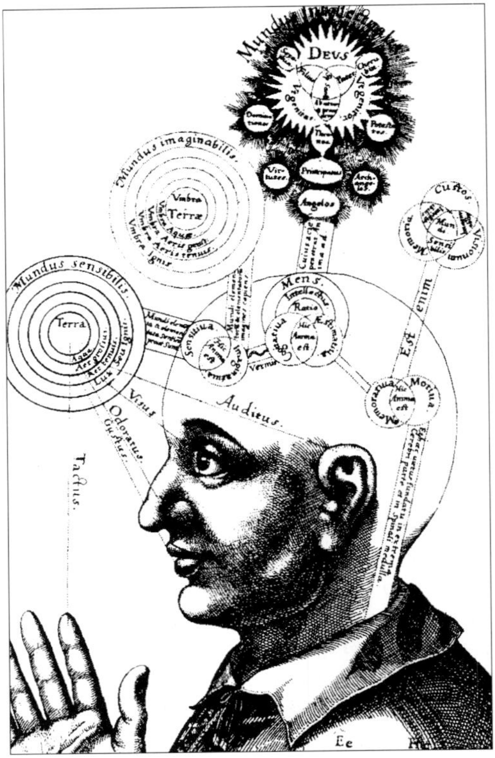

Abb. 28: Darstellung des englischen Arztes Robert Fludd, 17. Jahrhundert. Ein Universum im Kopf.

Nach Langer gibt es eine Möglichkeit echter Semantik jenseits der Grenzen der Sprache. Die Erforschung dieses logischen Jenseits wäre jedoch, da es die Sphäre der subjektiven Erfahrung, der Emotion und der Wünsche betrifft, eher eine Sache der Psychologie und nicht eine der Semantik. „Beide Thesen gehen Hand in Hand: 1. Daß die Sprache das einzige Mittel sei, um artikuliert zu denken, und 2. daß alles, was nicht aussprechbarer Gedanke ist, Gefühl sei“ (ebd., S. 93). Der Symbolismus widersetzt sich der sprachlichen Projektion, da er nicht diskursiv ist. Er entspringt unserem rein sensorischen Sinn und ist besonders geeignet für den Ausdruck von Ideen. Für Langer (ebd., S. 127), wie auch für Edgar Morin hängt die Vorstellung vom Selbst von dem Vorgang des symbolischen Zusammenfassens unserer Gefühle ab. „Alles was Bild ist, strebt danach auf das Gefühl zu wirken, und alles, was gefühlswirksam ist, strebt danach, magisch zu werden“ (Morin 1958, S. 94).

Die grundlegenden Wahrnehmungsformen, die die elementaren Abstraktionen des von unseren Sinnen erfaßten symbolischen Materials liefern, gehören der *präsentativen Ordnung* an. „Visuelle Formen – Linien, Farben, Proportionen usw. – sind ebenso der Artikulation, d.h. der komplexen Kombination fähig wie Wörter. Aber die Gesetze, die diese Art von Artikulation regieren, sind von denen der Syntax, die die Sprache regieren, grundverschieden. Der radikalste Unterschied ist der, daß visuelle Formen nicht diskursiv sind. Sie bieten ihre Bestandteile nicht nacheinander, sondern gleichzeitig dar, weshalb die Beziehungen, die eine visuelle Struktur bestimmen, in einem Akt des Sehens erfaßt werden“ (Langer 1987, S. 99).

Während zwischen Anzeichen und Symbol ein logischer Unterschied besteht, weist die von Langer vorgenommene Unterscheidung zwischen diskursiven und präsentativen Strukturen formale Verschiedenheit auf. Im strengen Sinne ist Sprache ihrem Wesen nach diskursiv. Die Sprache hat festgelegte Äquivalenzen, besitzt permanente Bedeutungseinheiten, die zu größeren Einheiten verbunden werden können. „Die durch die Sprache übertragenen Bedeutungen werden nacheinander verstanden und dann durch den als Diskurs bezeichneten Vorgang zu einem Ganzen zusammengefaßt; die Bedeutungen aller anderen symbolischen Elemente, die zusammen ein größeres, artikuliertes Symbol bilden, werden nur durch die Bedeutung des Ganzen verstanden, durch ihre Beziehung innerhalb der ganzheitlichen Struktur. Daß sie überhaupt als Symbole fungieren, liegt daran, daß sie alle zu einer simultanen, integralen Präsentation gehören. Wir wollen diese Art von Semantik ‚präsentativen Symbolismus‘ nennen, um seine Wesensverschiedenheit vom diskursiven Symbolismus, das heißt von der eigentlichen ‚Sprache‘ zu charakterisieren“ (ebd., S. 103). Der präsentative Symbolismus reicht von den elementaren intuitiven Abstraktionen der Gestalterkennung (Bilder, Metaphern) über den Traum, Ritus, Musik, Mythos, die Bereiche der Phantasie und der Emotionen bis zur bildenden Kunst. Präsentativ meint alle nicht den logischen Gesetzmäßigkeiten der Sprache gehorchenden, simultanen integralen Präsentationen.

Im Rahmen dieser Arbeit werden semantische Formen des präsentativen Symbolismus, wie sie in aktuellen Medienprodukten auftauchen, untersucht (vgl. Kap. 5). Spielfilme, Videoclips, Werbung und Computeranimationen werden im Zusammenhang der ganzheitlichen Struktur präsentativ organisiert. Somit ist die von Langer eingeführte Begrifflichkeit ein taugliches Instrument für eine Analyse. Für das handlungsorientierte medienpädagogische Praxisfeld erweist sich Langers Begrifflichkeit ebenfalls als geeignet. Die präsentativen Formen stehen bei Langer (ebd., S. 115) jedoch auf einer tieferen Rangstufe als der sprachliche Symbolismus. Demgegenüber gehe ich nicht von einer Rangfolge aus. Einen besonderen Schwerpunkt bildet bei dieser Arbeit die Absicht, die metaphysische, genauer die ontologische Bedeutung des präsentativen Symbolismus zu beleuchten. Vermutet wird nicht nur, wie dies Langer tut, eine geistige Tätigkeit unserer Sinne, sondern ebenfalls eine Sinn-Zuschreibung bei der Hervorbringung innerer und der sensuellen Verarbeitung äußerer Bilder. Der Ansatz von Langer bedarf daher der Erweiterung. Bei ihr entspricht das Bild einem Symbol, und das sogenannte Medium ist eine spezifische Form des Symbolismus (ebd., S. 77). Ihre Theorie der präsentativen Symbolik bezieht sich explizit auf die Ebene des Bildes (Wahrnehmung eines anwesenden Objektes) und nicht auf die Ebene der Vorstellung (Akt des Bewußtseins). Bei der Aneignung von medialen Produkten verschränken sich allerdings beide Ebenen. Das Subjekt nimmt das Bild nicht „objektiv" wahr. In den Prozeß des Wahrnehmens fließen von archetypischen und gesellschaftlichen Impulsen beeinflußte Assoziationen mit ein, die für die Sinn-Findung bedeutsam sind (vgl. Abschnitt 4.2).

Biographische Erfahrungen spielen bei der Wahrnehmung von Bildern (Symbolen) ebenfalls eine wichtige Rolle. Psychoanalytisch orientierte Wissenschaftler haben sich mit der Bedeutung der Symbolbildung auf die Subjektkonstitution auseinandergesetzt.

4.5 Symbolbildung und Subjektkonstitution

Die Psychoanalyse reflektiert die Symbolbildung aus der Sicht des einzelnen Subjektes. Insbesondere Lorenzer (1970, 1972, 1976) hat sich in seinem Werk mit der Bedeutung des Symbols für die Subjektkonstitution auseinandergesetzt. In Anlehnung an Lorenzer beziehen Gaube (1978) und Salje (1976, 1980) die Symboldiskussion auf den Film. Bei den oben genannten Autoren wird das Symbol in seinem Bezug zur begrifflichen Entwicklung diskutiert und bei Gaube und Salje im engen Kontext zum Regressionsbegriff reflektiert. Die Symboltheorie von Ziehe (1994) bildet eine Korrektur dieser Ansätze. Bei Ziehe weist das Symbol nicht nur zurück, sondern auch nach vorne.

4.5.1 Sinnlich-unmittelbare Symbole

Lorenzer (1976, 1991) hat am konsequentesten den Zusammenhang von Symbolbildung und Subjektkonstitution herausgearbeitet. Die Subjektbildung steht bei ihm in Beziehung zu der Entwicklung von sprachlicher Symbolisierung in der frühen Lebensphase. Die Herausbildung einer subjektiven Struktur kann erst entstehen, wenn das Kontinuum der „Mutter-Kind-Dyade" sich aufspaltet, und das Symbol als Drittes in die dyadische Relation eingeführt wird und damit eine Interaktionsform sich etabliert, die eine Unterscheidung von Subjekt- und Objektwelt zuläßt.

Die Subjektbildung und damit die Reproduktion der objektiven Verhältnisse in den Subjekten gelingt in einer Vermittlung des Abarbeitens zwischen innerer und äußerer Natur. Die Fähigkeit zur Symbolbildung wird somit als Ausgangsvoraussetzung gesehen für das Gelingen der Subjektbildung. In einem dialektischen Prozeß zwischen den Triebansprüchen (Lustprinzip) und den durch die Mutter repräsentierten gesellschaftlichen Anforderungen (Realitätsprinzip) findet der Lernprozeß der Symbolisierung statt. Das zentrale Regelsystem für die Selbsterfahrung und die darauf bezogene Gegenstandswelt wird in der Einführung der Sprache gesehen. Der Beginn der Sprachentwicklung, so z.B. die initiale Prädikation „Mama" führt zu einer ersten Interaktionsform. Das anfangs eher blindbewußtlose Reiz-Reaktionsgeschehen der Mutter-Kind-Dyade, das Einüben von Interaktionsformen in das System Sprache differenziert sich zunehmend, und es entwickeln sich schrittweise Subjekt- und Objektprädikatoren und damit der Aufbau einer subjektiven Struktur und einer objektiven Welt.

Die benannte „prädizierte bestimmte Interaktionsform" wird zur Grundeinheit des semantischen Gefüges der Sprache. Als „symbolische *Interaktionsform*" erhält sie die Funktion einer „Grundfigur des Bewußtseins" (Lorenzer 1976, S. 121). Jedoch stehen nur jene Interaktionsformen der bewußten Verfügbarkeit offen, die sprachlich formuliert und damit zur Grundlage systematischen Denkens und Handelns werden. So wie es gelingt bestimmte Interaktionsformen im Symbol zu verselbständigen, lösen sich die Interaktionsformen aus dem blinden Reiz-Reaktionsschema heraus. Wenn bei den ersten Versuchen des selbständigwerdenden Ichs per Sprachfigur ein unabhängiger Interaktionszusammenhang zum Tragen kommt, gelingt die Unterscheidung zwischen Selbst- und Objektrepräsentation.

Allerdings kann es im Interaktionsprozeß zwischen Mutter und Kind auch zu verfehlten Einigungen kommen und damit zum offenen Widerspruch. Im Gesamt des symbolgeregelten Interagierens kann dies zum „Grundmoment der systematischen Brechung des Kindes" führen. Durch die Abwehr des Konfliktes wird die symbolische Interaktion wieder umgekehrt und damit desymbolisiert. Dadurch verliert die umstrittene Interaktionsform ihre Qualität als Symbol, obwohl sie vorsprachlich virulent bestehen bleibt. Sie wird zum *Klischee*, das sprachlich exkommuniziert ist, da ihr die „Öffentlichkeit der Sprache" entzogen ist (vgl. Lorenzer 1970, S. 93ff.). Die desymbolisierende Interaktionsform des Klischees entspricht einer bewußtlos eingeübten Einigung, das der freien symbolischen Verfügbarkeit entzogen und dem Situationszwang unterstellt ist. Verloren geht die Möglichkeit der Verschiebung von Bedürfniserfüllung durch symbolvermitteltes Handeln. Starre Fixiertheit, Wiederholungszwang, Einrasten von Reiz-Reaktions-Zirkeln, chronisches Einschleifen klischeebezogener Triebabläufe und die Irreversibilität neurotischer Klischees sind die Folge.

Neben der regressiven Entwertung des Symbolprozesses in Richtung Klischeebildung ist nach Lorenzer jedoch auch eine andere Reaktion vorstellbar: das progressive Voraneilen der Prädikatisierung vom Symbol weg in Richtung *Zeichen*. Die symbolvermittelte Praxis des zeichenhaft-leblosem Intellektualisierens oder Rationalisierungen machen den Ausfall unkenntlich, und es dominiert eine Zeichenbildung als Reaktion auf die affektive Entleerung gegenüber dem Symbol. „Abgetrennt von der unterdrückten symbolischen Interaktion lassen sich isolierte Repräsentanzen auf der ... Ebene der emotional leeren Zeichen finden. ... Die Selbst- wie Objektrepräsentanzen werden zu schablonenhaft-isolierten, ‚vergegenständlichten‘ Ichanteilen" (Salje 1980, S. 9). Isolierte, von emotional leeren Zeichen gebildete Sprachfiguren einerseits und desymbolisierte bestimmte Interaktionsformen, d.h. Klischees, sind in ihrem entscheidenden Kern die Ergebnisse der systematischen Brechung. Das *Symbol* steht somit in der Mitte des Gegensatzpaares Klischee und Zeichen. Die konkrete menschliche Praxis gestaltet sich als ein kompliziert verwobenes Ineinander von symbolvermitteltem Handeln, klischeebestimmtem und von Zeichen reguliertem Verhalten.

Die Möglichkeit einer psychoanalytischen Diagnostik der Wirkung von Medien im Hinblick auf die Reflexionsfähigkeit des Subjekts und die affektiven Prozesse wird in einer Verknüpfung von präsentativer Symbolik und den Erkenntnissen über die Psychologie der Mutter-Kind-Dyade gesehen. Der präsentative Symbolismus weist eine auffallende Ähnlichkeit

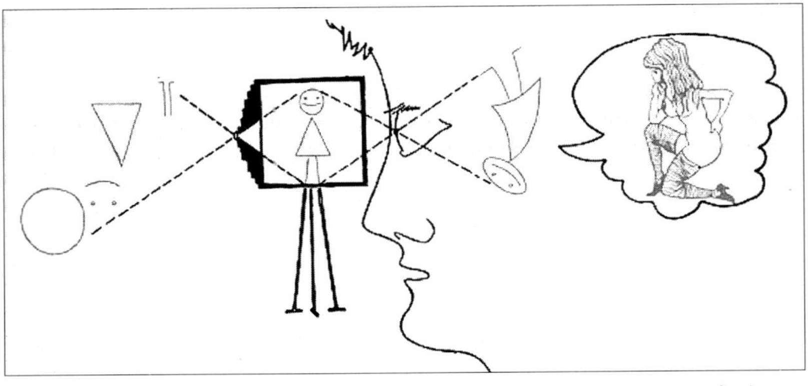

Abb. 29: Objekt und Bild des Objekts werden in unserer Wahrnehmungswelt verflochten.

mit dem Zeitraum der Einführung von Sprache, einer Instanz der Primärsozialisation, auf. Die Bildung eines präsentativen Symbols und die Prädikation (logische Formulierung) bringen einen Erlebnisgehalt in einen Begriff und damit Sprachloses zur Sprache. Auf beiden Ebenen läßt sich eine „dialogische Struktur" erkennen (vgl. Lorenzer 1972, S. 115). Die Subjektstruktur wird durch die Formen des subjektiven Interaktionsgefüges, wie sie schon durch die Beziehung von Klischee-Symbol-Zeichen dargestellt wurde, integriert. Die affektiven Prozesse (Figuren der Emotionalität) stehen in einem dialektischen Prozeß mit der „Formbestimmung von Interaktion im realen Interaktionsverlauf der Mutter-Kind-Dyade" (ebd., S. 117), der „Einführungssituation von Sprache" und der „systematischen Brechung der kindlichen Praxis".

In einer späteren Veröffentlichung hat Lorenzer (1991) sein Konzept des Prozesses der Bewußtseinsbildung verändert. Nunmehr bemüht er sich, die Erkenntnistheorie von Piaget mit der Freudschen Psychoanalyse zu verbinden. Er knüpft an der von Piaget „sensomotorischen Intelligenz" genannten vorsprachlichen Intelligenz an. Diese Intelligenz ist nach Piaget/Inhelder (1981, S. 11) auf das Praktische ausgerichtet. Sie strebt Erfolge an und will keine Wahrheiten ansprechen. „Aber es gelingt ihr doch schon, eine Gesamtheit von Aktionsproblemen ... zu lösen, indem sie ein komplexes System von Assimilationsschemata konstruiert, um die Wirklichkeit gemäß einem System von raum-zeitlichen und kausalen Strukturen zu organisieren" (ebd.). Piaget drängt darauf, daß der Sinn sich nicht ganz und gar aus der Struktur der Sprache ableiten läßt. „Der wesentliche Charakter des logischen Denkens besteht darin, daß es operativ ist, d.h. aus dem Tun hervorgeht" (Piaget 1947, S. 40).

Piaget diagnostiziert sechs Stadien vom einfachsten Reflex bis zu einem sensomotorischen Gesamtschema, mit dessen Hilfe der kindliche Organismus die Wirklichkeit in zunehmender Komplexität Schritt für Schritt konstruiert. Das ursprüngliche Universum ist in einer unbewußten Egozentrik nur auf den Körper und das Tun konzentriert. Die Schemata des permanenten Gegenstandes, der Zeit, des Raumes und der Kausalität werden erst langsam in einem Wechselspiel zwischen Umwelt und Organismus aufgebaut. (Piaget/Inhelder 1981, S. 19f.). Piaget sieht Reiz, Organismus und Reaktion als ein Funktionssystem, das sich in seiner Konkretheit auch im Organismus niederschlägt. Der Aufbau einer inneren Lebenswelt (konkret-inhaltlich) führt zu lebenspraktischen Verhaltensvorgaben. Der Aufbau der sensomotorischen Intelligenz führt hin zur Erwachsenenintelligenz. Freud sieht demgegenüber das Unbewußte als Gefüge von unbewußten Verhaltensweisen (Lebensentwürfen). Zeitlebens stellt das *Es* des Unbewußten eine eigenständige Basisformation dar. Lorenzer (1991, S. 23) sucht nach einer Synthese dieser beiden Ansätze.

Er postuliert eine Wechselbeziehung zwischen Anlagenpotential und Umwelterfahrung (Schema und Situation). Er verbindet Piagets Einsichten mit dem Konzept des Unbewußten von Freud, wobei er folgende Verknüpfungen herstellt:

1. Das sensomotorische Praxisspiel basiert auf der primären unbewußten Erlebnisbasis.

2. Die sensomotorische Praxisstruktur, dies sowohl kulturspezifisch als auch individuell-konkret, geht aus dem Wechselspiel zwischen organischer Anlage und Umwelt hervor.

Das Unbewußte stellt sich für Lorenzer als Gefüge von Interaktionsformen dar, gespeist von Niederschlägen des passiv-aktiven Interagierens zwischen dem Organismus (das besondere Anlagepotential als variables System der inneren Möglichkeiten) und seiner Umwelt (jeweilige soziokulturelle Einflüsse). „Das Unbewußte ist weder pure Natur, die sich selbst entfaltet, noch eine Tabula rasa, auf der sich Einflüsse von außen abdrücken“ (ebd., S. 24). Die innere Lebenswelt wird in einem dreifachen Zirkel aufgebaut, gespeist von der Einheit von Reiz und Reaktion, der Eigenart der familialen und kulturspezifischen Realwelt und den kindlichen Bedürfnissen zu Befriedigungserlebnissen oder Unlusterfahrungen (vgl. ebd., S. 25). Die Symbolbildung basiert auf zwei Stufen, der „sinnlich-symbolischen Interaktionsform“ und der „sprachsymbolischen Interaktionsform“. Im Verlauf dieser Arbeit wird sich auf die sinnlich-symbolische Interaktionsform konzentriert.

Das Symbol selbst bildet sich aus zwei Anteilen (Lautkomplex und sensomotorische Praxisfigur), deren Gemeinsamkeit erst den Sinn ergibt. Für Lorenzer bedeutet die Aneignung von „sinnlich-unmittelbaren Symbolen“ ein wesentliches Element für die individuelle Selbsterfahrung und Selbstverwirklichung. Vor aller Sprache, so Lorenzer (ebd., S. 28), versteht das Kind die Mutter mittels sensomotorischer Interaktion. Während die Mutter mit Hilfe von Sprachsymbolen sich diese Interaktion bewußt machen kann, gelingt dies dem Kind nicht.

Das Auge vermittelt die Wahrnehmung des anderen und damit die Differenz zwischen eigenem Ich und Außenwelt. Das Sehen, die Verarbeitung der Welt in Bildern, eröffnet den Prozeß der Lösung aus der symbiotischen Beziehung zur Mutter. Über verschiedene Stufen der Symbolbildung (Aneignung von Symbolen) gelingt es dem Kind, Enttäuschungen und Konflikte (Abwesenheit der Mutter) und die Angst vor der eigenen Aggression zu verarbeiten. Die Symbole dienen als Repräsentanzen für Realität und sind hochgradig besetzt. Sie können ein höheres Realitätsbewußtsein als die konkrete Umwelt entwickeln. Erst über einen allmählichen Prozeß können die (symbolischen) inneren Bilder an die Realität angemessen angepaßt werden.

Lorenzer geht es um eine Revision des psychoanalytischen Symbolbegriffs (1970, S. 64ff.; 1981, S. 23ff.). Er bezieht sich in seinen Texten sowohl auf Cassirer als auch auf Langer. Er beabsichtigt allerdings – dies wird durch den Bezug zu Piaget deutlich –, deren idealistische Tendenz „vom Kopf auf die Füße zu stellen" (Lorenzer 1981, S. 26f.). Die Psychoanalyse unterscheidet zwischen Primär- und Sekundärprozessen. Die Symbolbildung wird in Bezug gesetzt mit dem *Primärprozeß*. Die mit den Primärvorgängen verbundene Symbolik arbeitet nach Baugesetzen der *Verdichtung und Verschiebung*. Dies entspricht dem Prinzip der präsentativen Symbolik bei Langer (vgl. Abschnitt 4.4.2).

Die präsentative Logik weist (im Vergleich zur diskursiven Logik) eine betonte Beziehung zur Emotionalität und eine größere Affektnähe auf. Ihr Wirken entspricht dem der Primärvorgänge. Die präsentative Symbolik ist bei Langer ebenso eine Leistung des menschlichen Geistes wie die Begriffsarbeit. Lorenzer integriert diesen Aspekt in sein Konzept und schlägt daher vor, den Begriff Primärvorgang durch Primärorganisation zu ersetzen. Damit meint er die zweipolige Anlage der Erkenntnisbildung, wobei das Ich Organisationszentrum und das Unbewußte als Reizzentrum fungiert (Lorenzer 1970, S. 70). Damit integriert er Cassirers und Langers Überzeugung, daß die Ausgangsbedingungen für die Befähigung zur Symbolbildung auf dasselbe menschliche Symbolbildungsvermögen zurückgeht.

Gleichwohl gibt es auch Differenzen in den Ansätzen. Während Langer (1987) die präsentative Symbolik und damit die Symbolformation auf die objektiv-greifbare Gestalt bezieht, konzentriert sich Lorenzer auf die Erlebniskomplexe und die Erlebnisdifferenz. Für Lorenzer sind Perzeptionsmuster individuell sozialisiert und zugleich gesellschaftlich produziert. „Die Strukturen des Subjekts wurden hergestellt in einem dialektischen Bildungsprozeß, der Subjektivität *praktisch* hervortrieb in einer Vermittlung, die, an den Polen innerer und äußerer Natur sich abarbeitend, die objektiven Verhältnisse in den Subjekten reproduziert" (Lorenzer 1973b, S. 142).

Die Psychoanalyse im Verständnis Lorenzers ist in der Lage, durch die Problematisierung von Interaktionsfiguren ein Verständnis für Subjektivität einzuführen, das auch intrapsychische und affektive Prozesse berücksichtigt und das in der abstrakten Zeichentheorie fehlt. In der Semiotik fallen Symbol und Zeichen in den Bereich der logischen Denkoperationen. Das Bezeichnete ist in der Wahrnehmungswelt auffindbar. Dementgegengesetzt ist die Wahrnehmungswelt der psychoanalytischen Problematisierung und Erkenntnis nicht im Feld der Erscheinungen zu finden. Bei Filmanalysen, dies wird im Verlauf dieser Arbeit am Beispiel der Diskussion von *Terminator 2* verdeutlicht (vgl. Abschnitt 5.1.1), zeigt sich die Sinnhaftigkeit, symbolische Botschaften auf ihre intrapsychischen und affektiven Prozesse zu reflektieren. Anknüpfend an Lorenzers Arbeiten haben Gaube (1978) und Salje (1976, 1980) ihre Grundüberlegungen in Beziehung gesetzt zur präsentativen Symbolik Langers und dies exemplifiziert am Beispiel des Spielfilms.

4.5.2 Bildsymbole und intrapsychisches Erleben

Langer ist der Überzeugung,[24] daß die Wahrnehmung einer Gestalt mehr ist als die Relation ihrer Teile. Diese Eigenschaft ist für sie insbesondere kennzeichnend für den präsentativen Symbolismus. „Der präsentative Symbolismus zeichnet sich dadurch aus, daß eine Vielzahl von Begriffen in einen einzigen totalen Ausdruck zusammengezogen werden kann, ohne daß diesen einzelnen Begriffen durch die den Gesamtausdruck konstituierenden Teile jeweils entsprochen wird. Die Psychoanalyse bezeichnet diese in der Traumsymbolik zuerst entdeckt Eigentümlichkeit als ‚Verdichtung'" (Langer 1987, S. 191).

Langer identifiziert diese Verdichtungsfunktion am Beispiel des Mythos, des Märchens, der Musik, der Religion und der bildenden Künste. Die dort nachgewiesenen realisierten Interaktionsfiguren als präsentative Symbolik können auch auf der Filmebene angewandt werden. Salje (1976, 1980) lokalisiert den Film als sekundäre Sozialisationsinstanz im Geflecht der symbolischen Interaktionen. Er bezieht Lorenzers Texte über die allgemein-vereinbarten Formen der Interaktionen sowie dessen Ausführungen über den Bezug zur Kunst auf die Ebene des Films. Salje (1978, S. 16) diagnostiziert eine Affinität von präsentativer Symbolik und filmischer Präsentation, da auch das kinematographische Medium Erlebnisgehalte und Interaktion verschmelzt. Die im Film diskursiv präsentierten Elemente, wie z.B. Bilder, Worte, Geräusche und Musik, sind jeweils Teil der ganzheitlichen Struktur aller Elemente, Teil der *simultanen, integralen Präsentation* des Materials der Film- und Fernsehmedien, so daß die filmisch realisierten Interaktionsfiguren unter dem Begriff der präsentativen Symbolik subsumiert werden können. Sprachverwendung in Film- und Fernsehmaterialien ist nur eines von mehreren symbolischen Elementen, die zusammen ein größeres, artikuliertes Symbol bilden. Sie wird im Film nur durch die Bedeutung des Ganzen verstanden und ist im Zusammenhang der ganzheitlichen Struktur präsentativ organisiert. Dem Film- bzw. Medienerlebnis sind averbale, präverbale Symbole der diskursiven Sprachverständigung vorgelagert, die in ihrer Gesamtheit als präsentative Sym-

---

[24] Ihr Hintergrund bildet die Gestalttheorie, die besagt, daß die perzeptiven Organe des Menschen eine spontane Tendenz zur gestalthaften Organisation der wahrgenommenen Dinge aufweisen.

bolebenen zu bezeichnen sind. Die in den Medien realisierten Symbolebenen treten in Interaktion mit der intrapsychischen Erlebnisstruktur der Rezipienten.

Langer (1953) selbst sieht in dem künstlerischen Film einen neuen poetischen Modus, der in seiner Erscheinungsweise dem Traum gleicht. Langer generiert eine Relation zwischen Traumsymbolik und der bildhaften Form. In ihrem Appendix *A note on the film,* das sie ihrem Buch *Feeling and Form* angefügt hat, entwickelt Langer die These von der Bezüglichkeit zwischen der Präsentationsweise des Filmes und der des Traumes. „Cinema is ‚like' dream in the mode of its presentation: it creates a virtual present, an order of direct apparition. That is the mode of dream" (ebd., S. 412). Der Bezug zwischen dem Film, der geträumten Realität auf der Leinwand, die wie im Traummodus erscheint und dem Traummodus, der eine virtuelle Gegenwart imaginiert, ist von anderen Autoren ebenfalls hergestellt worden, so z.B. von Béla Balàzs (1972, 1984), Siegfried Kracauer (1973) und Morin (1958).

Gaube hat den Zusammenhang zwischen präsentativem Symbolismus im Film und im Traum ausführlich untersucht. Er weist darauf hin, daß der Film zwar die formalen Charakteristika des Traumes enthält, diese jedoch in der dem Film eigenen Weise präsentiert werden. Der Traum ist seines Erachtens die niedrigste unserer Einbildungskräfte (Gaube 1978, S. 62) oder in den Worten Freuds „die triebgesteuerte Wiederbelebung des Vorstellungsmaterials". Zwar baut der Traum seine Wirklichkeit aus der „Wachwirklichkeit" auf, die Qualität seiner Wirklichkeit und seine Gestaltsprinzipien sind aber andere. Die Antriebskraft des Traumgeschehens ist emotionaler Natur und durchgängig gefühlsbestimmt. Der Traum kann eine Erfahrung vermitteln, die mit dem Wachleben identisch ist, aber ebenso „fantastische" Vorgänge präsentieren. „So wie der Traum im Augenblick des Erlebens nicht Traum, sondern Wirklichkeit ist, müßte der Film seinem materiellen Modus nach die Fähigkeit besitzen, sich als Wirklichkeit vorzustellen" (ebd., S. 89).

Das Traumgeschehen setzt sich unmittelbar ohne Anspruch auf Reflexion durch. Demgegenüber kommt der Film „vor" unsere Augen. Die Wahrnehmungssituation im Film ist zwar ein Zustand mit vermindertem Bewußtsein, „jedoch unter den Bedingungen der wachen Wahrnehmung" (ebd., S. 90). Der Film ist für ihn zur Zeit das optimalste Instrument, etwas Dargestelltes als Realität erscheinen zu lassen.[25] Dies gelingt ihm wegen der Qualität seiner Realitätsindizien und der wirklichen Präsenz der Bewegung. Während das Foto auf die Spur eines vergangenen Ereig-

[25] Heute kann mit Hilfe von Virtual Reality oder interaktiven Computeranimationen ein noch intensiverer Eindruck von Wirklichkeit erzeugt werden als dies durch Film möglich ist.

nisses deutet, verweist das Filmbild auf die Spur einer vergangenen Bewegung, wie es Christian Metz formuliert. „Beim Kino ist der Eindruck der Realität auch die Realität des Eindrucks, die wirkliche Präsenz Bewegung" (Metz 1972, S. 28). Die Eigenrealität der Bewegung wird zum Indiz für den Wirklichkeitscharakter des Abgebildeten. Durch seine „Stofflosigkeit" erlaubt der Film jedoch ein hohes Maß an Projektion und Identifikation.

Gaube stützt sich auf Vagn Börge (1960, S. 13), der der Überzeugung ist, daß wir, ohne eine technische Kamera bei der Hand zu haben, selbst wie eine Art lebendige Kamera sehen. Nach Börges Auffassung nehmen wir alle Eindrücke als „Augenblicksbilder" im Gemüt auf, um sie dann in unserem Bewußtsein und Unbewußtsein als Erinnerungsbilder aufzuspeichern. Wir tragen alle, so Börge, eine wirre ungeordnete Summe von erlebten Bildern, die den persönlichen Film unseres Lebens bilden, mit uns umher. Gaube geht davon aus, daß der Film durch die Aktivität des Zuschauers erst erschaffen wird. Ohne den Zuschauer bleibt der Film, ein „Puzzle von Licht und Schatten" (Gaube 1978, S. 90). Der Film entspricht einer Komposition einzelner Stücke von unterschiedlichen Aufnahmen, die durch die Verknüpfung eine neue Qualität filmischer Erfahrung hervorbringen. Unsere Wahrnehmung entziffert die Wahrnehmungswelt aufgrund eines homogenen raumzeitlichen Milieus. Innerhalb dieses Rahmens setzt sich unsere Wahrnehmung zusammen aus verschiedenen sakkadischen (schnell abtastenden) Augenbewegungen, die im Sehgedächtnis einer Montage gleich zusammengesetzt werden.

Gaube sieht aber auch, daß das gegenwärtige Geschehen nicht durch die tatsächliche Wahrnehmung beschränkt ist, es kann auch durch Vorstellungsbilder erweckt werden, die mit Zukünftigem, Abwesendem oder Vergangenem in Bezug stehen. „Durch die Präsentation der Vorstellungsbilder als gleichwertig wirkliche scheitert die Gleichsetzung der tatsächlichen mit der filmischen Erfahrung – der intentionale Charakter des imaginären Bereichs verblaßt zugunsten einer einheitlichen gegenwärtigen Präsentation. *Und das ist der Traummodus*" (ebd., S. 98).

Durch seine essentiellen strukturellen Elemente schafft jeder Modus einer Kunstgattung eine *primary illusion*, der dem Modus seiner Erscheinung entspricht. Er ist genau wie die poetische Kunst ein Gewebe virtueller Erfahrung. Der Film übernimmt einen Modus des Traumes. Genau wie die ästhetische Charakteristik des Träumers durch sein „sich im Zentrum befindend" charakterisiert ist, tritt beim Film die Kamera an die Stelle des Träumers. „Im Kino reißt die Kamera unseren Blick mit sich fort in die Räume der Filmhandlung, des Filmbildes. Es ist, als sähen wir alles von innen heraus, als wären wir umgeben von den Gestalten des Films" (Balázs 1972, S. 83). Dabei darf jedoch nicht vergessen werden darf, daß im Gegensatz zur Kamera der Träumende am Geschehen beteiligt ist.

Während die *primary illusion* im Traum durch die Unmittelbarkeit der Erfahrung und bei den bildenden Künsten durch das Erlebnis eines strukturierten Raumes geprägt ist, bezieht sich der Film auf einen virtuellen Raum. Daher bezeichnet Langer (1953) die Beschaffenheit der Wahrnehmung des filmischen Raumes als *secondary illusion*. Durch die Präsentation einer virtuellen Geschichte suggeriert der Film eine „primary illusion" und erzeugt damit „geträumte Realität" auf der Leinwand. Charakteristisch für diesen Traummodus ist, daß er die suggerierte „Welt" als gegenwärtig und authentisch erscheinen läßt.

Aus der Sicht von Gaube und Salje entsprechen die Modi der präsentativen Symbolik jenen Bildern und Phantasien, die als Produkte der Primärprozesse gelten. Analog zum Traumgeschehen erkennen sie einen Zusammenhang zwischen Primärprozessen und Filmerlebnis. Die Gestaltungsgesetze des Primärprozesses entsprechen den filmischen Gestaltungsmitteln, wie z.B. Verdichtung, Auflösung von Raum/Zeitkomponenten und Sekundärbearbeitung. Lorenzer vertritt die Position, daß das Ich als die formgebende Instanz zu gelten hat (1970, S. 72).

Bei Langer entspricht die präsentative Symbolik einer nicht-diskursiven Erkenntnisfunktion. Nach Lorenzer gehört die Traumproduktion und die ihr zugrundeliegende Symbolisierungs- und Verdichtungsebene einer niedrigeren Stufe als die diskursive Symbolbildung an (1970, S. 83). Das Unbewußte kann nur auf einem gegenüber dem Wachbewußtsein verminderten Status, nämlich bei ermäßigtem Niveau der Symbolbildung, erfaßt werden. Dort aber verlangt es kategorisch nach Verarbeitung und Wahrnehmung und dies in bildhafter Form. Die Verarbeitung der Gehalte des Unbewußten ‚in bildhafter Form" wird von Freud Regression genannt. Da im Schlafzustand die psychische Erregung eine rückläufige Besetzung vornimmt, hilft die Regression zur Abfuhr der Erregung zum Zwecke der Affektregulation und bewirkt damit eine Inszenierung, die auf einer Verdichtung und Verschiebung basiert (vgl. Freud 1972, S. 510ff.).

Abb. 30: Visualisierter Traum: Marylin Monroe in *Fluß ohne Wiederkehr*

„Die präsentative Symbolik der Film- und Fernsehinhalte ist Teil der Primärorganisation, d.h. sie gelangt unter den Bedingungen von Primärorganisation, also bildsymbolisch, nicht verbalbegrifflich, im präsentativen Prinzip organisiert, gleichwohl aber als Artikulation, die als Ergebnis des Ichs, als Produkt der Kalkulation und Konzeption der Regisseure, Autoren, Produzenten usw. zu verstehen ist, zum intrapsychischen Erleben des Subjekts“ (Salje 1980, S. 31). Die Beurteilung des Fernseh- und Filmerlebens fällt für Salje negativ aus. Da es sich nur zu einem Teil um bewußtes Rezipieren handelt, führt dies zu einer „Aufgabe von bewußt-begrifflichem Durcharbeiten und Apperzeption zugunsten von infantil übertragender, emotional-regressiver Perzeption“ (Salje 1976, S. 64). Auch bei Gaube läßt sich eine vergleichbare Technik-Phobie erkennen. Für ihn begünstigt das Medium als technischer Symbolträger nicht-bewußtes Verhalten, wo „‚Diskursivmachen‘ des sozialen Umgangs angebracht wäre“ (Gaube 1978, S. 135).

Bei der Filmrezeption wird, so Salje, eine topische, eine zeitliche und eine formale Regression induziert. Salje zitiert Rolf Grigat, der am Beispiel des Spielfilmes *Für eine Handvoll Dollar* „nachweist“, daß das Verhalten der Filmrezipienten einer Wiederinszenierung infantiler Szenen unter dem Einfluß des Primärprozesses entspricht (1976, S. 128f.). Filmerleben bildet einen „neurotischen Zirkel aus Verdrängung und zwanghafter Wiederinszenierung des Verdrängten“ (ebd., S. 136). Die Grundkomponenten des Film- und Fernsehsettings institutionalisieren für beide Autoren daher ein kontinuierliches Regressions- und Übertragungsklima. Die Rezipienten sind von unbewußten Regungen gesteuert, die infantil-übertragende und emotional-regressive Perzeption dominiert auf Kosten des bewußt-begrifflichen Durcharbeitens und der Apperzeption (ebd., S. 64). Gaube sieht eine Tendenz nach rückwärts, er verweist auf Harry Pross (1974, S. 122), der die Vorstellung entwickelt, daß ideengeschichtlich mit den elektronischen Medien die technische Umkehr der Rationalität in Magie in weltweitem Ausmaß praktizierbar geworden ist.

Bei Salje bedeutet präsentative Symbolik im Anschluß an Lorenzer eine gegenüber der diskursiven Logik archaischere Form, die dem Primärvorgang entspricht. Wunscherfüllung und Projektion werden gleichgesetzt. Das Bewußtsein verdrängt unangemessene Interaktionsformen, desymbolisiert sie und wandelt diese Formen in Klischees (Lorenzer 1970), die auf der Ebene des Unbewußten virulent sind. Bei der regressiven Besetzung des psychischen Apparates werden die Klischees dann aktualisiert. Sowohl Gaube als auch Salje gehen davon aus, daß die einzig gelungene Subjektstruktur in der symbolisch geregelten Interaktionsform Lorenzers zu sehen ist. Für Salje (1980) übernehmen Film und Fernsehen eine „neurosenprophylaktische Funktion“. Das industriell produzierte Substitut tritt an die Stelle individuell-unmittelbarer Erfahrung. Die Massenmedien stellen die Bedingungen eines „angepaßten" menschlichen Lebens her. Die Massenmedien produzieren ein institutionalisiertes regressives Erleben, eine industrielle Produktion von Lebens- und Sinnzusammenhang und damit das erleichternde Gefühl, „wenigstens an irgend etwas teilhaben zu können" (ebd., S. 73). Der gesellschaftliche Kollaps wäre unabwendbar, würden die Medien dies nicht gewährleisten.

Der Verdienst von Gaube und Salje ist es, den Bezug hergestellt zu haben zwischen der präsentativen Symbolik Langers und der Interaktionsform Lorenzers als grundlegenden Markierungspunkten einer psychoanalytischen Untersuchung der Film- und Fernsehinhalte. Ihnen geht es um das Verhältnis von Wahrnehmung und Bewußtsein im Hinblick auf die Verdichtungsfunktion als ein Phänomen der symbolischen Ebene. Während die Wirkung des präsentativen Symbolismus der Kunst auf die Interaktionsformen des Subjektes von Lorenzer eindeutig, im Sinne eines produktiven Fortschritts, positiv bewertet wird, da die Kunst, eine „gemeinsam verbindliche Formulierung von bis dahin unbegriffenen, weil außerhalb des Konsens stehenden Verkehrsformen" (Lorenzer 1972, S. 117) darstellt, beurteilen Gaube und Salje den präsentativen Symbolismus des Films negativ.

Gaube und Salje machen den Fehler, daß sie nicht differenzieren zwischen intrapsychischem Erleben und der Wahrnehmung eines Bildes außerhalb des Subjektes (Rudel 1985, S. 79). Die Ebene der Bild-Wahrnehmung beziehen sie nicht in ihre Reflexion mit ein. Sie vernachlässigen die Chance, die Medienrezeption als „secundary illusion" wahrzunehmen. „Bildhafte Wahrnehmungsbilder" im Traumgeschehen sind allenfalls mit den „Erinnerungsbildern" gleichzusetzten. Es entsteht die Gefahr der Ungenauigkeit, wenn Filmbilder den Wahrnehmungsbildern zugeordnet werden. Bewußt oder unbewußt vertreten Gaube und Salje den Standpunkt des bildverneinenden Immanentismus. Die negative Konnotierung des Filmerlebnisses läßt sich nicht aufrechterhalten. Es bedarf daher der Integrierung eines Ansatzes, der bei der Film- bzw. Bildwahrnehmung auch progressive Aspekte erkennen kann.

4.6 Das Symbol im Spannungsfeld zwischen Regression und Progression

Lorenzer, Gaube und Salje gehen wie die meisten Wissenschaftler von der Auffassung aus, die wirklichen, aber auch die imaginierten Bilder würden das durch Sprache artikulierte Bewußtsein unterlaufen. Bilder gelten als Indikatoren für genetisch frühes bzw. kausal-regressives Verhalten, wobei die Zuordnungen bei den Vertretern der Psychoanalyse über den Traum laufen.[26] Freud benutzt die Symbolisierungen zur Analyse und Rekonstruktion der früheren Lebensgeschichte. Das Symbolische wird zwar als Allgemein-Menschliches akzeptiert, aber letztlich als „primitiv" gewertet.[27]

Demgegenüber wird hier die Auffassung vertreten, daß das Zurückgehen in frühere Erfahrungsbereiche, sowohl der personalen Kindheit als auch der Kindheit der Menschheit für die Entwicklung von Identität eine wichtige Erfahrung (Kraftquelle) bilden kann (vgl. dazu Abschnitt 4.2). Medienkonsum spielt dabei eine wichtige Rolle. Über Medien erlebte Symbolerfahrungen können aber ebenso nach vorne, in die Zukunft gerichtet sein. Wenn auch bei Ziehe (1988, 1994) eine erhebliche Skepsis im Umgang mit Symbolen zu spüren ist, gibt sein Modell des „Gehalts des Symbols" Hinweise, die „Bildfeindlichkeit" von Gaube und Salje zu revidieren. Ziehes Konzept verweist auf Horizonte, die dem Symbol nicht nur eine regressive, sondern auch eine progressive Bewegung zuschreiben. Insbesondere in der Kunst und in der Poetik artikuliert sich seines Erachtens die progressive Funktion des Symbols.[28]

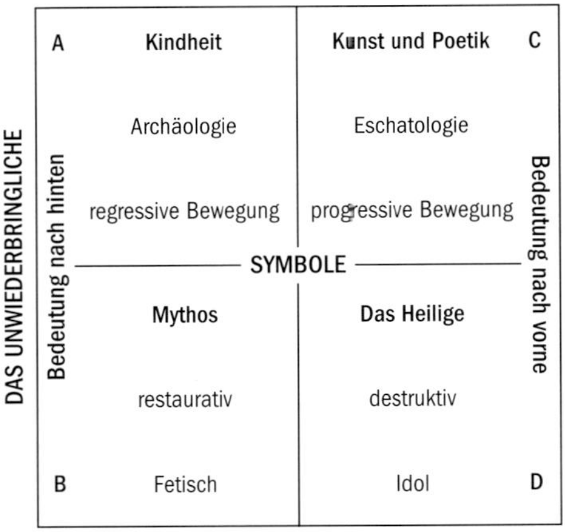

Abb. 31: Der Gehalt des Symbols (Thomas Ziehe)

Ziehes Symbolkonzept orientiert sich an Ricoeur (1974). Symbol bedeutet bei ihm vor allem ein Zeichen, das hinter der ersten wörtlichen oder bildlichen feststehenden Bedeutung eine zweite Bedeutung aufscheinen läßt (ebd., S. 29). Diese Bedeutung bedarf der Interpretation, da sie uneindeutig ist. Niemand hat

[26] Bei Vertretern von Interaktionstheorien, wie z.B. Piaget, vermitteln sich Bilder über das Symbolspiel. Bei Piaget dient die Symbolisierung zur Einsicht in die Schwierigkeiten des Denkens.

[27] Ausgehend von Freuds Regressionskonzept behauptet Hartmut Heuermann, die Kultur entwickle sich „in einem bestimmten Sinn und in bestimmten Bereichen rückwärts" (1994, S. 9), sie verweigere sich dem geschichtlichen Fortgang und kehre das geistige Leben um.

[28] Der Modus der Poetik und Kunst ist in seiner elaborierten Form in professionellen Medienprodukten wie z.B. in Spielfilmen, Videoclips und der Werbung enthalten. Bei dem symbolorientierten medienpädagogischen Ansatz ist ebenso intendiert, der künstlerischen Ausdrucksform einen besonderen Stellenwert zuzuweisen.

Abb. 32: Fetisch, Bedeutung nach hinten

Abb. 33: Idol, Bedeutung nach vorne

einen privilegierten Zugang zu der zweiten Bedeutung. In Anlehnung an Ricoeur schlägt Ziehe ein Modell vor, das er nach vier verschiedenen Feldern gliedert (vgl. Abb. 31). Die erste Dimension geht in die Zeit zurück, die andere der Zeit voraus. Beide Dimensionen werden noch einmal unterteilt. Die Achsen A und B weisen auf *Das Unwiederbringliche* hin, sie lassen die Bedeutung nach hinten, auf die Vergangenheit, erscheinen. Die zweite Dimension, die Achsen C und D, deuten nach vorne, auf die Realität Übersteigendes, auf das, was es noch nicht gibt, aber geben könnte. Er beschreibt dies mit dem Ausdruck *Das ganz Andere.*

Alles, was zu tun hat mit unserer eigenen Vergangenheit, ist unwiederbringlich. Eine zentrale Quelle von Sehnsuchtserinnungen, ein Ort der Glückseligkeit ist die *Kindheit* (Feld A), sie bezieht sich auf unsere eigene Vergangenheit. „Alle Glücksmomente, die wir später erleben, sitzen gewissermaßen immer auf Glücksmomenten, die wir früher schon einmal erlebt oder früher schon einmal erwartet haben. In diesem Sinne ist Kindheit also ein Reservoir an Glücksvorstellungen, die sehr tief in uns eingelagert sind“ (Ziehe 1994, S. 16). Im Feld B geht es um die Kindheit der Menschheit. *Mythos* ist nichts anderes als die wiederbringliche Erzählung von der Kindheit der Menschheit. Solange der Mythos lebt, gibt er eine alternativlose Deutung der eigenen Herkunft und der eigenen Vor- oder Urgeschichte. Da der Mythos sich nicht wehren kann, verliert er seine ungeheure Kraft im Augenblick der Konkurrenz.

Die Horizonte der Zukunft nennt Ziehe *Das ganz Andere.* Zum einen gehört dazu Kunst und Poetik (Feld C) im Sinne einer Neuschöpfung von Sinn, einem systematischen Nachdenken über Kunst und Imagination. Es ist das Feld des Nicht-Mitteilbaren und trotzdem Konstruierten. „Das Ungesagte oder das, was ungesagt bleiben muß, wäre also hier dieses dritte von mir so gezeichnete Bild oder der dritte Verweisungszusammenhang des Symbols“ (ebd., S. 17). Das vierte Feld (D) bezeichnet er als *Das Heilige.* Es handelt sich um ein Zeichen für etwas, was uns nicht gehört, das wir nicht selbst konstruieren. Das „Heilige“ ist eine Chiffre für das Unaussprechliche, das absolut Andere. Dieses absolut Andere ist natürlich auch verankert in Religion, aber es ist nicht darauf beschränkt. „In diesem Begriff des Heiligen ist sehr stark die Endlosigkeit, die Unabgeschlossenheit, die Nichtfestlegbarkeit der Auslegung enthalten. In dieser Achse könnte man sagen, ist der symbolische Verweisungszusammenhang nach vorne gerichtet auf etwas, was es früher nicht gegeben hat und was es noch nicht gibt“ (ebd.).

Zwei gedankliche Bewegungen implizieren die auslegende Haltung der Symbolik. Die eine bezeichnet Ziehe als eine regressive Bewegung und die andere als progressive Bewegung. Eine Ordnung des Ursprungs, der Geburt, eine *Archeologie* sieht er in der regressiven Bewegung. In der Sprache Ricoeurs bezeichnet er das Feld C und D als *Eschatologie.* „Eschatologie im Sinne einer Ordnung des Endes, Ordnung dessen, worauf wir zugehen“ (ebd., S. 18). Eine zweite Denkbewegung interpretiert er als restaurative bzw. destruktive Haltung. Die restaurative Haltung ist Antizipation auf der Ebene der Tiefenbedeutungen. Darunter versteht er, daß man die symbolische Bedeutung aus Spuren, Trümmern und Verweisen rekonstruiert. Da Verkennung oder Mißbrauch des Symbols destruktiv wären, empfiehlt er ein waches Mißtrauen.

Die destruktive Bewegung macht uns mißtrauisch gegenüber Illusionen, den Verlockungen des kurzen Weges. Den kurzen Weg, der nach hinten gerichtet ist, bezeichnet er als Fetisch, den kurzen Weg, der nach vorne gerichtet ist, als Idol. Ziehe warnt vor beiden Verkürzungen des Symbols. Der Fetisch verwechselt den Rückgriff mit einer Rückkehr, z.B. die Verleugnung des Bruchs mit der Kindheit. „Fetischismen haben zu tun mit der Verleugnung eines Bruchs, mit einer illusionären Wiedervereinigung zurück in ein Paradies vor dem Bruch“ (Ziehe 1994, S. 18). Bezogen auf das Feld A bedeutet Fetisch im Hinblick auf Kindheit Inzest. Damit meint Ziehe den Versuch der Vereinigung mit dem primären Objekt, auf einer Stufe, wo das eigene Selbst noch nicht von anderen getrennt ist. Gesucht wird eine magische Verschmelzung. Das Mißverständnis bezogen auf den Mythos, das Feld B, sieht er in einer Remythisierung. „Remythisierung hieße in der Tat, in die Archaik zurückzuwollen und den Mythos nicht zu nehmen als eine Geschichte über uns selbst, sondern als eine reale Beschreibung der Vergangenheit, in die ich im Sinne eines noch mal Wiederholens der Vergangenheit hineingehen könnte" (ebd.). Beim Idol wird das Unsagbare gerade geleugnet, rückübersetzt in etwas Sagbares. Es wird eine Botschaft mit eindeutigen Bedeutungen konstruiert. Bezogen auf das Feld der Kunst ist Idolisierung dann gegeben, wenn die Kunst selbst eigentlich nur noch das Vehikel ist für „Effekte" und die Erzeugung von Eindringlichkeiten. Idolisierung, bezogen auf das Heilige, ist dann gegeben, wenn das Heilige sich benennbar machen will.

Ziehes Konzept hilft, die von Gaube und Salje eindimensionale Interpretation des Filmerlebnisses als regressive Dimension zu revidieren. Weitere Argumente finden sich in der Bildungstheorie der Romantik. Ohne den mythischen und normativen Spekulationen der romantischen Bildungstheorie zu folgen, lassen sich in den Vorstellungen von Novalis, Friedrich von Schlegel, Heinrich von Kleist und Clemens von Brentano Ideen von produktiven, lebenslangen Funktionen von Symbolen finden. Die Freiheit des Ichs wird in der Romantik *ästhetisches Ich* genannt. Die genannten Autoren wünschten sich eine ästhetisch-symbolische Lebensweise. Die Konzentration auf die Lebensbedeutsamkeit von Symbolen entsprach einem „Nachdenken über die *prospektive* Funktion von Symbolen im Leben des Menschen überhaupt, im Hinblick auf die Geschichte der Gattung wie auf das *ganze* Leben des einzelnen" (Mollenhauer 1991, S. 103). Die Romantik hatte eine *„allgemeine Theorie der Bildung des Menschen* im Auge" (ebd.).

Symbole sind metaphorisch und können dabei, ähnlich wie die diskursive Rede, neue Aspekte ins Bewußtsein bringen. Ricoeur (1986, S. 192) hat darauf aufmerksam gemacht, daß die Metapher uns lehrt, etwas zu *„sehen als ..."* Symbole lassen sich verorten zwischen Begrifflichem und Unbegrifflichem. Symbole sind Übergangsobjekte; Symbole können helfen, die Bedeutung der ästhetischen Dimension in der Bildung zu fördern. Die Botschaft des Symbols etabliert eine andere seelisch-geistige Schicht, die zwischen der linguistisch-ikonographischen Ebene und den dem Subjekt aus dem Alltag gewohnten Leiberfahrungen nebst seinen Gefühlen liegt (Mollenhauer 1991, S. 108). Die bildende Wirkung von Symbolen beruht darauf, daß sie eine Region des *Selbst* erreicht, zu der das Ich sich in ein anderes Verhältnis setzt und somit ein anderes Ich hervorbringt als im alltäglich-praktischen oder im theoretisch-epistemischen. Im Symbol bzw. in der symbolischen Darstellungsweise läßt sich daher ein übergreifender Modus der Kommunikation sehen, der sich in verschiedenen Formen konkretisieren kann und dabei aber auch verändert wird.

Mit Hilfe der Mythenforschung (Campbell, Eliade, Jung – vgl. Abschnitt 4.2) läßt sich darüber hinaus der Regressionsbegriff anders deuten. Das Zurückgehen in Erfahrungsbereiche früher Kulturen läßt sich auch als

Vergewisserung der Wurzeln beschreiben. Dieser Blick zurück kann helfen, den symbolischen Formen der Selbst- und Weltvergewisserung Raum zu verschaffen. Aus der Erfahrung mit den Wurzeln wird Kraft, Energie und Verortung gewonnen. Durch die bewußte und (unbewußte) Auseinandersetzung mit den mythischen Mustern und symbolischen Botschaften erfährt der einzelne oder die Gruppe eine ontologische Selbstvergewisserung. Die Symbole dienen daher vorrangig als Oszillatoren für die eigene Zugehörigkeit und damit der Konstruktion des jeweiligen Weltbildes.

Die analytische und handlungsorientierte Arbeit mit Bildern, Mythen und Symbolen (vgl. Kap. 5 und 6), so die grundlegende These der Arbeit, kann helfen bei der ontologischen Selbstvergewisserung, als auch bei dem Entwurf möglichen, zukünftigen Seins. Entwicklung wird bei diesem Konzept nicht, wie dies u.a. die Psychoanalyse macht, als lineare Phasenentwicklung angesehen, sondern als Prozeß, der frühere Entwicklungsstufen nicht negiert, sondern diese innerhalb eines ganzheitlichen Konzeptes des Selbst integriert.[29] Dabei ist es allerdings nicht das Ziel der Arbeit, die Unterschiede der jeweiligen Rezeptionsbedingungen aufzuarbeiten.[30] Die Arbeit beabsichtigt, dem Aspekt nachzugehen, daß bestimmte Bilder bzw. Symbole, trotz sich verändernder medialer Kommunikationsformen, immer wieder auftauchen.

4.7 Symbole, Hilfsmittel für Perspektivenwandel

In Kap. 4 wurden Theorien aus den Bereichen Kultur, Religion, Mythologie, analytischer Psychologie, Strukturalismus und Psychoanalyse dargestellt, um besser zu verstehen, worauf die Dynamik der Präsenz des Symbolischen rekurriert. Nach meiner Auffassung gibt es keine „wahre" oder „ursprüngliche" Bedeutung des Symbols. Keiner der dargestellten Ansätze ist in der Lage, die noch zu beschreibenden Phänomene des Symbolischen in den aktuellen Medienwelten in all seinen Dimensionen zu erfassen. Eine Verzahnung unterschiedlicher Ansätze ist daher notwendig. Es wird davon ausgegangen, daß nur durch einen methodenpluralen Ansatz eine „Durchdringung symbolischer Formen" (vgl. Kap. 1) erreicht wer-

[29] Bestätigt wird diese Auffassung von der „neuen" Säuglingsforschung (u.a. Stern 1992; Dornes 1994). „Es gibt nicht, wie Piaget und die Psychoanalyse annehmen, anfänglich eine Hörwelt, eine Sehwelt und eine Fühlwelt, die dann im Laufe der Entwicklung zu einer einheitlichen Welt koordiniert werden, sondern eher eine einheitliche Welt, die sich im Laufe der Entwicklung in viele Welten aufgliedert" (Dornes 1994, S. 86).

[30] Wie schon erwähnt, beeinflußt selbstverständlich die Darstellungsform auch die Wahrnehmung. Die Rezeptionsbedingungen bei der kontemplativen Betrachtung eines Einzelbildes, die Aufnahme eines Spielfilms im Kino, das Beobachten einer Fernsehsendung oder eines audiovisuellen Trips im Cyberspace kann, trotz möglicherweise ähnlichen Inhalten, zu anderen Wahrnehmungsformen führen.

den kann, denn Bilder sind immer mehrdeutig und aufgrund ihres offenen und polysemen Charakters auch vielfältig zu interpretieren.[31]

Die Deutung eines Symbols durch einen Ansatz, der von einem kollektiven Interpretationsschema ausgeht, kann ebenso eine brauchbare Annäherung bedeuten wie eine Analyse, die von einem individualpsychologischen oder gesellschaftsbezogenen Ansatz ausgeht. Eine optimale Durchdringung kann jedoch nur erfolgen, wenn eine Verbindung dieser Ansätze erreicht wird. Diese notwendige Verzahnung kann diese Arbeit nicht bei jedem einzelnen Medienprodukt leisten. Die Nutzung unterschiedlicher Theorieansätze erlaubt nicht nur das Aufzeigen von verschiedenen Perspektiven, sondern öffnet gleichzeitig den Blick für die Mehrdeutigkeit von Bildern, macht sensibel gegenüber den komplexen Botschaften und den feinen Unterschieden von Symbolen.

Die Ansätze lassen sich, metaphorisch gesehen, als Siebe mit unterschiedlichen Gittermustern (Schemata, Faksimile) beschreiben. Während bestimmte Phänomene nur mit einem bestimmten Sieb erfaßt werden können, lassen sich andere Phänomene mit mehreren Sieben erfassen. Die Auseinandersetzung mit Symbolen, das Bestreben, ihre Vieldeutigkeit zu erfassen, zwingt zu einem Wechsel der Perspektive. Damit kann die „Arbeit mit dem Symbol" hilfreich sein, das seit der Renaissance bei uns vorherrschende Modell des linear-kausalen Denkens aufzuweichen und zu ersetzen durch ein mehrdimensionales Weltbild, das nicht nur im „Entweder-oder-Modus", sondern auch im „Sowohl-als-auch-Modus" operiert. Der medienpädagogische Umgang mit Symbolen bzw. dem ästhetischen Denken kann dienlich sein, diesen notwendigen Lerntransfer zu leisten.

Es wird von dem Begriff der Probabilität ausgegangen, der seine methodische, wissenschaftliche Entsprechung am ehesten in der Chaostheorie hat. Das Phänomen der Symbole läßt sich nicht mit linearen Denkmustern verifizieren, notwendig ist „fraktales Denken", dessen Gestalt sich in Selbstähnlichkeiten ausdrückt. Neue Denkmuster sind erforderlich, um eine angemessene Beschreibung zu finden. Gilles Deleuze und Félix Guattari gehen von einer Vielheit der Erfahrungsebenen aus, die miteinander durch an der Oberfläche verbundene unterirdische Stengel ein sogenanntes Rhizom bilden. Sie definieren dieses Denken als ein Denken *von der Wurzel her*. „Jede Vielheit, die mit anderen durch an der Oberfläche verlaufende

[31] Jacques Derrida (1988) hat darauf aufmerksam gemacht, daß die Bedeutung eines kulturellen Textes nicht im Entstehungsprozeß entsteht, sondern in dem Kontext, in dem er rezipiert und gedeutet wird. Rainer Winter (1995, 1996) sieht die Bedeutung von Filmen verankert in den historischen und sozialen Kontexten der Aneignung. Dem stimme ich zu. Die in den Medienprodukten „gebundene" Symbolik erschließt sich nicht automatisch. Sie ist aber, und dies vernachlässigt Winter, als latente Sinnstruktur vorhanden und kann sich im eigenständigen oder auch (medien-)pädagogischen Lernprozeß erschließen.

unterirdische Stengel verbunden werden kann, so daß sich ein Rhizom bildet und ausbreitet, nennen wir *Plateau*" (Deleuze/Guattari 1977, S. 35). Bei ihnen steht keine (kausale) Schicksalsdeutung im Vordergrund, sondern das Eruieren von Auswegen. Beim rhizomhaften Denken geht es um Wechselbeziehungen, die durch Kausalität nicht genügend erklärt werden können. Im Verständnis von Deleuze/Guattari wäre das Rhizom dieser Arbeit das Symbol und seine Bedeutung im Lebensalltag von Kindern und Jugendlichen. Verschiedene Plateaus (Theorien), die zwar an der Oberfläche keine direkte Verbindung haben, jedoch durch unterschiedliche Wurzeln/Stengel verbunden sind, werden herangezogen, um zu einer nachvollziehbaren Erklärung für die vorfindbaren Phänomene zu kommen.

Aus dem vorgestellten Theoriengebäude rekurriert sich das Instrument der Analyse, mit dem die heutige Medienlandschaft analysiert wird (Kap. 5) und auf dem die handlungsorientierte medienpädagogische Praxis basiert (Kap. 6). Bei der Darstellung der Theorien zur Bedeutung der Symbolik erhalten die gesellschaftsbezogenen Ansätze (z.B. Kracauer 1973; Bourdieu 1974; Reck 1994) keine eigenständige Würdigung, da sich die Arbeit im wesentlichen auf die nichtrationalen Faktoren der Beeinflussung durch Symbole konzentriert. Deren Argumente werden, soweit notwendig, wie z.B. die Kritik von Reck am Ansatz von Jung, an unterschiedlichen Stellen entfaltet und gewürdigt.

Die angeführten Theorien über die Bedeutung von Symbolen und Mythen vergegenwärtigen, daß die Exkommunikation der Symbolik aus der Pädagogik (Mollenhauer 1991, S. 105) hinfällig ist. Zusammenfassend läßt sich feststellen, daß sich an Cassirers Überzeugung, daß Wahrnehmungserlebnisse immer Träger von Sinn sind, ebenso anknüpfen läßt wie an Langers Unterscheidung zwischen diskursiver und präsentativer Logik. Die kollektiven Ansätze können helfen, den Wunsch nach Verortung (z.B. mannigfaltiges Auftauchen der Paradies-Metaphorik oder die nahezu kultische Bedeutung der Musik in jugendlichen Medienwelten) besser nachzuvollziehen. Die durch die Subjektivierung und Individualisierung hervorgerufene Verunsicherung bedarf eines Äquivalentes. Trotz, möglicherweise aber auch gerade wegen dieser soziokulturellen Tendenzen bewahren sich in den Medienprodukten „ganzheitliche" Botschaften. Warum dies so sein könnte, läßt sich durch Eliade (1988, 1994a) besser verstehen. Der Wunsch nach der Eingebundenheit in ein Ganzes, das Ziehe (1988, 1994) den Wunsch nach Ontologisierung nennt, entspricht bei Eliade der Suche nach dem Mittelpunkt oder der Einbindung in kosmisches Denken. Während Campbell (1992, 1993) zeigt, daß Mythen, transformiert in den gesellschaftlichen Alltag, eine unbewußte Erziehungsfunktion einnehmen, und damit als eine positive Kraft wirken können, macht Barthes (1964) deutlich, daß das Potential der Bilder, Mythen „wachzurufen", für ideologische Botschaften mißbraucht werden kann. Bei beiden wird jedoch deutlich, daß nur wenige visuelle Botschaften genügen, um bei uns Menschen Mythen zu evozieren.

Jung (1984, 1985a) wiederum hat mit seiner analytischen Psychologie den Blick für das kollektive Unbewußte geöffnet. Wenn auch sein Konzept der Archetypen als biologische Konstante nicht haltbar ist, so bleibt doch sein Verdienst bestehen, durch die Beschreibung und Analyse sich immer wiederholender Symbole (u.a. Animus/Anima) auf nahezu unveränderliche Bildtypologien aufmerksam gemacht zu haben, wie wir sie auch heute noch in den aktuellen Medienprodukten finden. Ergänzt man Jungs Konzept mit der Möglichkeit, daß sich auch archetypische Denkmuster aufgrund gesellschaftlicher Lernprozesse bilden und individuelle Erfahrungen dazu führen können, mit den jeweiligen symbolische Bildwelten „kreativ“ zu arbeiten und somit kein deterministischer Ursache-Folge-Zusammenhang mehr postuliert wird, können Jungs (1984, 1985a) „ursprüngliche“ Motivmuster in ein Analysekonzept zum Verständnis von symbolischen Botschaften in aktuellen Medienprodukten integriert werden. Die strukturale Methode, dargestellt am Beispiel von Lévi-Strauss (1991, 1992) und auch von Barthes (1964), das Zerlegen und Zusammensetzen des Gegebenen, die Herausarbeitung der Unterscheidung von Signifikat und Signifikant und die Absicht des Strukturalismus, die geheime Logik von Mythen, Bildern und Symbolen freizulegen, kann ein geeignetes Instrumentarium bilden, das Wesen von der Erscheinung zu differenzieren.

Ein Verdienst von Lévi-Strauss ist die Erkenntnis, daß der Mythos auf den Beginn des symbolischen Denkens verweist und dem mythischen Denken eine dem wissenschaftlichen Denken gleiche Logik zugestanden wird. Die Methode des Strukturalismus, Modelle zu entwickeln, von denen aus eine anthropologische Analyse erfolgt, beinhaltet allerdings die Gefahr, den jeweiligen sozialen Tatsachen schematische Strukturen überzustülpen. Dies führt zu einem distanzierten Blick und verhindert die Möglichkeit der Einfühlung. Die Position, daß alle Zeichensysteme auf die menschliche Sprache zurückführbar sind, teile ich nicht.

Die Ergebnisse der Wahrnehmungsforschung (u.a. Gestalttheorie) zeigen (vgl. Abschnitt 2.3), daß wir bei der Wahrnehmung der Welt mit vorgefaßten Schemata vorgehen, wobei hier vom sogenannten „bottom-up“-Ansatz ausgegangen wird. Unzweifelhaft sind dabei auch kollektive Schemata beteiligt. Die in der Gestalttheorie formulierte Position, die allen Wahrnehmungsprozessen eine universale Bedeutung zuweist, folge ich allerdings nicht. Unbestreitbar bilden die von dieser Theorie entdeckten Wahrnehmungsgesetze (Figur-Grund-Verhältnis, Gesetz der guten Gestalt etc.) die Ausgangsbedingungen von Wahrnehmung. In einigen Bereichen der Wahrnehmungskonstitution sind wir jedoch auch „lernfähig“ (vgl.

Neisser 1979; Rock 1985; Roth 1997). Schemata können aufgrund gesellschaftlicher Rahmenbedingungen verändert werden. Damit erhalten auch individuelle Erklärungsmuster für die Bedeutung von Symbolen einen Stellenwert. Damit eröffnet sich ein Zugang zu Theorien, die von einer Konstitution des Symbols durch das Subjekt ausgehen. Langer (1987), die aus einem kulturtheoretischen Kontext ihre „Philosophie" entwickelt hat, unterscheidet zwischen diskursiver und präsentativer Logik. Alle nicht den logischen Gesetzmäßigkeiten der Sprache gehorchenden simultanen integralen Präsentationen zählt sie zum präsentativen Symbolismus. In Langers Begriff der präsentativen Symbolik sehe ich ein globales Instrumentarium der Beschreibung und Analyse von symbolischen Ausdruckswelten. Dennoch halte ich es für sinnvoll, die bei Langer formulierten Wertigkeiten zu nivellieren. Langer sieht zwar in dem Begriff der Symbolisierung den Schlüssel zu aller menschlichen Erkenntnis, sie erkennt auch, daß es eine Möglichkeit echter Semantik jenseits der Grenzen von Sprache gibt, und daß eine Theorie des Verstehens der Anerkennung nichtdiskursiven Denkens bedarf. Dennoch stellt sie die präsentativen symbolischen Formen auf eine niedrigere Rangstufe als die diskursive Symbolik. Demgegenüber gehe ich davon aus, daß der symbolischen Form der Kommunikation ein gleichberechtigter Platz neben dem diskursiven Denken eingeräumt werden muß. Eine Optimierung der Erfassung von „Welt" gelingt nur durch eine wechselseitige Durchdringung beider Denksysteme.

Langers Verdienst ist es, das diskursive Denken um die Erkenntniswerte, die in der Kunst, Musik und im Ritus enthalten sind, erweitert zu haben. Das Konzept der präsentativen Symbolik läßt sich, so zeigen Gaube (1979) und Salje (1980), auch auf die Ebene des filmischen, audiovisuellen Diskurses anwenden. Die Beurteilung des Medienerlebnisses fällt jedoch für Gaube und Salje negativ aus, da bei der Filmrezeption nur Teile bewußt-begrifflich „durchgearbeitet" werden. Ihr Beitrag ist diskussionswürdig, da sie Langers Typologie auf die Ebene des Films übertragen haben. Der Wertigkeit ihrer Schlußfolgerungen kann ich nicht zustimmen. Auch bei diesen Autoren herrscht eine logozentrische Dominanz vor. Die Zuordnung von Filmwahrnehmung und emotional-regressiver Perzeption wird nicht geteilt. Die Analyse über Stadien der Bildbedeutung (vgl. Kap. 3) zeigen, daß Rezipienten gleichzeitig sowohl fasziniert als auch distanziert mit Filmen umgehen können. Die Wahrnehmungsprozesse sind, wie die Kognitionsforschung zeigt, entschieden komplexer, als nur auf den Primärprozeß reduziert. Lorenzer (1972), der die intrapsychische Sicht der Psychoanalyse und Interaktion verbindet, kann dementgegen z.B. die Wirkung des präsentativen Symbolismus der Kunst auf die Interaktionen des Subjektes als produktiven Fortschritt interpretieren. Insbesondere durch die Integration von Piagets Forschungen erweitert Lorenzer den Blick auf die individuelle Sozialisation um die Komponente gesellschaftlich produzierter Symbolbildung. Er insistiert daher zu Recht auf einer Wechselbeziehung zwischen Anlagepotential und Umwelterfahrung (Schema und Situation). Ziehes (1994) an das hermeneutische Konzept Ricoeurs angelehnte Schema des Symbolgehalts zeigt, daß zum Symbol sowohl regressive als auch progressive Dimensionen gehören. Symbole und Mythen können zurück, aber auch nach vorne verweisen. Wie Ziehe (1994) und Mollenhauer (1991) sehe ich in der Kunst sowie in der kreativen Gestaltung die Chance einer progressiven Nutzung des Symbols.

5. Kapitel

SYMBOLIK IN MEDIALEN ALLTAGSKULTUREN

5 Symbolik in medialen Alltagskulturen

Sprache läßt eine annähernde Zuordnung von Ding und Begriff zu. Bilder sind dagegen keineswegs in ihrer Bedeutung eindeutig zu dechiffrieren. Bilder verweisen einerseits auf eine Repräsentation (Realität), andererseits bilden sie selbst eine Referenz (Zeichen, Symbol) und damit eine eigene Realität. Bilder entsprechen nicht der Realität, können aber auf die Realität verweisen. Sie haben Anteil an dem Wesen des Dargestellten. Sie können sich sowohl von ihm lösen, als auch, vermittelt über einen individuellen Rezeptionsprozeß, ein Eigenleben entfalten. Gleichfalls ist es denkbar, daß in Bildern Botschaften enthalten sind, die unbewußt zu Wahrnehmungscodierungen und schließlich zu einer Reanimisierung des Bedeutungsgehaltes des Bildes führen (vgl. Kap. 3).

Hintergrund der Kontroverse ist das unterschiedliche wissenschaftliche Grundverständnis von der Bedeutung der Medien (Bilder) im Kommunikationsprozeß. Die Ausgangsthese des Strukturalismus (vgl. Barthes 1964, 1966) geht davon aus, daß auch Medien (Filme, Videoclips, Werbespots etc.) wie Texte zu lesen sind. Hintergrund dieses Verständnisses ist die Annahme, daß sich menschliche Kommunikation primär über Zeichen vermittelt. „Zeichen im Sinne des Strukturalismus sind alle Arten von gestaltetem Ausdruck, von abstrakten Sprachzeichen über Bildzeichen bis zur Gestik, Mimik und Körpersprache. Ein Zeichen wird dadurch definiert, daß es Bedeutung und Bedeutungen herstellt“ (Schreckenberg 1994, S. 40). Bei einem Text handelt es sich um die Gesamtstruktur der einzelnen Zeichen. Text wird im strukturalistischen Sinne verstanden als geschlossenes Zeichensystem. Dabei wird unterschieden zwischen einem pragmatischen Text, so z.B. einer Gebrauchsanweisung, und einem offenen Text, dessen Bedeutung sich nicht eindeutig erschließt. Texte, die mehrdeutig sind und auf unterschiedliche Weise decodiert werden können, nennt Umberto Eco (1993, S. 11f.) einen künstlerischen bzw. offenen Text. Fiktionale Werke, wie z.B. Spielfilme, Videoclips und Werbespots, sind daher, unabhängig von ihrer Qualität, immer offene Texte. Zur Reduzierung der Komplexität der Mehrdeutigkeit wurden Unterscheidungen eingeführt, so z.B. zwischen manifestem und latenten Bedeutungen (vgl. Haubl 1994, S. 9), zwischen Oberflächen- und Tiefenstruktur (vgl. Wuss 1990, S. 13) oder zwischen Text und Subtext.

Der Begriff des Subtextes ist geeignet, die nicht im Bild direkt enthaltenen Botschaften zu beschreiben. „Mit dem Begriff des Subtextes sind im Grunde alle seine Zeichenstrukturen gemeint, die ein (nicht analysierender) Zuschauer nicht bewußt wahrnimmt, die ihn aber gleichwohl in seiner Rezeption steuern“ (Schreckenberg 1994, S. 40). Ob die Rezipienten die Subtexte bzw. latenten Filmtexte entdecken, ist offen. Die Subtexte innerhalb der sogenannten *offenen Texte* werden subjektiv angeeignet. Subtexte können auf den bewußten und/oder unbewußten Wahrnehmungsprozeß einwirken. Obwohl es unzulässig ist, deterministische Bezüge herzustellen, üben gleichwohl die im Vorbewußten verbleibenden und unbewußt aufgenommenen Strukturen innerhalb des Erlebnisprozesses eine wichtige Funktion aus, da sie die Aufgabe haben, für die Sinnlichkeit zu sorgen und damit auch für den Sinngehalt (vgl. Wuss 1993, S. 10).

Umstritten ist, ob diese Subtexte auch wirken, wenn sie unentdeckt bleiben. Die Mythenforschung (vgl. Campbell 1978) hat daran keine Zweifel. Nach ihrer Auffassung läßt sich der Erfolg von Filmen, von Werbung, und selbst von Kunst aufgrund der Nutzung von Mythen und symbolischen Bildwelten erklären (vgl. Görden/Meiser 1994). Rolf Haubl, ein Schüler der interaktionstheoretisch-psychoanalytischen Schule Lorenzers, ist ebenfalls der Überzeugung, daß sich Symbole auf die Rezeption auswirken (1994, S. 9). Er geht von einer „projektiven Identifizierung“ zwischen Produzent und Rezipient aus. Das Werk eines Produzenten entspricht einem unbewußten „Entwurf der Rolle eines psychodynamisch passenden Interaktionspartners“ (Haubl 1994, S. 9). Mehr oder weniger unbewußt kommuniziert der Produzent den manifesten und latenten Inhalt eines Textes, indem er eine bestimmte Rolle projiziert, mit der die Rezipienten sich identifizieren sollen. „Die Induktion der Projektion bedient sich aller verfügbaren visuellen und sprachlichen Mittel“ (ebd., S. 10).

Es besteht allerdings die Gefahr eines deterministischen Bildimmanentismus, wie dies bei der Mythenforschung und der Psychoanalyse (dies trifft insbesondere zu auf Salje 1980, Gaube 1978 und König 1994d) deutlich wird, die beide von einem Sender-Empfänger-Modell ausgehen. Ethnographische Studien belegen, daß der Rezipient bei der Decodierung eines Filmes als Mitproduzent beteiligt ist. Rainer Winter (1995) macht in seiner Analyse über Fankulturen von Horrorfilmen deutlich, daß der Zuschauer mit medialen Texten produktiv umgeht. Im persönlichen Gebrauch machen die Rezipienten die medialen Texte „passend“. Die Medienaneignung umfaßt sowohl den Prozeß des Gebrauchs als auch den der Interpretation. „Der Sinn symbolischer Formen ist nicht feststehend und ihnen inhärent, sondern hängt von der oft heterogenen Aneignung durch die Zuschauer ab“ (ebd., S. 220). Entscheidend bei der Konstruktion der jeweils eigenen Bedeutung ist demgemäß das kulturelle Milieu, dem der Betrachter angehört. Nicht der Autor, sondern der Zuschauer bestimmt die Interpretation eines medialen Textes.

Winters Argument, populäre Texte seien nie fixiert und geschlossen, enthielten immer ein Potential von Bedeutungen, ist zunächst zuzustimmen. Winter unterschätzt jedoch auf der anderen Seite die Möglichkeit vor- bzw. unbewußter Wirkungen. Alle Rezipienten, auch der „produktive

Zuschauer“, empfangen unbewußte Botschaften, deren Wirkung sich einer von Winter vorgeschlagenen ethnographischen Analyse entzieht. Teile der mehrdeutigen Medienbotschaften unterlaufen das bewußte Rezeptionsvermögen und bilden die mögliche Basis von Verhaltenssteuerungen. Dies hängt allerdings von unterschiedlichen individuellen und sozialkulturellen Faktoren ab. Das jeweilige lebensgeschichtliche Identitätsthema bestimmt, ob die „Projektion“ übernommen oder verweigert wird (vgl. Haubl 1994, S. 10). Durch das Streben, das eigene Selbstbild (Weltbild) zu bestätigen oder nicht erschüttern zu lassen, setzt der Rezipient Abwehrmechanismen ein, die seine Bild-Text-Wahrnehmungen steuern. Somit wird die Mehrdeutigkeit der Bilder und Texte tendenziös vereindeutigt. Die Induktionsstrategie des Produzenten wiederum sucht nach Mitteln, die Rezeptionswiderstände außer Kraft zu setzen.

Die massenhaft in den Medien seit Jahren auftauchenden Symbole geben Anlaß zur Hypothese, daß in den Medien Botschaften transportiert werden, die globalere Bedeutungen enthalten. In den Szenen und Figuren ist vergesellschaftete Individualität subsumiert. „Die Interaktionsfiguren der Film- und Fernsehinhalte existieren unabhängig von individualgenetischer Subjektivität und sind – industriell-gesellschaftlich produziert – im Material manifestiert als gleichsam geronnene, allgemein-verbindliche, typische, exemplarische Interaktionsformen, Ausdruck von standardisierten Interaktionsmustern, sind Ausdruck letztlich von vergesellschafteter Subjektivität“ (Salje 1980, S. 23). Auch Dietmar Kamper kann sich der Beobachtung nicht verschließen, daß bestimmte Bildwelten immer wieder auftauchen. „Es gibt offenbar Urbilder, die mit der Wirklichkeit in Raum und Zeit wenig zu tun haben. ... Ein unaufhörlicher Bilderstrom unterspült das menschliche Bewußtsein und läßt immer aufs Neue Mythen, Sagen, Legenden und Märchen entstehen. Diese Imagination wird als archaische Kraft interpretiert, die transzendental wirksam sei“ (Kamper 1990, S. 283). Es ist daher mit hoher Wahrscheinlichkeit davon auszugehen, daß in Medien enthaltene Subtexte Wirkungen entfalten können. Soziokulturelle oder biographische Wahrnehmungskonstitutionen des Rezipienten können jedoch Einfluß darauf nehmen, ob sich der Subtext als Bedeutung er- oder verschließt.

Die vorliegende Arbeit beabsichtigt nicht, die Wirkungen der subtextualen Botschaften auf den Rezipienten nachzuweisen. Es geht vor allem um den Beleg, daß in den Medien symbolische Subtexte enthalten sind. Der Erfolg dieser Produkte spricht dafür, daß es sich für die Rezipienten um bedeutungsvolle Zeichen handelt. Symbole können Wirkung zeitigen. „Wo immer ein Symbol wirkt, gibt es Bedeutung“ (Langer 1987, S. 103). Diese symbolisch aufgeladenen Zeichen unterscheiden sich vom verbalen Symbolismus, sie präsentieren sich in Gestalt des poetischen Modus des präsentativen Symbolismus.

Durch die beispielhafte Analyse von Medienprodukten wird die Vielfalt und Komplexität symbolischer Botschaften in unterschiedlichen Medien nachgewiesen. Dabei werden Subtexte aufgezeigt, die nachvollziehbar machen, weshalb symbolische Botschaften Anlaß für emotionale Reaktionen bieten können. Es wird entfaltet, wie in den Medien auf Schemata (Formate) zurückgegriffen wird, die auf mythische bzw. archetypische Bildsymbole rückführbar sind. Diese Bildsymbole können (müssen aber nicht) Reaktionen bei den Rezipienten induzieren. Anhand von Spielfilmen, Videoclips, Werbespots, Videoinstallationen, Computeranimationen und Musik wird analysiert, wie Bedeutungen von den Produzenten in die Medienprodukte integriert werden. Diese medialen Angebote dienen den Rezipienten, insbesondere Kindern und Jugendlichen, als Bricolagematerial bei ihrer Suche nach Identität. Die Medien bieten Anregungen und Orientierungshilfen an. Populäre Medien, das soll gleichfalls deutlich werden, sind in ihren Subtexten oft anspruchsvoller als in ihren manifesten Inhalten, sie machen Sozialisationsangebote, sie bieten den Rezipienten Material, sich mit existentiellen Fragen zu beschäftigen.

5.1 Das Geheimnis des erfolgreichen Films

Anhand einzelner Beispiele soll hier herausgearbeitet werden, weshalb ein Film aufgrund seines präsentativen Symbolismus (Dramaturgie, Montage, Formalästhetik und Symbolik) beim Publikum Gefühle evoziert. Beabsichtigt ist eine Analyse einzelner Subtexte von Filmen. Der Subtext ist, wie schon erläutert, die Information, die nicht über den manifesten Inhalt vermittelt wird, sondern hauptsächlich über (audio-)visuelle Botschaften, wie z.B. Farbe, Dekor, Bildgestaltung, Bildeinstellung, Musikeinsatz und Montage. Ausgangspunkt ist die Hypothese, daß die Wirklichkeit des Abbildes keine eindeutige Rekursivität auf die Realität (das Bezeichnete) zuläßt. (Ab-)Bilder beinhalten immer mehrschichtige Informationen. Mit Hilfe von Bildern können symbolische Kontexte aktiviert werden, die entweder archetypisch, gesellschaftlich oder biographisch codiert sind. Bilder verweisen jedoch auch auf sich selbst (selbstreferentielle Nutzung von Bildern aus der Mediengeschichte). An dieser Stelle sollen die Elemente des Abbildes diskutiert werden, die im Rahmen filmischer Gestaltungsformen auf mythische und symbolische Kontexte zurückgreifen.

Der Erfolg der modernen Unterhaltungsindustrie ist ohne den gezielten Einsatz von Mythen nicht möglich. Gerade aufgrund der Absicht der Kulturindustrie, ihre Produkte weltweit zu vermarkten, bedarf es Geschichten, die auf interkulturell vertraute Muster zurückgreifen und alle Menschen berühren. Die internationale Vormachtstellung der amerikanischen Unterhaltungsindustrie verdankt ihren Erfolg den Kenntnissen und dem Einsatz von Mythologien (vgl. Görden/Meiser 1994, S. 39). Während bis in die zweite Hälfte der siebziger Jahre die Erzählmuster der Märchen und Heldensagen, die mythogenen Stoffe, eher unbewußt benutzt wurden, setzten danach die Regisseure Trends, die von der Bedeutung mythischer Themen wußten. Sowohl George Lucas *(Krieg der Sterne)* als auch Steven Spielberg *(E.T. – Der Außerirdische, Jäger des verlorenen Schatzes, Jurassic Park)* waren Schüler des Mythenforschers Joseph Campbell. Umgekehrt fällt es Campbell nicht schwer, in den Spielfilmen seiner Schüler die Bearbeitung von mythischen Botschaften zu erkennen. „*Krieg der Sterne* ist kein simples moralisches Rührstück, es geht darin um die Kräfte des Lebens, wie sie durch das Handeln des Menschen entweder verwirklicht oder verletzt und unterdrückt werden“ (1989, S. 171). Ausgehend von Campbells Forschungen entwickelten Keith Cunningham und Thomas Schlesinger eine eigenständige Drehbuchlehre, die inzwischen als Handwerkszeug von erfolgreichen Hollywoodautoren eingesetzt wird. Sie knüpfen an den von Campbell geprägten Begriff „Monomythos“ an (Campbell 1978, S. 36). Monomythen enthalten, so die These von Campbell, eine gemeinsame Struktur und verbindende Erzählmuster, die allen Kulturen gleich sind. „Geschichten nach der Struktur des Monomythos entsprechen der Landkarte unserer Psyche und werden daher von Menschen aller Kulturen dieses Planeten als psychologisch überzeugend und emotional glaubhaft anerkannt“ (Görden/Meiser 1994, S. 41). Einer dieser Monomythen ist die Figur des Helden, die in der Regel männlich ist.[32] Der Mann ist

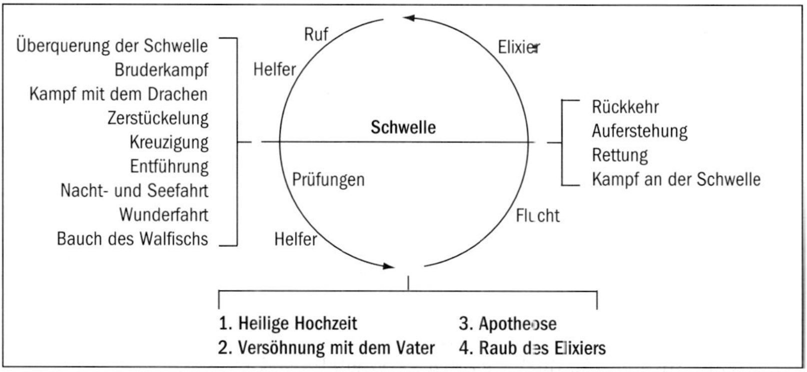

Abb. 34: Die Abenteuerfahrt des Helden (Joseph Campbell)

[32] Neuerdings gibt es jedoch Hinweise, daß diese monolithische Struktur zerbricht. Ein Beleg dafür sind Kathryn Bigelows Filme, u.a. *Blue Steel* und *Strange Days*,oder auch *Thelma & Louise* von Ridley Scott, in denen Frauen exakt die gleichen Helden-Aufgaben zu erfüllen haben, die früher Männer vorbehalten waren. Dies ist eine der noch an anderen Beispielen nachweisbaren Veränderung der patriarchalischen Dominanz in unserer Kultur.

Täter, er soll die Außenwelt beherrschen, indem er Herr seiner eigenen Innenwelt wird. Mann sein heißt nach dem Mythos, sich selbst zu entfalten und eine lebendige Veränderung der Welt zu bewirken.[33]

Viele Filme erzählen von einer mythischen Reise, der Geschichte eines jungen Mannes (des Helden), der eine Verfehlung begangen hat (Schuld), danach auszieht (Vertreibung), um Prüfungen und Bewährungen (Opfer) zu bestehen. Nach seinem Sieg kommt er zur Gemeinschaft zurück (Erlösung). Am Beginn steht ein zentrales Erlebnis. Der Held wird aus seiner Lebenswirklichkeit aufgrund eines äußeren oder inneren Erlebnisses herausgerissen. Er geht auf eine abenteuerliche Reise, die ihn über verschiedene „Schwellen“ führt. Der Held hat bestimmte Aufgaben zu erfüllen. Es begegnen ihm Personen, die ihm helfen oder ihn behindern. Dies sind meist Personifikationen innerer Konflikte. Der Held muß lernen, sich in dieser unbekannten Welt zurechtzufinden. Danach erfolgt eine Initiation, die Aufnahme in eine neue Welt. Er muß in dunkle Bereiche dieser neuen, sich als feindlich gebärdenden Welt vordringen (Hauptquartier des Feindes, Drachenhöhle etc.). Dies entspricht dem Abstieg in die Abgründe seiner Psyche. Der Held muß sich mit den Abgründen seines Todes konfrontieren, um die innere und äußere Bedrohung zu überwinden. Geistig wiedergeboren wird er, wenn er die Begegnung mit dem Tod überwunden hat, d.h. wenn er zur Ganzheit seines Selbst gelangt ist und damit die Einheit zum Kosmos gefunden hat. Seine Aufgabe ist es, seine menschlichen Potentiale zu entfalten. Dazu gehört es, sich seiner verborgenen Zweigeschlechtlichkeit bewußt zu werden. Ziel ist jedoch nicht ein androgynes Wesen, sondern ein Ausgleich der unterschiedlichen Impulse.

Georg Seeßlen (1991a, 1991b, 1994) geht ebenfalls davon aus, daß erfolgreiche Spielfilme ihren Erfolg der Adaption von Grundstrukturen des mythisch-historischen Denkens verdanken. Er hat sich in seinen Arbeiten immer wieder mit dem Mythos im Spielfilm auseinandergesetzt. Die von Seeßlen identifizierten vier Metastrukturen des Mythos sind in allen Kulturen, wenn auch in unterschiedlichen Realisationen, zu finden. Sie ähneln den Strukturen, die Campbell entwickelt hat. Eine erste Dreierstruktur ergibt sich durch die Frage nach dem *Woher komme ich? Wer bin ich? Wohin gehe ich?* Diese Fragen bezeichnet schon Immanuel Kant als die Grundfragen der Philosophie. Die zweite Dreierstruktur entspricht einem dreiaktigen Drama, das sich in den meisten mythischen Konstruk-

[33] Görden/Meiser gehen davon aus, daß der Mann sich mit mehreren Helden-Mythen identifizieren kann, so z.B. dem Sieger-Mythos, dem Erlöser-Mythos, dem Verlierer-Mythos und dem Aufklärer-Mythos. Männer haben die Aufgabe, sich von diesen Mustern zu befreien (1994, S. 72f.).

tionen findet: 1. Sündenfall, Verstoßung und Entfremdung; 2. Opfergang, Identitätsverlust und Verwandlung; 3. Erlösung, Erhöhung und Symbiose.

Eine dritte Dreierstruktur läßt sich wiedererkennen in der Beziehung zwischen dem Väterlichen, dem Mütterlichen und dem Kindlichen. Die vierte Dreierstruktur verbindet die Ordnung von Kosmos (Himmel), Erde und Hölle (vgl. Seeßlen 1994, S. 27).

Demgegenüber ergeben sich die Rollenangebote für die Frau aus ihrer Verbindung zur Schöpfungskraft der Natur. Durch ihre größere Eingebundenheit in die Zyklen der Natur kann die Frau ihre Existenz auch ohne ordnende Struktur spüren. „Sie ist in ihrem Seelenleben deshalb durch die männlichen Hierarchien weniger bedroht als der Mann und hat ihnen vielleicht deshalb wenig Widerstand geleistet“ (Görden/Meiser 1994, S. 66). Die Frauen stehen jedoch einer zweifachen mythischen Falle gegenüber. Einerseits können sie den von Männerängsten und -bedürfnissen geprägten neuen Frauenmythen ausgeliefert sein, andererseits läßt die Rückbesinnung auf ihre ursprüngliche Funktion, Mittlerinnen des Göttlichen zu sein, nur noch einen eingeschränkten Ausdruck zu.

Es stellt sich die Frage, ob die Regisseure bzw. Produzenten die mythischen und symbolischen Botschaften intentional als Subtexte in die Filme einfügen. Bei wenigen Beispielen ist es bekannt, daß Drehbuchautor und Regisseur ganz akribisch den Subtext in einen Film eingebaut haben. Bei einem dieser bekannten Beispiele handelt es sich um das 1959er Remake des Films *Ben Hur*. Der Drehbuchautor Gore Vidal (1984) berichtet in *Wer macht das Kino?*, wie bewußt in den Film ein Subtext integriert wurde. 1958 schien für MGM dieser Filmstoff geeignet, das Massenpublikum zurückzugewinnen, das bereits an das Fernsehen verloren schien. Drehbuchautor Vidal wie auch Regisseur William Wyler hatten Probleme, der Handlung von *Ben Hur* „ein bißchen Sinn und Verstand einzublasen“ und kamen, wie Vidal schreibt, zu folgender Lösung:

„Der Jude Ben Hur und der Römer Messala waren als Kinder Freunde gewesen. Dann wurden sie getrennt. Jetzt kommt Messala nach Jerusalem zurück; trifft Ben Hur; bittet ihn, ihn bei der Romanisierung Judäas zu unterstützen. Ben Hur weigert sich; es gibt Streit; sie trennen sich unter Racheschwüren. Diese eine Szene ist der alleinige Motor, der eine sehr lange Geschichte in Schwung halten muß, bis plötzlich und ganz unmotiviert Jesus auf den Plan tritt und sich automatisch ein paar der besonders ungeschickt geknüpften Handlungsknoten lösen. Wyler und ich waren uns darüber einig, daß eine einzige politische Meinungsverschiedenheit schwerlich eine lebenslange Vendetta begründen kann. Ich überlegte mir eine Lösung, die ich Wylers aufgeklärtem Ohr anvertraute. ‚Die beiden waren in ihrer Jugend ineinander verliebt. Messala will jetzt die Affäre fortsetzen. Ben Hur weist ihn jedoch zurück. Messala ist rasend vor Wut.

Abb. 35: *Ben Hur* (William Wyler)

Abb. 36: *Jud Süß* (Veit Harlan)

Chagrin d'amour, das klassische Motiv für Mord.' Wyler schaute mich an, als wäre ich übergeschnappt. ,Aber das können wir doch nicht *machen*! Ich meine, das ist schließlich Ben-Hur! mein Gott ...' ,Wir machen es ja auch nicht wirklich. Wir deuten es nur an. Ich schreibe die Szenen so, daß diejenigen, die Bescheid wissen, begreifen, was los ist. Und die anderen spüren dann immer noch, daß Messalas Wut emotional irgendwie logisch ist.' ... Ich habe den Verdacht, daß Heston noch heute nicht weiß, was für entsetzliche Sachen wir für ihn ausgedacht hatten. Aber Boyd (Messala) wußte es: Jedesmal, wenn er Ben Hur (Heston) anschaute, war sein Blick wie der Blick eines Hungernden, der durch eine Glasscheibe einen Blick auf eine reich gedeckte Tafel erhascht. Und so kommt es, daß sich unter den donnernden Hufen und Klischees des (bis jetzt) letzten *Ben Hur* etwas seltsam Authentisches in einer Beziehung verbirgt, die ansonsten nicht weiter definiert ist" (ebd., S. 43f.).

Ein Beispiel läßt sich anfügen, das zeigt, daß die Autoren einen verwendeten Subtext nicht kannten, und dennoch ist die Szene stimmig. Gemeint ist eine Einstellung in Veit Harlans Film *Jud Süß* von 1939. Ein Gesandter des Herzogs von Stuttgart sucht den jüdischen Geldverleiher Süß-Oppenheimer auf, um Schmuck bzw. Geldmittel auszuleihen für die Verschwendungssucht seines Herzogs. Im Verlauf des Gesprächs setzt Süß-Oppenheimer seinen Gesprächspartner unter Druck. Er kann dem Herzog helfen, aber als Gegenleistung verlangt er die Aufhebung des Judenbannes in Stuttgart. Die Erpressung des Gesandten durch Süß-Oppenheimer wird begleitet mit einer Bildeinstellung, die dem Zuschauer im linken Bildfeld ein geschlossenes Auge Süß-Oppenheimers zeigt. Während das Auge im rechten Bildfeld „normal" aussieht, wirkt das Auge im linken Bildfeld verschlagen, hinterlistig (vgl. Abb. 36). Dies ist für ungeübte Zuschauer auf den ersten Blick nicht unbedingt erkennbar. Harlan arbeitet hier, um die Verderbtheit und Verschlagenheit von Süß-Oppenheimer zu zeigen, mit Kenntnissen, die die Gehirnforschung erst viel später entdeckt hat.

Heute wissen wir, daß bei den meisten Rezipienten das linke Bildfeld von der rechten Gehirnhälfte bewertet wird, während das rechte Bildfeld

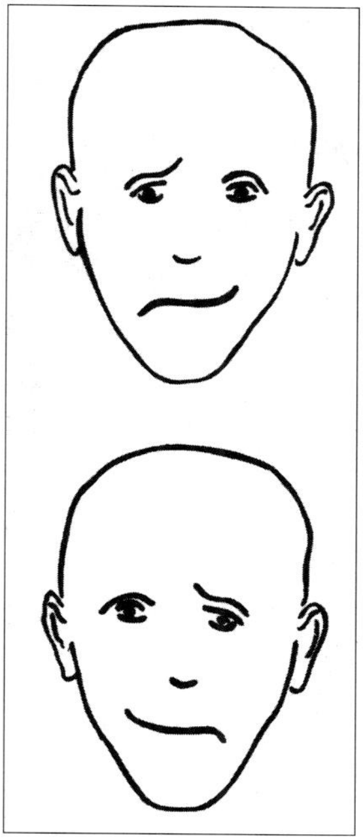

Abb. 37: Welches Gesicht sieht fröhlicher aus?

vorwiegend von der linken Gehirnhälfte beurteilt wird, d.h. das linke Bildfeld unterliegt einer höheren emotionalen Bewertung. Wenn nunmehr ein Negativaspekt, wie z.B. das geschlossene Auge gezeigt wird, werden viele Zuschauern dieser Person negative Attribute emotional zuschreiben, ohne daß ihnen dies bewußt wird, da der bewußte Anteil des Gehirns eine neutrale Position einnimmt. Julian Jaynes hat diesen Effekt für Rechtshänder anhand der beiden abgebildeten Gesichter nachgewiesen (1993, S. 152). Die beiden Gesichter sind Spiegelbilder voneinander. Richtet ein Rechtshänder seinen Blick auf die jeweiligen Nasen, nimmt in der Regel der Betrachter das obere Bild als traurig und das untere Bild als fröhlich wahr.

Von tausend Befragten nahmen „nur" 55 % der Linkshänder das obere Gesicht als das fröhliche wahr, weil die linke Hemisphäre die Bewertung vornahm. Da die meisten Menschen Rechtshänder sind oder zur Rechtshändigkeit erzogen werden, erhält daher die linke Bildseite eine dominante Bedeutung.

Bei dem Film *Die Verdammten* (1968) ist nicht bekannt, ob der Regisseur Luchino Visconti bewußt den oft auftauchenden kongenialen Subtext integriert hat. Der Film handelt von der Korruption und Degeneration einer zum Untergang verurteilten Gesellschaftsschicht. Inspiriert von der Krupp-Familie beschreibt Visconti den Aufstieg und den Untergang der Industriellen-Familie von Essenbeck. Viscontis Film kompiliert mehrere kulturelle Mythen. In den Haupthandlungssträngen läßt sich die *Götterdämmerung* von Wagner erkennen, ebenso die Figuren von *Macbeth* und *Hamlet*. Zitiert werden u.a. auch *Die Dämonen* von Dostojewski. Die Psychodynamik des Films handelt von der Wechselwirkung unterdrückter und versehrter Liebesbedürftigkeit. Der Transvestit Martin, Enkel des Stahlbarons Joachim von Essenbeck, wird von seinem Onkel (SA-Mann) und seinem Cousin (SS-Offizier) unterdrückt und fühlt sich von seiner Mutter mißbraucht.

Der Film weist im Dekor und in der Farbgestaltung ein beeindruckendes Raffinement auf. In einer Szene ertappt Mutter Sophie ihren Sohn beim Drogenkonsum. Martin trägt einen blauen Pullover, die Mutter ein blaues Kostüm, der Fußboden ist in leuchtendem Rot gehalten. Er versucht, die

Mutter von sich abzuhalten. Sie läßt sich jedoch nicht wegschicken. Martin teilt der Mutter mit, daß er sich durch ihren eisernen Willen unterdrückt fühlt. Man sieht die Mutter auf einem Bett liegen. Martin sitzt vor dem Bett und zwar so, daß die Mutter exakt oberhalb von Martin positioniert ist. Die Macht der Mutter über Martin wird somit optisch verstärkt, denn sie thront über ihm. Während es sich bis zu diesem Zeitpunkt auf der Tonebene um einen reinen Dialog handelt, beginnt in dem Moment, indem er sagt: „Du hast mich nie geliebt, du hast ihn immer vorgezogen!", eine melancholische Musik im Hintergrund. Damit wird auf der musikalischen Ebene die Handlung emotionalisiert. Kurze Zeit später sehen wir Martin in Nahaufnahme von links unten nach rechts oben schauen. Im rechten unteren Bildfeld können wir den angeschnittenen blauen Mantel der Mutter beobachten, der wie eine Diagonale das Bild schneidet und wie eine Barriere vor Martins Blickfeld positioniert ist. Gleichzeitig formuliert er seine Vorwürfe: „Du hast ihm alles gegeben ... und deine ganze Liebe. Du bist die Ärgste. Dich hasse ich." Im Bildschnitt sehen wir in Nahaufnahme die Mutter, die erschreckt die Hand zum Mund führt. Nun sichten wir Martin neben einer phallischen Säule in einer Totalen aufrecht auf einem roten Teppich stehend, mit Blick auf ein Fenster, dessen Vorhänge ein Dreieck nach oben bilden und dessen Fensterfeld farblich blau gestaltet ist. Beim nächsten Bildschnitt sagt Martin: „Du ahnst nicht, wieviel Schlechtes ich Dir wünsche." Danach sehen wir die Mutter im linken Bildfeld mit ihrem blauen Kostüm auf dem Bett liegen, und in Opposition erkennen wir im rechten Bildfeld das hellblaue Fenster mit dem Dreieck nach oben.[34] Zum gleichen Zeitpunkt verändert sich die Musik, wir hören kurze hohe Töne, die Gefahr signalisieren. Beim nächsten Schnitt ist eine Totale zu sehen. Martin dreht sich um und sagt: „Ich werde Dich vernichten, Mutter." Weiterhin im blauen Dreieck stehend, zieht er seinen blauen Pullover aus, die Kamera fährt auf ihn zu, und wir erahnen sein im kontrastreichen, harten Licht gezeichnetes, dämonisch wirkendes Gesicht. Der folgende Schnitt zeigt uns die Mutter, nunmehr aufrecht im Bett sitzend, während Martins blaue Hose und Unterhose neben sie fällt. Martin läuft, von rechts kommend, nackt an dem

[34] Mit hoher Wahrscheinlichkeit kann es sich bei dieser Szene um keinen Zufall handeln. Wir sahen kurz vorher eine Totale. Martins Bett stand links (erkennbar durch die Blickrichtung von Martin). Zwischen dem Bett und dem Fenster stand ein Pfeiler und er selbst. Es handelt sich somit bei dieser Szene um eine andere Raumgestaltung. Martin stand eigentlich links vom Bett und wird dann später von rechts ins Bildfeld kommen und am Fenster vorbeilaufen. Die rechte Seite des Bettes entspricht aber, entsprechend der Raumaufteilung und Blickrichtung von Martin, dem Innenraum der Wohnung. Das Fenster kann daher logisch-rational an dieser Stelle nicht sein. Die Blickachsen der Akteure widersprechen sich. Damit wird deutlich, daß es Visconti nicht um eine realistische Darstellung einer Handlung geht, sondern um eine visuell und möglicherweise psychologisch-symbolisch eindringliche Beschreibung, und die ist fürwahr gelungen.

blauen Fenster (Dreieck) vorbei, er reißt der Mutter das Oberteil des blauen Kostüms herunter, während die Musik verstummt und wir den angstvollen Ruf der Mutter hören: „Martin, nein."

Die in diesem Szenario angedeutete Vergewaltigung sehen wir nicht, wir imaginisieren sie. Im nächsten Schnitt erkennen wir, begleitet von einer lieblichen Musik, die Mutter auf dem Rücken und Martin in liebevoller Zärtlichkeit auf ihr liegend. Die Kamera fährt vom Gesicht der Mutter ihren Körper entlang. Wir bemerken, wie die Hände der beiden sich suchen, bis die Kamera Martins Gesicht erreicht. Gleichzeitig taucht ein blaues Amulett in der Form eines Dreiecks mit der Spitze nach unten auf, es ist exakt unterhalb seines Mundes positioniert, und er thront jetzt oben. In dieser Position verharrt die Kamera 17 Sekunden lang. Anschließend fährt sie nach rechts, nunmehr erkennen wir ein Dreieck nach oben, das von den Händen von Martin und seiner Mutter gebildet wird. An der Hand der Mutter leuchten ein blauer Ring und die roten Fingernägel, während zum gleichen Zeitpunkt die Musik einen Paukenschlag intoniert und sich solange steigert, wie beide sich die Hand halten.

Der folgende Bildwechsel zeigt uns den erschöpften Martin, der von seiner Mutter gestreichelt wird. Die Musik deutet kommende Probleme an. Im Hintergrund hören wir einen rhythmischen, sich bedrohlich nähernden Ton, der durch ein vibrierendes Geräusch ergänzt wird. Die im Film folgende Geistesverwirrtheit der Mutter wird durch die Musik vorweggenommen. Im nächsten Schnitt werden wir Zeuge, wie Mutter Sophie ein blaues Schulbuch von Martin in die Hand nimmt und aufblättert, während der Bildhintergrund ebenfalls blau durchschimmert. In dem Buch findet sie eine Haarlocke von sich mit einem blauen Schleifchen. Sie hält es an den Kopf, und wiederum erklingen Töne, die den beginnenden Wahnsinn der Mutter andeuten. Danach folgt ein Szenenwechsel.

Form und Inhalt gehen in dieser beschriebenen Szene eine beachtliche Kongruenz ein. Aus psychoanalytischer Sicht läßt sich unschwer die opulente Umsetzung des ödipalen Konflikts aus dieser Szene herauslesen. Aus der Sicht der mythologischen Interpretation im Sinne von Campbell handelt es sich bei dieser Szene um die Initiation des Helden. Das Hauptquartier des Feindes ist die Mutter, die er erobert. Dabei erfährt er den Abstieg in die Tiefe seiner Psyche (ödipale Wünsche). Gleichzeitig geht damit eine Verwandlung vor sich. Während die Mutter verrückt wird und damit ihre herrschende Position verliert, wandelt sich Martin von einem „lebensunfähigen" zu einem handlungsfähigen Mann, der, nach der Zerstörung der matriarchalischen Herrschaft, nunmehr patriarchalische Machtpotentiale entwickelt.

Dies kann er jedoch nur mit Hilfe einer anderen machtvollen Übermutter, dem SS-Staat. Mit dessen Hilfe, einer neuen herrschenden Dominanz,

Abb. 38: *Die Verdammten*, Luchino Visconti (1968)

„emanzipiert" er sich zum handelnden, jedoch weiterhin abhängigen Mann. Visconti kennzeichnet Martins mythische Reise als Erfahrung des Scheiterns.

Die Subtextanalyse dieser Filmsequenz konzentriert sich auf einige auffallende Strukturen. So gelten die Farben (dunkel-)blau und (hell-)rot in der Mythologie als Repräsentationen des Weiblichen und des Männlichen (vgl. Riedel 1990, S. 16ff., 48ff.).[35] Das Dreieck nach oben gerichtet wird als männlich und das Dreieck nach unten gerichtet wird als Repräsentant des Weiblichen verstanden.[36] Der im ödipalen Dreieck verstrickte „Transvestit" Martin ist auf der Suche nach seiner Männlichkeit. Die Farbe seiner Kleidung repräsentiert die Farbe der Weiblichkeit. Er steht im männlichen Dreieck, dessen Inneres blau, also weiblich ist. Seinem Persönlichkeitsprofil nach besteht bei ihm eine Geschlechtsdiffusion. Erst nachdem er sich auf dem roten Fußboden, der die Männlichkeit repräsentiert, bewegt und aus dem blauen Inneren des männlichen Dreiecks heraustritt, wird er „männlich" aktiv. Nach seinem Sieg über die Mutter verharrt die Kamera auffällig lang auf der Szene, in der Martin auf ein weibliches Dreieck (Amulett) blickt (vgl. Abb. 38). Er hat über die Weiblichkeit gesiegt, nunmehr thront er über dem Weiblichen (Farbe/Form-Einheit). Die darauf folgenden Szenen, die blau und rot vereinigt im männlichen Dreieck zeigen (Hände) und danach, vermittelt über den Ring und die Fingernägel, über seinem Gesicht, könnten andeuten, daß Martins Aufgabe (mythischer Auftrag) nicht darin besteht, über das Weibliche zu herrschen, sondern die Einheit der beiden Geschlechter in sich zu akzeptieren. Sein Sieg über die Weiblichkeit ist daher kein Sieg über sich selbst, sondern nur über andere, konkret über die Mutter. Somit gelingt es ihm zwar, der weiblichen Herrschaft der Mutter zu entrinnen, jedoch um den Preis, sich einer anderen Herrschaft unterzuordnen. Der Film bekommt durch die

[35] Ein möglicher Beleg für die Vermutung, daß Visconti intentional mit der Symbolik umging, läßt sich dadurch erkennen, daß zum Schluß des Films vorwiegend sepiabraune und blauschwarze Farben auftauchen, die als Symbol beginnender Verwesung gedeutet werden können.

[36] An dieser Stelle soll nur der Bezug hergestellt werden. Die mythologische Bedeutung des Dreiecks als Ausdruck geschlechtlicher Bezogenheit wird an anderer Stelle (Videoclips) ausführlicher diskutiert.

subtextuale Verknüpfung von Farbe, Form und Musik eine dramatische Wucht und Überzeugungskraft.

Bei den meisten Filmen ist den Autoren die Tiefenstruktur ihrer Werke nicht bewußt. „Denn es bleibt eine Tatsache, daß in den meisten Fällen ein Autor die Bedeutung seines Werkes nicht selbst erschöpfend zu Ende denkt. Die archaischen Symbolismen erscheinen spontan aufs neue, sogar in den Werken ‚realistischer' Autoren, die von solchen Symbolen nicht die geringste Kenntnis besitzen" (Eliade 1988, S. 25). Dies würde dafür sprechen, daß es ein kollektives Bildreservoir gibt, zu dem insbesondere Künstler oder ästhetisch sensible Menschen einen Zugang haben. Psychoanalytiker wie Rolf Haubl (1994, S. 9) gehen ebenfalls davon aus, daß „intentional", selbst bei professionellen Produkten, nicht bedeutet, sich über die Genese und Geltung der Handlungen restlos bewußt zu sein. Produzenten haben Anteil an dem gesellschaftlich Unbewußten, das zu einem bestimmten historischen Zeitpunkt besteht. Dies kann sich auf der Ebene des manifesten Inhalts, aber auch auf der (latenten) Beziehungsebene zwischen den Bildern und Texten äußern.

Für Maria Kassel ist es daher verhängnisvoll, den Tod des Mythos zu proklamieren. „Da nun Mythen symbolische Erzählungen sind, die kollektive psychische Prozesse spiegeln, und da religiöse Symbole derselben Traumquelle entspringen wie Mythen, beseitigen Entmythologisierungen – welcher Art sie auch immer seien – diese nicht, sondern verdrängen sie oder spalten sie nur ab. Das hat jedoch zur Folge, daß Mythen und religiöse Symbole in unerkannter und entstellter Form sich durchsetzen und die an sie gebundene Emotionalität sich der Steuerung entzieht" (1991, S. 187). Die relevante Frage ist daher nicht, ob der Mythos lebt, sondern die Frage, welche Art und Weise angemessen ist, mit mythisch-religiösen Symbolen umzugehen.

Anhand von zwei beim Publikum erfolgreichen Filmen werden im folgenden die mythischen und symbolischen Botschaften genauer analysiert. Bei James Camerons Film *Terminator 2* werden drei unterschiedliche Interpretationen gegenübergestellt: eine psychoanalytische, eine rezipientenorientierte und eine mythische Sicht. Am Beispiel des zweiten Films, Steven Spielbergs *Indiana Jones – Jäger des verlorenen Schatzes*, wird das Konzept „Film als mythische Reise" reflektiert.

5.1.1 *Terminator 2 – Tag der Abrechnung* (James Cameron)

Terminator 2 – Tag der Abrechnung, der zum Zeitpunkt seiner Fertigstellung teuerste Film der Kinogeschichte, berichtet von einem endzeitlichen Drama: dem Überleben oder der Vernichtung der Menschheit. Aus dem Jahr 2029 wird vom Supercomputer Skynet, einer technischen intelligenten Macht, ein Maschinenmensch, ein zum Töten programmierter Terminator, durch einen Zeittunnel in die Gegenwart zurückgeschickt.

Skynet hatte nach einem von der Rüstungsindustrie ausgelösten atomaren Vernichtungskrieg im Jahre 1997 die Weltherrschaft an sich gerissen. Der modernisierte Terminator, der aus flüssigem Metall besteht und jede menschliche Gestalt annehmen kann, hat die Aufgabe, ein zehnjähriges Kind mit dem Namen John Connor umzubringen, da dieses Kind in der Zukunft die Menschen von den Maschinen befreien soll. Mit diesem Mord soll die Geschichte nachträglich geändert werden, um den Krieg gegen die Menschen zu entscheiden. Ebenfalls im Jahre 2029 schickt der erwachsene John Connor einen anderen Terminator, der vom Bösen zum Guten umprogrammiert wurde, von der Zukunft in die Gegenwart, um ihn selbst als Kind zu beschützen.[37]

James Camerons Actionfilm ist ein Musterbeispiel kontroverser Spielfilmbewertungen. Sowohl anti-emanzipatorische als auch aufklärerische Wirkungen wurden dem Film zugeschrieben. Insbesondere die Tagespresse kritisierte den Film heftig. Andreas Obst (1991) konstatierte in der *Frankfurter Allgemeinen Zeitung* eine „mangelnde Stringenz und Plausibilität". Der Film hinterließ für ihn lediglich die „Leere eines menschenverachtenden Zynismus", da der Film „wehrlos macht" und „keinen Widerspruch" dulde. In der *Frankfurter Rundschau* schrieb Sabine Horst (1991), die in dem Film praktizierte Technisierung des Spielfilmerlebnisses macht aus dem Kino eine „inhumane Maschine". In der *Weltwoche* wertete Wolfram Knorr (1991) den Film als „omnipotentes High-Tech-Hochamt", „das hemmungslos den postmodernen Optimismus, das nach Simplifizierung und Jahrmarktsensationen lechzende Bewußtsein" bedient. Die Feuilletonkritik stand in auffallendem Widerspruch zur avisierten Zielgruppe, den Kindern und Jugendlichen. Nicht zuletzt wegen des ausgefallenen Einsatzes des computeranimierten Morphingverfahrens avancierte der Film bei diesen zum Kultfilm.

Ein wesentlicher Grund für die divergente Beurteilung liegt in der Beobachtung, daß wesentliche Botschaften in diesem Film nicht über den Text, sondern den Subtext bzw. die verborgene, die latente Sinnebene transportiert werden. Autoren, die unter diesen Prämissen *Terminator 2* reflektierten, wie z.B. Agentur Bilwet (1993), Eckart Gottwald (1992), Hans-Dieter König (1994a, 1994b, 1994c, 1995) und Peter Sloterdijk

[37] Beim ersten *Terminator*-Film, der im Jahre 1984 gedreht worden war, sollte die Mutter, Sarah Connor, getötet werden, damit sie ihren Sohn nicht empfängt, da ihr Sohn im Jahre 2029 der Anführer einer menschlichen Widerstrandsgruppe sein wird. Ein menschlicher Beschützer bewahrte die Mutter vor dem „bösen" Terminator Schwarzenegger, einem Metallskelett mit organischer Materie, und zeugte mit ihr John Connor. Durch Umprogrammierung wird der „böse" Schwarzenegger vom *Terminator 1* zum „Beschützer" in *Terminator 2*.

(1993), kamen zu komplexeren Interpretationen. Sie erkannten in dem Film eine Vielzahl mythischer, symbolischer und gesellschaftlicher Bezüge. König (1994d) hat den Film mit Hilfe der von Alfred Lorenzer entwickelten Tiefenhermeneutik rekonstruiert und damit eine heftige Debatte ausgelöst (vgl. Mikos 1995; Winter 1996), die symptomatisch das generelle Problem der Bildbedeutung und im speziellen die Komplexität von Filminterpretationen deutlich macht. Aus diesem Grund wird diese Diskussion hier näher ausgeführt.

Die tiefenhermeneutische Medienanalyse läßt den Film als ein gestalthaftes Ganzes auf das Erleben wirken. Sie geht, auf der Grundlage der eigenen Alltagserfahrung, emotional auf das szenisch entfaltete Filmgeschehen ein und untersucht die Motive für die Faszination, die ein Film auslöst. Sie beabsichtigt, den latenten Sinngehalt aufzudecken. Die latenten Sinnstrukturen äußern sich auf einer imaginären Ebene und sind sprachlich nicht verfügbar, sondern verschaffen sich auf einer bildhaftpräsentativen Symbolebene einen Ausdruck, die dem Unbewußten nahe steht. Ausgangspunkt ist die Hypothese, daß der Film Lebensentwürfe der Zuschauer aufgreift, wie es umgekehrt zum Verständnis des Films notwendig ist, die eigenen Lebensentwürfe in die Szenen des Films einzusetzen, damit die im Film arrangierten fremden Lebensentwürfe verstanden werden. Der Interpret macht sich die tiefere Struktur des Films über seine Wirkung auf das eigene Unbewußte bewußt. König knüpft an die von Lorenzer entwickelte Methode des „szenischen Verstehens" an (1994d, S. 58). Bei diesem Verfahren geht es um die Analyse latenter Sinngehalte eines Medienprodukts. Er intendiert mit Hilfe mehrerer Deutungsversuche und Verstehenszugänge, die miteinander in Beziehung gesetzt werden, die Erschließung einer „szenischen Konstellation". Der in bestimmten geschichtlichen Kulturzusammenhängen stehende Film wird als Sozialisationsagentur aufgefaßt, „durch die das Bewußtsein und das Unbewußte der Individuen an unterschiedlichen Punkten der Persönlichkeitsbildung aufgegriffen und organisiert wird" (ebd.).

Die Wirkung des Films potenziert sich, wenn verbotene, noch nicht bewußte oder verdrängte Wünsche in ihnen einen Ausdruck finden. Der Film entführt die Zuschauer in eine Traumwelt, „in der sie sich den durch die Bilder geweckten Wünschen, Ängsten und Phantasien überlassen, die sie im Alltag unterdrücken müssen" (König 1994a, S. 13). König knüpft damit an Gunther Saljes (1980) und Uwe Gaubes (1978) Verständnis von Medienwirkung im Film an. Lassen sich Kinobesucher emotional auf das Filmgeschehen ein, kommt es unter dem Eindruck der auf den Sehsinn „einstürmenden" Bilder zu einer Regression und damit einer präverbalen Erlebnisweise. Verstärkt durch die schweigsame und bewegungslose Rezeptionssituation wird für König das Auftauchen unterdrückter Kindheitswünsche provoziert und auf die Leinwand übertragen. Am Beispiel von *Terminator 2* hat er seine Methode exemplifiziert.

Der bedeutendste Teil des manifesten Inhalts von *Terminator 2* drückt sich im erbitterten Kampf einer Frau, Sarah Connor, gegen die Entwicklung einer von Männern geplanten Vernichtungswaffe aus, eines mörderischen Supercomputers. Aus Kenntnis eines bevorstehenden Atomkriegs, den sie in Träumen imaginiert und daher in einem psychiatrischen Hochsicherheitstrakt festgehalten wird, beabsichtigt sie, durch die Verhinderung der Konstruktion des Skynet-Computers, der Geschichte eine neue Wendung zu geben und die Menschheit zu retten. In der entscheidenden Situation erfüllt sie die ihr gestellte Aufgabe nicht. Demgegenüber wirkt ihr Sohn John selbst in schockierenden Phasen des Films „cool". Den Umgang mit virtueller Realität gewohnt, meistert er auch reale Katastrophensituationen mit spielerischer Leichtigkeit. In Krisensituationen tritt er der Mutter als verständnisvoller Mann gegenüber, der beruhigend auf sie einredet und sie mit Hilfe des Terminators rettet. Der Sohn als Retter der Mutter erweist sich somit als zweiter manifester Inhalt. Der zwar aufregende, aber überschaubare Kampf der Terminatoren prägt den dritten manifesten Inhalt. Die Aufmerksamkeit der Zuschauer richtet sich auf die beiden Giganten, die mit allen nur denkbaren audiovisuell verstärkten Mitteln bemüht sind, sich gegenseitig auszulöschen. Während die Projektion der Nuklearkatastrophe den Zuschauer hilflos macht, kann er sich mit dem T 800 identifizieren, dem es gelingt, die ihm anvertrauten Menschen zu beschützen, obwohl sein Gegner, der T 1000, ihm technisch bei weitem überlegen ist. Ein weiterer manifester Inhalt wird durch die Liebe zu einer Maschine geprägt. John entwickelt ein Bruderverhältnis zu dem Terminator: Einerseits zeichnet sich der große Bruder in Gefahrensituationen als Retter aus, andererseits vermittelt der kleine Bruder seinem Maschinenbruder moralische Prinzipien und Alltagssprache, wodurch der Terminator menschliche Qualitäten gewinnt. Auf der anderen Seite ver-

Abb. 39: John Connor und sein Maschinenvater in *Terminator 2*

Abb. 40: Sarah Connor in *Terminator 2*

wandeln sich die Menschen in Maschinen. Während Sarah sich wie eine gefährliche Kampfmaschine verhält, imitiert John ein affektloses Computerspiel.

Die zweite, die latente Sinnebene sieht König in der Erfüllung der phantastischen Träume eines Jungen, der mit Hilfe eines Maschinenmenschen zum Retter der Mutter und der Menschheit wird. John, der die uneingeschränkte Liebe der Mutter erfährt, erhält die strahlende Rolle eines Märchenprinzen, der die geliebte Frau aus lebensgefährlichen Lagen rettet. John genießt die uneingeschränkte Liebe der Mutter und übernimmt die Rolle des Vaters. Mit Hilfe des ihm zu Diensten stehenden Terminators verfügt er darüber hinaus über die Stärke des Vaters. König sieht in dieser Konstellation die Wiederkehr des Ödipuskonflikts, wobei der ihn verfolgende Terminator die Angst vor dem bösen Vater verkörpert, der sich dafür rächt, daß sein Sohn ihn bei seiner Frau verdrängt hat. „Wie das Drama des Ödipus durch seine Gewissenskonflikte in Gang gesetzt wird, so wird auch John von Schuldgefühlen verfolgt, weil er die Regeln der auf dem Inzesttabu basierenden Kultur verletzt, die besagen, daß ein Sohn die Liebe zu seiner Mutter aufzugeben und sich dem Gesetz des Vaters zu unterwerfen hat“ (König 1994b, S. 46).

Eine weiterer latenter Sinn wird durch die im Film sich entfaltende Gewalt vermittelt, die sich als Erfüllung archaischer Größen- und Allmachtsphantasien offenbart. Das Publikum identifiziert sich mit den drei Helden und nimmt an einem auf Leben und Tod geführten Kampf teil. Nur durch blitzschnelles und rücksichtsloses Reagieren können sich die Helden dem gefährlichen Feind erwehren. Die Gewalttätigkeiten der Helden stellen sicher, daß sie nicht unterliegen. Aus diesem Grunde genießen die Zuschauer die Gewalttätigkeiten der Helden. Die bizarren Traumwelten der Filmbilder reduzieren das Leben auf einen gnadenlosen Kampf zwischen Gut und Böse. Während es auf der manifesten Bedeutungsebene um die Erhaltung der Erde und der Menschheit geht, wird sich auf der latenten Bedeutungsebene auf elementare Affekte der Feindseligkeit und Wut bezogen. Dadurch werden massive Impulse der Aggressivität und Destruktivität geweckt.

Den dritten latenten Sinnbezug sieht König in den Anknüpfungen des Films an den „american dream“ (ebd., S. 47f.). Der Entwickler von Skynet, der Wissenschaftler Dyson, will durch seine Forschungen seinen Traum, die Grenzen des Möglichen zu überschreiten, verwirklichen. Er will neue Wege eröffnen, die bisher als unvorstellbar galten. Seine Freiheit und dazu ein großes Abenteuer sieht er in der Erforschung neuer Waffensysteme. Er wird dabei von einem Pioniergeist beflügelt, der typisch ist für die „frontiers“ der Landnahme, die den Drang in sich verspürten, immer weiter westwärts zu ziehen. Die Wirkung des Films partizipiert daher auch am „Mythos des Westens“ (vgl. Fiedler 1986; König 1992). Diese Mythenbildung handelt vom Traum der immer weiter westwärts ziehenden Männer, die auf der Suche nach den Indianern waren, deren Leben ihnen ein glücklicheres Dasein jenseits der Zivilisation verhieß, ein Leben in Einklang mit der Natur, aber ohne Frauen. Der Mythos erzählt von der Begegnung des weißen Mannes mit dem Indianer (z.B. Nathaniel Bumpo, der „Lederstrumpf“, und Chingachgook), die miteinander Freundschaft schließen und durch diese Beziehung als „neue Menschen“ wiedergeboren werden, wobei diese neue Person „weder Weißer noch ein roter Mann, sondern etwas ganz Neues unter der Sonne“ (Fiedler zitiert nach König 1992, S. 66) ist.

Im Film beabsichtigt Dyson, durch die Konstruktion eines Cyborgs aus Fleisch und Metall diesen amerikanischen Traum auf eine moderne Weise zu realisieren. Die im Auftrag von Skynet beauftragte Terminator-Maschine T 1000 vermittelt eine Warnung vor Maschinen, die ihren Erfindern über den Kopf wachsen, ein Spiel mit dem Teufel (Faust-Motiv). Demgegenüber verkörpert die Mensch-Maschine T 800 eine andere Form von Cyborg. Der T 800 erweist sich als rettender Engel oder wie es Bodo Fründt (1991) formulierte als „Jesus des Maschinenzeitalters“. Dieser Cyborg partizipiert an dem Mythos des „Westerners“, der aus der Fremde kommt, um die von Landbaronen und Killern bedrohten Familien zu befreien. So opfert sich der Terminator in der Gestalt von Schwarzenegger, indem er bereitwillig in die Stahlschmelze hinabsteigt, um den Mikrochip zu zerstören, der die Herrschaft der Cyborgs begründen würde.

Nicht nur der manifeste und der latente Inhalt, sondern auch die ästhetische Form üben einen massiven Regressionsdruck auf das Publikum aus, da die reflektierendes Handeln erst ermöglichende Sprache in den Hintergrund tritt und die Zuschauer „durch eine gewaltige Bilderflut überschwemmt“ (König 1994c, S. 53) werden. Der Film wendet sich durch das Aufgreifen von ödipalen Triebkonflikten und narzistischen Größenphantasien vor allem an Jugendliche, „die mit dem Eintritt in die Pubertät von den Triebimpulsen und Regressionswünschen überflutet werden, die sie während der Latenzzeit verdrängt haben“ (ebd.). *Terminator 2* greift zwar ihre Triebimpulse auf, gibt aber eine befremdende Antwort auf die Frage des Erwachsenwerdens, da am Ende des Films nicht die Emanzipation von

John und Sarah steht. Für König befriedigt der Film daher kontra-emanzipative Bedürfnisse. Der Film ist für ihn sozialisationswirksam, da er die Persönlicheitsdefekte einer „zwanghaften Männlichkeit“ aufgreift und im Dienste einer neokonservativen Antwort auf aktuelle und soziale Fragen funktionalisiert (vgl. ebd., S. 59). Der Film setzt daher keine Entwicklungsdynamik frei. Dem Jungen gelingt nicht die Loslösung von der Mutter, da er am Ende in ihre Arme zurückkehrt. „Er bleibt der Vertraute der Mutter, der ihren Halt und ihre Wärme braucht, wie sie seiner Hilfe bedarf, um ihren Traum zu realisieren“ (ebd., S. 54). Der jugendliche Held kann zwar auf der manifesten Sinnebene Autonomie und Unabhängigkeit erreichen und seine Triebimpulse und regressiven Sehnsüchte überwinden. Auf der latenten Bedeutungsebene gipfelt die Szenerie jedoch in einer regressiven Wiederverschmelzung mit der Mutter.

Lothar Mikos (1995, S. 47) weist in einer Antwort auf Königs Beitrag darauf hin, daß ein Text oder ein Film, wie der populäre *Terminator 2,* keinen abgeschlossenen Sinn haben und auf einen manifesten und latenten Sinn nicht zu reduzieren sind. Er bezweifelt die Existenz einer objektiven latenten Sinnstruktur. Er weist darauf hin, daß es sich lediglich um „mögliche Lesarten des Films“ handelt. Zahlreiche andere Interpretationen, die sich anhand des Symbolmaterials des Films erschließen, werden bei König nicht berücksichtigt. Die Kontextunabhängigkeit der hermeneutischen Methode wird auch von Winter (1996, S. 54) bestritten. Das traditionelle Sender-Empfänger-Modell erhält durch die Hintertür wieder Einzug in die Medienwissenschaft.

König geht von der Prämisse aus, daß ein Film sich auf ein bestimmtes Set an Bedeutungen reduzieren läßt (z.B. ödipaler Konflikt als das Grundmuster des Films). In anderen Kontexten werden Filme neu und oft gegensätzlich gedeutet werden. Ebenso ist die deterministisch geäußerte Auffassung Königs unhaltbar, daß die Zuschauer auf be- oder unbewußter Ebene manipuliert werden. Winter bezeichnet diese Kritik als ahistorisch und reduktionistisch. Diese Position unterstellt ein passives Publikum. Sie kann nicht erfassen, „wie verschiedene Individuen und soziale Gruppen mit unterschiedlichen Interpretationen, Reaktionen und Aktivitäten auf Filme reagieren“ (Winter 1996, S. 55). Jeder Text ist für ihn von seinem Charakter her offen und polysem.

Rezeptionsästhetische Ansätze, die von der Mitarbeit der Rezipienten bei der Realisierung des Films ausgehen, werden von König nicht gewürdigt. Texte sind für Winter (1995) zum Zuschauer hin geöffnet. Für die Rezeption des Textes ist die Intention und die Absicht des Autors/Regisseurs belanglos. Die Texte/Filme selbst strukturieren die kognitiven und emotionalen Aktivitäten der Rezipienten vor. Demgemäß ist das soziale und psychologische Selbstverständnis bei der Produktion von Sinn beteiligt.

„In diesem Sinn stellen Texte, und damit natürlich auch Filme, lediglich eine Art semiotisches Potential bereit, das die Zuschauer als Material für das Erlebnis und die Erfahrung Film benutzen. Filme haben also höchstens potentielle Bedeutungen“ (Mikos 1995, S. 48). Filme könnten daher keine Bedeutungszuweisungen festlegen, sondern nur mögliche Lesarten inszenieren. Die jeweiligen gesellschaftlichen Bedingungen, unter denen die populären Texte rezipiert werden, müssen berücksichtigt werden.

Nach Auffassung von Mikos ist das Verhältnis von John Connor zu „seinem“ Terminator nicht so einfach strukturiert, wie König dies interpretiert. Der T 800 ist im Gegensatz zum ersten *Terminator*-Film humanisiert. Die vermeintliche Schwäche von Sarah läßt sich auch als innerer Rollenkonflikt zwischen der Heldin als Mutter und der Heldin als Action-Kämpferin interpretieren. Das Aussehen und das Auftreten von Sarah unterstützen die These, daß Sarah eine Action-Heldin ist, die sowohl um den Sohn, als auch um das Überleben der Menschheit kämpft. So verkörpern sich in Sarahs Outfit Aspekte, die traditionell als weiblich und männlich gelten. Dadurch erscheint sie auch als Macho-Frau („butch-femme“).

Mikos weist auf die hohe Bedeutung von Intertextualität hin, „da diese Bezüge ein wesentliches Moment der Zirkulation von Bedeutungen in sozialen Kontexten sind“ (1995, S. 52). Die Intertextualität stellt bei populären Filmen Bezüge her zur kulturellen Praxis der Zuschauer. Diese Bezüge entwickeln sich vor allem in der Auseinandersetzung mit anderen im gemeinsamen Gespräch. So weist für Mikos ein T-Shirt mit der Grafik „Public Enemy“ unter anderem auf die wegen ihrer sozialkritischen Texte populäre Hip-Hop-Kultband hin. König hatte aufgrund des Emblems darauf geschlossen, daß John sich selbstbewußt als ein Außenseiter versteht, „der mit der bürgerlichen Ordnung gebrochen hat und auf dem Pflaster der Großstadt nach seinen eigenen Regeln lebt“ (König 1994a, S. 15). Eine tiefenhermeneutische Analyse, so Mikos, kann nur dann zu möglichen Lesarten von populären Filmen kommen, wenn sie auf die Identität und lebensgeschichtlich bedeutsamen Themen eines spezifisch jugendlichen Publikums rekurriert. Zum Verständnis für die Faszination solcher Filme bedarf es daher einer Analyse unter rezeptionsästhetischen Gesichtspunkten.[38] In seiner Replik weist König (1995) überzeugend darauf hin, daß die von Mikos als Beispiele für Intertextualität herangezogenen Belege seinen Deutungen nicht widersprechen, sondern sie sogar bestätigen.

[38] Darunter versteht Mikos die Berücksichtigung von formalen, dramaturgischen Mitteln und inhaltlichen Aspekten. Die Analyse hätte sich auf die vom konkreten Filmtext vorstrukturierten Rezeptionsaktivitäten der Zuschauer zu konzentrieren und die „vom Text adressierten Aneignungen des Films als kulturelle, symbolische Praxis im Rahmen spezifischer sozialer Kontakte“ (Mikos 1995, S. 52).

Königs vorgelegte hermeneutische Analyse halte ich für eine von mehreren hochinteressanten Lesarten. Diese Lesart bleibt allerdings einem negativen Grundverständnis verhaftet (vgl. Salje, Gaube – Abschnitt 4.5.2), da in dem Film im psychoanalytischen Sinne überwiegend regressive Prozesse vermutet werden. Progressive Botschaften entgehen König (z.B. Film als innere Reise). Mikos und Winter wiederum gehen von einer Beliebigkeit der Zeichen aus, die nicht haltbar ist. Wie selbst Eco (1993) ausführt, ist die Offenheit des Kunstwerks in der Weise eingeschränkt, daß die Interpretation an das Interpretandum gebunden sei. Daraus erschließt sich jedoch keineswegs eine universale Deutung.

In *Terminator 2* läßt sich unschwer das Prinzip der mythischen, der inneren Reise erkennen (vgl. Campbell 1989, S. 149f.). Aus der Position der seelischen Unreife wächst Mut zur Selbstverantwortung und Selbstsicherheit. Dazu bedarf es der Erfahrung des Todes und der Auferstehung. Die Erfahrung der Reife erleben (mindestens) zwei Protagonisten. Sowohl der Beschützer-Terminator als auch John Connor verändern sich im Verlauf des Films. *Terminator 2* entspricht der Struktur des (christlichen) Monomythos wie ihn Campbell (1978, S. 55ff.) beschrieben hat. Allein der Titel, der im Original *Judgement Day* heißt, verweist auf das Jüngste Gericht. Das Kind, das den Aufstand gegen die Maschinen anführen soll, der jugendliche Hauptdarsteller John Connor, trägt Initialen, die denen eines anderen Erlösers, Jesus Christus, identisch sind. J.C. steht für unseren Wunsch nach Erlösung vor einer elementaren Bedrohung und verkörpert damit eine unbewußte Sehnsucht nach Leben und Zukunft (monomythische Aufgabe).[39] Die *Terminator*-Geschichte transzendiert als phantastische Fiktion die Grenzen unserer Realität, enthält in fiktiver Form Aussagen über die „wirkliche Welt" und folgt damit formal den Strukturen des Mythos. Der Mythos erzählt von Schöpfung, Erlösung und von heroischen Gestalten. Der Mythos verdichtet die fiktiven Ereignisse zur umfassenden Deutung des Weltgeschehens. Er bezieht sich auf die Wirklichkeit, erklärt und begründet die Ordnung und das Ziel unseres Daseins. Im Mythos des Kinos begegnen wir unseren eigenen Ängsten und vergewissern uns unseres Tuns. „Denn wir selbst bringen mit unserer Technik die intelligenten Computer und (Kampf-)Maschinen hervor, deren Entscheidungen und Aktionen sich vielleicht einmal gegen ihre Schöpfer verselbständigen können" (Gottwald 1992,S. 57). Die Attraktivität derartiger Filme gibt einen Hinweis auf unsere Sehnsucht nach mythischen Stoffen. Die Kraft der

[39] Im Hollywood-Kino haben intertextuelle Zuordnungen von Namen Tradition. So lassen sich die Initialen des Bordcomputers HAL im Kultfilm *2001 – Odyssee im Weltraum* von Stanley Kubrick als IBM lesen, wenn jeweils im Alphabet ein Buchstabe vorgegangen wird.

mythischen Bilder resultiert auf einer Symbolik, die kollektive bzw. geronnene gesellschaftlichen Emotionen spiegelt.

In diesem Erklärungskontext kommen den beiden Terminatoren eine weitere religiös-mythische Bedeutung zu. Beide sind eigentlich Brüder, wobei einer der beiden eine Schutzfunktion einnimmt, genauer eine Schutzengelfunktion. Er gleicht damit dem Bild des Erzengels Michael aus der christlichen Mythologie.[40] Sein „Bruder" ist Luzifer, der Teufel, die Personifizierung des Bösen. Beide können nicht durch Menschen geschlagen werden, sondern nur durch eine (andere) Maschine, als ob ein Gebot gelte: „Maschinen seid ihr und durch Maschinen werdet ihr sterben" (Agentur Bilwet 1992, S. 265). Der glühende Kessel einer Stahlkocherei, in der der Todeskampf der Terminatoren stattfindet, wirkt wie der Eingang zur Hölle.

5.1.2 *Indiana Jones – Jäger des verlorenen Schatzes* (Steven Spielberg)

Im Jahre 1981 kreierten Steven Spielberg (Regie) und George Lucas (Produzent) mit dem Film *Jäger des verlorenen Schatzes (Raiders of the Lost Ark)* die Filmfigur Indiana Jones, einen promovierten Gelehrten und Abenteurer. Indiana (Khaki-Klamotten, Lederweste, Hut und Peitsche) ist ein wenig Humphrey Bogart aus John Hustons *Der Schatz der Sierra Madre* (1948) nachempfunden. Sein besonderes Kennzeichen ist die Gier nach archäologischen Kostbarkeiten, denen er noch in zwei anderen Filmen nachgehen konnte. Die *Indiana Jones*-Trilogie rangierte in den achtziger Jahren auf Platz sechs bis acht der erfolgreichsten Produktionen (vgl. Schnelle 1993, S. 7). Den ersten Film mit Indiana Jones, der mit fünf Academy Awards ausgezeichnet wurde, möchte ich beispielhaft analysieren. Der manifeste Inhalt des Filmes ist nach herkömmlichen Mustern kombiniert: Mitte der dreißiger Jahre sind die Nazis auf der Jagd nach der israelitischen Bundeslade. In der Bundeslade waren einst die Gesetzestafeln der Juden verwahrt. Der Bundeslade werden magische Kräfte zugesprochen, durch die Macht über Menschen errungen werden kann. Der Archäologe Indiana Jones soll verhindern, daß die Bundeslade in die Hände der Nazis fällt.

Der Film besteht aus acht Handlungssequenzen. Die Exposition nimmt den folgenden Film vorweg – oder, anders formuliert, schon in der ersten

[40] Sloterdijk sieht im vom Schwarzenegger gespielten Terminator einen Mann auf Mission, das Medium Gottes in einem neuen Aggregatzustand (1993, S. 35). Er erkennt allerdings in dem Terminator einen modernen Christophorus, der den Menschheitsretter durch die Welt wie durch ein Schlachtfeld hindurch trägt. Ich halte die Symbolik des Erzengels für geeigneter, da in der Ikonographie des Erzengels Michael das Schwert und damit die Bereitschaft für den Kampf enthalten ist, während zu Christophorus das Attribut „demütig" gehört.

Handlungssequenz wird der Zuschauer sowohl mit dem manifesten als auch mit dem latenten Filminhalt vertraut gemacht. Indiana ist auf der Suche nach einer goldenen Büste. Er durchquert einen Dschungel, dabei passiert er mit seiner Mannschaft eine Unheil verkündende Götterstatue, aus deren Mund, intoniert mit musikalischer Akzentuierung, plötzlich Vögel fliegen. Nach einigen Hindernissen erreicht er eine Höhle. Nachdem er mit Geschick die lauernden Gefahren überwunden hat, nimmt er die goldene Büste an sich. Dies löst ein Erdbeben aus. Nur mit Mühe kann er eine Schlucht überwinden und einer auf ihn zurollenden riesigen steinernen Kugel ausweichen. Am Ausgang der Höhle wird er von feindlich gesinnten Indianern erwartet. Die mühsam erworbene Figur wird ihm wieder weggenommen. Angeführt werden die Indianer von dem Archäologen Belloq, seinem Gegenspieler. „Sie können nichts besitzen, was ich ihnen nicht wegnehmen kann", teilt ihm Belloq mit und nimmt damit die folgende Dramaturgie vorweg.

In der zweiten Handlungssequenz beginnt der eigentliche Film. Wir sehen Indiana bei seiner Arbeit als Archäologe in einem Museum. Der Museumsdirektor erteilt Indiana den Auftrag, einer Bitte des Abwehrdienstes zu entsprechen. Die Geheimdienstler hatten ein deutsches Kommuniqué abgefangen. In diesem Kommuniqué ging es um die Suche nach einem Kopfstück (Amulett) des Stabes Re, das die Form der Sonne hat. Dieses Kopfstück wird benötigt um die Bundeslade aufzuspüren. Daraus wird folgerichtig geschlossen, daß die Nazis auf der Suche nach der Bundeslade sind. Indiana soll die Bundeslade vor den Nazis finden.

Das Amulett befand sich im Besitz von Indianas ehemaligem Professors, der inzwischen verstorben ist. Indiana fliegt bis nach Nepal, wo dessen Tochter Marion wohnt. Damit beginnt die dritte Handlungssequenz von *Jäger des verlorenen Schatzes*. Klischeehaft dargestellte Nazis versuchen ebenfalls dieses Amulett in ihren Besitz zu bringen. Die sich daraus ergebenden Konflikte dienen Spielberg zu genretypischen Actioninszenierungen. Marion entscheidet sich, Indiana bei der Suche nach der Bundeslade zu begleiten.

Die vierte Handlungssequenz spielt in Kairo, wo Indiana Sallah trifft, einen Freund. Der führt ihn zu einem ägyptischen Archäologen. Von dem Archäologen erhält Indiana die eindringliche Warnung, niemals die Bundeslade zu berühren. Ihre Ruhe solle nicht gestört werden, da sie nicht von dieser Welt sei. Während der gesamten Zeit werden sie von den Nazis und deren Helfern beobachtet. Nach dramaturgisch effektvoll inszenierten Verfolgungsjagden wird Marion entführt. Indiana begegnet dem Archäologen Belloq, den wir bereits aus der Exposition kennen. In einem Dialog sagt dieser zu Indiana: „Archäologie ist unsere Religion", und kurz darauf: „Ich bin ein Schatten von ihnen."

Abb. 41: Indiana und die Kobra in *Jäger des verlorenen Schatzes*

Abb. 42: Der Kartenraum in *Jäger des verlorenen Schatzes*

In der darauf folgenden fünften Handlungssequenz befinden sich Indiana und sein ägyptischer Freund Sallah inmitten der Ausgrabungsstätte. Beide erreichen unerkannt den sogenannten Kartenraum. Indiana lokalisiert mit dem Stab, dem Amulett und der Sonne die Stelle, an der die Bundeslade verborgen ist (Abb. 42). Indiana wird in der Nacht an der georteten Stelle abgeseilt. Unten angekommen sieht er sich Hunderten von Schlangen gegenüber: in einer eindringlichen Szene Auge in Auge mit einer Kobra (Abb. 41). Indiana findet die Bundeslade. Bei dem Versuch sie wegzuschaffen, wird er von den Nazis entdeckt. Die von den Nazis gefangene Marion wird ebenfalls in die „Schlangengrube" geworfen und die Öffnung geschlossen. Mit Mühe können die beiden ihrem Gefängnis entfliehen, wobei Elemente der Inszenierung aus der Exposition wiederholt werden. Indiana und Marion beobachten, wie die Bundeslade verladen wird. Es kommt zu actionreichen Szenen.

Die sechste Handlungssequenz beinhaltet den Kampf um die Lade. Mit wechselndem Erfolg jagt Indiana letztlich den Nazis die Bundeslade ab.

Zu Beginn der siebten Handlungssequenz wird das Boot mit den beiden Protagonisten und der Bundeslade von den Nazis gekapert. Marion wird abermals gefangengenommen, während sich Indiana unerkannt als blinder Passagier auf dem Nazischiff verstecken kann. Die Lade wird auf eine Insel gebracht. Belloq will eine Zeremonie durchführen und dabei den Inhalt der Lade überprüfen. Mit einer Panzerfaust stoppt Indiana anfangs die Zeremonie, bis er die gefangene Marion sieht. Belloq reagiert mit der Aussage „Zuvor gingen sie durch die Geschichte, das ist Geschichte." Daraufhin gibt Indiana auf. Er wird zusammen mit Marion an einen Pfahl gebunden. Beide können die nun folgende Zeremonie verfolgen. Indiana teilt Marion mit, bei allem, was nunmehr geschehe, auf jeden Fall die Augen zu schließen. Beloq öffnet die Lade und beginnt mit der Zeremonie. Kurz darauf entweichen aus der Lade liebliche Gestalten, die die Umstehenden in Verzückung versetzen. Diese Gestalten verwandeln sich aber in todbringende Fratzen.[41] Sodann schießt eine Feuersäule aus der Lade, der Himmel öffnet sich, und alle – bis auf das gefesselte Paar – werden vernichtet.

In der abschließenden achten Sequenz, dem Epilog, tauschen sich der Museumsdirektor und Indiana aus. Indiana und Marion scheinen einer glücklichen Zukunft entgegenzublicken. Im Abspann fährt ein Arbeiter eine Kiste, in der vermutlich die Bundeslade enthalten ist, weg und sortiert sie unter hunderten gleichaussehender Kisten ein. Die Bilder deuten eine Fortsetzung des Filmes an.

Bei *Jäger des verlorenen Schatzes* standen Abenteuerfilme der dreißiger und vierziger Jahre ebenso Pate wie auch die Serie *Spy Smasher* (vgl. Crawley 1993, S. 136). Bei der Exposition und der späteren Flucht aus der „Schlangengrube" sind (parodistische) Zitate aus der Tradition der „Geisterbahn-Fahrten" erkennbar. Im Film werden mehrfach andere Filme zitiert. Neben *Der Schatz der Sierra Madre* sind dies u.a. *Casablanca* (in einer Szene trinkt Indiana wie Bogart), *Lawrence von Arabien* (Säbelkampf) und *Ringo* (bevor Indiana von einem Fahrzeug überrollt wird, schafft er es, sich mit seiner Peitsche wieder auf das Fahrzeug zu ziehen). Ebenso sind die Bezüge zu mythischen Hintergründen überdeutlich. Bei den meisten Kritikern entstand dadurch der Eindruck der Überfrachtung des Films. Nicht die Logik hält die narrative Ebene des Films zusammen, sondern filmdramaturgische Überlegungen. Damit kann die vom manifesten Text geprägte Filmkritik selten umgehen. Die deutsche Filmkritik fand daher, wenn überhaupt, nur lobende Worte im Kontext der Actioninszenierungen. Die ablehnende Kritik überwog. So war zu lesen, daß bei dem Film der Rausch des Abenteuerlichen die Sinne benebelte, durch die Fülle der Ereignisse der Zuschauer überwältigt werde und dadurch kein Raum für die Phantasie des Zuschauers bleibe. Spielbergs Hang zum Mythischen wurde als „naiver Trend" herausgestellt. Meinolf Zurhorst (1988) identifiziert synthetische, naive und unreflektierte Vorstellungen der Macher von modernen Märchen. Er sieht in dem Film die Phantasie durch die Trivialität ersetzt. Dem Film wurde weiterhin vorgeworfen, eiskalt und spekulativ Kommerz mit allen Mitteln zu betreiben. Im *Fischer Film Almanach 1982* heißt es: „Daß ein immerhin nicht unbegabter Regisseur sich mit der synthetischen Wiedergabe der Außenreize einer Figur, mit der unreflektierten Abfilmung der Oberfläche zufriedengibt, ist schwer verständlich" (Schobert/Weber/Berger/Koschnitzki/Thienhaus 1982, S. 107).

Dieser scheinbar so triviale Film hat aber eine latente Sinnebene, die es Wert ist, aufgedeckt zu werden. Nochmals zur Erinnerung: Spielberg und Lucas sind Schüler des Mythologenforschers Campbell. Legt man Campbells Verständnis vom Film als mythische Reise als Analysekriterium

[41] Kate Bush hat ähnliche Bilder in ihrem Videoclip *Experiment IV* benutzt.

zugrunde, entfaltet der Film eine tiefere Bedeutung. Der Held wird auf eine (mythische) Reise geschickt. Dabei begegnen ihm Gefahren, Hinterhalte, Fallen und Bedrohungen. Dies sind seine unbewußten Ängste, die verdrängten Teile seines Ichs. Belloq sagt dies sogar wörtlich im Film: „Ich bin wie ein Schatten zu dir, und es würde nur ein kleiner Ruck genügen und Du wärst wie ich." Die bösen Widersacher von Indiana sind seine unbewußten negativen Ich-Impulse. Seine Aufgabe besteht darin, sich mit diesen Impulsen auseinanderzusetzen und sich ihrer dadurch zu bemächtigen.

Die Bundeslade ist ein Symbol für den Weg, den Indiana bei seinem Reifeprozeß während der mythischen Reise zu bewältigen hat. Es ist gleichzeitig das Objekt, das die Filmhandlung vorantreibt. Im Nachfolgefilm *(Indiana Jones und der Tempel des Todes)* wird Indiana auf die Suche nach den „heiligen Sankara-Steinen" geschickt. Der Held muß lernen, daß das Objekt, das Auslöser für seine (mythische) Reise ist, nicht in Besitz genommen werden kann. Er muß verzichten, um die Stufe der Reife zu erlangen. Eine Voraussetzung für diese Erkenntnis ist die Auseinandersetzung mit grundlegenden Problemen, so z.B. mit dem eigenen Tod und dem Wissen um seine Zweigeschlechtlichkeit.

Die Todesgefahr schwingt in *Jäger des verlorenen Schatzes* immer wieder mit. Einen Höhepunkt bildet die Szene, in der Indiana Auge und Auge einer Kobra gegenüberliegt. Diese Szene „bearbeitet" beide Subtexte: sowohl die Konfrontation mit dem Tod als auch die verdrängten weiblichen Ich-Anteile. Schon in der Exposition erfahren wir von der Schlangenphobie, an der Indiana leidet. Die Schlange steht im engen Kontext zu Vorstellungen von Leben und Tod. Als Tier, das tötet, stellt sie Zerstörung dar, als Tier, das periodisch seine Haut erneuert, Leben und Auferstehung (vgl. Saunders 1996, S. 102). Sie hat Zugang zu den Mächten der Unterwelt, da sie unter der Erde lebt. Sie ist der Feind der solaren Mächte, somit auch der Sonne. „Schlangen und Drachen sind die Hüter der Schwelle, von Tempeln und Schätzen des esoterischen Wissens und aller Mondgottheiten" (Cooper 1986, S. 161). In dem Symbol Schlange verkörpert sich im Christentum das Bild der weiblichen Naturkräfte (vgl. ausführlicher Abschnitt 5.3.2.1). In der christlichen Mythologie läßt sich der Kampf des männlichen Helden immer auch als Konflikt mit dem verdrängten Weiblichen deuten.

Verfolgt man diese Spur, lassen sich im Film markante Szenen finden, die nahelegen, daß die Autoren mit an Sicherheit grenzender Wahrscheinlichkeit das Thema Geschlechtsidentität intentional als Subtext in den Film eingebaut haben. Höhlen sind ein Symbol für den weiblichen Uterus. Die wesentlichen Szenen der Exposition beschäftigen sich mit dem Eindringen in den weiblichen Uterus und dem Ausspeien aus dem Uterus

Abb. 43: Indiana zwischen Globus und Lampe in *Jäger des verlorenen Schatzes*

Abb. 44: Indiana und Marion am Pfahl in *Jäger des verlorenen Schatzes*

(Geburt). Mit Hilfe seiner Peitsche (Nabelschnur) befreit Indiana sich aus dem Uterus. Verfolgt wird er von einer Kugel. Das Runde steht dem Weiblichen näher als dem Männlichen. Schon in der Höhle wird das Licht als ein weiteres Symbol eingeführt. Mit dem Licht wird die Polarität hergestellt. Licht ist Erkenntnis, erhebt sich über das Dunkle, das Chthonische, die Domäne des Weiblichen und ist somit dem männlichen Prinzip gleichzusetzen.

Wenn Indiana in der zweiten Handlungssequenz vom Museumsdirektor die Nachricht erhält, daß niemand die Geheimnisse der Bundeslade kennt und sie mit nichts vergleichbar ist, was er vorher gesucht hat, entsteht durch die Bildeinstellung eine Mehrfachcodierung. Der manifeste Inhalt erzählt von der Bundeslade. Die Bilder machen auf einen anderen Subtext aufmerksam. Während der Museumsdirektor seine Aussage trifft, beugt sich Indiana, der in diesem Moment neben seinem Schreibtisch steht (Abb. 43). In der Bildeinstellung befindet er sich dabei zwischen einer Kugel (Welt) und einer Lampe (Licht). Er steht symbolisch zwischen den weiblichen und den männlichen Kräften. Sein wesentliches Ziel besteht aus der mythische Reise, in deren Verlauf er sich seiner verdrängten weiblichen Anteile bewußt zu werden hat.

Die Lichtmetapher wird mehrfach im Film effektvoll eingesetzt. In der Exposition warnt er im Bauch des Weiblichen (Höhle) seinen Begleiter „Geh' nicht durch das Licht." Besonders eindringlich und unübersehbar taucht das Licht in der vorletzten Handlungssequenz auf. Indiana und Marion sind an einem Pfahl festgebunden. Wir sehen eine Totale. Später folgt eine Halbnah-Bildeinstellung. Plötzlich ist oberhalb der beiden eine Lampe angebracht (Abb. 44), die der entspricht, die wir bei dem anfänglichen Gespräch mit dem Museumsdirektor schon kennengelernt haben. Mit einer Vertreterin des Weiblichen ist er an einen Pfahl gebunden. Kurz zuvor hat er erstmals öffentlich zu ihr gestanden („Ich will das Mädchen."). Nachdem ihm ein Licht (männliche Erkenntnis) aufgegangen ist, so die direkte bildliche Botschaft, und er damit auch visuell einen Reifestatus erlangt hat, ist er in der Lage, auf die todbringende Erkenntnis, die Ansicht des Göttlichen, zu verzichten.

Das Licht vertreibt die Kräfte der Finsternis (weibliches Prinzip). Das Licht ist eine göttliche Botschaft. Wer es unautorisiert berührt oder anschaut, muß sterben, wie diejenigen, die die Bundeslade öffnen. Das Licht ist die göttliche Botschaft, die der Mensch nicht ungestraft anschauen darf. „Die Erfahrung des Lichts ist die Begegnung mit der letztendlichen Wirklichkeit. Das Licht ist mit dem Anfang und Ende verbunden“ (Cooper 1986, S. 109). Dieses Verständnis von Licht entspricht der jüdischen Tradition. Licht ist die Manifestation der (männlichen) Gottheit, die verbunden wird mit kosmischer Schöpfung, Wahrheit, Gnosis und Erleuchtung (vgl. ebd.; Zajonc 1994). Maria, die Mutter Gottes, ist die „Licht-Gebärerin“. Christus wird als Licht der Welt, als Vater des Lichts bezeichnet (Jakobus 1,17).

Das Licht weist aber auch den Weg, öffnet das Bewußtsein. Das Licht der Sonne symbolisiert unmittelbare Erkenntnis. Erkennbar wird dies bereits in der Szene im Kartenraum. Der Kartenraum besteht aus einer miniaturhaften Nachbildung der Tempelanlage. Indiana findet die Ortungsstelle für den Stab. Nur zu einem bestimmten Zeitpunkt dringt Sonne in den Raum. Der erste Strahl wird von dem auf dem Stab sich befindenden Amulett fokussiert und richtet sich auf die Fundstelle der Bundeslade (Abb. 42). Diese Szene zitiert Meisterleistungen aus der Frühzeit, die meist mit magischen bzw. religiösen Praktiken in Verbindung standen. Das 5000 Jahre alte Hügelgrab von New Grange, Irland, stand möglicherweise Pate für diese Filmszene. Archäologen haben festgestellt, daß es am 21. Dezember (Wintersonnenwende) in diesem Grab zu einem einzigartigen Schauspiel kommt. Vier Minuten nach Sonnenaufgang dringen Lichtstrahlen einen Gang entlang in den sogenannten Kuppelsaal, das Herz des Totenhauses, und beleuchten einen Stein mit drei Spiralen (vgl. von Reden 1978, S. 285). Selbst im Christentum war der Zauber dieser Lichtarchitektur bekannt. So kann man heute noch in Chartres am 21. Juni eines jeden Jahres zum Zeitpunkt des Sonnenhöchststands erleben, wie ein Sonnenstrahl durch eine im Glas ausgesparte Stelle des ersten Fensters in der Westmauer des Querschiffes eindringt und genau auf einen goldfarbenen, metallischen Zapfen fällt (vgl. Charpentier 1990, S. 7).

Indiana durchlebt den Kern des Monomythos: Trennung – Initiation – Rückkehr (vgl. S. 153, Abb. 34, Campbells Skizze). Indiana wird zur Schwelle der Abenteuerfahrt gelockt. Er trifft auf ein Schattenwesen, das den Übergang bewacht (Kobra). Er kann die Macht der Finsternis besiegen (Prüfungen). Dabei wird er von Helfern begleitet (ägyptischer Archäologe, Sallah). Wenn er am „Nadir des mythischen Zirkels“ (Campbell 1978, S. 237) angekommen ist, erhält er seine Belohnung (Erkenntnis).

Danach erfolgt die Rückkehr zur Gemeinschaft. Bei seiner mythischen Reise vollbringt Indiana drei Aufgaben. Er muß sich erstens mit seinem Tod auseinandersetzen; er muß zweitens annehmen, daß es unmöglich ist, das Allerheiligste zu besitzen (zu sehen); und er muß drittens sich seiner weiblichen Anteile (Anima) bewußt werden, um zur Ganzheit zu gelangen. Das Liebesgeplänkel mit Marion lenkt von der dritten Aufgabe ab. Zwei Szenen machen allerdings deutlich, daß Indiana an einer realen Beziehung zu einer Frau nur sekundäres Interesse hat. Obwohl er die Möglichkeit hat, Marion in der Ausgrabungsstätte zu befreien, verzichtet er darauf, da ihm die Bundeslade wichtiger ist. Nachdem Marion ihm auf dem Schiff unmißverständlich ein körperliches Liebesangebot macht, schläft Indiana ein. Die Überwindung der Angst vor dem Weiblichen durchzieht als Subtext bis zum Schluß den Film. Ich halte es keineswegs für einen Zufall, daß die todbringenden Gestalten weiblich sind. Indiana schließt die Augen, öffnet sich der Dunkelheit, dem Reich des Weiblichen, und bleibt dadurch verschont.

5.2 Videoclip – synästhetische Klangbilder

Mitte der achtziger Jahre drängte die Ästhetik des Videoclips auf den (Unterhaltungs-)Markt. Die „Musik-Bilder" wurden von der Plattenindustrie eingesetzt, um den stagnierenden Plattenmarkt zu beleben. Mit den Videoclips verlor die Popmusik an Bedeutung, da die Regisseure der Videoclips der Musik eine eigenständige Interpretation hinzufügten. Im Idealfall ergänzten sich Bild und Musik, aber zunehmend wurde erkennbar, daß das Abbild (Bildebene) über die Musik zu dominieren begann. Obwohl es sich bei den Videoclips um eine eklektische filmische Gestaltungsform handelt, hat er sich als originäre Kunstform inzwischen etabliert. Typisch für den Videoclip ist die artifizielle Gestaltung und das respektlose Zitieren und Verwenden unterschiedlicher Filmgenres. Besonders Kinder und Jugendliche finden an der Welt der schrillen Effekte großen Gefallen. Die Videoclips werden von den Jugendlichen als Teil ihrer Alltagskultur interpretiert. Das Genre des Videoclips entwickelte sich zur Clip-Kultur.[42] Trendsetter war der 1981 in Amerika gegründete Musikclipsender *MTV*. In Deutschland wurde die Pop-Sendung *Formel 1* zum Verlautbarungsorgan der Clip-Kultur, da in der Anfangszeit nur wenige über Kabel *MTV* sehen konnten. Mit Zunahme von Verkabelung und Satellitenantennen

[42] Für den Videoclip-Regisseur Paul Temple (zitiert nach dem Dokumentarfilm *Movies, Clip und Rock 'n' Roll* von Carmen D'Avis [HR, 1987] ist heutzutage die Form wesentlich, wenn man beabsichtigt, Jugendliche für politische und/oder soziale Fragen zu sensibilisieren. Er glaubt nicht, daß er Jugendlichen im Rahmen eines sprachlichen Diskurses Sensibilität für die Todesschwadronen von El Salvador vermitteln kann. Nimmt er aber Musik der Rolling Stones, bedeutet dies, den Jugendlichen eine angemessene Reflexionsebene zur Verfügung zu stellen.

steigerte sich der Bekanntheitsgrad von *MTV*. Auch andere Bereiche, wie z.B. die Werbung[43], die *Tagesschau* und auch Fernsehserien wurden von der Welt der schnellen Bildschnitte erfaßt und geprägt. Der Übergang der Machart der Fernsehserien *Dallas* auf *Miami Vice* macht auch diese Wandlung deutlich. Folker Hönge stellt fest, daß die Videoclip-Kultur auch die Spielfilmgestaltung[44] beeinflußt hat, wie dies an den Filmen *Salsa* und *Hairspray* zu erkennen ist (1988, S. 11). Im Vergleich zu diesen Filmen weist z.B. *Saturday Night Fever* noch relativ ruhige Handlungselemente auf. Wie die Veränderung des Programmablaufs zeigt (vgl. S. 30, Abb. 3), hat sich das Fernsehprogramm beschleunigt. Heute bieten vier Sender, *MTV*[45], *Viva 1* und *2* und *VH 1* Musikvideo-Programme an.

Das besondere Charakteristikum beim Videoclip ist seine synästhetische Wirkung. Die Lehre der Synästhesie, die bis auf Aristoteles zurückgeht, beschäftigt sich mit der Wechselwirkung von Bild und Ton. Bilder sollen wie Musik klingen und der Klang, die Musik sollen Bilder evozieren. Synästhesie ist somit die Herstellung von Klangbildern und Bildklängen. Der Videoclip ist ein weiterer Versuch einer langen Reihe unterschiedlicher Annäherungen an dieses Prinzip. Dazu gehören die Laterna-magica-Vorführungen, der symphonische Film der Weimarer Republik und die Experimentalfilmkunst der fünfziger Jahre. Darunter lassen sich gleichfalls viele dokumentarische Produktionen der Nationalsozialisten (u.a. *Wochenschau*) subsumieren, speziell *Triumph des Willens* und die *Olympia-Filme* von Leni Riefenstahl. Direkt nach dem Zweiten Weltkrieg war dieses Genre in Deutschland weitestgehend tabuisiert.

Die Kultur des Bürgertums und die politische Öffentlichkeit denunziert Videoclips als einfältig. Hans Gerhold stellt bei den Videoclips „eine unkontrollierte Abfolge von Bildern“ fest. Sie sind für ihn „verdummend und verstumpfend“ und haben „sicherlich und leider bei Dauerkonsum eine kulturelle Kolonisation der Gehirne“ zur Folge (1984, S. 374). Im Videoclip werden Zeichen aus verschiedensten Kulturbereichen und Traditionsräumen zitiert, verwandelt, nach subjektiven Kriterien gebraucht,

---

[43] Die Werbetreibenden veranstalteten Tagungen, um auf die Veränderung der Wahrnehmung bei Kindern und Jugendlichen durch audiovisuelle Botschaften der Videoclip-Kultur aufmerksam zu machen. Im Jahre 1984 besuchte ich eine Veranstaltung des Verbandes der deutschen Werbewirtschaft. Der Vorsitzende des Verbandes bemühte sich, den Werbetreibenden eindringlich die Botschaft zu vermitteln, sie müßten sich mit Videoclips beschäftigen, wenn sie die Lebenswelt von Jugendlichen verstehen wollten.

[44] Hans Gerhold identifiziert aufgrund dieser Wandlungsprozesse eine Sinnkrise in der Montage. „Neuere Filme erschrecken durch die Schnelligkeit der Abfolge ihrer Einstellungen, die keine Reflexion des Zuschauers zulassen. Vom Rhythmus der Bilder ‚gepeitscht‘, wird Auge (und Ohr) zugekleistert (und zugedröhnt)“ (1984, S. 371).

[45] Neuerdings ist *MTV* allerdings nur noch über Kabel oder Pay-TV zu empfangen.

eine Inszenierung von Zeichen, die wiederum Zeichenkomplexe zitieren, ein sichtbares Zeichen „einer allseitigen Auflösung der moralisch-werttheoretischen Differenzfunktion geschichtlich interpretierbarer Zeichen" (Reck 1994, S. 238). Hans Ulrich Reck bezieht diese Wertung nicht nur auf Videoclips, sondern auch auf die aktuelle Designkultur und spricht daher vom Zurücktreten der semantischen Gehalte und einer Dominanz der „Formalisierung ästhetischer Ereignissimulationen" (ebd.). Die Konsequenz, daß jedes beliebige Zeichen nach individuellen Gesichtspunkten in kürzester Zeit umkodiert werden kann, nennt Reck „semiotische Selbstreferenz". „Die Bedeutung verschiebt sich vom Bezeichneten, von Geschichte und Objektsemantik auf die Signifikation, den Codierungsprozeß, die Anwendung der auf sich selbst bezogenen Zeichenstruktur" (ebd.). Ähnlich argumentiert Gerhold: „Wo semantisch nicht mehr zwischen Signifikant (dem Bezeichnenden) und dem Signifikat (dem Bezeichneten) unterschieden werden kann, läßt sich auch keine Bedeutung herstellen; die Zeichenhaftigkeit der Objekte geht ebenso verloren, wie ihre sinnstiftende Bedeutungsebene. Eine Rose ist eine Rose" (1984, S. 371).

Nach Auffassung von Reck funktionieren alle Videoclips trotz qualitativer, formaler und thematischer Unterschiede gleich (1994, S. 312). Die Identität ihrer Machart, ihre formale Gleichförmigkeit ergibt sich für ihn aus einer mit den Produktionsbedingungen in Beziehung stehenden Ästhetik. Er sieht in der Videoästhetik eine Endloskontinuität elektromagnetischer Aufzeichnungen, die Kontinuität einer subjektlosen Zeichensprache, einen autorlosen Bilderfluß und die Indifferenz als neue Form des Bildgebrauchs (ebd., S. 322). Für ihn ist daher unter Rezeptionsbedingungen der Videoclip längst stereotypisiert und nur noch von Belang unter Herstellungsaspekten (ebd., S. 240). Daß in kürzester Zeit ein Videoband selbst herstellbar ist, löst seines Erachtens keineswegs handlungsorientierte Selbstaneignung aus. Gleichwohl erkennt er in den anspruchsvollen Clips auch „ästhetische Befreiungsmodelle für die Umwandlung des Sehens ins Machen" (ebd., S. 315), da die Ästhetik der Videoclips immer den Aktivisten an den Sequenz- und Schnitt-Maschinen anspricht. Er gesteht der Videoclip-Kultur eine sinnengeschärfte Wahrnehmung von technisch vermittelten Zusammenhängen zu. „Das Ganze bewirkt eine Schulung des Visuellen, Hyper-Ritualisierung einer nach gruppenspezifischen Vorlieben klassifizierten Welt, medial erzeugte Realität. Damit, kulturell gesprochen, stehen die Clips ein für ein geschärftes Bewußtsein medial erzeugter Wirklichkeiten in anderen Bereichen, in denen technische Bildmedien vorgeblich nur Transportfunktion haben, ein Eigentliches der Welt bloß zeigen, Zeugenschaft ermöglichen, Zeichen entwerfen eines Anschein-Systems für repräsentierte Wirklichkeit. Die Wirklichkeit draußen wird überwirklich durch die instrumentelle Zeugenschaft der sie begreif- und sichtbar machenden technischen Bildmedien" (ebd., S. 312).

Demgegenüber gehe ich von der Auffassung aus, daß die Videoclip-Kultur nicht nur zu einer „sinnengeschärften Wahrnehmung von technisch vermittelten Zusammenhängen" führt. Unzweifelhaft läßt sich ein Trend hin zu einem kompetenteren Umgang mit Bildern und Symbolen feststellen, wie dies im Rahmen der Instrumentierung des hier diskutierten Textes anhand von Praxisbeispielen noch belegt wird (vgl. Kap. 6). Im Widerspruch zu Reck halte ich einen Teil der Videoclips keineswegs für „die Kontinuität einer subjektlosen Zeichensprache". Innerhalb der Videoclips läßt sich zwischen Interpretenvideos und Konzeptvideos unterscheiden.

Bei den Interpretenvideos steht die Darstellung der Sänger und/oder der Gruppe im Vordergrund. Die Interpreten singen ihr Lied, während mit hohem technischen Aufwand Visualisierungseffekte den Song ästhetisieren. Bei einigen, aber durchaus nicht allen dieser Videoclips läßt sich Recks Urteil nachvollziehen. Bei den Konzeptvideos erweist sich in vielen Fällen der Unterschied zur Videokunst nur als ein gradueller. Beim Videoclip geht es in den wenigsten Fällen um eine narrative Erzählung und damit einen diskursiven Inhalt. Die Botschaft wird wesentlich über die Form und selten über den Inhalt erzählt. In der Form lassen sich bei genauerem Hinsehen sehr komplexe, symbolische Welten erkennen, die erklären, weshalb Videoclips eine so hohe Bedeutung für die Erlebniswelt von Jugendlichen haben. Der jeweilige Clip läßt sich nur als Gesamtheit verstehen. Es bedarf einer geschulten Wahrnehmung, um zu erkennen, wie divergente Realabstraktionen in Bildmontagen zerlegt und danach wieder in einem neuen Gesamtzusammenhang verdichtet werden. Somit läßt sich der Videoclip auch als Musterbeispiel präsentativer Symbolik interpretieren.

Konzeptvideos weisen ganz unterschiedliche Macharten auf. Sie lassen sich, bezogen auf die Bedeutung des Verhältnisses von Bild und Abbild, in unterschiedliche Kategorien einteilen. Die Unterscheidungen sind dabei analytisch und nicht real, d.h. bei einigen Clips kommt es zu Überschneidungen. Folgende strukturelle Kategorien lassen sich differenzieren (vgl. Abb. 45):

Reale Videoclips, in denen das Bild das Abgebildete repräsentiert, sind selten und wurden in der Anfangsphase verwandt. Der Clip *Das Modell* der Gruppe Kraftwerk gehört zu diesem Typ. Wir sehen, wie ein Modell auf einem Laufsteg läuft, und gleichzeitig hören wir einen Text, der zeigt, was wir hören. Dennoch sind bei diesen Clips technische Irritationen vorhanden. Im konkreten Fall sind es Zeitlupe und Freeze-Motion-Freeze-Schnittwechsel. Damit wird das Bild-Abbild-Verhältnis nicht durchgängig durchgehalten.

Kategorie	Gestaltungsform	Clipbeispiel
1. Real	Bild und Abbild sind identisch	*Das Modell* (Kraftwerk)
2. Irreal	Abbildung und Gestaltung imaginärer Traumwelten	*Take on Me* (A-Ha)
3. Surreal	Montage von scheinbar unzusammenhängenden Bildwelten	*Strange Love* (Depeche Mode)
4. Fact	Präsentation authentischer, dokumentarischer Bilder	*Man in the Mirror* (M. Jackson)
5. Fiction	Der Videoclip als Mini-Spielfilm mit narrativer Struktur	*Cloudbusting* (Kate Bush)
6. Faction	Verbindung von Facts und Fiction	*Belfast Child* (Simple Minds)
7. Comicstyle	Verwendung von Zeichentrick	*Oxygene, Pt. 8* (Jean M. Jarre)
8. Digital	Umgang mit digitalen Abbild-Welten	*Paranoia* (Art of Noise)
9. Typografisch	Ästhetische Gestaltung anhand von Textgrafik	*Science of Times* (Prince)

Abb. 45: Gestaltungskategorien von Konzeptvideos

Das seinerzeit zum Clip des Jahres gewählte Video *Take on Me* von A-Ha verkörpert am augenfälligsten den irrealen Videoclip. Es wird die Geschichte eines Mädchens erzählt, das sich beim Lesen einer Jugendzeitschrift in das Heft beamt und eine „real-imaginäre" Beziehung mit dem Sänger einer Gruppe (A-Ha) beginnt. Wirklichkeit, Traum und Vision wechseln ständig und sind miteinander ästhetisch verwoben. Der Clip hatte in seiner Hochphase die Funktion einer Hymne des Selbstverständnisses jugendlicher Lebenswelten. Die These vom „Leben als Film" und „Film als Leben" ist in diesem Clip visuell umgesetzt.

Ein Großteil der Musikvideos läßt sich unter der Kategorie surreale Montage zusammenfassen. Auf den ersten Blick wirken derartige Videos wie unzusammenhängende Bilderschnipsel. Die Bilder stehen in keinem narrativen Handlungskontext. Während beim irrealen Videoclip einzelne narrative Elemente zu entdecken sind, dominiert hier die Montage von Bildern, die meist auf komplexe symbolische Kontexte verweisen. Ein Beispiel, *Strange Love* von Depeche Mode, wird in Abschnitt 5.2.2.3 analysiert.

In reiner Form taucht der dokumentarische, reale Facts vermittelnde Video selten auf. Ein Beispiel ist der Clip *Man in the Mirror* von Michael Jackson, der nur aus Dokumentaraufnahmen besteht. Oft werden jedoch authentische Bilder in andere Clipformen integriert. Vielfach werden Clips produziert, die bei den Rezipienten den Eindruck erzeugen, es handele sich um Dokumentaraufnahmen (z.B. *Earthsong* von Michael Jackson).

Sehr beliebt ist die Darstellungsform des Videos als Fiction. Meist tauchen die Popstars als Hauptdarsteller in einer narrativen Geschichte auf, die wie ein Mini-Spielfilm inszeniert ist, so z.B. The The in *Infected* (Kolonisierung), die Heavy-Metal-Gruppe Guns 'n' Roses in *November Rain* (Beziehungsdrama) und Bruce Springsteen in *I'm on Fire* (Liebesfilm). Beispielhaft wird *Cloudbusting* von Kate Bush analysiert (vgl. Abschnitt

5.2.2.1). In den letzten Jahren ist es üblich geworden, aus bekannten Spielfilmen Videoclips auszukoppeln, d.h. die Gruppe oder die Person, die die Musik für einen Mainstream-Film gemacht hat, benutzt für den Titelsong die bedeutsamsten Szenen des Films, so daß der Film für die Gruppe/Person und die Musik der Gruppe/Person für den Film wirbt. Ein aktuelles Beispiel ist Tina Turner mit *Goldeneye.*

Bei *Belfast Child* von Simple Minds handelt es sich um eine fiktive Geschichte, die sich mit den Bürgerkriegsunruhen in Nordirland auseinandersetzt. Die Bildfolge evoziert jedoch bei dem Zuschauer den Eindruck von Dokumentaraufnahmen. Eine Zuordnung ist daher schwierig, da gleichzeitig zu spüren ist, daß die Aufnahmen inszeniert sind. Hier werden Facts und Fiction miteinander verbunden. So entstehen Faction-Videos.

Weitere Unterscheidungsformen finden sich in der (dominanten) Nutzung des Comicstyles, der digitalen Bilddarstellungstechnik und in typographischen Videoclips. Da es sich meist um Gestaltungsformen handelt, die übergreifend Verwendung finden, bilden sie genaugenommen keine eigene Kategorie. Es gibt aber einzelne Videoclips, die innerhalb dieser Stilformen ein eigenständiges Verhältnis von Bild/Abbild bzw. Raum/Zeit thematisieren. In der Regel stehen die Comicvideoclips in der Tradition des Trickfilms, wie z.B. *Oxygene, Part 8* von Jean Michel Jarre, das mit einem Endlosbild (jedes Bild geht in ein anderes Bild über) arbeitet. Mit der Kategorie „digital" sind die Videos gemeint, die ausschließlich auf digitalen, vom Computer gerechneten Bildern basieren, so z.B. *Boom Boom Tschak* von Kraftwerk oder *Paranoia* von Art of Noise. In diesen Videos werden Raum und Zeit aufgehoben und die bei uns übliche Sicht, die Zentralperspektive, aufgehoben. Eine Besonderheit, die in reiner Form ganz selten auftaucht, sind typographische Videoclips. Das radikalste Werk in dieser Kategorie hat Prince mit *Science of Times* geschaffen. In diesem Clip ist „nur" Schriftgrafik zu sehen, dies aber in einer visuellen ästhetischen Form.

Symbolische Botschaften tauchen in allen diesen unterschiedlichen Clipkategorien auf. Es ist allerdings kein quantitativer Nachweis dieser symbolischen Ebenen beabsichtigt, dies würde den Rahmen dieser Arbeit sprengen. Hier geht es um den (qualitativen) Beleg, daß es sich bei Videoclips keineswegs um die unkontrollierte Abfolge von Bildern handelt. Es wird nachgewiesen, daß in den Videoclips Botschaften enthalten sind, die Bezüge zu symbolischen und mythischen Kontexten aufweisen. Beispielhaft soll ein Themenkomplex reflektiert werden, der auffallend häufig in den Clips auftaucht, dies unabhängig von den aufgeführten strukturellen Kategorien: die Frage nach der Geschlechterrolle (Animus/Anima-Thematik). Auf zwei Untersuchungsebenen wird gezeigt, wie durch Rockidole und Videoclips Identifikationsangebote gemacht werden. Anhand von drei Videoclips – *Cloudbusting* von Kate Bush, *Strange Love* von Depeche Mode und *Etienne, Etienne* von Guesch Patti – wird die Bearbeitung dieses Themas in Konzeptvideos belegt. Am Beispiel des „asexuellen" Megastars Michael Jackson und der „promiskuitiven" Madonna wird dargelegt, wie sich das Thema der Geschlechterrolle im Gesamtwerk einzelner Künstler widerspiegelt. Gleichzeitig läßt sich bei Jackson und Madonna herleiten, daß ihre „corporate-identity" auch im symbolisch-mythischen Bereich verankert ist und ihre „Fähigkeit", beim Rezipienten „göttliche" Wahrnehmungsmuster zu evozieren, keineswegs zufällig ist.

5.2.1 Zur Stellvertreterfunktion von Popidolen

Während in den letzten Jahrhunderten, vor allem geprägt durch das Christentum, eine Höherbewertung des männlichen Prinzips zu beobachten war, kündigt sich nunmehr eine gesamtgesellschaftliche Wandlung hin zu einer verstärkten Bedeutung des weiblichen Prinzips an. Ein charakteristisches Merkmal ist das Verwischen der äußeren Unterschiede. Die Textilindustrie bietet längst Unisex-Kleidung an und anerkennt diese wahrnehmbare Tendenz. Philippe Ariès glaubt sogar schon erste Zeichen einer schwachen Tendenz zur Eingeschlechtlichkeit zu sehen (zitiert nach Michel 1996, S. 89). Während Ariès allerdings in dem Einheitsmodell die Dominanz des Männlichen diagnostiziert, verweist Karl Markus Michel (ebd., S. 90) auf das Outfit (Kosmetik), bei dem weibliche Züge dominieren. Joshua Meyrowitz (1987) geht ebenfalls von einer Auflösung bisheriger Vorstellungen von Mann und Frau aus. Cora Stephan (1994, S. 135) bestätigt mit einem verblüffenden Bezug die These der Verweiblichung der Männer und führt zur Begründung die von Wissenschaftlern beobachtete Entmännlichung in der Tier- und Menschenwelt aufgrund der Unmengen von künstlichen Östrogenen und anderer östrogen wirkender Chemikalien in der Nahrungsmittelkette an.

Die Plausibilität dieser These läßt sich durch die strukturelle Veränderung der Medienlandschaft verdeutlichen. Früher war die Dramaturgie von Spielfilmen dem fünfstufigen Schema des griechischen Dramas angepaßt. Das jeweilige Stück war auf einen zentralen Höhepunkt ausgerichtet. Mit dem Medium Fernsehen veränderten sich die Konsumgewohnheiten. Mit der Fernbedienung lernten die Rezipienten das Zappen entlang der Programmangebote. Ein weiterer Grund für die Wandlung war das Einblenden von Werbung innerhalb von Fernsehsendungen. Es mußte eine neue Dramaturgieform gefunden werden, um die Rezipienten zu motivieren, den Film weiter anzuschauen. Die durch die Serienfilme bekannte Form des „Cliffhangers" wurde eingesetzt, einerseits, um die Werbepausen dramaturgisch besser zu plazieren, andererseits, um die Rezipienten befürchten zu lassen, daß sie beim Umschalten möglicherweise eine wichtige Entwicklung des Films nicht mitbekommen. Um Rezipienten an ihre Sendungen zu binden, entwickelten die Produzenten Filme mit mehreren Höhepunkten und wechselnden filmischen Formaten. Es veränderte sich die Dramaturgiekurve. Es gibt nicht mehr den alleinigen Höhepunkt kurz vor Schluß des Films, sondern eine sinusartige Dramaturgiekurve mit vielen Höhepunkten und zwischenzeitlichen Erholungsphasen. Musiksender, wie z.B. *MTV*, enthalten in etwa eine Programmstruktur, die dieser neuen Darstellungsform adäquat ist. Hier gibt es ständig wechselnde Höhepunkte. Betrachtet man diese Tendenz triebdynamisch, läßt sich feststellen, daß die frühere Dramaturgieform der Sexualenergiekurve des Mannes entspricht: Zusteuerung auf einen Höhepunkt, steiles Abflachen der sexuellen Energie nach dem Orgasmus. Diese Energiekurve verliert an Bedeutung. Demgegenüber korrespondiert die neue Sendeform *(MTV)* eher mit der sexuellen Energiekurve der Frau (mehrere Höhepunkte und Zwischenphasen der Entspannung). Es ist nicht auszuschließen, daß durch den ständigen Konsum dieser anderen Dramaturgieform sich die Erfahrungsebene weiblicher Triebdynamik im Unterbewußen der Rezipienten ausbreitet und somit der Medienkonsum möglicherweise zu einer subtextuellen Beeinflussung, sprich Feminisierung führen kann.

Der erstaunliche Boom des Telefonsex läßt sich ebenfalls als unbewußte Anpassungsleistung an den angedeuteten Trend deuten. Das Ohr, ebenso auch Hören, gilt allgemein als Symbol für Empfangen und damit des Weiblichen. Bei einigen (Kult-)Figuren wird das Ohr mit der Sexualität in Beziehung gesetzt. Joachim-Ernst Berendt berichtet von dem philippinischen Stamm der Kalingas. Bei diesem Stamm hat das männliche Ohr die Funktion eines „sekundären Geschlechtsorgan“ (1989, S. 43). Vilém Flusser verweist auf die in der mittelalterlichen Ikonographie verwendete Geste des Hörens bei Maria. „Sie ist die Gebärde Marias bei der Empfängnis, die Gebärde des Befruchtetwerdens durch das Wort (logos). Maria ‚empfängt‘, das heißt, sie hört eine Stimme“ (1991, S. 193). Dies läßt sich auf den Telefonsex übertragen. Beim Telefonsex penetriert die weibliche Stimme, vermittelt über die Technik eines phallischen Hörers, das männliche Ohr. Der Mann empfängt. Somit kehren sich die klassischen Geschlechtsstereotypen um. In der virtuellen Welt, z.B. im Internet, ist das Cross-Dressing längst kein Einzelfall. So lernte z.B. der Anthropologe Sam, der sich als Transsexueller ausgab, einen Mann namens Alex kennen, die im wirklichen Leben Alexandra, eine Frau, war (vgl. den Dokumentarfilm *Double Cross Click Click* von Lynn Hersman Leeson, USA 1995).

Die skizzierte Entwicklung zu undeutlicher werdenden Markierungen von „männlich“ und „weiblich“ ist besonders gut bei Popidolen nachzuweisen. Popidole weisen oft keine klaren sexuellen Stereotypen auf. Michael Jackson und Madonna, jeweils auf unterschiedliche Weise, können als (Vor-)Boten dieser Entwicklung angesehen werden. Neben ihnen gehören u.a. David Bowie, Depeche Mode, Annie Lennox, Guesch Patti, Prince, The Cure, Mick Jagger, Alice Cooper, Boy George, Culture Club, Marla Glen und Roxy Music dazu. Ganz aktuell profilieren sich die Girlie-Bands Spice Girls und TicTacToe mit männlichen Attitüden. Alle zeigen geschlechtsübergreifende Verhaltenstopoi. Damit verkörpert sich in ihnen ein sich wandelndes Weltbild. Die männliche Kultur „öffnet" sich der weiblichen Kultur wie umgekehrt die weibliche Kultur Verhaltensweisen übernimmt, die bisher als männlich galten. Christel Dormagen sieht die „männlichen" Frauen allerdings in ihrer eigenen symbolischen Überhöhung gefangen, obwohl sie sich nahezu psychopathisch ausagieren können (1993, S. 106). Möglicherweise hat das Handeln der Akteurinnen jedoch eine Relevanz, die über das jeweilige Bewußtsein hinausweist. Der Verdacht liegt nahe, daß Popgrößen eine Symbolfunktion zukommt, zumal religiöse Bedeutungsebenen ebenfalls identifizierbar sind. Darüber hinaus sind bei Popstars wie Jackson und Madonna noch weitere symbolische Gehalte identifizierbar. Anhand von Thomas Ziehes „Konzept des Symbols" lassen sich komplexe Bezüge entdecken (vgl. Abschnitt 4.6).

Ziehe (1988, 1994) identifiziert mehrere Möglichkeiten des Symbolgebrauchs bei Jugendlichen. Bei der Symbolablehnung wird jegliche Bedeutung hinter der Bedeutung abgelehnt. Die Symbolverkürzung verweist auf eine begrenzte Nutzung der Symbolik. Sie wird nur in soweit wirken als sie mit Betroffenheit in Verbindung steht. Den gleitenden Übergang von den imaginierten Innenwelten und der darin aufbewahrten Palette an Sinnprojektionen nennt er Übergangssymbolik. Während in der Kindheit ein Teddy-Bär eine Brücke zwischen anderen Objekten und mir selbst bilden kann, kann diese Funktion für Jugendliche später ein Popidol übernehmen.

Einen perfekten Symbolgebrauch gibt es nach Ziehes Überzeugung nicht (1994, S. 22). Ebenso ist es schwierig festzulegen, was adäquater Symbolgebrauch ist. Die Gefahr der Symbolüberschätzung ist immer gegeben. In der Fetischisierung (vgl. S. 136; Abb. 31: Feld A: magische Verschmelzung, Feld B: Remythisierung) und in der Idolisierung (Feld C: Effekt um des Effektes willen, Feld D: Das Heilige möchte sich benennbar machen) liegen für Ziehe Potentiale der Überschätzung. „Das wäre geradezu ein durstiges Ergreifen, ein Symbolhunger oder ein Symboldurst" (ebd.). Während auf der einen Seite deutlich Erfahrungshunger zu spüren ist, läßt sich auf der anderen Seite jedoch auch die Angst vor der Hingabe beobachten. Er geht jedoch davon aus, daß ein Individuum nicht von Anfang an festgelegt ist, sondern alle Stufen in sich spürt. Ziehe überträgt seine symboltheoretische Reflexion der verschiedenen Horizonte auf die Alltagskultur aus der er seine Beispiele zieht. Sie lassen sich auch auf Jackson und Madonna übertragen.

Horizont A deutet auf die Idylle absoluter Geborgenheit und die Überwindung kindlicher Angstsituationen hin. Die entsprechenden Mythologeme sind Wiedergeburt, Paradiesvorstellungen und strenge Bestrafung. Deren thematische Bearbeitung können wir in Jacksons *Leave Me Alone* und Madonnas *Dear Jessie* wiederfinden. Im Horizont B geht es um den Verweis auf einen archaisch-geschlossenen Ordnungsrahmen, die Schrecken der Naturgewalt und die (sekundäre) Ordnung der (allumfassenden) Technologie. Die dazu gehörenden Mythologeme finden sich in den Genres der Fantasy-, Katastrophen- und Science-fiction-Filme. Entsprechende Videoclips sind Jacksons *Earthsong* und Madonnas *Express Yourself.* Horizont C weist auf die Faszinationswelt der Grandiosität hin, „die im Rausch, in der Ekstase, in Situationen der Selbstentgrenzung aufschießen kann; oder zum Faszinationsfeld einer radikal verkünstlichten Welt" (Ziehe 1988, S. 118). Folgende Mythologeme lassen sich identifizieren: Superstar, Trance, Simulationswelten, Horror. Ein Großteil der Videoproduktionen gehört zu diesem Horizont, so z.B. Jacksons *Thriller* und Madonnas *Justify My Love.* Unter Horizont D subsumiert Ziehe den Bezug zum Feld des Unendlichen und Wunderbaren, aber auch zum Bereich der Schuld und des Scheiterns. Der Zauberer und der unbedingt Gute, aber auch der verlorene Sohn und die verstoßene Tochter sind die adäquaten Mythologeme. Bei Jackson ist dieser Horizont in *Heal the World,* bei Madonna in *Papa Don't Preach* ausgewiesen.

5.2.1.1 Der androgyne Gott (Michael Jackson)

Michael Jackson, der Megastar der Popszene, erlebte 1992/93 einen beispiellosen Erfolg. Sein scheinbar unaufhaltsamer Aufstieg vollzog sich mit der Veröffentlichung von *Dangerous Tour.* Die gleichnamige Tournee führte ihn zum Gipfel seiner bisherigen Karriere. Doch mit dieser Tournee kam es auch zu einer Unterbrechung seiner Karriere auf der Bühne. Wie die Tagespresse berichtete, erstarrte der King des Pops Anfang November im mit 90 000 Menschen gefüllten Aztekenstadion in Mexiko minutenlang am Bühnenrand und schwieg. Das hektische Gehabe der Bandmitglieder und des Managers ließ deutlich werden, daß es sich nicht um eine Inszenierung handelte. Mit der offiziellen Begründung „Tablettensucht" wurde die Tournee abgebrochen.

---

[46] In einer Zeit, als das mythische Denken noch die gesellschaftlichen Normen bestimmte, so z.B. bei den Griechen, war demgegenüber die Pädophilie gesellschaftlich anerkannt. Pausanias berichtet in Platons *Symposion* von Xenephon, der die erotische Liebe zu Jünglingen als die geistig Höhere einschätzt. Diese Liebe soll jedoch vom Sexus frei bleiben, während er vom Mann Sexualität wegen der Fortpflanzung als bürgerliche Pflicht verlangt (Platon 1964, S. 213ff.). Ohne damit Pädophilie verteidigen zu wollen oder gar zu behaupten, die Vorwürfe an Jackson wären berechtigt, erscheint selbst im Zuge der (möglichen) Verfehlung der Bezug zur mythischen Normenwelt.

Abb. 46: Michael Jackson, der androgyne Gott

Kaum war Jackson aufgrund der Tablettensucht angeschlagen, wurden kurze Zeit später Vorwürfe wegen Kindesmißbrauch geäußert. Dies gilt als eine der schwerwiegendsten Übertretungen gesellschaftlicher Normen.[46] In einem außergerichtlichen Verfahren konnte Jackson eine Anklage abwehren. Einige Journalisten bezweifeln,[47] daß die Vorwürfe berechtigt waren. Hinrichs Reimer (1995, S. 38) sieht in Jackson den Prototyp des asexuellen Menschen. Da Jackson die Asexualität als Anspruch verkündet, wird sie nur von Kindern geglaubt. Erwachsene reagierten sofort mit dem Verdacht der Pädophilie.[48] Es schien, als ob Jackson an der Rufmordkampagne zerbrechen würde. Erstaunlicherweise gelang es ihm, sich mit seinem Doppelalbum *HIStory* (lies: His story) und *Past, Present and Future* (1995) zu restabilisieren. Im zweiten Teil des Albums rechnet er mit den Vorwürfen gegen sich ab, so z.B. mit dem Titel *D.S.* Diese Initialen stehen für Dom Sheldon, den Staatsanwalt in seinem Prozeß wegen Kindesmißbrauch.

Die bisher veröffentlichen Videoclips von *HISstory* sind dem christlichen Megamythos verpflichtet. Nur in *Scream* werden buddhistische

---

[47] Alex Gemandt berichtet in dem Film *Petting, Pop & Leserbriefe* (Regie: Petra Höfer, Freddie Röckenhaus, Miriam Peters, Martin Schmitz 1995), daß er selbst anwesend war, als der Junge, der den Skandal ins Rollen brachte, auf dem Schoß von Jackson gesessen habe. Gleichzeitig wäre dessen Schwester auf der anderen Seite von Jackson gewesen. Die Journalisten hätten jedoch nur den Jungen fotografiert.

[48] Jacksons Heirat mit Lisa Marie Presley, der Tochter von Elvis Presley, konnte trotz hohen Medienaufwands den Eindruck eines Ablenkungsmanövers nicht vertuschen. Die Ehe hielt daher dementsprechend nicht sehr lange. 1997 wurde Jackson Vater eines Kindes. Daraufhin kam es sehr schnell zu Gerüchten, daß das Kind extrauterin gezeugt wurde.

Symbole verwendet. Gleich mehrfach posiert Jackson als sitzende Buddhafigur. Gleichwohl ist das Gesamtkonzept dieses Videos dem christlichen Gedankengut nahe. In sieben (!) stilistisch beeindruckenden Sequenzen rechnet er mit seinen Widersachern ab. In *HISstory* entspricht Jacksons wiederum einer Figur, die eine mythische Aufgabe zu bewältigen hat. Er präsentiert sich als Personifikation eines mythischen Programms. Er inkarniert zur göttlichen Figur (z.B. *Earthsong)* und folgt scheinbar einer vorgegebenen Aufgabe.

Genauso deutlich war diese mythische Aufgabe bei seinem Projekt *Dangerous Tour* erkennbar. Schon in seiner semantischen Bedeutung gibt der Titel der Tournee, nomen est omen, einen Fingerzeig. Die Choreographie der Bühnenschau gibt mehrfach Hinweise auf die göttliche Weisung. Nachdem Jackson, verbunden mit reichlich Feuer und Lärm, aus der Erde (Hölle) in die Welt der Menschen (Bühne) aufgestiegen ist, beginnt die Schau. Sie endet mit der „Himmelfahrt" Jacksons, wenn er sich mit einem Raketenanzug in den Himmel absetzt und nunmehr seiner Wiederauferstehung in den Phantasiewelten der Fans harrt. Jacksons außerordentlicher Erfolg steht sicherlich mit seiner Choreographie in Verbindung, bei der es ihm gelingt, uralte Themen an die gesellschaftlichen Seh- und Hörgewohnheiten anzupassen.

Es scheint daher durchaus sinnvoll, die Person Michael Jackson einmal nicht unter primärer Berücksichtigung ihres biographischen Hintergrunds zu reflektieren, sondern aufgrund des mutmaßlichen gesellschaftlichen Bedürfnisses nach Mythen. Hypothetisch läßt sich vermuten, daß Jackson, unabhängig von seinem Bewußtsein, einen gesellschaftlichen „Auftrag" erfüllt, der mythischen Charakter hat. Diese These läßt sich anhand von folgenden vier Aspekten begründen:

1. Die historische Wandlung des Schönheitsbildes vom „Rückgesicht" zum „Vorgesicht" rekonstruiert sich im Bewußtsein von Michael Jackson als die Suche nach ästhetischer Vollkommenheit, nach der Idealverkörperung der Schönheit und führt in seiner extremsten Form folgerichtig zur Selbstopferung.

2. Der nach äußerlichen Geschlechtsmerkmalen männliche Popgott integriert durch seine Schau, sein persönliches Verhalten, seine Stimme und durch die Verwendung von entsprechenden Symbolen weibliche Verhaltensmuster und repräsentiert sich damit als androgyne Persönlichkeit.

3. Jackson will eine universale Brüderlichkeit, die Aufhebung von antagonistischen Widersprüchen. Er verneint seine Hautfarbe Schwarz, die Trennung der Rassen und sein Erwachsensein. Er möchte wieder Kind sein.

4. Jackson wird wie die Inkarnation eines Gottes inszeniert. Die im Rahmen der Konzerte aufgeladene emotionale Massensuggestion führt zur

Auflösung der Erfahrung von Ich und Masse, der Auflösung von Subjekt und Objekt, und damit zu der Vorstellung, mit der Masse zu verschmelzen. Er nimmt die im Zuge der gesellschaftlichen Entwicklung von vielen Experten erwartete Auflösung des Subjekts damit vorweg.

5.2.1.1.1 Suche nach ästhetischer Vollkommenheit

Die griechische Mythologie berichtet vom schönen Jüngling Narkissos, der die Liebe der Nymphe Echo verschmähte und dafür von den Göttern mit einer unstillbaren Selbstliebe bestraft wurde. Narkissos (Narziß) verzehrte sich in Sehnsucht nach seinem eigenen Bilde und wurde in eine Narzisse verwandelt. Nach einer anderen Beschreibung des Mythos will er in höchster Selbstliebe sein im Wasser gespiegeltes Ebenbild umarmen, er stürzt dabei in die Fluten und ertrinkt. Während Narziß mit der ihm von der Natur gegebenen Proportion seines Ebenbildes ein Idealmaß fand, mußte Jackson erhebliche chirurgische und kosmetische Veränderungen über sich ergehen lassen, um sein Ideal-Selbst zu finden. Doch ähnlich wie Narkissos, der sich in seiner Sucht nach Selbstliebe zerstörte, besteht bei Jackson ebenfalls die Gefahr, daß er sich bei seiner Such(t)e nach dem ästhetischen Idealbild selbst vernichtet.

Wie Christian Krug und Jochen Siemens berichten, muß Jackson die letzte Kopfoperation enorme Schmerzen bereitet haben (1993, S. 36). Es ist nicht auszuschließen, daß sich die Tablettensucht auf Komplikationen bei den plastisch-chirurgischen Eingriffen zurückführen läßt. Krug/Siemens greifen auch auf andere Quellen zurück, denen zu entnehmen ist, daß die Schmerzen von einem Unfall bei der Produktion eines Werbespots *(Pepsi-Cola)* herrühren. Bei dieser Produktion hatte sich Jackson den Hinterkopf verbrannt. Traumatische Kindheitserfahrungen könnten eine andere Motivation bilden. Demgemäß läßt sich Jackson sein Gesicht verändern, um jede Ähnlichkeit mit dem gefürchteten Vater zu verwischen. Jackson war als Kind von seinem gewalttätigen Vater zu musikalischen Auftritten mit seinen Brüdern gezwungen worden. Obwohl dieser Aspekt sicherlich nicht bedeutungslos ist, wird hier die Argumentation favorisiert, daß Jackson einem Phantombild von ästhetischer Schönheit nachjagt, das nicht nur durch biographische, sondern insbesondere durch imaginisierte gesellschaftlich vermittelte Vorstellungen von Schönheit geprägt ist.

Die kosmetisch-chirurgischen Veränderungen bei Jackson lassen sich als Personifikation des Modegesichts der neunziger Jahre bezeichnen. Diese Gesichtsform wird von Chirurgen Vorgesicht genannt (vgl. Häfliger 1993, S. 91). Dieses Gesicht steht in krassem Kontrast zum modernen, klassischen Gesicht. Es vermittelt einen verjüngenden Eindruck, da das gesamte Unter- und Mittelgesicht vor der senkrechten Frontallinie proji-

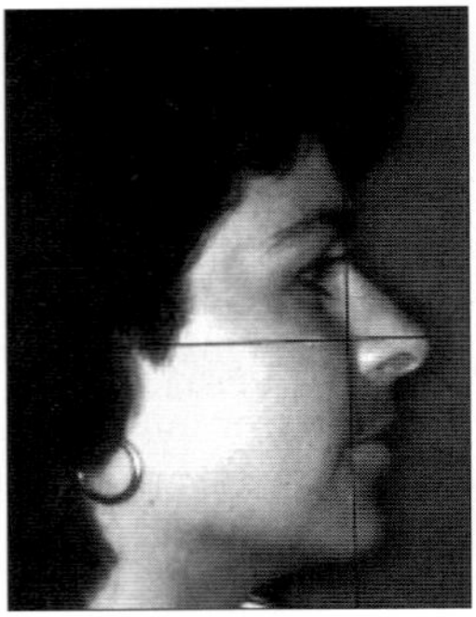

Abb. 47, 48: links „Vorgesicht", rechts „Rückgesicht"

ziert ist. Betrachtet man Profil-Darstellungen von früheren Gottheiten, findet man nach Auffassung von Werner Häfliger nur sogenannte Rückgesichter. Das auch „modernes Gesicht" genannte Profil ist 35 000 bis 50 000 Jahre alt und entspricht dem Homo sapiens. Bei diesem Gesichtstyp liegt das untere Gesichtsdrittel (Ober- und Unterkiefer) hinter einer vertikalen, den sogenannten naso-frontalen Punkt durchquerenden Linie.

Die Wandlung vom Ideal des Rückgesichts zum Ideal des Vorgesichts steht im Widerspruch zu der stammesgeschichtlichen Verkleinerung der Zähne, dem Zurückweichen des Unterkiefers und der Vergrößerung des Kinns. Die Eingriffe bei der chirurgischen Veränderung der Profilstruktur sind so erheblich, daß sie sich selbst in der Sprache der Wissenschaft wie ein Ausschnitt aus einem Horrorfilm anhören: „Die Gesichtsknochen, insbesondere die Mandibula, die Maxilla, das Gaumenbein, das Jochbein mit Jochbogen, das Nasenbein, das Stirnbein und das Siebbein, um die wichtigsten zu nennen, werden in mehrere Teile zerlegt und in einer neuen Position zusammengefügt. ... Nach Zersägen der Knochenteile werden diese in der neuen Position mittels kleiner Platten und Schrauben fixiert. Knochenspalten werden mit Knochentransplantaten überbrückt" (ebd., S. 92).

Hinter dem (biographisch geprägten) Selbstverständnis von Jackson eröffnet sich die Vorstellung eines mythischen Leidensweges: die Selbst-Schaffung eines idealen Gesichts - eines neuen Götterbildes. Er stellt sich gegen den biologischen Prozeß, damit die Gesellschaft sich vermittels des Stars (Gottes) Hoffnung machen kann, daß sie der Bedrohung der Einengung der Atemwege durch die Gesichtsrotation nach hinten entgehen kann.

5.2.1.1.2 Das androgyne Wesen

Der Mythos vom androgynen Menschen geht auf Platons *Gastmahl (Symposion)* (1964) zurück. In diesem Buch ist vom dritten Geschlecht die Rede, das sowohl männlich als auch weiblich gewesen sein soll. Die Kraft der Sonne (männlich) und der Erde (weiblich) soll sich in dieser Figur, die Androgyn genannt wurde, vereint haben. In den Anfängen sind die Menschen kugelrunde Doppelwesen mit vier Armen und vier Beinen gewesen. Sie fühlten sich so stark, daß sie beabsichtigten, sich einen Zugang zum

Abb. 49 a–e: Michael Jacksons Transmutation

Himmel zu bahnen, um die Götter anzugreifen. Zur Strafe zerschnitt Zeus, der Göttervater, seinerzeit das kugelrunde Urwesen in zwei Hälften, eine männliche und eine weibliche Hälfte. Seitdem, so der Mythos, sind die Menschen sehnsuchtskrank und streben nach ihrer verlorenen Hälfte. „Von so langem her ist die Liebe zueinander den Menschen angeboren, um die ursprüngliche Natur wiederherzustellen, und versucht, aus zweien eins zu machen und die menschliche Natur zu heilen“ (ebd., S. 191b).

Seit dieser Zeit steht mit dem Begriff der Androgynität der Wunsch nach Verbindung bzw. Überwindung der Gegensätze, die Sehnsucht nach Einheit und Harmonie in Beziehung. Gleichzeitig wird diese Sehnsucht als Suche nach dem verlorengegangenen Ursprung interpretiert. Der Androgyn als Traumbild erscheint oft in Gesellschaften, in denen das durch sein Bild Ersehnte tabuisiert ist. „Der Androgyn ist die im Kult, dem Mythos, der Kunst vorgestellte Utopie des Ursprungs und des Ziels, die der Befreiung von den Zwängen und Abhängigkeiten des in seiner sexuellen Rolle (und in dieser so fundamental wie exemplarisch) definierten Menschen, die Leugnung einer isoliert genitalen Sexualität, das Bild erweiterter Lebensmöglichkeiten“ (Mattenklott 1985, S. 97).

Die Sehnsucht nach Erlösung aus der Vereinzelung, das Spüren nach dem Traum der utopischen Einheit, begleitete die Menschheit von Anfang an. Die Existenz- und Identitätsfrage ist meist mit dieser Suchbewegung verbunden. Das Androgyne läßt sich daher immer auch als (geheimer) Protest gegen das „Prinzip Realität“ interpretieren. Das Wesen der Androgynität ist aber auch der Übergang zwischen zwei Zuständen, dem Vermischten und der Spannung. C.G. Jung (1984, 1985a) verdanken wir die Erkenntnis, daß die Verständigung zwischen den Menschen in Abhängigkeit steht zu der Akzeptanz der gegengeschlechtlichen Anteile in der eigenen Psyche. Bei der Erfahrung des anderen Geschlechts spielen die Kenntnis und Akzeptanz des Animus (männliche Instanz) bei der Frau und der Anima (weibliche Instanz) beim Mann eine wesentliche Rolle. Auch in der hinduistischen und buddhistischen Philosophie gilt als Voraussetzung für die Erfassung des Menschseins das Erkennen der gegengeschlechtlichen Anteile. Das Weibliche im Mann wird als das Weisheitsprinzip, das Shakti bzw. Prajna genannt wird, bezeichnet. Symbolisch verkörpert wird dieses Prinzip im hinduistischen Denken durch ein nach unten gerichtetes Dreieck.

In sehr auffälliger Weise trug Jackson bei seinen letzten Auftritten eine helle kurze Hose, die ein Dreieck nach unten bildet. Damit nimmt Michael Jackson bewußt oder unbewußt bezug auf die Shakti-Symbolik. Selbst in der Bühnenshow wird oft ein Lichtkegel, der ein Dreieck nach unten bildet, inszeniert. Damit wären wir beim ersten Indiz für die These, daß Michael Jackson sich doppelgeschlechtlich, eben androgyn präsentiert. Eine weitere Beobachtung mag diese These erläutern. Schon aufdringlich zu nennen ist die Eigenschaft von Jackson, sich bei seinen Konzerten in den Schritt zu fassen. In der Zeichensprache der afro-amerikanischen Straßenkultur gilt das Greifen in die Schamgegend als Geste der Männlichkeit. In einer ersten Annäherung läßt sich dieser Griff wie eine Suchbewegung nach einer geschlechtlichen Orientierung interpretieren, da Jackson gleichzeitig in das nach unten geöffnete weibliche Dreieck greift. Dies verkörpert wiederum eine androgyne Suchbewegung. Bemerkenswert ist bei Jackson außerdem die helle Stimme. Sie ist höher als die übliche Gesangsstimme eines Mannes. Berendt hat in seiner Untersuchung über *Das Dritte Ohr* darauf hingewiesen, daß die helle Stimme eine Signalstimme ist, die den Frauen zukam, da ihre Stimme bei den Nachkommen sofort gehört werden mußte (1989, S. 266f.). Die hellere Stimme hat eine höhere Appellationsfunktion. Die mit hohem weiblichem Timbre versehene „Stimmgewalt" Jacksons läßt sich somit als androgyne Stimme identifizieren.

5.2.1.1.3 Alle Menschen sind Brüder (und Schwestern)

Eine zentrale Botschaft von vielen Jackson-Videos ist die Sehnsucht nach Nähe, Menschlichkeit und Antirassismus. Sein nach außen formuliertes Credo lautet „Alle Menschen sind Brüder". Einige seiner Lieder handeln von Schmerz und Verzweiflung.

Sein professionell-religiöses Hobby intendiert die Errettung der Welt. Er ist Mitglied der Zeugen Jehovas und glaubt, wie einst Jesus, Kinder seien die besseren Menschen und Kinder könnten die Welt zu einem „besseren" Ort machen. Daher umgibt er sich in seinem Lebensalltag immer mit Kindern (beiderlei Geschlechts). In vielen seiner Videos tauchen Kinder an exponierter Stelle auf. Seine virtuelle Persönlichkeit ist mit hoher Wahrscheinlichkeit pädophil. Eine virtuelle Bereitschaft, Kinder zu verführen, ist bei Jackson nicht auszuschließen. Inwieweit sie auch konkret in die Tat umgesetzt wurde bzw. wird, ist unsicher. Es sprechen die meisten

Indizien dafür, daß Jackson in der Praxis asexuell ist. Nach den Vorwürfen wegen Kindesverführung gab er folgendes Fernsehstatement: „Was immer ich gegeben habe, ich wollte nur eins: den Kindern auf der ganzen Welt helfen. Ich liebe Kinder aller Rassen und Altersstufen. Ich empfinde Freude, wenn ich in ihren lächelnden Gesichtern die Kindheit miterleben darf, die ich nie hatte. Ich bin schuldig, weil ich glaube, was Gott sagt: ‚Lasset die Kinder zu mir kommen, denn ihrer ist das Himmelreich.' Ich halte mich nicht für Gott. Aber ich möchte in meinem Herzen so sein wie Gott" (so Jackson in Andreas Schneiders Dokumentarfilm *Michael Jackson. The King of Pop,* ZDF/Arte 1995). Auf zwei Ebenen ist diese Interviewpassage recht aufschlußreich. Einerseits bestätigt Michael Jackson seine (tiefenpsychologisch determinierte) Beziehung zu Kindern als ein wesentliches Element seiner Suchbewegung (Triebstruktur), andererseits ist er sich offensichtlich bewußt, daß seine Erscheinung gottähnliche Assoziationen auslöst, bzw. er ist bestrebt, diese Konnotationen aufscheinen zu lassen.

Am eindrucksvollsten werden Botschaften nach dem Selbstverständnis „Alle Menschen werden Brüder" in den Videos *Black & White, Heal the World, Man in the Mirror* und *Earthsong* umgesetzt. In dem Video *Black & White* tanzt Jackson durch die ganze Welt und zeigt seine Verbundenheit mit den verschiedenen Rassen. Das etwas kitschig geratene *Heal the World* enthält ein Plädoyer für Frieden auf Erden. Das Video *Man in the Mirror* konfrontiert den Zuschauer mit dem Leid der Welt. Das ebenso schwülstige Video zur Musik von *Earthsong* zeigt Jackson als Erlöser, der durch seine Musik in der Lage ist, das Abholzen der Bäume im Amazonasgebiet, das Töten von Elefanten in Afrika und das Morden im ehemaligen Jugoslawien zu verhindern. Er widersteht dem Sturm der negativen Kräfte, hält sich an zwei Bäumen fest und sein Körper bildet dabei ein Kreuz. Er trägt das Kreuz, um die Menschheit zu erlösen. Die Kraft seiner Arme sowie die Macht seiner Musik ist in der Lage, nicht nur das Unheil in der Welt zu mildern, sondern es sogar rückgängig zu machen.

5.2.1.1.4 Die stilisierte Gottheit

Jacksons Promotion-Film und der Konzertmitschnitt der *Dangerous Tour* läßt sich dramaturgisch mit einer Liturgie vergleichen. In der Exposition (Vorankündigung) des Films taucht Jackson als Kugel (die androgyne Urgestalt) in einem Feuer auf. Dabei ist beim Bildaufbau genau beachtet, daß Jackson sich in der waagerechten Ebene des goldenen Schnitts befindet. Wenn die Kugel die Höhe des senkrechten Goldenen Schnitts erreicht

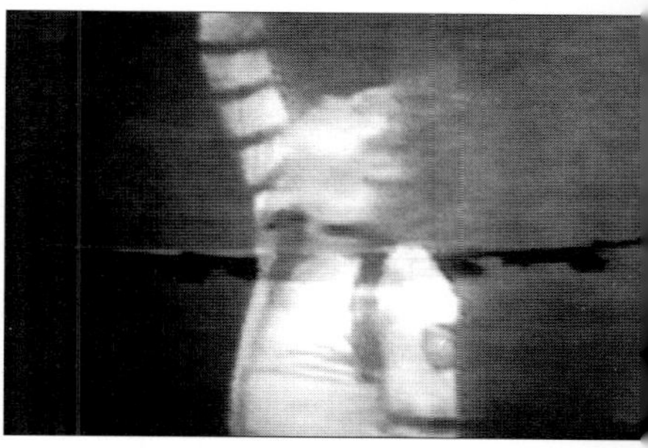

Abb. 50: *Dangerous Tour*

hat, bewegt sie sich von links, dem Bereich der Vergangenheit, in die Mitte, um dann die zentrale Perspektive des Bildes einzunehmen.

Ein Vergleich mit Leni Riefenstahls *Triumph des Willens,* der filmischen Dokumentation des Reichsparteitags der Nationalsozialisten in Nürnberg im Jahre 1934, veranschaulicht (vgl. Abb. 51 a–c und 52 a–c), wie die Absicht der Produzenten, ihre jeweiligen Hauptdarsteller in gottähnliche Wesen zu verwandeln, unabhängig von gesellschaftspolitischen Überzeugungen, vergleichbare Bilder zum Erscheinen bringt.[49] In beiden Filmen kommen die Hauptdarsteller vom Himmel auf die Erde. Sowohl Hitler als auch Michael Jackson werden von Flugzeugen in die Welt gebracht. Vom Himmel werden aber, mythisch gesehen, nur männliche Gottheiten auf die Erde gebracht, daher war die Exposition wichtig, damit die Doppel-Geschlechtlichkeit und Doppel-Gottheit erfaßt werden kann. Um die göttliche Aufgabe verständlich zu machen, haben die Produzenten Michael Jackson in einer Szene nach links (in die Vergangenheit) schauend wie eine Senkrechte abgebildet. In einer langsamen Überblendung erscheint ein Flugzeug, das exakt in Höhe des Halses von Jackson ein Kreuz bildet (vgl. Abb. 50). Die christliche Erlöser-Symbolik wird hier wie auch an anderen Stellen (z.B. *Earthsong)* zitiert.

Abb. 51 a–c: *Dangerous Tour*

Nach ihrer Ankunft werden in den darauffolgenden Szenen beide Akteure durch ein Spalier von Menschen gefahren. Die erste Begegnung

[49] Nach der Veröffentlichung der ersten Promotion-Videos von *HISstory* wurde in Presseberichten ein Bezug zu Leni Riefenstahl hergestellt. Da die Bilder in *Dangerous Tour* subtiler und damit unterschwellig bedeutsamer sind, werden wir uns auf diese Bilder beziehen. Gleichwohl sind vergleichbare Bezüge in *HISstory* zu finden.

Abb. 52 a–c: *Triumph des Willens*

erfolgt mit Kindern. Das Jesus-Zitat „Lasset die Kinder zu mir kommen“ wird visuell eindrucksvoll inszeniert. Verknüpft wird dies mit einer Schlüsselszene, in der jeweils die Hände von Hitler/Jackson sich mit den Händen von Zuschauern verbinden. Dabei handelt es sich um ein nicht zu übersehendes Zitat aus der Erschaffung Adams durch Gott von Michelangelo (Sixtinische Kapelle). Erst danach werden beide mit ihren Händen die Menge begrüßen. Die Verbindung zwischen Masse und Gott ist symbolisch konnotiert, und es genügt daher nunmehr die Andeutung. Hitler steht im Wagen und zeigt die bekannte Handhaltung. Aus Sicherheitsgründen sitzt Michael Jackson im geschlossenen Auto und wirkt verhalten mit Handschuh (Emblematisierung). Nach ihrer Ankunft winken beide mit offener Handfläche aus einem Fenster.

In der anschließenden Szene hält in *Triumph des Willens* Hitler seine erste Rede. Während der Rede wird er im Gegenlicht stehend gefilmt, so daß die Zuschauer ihn in Licht eingerahmt wahrnehmen. Die Aufnahmen sind so gestaltet, daß Hitler in einem Lichtkreis steht. Vergleichbare Szenen gibt es auch bei Michael Jackson. Darüber hinaus wird Jackson noch mehrmals von Lichtbündeln eingerahmt dargestellt. In der Bibel wird Christus als das wahre Licht bezeichnet, „das alle Menschen erleuchtet, die in diese Welt kommen“ (Johannes 1,9). Im Mittelalter galt das Licht als „das Sehen Gottes“ (vgl. Zajonc 1994, S. 74). Überträgt man diese Mythologie auf die beschriebenen Szenen, bedeutet dies, daß wir einerseits dem Licht, d.h. Gott in die Augen schauen, andererseits, daß eine Person durch das göttliche Licht, das früher ebenfalls als Symbol für Erkenntnis stand, hervorgehoben wird (vgl. Abschnitt 5.1.2). In Verbindung mit den anderen symbolischen Darstellungen (Kreuzmotiv etc.) fällt die Zuordnung nicht schwer: Es handelt sich dabei um Christus, den Erlöser, den Sohn Gottes. Mit der Lichtführung soll verdeutlicht werden, daß Hitler/Jackson Christusinkarnationen verkörpern.

Im Konzert selbst wird Jacksons Bedeutung als gottähnliches Wesen schon in der ersten Bühnenszene herausgestellt. Nachdem er aus der Tiefe der Erde (dem weiblichen Prinzip) auf die Bühne gekommen ist, steht er wie eine Statue seiner selbst minutenlang starr, während die Fans tobend die Ikone anbeten und die Kamera verführerische Bewegungen um das Popidol vollführt. Dabei werden nach ausdrücklicher Anweisung von Jackson niemals die Augen gezeigt, da die Augen eines Gottes nicht gesehen werden sollen.[50] Die Verbindung zwischen Gott und Masse wird in dieser Szene angedeutet, die Opferung erfolgt zum späteren Zeitpunkt. Dies geschieht, wenn Jackson auf einem Kran stehend mit Wucht seinen Körper nach unten wirft, dabei sich mit Händen und Füßen festhaltend, so daß der Körper eine Halbkugel bildet, die nach unten zur Masse gebogen ist und in jedem Moment sich aufzulösen droht. Diese Szene läßt sich einerseits als Vortodeserfahrung interpretieren, andererseits lassen die Bilder die Möglichkeit zu, diese Szene als eine Fusionsutopie zu interpretieren. Das Subjekt löst sich im Zusammenhang mit der Rauscherfahrung der Masse auf. Jackson, der androgyne Gott, opfert sich symbolisch durch Verschmelzung mit seinem Volk, er wird Teil der Masse.

Damit setzt sich Michael Jackson mit einer Thematik visuell auseinander, die in der letzten Zeit in einigen Fachwissenschaften diskutiert wird: der Auflösung des Subjekts. Flusser geht von zwei konvergierenden Tendenzen in der Neuzeit aus (1994, S. 12). Die eine Tendenz baut die Solidität der Dingwelt, die andere die Solidität des Subjekts in der Dingwelt ab. Er nennt dazu vier Tendenzen, eine physikalische, eine neurophysiologische, eine psychologische und eine existentielle, wobei die psychologische Tendenz zu einem besseren Verständnis der hier geführten Debatte führen kann. Für Flusser bildet das sogenannte Ich, die bewußten psychischen Vorgänge, keine definierbare Einheit. „Es handelt sich um Prozesse, welche einem Gewebe von ‚unbewußten‘ kollektiven psychischen Vorgängen aufsitzen und von diesem Gewebe nicht nur gespeist, sondern auch weitgehend gelenkt werden. ... Das ‚Ich‘ erweist sich als eine Art von Spitze eines sich im Kollektiven auflösenden und von dort aus sich kristallisierenden Eisbergs“ (ebd., S. 13). Selbst auf der bewußten Ebene kann keine Rede von einer definierbaren Identität sein. An Stelle von Subjektivität muß man von einer intersubjektiven Vernetzung sprechen, bei der

---

[50] Dieter Baacke berichtete dies im Rahmen eines Referats einer Tagung der Gesellschaft für Medienpädagogik und Kommunikationskultur (GMK) in Bielefeld im November 1993. Dazu paßt, daß beim Kölner Konzert (1992) Teleobjektive mit über 300 mm Brennweite verboten waren (vgl. Rieth/Spindler 1992).

Informationen im ständigen Austausch hergestellt werden. „Insofern erweist sich das ‚Ich' als ein sich ständig verschiebender Knoten eines intersubjektiven Gewebes, das einem kollektiven ‚unbewußten' psychischen Gewebe aufsitzt" (ebd., S. 14).

Folgt man dem Gedankengang Flussers, wäre Jacksons Inszenierung ein Argument für seine hohe Sensibilität (oder die seiner Promoter), in der Gesellschaft vorhandene Phänomene aufzugreifen und audiovisuell in Produkten zu verarbeiten. Die skizzierte Gesamtheit dieser Suchbewegung führt ihn allerdings unweigerlich in einen mythischen Sog oder, wie Michael Görden und Hans Christian Meiser (1994) es ausdrücken, in die mythische Falle.

Die stilisierte Selbstdarstellung als (androgyner) Gott bedarf der Erfüllung des Leidens und Sterbens, um nach der Wiederauferstehung imaginäre Unsterblichkeit zu erlangen. Daher kann sich der Mythos nur erfüllen, wenn der Gott stirbt. Erlösung vom eigenen Schicksal und dem der anderen stehen unmittelbar in Beziehung zur Sehnsucht nach dem Tode. Da die Herstellung der ursprünglichen Einheit nach dem christlichen Monomythos nur im Tode „überwunden" werden kann, scheint die Erfüllung einer „göttlichen" Aufgabe Ursprung und Ziel der Identitätssuche von Jackson zu sein. Um wahrhaftig zu bleiben, transformiert sich ein Mythos zum verpflichtenden Muster, so daß eine Befreiung aus dem Mythos immer schwieriger wird. Die Vorgabe des Mythos muß bis zum bitteren Ende gelebt werden. Zur Verwirklichung eines christlichen Gottes bedarf es der Opferung und damit der Auflösung des realen Seins. Jackson steckt somit in einer vertrackten Situation. Es wird nicht so einfach für ihn sein, sich unbeschadet den an ihn gestellten Erwartungen zu entziehen.

5.2.1.2 Die erwachende Göttin (Madonna)

Einzigartig in der Popgeschichte ist die Verwandlung des Images bei Madonna. Im Gegensatz zu Michael Jackson erinnert die Metamorphose von Madonna an Lebenslust und Spieltrieb. In der Psychodynamik ihres Verhaltens zeigt sich eine nicht fixierbare Identität, die sich im ständigen Suchen nach dem eigentlichen Selbst ausdrückt. Für Boris Penth und Natalia Wörner ist Madonna ein Original ohne Abbild, die „wandelbarste Projektionsfläche in Form eines menschlichen Stars, die dieses Jahrhundert geschaffen hat" (1993, S. 28). Christel Dormagen formuliert es überzogener: „Das Original ist die Fälschung. Das Sichtbare ist der Schein" (1993, S. 110). Obwohl sie ihr Image (Figur, Haarfarbe, Bekleidung etc.) ständig variiert, gelingt es ihr immer wieder, die Mythen der neuen Images „auszuschöpfen". Dabei sind u.a. Zitate der Images von Marlene Dietrich, Marilyn Monroe, Liza Minnelli, David Bowie oder Michael Jackson erkennbar. In dieser wandelbaren Funktion ist sie zum einen zwar weiblich, zum anderen aber auch geschlechtsübergreifend. Bei Madonnas Starimage tauchen weibliche, maskuline und androgyne Stereotypen auf.

Das vielschichtige Starbild Madonnas wird von den Massenmedien seit 1983 systematisch kommentiert und gefördert. In der postmodernen Massenkultur kann sie als Leitphänomen gelten. Sie ist bisher der einzige weibliche internationale Superstar, der seinen Status über Jahre hinweg halten und erneuern konnte. Ihr Starimage entsteht jedoch nicht nur aus Videoclips, es gehören noch weitere Texte und intertextuelle Bezüge (wie z.B. Radio, Konzerte, Videoaufnahmen, Filme, Auftritte auf dem Broadway, Talkshows und Werbespots) dazu.[51] Madonnas Haupteigenschaften sind jugendliche Vitalität, Selbständigkeit und Narzißmus. Sie zelebriert eine unverdrängte fordernde Sexualität, die auf eine aktive Befriedigung zielt. Ihre Körperbewegungen zeigen ein elementares Vergnügen am eigenen Körper und an der Beherrschung des sie umgebenden Raums. Die Videoclips der einzelnen Songs machen diese Freude am eigenen Körper sichtbar.

Ramona Curry, die sich aus feministischer Position mit dem kulturellen Zeichen Madonna auseinandersetzt, weist darauf hin, daß Madonnas Starimage auch als feministische Parodie gedeutet werden kann, obwohl sich ihr „fetischisiertes Frauenbild“ an einen außertextuellen männlichen Zuschauer richtet (1993, S. 222). Madonna zeigt sich in ihren Videoclips (z.B. *Borderline, La Isla Bonita*) und in ihren Filmen (*Susan ... verzweifelt gesucht* und *Who's That Girl*) auf offener Straße aktiv und selbstbewußt. Madonnas Auftritte betonen soziale Macht, kommerziellen Erfolg und vitale Energie. Sie verkörpert damit Privilegien, die traditionell bisher Männern zugesprochen wurden. Sie verfolgt eine „kluge“ Marktstrategie, die es ihr ermöglicht, die Ware Madonna auf eine enorme Reichweite von Konsumenten auszuweiten. Madonna stellt daher auch für Mädchen und junge Frauen ein Rollenideal dar. Madonna ist für Curry eine Person mit widersprüchlicher „Komplexität von herkömmlichen und ikonoklastischen Geschlechtsrollen und Geschlechtsverhältnissen“ (ebd., S. 224). Die Bedeutung des Zeichens Madonna ergibt sich als ständiges Gegenspiel seiner pastichehaften (reine Nachahmung) Zusammensetzung und seiner breiten Rezeption als Parodie (ironische Darstellung).[52] Übertriebene Bewegungen der Hüften und des Kopfes, Augenzwinkern und die Anhebung der

---

[51] Hier wird im wesentlichen „nur“ auf die Videoclips zurückgegriffen, da die Hinzuziehung der anderen Texte den Rahmen der Arbeit sprengen würde.

[52] Frederic Jameson unterscheidet zwischen Pastiche und Parodie. Als Pastiche bezeichnet er die Imitation eines speziellen oder einzigartigen Stils, das Tragen einer stilisierten Maske, ohne den satirischen Impuls der Parodie. Die Pastichebildung der postmodernen Kultur schließt für ihn jede Möglichkeit ihres kritischen Konsums aus (1992, S. 16ff.).

Augenbrauen lassen sich als ironische Einstellungen zu ihrer eigenen Bühnenerscheinung lesen.

5.2.1.2.1 Der Mythos der Großen Göttin

Madonna ist kein selbststilisierter Künstlername. Madonna ist der Name ihrer Mutter, der ihr als Taufname mitgegeben wurde. Die Hervorhebung des Beinamens verweist auf eine intendierte Assoziation zu christlichen (mythischen) Botschaften. Eine Auseinandersetzung mit ihrer katholischen Erziehung ist in vielen Videoclips zu spüren. In einem ihrer ersten Videoclips, *Holiday* (1984), taucht im Bildhintergrund ein Strahlenkranz auf, der typisch ist für die Hervorhebung der Heiligkeit der heiligen Madonna, der Mutter Christi (vgl. Abb. 53). Provozierend nutzt Madonna in ihrem ersten Starimage das Kreuz als Halskette. Am markantesten werden christliche Motive in dem Videoclip *Like a Prayer* eingesetzt.

Abb. 53: Madonna in *Holiday*

In vielen ihrer Produktionen entfalten die visuellen Inhalte Widersprüche zu den Texten. Dies ist schon in *Like a Virgin* (1984) erkennbar. In diesem Video können wir Madonnas „Talent“ sehen, visuelle Metaebenen und Texte zu integrieren. *Like a Virgin* handelt vom Traum einer romantischen Hochzeit in Venedig. Die Bootsfahrt auf den Kanälen läßt sich, psychoanalytisch gedeutet, als Reiten auf einem Phallus interpretieren, der penetrierend die Brücken unterquert. Bei jeder Penetration wechselt das Geschehen. Im Haus angekommen, wartet sie auf die „rituelle“ Entjungferung. Es ist jedoch zweifelhaft, ob die Braut wirklich jungfräulich ist. Im Video wird mit dem Gegensatzpaar Jungfrau-Hure gespielt. In einer Szene schlägt sie die Bettdecke zurück, gleichzeitig sehen wir einen Augenaufschlag, der andeutet, daß sie weiß, wie es unter der Decke zugehen kann. Auf dem LP-Cover und auch im Video trägt sie eine Gürtelschnalle mit dem Text „Boy Toy“. Unklar bleibt, ob sie das Spielzeug für Männer ist, oder die zum Spielzeug werden, die sich mit ihr einlassen.

Bei diesem Video werden normative Kulturwahrnehmungen aktiviert, so wird z.B. an den Mythos der christlichen Madonna als heilige Jungfrau angeknüpft. Die heilige Madonna steht für das Symbol der unbefleckten Empfängnis. Madonnas Andeutungen einer sexuell aktiven Frau, die in späteren Videos noch deutlicher werden, konterkarieren dieses Bild und entwerfen den Gegenpol zur heiligen Frau: die Frau als Hure. In der christlichen Mythologie gibt es eine Figur, in der dieses Gegensatzpaar verankert ist: Maria Magdalena, die in einem Freudenhaus arbeitete und durch

Jesus „bekehrt“ wurde. Das Gegensatzpaar von Hure und Heiliger ist Produkt christlicher Mythologie. In Madonna lebt auch der Mythos der babylonischen Göttin Ishtar, die Hure und Heilige war, fort. Der Bedeutungsgehalt ihres Namens steht damit im Gegensatz zur christlichen Erklärung des Mutter-Mythos, aber keineswegs im Widerspruch zum archaischen Mutter-Mythos.

Während Pent/Wörner (1993, S. 33) in diesem Äußeren, dem diabolisch-sexuellen Gegenüber, die Figur der Hexe erkennen und damit in der Tradition des Christentums argumentieren, scheint mir der tiefere Zusammenhang in Beziehung zu stehen mit der ehemaligen Bedeutung der Großen Göttin. Das Warten im Haus (in dem Video *Like a Virgin*) auf die „Entjungferung“ verweist auf ältere Mythologeme. Madonna verkörpert die universale Göttin, in der das Heilige und das Un-Heilige (Hure) noch nicht getrennt waren. „Sie symbolisiert ebensowohl die Reinheit wie die Sünde. Eine und viele, ist sie Ruhestatt und Bewegung, Opfer und Henker, nährt sie den Mann und vernichtet ihn“ (Gauthier 1980, S. 142f.). In den matriarchalischen Kulturen der Ackerbaugesellschaften waren Tempel Liebestempel, Sexualität diente vor allem der religiösen Erfahrung und der symbolischen Erneuerung der Fruchtbarkeit der Natur. Der Gürtel „Boy Toy“ in *Like a Virgin* läßt sich auch als eine Warnung an die Männer interpretieren. Es könnte eine Erinnerung an die Heilige Hochzeit sein. Diese Interpretation wird genährt durch den Film *In Bed With Madonna*. In einer Szene sehen wir eine stilisierte Masturbation von Madonna, während zwei Männer mit umgeschnallten Brustattrappen ihrer Herrin zu Diensten sind.

Die Frau galt in vorpatriarchalischer Zeit als Gebärerin, die in Verbindung mit Natur Leben schafft. Sie wurde als Große Göttin (Mutter) verehrt, da sie das Geheimnis des Lebens besaß. Alle Frauen partizipierten an dem Mythos der einen universalen Göttin. Nachdem männliche Herrscher die Urgöttin verdrängten, entstanden Mythen, die den Sieg des Patriarchats widerspiegeln. Dazu gehören u.a. Evas Sündenfall und der Sieg über die Erd- und Chaosgöttin Tiamat in Mesopotamien. Die monotheistischen Offenbarungsreligionen duldeten keine Göttinnen neben sich. Daraus ergab sich eine Verfolgung von Frauen, die ihre Göttlichkeit bewahren wollten. „Das Göttliche mußte der Frau ausgetrieben werden. Im christlichen Mythos wird sie zur Unreinen, zur antigöttlichen Verführerin verteufelt“ (Görden/Meiser 1994, S. 76). Nachdem es dem Christentum über mehrere Jahrhunderte nicht gelang, den Urmythos der Muttergöttin im Mittelmeerraum zu zerstören, wurde er im patriarchalischen Christentum zum Marienkult umfunktioniert und nach patriarchalischen Vorstellungen umgedeutet. Im dritten Konzil von Ephesus (431 n. Chr.) wurde die Gottesmutterschaft Marias zum Dogma erklärt und damit den Frauen ein mythisches Muster zur Sinngebung der Weiblichkeit angeboten. Während bei den früheren Göttinnen die Zeugung (Fruchtbarkeit) ein entscheidender Aspekt war, wurde Maria vom „Makel" der Sexualität „befreit". Ihr wurde eine unbefleckte Empfängnis zugeschrieben, der Titel „Gottesmutter" wurde dogmatisiert und der Glaube an die „ewige Jungfrau" begann. War bei den früheren Göttinnen Sexualität ein Teil des Persönlichkeitsbildes, mutierte Maria zum geschlechtslosen heiligen Wesen, während von Frauen initiierte Sexualität als teuflisch abgewertet wurde oder nur den Huren vorbehalten war. Frauen, die am Mythos der Ganzheit festhielten, wurden als Hexen gebrandmarkt und vernichtet. „In Maria erfüllt sich in der Wirklichkeit des Lebens, was in der Gestalt jener Himmelsköniginnen geträumt wurde, in den Mythen aller Völker anzutreffen ist" (Meier 1990, S. 60).

Die Wormser Madonna gibt noch einen versteckten Hinweis auf diesen Zusammenhang. Wie Abb. 54 zu entnehmen ist, berührt die Madonna zu ihren Füßen eine goldene Mondsichel, die den abnehmenden Mond symbolisiert. Aus der Mondsichel schaut das Gesicht der Mondgöttin in der Art und Weise, wie sie in der Antike dargestellt wurde. Die Herrin des abnehmenden Mondes ist die Königin der Nacht, sie versinnbildlicht das Vergehen und bildet einen Aspekt der dreifaltigen Mondgöttin. Die dreifaltige Mondgöttin verkörpert die menschlichen Vorstellungen von Werden, (Wieder-)Geburt, Vollendung, Schöpfung und Vergehen und Tod. Die Mondgöttin wurde als Inbegriff des immerwährenden, ewig unbesiegbaren Lebens interpretiert. Sie ist jedoch bereits ausdifferenziert. In ihr ist eine noch ältere weibliche Manifestation der Religions- und Symbolgeschichte des Menschen enthalten. Es handelt sich um die „Weiße Göttin des Mondes", deren ursprüngliche Bedeutung Ama/Ana war, die fruchtbare Große Göttin, die chthonische Erdgottheit. „In dieser Großen Mutter findet das Bild der Frau als Sinnbild der zeitlosen, weil sich stets wiederholenden, immer zum Anfang zurückführenden Fruchtbarkeit seine erste symbolische Überhöhung" (ebd., S. 54).

Abb. 54: Madonna im Dom zu Worms

Heute erfährt die öffentliche Verehrung der Frau in der Schauspielerin oder der Sängerin eine Wiederauferstehung, wobei die Bedürfnisse der Männer, ihre „Frauenmythen" zu erkennen, dominant sind. Das besondere an Madonna ist, daß sie mit diesen Männererwartungen spielt, aber gleichzeitig ihre eigene Vorstellung vom Mythos inszeniert, da sie ihre Karriere selbst „macht". Während in patriarchalischen Kulturen die meisten Frauen zu Opfern und Beutestücken werden, ist Madonna Täterin. Die Absicht der Medien, Madonnas Erfolge als „PR-Maschine" zu denunzieren, läßt sich auch als eine Reaktion der Öffentlichkeit, die sich durch die „Göttin" bedroht fühlen, interpretieren (vgl. Görden/Meiser 1994, S. 99). Madonna exerziert vor, daß die (zukünftige) Macht im Weiblichen steckt, da sie sich nicht den männlichen Mustern beugt. Die Ängste scheinen, aus der Sicht der Männer, nicht unbegründet zu sein, da, wie auch Görden/Meiser vermuten, das weibliche Denken in seiner befreiten Form dem männlichen Denken des Patriarchats überlegen ist. „Patriarchales Machtdenken muß dem rhythmischen Ausgleichsdenken der erwachenden Göttin auf die Dauer unterliegen, denn ihm gilt nur der linear-fokussierte Fortschrittsglaube als heilig" (ebd., S. 101).

5.2.1.2.2 Suche nach Androgynität

Reflektiert man die Videoclips unter diesen Gesichtspunkten, entfalten die visuellen Andeutungen eine sich wiederholende Metaebene. Der Videoclip *Open Your Heart,* der im Dezember 1986 erschien, löste eine öffentliche Kontroverse aus. Inhaltlich geht es hier um eine Peepshow. Madonna spielt eine lasziv tanzende Frau, die von Männern beobachtet wird. Ein Junge reibt sich in der Eingangshalle die Nase an den Schaukästen, er sucht Kontakt zu seinem Idol. Der Kassenwärter verhindert seinen Zugang zu dem exhibitionistischen Tanz von Madonna. Im Verlauf des Clips stellt er sich vor einen Spiegel und wiederholt die Tanzbewegungen von Madonna. Der Film ist so gestaltet, daß die Hauptidentifikation der Zuschauer auf Seiten des Jungen liegt. Ob real oder aber nur in der Imagination, dies läßt der Clip offen, gelingt ihm der Kontakt zu Madonna. Beide entschwinden in der Tiefe des Straßenraumes, wie einst Charlie Chaplin in vielen seiner Filme, so z.B. in *The Kid.* Die Schlußszene erinnert aber auch an eine Szene mit Giulietta Masina in *La Strada.* Wie in vielen ihrer Videoclips arbeitet Madonna selbstreferentiell mit der Filmgeschichte, d.h. sie bedient sich „respektlos" bekannter Bilder oder Starimages. So zitiert sie Marlene Dietrich (*Der blaue Engel,* 1930), Rita Hayworth (*Gilda,* 1946) und Liza Minnelli (*Cabaret,* 1972) durch Körperhaltung, Kleidung, Frisur und Make-Up. Die Bildzitate von Dietrich

Abb. 55: Madonna in *Open Your Heart*

und Hayworth in der Eingangshalle des Etablissements beweisen, daß es sich dabei nicht um einen Zufall handelt.

Umstritten in diesem Clip ist die schwarze Lederkorsett-Kleidung von Madonna und ihr Auftreten als Striptease-Tänzerin. Während die einen im Stile des bildverneinenden Immanentismus befürchteten, die lustvoll präsentierte körperliche Freizügigkeit von Madonna würde die Frau zum Objekt des Mannes degradieren und damit verdinglichen, sehen andere in dem Videoclip eine Parodie des Voyeurismus. Die Interpreten des Videos als Parodie belegen dies mit den karikierend dargestellten männlichen Beobachtern. So taucht ein fotografierender und Kaugummi kauender Bauernsohn auf, der dazu noch dümmlich wirkt. Des weiteren sehen wir einen Intellektuellen, der seine Beobachtungen notiert und einen an Magenbeschwerden leidenden geilen Alten. Ebenso ist ein Spiel der Blickrichtungen zu beobachten. Madonna zeigt einerseits ihre Macht, Blicke auf sich zu lenken, andererseits auch die Fähigkeit, Blicke zu erwidern und damit unwillkommene Blicke zurückzuweisen. Wie in nahezu allen Videoclips von Madonna ist eine deutliche Subjektstellung Madonnas erkennbar. Es scheint, als ob Madonna die Entscheidungsmacht darüber behält, wen sie zum sexuellen Objekt ihrer Sehnsucht macht oder für wen sie Objekt werden will.

Curry begreift den Clip als Ödipus-Erzählung, in der der Sohn sich nach der mächtigen phallischen Mutter (Domina) sehnt und sie auch für sich gewinnen kann (1993, S. 229). Wenn auch unbewußt, wird der Zuschauer selbst in die Rolle des Jungen versetzt. Die sexuelle Sehnsucht wird bloßgelegt und somit seine eigene Schaulust offenbart. Dadurch ergibt sich eine parodistische Wirkung. „Die Parodie des Ödipaldramas besteht weiter darin, daß der Junge und Madonna gegen die konventionelle Erwartung zu Gleichen gemacht werden, indem zuerst der Junge Madonna, danach Madonna den Jungen nachahmt, als sie am Ende des Videos als asexuelles Androgyn zusammen mit dem Jungen vom Schauplatz der Sexualität weg in den Horizont hinauszieht“ (ebd., S. 229f.). Für Susan McClary stellt der Schluß des Videos eine „Flucht“ in die Androgynität dar, die eine „grundlegende Geschlechterfestlegung ablehnt und sexuelle Identität in eine Art Spiel ummünzt“ (zitiert nach Penth/Wörner 1993, S. 40). Demgegenüber sehe ich keine Flucht, sondern eine lustvolle und intentionale Suche nach Androgynität.

Madonnas Vorliebe, mit Tänzern, Schauspielern und „Backup-Sängern“ afrikanischer, hispanischer oder asiatischer Herkunft aufzutreten, ist in ihren Produkten immer wieder zu beobachten. Der „Doppelgänger“ von Madonna in *Open Your Heart* gehört, trotz relativ heller Hautfarbe, der schwarzen Rasse an (vgl. Curry 1993, S. 231). Die Hauptidentifikationsrolle ist somit mit einer Figur besetzt, die in der weißen, patriarchalischen

Gesellschaft der USA als Benachteiligter gilt. Alle Nicht-Weißen werden in der Peep-Show positiv dargestellt, Madonnas Parteilichkeit gegenüber den Nicht-Weißen wird damit deutlich.[53] Ein junger Schwarzer, eine dunkelhäutige, männlich gekleidete androgyne (hispanische) Frau und androgyne (schwule) weiße Zwillingsbrüder wirken in ihrem Erscheinungsbild positiv. Die Filmdramaturgie verknüpft insbesondere den jungen Schwarzen mit Madonna. Wir sehen zunächst den jungen Mann, der eine Dreadlock-Frisur trägt. Im nächsten Bild werden in Naheinstellung Fransen von Madonnas Kleid gezeigt, die den Haaren des jungen Mannes ähneln. Der Clip karikiert die Schaulust der heterosexuellen weißen Männer. Die Sympathie von Madonna liegt bei den „anderen“, den unterdrückten Sozial- und Rassegruppen. Die Teilnahme an öffentlichen Veranstaltungen und Konzerten zu Umweltschutz-Themen und an der Bekämpfung von Aids lassen bei Madonna eine „liberale politische Einstellung“ und die Eigenschaft der „Menschlichkeit“ vermuten. Dazu paßt, daß sich Madonna mit Personen umgibt, die mehrdeutige ethnische und Geschlechtsidentitäten und sexuelle Orientierungen haben.

Die Ödipus-These von Curry (1993) bedarf einer ergänzenden Sicht. Wenn der Junge ein sexuelles (ödipales) Interesse an seiner Mutter hätte, dann bliebe die Frage, warum er den Wunsch nach erotischer Nähe zu seinem Idol aufgibt, nachdem er sein Ziel erreicht hat. Daher möchte ich als eine weitere denkbare Interpretation vermuten, daß in dem Clip das Thema Hure/Heilige als übergreifende Metapher diskutiert wird. Madonna ist Hure für den Blick der Weißen und präsentiert sich für die Nicht-Weißen als Heilige, als eine Person, die deren Lebenssituation nachvollziehen kann, die sich für ihre Belange einsetzt. Diese Verdoppelung des Anspruchs wiederholt sich in dem Jungen. Als mythische christliche Figur verweist dies auf Maria Magdalena, die als „Hure“ von Christus „bekehrt“ wird und ihm dann bis zum Tode zur Seite steht. Der Junge könnte daher

---

[53] Madonnas Karriere begann als weiße Underground-Figur aus der Mitte der No-Wave-Szene der frühen Achtziger. Ihren ersten Hit landete sie über schwarze Musik und mit Unterstützung von schwarzen Radio-DJs. Diedrich Diederichsen sieht in *Holiday* eine Hymne, kreiert aus der Ursuppe des tiefen, heißen Trashs, der durch Madonna in den achtziger Jahren zur Massenkultur geworden sei. „Trash heißt, daß die Nähte und Nieten, die einen Song, einen Film zusammenhalten, die aus armseligen Produktionsbedingungen, Eile, Ungeduld, Trendhinterherrennerei entstandenen Mängel absichtlich oder unabsichtlich zur Schau gestellt werden, vor allem aber genossen werden“ (1993, S. 13). In Madonnas Wirken lassen sich ihre Wurzeln immer wieder erkennen, so z.B. an ihrer Nähe zur Gay-Kultur, die in ihren Videos und Filmen immer wieder auftaucht *(Express Yourself, Justify My Love, In Bed With Madonna)* und ihre sich als subversiv verstehenden Arbeiten in der Unterhaltungsindustrie. Nie ließ sie Zweifel an der Unsauberkeit der Verhältnisse, in denen Aufstieg stattfindet, aufkommen. Im Kampf um die symbolische Souveränität käme die Moral des Nichtmitmachens einer sauberen Wirkungslosigkeit gleich. Madonnas Weg ist die Suche nach dem richtigen Leben im falschen.

auch eine Christusfigur imitieren, die Madonna zur Umkehr bewegt, zumal die andere Seite ihrer Persönlichkeit schon erkennbar ist und darauf wartet, sich zu entfalten. Ihre Rolle in dem Musical-Film *Evita* von Alan Parker (1997) bestätigt das Oszillieren von Madonna zwischen der Rolle einer Heiligen und der einer Hure.

5.2.1.2.3 Die herrschende Göttin

In dem Videoclip *Express Yourself* werden homo- und bisexuelle Frauen und Männer gezeigt. Madonna identifiziert sich in dem Clip mit verschiedenen Rassen- und Geschlechtsidentitäten. Die Bilder von der Unterwelt verweisen auf homoerotische Konventionen. Bezüge zur zeitgenössischen Gay-Pornographie in den USA lassen sich identifizieren. Wir sehen schweißgebadete blau schimmernde muskulöse Männer. Aus der Maschinenwelt (Unterwelt) steigt ein junger Mann zu Madonna empor, die sich abwechselnd in Männer- und Frauenkleidern zeigt. Wie in *Open Your Heart* werden selbstreferentielle Bilder (Pastiche) präsentiert: Die Erzählstruktur entstammt dem Fritz-Lang-Film *Metropolis*. Anleihen aus der „faschistischen" Ästhetik sind in einem monumentalen Schwan, der an Richard Wagners Oper *Lohengrin* und an den Adler der *Ufa-Wochenschau* erinnert, und am Bühnenbau, der Ähnlichkeiten mit der nationalsozialistischen Architektur aufweist, zu sehen.[54] Die Inkongruenzen zwischen dem Text des Songs und den gezeigten Bildern geben Hinweise auf eine ironische Umkehrung der Zitate (*Metropolis*, Faschismus-Ästhetik). Ebenso lassen sich die „Kopien" von anderen Staridolen als „Wiederholung mit ironischem Abstand" bezeichnen, da sie in einem veränderten Kontext stattfinden. Madonna zitiert in diesem Clip beispielsweise Marlene Dietrich, Michael Jackson und sich selbst.

In der Zeichensprache der afro-amerikanischen Straßenkultur gilt das Greifen in die Schamgegend, wie schon berichtet (vgl. Abschnitt 5.2.1.1), als Geste der Männlichkeit. Madonna greift dies in dem Clip auf und parodiert gleichzeitig Jackson, der diese Geste zum Bestandteil seines Tanzstiles gemacht hat. Die Auflösung der klaren Abgrenzung von „männlich" und „weiblich" wird von Madonna zugespitzt. Sie kleidet sich übertrieben weiblich (Korsett), tritt gleichzeitig in Männerkleidern auf und ahmt einen weiblichen Mann mit einem männliche Gestus, dem Griff in die Schamgegend, nach. In diesem Clip parodiert Madonna die herkömmlichen Darstellungen weiblicher und männlicher Sexualität, z.B. die Konvention, daß nur der Mann aktiv sexuelle Befriedigung verfolgen und empfinden darf, während die Frau Objekt der männlichen Lust zu sein hat.

[54] Darüber hinaus gibt es auch Bildanleihen aus den Filmen *Katzenmenschen* (Jacques Tourneur, 1942) und *Fireworks* (Kenneth Anger, 1947).

Abb. 56: *Metropolis* (Fritz Lang)

Abb. 57: Madonna in *Express Yourself*

In diesem Clip gibt es einen Widerspruch zwischen semantischem Text und den Bildtexten. Der Text berichtet von der Notwendigkeit, innerhalb intimer Liebesbeziehungen seine Gefühle offen mitzuteilen. Die Fähigkeit eines Mannes, Frauen zu „konsumieren", bildet keine ausreichende Voraussetzung für eine Beziehung. Die Bildebene zeigt aber eine lustvoll begehrende Frau, die bei dem Imperativ „Make him express himself" unmißverständlich die (phallische) Leistung des Mannes meint. Der Videoclip betont durch seine phallozentrische Darstellungsweise, daß sexuelle Befriedigung das Hauptziel einer Beziehung zu einem Mann ist.

Der Clip berichtet ebenfalls über die Fähigkeit Madonnas, der Macht der patriarchalischen Musikindustrie auszuweichen (vgl. Curry 1993, S. 240). Einem weißen Mann, der in dem Clip die Unterwelt beherrscht, wird der Blick auf Madonna verwehrt. Er verkörpert den Kapitalisten (Bezug zu Joh Fredersen aus *Metropolis).* Er stellt einen leitenden Angestellten in der Musikindustrie dar. Dies läßt sich daran erkennen, daß er mit Hilfe einer Fernbedienung eine Bühne in einer Glasvitrine, in der schwarze Jazzmusiker stehen, bewegt. Diese Bühne wirkt wie eine überdimensionale Schallplatte. Die Szene deutet an, daß die weiße, amerikanische Musikindustrie (schwarze) Jazzmusiker ausbeutet. Nur Madonna kann sich diesem Anspruch entziehen: Sie hat Erfolg, innerhalb und außerhalb des Videoclips.

Wie schon in *Open Your Heart* sehen wir die Sensibilität Madonnas gegenüber Personen, die nicht weiß, nicht männlich und nicht heterosexuell sind. Die Suchbewegung Madonnas nach androgynen und transsexuellen Ausdrucksweisen wird damit auch in diesem Clip bestätigt. Abhängige Männer aus der Arbeiterklasse arbeiten in der Unterwelt, dem chthonischen Bereich, der in früheren Kulturen als Reich der Frauen galt. Erlösung und Befreiung erfährt nur der, der Madonna zu Diensten ist. Madonna herrscht in der Oberwelt, der Domäne des Mannes. Sie verrichtet Dienste wie eine göttliche Tempeldienerin und ist doch gleichzeitig dargestellt wie die Göttin selbst. Ihr Altar steht aber nicht mehr im matriarchalen Tempel, sondern im patriarchalen Haus. Madonna gewinnt Herrschaft über sich und die Männer im Reich der Männer. Die Männer werden in die Unterwelt geschickt und von Zeit zu Zeit wird jemand erlöst. Madonna erfährt sich daher archaisch gesehen nicht als Frau, sondern als Mann, genauer als der bessere Mann. Abwechselnd mit der weiblichen Maske vollführt Madonna immer wieder eine androgyne oder männliche Maskerade. In diesen Kontext paßt auch die folgende „Verkündigung“ Madonnas vor begeisterten Fans vor einem Konzert im Jahre 1990: „Ihr sollt wissen, daß es auf dieser Bühne nur drei wirkliche Männer gibt - mich und die beiden Backup-Girls!“ (Madonna, zitiert nach Arte 1996, S. 31).

Madonna repräsentiert in *Express Yourself* eine Frau, die aktiv eine eigene sexuelle Befriedigung verlangt. Entgegen der ungeschriebenen Gesetze des amerikanischen Films bestimmt sie jedoch das Ende der Erzählhandlung. In den meisten Hollywoodfilmen werden Frauen, die offen Macht und Sexualität zeigen, als gefährlich angesehen. Entweder stirbt die sexuell verführerische Frau oder sie gerät in den „Besitz“ eines starken Helden. In patriarchalischen Gesellschaften haben Göttinnen nur befristete Zeit. ihre „Herrschaft“ auszuüben. „Männer konsumieren Bilder sogenannter starker Frauen grundsätzlich nur dann mit Genuß, wenn in ihrem Mythos eine Bestrafung für die Stärke miteingebaut ist. Der Fall der Göttin, ihr tragisches Scheitern ist fest eingebauter Bestandteil aller männlichen Frauenkulte, von Maria Callas bis Tina Turner“ (Diederichsen 1993, S. 10f.). Die meisten Frauen, die Madonna zitiert (z.B. Marylin Monroe, Rita Hayworth), hatten ein unglückliches Berufs- und Privatleben. Dieselben Triebe, die die Karriere ermöglicht haben, gewinnen am Ende Kontrolle über die Frauen-Göttinnen und strecken sie nieder. Madonna scheint diesen Mythos zu ahnen, daher stellt sie zwischen ihren Inhalten und ihrer Person eine Distanz her und verweigert die von der Industrie, den Konsumenten und Kommentatoren verlangte Aufhebung der Distanz zwischen Darstellerin und Dargestelltem.

5.2.1.2.4 Die Erlöserin der Entrechteten

In *Like a Prayer* (1989, Regie: Mary Lambert) präsentiert Madonna eine Parabel auf den alltäglichen Rassismus und gleichzeitig eine positive Utopie. Die narrative Geschichte berichtet von einem Mord. Eine junge Frau wird von einer weißen Jugendbande erstochen. Ein Schwarzer, der versucht zu helfen, wird als Tatverdächtiger festgenommen. Madonna, die die Szene beobachtet hat, flieht aus Angst in die Kirche einer schwarzen Gemeinde. Vor einer schwarzen Heiligenfigur erbittet sie Schutz und Trost. Tanzend und händeklatschend begleitet ein Chor aus schwarzen Frauen, Männern und Kindern Madonnas Gesang. Die dem schwarzen Opfer ähnelnde Heiligenstatue verwandelt sich in eine menschliche Person, küßt Madonna und verläßt die Kirche. Daraufhin geht Madonna zur Polizeistation und befreit mit ihrer Zeugenaussage den unschuldig Inhaftierten. Am Ende stehen alle Protagonisten auf einer Theaterbühne und verneigen sich vor einem applaudierenden Publikum, bis der Vorhang fällt.

Das konservative weiße Lager in den USA sah in dem Video das Christentum lächerlich gemacht. Boykottandrohungen führten dazu, daß der Werbeclip *Make a Wish* der Firma *Pepsi,* der Elemente des Videos zitiert, zurückgezogen wurde. Die weißen Moralwächter der Nation empörten sich über brennende Kreuze, das Küssen einer Heiligenstatue und den Tanz in der Kirche. Weiß sind auch die Mörder und die Polizisten in dem Clip, die einen unschuldigen Schwarzen verhaften. Die brennenden Kreuze stehen jedoch nicht für das Christentum an sich, sondern sind ein Symbol für den Ku-Klux-Klan. Das Video läßt sich als Reflexion alltäglicher Rassendiskriminierungen interpretieren. Madonna flieht zum anderen Amerika, zu anderen Menschen, zu einer schwarzen Gemeinde. In der Kirche steht eine amerikanische Flagge, die daran erinnert, daß die Kirche in der farbigen Kultur nicht nur Stätte religiöser Bekenntnisse, sondern auch weltlicher Hoffnungen ist. Im Kampf um die Emanzipation bildet der (christliche) Glaube, daß alle Menschen (Rassen) gleich sind, ein wichtiges Fundament. Den rassistisch geprägten Kritikerblicken entging, daß der Tanz, den Madonna mit dem Chor inszeniert, sich an die religiösen Bräuche schwarzer Kirchengemeinden anlehnt. Mit der schwarzen Gemeinde (Kultur) wird in dem Video praktiziertes Christentum und Menschenfreundlichkeit identifiziert. Die tiefere Provokation des Videos liegt in der Aussage, daß die Schwarzen die besseren Menschen sind.

Like a Prayer knüpft an den Nimbus des Heiligen an. Ergänzend zu dem sozialkritischen Subtext läßt sich noch ein religiöser Subtext auslegen. Nachdem Madonna zu der Heiligenstatue gebetet hat, beginnt sie zu träumen. In dem Traum fällt sie vom Himmel. In der Archetypik des Raumes (Riedel 1988b, S. 39; vgl. S. 250, Abb. 100) ist der Himmel dem Männlichen vorbehalten. Vom Himmel kommt Gott auf Erden. Nachdem sie von der Chorleiterin aufgefangen wird, schaut sie sich in die Hände und sieht die Wundmale Christi. Sie wird von Gott, der in der Ikonographie des

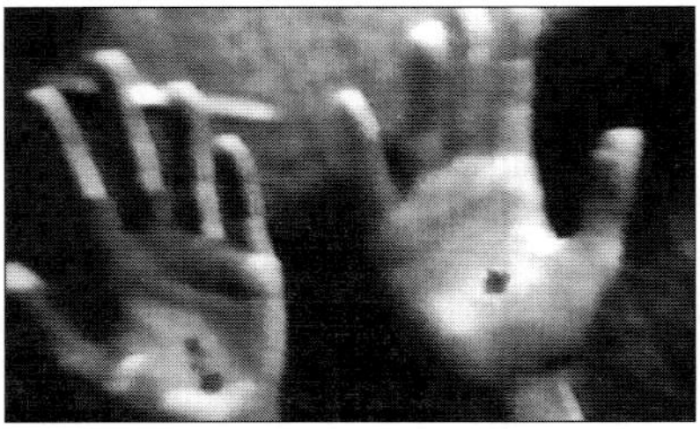

Abb. 58: *Like a Prayer,* Madonnas Hände

Abb. 59: *Like a Prayer,* brennendes Kreuz

Christentums meist im linken oberen Bildfeld dargestellt wird, auf die Erde „geschickt“, um eine Aufgabe zu erfüllen, die Erlösung des unschuldig Angeklagten, der als Symbol steht für die zu Unrecht benachteiligten Schwarzen. Die Wundmale zeichnen sie als Erlöserfigur aus. Nunmehr ist sie nicht in der Rolle der Göttin. Bei diesem Videoclip schlüpft Madonna in die Rolle des männlichen Erlösergottes. Offensichtlich wechselt Madonna ihr Darstellungsbild zwischen einer aufklärerischen, subversiven, mythischen und lasziv-erotischen Figur.

5.2.1.2.5 Die transsexuelle Utopie

Die diskutierte Thematik läßt sich auch in dem Videoclip *Justify My Love* (1990) nachweisen. Der Clip handelt von einer Episode in einem Stundenhotel. In diesem Video sind die agierenden Figuren geschlechtlich kaum noch zu identifizieren. „Noch nie wurden in einem Pop-Video Transvestismus, Homo-, Hetero- und Bisexualität, gepaart mit voyeuristischen sadomasochistischen Phantasien, so deutlich inszeniert“ (Penth/Wörner 1993, S. 64). So wird z.B. der Liebhaber Madonnas von Tony Ward gespielt, einem ehemaligen Pornomodell für Schwulenmagazine. Es werden hetero- und homosexuelle Klischees vermieden. Madonna begehrt sowohl einen Mann als auch eine Frau. Die sexuellen Identitäten bleiben zweifelhaft, tendenziell sind Annäherungen an die Darstellung des verweiblichten Mannes und der vermännlichten Frau erkennbar. Madonna nähert sich dem, was Peter Gorsen schon Anfang der siebziger Jahre als utopisches Ziel formuliert hat: „Das hermaphroditische Ideal einer versöhnten, nicht mehr antagonistischen Geschlechtlichkeit ist heute die einheitlich utopische Zielproduktion, unter der sich sowohl die Bisexualität des Transvestiten, des Hippiekommunarden und als dritte noch weithin unbekannte Größe die Intersexualität des vaterbefreiten Sohnes in der nachbürgerlichen Gesellschaft als *Wahlverwandte* zusammenfassen lassen“ (Gorsen 1972, S. 135f.).

Trotz sich veränderndem Äußeren bleibt sich Madonna in dieser Suchbewegung treu. Sie ist die dominierende Göttin,[55] sowohl im Bereich des Weiblichen als auch im Bereich des Männlichen. Sie scheint nicht auf der Suche nach einer eindeutigen Geschlechtsidentität zu sein, ihre favorisierte Botschaft lautet Transsexualität, und sie beschäftigt sich mit der Aufhebung der Geschlechterfrage. Sie setzt die Aussage des Surrealisten Louis Aragon in Bildwelten um, der behauptet, „die Zukunft des Mannes sei die Frau“ (zitiert nach Gauthier 1980, S. 223), wobei sie auch vom Mann erwartet, sich seiner gegengeschlechtlichen Anteile zu erinnern.

[55] In ihrer Rolle als Evita im gleichnamigen Film von Alan Parker (1996) wird dies ebenfalls deutlich.

Abb. 60: Szene aus *Justify My Love*

Abb. 61: Madonna in *Evita*

Madonnas Gestus verweist auf die Suche nach der Auflösung der Geschlechterdifferenz. Sie strebt nach dem paradiesischen Weder-Noch, nicht oben, nicht unten, nicht Mann und nicht Frau (vgl. Dormagen 1993, S. 110). Gleichwohl hinterlassen ihre Clips und Filme den Eindruck, daß die „Auflösung" der Geschlechter bei Madonna im Kontext eines matrilinearen Mythos steht.

Madonna wirkt wie ein Zukunftsbild und erinnert gleichzeitig an vergangene Zeiten, in denen Sexualität „als ein dem Wesen nach religiöses Bewußtsein" (Mumford 1986, S. 176) verstanden wurde. Im Neolithikum, so Mumford, ließe sich das Sexualitätsbewußtsein als die dominierende Triebkraft des ganzen Wandels bezeichnen. Damals wurden der Körper und die sexuelle Funktion der Frau als Quelle der Kreativität gepriesen und waren Ausgangspunkt für einen religiösen Kult.

5.2.2 Animus/Anima-Thematik im Videoclip

Videoclips enthalten oft latente Botschaften. Eines der immer wieder auftauchenden Themen ist die Frage nach Geschlechtsidentität bzw. der Animus/Anima-Thematik (vgl. Jung 1984, S. 126ff.). Die Anima ist die Personifikation der weiblichen Natur des Mannes, sie verkörpert alle weiblichen Seeleneigenschaften. Sie bedeutet für den Mann den Archetyp des Lebens (vgl. Meier 1990, S. 84). Sie hat die Aufgabe einer Führerin nach innen und dient als Brücke oder Tor zu den Bildern des kollektiven Unbewußten. Sie ist die in seinem Individuationsprozeß hinzutretende Seele, die ein weibliches Vorzeichen trägt. Für Marie-Louise von Franz (1985, S. 177) werden durch die Anima Stimmungen, Gefühle, Ahnungen, Empfänglichkeiten für das Irrationale, persönliche Liebesfähigkeit, Natursinn und die Beziehung zum Unbewußten beeinflußt.

Jung identifiziert vier Realisationen der Anima, die sowohl positive als auch negative Aspekte haben kann (zitiert nach ebd., S. 185). Im Bild rein biologischer Bezogenheit symbolisiert die erste Stufe das Bild der Eva. Die romantische und ästhetische Form des Eros in Verbindung mit sexuellen Elementen kennzeichnet er als zweite Stufe, Homers Helena führt er als

Beispiel an. Das Symbol des vergeistigten Eros (dritte Stufe) wird durch die „Jungfrau“ Maria verkörpert. Die Personifizierung der Liebe als Weisheit (sapientia) bezeichnet er als vierte Stufe. Die griechische Göttin Athena oder das Gemälde *Mona Lisa* von Leonardo da Vinci repräsentieren diese Stufe.

Die Anima tritt häufig als erotische Phantasie auf. Ihre unterschiedlichen Aspekte erscheinen dem Mann als wirkliche Eigenschaften der Frau, obwohl es sich meist um Projektionen handelt. Die Aufgabe des Mannes ist es, seine unbewußten Persönlichkeitsanteile in den eigenen Lebenskontext zu integrieren, die Anima als innere Macht anzuerkennen, um mit ihr besser umgehen zu können (ebd., S. 180). Aus Sicht des Mannes verkörpert Madonna eine gefahrbringende Animafigur. Dies trifft auch auf die Figur der Lola (gespielt von Marlene Dietrich) in dem Film *Der blaue Engel* (1930) zu.

Bei der Frau äußert sich der Animus seltener als erotische Phantasie, sondern als „heilige Überzeugung“. „Wie auf die Anima des Mannes die Mutter prägend einwirkte, so der Vater auf den Animus der Tochter“ (ebd., S. 189). Der Animus kann in seinem negativen Aspekt als Verführer, der die Frau von der Liebe zu einem wirklichen Mann abhält, als Räuber, Mörder oder auch als Tod auftreten. In seinem positiven Aspekt bildet er eine Brücke zum Erleben des Selbst. Das Bewußtwerden des Animus drückt sich im Verwandlungsmotiv auf. Mythen und Märchen berichten von der Erlösung eines „Monstrums“ durch eine Frau, wie im Märchen vom Froschkönig (ein Filmbeispiel wäre Jean Cocteaus *Es war einmal*). In den gleichen Kontext gehört der Mythos von der Frau, die gefangen ist und auf ihren Erlöser wartet (Dornröschen).

Wie beim Mann erscheint der Animus bei der Frau in vier Entwicklungsstufen. In der ersten Stufe zeigt er sich als Sportheld, das Symbol physischer Kraft (z.B. Tarzan). In der zweiten Stufe besitzt er Initiative und gerichtete Tatkraft (z.B. Schriftsteller, Kriegsheld, Jäger). In der

Abb. 62 a–d: Beispiel einer negativen Animafigur im Spielfilm. Eine Kaberettsängerin erniedrigt einen Professor und macht ihn zum Possenreißer: Vier Szenen mit Marlene Dietrich und Emil Jannings aus dem Film *Der blaue Engel* (1930).

Abb. 63: Gefährliche Animusfigur – Blaubart

dritten Stufe projiziert er sich auf geistige Persönlichkeiten (z.B. Professoren, Pfarrer oder Ärzte). „Auf der vierten Stufe verkörpert er dann den ‚Sinn‘ und wird zum Vermittler schöpferischer und religiöser innerer Erfahrungen, durch die das Leben einen individuellen Sinn findet“ (ebd., S. 194) Ein treffendes Beispiel hierfür wäre Gandhi. Die geistige Tiefe und Verinnerlichung kann jedoch nur erreicht werden, wenn die „heiligen“ Überzeugungen in Frage gestellt werden. Frauen sind eher als Männer in der Lage, sich den Inspirationen des Unbewußten zu öffnen. Im Gegensatz zu den konservativen Männern sind Frauen oft neuen schöpferischen Ideen gegenüber aufgeschlossener. Seit jeher wurden Frauen als zukunftswissende Mittlerinnen zur Welt des Geistes angesehen. Meist haben sie geistige Inhalte in ihrem Wert früher erkannt als Männer.

In Videoclips werden selten komplexe mythologische Stoffe behandelt. Charakteristisch für den Videoclip ist das Zitieren und Verwenden einzelner mythischer Aspekte. Dabei wird auf das Gesamtreservoir der Mythen zurückgegriffen. Oft werden Mythen aus verschiedenen Herkunftsbezügen gemischt (z.B. *Etienne, Etienne* von Guesch Patti). Bei anderen Videoclips (z.B. *Strange Love* von Depeche Mode) werden ganz unterschiedliche Bezüge sichtbar. Die symbolische Botschaft taucht zwar an mehreren Stellen des Clips auf, diese Bilder sind jedoch mit Sequenzen verbunden, die differente Erklärungsmöglichkeiten anbieten. Gleichwohl läßt sich in vielen Konzeptvideos eine Vielzahl symbolischer Kontexte finden, die sich in einzelnen Sequenzen mit der Anima/Animus-Thematik, der Suche nach dem ergänzenden Teil der Persönlichkeit und damit der Ganzheit auseinandersetzen. Obwohl in dieser Arbeit Jungs Universalismus nicht geteilt wird, gibt es auffallend viele Belege dafür, daß dieses Motiv auch ein wichtiges Thema im Videoclip darstellt. Wie im Spielfilm, so taucht auch im Videoclip das Motiv des Kampfes zwischen positiven und negativen Kräften des Anima/Animus-Archetyps auf, neben den oben erwähnten Clips auch in *Cloudbusting* von Kate Bush.

Die Animus/Anima-Symbolik verweist auf eine verlorene Einheit, so z.B. die Einheit des ganzen Kosmos als einer einzigen lebenden Kreatur, eines Leibes. Es lassen sich aber auch Bezüge herstellen zu dem schon diskutierten Mythos der Androgynität (vgl. Abschnitt 5.2.1.1) Schon der heilige Augustinus (*Vom Gottesstaat,* XII, 22) erklärt am Beispiel der Erschaffung Evas aus der Rippe Adams diese Einheit. „Wenn wir alle Glieder eines Leibes sind, dann gibt es in diesem Leib weder Männliches noch Weibliches, oder vielmehr gibt es beides: Es ist ein androgyner oder hermaphroditischer Leib, der beide Geschlechter enthält" (Augustinus, zitiert nach Brown 1979, S. 81). Dietmar Kamper sieht in der „androgynen Spekulation" ein unerhört dramatisches Geschehen, „das die Voraussetzung für eine Weltgeschichte der geistigen und körperlichen Erkenntnisvermögen der Menschen bildet" (1990, S. 187).

Der Mythenforscher Joseph Campbell hat sich ebenfalls mit der Bedeutung der Androgynität auseinandergesetzt. Er kommt zu dem Ergebnis, daß die eigentliche Suchbewegung die Verschmelzung der solaren und lunaren Welten ist. „Eine der Erfahrungen der Einweihung kreist um die transzendente Androgynie oder Zweigeschlechtlichkeit, die Erkenntnis, daß wir als Wesen in der Zeit nur ein Bruchstück dessen sind, was wir in Wahrheit darstellen. So wird Herakles, der männlichste aller Heroen, gelegentlich in Frauenkleidern dargestellt" (1993, S. 199). Auch Orpheus wird, so z.B. in der Schale von Pietroasa, die die eleusischen Initiationsriten darstellt, männlich und weiblich zugleich gezeigt. Er hat langes Haar und am Kopf sehen wir die Flügel des Geistes, während er in den Händen eine leere Schale hält. Campbell betont jedoch, daß der Sinn nicht im Überschreiten des Gegensatzpaares geschlechtlicher Identifikation, der Androgynität liegt, sondern „in der Wahrnehmung, daß unsere Sterblichkeit und Unsterblichkeit eins sind, daß sich lunares und solares Bewußtsein ... vereinigen" (ebd.).

Schon zu allen Zeiten hat die Figur des Androgynen Aufmerksamkeit ausgelöst. Dennoch fällt auf, daß gerade in den letzten Jahrzehnten ein besonderes Interesse aufscheint. Reck findet es keineswegs erstaunlich, daß (im Kult der Wildheit) die Figur des Androgynen als Hauptfaszination der Popkultur entwickelt wurde (1994, S. 498). In der Popkultur geht es aber um eine Korrektur und Verwandlung auf Zeit. Vielleicht ist dies ein Hinweis für die hohe Akzeptanz von androgynen Künstlern in der Videoclipkultur. Es findet eine rituelle und symbolische Verwandlung auf Zeit statt, eine partielle Aufhebung der Ausdrucksform. Reck geht sogar davon aus, daß erst durch die technische Mediensimulation die archaisch-rituelle anthropologische Indifferenzbeschwörung erst erlebnisfähig wird (ebd., S. 237). Anhand von drei Videoclip-Beispielen wird aufgezeigt, wie das Aufscheinen des Androgynen bzw. die Bearbeitung des Anima/Animus-Motivs umgesetzt wird.

5.2.2.1 Suche nach weiblicher Identität (Kate Bush)

Der Videoclip *Cloudbusting* (1985, Regie: Julian Doyle) hat eine narrative Erzählform. Seine Dramaturgie entspricht der eines (Mini-)Spielfilms. Der Clip hat eine andere Länge als das Musikstück auf der CD. Um der Story

Bild-Raum zu geben, wurden einzelne Soundtrack-Partien verlängert (vgl. Schumm 1993, S. 252). Die Unzerbrechlichkeit der „story“ verlangte eine eigene Dauer. Der Clip wurde durch das Buch *A Book of Dreams* von Peter Reich, dem Sohn des nach Amerika emigrierten Psychoanalytikers Wilhelm Reich, angeregt. Auf der Grundlage dieses Buches, in dem über das Leben und Wirken Wilhelm Reichs berichtet wird, greift Bush den letzten Lebensabschnitt auf, die Auseinandersetzung Reichs mit der Orgon-Energie. Diese beschäftigt sich mit somatisch-organismischen Phänomenen der Spontanheilung, des Pflanzenwuchses und mit meteorologischen Phänomenen. Der Clip knüpft mit seiner Geschichte an die Konstruktion eines Orgon-Akkumulators an, den Reich gebaut hatte, um Regen zu erzeugen. Diese Experimente waren Anlaß für Reichs Verhaftung durch die amerikanischen Gesundheitsbehörde.

Zu Beginn des Clips ziehen Vater und „Tochter“ ein Objekt einen Hügel hinauf. Das Objekt und die Kamera bewegen sich von links nach rechts, die Kamera wird schneller geführt, so daß wir den Eindruck von Schwerstarbeit erhalten. Auf dem Hügel angekommen, zieht der Vater die Plane von dem Objekt, und es erscheint eine riesige Maschine. Vater und „Tochter“ richten die Maschine ein. Danach sehen wir den Vater den Berg hinuntergehen. Im Labor angekommen betrachtet er die Konstruktionszeichnung der Maschine. In einer Rückblende sehen wir, wie ihm seine „Tochter“ eine Kinderzeichnung von einer Maschine vor Augen hält. Der Zeitsprung wird aufgelöst durch eine Bildeinstellung mit mehreren Männer, die später in das Labor eindringen, es durchsuchen und zerstören, während parallel dazu die „Tochter“ den Berg hinunterfällt. Der Vater wird in eine Limousine verfrachtet, woraufhin die „Tochter“ versucht, das davonfahrende Auto zu erreichen. Durch die Scheiben des Autos können sie sich verständigen. Der Vater deutet mit einer Geste auf die Maschine auf dem Hügel. Die „Tochter“ kehrt zurück zur Maschine. Sie nimmt die Regenmaschine in Betrieb. Die Maschine funktioniert, es ziehen Wolken auf, und es regnet. Zum Schluß sehen wir Vater und „Tochter“ lachen.

Schumm (1993) hat präzise die Einstellungen und Trennungen der Bilder in *Cloudbusting* untersucht. Ihn interessierten primär die graphischen Eigenschaften der Bildfelder, d.h., wie die Handlung über die Einstellungsgrenzen hinaus im Bildschnitt mit anderen Einstellungen verknüpft werden, damit die Handlung flüssig wirkt. Er hat dabei die konstante Nutzung der zentrierten Montage festgestellt. Bei dieser Schnittmethode sind linear-strukturelle Aspekte maßgebend für den Schnitt und nicht die inhaltliche Bedeutung. Ich werde mich mehr auf den Subtext des Clips beziehen. Schumm ist der Meinung, Bush sei es nicht ganz gelungen, die Rolle eines Jungen in dem Film optisch umzusetzen. Fast alle Zuschauer würden ihr eine Rolle als Mädchen zuschreiben (ebd., S. 254). Diese Beobachtung kann ich bestätigen. Nur ist mir aufgefallen, daß die Zuschauer sehr wohl merken, daß Bush als Mädchen wirkt, aber einen Jungen darstellen soll. Dies gibt gleich einen Hinweis auf die Geschlechtsrollendiffusion, die dem Clip als Subtext zugrundeliegt. Daher wird der Sohn hier „Tochter“ genannt.

Die erste Bildeinstellung, nachdem die Maschine auf dem Hügel positioniert ist, zeigt den phallisch in den Himmel ragenden Vater, danach folgt eine Einstellung, wo wir nur die Beine des Vaters (Dreieck nach oben) sehen, links daneben seine „Tochter“ (Abb. 64a). Kate Bush schaut ehrfurchtsvoll auf den mit männlicher Symbolik abgebildeten Vater. Damit ist zu Beginn der Exposition schon das subtextuelle Thema formuliert: Geschlechtsidentifikation (Anima/Animus). Nach dem nächsten Schnitt wird, musikalisch akzentuiert und taktgenau geschnitten, die Maschine „enthüllt“. Vater und „Tochter“ drehen an Rädern (Symbol für Weiblichkeit), zum Schluß dieser Sequenz wird die Richtung der Maschine durch Hebel (phallisch) bewegt (Abb. 64b). Die Maschine wird nahezu immer im linken unteren Bildfeld positioniert mit Richtung nach rechts oben, also eine steigende Diagonale bildend. Nachdem weibliche und männliche Symbole zuerst von beiden, zum Schluß nur noch von der „Tochter“ angeeignet werden, verläßt der Vater den Hügel. Er blickt noch einmal zurück, und wir sehen im unteren Bildfeld links einen exakt in der Mitte angeschnittenen (Venus-)Hügel, auf dem die Maschine wie ein Penis in den Himmel gerichtet ist (Abb. 64c). Der Venushügel ist in der ersten Einstellung mit kleinem Bildausschnitt links unten im Bildfeld positioniert, während sich im oberen Drittel des Bildfeldes ein horizontales Wolkenband gebildet hat. Bei der nächsten Bildeinstellung hat sich die Kamera dem Hügel genähert. Wir sehen den Hügel jetzt bildfüllend, aber immer noch exakt in der Mitte angeschnitten. Gegenüber dem Hügel und

Abb. 64 a–d: Szenen aus *Cloudbusting*

der Maschine steht der Vater im rechten unteren Bildfeld. Damit entsteht eine negative Diagonale. Die strukturelle Bildbotschaft gibt eine Vorahnung auf die folgenden Szenen. Während die „Tochter“ an dem Gerät hantiert (onaniert), wendet sich der Vater hügelabwärts. Sein Kopf tangiert dabei die untergehende Sonne (Symbol für Männlichkeit). Bevor er im Erdhaften (weiblich) verschwindet, erfolgt ein Bildschnitt. Dies kann, muß aber kein Zufall sein. Während der Vater vorwiegend gegen den Himmel fotografiert wird, bildet sich die „Tochter“, wenn sie alleine gezeigt wird, vor dem Hintergrund der Erde ab. Sie wird, symbolisch gesehen, in das weibliche Element integriert. Wenn sie zusammen mit dem Vater gezeigt wird, erhebt sie sich aus dem Horizont.

In der folgenden Szene pendelt dem Zuschauer eine Kugel (Kreis, weiblich) entgegen, dann kommt der Vater durch die Tür ins Labor, setzt sich an den Schreibtisch, wendet sich zur Seite und macht einen Propeller an. In einer Überblendung folgt ein Rückblick. Wir beobachten jetzt, wie er mit einem Streichholz Feuer (Symbol für Wandlung) macht und das Kugelpendel in Bewegung setzt, während seine „Tochter“ ihm gegenüber sitzt. Die „Tochter“ reicht ihm eine Kinderzeichnung, die ihm mutmaßlich die letzte Erkenntnis für die Konstruktion der Maschine liefert. Das Weibliche, verkörpert durch die „Tochter“, gibt ihm die Weisheit (die im Buddhismus „prajna“ und im Hinduismus „shakti“ genannt wird) der Erkenntnis (vierte Stufe der Annäherung an seine Anima). Während ihm möglicherweise das „missing link“ gegeben wurde, sehen wir, wie sich sein Gesicht verklärt. Zum gleichen Zeitpunkt löst sich sein Gesicht auf, das Bild wird immer heller und langsam verschwindet der Kopf des Vaters. Von rechts und links tauchen Köpfe auf, die den Bildrand nach innen rücken und damit imaginär den Kopf des Vaters „einklemmen“. Danach folgt ein dramatischer Höhepunkt: Die Kamera öffnet den Blick, aus den beiden Männern werden vier Männer, die für die Zuschauer bedrohlich die Treppen hinuntergehen, wobei jeder Schritt dem Takt der Musik im Stil von *Triumph des Willens* folgt.

Die „Tochter“ sieht das fremde Auto kommen (die Männer bilden für die „Tochter“ die negativen Aspekte ihres Animus) und steigt den Hügel hinab. Zwei bemerkenswerte Szenen folgen. Während der Vater, wie oben erwähnt, Profil zeigt gegenüber dem Venushügel, ist die „Tochter“ in den Hügel, der den Hintergrund bildet, integriert. Wenn sich ihr Kopf aus dem Hügel herausbildet, erfolgt ein Schnitt. Während wir sehen, daß die Männer den Vater festnehmen und Schubladen aus den Schränken gerissen werden, wird in Parallelmontage gezeigt, wie die „Tochter“ versucht, das Haus zu erreichen. Sie fällt in der gleichen Bewegungsrichtung wie die Schubladen herausgezogen werden. Doch auch hier läßt sich eine erstaunliche Bildmetapher finden. Während sie den Hügel herunterfällt, wobei die

Bilddarstellung eine negative Diagonale bildet, ist in der Mitte die Sonne (männliches Prinzip) zu sehen. Der Bildschnitt erfolgt genau zu dem Zeitpunkt, wenn Bush die Sonne tangential berührt. Das Fallen kann als Initiationserfahrung gedeutet werden, da sie nunmehr innerhalb und außerhalb der Erde gezeigt wird.

Sie kommt zu spät. Das Auto mit dem festgenommenen Vater ist bereits vorbeigefahren. Er kann ihr jedoch durch das Rückfenster noch eine Geste mitteilen. Er deutet auf die Maschine. In einem inneren Monolog scheint sie die Lösung gefunden zu haben, sie hastet „durch die Sonne" den Berg hinauf. Sie geht durch das Männliche, das nunmehr Teil ihres Personseins ist (mit Hilfe des Vaters hat sie die negativen Aspekte des Animus bewältigt). Nachdem sie die Maschine erreicht, bedient sie Räder und Hebel, einer Erektion ähnelnd schieben sich Röhren nach oben, speien ein „Ejakulat" aus. Danach beginnt es zu regnen. Die allerletzte Bildeinstellung zeigt uns den Venushügel, nunmehr wird er erstmals vollständig gezeigt. Auf ihm thront die phallische Maschine - eine ganzheitliche Vereinigung (Abb. 64d).

5.2.2.2 Hegel meets Buddha (Guesch Patti)

Nachdem der Videoclip *Etienne, Etienne* (1987, Regie: Lydie Callier) der französischen Sängerin Guesch Patti auf dem Markt war, kam er alsbald in einen zweifelhaften Ruf. Nach den „Skandalvideos" *Wild Boys* von Duran Duran (Thema Folter) und *Jenny* von Falco (Thema Vergewaltigung) gehörte er zu den Clips, die Jugendschützer auf den Plan riefen. Der Clip beinhaltet eine fiktive Handlung, die mit surrealen Elementen erzählt wird.

Ein Vorhang wird aufgezogen, ein kahlköpfiger, weißgekleideter Mann betritt in Begleitung einer Frau (Patti) einen Saal mit Bühne. Die Frau trägt einen weißen Pelzmantel und darunter ein schwarzes Kostüm. Der Mann nimmt an einem Tisch Platz und beobachtet die Frau, wie sie auf der Bühne animierend tanzt und singt. Das Paar wird von vier Männern in schwarzer Lederkleidung beobachtet. Der Mann geht zur Bühne und deutet mit einem Stock auf den Mund der Sängerin (Abb. 65), und danach fährt er mit dem Stock von unten die Beine hoch, um auf Höhe der Scheide zu verharren. Im Verlauf der folgenden Handlung wird der „Voyeur" seiner beobachtenden Position beraubt. Einer der vier Männer drückt ihm einen Kaugummi auf den Kopf. In

Abb. 65: Stock/Mund-Szene (*Etienne, Etienne*)

einem stilisierten Kampf der vier Männer fliegt eine Lederjacke durch die Luft. Die Jacke wird von der Frau aufgefangen und angezogen. Mit der Lederjacke wird sie zur Herrscherin der Bühne, zwingt zuerst einen Stuhl, dann einen Mann, später alle vier Männer in ihren Takt. Nachdem ihr dies gelungen ist, wirft sie die Jacke weg. Sie benötigt die Jacke, das Symbol für Macht, nicht mehr, da ihr Rhythmus zum Rhythmus der Gruppe (vier Männer) geworden ist, die nunmehr mit ihr auf der Bühne (ohne Jacke) stehen. Der gedemütigte Voyeur erhält erst zu dem Zeitpunkt einen erneuten „Auftritt", nachdem er sich in einem Blumenstrauß verbeißt und rote Rosenblüten aus seinem Mund hervorquellen. Diese Szene wird in Farbe gezeigt, während der Clip in Schwarzweiß gedreht wurde.

Bei mehreren Veranstaltungen zeigte ich diesen Videoclip unterschiedlichen Zielgruppen, um anschließend die Gefühle und Emotionen zu erfragen. Der Clip wird von den Rezipienten nahezu immer sehr heterogen wahrgenommen. Obwohl die symbolischen Konnotationen des Clips keinem bewußt waren, kamen erstaunlicherweise viele Männer gefühlsmäßig zu dem Ergebnis, der Clip enthalte männerfeindliche Elemente, ohne daß sie, mit Ausnahme der Kaugummi-Szene, präzise Szenen nennen konnten, die Anlaß für diese Wertung gaben. Intuitiv spürten sie, daß der Voyeur kein Täter, sondern ein Opfer ist, der keinen Einfluß auf die „tanzende" Patti hat. Frauen demgegenüber konzentrierten sich vorwiegend auf die Szene mit dem Stock, die von ihnen als symbolische Vergewaltigung interpretiert wurde. Sie lehnten daher den Clip ab, sahen in ihm ein weiteres Beispiel für den männlichen Blick. Frauen fällt es bei diesem Clip schwer, sich von den „Realbildern", die in ihnen ausgelöst werden, zu trennen. Sie sind meist blockiert, die Bilder des Clips in einen werkimmanenten Zusammenhang zu stellen. Die Überraschung ist immer groß, wenn bekannt wird, daß der Clip von einer Frau, gar noch von der Lebensgefährtin von Guesch Patti inszeniert wurde. Die Bilder des Clips lassen unterschiedliche Interpretationen zu. Zwei Beispiele verdeutlichen dies. Während eine Erklärung Bezüge zum deutschen Idealismus herstellt, verweist eine andere Interpretation auf die asiatische Philosophie.

Es drängt sich Georg W. F. Hegels Parabel vom Herrn und Knecht auf. Nach Hegel ist der Herr in seiner Rollendisposition gefangen. Er ist nicht lern- und wandlungsfähig, da sich seine Position als „Herr" durch die Existenz eines Knechts definiert. Ohne Knecht wäre er kein Herr und nicht lebensfähig. Seine Lebensfähigkeit ist durch die Existenz des Knechts sichergestellt. Der Knecht kann ohne den Herrn leben. Er leistet die produktive Arbeit, während der Herr davon zehrt. Er ist potentiell in der Lage, sich von dem Herrn zu lösen, sich von den Fesseln der Herrschaft zu befreien. Der Knecht ist somit derjenige, der die Herrschaft schafft, aber auch aufheben kann.

In *Etienne, Etienne* wird die Doppeldeutigkeit des Herr/Knecht-Dramas eindrucksvoll inszeniert. Der Voyeur symbolisiert das sich auflösende Patriarchat als Herrschaftsform. Er wird durch Glatze und weiche Gesichtszüge mit weiblichen Attributen gezeigt. Die einzige typisch männliche Verhaltensform zeigt er, wenn er energisch auf den Blumenstrauß zugeht, in die Blumen beißt und mit den Blumen-Spermien in die Luft bläst. Diese Szene läßt sich, psychoanalytisch gedeutet, als vorzeitiger Samenerguß interpretieren. Nachdem er auf seine genitale Potenz, seine Männlichkeit verzichtet, erhält er die Chance zur Integration in die Gruppe, die Nähe zum geliebten Objekt. In der Schlußszene hält er, nunmehr auch ohne Jacke, Guesch Patti, das Symbol für das Matriarchat, in die Höhe. Sein Verzicht auf den Anspruch wird zur Vorbedingung für die Illusion des Anspruchs. Das Matriarchat hat die Rolle des Knechtes. Sie kann und wird, so die Aussage des Videoclips, sich aus der Symbiose mit dem Herrn, dem Patriarchat, befreien. Dem Herrn wird, entgegen der Hegelschen Parabel, eine Lernmöglichkeit zugestanden, jedoch nur durch den freiwilligen Verzicht auf seine männliche Potenz. Damit verbunden ist seine Bereitschaft zur Aufgabe der männlichen Herrschaftsrolle.

Der „Männerclan" verliert ebenso seine Männlichkeit, visualisiert durch den Verzicht auf die Lederkleidung. Die Männergruppe ordnet sich ebenso (symbolisch) der Frau unter. Personifiziert wird dies durch den „Chef" der Männer, der Patti „erhöht". Die Gratifikation der Männer und des Voyeurs, alle Vertreter des Patriarchats, besteht in der Ehre, die Dominanz des Matriarchats „hochzuhalten". Die ehemals (scheinbar) unterworfene Frau[56] verläßt nicht nur die Bürde des Knecht-Seins, sondern ebenfalls die Hegelsche Parabel. Während Hegel aufzeigen wollte, daß die Knechte keine Herren brauchen und die Utopie einer freien Gesellschaft der Knechte denkbar ist, macht sie sich selbst zur Frau bzw. zum Herrn von neuen Knechten.

Die Umkehrung der Herr/Knecht-Rolle appelliert damit an Ängste der Männer vor dem Matriarchat und damit vor der Aufgabe eigener Herrschaftsansprüche. Das Außergewöhnliche bei der Vorführung des Clips ist, daß offensichtlich Männer den Subtext dieses Clips fühlen, ohne jemals etwas von Hegel oder von der „Großen Göttin" und ihrem „Heros" gehört zu haben. Der Mythos vom männlichen Heros und der Großen Göttin verweist auf die Frühzeit unserer Geschichte. Auf der Höhe des Jahres wurde die Heilige Hochzeit zwischen der Großen Göttin und dem Heros gefeiert, der anschließend bereit war, sich für die Erneuerung des Lebens am

[56] Zu Beginn des Videoclips lassen sich auch Bilder finden, die deutlich machen, daß von Anfang an der Voyeur der Verführte ist und die Frau durch ihr Verhalten seinen Blick und sein Verhalten dirigiert.

Lebensbaum zu opfern. Dies könnte ein Hinweis dafür sein, daß Bilder Botschaften transportieren können, die nicht rational erfaßt, aber deren Substanz dennoch gefühlt werden kann.

Die These, daß der Clip eine Auseinandersetzung zum Thema Mann/ Frau aufweist, läßt sich mit weiteren Bildern und einem anderen Interpretationsansatz begründen. Die anfangs als sexistisch interpretierte Szene mit dem Stock läßt sich ganz anders deuten. „Männlich" und „Weiblich" sind nach dem Verständnis der Buddhisten nur jeweils Teilaspekte eines wesenhaften Ganzen. „Ursprünglich war der Mensch mit der Welt und dem Leben identisch. Er war Teil des Ur-Einen. Erst mit zunehmender Bewußtseinsentwicklung verfügte er über die Möglichkeit, der Welt und den Erscheinungsformen des Lebens gegenüberzutreten und sich auch gegen sie zu stellen. Es kommt zu Polaritäten und damit zu Spannungen" (Fischle 1980, S. 33). Diese Polaritäten, so auch die der Geschlechter, stehen nach dem Verständnis der Buddhisten in Beziehung zueinander. Den Sinn der Verbindung von Kosmos und Mensch kann nur der verstehen, der bereit ist zu lernen, daß Ganzheit verschiedene Seinsformen und Ausformungen annehmen und die oppositionelle Auseinandersetzung der Geschlechter in uns lösen kann. Gegensätze sind daher keine Widersprüche, sondern notwendige Ergänzungen. Der Mensch hat einen Drang nach universeller Vollkommenheit. Der Mangel an Ganzheit darf nicht dazu führen, die Gegenseite zu bekämpfen. Es gilt zu lernen, in sich den gegengeschlechtlichen Anteil anzunehmen, um zur Bildung einer umfassenden Persönlichkeit zu gelangen.

Die Vereinigung des männlichen Buddhas mit seiner Prajna, dem weiblichen Anteil seiner Persönlichkeit, wird dargestellt in der Yab-Yum-Haltung (Abb. 66). In tiefster Einheit verschmilzt Buddha vom oralen bis genitalen Bereich mit seiner weiblichen Entsprechung, der Prajna, seiner Weisheit. Die Zielpunkte des Zeigestocks entsprechen genau den Endpunkten der Prajna innerhalb der Buddhafigur. Vor diesem Hintergrund läßt sich die „Zeigestock-Gewalt-Szene" als Suche nach dem Weiblichen im Mann werten (Anima). Diese Interpretation wird durch weitere Bildbelege nahegelegt.

Abb. 66: Buddhistische Yab-Yum-Haltung

Bei allen Völkern besteht die Auffassung, Zahlen stammten aus dem tiefsten Unbewußten.

Auch Jung (1976, S. 250f., 394) redet von einer Zahlensymbolik. In der Symbolik der Zahlen überwindet die Drei die Polarität der Zwei. Der geometrische Ausdruck der Drei ist das Dreieck. Das nach unten gerichtete Dreieck gilt als das weibliche Prinzip, es verweist auf das Erdhafte, das Unbewußte und Dunkle, während das männliche Prinzip, das sich auf das Geistige, das Bewußte und Helle bezieht, durch ein Dreieck nach oben symbolisiert wird. Diese Symbolik wird „intentional" in diesem Clip eingesetzt. So ist z.B. in einer Szene Guesch Patti so gefilmt, daß ihre Unterschenkel ein männliches Dreieck ergeben, in dem der Mann eingeschlossen ist (Abb. 67). Dominanz läßt sich visuell kaum deutlicher ausdrücken.

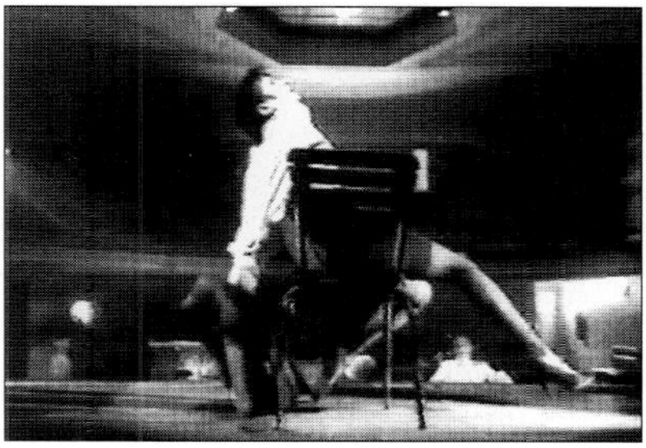

Abb. 67: Patti bildet mit den Beinen ein Dreieck *(Etienne, Etienne)*

Die Suche nach der Aufhebung der Dualität wird in der hindustischen Symbolik durch das Lingam im Yoni-Gefäß dargestellt (Abb. 68). Das stehende Lingam repräsentiert das Männliche, das aktive und tätige Element. Die Yoni-Scheibe gilt als Sinnbild für den weiblichen Schoß, das passive, empfangende Element. Im Clip von Guesch Patti erscheint diese Symbolik verdichtet in einer Torte, auf der eine Kerze steht (Abb. 69).

Nachdem Guesch Patti mit Hilfe der Jacke (männlich) dominant wird, kommt einer der seines männlichen Attributs (Jacke) beraubten Männer auf die Bühne und beide tanzen im Duett. Im selben Augenblick, in dem sie sich vereinigen, ist im Bildhintergrund ein Lichtschein erkennbar. Bei Einzelbildschaltung läßt sich verblüffenderweise feststellen, daß die Vereinigung der beiden Tänzer genau zu dem Zeitpunkt erfolgt, als der Lichtschein einen Dreizack bildet (vgl. S. 222, Abb. 70). Im Hinduismus gilt das Symbol des Dreizacks, das dem Gott Shiva zugeordnet ist, als Symbol für die drei Grundmöglichkeiten unseres Tuns und Denkens. Das

Abb. 68: Hinduistisches Yoni-Lingam-Symbol

Abb. 69: Transformation des Symbols im Clip *Etienne, Etienne*

Abb. 70: Dreizack Shivas, Vereinigungsszene *(Etienne, Etienne)*

leidenschaftliche, zweckbestimmte Denken (männlich), die Aktivität, steht der Passivität, dem affektiven Denken (weibliches Prinzip), gegenüber. Die Mitte bedeutet Weisheit, die Erkenntnis des wahren Wesens der Welt. Entfernen sich die Tänzer voneinander, verschwindet der Lichtschein, das Symbol der Vereinigung der Gegensätze. Offensichtlich setzt sich der Clip mit der Frage nach der geschlechtlichen Identität und der Beziehung zwischen den Geschlechtern auseinander. Dabei werden christliche, buddhistische und hinduistische Symbole benutzt.

5.2.2.3 Suche nach männlicher Identität (Depeche Mode)

Der Videoclip *Strange Love* (1987, Regie: Anton Corbijn[57]) von Depeche Mode enthält keine narrative Handlung, daher wird auf eine vollständige inhaltliche Wiedergabe verzichtet. Diese und die Analyse des Clips werden gleichzeitig vorgenommen. Die symbolische Struktur des Clips ist nicht in allen Sequenzen des Films präsent. Sie taucht auf, verliert sich, erscheint wieder. In dem Clip sind auch Bilder enthalten, die möglicherweise eine manieristische oder eine subjektive Bedeutung haben und nur im Kontext biographischer Kenntnisse der Popgruppe bzw. des Clipregisseurs interpretiert werden können. Zu diesen Bildern habe ich keine Schlüssel. Sie eröffnen möglicherweise noch andere Erklärungsmuster.

Während bei Kate Bush und Guesch Patti der Bezug zum Autorenfilm sehr naheliegend ist, weist das Depeche-Mode-Video Strukturen auf, die typisch sind für die Mehrzahl der Videoclips. Es sind zwar eine Menge von symbolischen Kontexten dechiffrierbar, aber diese Subtexte konkurrieren mit anderen Botschaften. Von der Gestalttheorie (u.a. Arnheim 1978) wissen wir, daß strukturelle Besonderheiten von Bildbotschaften durch uns zu

[57] Seit *Strange Love* hat Corbijn alle Videoclips von Depeche Mode inszeniert. Inzwischen hat er Berühmtheit wegen seiner mythisch-religiösen Bilder erlangt. Daher gibt es wenig Zweifel über die Intentionalität seiner symbolischen Bildwelten. In einem Interview in der Sendung *Hotzplotz* (*RTL* 2, März 1997) berichtete er, daß er ohne Treatments arbeitet, da eine geschriebene Idee auf Papier kaum vorstellbar ist. Corbijn richtet sich keineswegs primär nach dem Text (!), sondern vorwiegend nach der Musik. „Ich höre kaum auf den Text, für mich gibt es nur das Feeling der songs. Damit entstehen Bilder in meinem Kopf, so arbeiten wir dann." Intuition hält er für die primäre Orientierung bei der Erstellung seiner Clips. Inzwischen greifen u.a. David Bowie, Nirvana, Metallica und U 2 auf die Bildimaginationsfähigkeiten von Corbijn zurück.

Gestaltformen zusammengefaßt werden und im Verlauf des bewußten oder auch unbewußten Wahrnehmungsprozesses eine sinnlich-emotionale Bewertung erfahren (vgl. Abschnitt 2.3.2). Jung (1984) vermutet, daß Bilder die Eigenschaft haben, ihre emotionalen Botschaften direkt auf den Zuschauer zu projizieren. Diese Bildbotschaften wirken demgemäß unabhängig vom Bewußtsein der Rezipienten und oft auch der Produzenten.

Die in der Gestalttheorie wie auch bei Jung (1984) enthaltende deterministische Wirkung teile ich nicht. Es ist vorstellbar, daß die Bilder Wirkungen evozieren. Ob diese Projektionen beim Adressaten bewußt oder unbewußt eine Wirkung zeitigen, wie bereits mehrfach verdeutlicht, hängt von biographischen und kulturellen Bedingungen ab. *Strange Love* zeigt unzweifelhaft bewußte oder unbewußte symbolische Kontexte. Die in dem Clip enthaltenen Bildmetaphern weisen strukturelle Bildinformationen auf, die ein intentionales Konzept erahnen lassen.

Strange Love beginnt mit einem geschlossenen Fenster, das sich automatisch öffnet. Aus dem Dunkel kommt erst eine, danach eine zweite Person hervor, zwei Bandmitglieder der Popgruppe Depeche Mode. Der Blick vom Dunklen ins Helle läßt sich als extrauteriner Blick deuten. Häuser wie auch Behälter, darauf hat Lewis Mumford aufmerksam gemacht, lassen sich als ein Symbol für das Weibliche verstehen (1986, S. 167). So wie man Werkzeuge versteht als mechanische Nachbildungen von Muskeln und Gliedern der Männer (Hammer = Faust, Speer = verlängerter Arm, Zange = Finger), so läßt sich auch der weibliche Körper extrapolieren. So ist für Mumford (ebd.) der Mutterleib ein schützender Behälter, wie auch die Brust als Vorbild für den Krug und das Gefäß zu gelten hat. Das Haus hat eine schützende Funktion für seine Bewohner, daher hat die Symbolik des Hauses eine weibliche Konnotation. Das Dunkle gilt ebenfalls als der Bereich des Weiblichen, während das Helle Bezug zum Männlichen symbolisiert. Dunkel ist auch der Mutterbauch, das Helle ist der Eintritt in das Leben. Die erste Szene verweist somit auf eine symbolische Geburt. Diese Interpretation wird durch zwei später zu sehende Bildsequenzen unterstützt. In einer späteren Phase des Clips taucht eine Person auf, die sich aus einer grafisch skizzierten Scheide „herauswindet" (Abb. 71a). Es geht in dem Clip jedoch nicht um eine leibliche Geburt, sondern um eine psychologische Geburt (Reifeprozeß im Umgang mit der Anima), die Geburt eines neuen Selbstverständnisses, die Akzeptanz der eigenen (männlichen) Geschlechtlichkeit oder auch das Heraustreten aus der Weiblichkeit und das Gewahrwerden der weiblichen Anteile innerhalb der Männlichkeit.

Nach der Fensterszene kommt eine Einstellung, die eine Frau zeigt, deren Kopf und Schulter angeschnitten sind. Wir erblicken nur die Beine der Frau, die wie ein Dreieck aussehen, das nach oben gerichtet ist. Die Männer schauen somit, strukturell gesehen, auf ein sich bewegendes männliches Dreieck. Das von Frauenbeinen gebildete (männliche) Dreieck läuft auf eine sich inmitten von Pflastersteinen befindliche ovale Erdfläche zu. In dieser ovalen Fläche befindet sich ein Ring, der einen markanten Kreis bildet (Abb. 71b). Genau zu dem Zeitpunkt, als das Knie der Frau eine Tangente bildet mit dem Ring, erfolgt ein Bildschnitt. Wie wir schon bei dem Beispiel von Guesch Patti gesehen haben, gilt das nach oben gerichtete Dreieck als Symbol für Männlichkeit, das Dreieck mit der Spitze nach unten, aber auch der Kreis (Yoni-Scheibe), als Symbole für das Weibliche. Die zwei Männer befinden sich in einem bergenden (weiblichen) Behälter (Haus), schauen aus dem Fenster, erblicken eine Frau, die mit ihren Beinen ein männliches Dreieck bildet, die wiederum, nachdem sie ein Oval durchquert hat, in das „Weibliche" geht (Kreis) und sich durch diese Berührung verändert (Bildwechsel). Diese Bilder zeigen ganz deutlich eine Geschlechtsdiffusion.[58]

Abb. 71 a–c: *Strange Love ...*

Bei der nächsten Sequenz steht die Frau vor einem Baum, der sich nach oben zu einem Dreieck verjüngt (Abb. 71c). Parallel daneben, geprägt durch einen symmetrischen Bildaufbau, steht der Eiffelturm, der, obwohl seine Spitze angeschnitten ist, ebenfalls eine Dreiecksstruktur aufweist. Wiederum ist die Frau im männlichen Dreieck integriert. In einer späteren Sequenz werden die beiden Männer in einer Rückansicht so dargestellt, daß ihre Köpfe und Schultern wie Hoden aussehen, und über ihnen „thront" phallisch der Eiffelturm (vgl. Abb. 71d). Damit wird die These, der Eiffelturm, verkörpert symbolisch den „Mann", unterstützt. Kurze Zeit später sehen wir im Vordergrund

[58] Erst später erfuhr ich, daß die Depeche-Mode-Mitglieder ihre Sexualität als bisexuell bezeichnen.

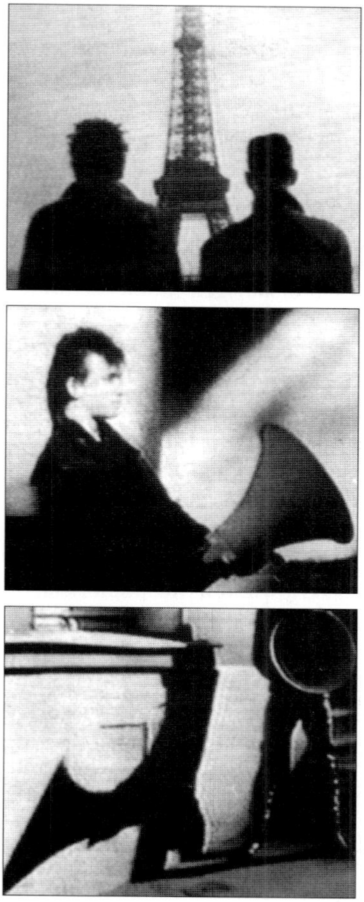
Abb. 71 d–f: ... von Depeche Mode

gemalte Halbkreise, im Hintergrund die Frau. Durch eine vertikale Kamerafahrt erhebt sich die Frau über die Halbkreise, den Eindruck einer Erektion hinterlassend. Während die Waagerechte, die Hinweis auf den Horizont, das Erdhafte gibt, dem Weiblichen nahesteht, läßt sich die Senkrechte als typisch männliches Symbol interpretieren. In einer relativ langen Bildeinstellung sehen wir danach eine Säulenreihe, welche Vordergrund von Hintergrund trennt. Eine der Säulen fehlt. Sie wird von der Frau ersetzt. Die Frau bildet eine männliche Senkrechte. In einer späteren Szene wird diese Frau in schwarzer Lederkleidung als Domina gezeigt, wie sie vor und in einem Bett agiert. Die Kameraeinstellung blickt durch einen Vorhang, der das Bildfeld in Form eines nach oben gerichteten Dreiecks einrahmt. Damit wird der Eindruck der Männlichkeit bei der Frau verstärkt.

Nach der Szene mit der Säule erscheint erstmals ein Lautsprecher, der im Verlauf des Clips immer wieder zu sehen sein wird. Wenn der Lautsprecher zum ersten Mal gezeigt wird und ebenso in der Schlußszene des Films, läßt sich in seinem Innern deutlich ein nach außen gerichteter Trichter identifizieren. Es handelt sich dabei um eine Bildmetapher, die an die symbolische Repräsentation der Yoni-Scheibe und des Lingams anknüpft (vgl. S. 221, Abb. 68). Im Lautsprecher vereinigen sich männliche und weibliche Symbolik. Diese Deutung wird durch darauffolgende Szenen gestützt. Einer der beiden Männer hält den Lautsprecher vor die Hüfte (Abb. 71e). Es ergibt sich, verstärkt durch die Licht- und Schattenwirkung im Bildhintergrund, eine steigende Diagonale. Wer an dieser Interpretation Zweifel erhebt, wird durch die bald folgende Bildeinstellung überzeugt. Nunmehr sehen wir den Körper eines der Männer im rechten Bildfeld (ohne Kopf, „nur" Körper). Vor seiner Hüfte der Lautsprecher und links von ihm ein Schatten, dessen phallische Bedeutung karikierend deutlich ist (Abb. 71f). Wiederum erblicken wir im Bildaufbau eine steigende Diagonale, die die „Erektion" über die strukturelle Bildebene verstärkt. Kurz vor Ende des Clips sehen wir die Grafik eines senkrechten Ständers, auf dem der Lautsprecher befestigt ist, wobei der Text „love" eingeblendet wird. Kurze Zeit später erblicken wir in einer Grafikanimation, wie der Lautsprecher aus seiner Halterung nach unten fällt und damit „erschlafft", dabei wird der Text „pain" eingeblendet. Ein Kommentar erübrigt sich.

In der letzten Bildsequenz wird der Lautsprecher gezeigt, dessen Farbe sich, ähnlich wie bei *Etienne, Etienne,* von dem bisherigen Modus schwarzweiß auf Farbe ändert. Jedoch bleiben die anderen Bildteile in Schwarzweiß, wodurch die symbolische Bedeutung gesteigert wird. Wir sehen nunmehr den phallisch roten Lautsprecher, der selbst ein androgynes Konstrukt repräsentiert, inmitten von Stühlen, die kreisrund um den Lautsprecher stehen. Der Videoclip bringt noch einmal sein Thema auf den Punkt bzw. auf die Bildmetapher, die Thematisierung der Geschlechtsrollenidentität (Animus/Anima-Thematik).

Das nach oben gerichtete Dreieck wird ebenso wie das Lingam dem solaren, männlichen Prinzip zugeordnet. Es wird in der asiatischen Philosophie als das Bild der männlichen Zeugungskraft und der schöpferischen Kraft Gottes verstanden. Es verkörpert ebenso Feuer, Flamme, Leben und Wärme. „Es bedeutet aber auch die Trinität von Liebe, Wahrheit und Weisheit" (Cooper 1986, S. 36). Sowohl bei Depeche Modes als auch bei Guesch Pattis Videoclip, findet diese Symbolik Verwendung. Der Videoclip verkörpert die Suche von Depeche Mode nach ihrer männlichen Rolle bzw. nach ihren verdrängten Anima-Anteilen. Ihrem verdrängten, unbewußten Selbst begegnet eine Frau, die wiederum in einer Auseinandersetzung mit ihren Animus-Anteilen steht.

Das Dreieck, dessen Spitze nach unten gerichtet ist, verweist auf das lunare, das weibliche Element. Michael Jackson wie auch Madonna (vgl. Abschnitt 5.2.1.1 und 5.2.1.2) haben sich dieses Symbol angeeignet. Es ist das Zeichen für den gebärenden Schoß, es symbolisiert daher die Große Göttin als Erzeugerin. Die natürliche Welt, Wasser, Kälte, der Körper, die Yoni-Scheibe stehen mit diesem Zeichen in Verbindung. In der Form der Yoni-Scheibe konnten wir es ebenso bei Guesch Patti identifizieren.

Sind beide Dreiecke ineinander geschoben oder Yoni-Scheibe und Lingam verbunden (vgl. Guesch Patti), entsteht in der indischen Philosophie eine Verbindung der schöpferischen und gebärenden Kräfte, die als Vereinigung interpretiert wird, „aus der in alle Ewigkeiten alles wird" (Bauer/Dümotz/Golowin 1986, S. 39). Es ist das Zeichen für die Liebe der Gottheit zur Welt und der Welt des Göttlichen. „Das nach oben zeigende Dreieck stellt die himmlische Natur dar und das umgekehrte die irdische, das

Ganze bedeutet den kosmischen Menschen, der die beiden als Mittler vereint" (Cooper 1986, S. 37). Das auch Davidstern genannte Zeichen besagt, daß „jede wahrhafte Analogie umgekehrt angewandt werden muß, wie oben, so unten" (ebd., S. 36). Jedes der beiden ist das Abbild des anderen. Die ineinander geschobenen Dreiecke repräsentieren eine wechselseitige Durchdringung und somit die Vereinigung der Gegensätze männlich und weiblich, Feuer und Wasser, Evolution und Involution. Damit ist es auch das Zeichen des Hermaphroditen, der doppelgeschlechtliche Aspekt der Gottheit, in der das Gleichgewicht der Komplementärkräfte aufgehoben ist.

5.3 Werbung – die Macht der schönen Bilder

Werbung ist, unabhängig von der geringen Wertschätzung, die sie im medienpädagogischen Bereich erfährt, zu einem wichtigen Bestandteil unserer Medienkultur geworden. Rolf Kloepfer und Hanne Landbeck (1991) sehen in der Werbung einen Indikator für eine neue Kommunikationskultur. Im medienpädagogischen Umfeld wird die Werbung im Spannungsfeld zwischen „Verführung" und „Quelle des falschen Bewußtseins" eingeordnet. Die Haltung von Max Horkheimer und Theodor W. Adorno (1984), die Werbung als Inkarnation der sogenannten Kulturindustrie zu brandmarken, aber auch Barthes' (1964) These, Werbung sei Massenbetrug des Manipulators Kapital und Wolfgang Fritz Haugs (1971) *Kritik der Warenästhetik* bestimmen zum großen Teil bis heute die pädagogische Diskussion. Desgleichen gibt es in der Kunsttheorie Positionen, die sich stark von der Werbung abgrenzen. „Werbung arbeitet mit der gnadenlosen Ausbeutung des ästhetischen Scheins, nicht nur wegen der Einbindung in die strategische Überhöhung der kapitalistischen Warenwelt, sondern auch wegen der symmetrisch vollzogenen Ausgrenzung aus dem Diskurs der wahrheitsfähigen Bilder und Rhetoriken" (Reck 1994, S. 364). Demgegenüber sieht Schulze in der Werbung ein Medium, das Sinnangebote bereithält. „Werbung ist

Abb. 72: *Sculpture*-Werbung, 1996

Erfindung von Seinsformen, die Abnehmern zusagen können, sofern sie selbst keine Idee davon haben, wer sie sein wollen. Suggestion ist dabei nicht Verführung, sondern Konsumhilfe, denn die Hauptsache ist, daß der Konsument selbst daran glaubt, etwas Bestimmtes zu wünschen und die vorkonzipierten Gefühle zu haben, wenn er über das Produkt verfügt" (Schulze 1994, S. ZB3).

Die (sozial-)politische Wirkung von Werbung wird hier nicht behandelt. Angeknüpft wird an die von Schulze diskutierte Forderung, Werbung auf die in ihr enthaltenen Sinnangebote hin zu analysieren. Da die Werbewirtschaft Interesse hat, ihre Produkte zu verkaufen, muß sie sich nach den Bedürfnissen ihrer Kunden richten. Die Notwendigkeit der Erzeugung folgenreicher Aufmerksamkeit zwingt das Werbesystem zu einer genauen Beobachtung seiner Klientel. Werbesysteme sind voluminöse Resonanzkörper, ein „notwendiger, sensibler Indikator sozialen und kulturellen Wandels" (Schmidt/Spieß 1994, S. 27). Die knappe Aufmerksamkeit und die Konkurrenz von Angeboten erzwingt ein genaues Treffen des Zeitgeistes, der die Kultur einer Gesellschaft kommunikativ manifestiert. Das Problem der Werbetreibenden liegt jedoch nicht nur darin, den Zeitgeist zu treffen, sie müssen darüber hinaus in ihren Spots an globale Wahrnehmungsmuster appellieren, die auf generalisierbare Muster der Bearbeitung treffen. Es müssen daher immer auch Motive und Bildwelten auftauchen, die an der Tiefenstruktur menschlicher Daseinsbewältigung orientiert sind. Nach einer Annäherung an die „neuen" Bilder der Werbung wird auf diese globalen Bildmotive hingewiesen, die parallel zum „Zeitgeist" in der Werbung Verwendung finden. Acht mit Mythen und Symbolen angereicherte Subtexte, auf die die Werbung zurückgreift, werden herausgestellt und durch drei beispielhafte Analysen von Werbespots, die das Thema Geschlechterrolle „bearbeiten", ergänzt.

5.3.1 Die neuen Bilder der Werbung

Jährlich garantieren in Europa fast 1,3 Mio. Werbespots die Allgegenwärtigkeit von Werbung. In Deutschland werden täglich mehr als 1 000 Werbespots gesendet und buhlen um Aufmerksamkeit. Die rapide wachsende Präsenz der Werbung in allen Wirtschaftsbereichen verweist auf ihre Akzeptanz bei der Bevölkerung. Neben den Videoclips hat die Werbung nicht nur zu einer fundamentalen Veränderung der Medien und deren Wahrnehmung, sondern auch zu einer Veränderung der (Alltags-)Kultur geführt.

Es genügt nicht mehr, das Gut zu präsentieren, es muß mit dem Gut gleichzeitig die Erfüllung eines Lebenswunsches in Aussicht gestellt werden, der sich scheinbar nur in dem einen Produkt verwirklicht. Werbung kann, indem sie das Selbstwertgefühl, den Lebensstil und die Wünsche der

Rezipienten mit dem Produkt verknüpft, „als Mittel ritueller Einstimmung, Beschwörung, ja Initiation fungieren" (Kloepfer/Landbeck 1991, S. 215). Auch für Reck dient die Werbung nicht mehr dem direkten Kauf und Verkauf von Dingen. „Sie ist Teil eines Spektakels, wobei das Spektakel alle Formen öffentlich inszenierten Lebens umfaßt" (Reck 1994, S. 358). Kennzeichnend für die „neue Werbung" sind höchste Artifizialisierung der Darstellung, größtmögliche Serialität, Redundanz des Dargestellten, Zunahme von Zitaten, die Verwendung kinematografisch vorbenutzter Zeichen und das Prinzip der Minimalisierung des Zeichenaufwands (vgl. ebd., S. 347). Kloepfer/Landbeck erkennen demgegenüber eine immer komplexere Struktur der Werbung, die nach den Prinzipien der Raffung, der Stilisierung und der Parodie arbeitet. Sie gehen von einem intelligenteren, selbständigeren und freieren Adressaten aus. Diesen erfahrenen Zuschauern genügen wenige Sekunden, „um zu wissen, wo die Story spielt und was von ihr zu erwarten ist, welches Genre gebraucht wird und welchen Stil Stars, Dekor, Inszenierung erfüllen. Entsprechend komplex können Elemente der Kunst-, Film- und Fernsehgeschichte zu Mustern des neuen Genres geformt werden. Der Spot konkurriert hier mit dem Videoclip" (Kloepfer/Landbeck 1991, S. 216).

Eine auffallende Veränderung in unserer Kultur ist das Zurückdrängen der Sprache und die höhere Bedeutung der Bildkommunikation. Die Werbung wird oft als einer ihrer Auslöser beschrieben, möglicherweise ist sie aber nur ein Indikator. Auffallend ist die Zunahme der Bildkommunikation. Außer einem kleinen Hinweis, wo das Produkt zu kaufen ist, enthält die Werbeanzeige (S. 227, Abb. 72) nur das Logo und den Namen des Produkts. Bemerkenswert ist der Verzicht auf Produktinformation. Die Werbeanzeige arbeitet nur mit Bildern, der Abbildung eines Mannes und des Produktes. Bildkommunikation ist eine zeitadäquate Antwort auf gesättigte Märkte und die konkreten Informations- und Kommunikationsbedingungen in unserer Gesellschaft (vgl. Abschnitt 2.1.2), da Bilder eine Aktivierungs- bzw. Pförtnerfunktion besitzen. Bilder sind auf einen Blick zu erfassen, sie erhöhen die Gedächtnisleistung und haben eine emotionale Wirkung (vgl. Kroeber-Riel 1993, S. 14, 26).

Der Werbespot hat sich in Europa in den letzten Jahren verändert (vgl. Kloepfer/Landbeck 1991, S. 20). Ab Mitte der achtziger Jahre hat er eine zunehmende Ästhetisierung erfahren. Das Ästhetische schafft eine Synergie aus den drei Zeichenaspekten der Medien. Es verfügt über Diskursstrukturen, die eine Orientierungsfunktion haben und den Aspekt der vieldimensionalen inneren Vertextung, die Textur des Bildes. Die Ästhetik eines Spots ahmt über Mimesis einen Wirklichkeitsaspekt nach und entwirft das Modell einer möglichen Welt. Den dritten Aspekt bezeichnen Kloepfer/Landbeck als Sympraxis, das systematische und zweckgerichtete

Abb. 73: Christlich-religiöse Motive in einer *Mustang-Oregon*-Werbung (Ausschnitt)

innere Handeln, die zeichengesteuerte Beteiligung des Zuschauers. Für die Autoren ist schön, was das Vermögen des Wahrnehmenden evoziert und ihn in seinem Tun aktiviert. „Was mich angemessen sehfähig, hörfähig, oder sonstwie geeignet erleben läßt, was mir den Sinn für etwas öffnet oder gar entwickelt, das ist ästhetisch“ (ebd., S. 26). Die latente Polyfunktionalität der Werbung wird durch die Ästhetisierung verstärkt. Die Polysinnlichkeit der neuen Spots ist ein Indikator für eine neue Kommunikationskultur. Neu ist aber auch, daß religiöse Paradigmen manifest von den Werbetreibenden in die Werbespots integriert werden. Die Verbindung des Ästhetischen mit der Religion ist historisch gesehen jedoch keineswegs neu. Das Zeichensystem der katholischen Kirche ist durchdrungen von ästhetischen Funktionen. Es scheint daher keineswegs überraschend, wenn nun umgekehrt die Werbung Zeichen nutzt, die im Kontext der Religion entstanden sind.

Kloepfer/Landbeck sehen auf der einen Seite in der Werbung „das wichtigste Verhaltenstraining und zentrale Lernprogramm audiovisueller Alphabetisierung“, so daß sie zum „medialen Brauchtum der Moderne“ wird (ebd., S. 237). Gleichzeitig begünstigt sie allerdings nach ihrer Auffassung eine Inflation der ästhetischen Mittel und damit die Gefahr einer Wahrnehmungsunempfindlichkeit und -betäubung. Selbstverständlich ist eine Anästhesie von Rezipienten denkbar. Allerdings vernachlässigen sie bei ihrer Analyse reflexive Prozesse und die Selbstorganisation der Rezipienten. Nicht nur die Semiotisierung der Medienkultur schreitet voran, gleichzeitig läßt sich auch eine erweiterte kommunikative Kompetenz im Umgang mit Medien beobachten. Die Gegenthese von Schmidt/Spieß, bei der Werbung werde die Abbildung von der Darstellung dominiert, läßt sich ebenfalls in dieser pauschalen Form nicht halten, ebensowenig die Aussage, die Werbung sei zum „Prototyp referentieller Indifferenz“ geworden (Schmidt/ Spieß 1994, S. 125). Nach meiner Auffassung lassen sich Form und Inhalt nicht trennen. In der aktuellen Werbung ist es gerade die Form, die zu einer entscheidenden subtextuellen Aussage geworden ist. Über die Form lassen sich sinnproduzierende Aussagen formulieren oder präziser, in der Werbung finden sich Angebote, die von den Rezipienten als Sinnangebote identifiziert werden. Ob sich die Botschaften, bewußt oder unbewußt, den Adressaten erschließen, hängt von unterschiedlichen Faktoren ab.

5.3.2 Mythische und symbolische Subtexte in der Werbung

Das Problem für die Werbetreibenden liegt u.a. in der Notwendigkeit, „Marktnähe“ herzustellen. Sie sind einerseits gezwungen, sich auf aktuelle Trends einzustellen. Andererseits ist es wichtig, dem jeweiligen Produkt eine universelle Bedeutung zuzuweisen. Eine erfolgreiche Methode ist es, das Produkt mit religiösen Botschaften „anzureichern“. Diese Methode wird heute besonders häufig angewandt. Der Monomythos des Christentums, aus dem in den letzten Jahrzehnten vorwiegend Anleihen gemacht wurden, hat allerdings seine dominante Bedeutung verloren. Ergänzend zu den christlichen Mythen sind andere bzw. frühere religiöse Bildformen getreten, wie sich anhand der Darstellung von acht Bildrekrutierungsbereichen aufzeigen läßt. Eine andere Methode liegt im Aufgreifen von ursprünglichen Wahrnehmungsmustern.

5.3.2.1 Religiöse Subtexte in der Werbung

Die Werbung verwendet vermehrt „Strategien der ästhetischen Wiederverzauberung“.[59] Dabei wird auffallend oft die Ware als pseudo-religiöser Heilsbringer (vgl. Tremel 1986) präsentiert. Spielfilme, Videoclips und insbesondere Werbung treten an die Stelle früherer Orte der „Sinnstiftung“ (Kirche, Staat, Familie). Das massensuggestive Heilsversprechen der Religion wird von ihnen „beerbt“. Die „christozentrische Kosmologie“ (Ehmer 1971b, S. 183) als dominierende Präsentationsform erfährt allerdings eine Ergänzung durch mythische-religiöse Botschaften aus anderen Kulturkreisen. Die Akzeptanz dieser Werbung bei den Rezipienten könnte ein Hinweis für das Bedürfnis der Menschen nach Orientierung, nach Sinnerklärung sein. Dies geschieht über „ursprüngliche Bilder“. Der Medienkultur kommt daher die Funktion einer subtextuellen Ersatzreligion zu.

[59] Norbert Bolz und David Bosshart gehen davon aus, daß die Strategien der ästhetischen Wiederverzauberung auf den gesamten Marketingbereich übertragen werden können (1995, S. 11f.).

Abb. 74, 75: Litfaßsäule, Offenbach, Frühjahr 1996, *Helberger*-Werbung

5.3.2.1.1 Animistische Bildsymbole

Im April 1996 wurde im Raum Frankfurt/Offenbach auf Litfaßsäulen eine Werbung von der Firma *Helberger* geschaltet (Abb. 74, 75). Im großflächigen, reduzierten Fließtext war zu lesen: „Sie brauchen keine Mode, sie brauchen Helberger". Dazu ergänzend gab es eine Fotografie von einem See. Der Vordergrund wird bestimmt von einem Kleid, das auf einer Astgabel hängt. Die Komposition des Bildes ist gelungen. Die Linie der linken Astgabel, kommt aus dem linken oberen Bildrand, führt, in Verbindung mit der zweiten Astgabel, den Blick nach unten zum Kleid. Der am linken Bildrand in der Mitte noch zu erkennende Berg bildet mit seiner Widerspiegelung im Wasser eine fallende Diagonale, die nicht nur die Linie der linken Astgabel verdoppelt, sondern gleichzeitig den Blick zur unteren Begrenzung des Kleides führt. Das Kleid ist somit, ästhetisch gesehen, optimal in die Natur eingebunden.

Die subtextuelle Botschaft der Werbung lautet: *Helberger* benötigt keine Mode, d.h. ständig neue Formen, weil *Helberger* universelle Mode anbietet, die nie veraltet. Das Verständnis des Universellen ist typisch für den Animismus. Eine seiner zentralen Aussagen lautet: Innen und Außen sind nicht getrennt. Es gibt eine ewige Wiederkehr des Gleichen. Die Werbung knüpft an diesen Mythos an. Wir sehen eine Seenlandschaft, die typisch für Südsibirien (z.B. Altajgebirge) ist, eines der bedeutendsten Zentren des Animismus. Die Baumart (Birke) verweist gleichfalls auf dieses Gebiet. Trotz jahrzehntelanger Unterdrückung hat sich dort bis heute ein Brauchtum, das Hängen von Stoffbändern an die Bäume, nicht eliminieren (Abb. 76) lassen. Mit diesen Bändern heiligen Animisten ihre zentralen Orte. Dieser Brauch wurde später von den Schamanen, aber auch von den Buddhisten übernommen. Die Bänder waren ursprünglich ein Symbol für Haut. Der Mensch hängt einen Teil von sich, seine künstliche Haut, in Form eines Stoffstreifens an einen Baum und verbindet sich durch diesen Akt mit einem heiligen Ort. Da die göttliche Kraft durch die Natur verkörpert wird, erhält der Mensch durch den Stoff die energetische Kraft der Natur zurück. Da der Animist nicht zwischen innen und außen trennt, erlebt der Opfernde die Kraft des heiligen Ortes mit Hilfe des Stoffes. Genau dies wird auch bei der Werbung von *Helberger* transportiert. Die Subtextaussage läßt sich somit präzisieren: Wir besitzen Kleider, die an heiligen Orten mit Kraft und Energie aufgeladen wurden, und dies ist bedeutsamer, als einer sich ständig wandelnden Mode nachzulaufen. Wenn ihr unsere Kleider kauft, dann werdet ihr an dieser Kraft partizipieren.

Abb. 76: Rituelle Stoffbänder im Altajgebirge

5.3.2.1.2 Schamanistische Bildsymbole

Im Schamanismus wird davon ausgegangen, daß wir Menschen ein „Alter ego“ im Tierreich haben. Ausgehend von dieser Prämisse ist es ergiebig, eine *Otto-Kern*-Werbung zu reflektieren. *Kern* stellt mit dieser Werbung intentional einen Bezug zur Mythologie her. *Kern* wirbt ebenfalls für Kleider. Bei einer seiner Printwerbeschaltungen zeigt er auf einer Doppelseite jeweils eine Frau mit Pferd. Es gibt keinen Fließtext, sondern nur den Namen „Otto Kern“ mit der Ergänzung „The magic“. Das K ist rot gedruckt, während die Bilder in schwarz/weiß gehalten sind. Auf beiden Bildern ist im Hintergrund eine Urlandschaft mit verdorrten, umgeknickten Hölzern zu sehen. Auf dem linken Bild liegt im Vordergrund links eine weiße Frau mit einem weißen Kleid. Hinter ihr steht ein schwarzes Pferd auf den Hinterbeinen, wobei das Pferd gegen einen weißen Himmel abgegrenzt wird. Die Bewegungsrichtung des Pferdes geht dabei nach rechts. Auf dem rechten Bild sehen wir fast mittig eine schwarze Frau mit Hut in einem Kostüm, das der Trapperkleidung von Männern nachgebildet ist. Im Bildmittelgrund sehen wir ein weißes Pferd vor einem schwarzen Himmel, das ebenfalls auf den Hinterbeinen steht. Es richtet sich nach links, so daß es den Anschein hat, als ob beide Pferde miteinander kämpfen.

Obwohl beide Frauen nach links schauen, ergibt sich eine optische Linie von links unten nach rechts oben, vermittelt über das weiße Kleid der Frau, die schwarze Frau und das Logo (das den hellsten Hintergrund hat). Eine starke optische Gegenlinie bildet das weiße Pferd, dem wiederum eine schwächere optische Linie (schwarzes Pferd) gegenübersteht. Die weiße Frau bildet eine Waagerechte (Synonym für weiblich) und die schwarze Frau bildet eine Senkrechte (Synonym für männlich). Weiß und schwarz bilden polare Gegensätze, wie Himmel und Erde. Sie könnten ebenfalls den Geschlechtern zugeordnet werden. Die Werbung „spielt" mit diesem Mythos. Das Dunkle (Weibliche) und das Helle (Männliche) werden umgekehrt. Dadurch gewinnen die Bilder an Spannung, da dieser Widerspruch im Kontrast zu den bilddominanten Pferden steht.

Beide Pferde bilden durch ihre Körper ein Dreieck mit der Spitze nach oben. Sie sind leicht unscharf abgebildet und deutlich erkennbar in das Bild hineinmontiert. Sie wirken daher wie ein innerer Schatten der beiden Frauen, nicht wie ein reales, sondern wie ein Traumbild (Alter ego). Die Blickrichtung der Tiere geht von schwarz zu schwarzer Frau und von weiß

Abb. 77, 78: Mythische Bezüge in einer *Otto-Kern*-Werbung

zu weißer Frau. Die Werbung könnte daher die Botschaft enthalten, daß die Pferde eine Schutzfunktion ausüben, womit wir bei einem schamanistischen Subtext wären. Das Pferd gilt im Schamanismus als Opfertier. Der Schamane hatte die Aufgabe, die Seele des Opfertiers auf seinem mystischen Reiseweg zu begleiten. Das Opfer diente u.a. dazu, von den Göttern Wetter- und Erntevoraussagen zu erhalten. Passend dazu stehen die Pferde, wie auch die beiden Frauen, auf einer Fläche, die unfruchtbar aussieht. Die klare Unterscheidung zwischen schwarz und weiß könnte daran erinnern, daß es schwarze und weiße Schamanen gab. Frauen konnten nur schwarze Schamanen werden. Die Schamanin auf dem Bild wäre damit die schwarze Frau, deren Bezug zum erdhaften auch durch die Kleidung deutlich wird (vgl. Eliade 1994b; Stolz 1988). Ihr zur Seite steht das weiße Pferd, das nach der Mythologie anderer Kulturen den Weg zu den kosmischen Göttern öffnet. Da im Schamanismus den Frauen nur die „Reise" zu den erdgebundenen Geistern/Göttern möglich war, enthält die Werbung eine mythologisch-emanzipative Bedeutung. Das weiße Pferd gilt in späteren Kulturen als solares Symbol und wird daher als kosmisches Pferd verehrt. Mit ihm verbunden war die Vorstellung von Unschuld, Makellosigkeit und reinem Intellekt. Das schwarze Pferd ist dem lunaren System zugeordnet. Es symbolisiert das Chaos, die instinktive Tiernatur, die chthonischen und feuchten Mächte und kündet den Tod an.

5.3.2.1.3 Transreligiöse Symbole

Einige Symbole (z.B. Mandala) haben in fast allen Kulturen Bedeutung erlangt. Dennoch gibt es in der Kulturgeschichte der Menschheit eine symbolische Geste, die eine besondere Stellung einnimmt. Einzigartig ist die Verbreitung eines „kultischen Gestus", die Gebärde der parallel erhobenen Hände: die Adoranten- bzw. Oranten-Haltung. In zeitlich und räumlich ganz unterschiedlichen Kulturkreisen tritt dieser Gestus unabhängig voneinander auf. Sie läßt sich daher als eine der zentralen religiösen Archetypen bezeichnen oder als die *„Ur-Gebärde des religiösen Lebens"* und zugleich als die *„Urgebärde des Lebens"*, da sie auch als profane Gebärde vorkommt (vgl. Demisch 1984, S. 9).

Spätestens seit dem Neolithikum hatte diese Gebärde die Bedeutung einer Kommunikation zwischen dem Menschen und dem Göttlichen und zwischen dem Göttlichen und dem Menschen. Sie war „das Signal" eines religiösen Geschehens" (ebd.). In vielen Kulturen entspricht sie dem Gestus der „erscheinenden" Gottheit, ebenso verkörpert sie die Haltung des Anbeters der Gottheit (Orant). Die Gebärde ist identisch mit der weit verbreiteten magischen Beschwörungsgebärde und stimmt mit dem Gestus ritueller Totenklagen überein. Diese Geste findet sich ebenso außerhalb der Religion. So legt beispielsweise das neugeborene Kind, wenn es auf dem

Abb. 79: Orant, Felsbild

Abb. 80: *Champagne*-Werbung

Rücken liegt, die Hände in die Oranten-Haltung. Später nimmt das Kind diese Haltung im Schlaf ein, wenn es sich wohl fühlt (vgl. Abb. 82). Kann das Kind laufen, wirft es oft die Hände nach oben, wenn es die Eltern nach deren Abwesenheit erblickt. Wir finden die Gebärde ebenso bei uralten Kulttänzen wie beim modernen Ausdruckstanz. Bei Freude und Jubel, so z.B. bei Sportereignissen, werfen wir die Arme in die Höhe. Bei spontanen Gebärden der Abwehr und des Entsetzens reißen wir meist die Arme nach oben. Aber auch kurz vor dem Tod läßt sich diese Geste oft wahrnehmen.

Die ältesten Darstellungen stammen aus der Altsteinzeit, die jüngsten lassen sich in Videoclips (u.a. in *Evita* von Madonna, S. 210, Abb. 61, und *Sweet Dreams* von Eurhythmics) und in der Werbung finden (u.a. in *Escape* von *Calvin Klein; Cool Water* von *Davidoff,* Abb. 86; *Champagne*-Werbung von *Yves Saint Laurent,* Abb. 80; Logo der Zigarettenmarke *West,* Abb. 84).

Es gibt ganz unterschiedliche Ursachen und kulturelle Bedeutungen für das Erheben der Hände. Die weitgehende Übereinstimmung zwischen dem bewußt ausgeführten Gestus und der unwillkürlichen Gebärde motiviert zu der Frage, ob es ein übergeordnetes Grundprinzip gibt. Offensichtlich ist die Gebärde der erhobenen Hände seit Jahrtausenden nicht nur in der Zone der Gefühle, Gedanken und Konventionen, sondern auch „zutiefst in der menschlichen Natur verwurzelt“ (Demisch 1984, S. 311). Der Gebetsgestus der Anbeter läßt sich als *„Sehnsucht nach dem unvergänglichen Leben“*, der Gebetsgestus der Verstorbenen als Hoffnung deuten, in das unvergängliche Leben einzutreten (ebd., S. 312). Den Erscheinungsgestus der Götterbilder legt Heinz Demisch als Symbol der Gottheit als Repräsentant und Spender des unvergänglichen Lebens aus. Das zusammenfügende Energiefeld konstatiert er im Begriff des Lebens: „Alle Erscheinungsweisen der Gebärde haben eine Beziehung zum Phänomen Leben – in einem überkreatürlichen und zeitlosen Sinn“ (ebd.). Die Gebärden reflektierten eine „zu begreifende Welt“ und tendieren daher zur Transzendenz. Die Werbung greift dieses Lebenssymbol auf (vgl. Abb. 80, 84, 86), um an der symbolischen Kraft des Symbols zu partizipieren.

5.3.2.1.4 Symbole aus asiatischen Religionen

Der Einfluß asiatischer Religionen (speziell Hinduismus und Buddhismus) wurde am Beispiel des Videoclips *Etienne, Etienne* von Guesch Patti bereits nachgewiesen (vgl. Abschnitt 5.2.2.2). In der Werbung wird ebenfalls auf asiatische Mythen zurückgegriffen. So ist das Logo der Deutschen Bank

Abb. 81: Höhlenmalerei, Australien

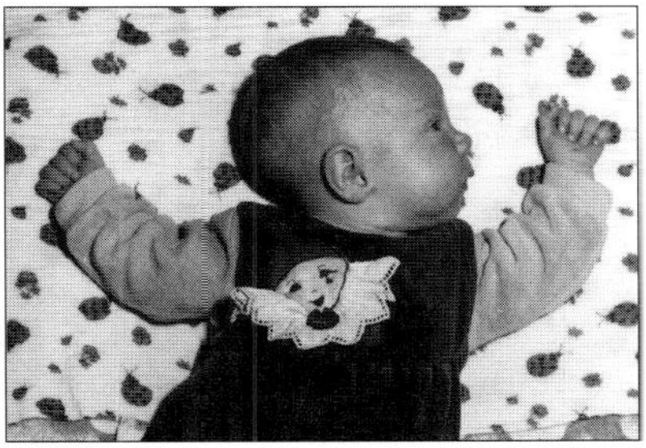

Abb. 82: Rebecca im Alter von 2 Wochen

Abb. 83: Orantin, Afrika

Abb. 84: Logo der Firma *West*

Abb. 85: Christusfigur, Europa

Abb. 86: *Davidoff*-Werbung

Abb. 87: Werbung für *Romeo Gigli*

aus der Grundstruktur eines Mandalas entwickelt. Ein Beispiel aus einer aktuellen Werbung ist in Abb. 87 zu sehen. Ein indischer Heiliger sitzt in meditierender Haltung. Seine Hände umfassen ein Werbeprodukt, so daß der Rezipient den Eindruck gewinnt, daß es sich um ein religiöses Kultobjekt handelt.

Unter diesen Gesichtspunkten ist ebenfalls von Interesse, sich noch einmal Abb. 72 (S. 227) zu vergegenwärtigen. Das hier vorgestellte Produkt hat eine phallische Form und erinnert an das Lingam der Hinduisten. Im Hintergrund des Produkts sehen wir grafisch angedeutete Kreise, die das Produkt umschließen und damit eine Yoni-Scheibe bilden. Die leicht schräge Form des Produkts ergibt eine strukturelle Linie mit dem Kopf des abgebildeten Mannes, und damit entsteht eine positive Spannungslinie. Der Mann wirkt als wäre er eine Skulptur. Damit setzt das Abbild den Namen des Produkts in Bildsprache um. Ein mittelbarer Bezug zur Riefenstahl-Ästhetik läßt sich aus dem Bild herauslesen. Entlang des Halses sehen wir Schweißtropfen herunterlaufen, während das Gesicht des Mannes kontemplativ und „ehrfurchtsvoll" gen Himmel schaut. Das Parfüm, so eine Erklärung, verschafft Entspannung, obwohl kurz vorher eine Anstrengung vollbracht wurde, was an den zerzausten Haaren zu erkennen ist. Das Gesicht des Mannes ist angeschnitten, er blickt in den Himmel und damit aus dem Bild heraus. Der Blick transzendiert den Bildrand, schafft eine Beziehung zwischen Innen (Bildebene) und Außen.

5.3.2.1.5 Symbole des „untergegangenen" Matriarchats

Weitere mythische Motive, die immer wieder in der Werbung auftauchen, sind der Drache (die geflügelte Schlange) und die Schlange (vgl. S. 240, Abb. 89, 90). In der Offenbarung des Johannes werden die „listige" Schlange und der furchterregende Drache, dem der Erzengel Michael im endlosen Streit gegenübertritt, gleichgesetzt mit dem Teufel und mit Satan. „Und es entbrannte ein Kampf im Himmel: Michael und seine Engel kämpften gegen den Drachen. Und der Drache kämpfte und seine Engel, und sie siegten nicht, und ihre Stätte wurde nicht mehr gefunden im Himmel. Und es wurde hinausgeworfen der große Drache, die alte Schlange, die da heißt: Teufel und Satan, der die ganze Welt verführt, und er wurde auf die Erde geworfen, und seine Engel wurden mit ihm dahin geworfen"

(Offb 12, 7 – 9). Der Satan wird im Christentum als Antithese zu Christus gedeutet, wie sich auch das Christentum als Antithese zu den alten Naturreligionen verstand. Der Teufel/Satan wurde im Christentum zum Symbol der Natur, der Materie und der Fleischeslust der Frau. Die Schlange, die Eva verführt, wurde anfangs mit einem weiblichen Gesicht abgebildet. Der Sieg über den Drachen durch den mythischen Helden wird in vielen Kulturen, so z.B. in der christlichen Mythologie, als Sinnbild der Erkenntnis der Welt und damit des Sieges an sich verstanden, „da jede Macht aus dem wahren Wissen entsteht" (Bauer/Dümotz/Golowin 1986, S. 46).

Im Symbol von Drache bzw. Schlange verkörpert sich im Christentum das Bild der weiblichen Naturkräfte. Von den „weißen Frauen" des Mittelalters wird berichtet, sie hätten Schmuck in Form einer Spirale getragen, den sie ausdrücklich als „Schlangen" bezeichneten (vgl. Walker 1986, S. 71; Bauer/Dümotz/Golowin 1986, S. 263). Der Kampf des Helden gegen die Schlange bzw. den Drachen läßt sich daher auch als symbolische Übersetzung des Kampfes gegen die Naturreligionen verstehen. Offensichtlich sollte ein in der damaligen Zeit vertrautes Symbol, das bei den Frauen eine wichtige und bedeutende Rolle spielte, in sein Gegenteil verkehrt werden. Einige Forscher (z.B. Distler 1989; Ehrenberg 1992; Gaube/Pechmann 1986; Meier-Seethaler 1993; Rüttner-Cova 1988; Sjöö/Mor 1985; Uhlig 1991) gehen von einer ursprünglichen Kultur- bzw. Herrschaftsform des Matriarchats aus. Dies trifft allerdings „nur" auf die Ackerbaukulturen zu. In Hirtenkulturen dominierten als Ursprungsreligionen animistische und schamanistische Riten, die im Kontext einer patriarchalen Kultur standen.

In den Ackerbaukulturen war die geflügelte Schlange (Drache) ein Symbol der Manifestation des lebensspendenden Wassers (Schlange) und des Lebensatems (Vogel). In der Symbolik stehen Drache und Schlange oft für das Indifferenzierte, das Chaos, das Verborgene und die ungezähmte Natur. Durch die Fähigkeit des Drachen wie auch der Schlange, sich durch Hautwechsel zu erneuern, werden in der asiatischen Philosophie der Drache und die Schlange zum Sinnbild des ewigen Kreislaufs der Kräfte und Energien der Welt, der kosmischen Lebenskraft. Im Orient ist der Drache eine gütige, himmlische Macht. Durch ihn symbolisieren sich Weisheit, Stärke, übernatürliche Macht und verborgenes Wissen. Im Okzident stellt er dagegen das Chthonische, Destruktive und das Böse dar (vgl. Cooper 1986, S. 35).

Die Symbolik der Schlange bzw. des Drachen ist polyvalent, ursprünglich war sie weiblich und männlich (in China wird sie heute noch als *yang*-Kraft verehrt). Die Schlange ist gleichzeitig auch das Symbol der Gottheiten, die sich aus sich selbst heraus schaffen und steht für die schöpferische Kraft der Erde. Alle weiblichen Gottheiten und die Große Mutter werden von dem Symbol der Schlange begleitet (vgl. Cooper 1986, S. 160; Sjöö/Mor 1985, S. 92; Walker 1993, S. 969f.). Die Schlange umwindet sie, oder die Große

Mutter hält die Schlange in ihren Händen. Der Sündenfall im Christentum, die Verführung Adams durch Eva, die wiederum durch eine Schlange motiviert wurde, vom Baum der Erkenntnis zu essen, läßt sich, so Elga Sorge, auch als patriarchalischer Versuch lesen, „die Göttin zu stürzen und weibliche Fruchtbarkeit-, Lebens- und Göttin-Weisheit zu entwerten, zu dämonisieren und zu verfluchen" (1985, S. 107). Ebenso ist nach ihrer Ansicht der Fluch Gottes über die Schlange „eine Mitteilung über den Geschlechterkampf, der Todfeindschaft einschließt" (ebd., S. 105).

Der okzidentale Kampf des Helden mit dem Drachen läßt sich als Auseinandersetzung zwischen dem monotheistischen Patriarchat und dem matriarchalisch geprägten „Heidentum" interpretieren. Er kann ebenso als Symbol für den Kampf des Individuums mit den Impulsen des Inneren, die ihn zu verschlingen drohen, gelesen werden. Ähnlich wie beim Mythos von Theseus hat der Held die Aufgabe, den „menschenfressenden" Minotaurus im Labyrinth seiner Seele zu stellen und zu überwinden. Um zu den Schätzen der inneren Weisheit zu gelangen, bedarf es der Notwendigkeit, „den Drachen" zu überwinden. „Die Tötung des Drachen ist der Konflikt zwischen Licht und Finsternis, die Bezwingung der zerstörenden Kräfte des Bösen oder der Mensch, der seine eigene finstere Natur überwindet und die Selbstbeherrschung erlangt" (Cooper 1986, S. 35).

Die *HB*-Werbung „Offen für Verführer" (Abb. 89) spielt unmißverständlich mit der Verführung Adams durch Eva. Nur hat Adam (der Mann) jetzt die Rolle der Frau übernommen. Eva ist nicht zu sehen. Der Konsument ist in die Rolle von Eva geschlüpft. Während in der Verführungsszene

Abb. 89: *HB*-Werbung 1996 (oben)
Abb. 88: *HB*-Werbung 1962 (links)

Adam eine passive Position einnimmt und Eva aktiv „von dem Wunsch nach Wissen getrieben“ (Gaube/Pechmann 1986, S. 33) handelt, steht bei der HB-Werbung der Mann im Aktionsfeld. Er raucht die Zigarette der Erkenntnis. Sein leichtes Lächeln deutet an, daß er der Verführung gewachsen ist, und er sich durch die von Gott drohende Strafe (Lungenkrebs) und damit der Ausweisung aus dem Paradies (Leben) nicht irritieren läßt. Ebenfalls partizipiert das Bild am Mythos der Urmutter, die meist mit einer Schlange gezeigt wurde. Der Mann hat auf dem Bild die Schlange lässig um seine nackten Schultern gelegt. Einerseits drückt dies seine Angstlosigkeit vor der Schlange aus, andererseits handelt es sich um ein typisches Bild dafür, wie ursprünglich weibliche Symbole durch patriarchalische Symbole umgewertet werden (Meier-Seethaler 1993). Im Vergleich zu einer Werbung aus dem Jahre 1962 (Abb. 88) kann *man* sehr schön sehen, wie sich das Männerbild in der Werbung seither verändert hat.

Abb. 90: *Pirelli*-Werbung

Abb. 90 (*Pirelli*-Werbung) bezieht sich be- oder unbewußt auf den Drachen-Mythos. Ein Mann (?) sitzt auf einem Motorrad, dessen Vorderradaufhängung aus einem Drachen besteht. Der Fahrer „beherrscht“ den feuerspeienden (weiblichen) Drachen und damit die Kräfte der Natur. Die Reifen, so die mythische Aussage, genügen sogar höheren Mächten.

5.3.2.1.6 Die Utopie vom Paradies

„Made in Paradise“ – Der Werbeslogan des *Renault Clio* (vgl. S. 93, Abb. 22) ist eine aktuelle Werbebotschaft, die mit der Symbolik des Paradieses arbeitet. Seit Jahren verwenden Rum-Anbieter (z.B. *Bacardi*) das leicht identifizierbare Motiv einer paradiesischen Insel, die Geborgenheit, Lebensfreude und Glück verspricht. Wie anhand einer aktuellen Leasing-Anzeige von *Volkswagen* (Abb. 91) zu entnehmen ist, wird mit dem Paradies-Mythos für ganz unterschiedliche Produkte geworben. Die Sehnsucht nach dem Paradies ist leicht ausbeutbar, da diese „Sehnsucht“ anscheinend einem archetypischen Verlangen entspricht.

Die meisten Überlieferungen sehen im Paradies einen umfriedeten oder vom Meer umgebenen Garten. Mit dem Paradies wird der Uranfang der

Abb. 91: 3seitige *Volkswagen* Leasing-Anzeige (Seite 1 und 2)

Menschheit, das Goldene Zeitalter in Verbindung gebracht. Damals herrschte nach dem Mythos ein Stillstand der Zeit, eine ungestörte Gemeinschaft zwischen den Menschen, den anderen Lebewesen und Gott. „Das verlorene Paradies oder der Sündenfall symbolisiert den Abstieg aus der Einheit in die Vielfalt der Manifestationen; die Wegbewegung vom Zentrum der Vollkommenheit sowie die Zerstreuung und den Zerfall" (Cooper 1986, S. 134). Die Werbung suggeriert somit die Rückkehr zur Einheit und die Wiedererlangung unverfälschter Reinheit.

5.3.2.1.7 Die Erlösungssymbolik des Christentums

Horst Wackerbarth, der für *Otto Kern* mythisch-spirituelle Fotos kreiert (vgl. S. 234, Abb. 77, 78), hat sich in vier Varianten mit dem *Abendmahl*-Gemälde von Leonardo da Vinci beschäftigt. Die erste Variante zeigte einen Mann mit zwölf Frauen ohne Hemd, die zweite Variante den gleichen Mann umgeben von zwölf Männern, die dritte Variante eine Frau in Jeans und Hemd inmitten von zwölf Männern ohne Hemd und die vierte Variante die gleiche Frau eingerahmt von zwölf Frauen. Variante 1 und 3 wurden erstmals im *Otto-Kern*-Katalog *Paradise now* (Frühjahr/Sommer 1994) veröffentlicht. Unter dem Foto der Variante 1 stand: „Wir wünschen mit Jesus, daß die Frauen die Männer respektieren lernen", bei der Variante 3 lautete der Untertitel: „Wir wünschen mit Jesus, daß die Männer die Frauen respektieren lernen".

Die Veröffentlichung in dem Katalog erzürnte nicht nur die deutsche Bischofskonferenz, sondern auch viele Frauen. Beim flüchtigen Betrachter ergab sich der Eindruck chauvinistischer Arroganz. Das Doppelmotiv machte jedoch deutlich, daß die Botschaft an beide Geschlechter gerichtet war. Die „Über-Kreuz-Untertitelung" brachte einerseits die Botschaft deutlich zu Bewußtsein, andererseits führte sie zu Mißverständnissen. Variante 1 wurde u.a. in *Max* und *Cosmopolitan* geschaltet, versehen mit dem Text „Wir wünschen mit Jesus, daß die Frauen die Männer respektieren lernen". Daraufhin stellte der Verein zur Bekämpfung unlauteren Wettbewerbs einen Antrag auf Verbot. Die Firma *Kern* zog die Anzeige zurück und reagierte (u.a. in *Max* 7/94) mit einer Anspielung auf den „Hosenmaler" Daniela Volterra (1509 - 1566), der im Auftrag des Papst u.a. in der Sixtinischen Kapelle Heiligendarstellungen Kleider und Hosen aufmalte. Kern veröffentlichte weiterhin Variante 1, nunmehr waren aber in dem Schwarzweiß-Foto die Brüste rot zugepinselt und die Frauen trugen unförmig gemalte Bärte (Abb. 92). Der Versuch den Gesamtkatalog „wegen Nutzung biblischer Sujets zu Werbezwecken" verbieten zu lassen, wurde in zwei Instanzen abgewiesen (vgl. Reichertz 1994b, S. 45). Joachim Kellner, Ulrich Kurth und Werner Lippert sehen in dieser Werbung eine neue Ehrlichkeit, die vor allem den Zeitgeist der (ganz) jungen Generation spiegelt (1995, S. 165).

Eine vergleichbare Aufregung und Diskussion löste die *Benetton*-Werbung aus, die einen Ausschnitt des Leidensprozesses des an Aids erkrankten David Kirby zeigte. Die Fotografin Theresa Frare hatte Schmerz und Trauer, aber auch Geborgenheit der Familie in einem Foto dokumentiert (Abb. 93). Die Komposition des Fotos stilisiert das Ereignis. Die Fotografin bezieht sich auf den ikonographischen Topos des Pietà-Motivs, der um ihren Sohn trauernden Maria. Damit das vom Tod gezeichnete Gesicht David Kirbys eine größere Ähnlichkeit mit Jesus bekam, hatte sie das Foto retuschiert. Die Geschlechtsrollen entsprechen jedoch nicht dem Vorbild, sie sind vertauscht, so daß dies eine Anspielung auf Homosexualität sein könnte (vgl. Reichertz 1994a, S. 19). Als weitere religiöse Topoi lassen sich

Abb. 92: *Otto Kern*, „retuschiertes" Abendmahl

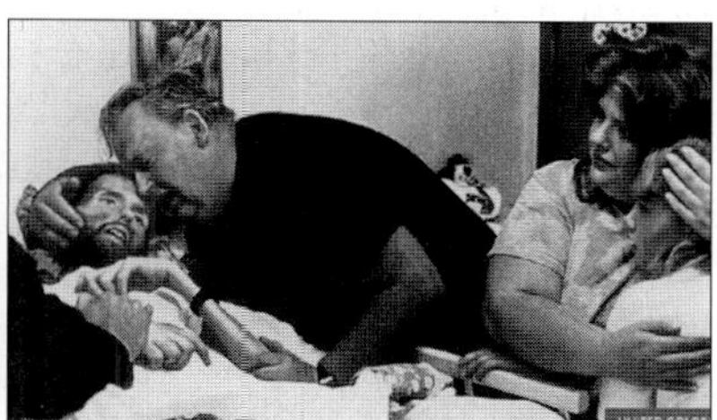

Abb. 93: *Benetton*, „Heilige Familie"

die Grablegung Christi und die Rückkehr des verlorenen Sohnes erkennen. Der bei *Benetton* verantwortliche Fotograf Oliviero Toscani, der die Werbung als „materialistische Religion" bezeichnet (1996, S. 140), war sich bewußt, daß dieses Bild einen religiösen Kontext aufweist. Er bezeichnet die Aufnahme als eine „Pietà moderne". Die geplante Anzeigenserie im Frühjahr/Sommer 1992 mußte jedoch abgebrochen werden, da viele Zeitschriften sich weigerten das Foto, das ohne Text, nur mit weißem Insert *United Colors of Benetton* auf grünem Grund erscheinen sollte, zu veröffentlichen (u.a. *Stern* und *Tempo).* Die Zeitschrift *Bravo* druckte die Aufnahme, doch in diesem Fall kam es zu einer einstweiligen Verfügung und einer scharfen Rüge des Zentralverbands der Werbung, da die Menschlichkeit und die Moral diskreditiert sowie zentrale Kulturgüter ausgebeutet würden.

Neben diesen spektakulären Werbekampagnen von *Benetton* und *Otto Kern* gibt es auch in anderen Werbekampagnen eine beachtliche Anzahl von Anleihen aus der christlichen Ikonographie. Dazu zwei weitere Beispiele. Abb. 94 zeigt ein Bild aus einem Werbespot, der für die neue Kollektion *Rodeo* der Firma *C&A* warb. In dem klein gehaltenen Fließtext wird auf den Spot und auf die neue Kollektion hingewiesen. Das Firmenlogo ist umrahmt von einer blaugrünen Modefarbe. Sie verweist auf die Kollektion, während die Bilder keinen Hinweis auf das Produkt geben. Es handelt sich um einen Einblick in eine Straße. Der Vordergrund wirkt wie eine zerstörte Barrikade. Dieser Eindruck wird durch lose Steine, die im Bildhintergrund liegen, verstärkt. Ein Dunstschleier liegt über dem Bild, der durch in Sepia gehaltene Farbstimmung einen nostalgisch-morbiden Eindruck hinterläßt. In der Einöde eines urbanen, menschenleeren, dem Verfall ausgesetzten Lebensraumes, so könnte die Botschaft interpretiert werden, gibt es eine Erlösung. Diese „Erlösung" kommt von einem Sportler, der an den Ringen turnt. Seine Arme sind nach rechts und links gestreckt, so daß sein Körper ein Kreuz bildet. Die Füße der Christus-Adaption verweisen auf den hinteren Horizont des Himmels. Die Farbe dieses Horizonts entspricht genau der Farbe, die wir rund um das Logo identifiziert haben. Die Erlöserfigur

Abb. 94: *Rodeo*-Werbung, *C&A*, 1994

„deutet“ somit auf die farbliche Corporate Identity, die Produkte von *C&A* als Stellvertreter-Funktion für die Erlösung.

Abb. 95 zeigt ohne ästhetische „Beifügungen“ die Umsetzung des Kreuzigungsmotivs. Am Kreuz hängt jedoch kein Mann, sondern eine Frau. Im Fließtext dieser Werbung für die Zeitschrift *Sibylle* von 1994 lesen wir: „Nicht alles, was wir zeigen, ist schön und bequem“. Anstelle der Inschrift INRI, die oberhalb des Kopfes angebracht ist, lautet die Botschaft: „Verarschung, Verwirrung, Verheißung“. Diese blasphemisch wirkende Werbung „besetzt“ das zentrale Symbol des Christentums und eignet es sich aus feministischer Sicht wieder an.

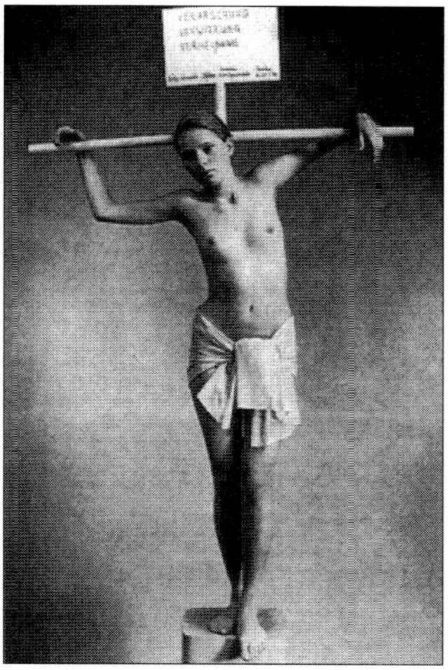

Abb. 95: Werbung für *Sibylle*

Alle Kreuzesformen gehen auf vorchristliche Ursprünge zurück. Zwei Bedeutungsmuster vereinigt das Kreuz. Die gekreuzten Linien stellen ein Zeichen der Weltordnung dar, die Weltachse. Das Kreuz hat Teil an der Symbolik des kosmischen Baumes, Berges, der Säule und Leiter etc. (vgl. Eliade 1994a). Es symbolisiert den Baum des Lebens. Gleichzeitig ist es ein Zeichen des urbildhaften Menschen, sich auf zwei Achsen auszubreiten. Bei der horizontalen Achse handelt es sich um die erdgebundene, passive und weibliche Ebene, bei der vertikalen Achse, der himmlich-göttlichen, spirituellen und intellektuellen, um die aktive und männliche Ebene. „Es ist der Dualismus in der Natur und die Vereinigung der Gegensätze“ (Cooper 1986, S. 100) und bedeutet spirituelle Vereinigung. Das Kreuz wird als Figur des ausgestreckten Menschen interpretiert, das Herabsteigen des Geistes in die Materie.

Meier-Seethaler (1993) hält diese Interpretation für eine Spekulation, die mit der ursprünglichen Bedeutung der Kreuzes kaum etwas zu tun hat. „Das vorpatriarchalische Weltbild kennt weder die Spaltung zwischen Himmel und Erde noch die einseitige Zuordnung der Geschlechter zum Prinzip des Geistes oder der Natur. Auch alle sexualsymbolischen Interpretationen, wonach die Senkrechte phallisch gedeutet und die Waagerechte mit dem Passiv-Weiblichen in Zusammenhang gebracht wird, sind spätere Deutungen“ (ebd., S. 119). Meier-Seethaler sieht in dem Kreuzigungsmotiv eines der Symbole patriarchalischer Kulturen, die aus dem Symbolschatz vorpatriarchalischer Spiritualität schöpfen. Am Beispiel des Kreuzmotivs läßt sich nach ihrer Auffassung nachweisen, wie ursprünglich matrizentrale Symbole patriarchal vereinnahmt wurden. Die Säule repräsentiert in allen vorpatriarchalischen Kulturen die Göttin als das tragende Prinzip des Kosmos. Sie belegt diese Aussage mit Hinweisen auf Idole,

Abb. 96: Catal Hüyuk, Gebärende Göttin

Abb. 97: Stehende Göttin

deren Körper häufig als Säule abgebildet wurden. Insbesondere das christliche Kreuz ist demnach eine Umformung matrizentrischer Symbolik. Die Darstellung der Göttin als Schwangere und in Gebärhaltung identifiziert sie als ein Urmotiv des christlichen Kreuzes (Abb. 96). Einen weiteren Beleg sieht sie in der „Segens- und Grußgeste" stehender Göttinnen (Abb. 97) mit ausgebreiteten (oder auch emporgehobenen) Armen, „wie ein weltumspannender Ausgriff, der den Körper der Göttin als kosmisches Kraftzentrum erscheinen läßt" (ebd., S. 79f.). Es besteht kein Zweifel an der Aneignung matrizentrischer Symbole durch das Patriarchat. Bedenken bestehen gegenüber den nicht haltbaren Universalzuschreibungen von Meier-Seethaler. In Jäger- und Hirtenkulturen gibt es zwar die Mutter der Tiere, aber keine matrizentrale Dominanz, obwohl diese Kulturen die Weltachse als Symbol kennen (vgl. Eliade 1990, S. 36). Die *Sibylle*-Werbung (S. 245, Abb. 95) bezieht sich auf die feministische Interpretation der Kreuzsymbolik. Was im ersten Moment als Blasphemie erscheinen mag, läßt sich aufgrund des symbolischen Hintergrunds als kulturpolitische Aussage werten.

5.3.2.1.8 Die Wiederkehr der „herrschenden" Göttin

Die Werbung der achtziger Jahre „bemühte" sich, die Differenzen zwischen den Geschlechtern einzuebnen. Ein Indiz ist die Veränderung der Kopfposition der abgebildeten Frauen. Die Positionierung der Frauenköpfe wurde nunmehr variiert. Sie waren früher immer unterhalb der Köpfe ihrer männlichen Partner positioniert. Nunmehr wurden sie häufiger auf gleicher Höhe oder gar höher eingeordnet. Unisex-Moden und -Einstellungen etablierten sich auf breiter Ebene. In den neunziger Jahren läßt sich ein Trend in der Werbung beobachten, der den kleinen Unterschied in der Werbung wieder etabliert, nur mit umgekehrtem Vorzeichen (vgl. Kellner u.a. 1995, S. 167). Ein bekanntes Beispiel ist die aktuelle *Karlsberg*-Werbung. Ein Pärchen küßt sich leidenschaftlich. Die Kamera schwenkt nach unten, der „Clou“ wird sichtbar: der Mann steht auf einem Bierkasten. Der Mann ist kleiner, er benötigt die Hilfe eines Bierkastens, um den gleichen topografischen Raum zu erhalten wie die Frau. Bei einer Werbung von *Gauloises Blondes* sehen wir einen jungen Mann mit freiem Oberkörper an einer Umkleidekabine in Meernähe angelehnt, während eine junge Frau ihm „an die Wäsche geht“. Die Frauen werden aktiv, während die Männer „es“ geschehen lassen. Diesen Trend möchte ich mit zwei weiteren Bildbelegen stützen.

Eine Frau hat eine Person gefesselt. Sie stellt ihren Schuh auf den Rücken ihres „Opfers“ als Zeichen der Beherrschung (vgl. Abb. 98). In der Überschrift lesen wir „Wo warst Du, als ich Dir die Nummer mit dem Einbrecher zeigen wollte?“ Der Text ist mehrdeutig. Kleidung und „Auftreten“ der Frau wirken aggressiv-erotisch. Der sprachliche Ausdruck „Nummer“ wird im Volksmund gebraucht, um Geschlechtsverkehr zu umschreiben. Im unteren Fließtext wird gleichzeitig für die Bildanalphabeten mitgeteilt,

Abb. 98: *Quix*-Werbung

daß es sich auch um eine Anspielung auf die Verpackungskunst des Künstlers Christo handelt und das Wort „Nummer" künstlerische Bezüge herstellen soll. Die eigentliche Gefahr, so die Subtextbotschaft, geht aus der Sicht eines Mannes nicht von dem Einbrecher, sondern von der Frau aus. Das „Wo warst Du" ist fett gedruckt und liest sich darüber hinaus wie ein Vorwurf. Dessen subtextuelle zweite Botschaft lautet: „Ich brauche Dich nicht. Ich bin *Frau* genug, selbst schwierige Situationen alleine zu lösen". Als dritte Botschaft könnte m*an* herauslesen, Männer, die nicht ihrem Willen gefügig sind, werden von ihr „verpackt".

Das zweite Bildbeispiel (Abb. 99) zeigt eine ebenfalls erotisch wirkende Frau, die auf einer Waschmaschine sitzt. Ein Mann kniet rechts von ihr auf dem Fußboden und ist halb in einem „Schrank" verschwunden. Der Text der Werbung lautet: „Wer eine Waschmaschine kauft, bekommt einen Mann dazu". Ein ganz kleiner Fließtext (links unten, vertikal) erläutert den Zusammenhang: „Der Anschluß ihrer neuen Waschmaschine ist im Quelle-Service inbegriffen." Die Werkzeuge des Monteurs sind im Halbdunkel liegend und auf den ersten Blick nicht zu erkennen. Die aufreizend sitzende, thronende Haltung der Frau läßt einen Herrschaftsgestus erkennen. Die Kopfhöhe des Mannes befindet sich etwa auf der Ebene ihrer Schuhe. Die Bildbotschaft lautet, der Mann liegt ihr zu Füßen. Wenn auch weiterhin ein Großteil der Werbung seine Ästhetik an typischen Männererwartungen richtet, läßt sich in den neunziger Jahren der schon diagnostizierte Trend zur Feminisierung (vgl. Abschnitt 5.2.1) auch in der Werbung beobachten. Derartige Botschaften sind in ihrem Subtext vorwiegend an Frauen als Zielgruppe gerichtet, da Männer, wie ich durch mehrere Befragungen erfahren konnte, auf derartige Bilder mit Widerstand und Irritation reagieren – möglicherweise, weil sie in diesen Bildern eine Wiederkehr der Großen Göttin befürchten.

Abb. 99: *Quelle*-Werbung

5.3.2.2 Strukturell-anthropologische Subtexte

Neben den symbolischen Subtexten lassen sich auch strukturelle Subtexte in den Werbespots feststellen. Unter strukturellem Subtext ist die Wirkung von Punkt, Linie, Fläche, Figur-Grund-Verhältnis, Topologie des Raums, Perspektive etc. zu verstehen. Ihre Relevanz beruht auf gestaltpsychologischen Wahrnehmungsgesetzen (vgl. Abschnitt 2.3.2) und tiefenpsychologischen Vermutungen (vgl. Abschnitt 4.2.3). In Abschnitt 6.1.3.2 folgen einige grundlegende Gedankengänge zu dieser Betrachtungsweise. An dieser Stelle werden nur die Aspekte hervorgehoben, die mit der Topologie des Raums in Verbindung stehen.

In Abb. 98 und Abb. 99 wird ein Links-Rechts-Gefälle, eine Diagonale sichtbar. In unserer (noch) patriarchalisch geprägten Kultur gilt diese Diagonale als „negativ", da fallend. Dietmar Kamper diagnostiziert eine rigorose Umdeutung des in „Mutter-Gesellschaften" beliebteren Links-Rechts-Gefälles und eine Bevorzugung des Rechten vor dem Linken (1990, S. 225). Die kulturgeschichtliche Voraussetzung dieser Entwicklung bildet die „Längung" des Kreuzes. Ab dem 12. Jahrhundert etwa setzte sich die Betonung der Vertikalachse gegenüber der Horizontalen durch. Damit in Verbindung steht die Betonung des Oben, nachgeordnet sind die Glieder, das Unten wird unterdrückt. Das Linke, wie auch das Untenliegende, das dem Weiblichen zugeordnet ist, wird ausgegrenzt (vgl. ebd., S. 226).

Ingrid Riedel hat sich ebenfalls mit der Raumsymbolik beschäftigt (1988b, S. 24ff.). Sie versteht den Bildraum in Anlehnung an Jung als „Realisationsebene des Selbst". Sie sieht in Bildern Gleichnissysteme, die als Orientierungsmöglichkeiten im Umgang mit der Wirklichkeit dienen können. Unsere raumsymbolischen Vorstellungen haben nach ihrer Überzeugung ihre Wurzeln im kollektiven Unbewußten. Raumvorstellungen, die wir auf einer Bildfläche projizieren, stehen demgemäß in engem Kontext mit unserem Körper und seiner Erfahrung wie auch seiner Orientierung im Raum. Das auf die Bildfläche projizierte Raummodell erweist sich als Topographie der Psyche und ihrer Befindlichkeit im Leben. Riedel orientiert sich dabei an der Kunstpsychologie und Psychodiagnostik, die sich schon früh mit der Symbolik der Bildfelder beschäftigt hat. In Anlehnung an Rudolf Michel entwickelt sie ein kombiniertes Raum-Symbolik-Modell, das die Raumsymbolik beschreibt (vgl. Abb. 100).

Der Quadrant links unten wird dem kollektiven Unbewußten zugeschrieben. Innenwendung, Introspektion und die Tiefe archetypischer Symbole werden diesem Sektor zugerechnet. Dieser Raum, der auch Raum der Tiefe genannt wird, entspricht der Kammer des schöpferischen Potentials, das in die Zukunft weist, da aus dem Unbewußten auftauchende Bilder und Symbole immer auch einen projektiven Aspekt haben. Der Quadrant rechts unten stellt demgegenüber den bewußtseinsnäheren

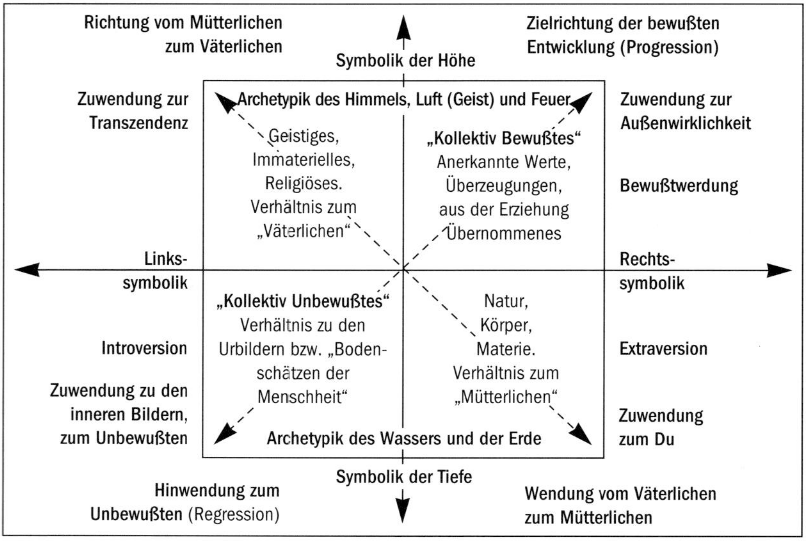

Abb. 100: Kombinierte Raum-Symbolik (I. Riedel nach einem Grundmodell von R. Michel)

Aspekt, den Erdentyp dar. Die Symbolik des Mütterlichen, der Materie ist mit ihm verbunden. Er ist der Ort des Urvertrauens und der Geborgenheit. Die obere Bildhälfte steht dem Geistigen näher und verkörpert symbolisch den Himmel. Der Quadrant rechts oben gilt nach Michel als Quadrant des kollektiv Bewußten (Sonne). Dieser Quadrant zeigt Befreiungs- und Bewußtseinstendenzen an, er ist der Ort des Entwicklungsziels. Der Quadrant links oben ist der kollektiven überpersönlichen Seite des Himmelsarchetyps zugeordnet, dem Ewigen und Geistigen (z.B. Gottesbild), es ist der Raum des Ewigen (vgl. ebd., S. 40f.). Das Raummodell, das für die bildende Kunst entwickelt wurde, läßt sich auch für die Fotografie und den Film nutzen, wobei es uns an dieser Stelle nur auf die bedeutsame Differenzierung des Bildraums entlang der Waagerechten, der Zeitlinie geht. Für unseren Erkenntniszusammenhang ist Riedels Beobachtung von Interesse, daß wir gewohnt sind, der linken Bildhälfte den Bezug zur Vergangenheit zuzuweisen, während wir die rechte Bildhälfte mit der Zukunft in Verbindung bringen.

In Abb. 80 (S. 236) läßt sich erkennen, daß der bildwichtige Teil links liegt und von einer Frau eingenommen wird. Das Raummodell Riedels orientiert sich an einer patriarchalischen Kultur. Folgt man Kampers These, hieße dies, daß die nunmehr auffallende „positive“ Besetzung des linken Bildraums ein weiterer Beleg für die These der Feminisierung ist. Es scheint, als ob die Werbung (Medien-)Trends aufgreift und möglicherweise sogar setzt, die sich im Bewußtsein der Rezipienten noch nicht manifestiert haben. Zumindest läßt sich von einer Übergangsphase sprechen, da in den Medien die Links-Rechts-Dynamik noch dominiert. Noch sind wir u.a. durch die Buchkultur (Leserichtung), in der der linke Sehraum als Anfang und der rechte als Ende gilt, kulturell konditioniert.

Ein weiterer struktureller Subtext in der Werbung wird vermittelt über „Steigen" und „Fallen". Katalin Pázmándy befragte Passanten[60] in mehreren Großstädten Deutschlands nach ihren Träumen. In einem zweiten Arbeitsschritt suchte sie nach Bildern, die zu den berichteten Träumen passen. Zu ihrer Verblüffung konnte sie nahezu alle Traumbilder in der Werbung sowie in Videoclips finden. Eine zentrale Traumvariante war das Phänomen des Fliegens. „Da bin ich auch geflogen, also ganz komisch. Da habe ich mich dann ganz toll angestrengt, irgendwie so ganz eigenartig, und dann bin ich geflogen. Herrliches Gefühl, schön bin ich geflogen, schöne Übersicht auch von oben, als ob ich richtig geflogen wäre. Ja, vorher bin ich nie geflogen. Aber man weiß trotzdem, wie das von oben aussieht - ganz eigenartig." Viele Flüge weisen eine Richtung auf. „Ich glaube,

Abb. 101 a–f: *Cliff*-Werbung

wo ich in diesem Traum geflogen bin, ging es abwärts." Bevor es zum Flug (nach unten) kommt, wird ein Aufstieg vorausgesetzt und in einigen Fällen auch gezeigt. „Ich habe mal geträumt, daß ich vom Haus runterfalle, aber das geht alles in Zeitlupe, also ganz langsam fällst du da runter." Insbesondere die Phase des fallenden Fliegens wird als „paradiesisches" Gefühl des Glücks beschrieben. Viele berichteten, daß der Flug nach unten

60 Die folgenden Zitate von Jugendlichen sind dem Dokumentarfilm *Frag' mich, wo die Träume sind* von Katalin Pázmándy (ZDF 1992) entnommen.

mit dem Eintauchen im Wasser endete. Bilder von Auf- und Abstiegen, Fallen, Fliegen, Eintauchen ins Wasser oder Auftauchen aus dem Wasser werden gerne von der Werbung benutzt. Bei diesen Sujets handelt es sich offensichtlich um Bilder mit mythischer Kraft und Dynamik. Die Werbung appelliert damit an positive Urphanasien. Ebenso lassen sich Bilder vom Gegenpol, den Urängsten finden, wie z.B. die Angst, verfolgt zu werden, sich bewegen zu wollen, und die Beine reagieren nicht.

Meist vermischen sich beide Ebenen, der symbolische und der strukturelle Subtext, wie dies am Beispiel einer *Cliff*-Werbung gezeigt werden kann (S. 251, Abb. 101 a–f). Bei diesem Spot erklimmt ein Mann einen Felsen, überwindet dabei eine (weibliche) Spalte und springt in das Meerwasser. Wasser steht symbolisch für die Große Mutter bzw. für „die Mutter aller Dinge" (vgl. Walker 1993, S. 1154). Da Wasser Quelle und Ursprung unseres Lebens bedeuten, läßt sich das Eintauchen in das Wasser als die Suche nach dem Geheimnis des Lebens verstehen. Das Wasser ist dabei das Gegenstück zum Licht. Diesen Widerpart sehen wir ebenfalls im Spot. Nachdem der Mann vom Felsen gesprungen ist, fliegt er anfangs in der Christus-Haltung, später in der Adoranten-Haltung durch einen Lichtkegel. Der Spot zeigt damit eine symbolische Vereinigung der Gegensätze in einer Person.

5.3.2.3 Geschlechtsrollensuche in der Werbung

Das Thema Geschlechtsrollenidentität ist ein beliebter symbolischer Subtext. Die vorgestellten Werbespots bilden keine Ausnahme, eher die Regel. Ein Beispiel (Zielgruppe: Erwachsene) zeigt ein traditionelles und zwei Beispiele (Zielgruppe: Jugendliche und junge Erwachsene) vermitteln ein verändertes Geschlechterbild.

5.3.2.3.1 Traditionelles Geschlechterbild – *Gerstel-Bräu*

Zu Beginn eines Werbespots von *Gerstel-Bräu* (veröffentlicht Mitte der achtziger Jahre), der 29 Sekunden dauert und aus 16 Bildeinstellungen besteht, läuft ein Mann auf uns zu, begleitet von einem musikalischen Paukenschlag. Die Kameraführung verstärkt den Eindruck, die Person komme auf den Zuschauer zu. Die Bildgestaltung läßt als strukturelle Botschaft ein Kreuz erkennen. Die phallische Senkrechte stellt das männliche Prinzip dar, während die Waagerechte das weibliche Prinzip ausdrückt. Über die damit in Verbindung stehenden symbolischen Bezüge wurde bereits berichtet (vgl. Abschnitt 5.3.2.1.7). Von Beginn an werden wir mit der Symbolik der Vereinigung der Gegensätze konfrontiert. Die Lichtführung, sowohl der senkrechte Lichtkegel (in dem der Mann läuft), als auch die waagerechten Lichtkegel grenzen sich gegen das Dunkle ab. Die Symbolik geht über den genannten Interpretationszusammenhang hinaus, sie ist

Abb. 102 a–f: *Gerstel-Bräu*-Werbung

auch ein kosmisches Symbol und sie steht gleichfalls für die Kommunikation zwischen Himmel und Erde, die Überwindung der dualen Weltsicht. Hier konzentriere ich mich auf die Bildsymbole, die bewußt oder unbewußt auf die Dualität der Geschlechter anspielen.

Exakt zu dem Zeitpunkt, wenn der Läufer die Kamera erreicht, tritt ein Fuß in eine Pfütze, unterstützt von einem musikalischen Paukenschlag, und Wasser spritzt dem Zuschauer entgegen (102a). Wenn die ersten Tropfen den Bildschirm erreichen, erfolgt ein Schnitt. In Szene 2 befindet sich der Läufer im rechten Bildfeld, nach links laufend, entlang einer Säulenreihe. Nachdem er die mittlere Säule erreicht hat, erfolgt ein sogenannter zentrischer Schnitt, d.h. exakt an der gleichen topografischen Stelle kommt bei der nächsten Bildeinstellung, Szene 3, die agierende Person. Bewegung wird mit Bewegung geschnitten. Die Beine des Mannes laufen wiederum auf den Bildschirm zu. Die Bildgestaltung und die musikalische Untermalung der Szene lassen den Verdacht aufkommen, der Mann fliehe. In Szene 4 läuft eine Frau von links nach rechts. Erneut erfolgt ein zentrischer Schnitt. Die eine Senkrechte bildenden Beine des Läufers gehen über in den Oberkörper der Frau. Die Position des letzten Auftretens des Fußes wird mit der Brust der Frau überblendet. Bei dem Mann wird ein starres Kamerabild geliefert, bei der Frau bewegt sich die Kamera. Dabei bleibt die Frau im Zentrum! Die Frau läuft nicht vor einem Hintergrund von Senkrechten, sondern entlang von Torbögen (102b). Gleichzeitig hören wir den Text: „Zwölf Millionen junge Leute sind unterwegs". Da jedoch die Frau nach rechts und er nach links läuft, gibt es auf den ersten Blick keinen unmittelbaren Zusammenhang zwischen den beiden, es sei denn, beide liefen voreinander weg. Durch die zentrierte Montage wird, obwohl die

Bewegungsrichtungen divergent sind, ein visueller Bezug zwischen beiden Läufern hergestellt.

Der Mann läuft in Szene 5 wieder von rechts nach links, entlang einer Balustrade (102c). In Szene 6 kommt er wiederum frontal auf den Zuschauer zu. Szene 7 zeigt die Frau, die einen roten Badeanzug trägt, wie sie zentralperspektivisch im Bildfeld auf den Zuschauer zukommt, dabei „teilt“ sie eine Gruppe von vier Frauen, die alle blaue Badeanzüge tragen. Sie bewegt sich in das rechte Bildfeld, genau zu der Stelle, an der zuletzt der Mann gelaufen war. Im Moment der imaginären Begegnung erfolgt der Schnitt, wiederum eine zentrierte Montage, doch nunmehr am Ende und nicht am Anfang der Szene. Szene 8 zeigt „nur“ Bewegung, eine Großaufnahme des laufenden Mannes. Danach folgt die 9. Szene, die dritte mit dem Mann und den Senkrechten. Nunmehr haben sie nur noch halbe Kniehöhe.

Nachdem der Blick in die Tiefe möglich ist, da die hindernden Senkrechten „abgebaut“ sind, ist erstmals in Szene 10 das Ziel, der Kopf einer Bierflasche, die gerade geöffnet wird, zu sehen. Die Flasche wird in Szene 11 überblendet in das Bild einer untergehenden Sonne. Erstmals läuft der Mann von links nach rechts. Nachdem er die Sonne durchquert hat, folgt Szene 12. Der Mann läuft zwischen Straßenbahnschienen wieder auf den „Bildschirm“ zu (102d). Gezeigt wird nur der Unterkörper und die Schienen, die die Laufrichtung vorgeben. Die Schienen, in denen der Mann läuft, „verwandeln“ sich in Szene 13 zu den Rändern eines Bierglases. Danach folgt in Szene 14 eine Nahaufnahme der Frau. In Szene 15 erblicken wir eine Treppe (102e). Der Mann läuft im linken Bildfeld von unten nach oben, die Frau kommt im rechten Bildfeld von oben nach unten. Bei der Begegnung schaut der Mann der Frau nach. Der Mann in der nächsten Szene, die langsam überblendet wird, geht in eine Bierflasche über, während die Frau in einem Bierglas verschwindet (102f).

Der Subtext des Clips läßt sich wie folgt interpretieren. Die phallische Bierflasche läßt sich dem Mann zuordnen, das Bierglas (Behälter) der Frau. Meist wird der Mann gezeigt, ein möglicher Hinweis, daß sich die Botschaft vor allem an Männer richtet. Fast schon zu deutlich wird das Bierglas mit der Frau gleichgesetzt (Szene 13 und 14), wobei die Ränder des Bierglases (der Frau), die Bewegungsrichtung des Läufers (Szene 12) eingrenzen. Konkret könnte dies heißen: Der Mann muß in alle Richtungen laufen, um die Frau seiner Wünsche, die bis auf die Schlußszene immer nur zentralperspektivisch positioniert ist und damit das Zentrum und Objekt seiner Suche abbildet, zu erreichen. Hat er sie endlich erreicht, läuft sie an ihm vorbei, ihm bleibt nur der Blick zurück oder der Griff zur Flasche. Die Frau wiederum ist mit sich ausgefüllt, sie ist nicht auf der Flucht oder auf der Suche, sie ist das Zentrum, sie lacht uns freundlich an (Szene 14). Für sie ist der Biergenuß ein Teil von Lebensgenuß.

Während die ersten Szenen relativ lange Bildeinstellungen haben, wird der Spot im letzten Drittel durch den Schnitt dynamisiert. Obwohl der Spot einen animierenden Eindruck hinterläßt, scheint es dennoch, als ob die Bilder und die Botschaft dem Produkt übergestülpt sind, es entsteht somit ein sogenannter Vampireffekt. Die Bilder „fressen" die Botschaft auf. Die technisch-ästhetische Machart wird bewundert, jedoch paßt die erzeugte Spannung nicht zu alkoholfreiem Bier. Daher ist dieser Spot ein Beispiel, wie starke Bilder eine eigenständige Wirkung entfalten und sich damit vom Produkt entfernen.

5.3.2.3.2 Wandel der Geschlechterrollen – *Carling-Bier*

Der 1991 produzierte Werbespot der englischen Firma *Carling* gehört zu einer Spot-Serie, die nach ähnlichen Prinzipien gestaltet ist. Die Rezipienten sehen jeweils außergewöhnliche Handlungen, die von zwei biederen Bier trinkenden Männern beobachtet und kommentiert werden. Während der Spot von *Gerstel-Bräu* das klassische Bild der Geschlechter bestätigt, bietet der *Carling*-Spot einen Beleg für die These, daß die frühere rigide Geschlechterpolarität aufweicht und Frauen zunehmend Rollen übernehmen, die früher Männer innehatten. Der Spot dauert 59 Sekunden bei 18 Schnitten.

Der Spot beginnt mit einer Luftaufnahme einer englischen Burg. Es sind Hubschraubergeräusche und bald danach eine aufgeregte Frauenstimme zu hören. Eine Frau in hellgelber Monteursgarnitur tauscht sich mit einer anderen (Frauen-)Stimme aus, die scheinbar vom Rücksitz herkommt. Nach deren Ermunterung springt sie aus dem Hubschrauber. Da der Zuschauer noch davon ausgehen muß, daß sich die Szene in luftiger Höhe abspielt, kommt es zu einer ersten überraschenden Wahrnehmung. Die Frau erreicht bereits nach etwa vier bis fünf Metern den Boden. Kurz danach wackeln die Bilder. Wir sehen die Frau in Gelb und hören einen Dialog mit einer anderen Frau.

Die Frau in Gelb stürzt auf den Eingang der Burg mit halbgeöffneter Zugbrücke zu. Im Stil einer Militärausbildung erklimmt sie die Zugbrücke.

Abb. 103: Turm, *Carling*-Werbung

Abb. 104: Kamerateam, *Carling*-Werbung

Spätestens jetzt wird das dramaturgische Prinzip deutlich. Eine Kamera beobachtet statisch, die andere aus der subjektiven Perspektive. Nachdem die Frau in Gelb das Hindernis überwunden hat, erscheint ein Torbogen und die „Zähne" des halbgeöffneten Tors. Nunmehr klettert die Frau in Gelb einen Turm hoch. Wiederum wird die Szene aus zwei unterschiedlichen Kamerapositionen gezeigt. In einer Einstellung wird die Frau in Gelb von der subjektiven Kamera bedrängt. Auf dem Turm angekommen, kommuniziert die Protagonistin gestikulierend mit der weiblichen Person im Hintergrund, die erneut motiviert: „Keep going!" Die Frau in Gelb geht zur Brüstung und springt den Turm hinunter in einen Wassergraben. Beim nächsten Schnitt ist der Sprung aus der Sicht der subjektiven Kamera zu sehen. Die Frau in Gelb steigt aus dem Wasser, sie wird mit Beifall empfangen. Die beiden *Carling*-Beobachter kommentieren die Szene. Während sie noch ihren Kommentar abgeben, wird im folgenden Schnitt gezeigt, wie ein gesamtes Kamerateam aus dem Wasser auftaucht. Die Beobachter sind verblüfft, und es erfolgt zum ersten mal musikalisch unterstützt der abschließende Werberefrain. In den anderen Szenen war „nur" O-Ton zu hören.

In dem Spot werden die Rollen vertauscht. Er enthält Actionszenen, die früher nur Männern vorbehalten waren. Nur wahrnehmungsgeschulte Rezipienten können den Clou der Story sofort erkennen. Bei der ersten Sicht wird meist bis zum Schluß davon ausgegangen, die ständig zu hörende zweite Person sei eine Frau. Erst in der letzten Einstellung wird deutlich, daß es sich um ein Kamerateam handelt. Damit wird nachträglich die filmische Gestaltung verständlich (dokumentarische und subjektive Kamera). Der Werbespot zeigt und vermischt zwei verschiedene Filmdarstellungsebenen des gleichen Ereignisses. Die Handlungsstränge sind so geschickt miteinander verflochten und auf Anschluß geschnitten, daß dies nahezu nicht erkennbar ist. Im dokumentarischen Film wird über das Ereignis berichtet, während die subjektive Kamera Teil des Ereignisses ist. Wenn diese in die Tiefe „fällt", ahnen wir zwar die Existenz von zwei Kameras, die Frauenstimme lenkt jedoch von dieser Erkenntnis ab. Gewissermaßen handelt es sich bei der zweiten Kamera um einen Metatext, einen Live-Bericht über den Bericht.

Der Werbespot wirkt wie die Kurzfassung eines Spielfilms. Sein zentraler Subtext setzt sich mit der Geschlechtsrollensuche auseinander. Die Frau hat eine mythische Aufgabe zu bewältigen. Sie kommt vom Himmel auf die Erde. Sie geht durch das mit Zähnen bewaffnete Tor (der Weiblichkeit), erklettert einen phallischen Turm, um dann vom Himmel (Turm) in das weibliche Element Wasser zu springen. Dies läßt sich wie eine mythische Reise im Sinne Campbells deuten, bei der es um eine Initiation geht oder, aus der Sicht von Jung, um die Suche einer Frau nach ihrem Animus.

5.3.2.3.3 Werbung als Initiationserfahrung – Gebrauchsanweisung Waschmaschine

Das dritte Werbespotbeispiel wurde ebenfalls in England gedreht (1996). Es handelt sich um eine Werbung, die motiviert, Gebrauchsanweisungen von Waschmaschinen genauer zu lesen. In Deutschland wurde der Spot in *VIVA* gezeigt. Inhaltlich geht es bei dem Spot um eine Mutprobe. Ein Jugendlicher wettet, daß er sich zusammen mit seiner Hose in einer Waschmaschine mitwaschen läßt. Der Waschvorgang ist zu sehen. Eine alte Frau schaut konsterniert zu. Der Junge steigt wieder aus der Waschtrommel. Diese Geschichte wird in 57 Sekunden mit 75 Bildeinstellungen erzählt. Im Verlauf dieser Zeit erlebt der Zuschauer eine furiose Inszenierung mit einer fulminanten Bildmontage, einer gekonnten synästhetischen musikalischen Untermalung und einer Fülle symbolträchtiger Bilder. Nach meiner Auffassung beschäftigt sich der Werbespot mit der Darstellung einer (mißglückten) Initiation. Diese These möchte ich anhand der Bildfolge belegen.

In der ersten Bildeinstellung steht ein männlicher Jugendlicher in der Mitte des Bildes, rechts neben ihm, im unteren rechten Bildfeld, sitzt ein anderer Jugendlicher (Abb. 105). Der in der Mitte des Bildes stehende Jugendliche ist visuell integriert in eine schwarzen Fläche (Torbogen). Zwei rechte Winkel sind direkt oberhalb seines Kopfes deutlich erkennbar. Links von ihm ist ein Mädchen positioniert. Sie ist angeschnitten, visuell gesehen hat sie nur eine halbe Beziehung zu dem Bildgeschehen, sie ist gespalten. Zwischen dem Kopf des Mädchens, dem des Protagonisten und des zuschauenden sitzenden Jungen ergibt sich eine fallende Diagonale, die als struktureller Text negative Implikationen birgt. Der Jugendliche steht im Spannungsfeld zwischen dem anderen Jugendlichen und dem Mädchen. Das Mädchen steht am Rande (möglicherweise ist sie unschlüssig, wem von den beiden Jungen sie sich „zuordnen" möchte). Auf der symbolischen Ebene wird Rivalität im Kontext der sozialen Übergangsphase Pubertät thematisiert.

Völlig überraschend holt der Protagonist in der nächsten Bildsequenz eine Pistole hinter seinem Rücken hervor und schießt auf die imaginären Zuschauer (die beobachtende Erwachsenengeneration?). Es kommt jedoch „nur" tropfendes Wasser aus der Pistole. Der Trommelrevolver, der mit Wasser schießt, bereitet den kommenden Text vorbewußt vor: die Waschtrommel, in die der Jugendliche einsteigen wird. Andererseits erscheint die Pistole wie ein Penis und die heraustropfenden Wassertropfen können symbolisch als vorzeitiger Samenerguß gedeutet werden. Gleichzeitig erinnert diese Szene an einen Film von Buster Keaton, der mit einer Kanone einen ähnlichen Effekt in *Der General* (USA, 1927) inszeniert hatte. Selbstreferentiell wird ein anderer Film zitiert, und der erkennende Zuschauer wird zum mitwissenden Genießer. In der darauffolgenden Szene hält der Protagonist die Pistole an seinen Kopf und „erschießt“ sich mit Wasser (ein symbolischer Selbstmord als Antwort auf die Ejaculatio praecox). Im Anschluß daran folgt ein virtuoser Bildwechsel, der bei einmaligem Sehen kaum die Wahrnehmung gestattet, daß es um die Vorbereitung des Einstiegs in die Waschtrommel geht. Verbunden mit der Musik gibt es eine sphärische Unterbrechung. Der Jugendliche steht nunmehr innerhalb einer rechtwinkligen weißen Tür. Wiederum wechselt die Bildfolge mitreißend. Plötzlich wird der Jugendliche, hervorgerufen durch die Beleuchtung, wie in Trance gezeigt. Bei dieser Szene wird ein bekanntes Bild zitiert. Auf nahezu identischer Weise hat sich in den siebziger Jahren Mick Jagger von den Rolling Stones fotografieren lassen.

Danach schlägt der Protagonist im Freien ein Rad von rechts nach links. Wenn er tangential den Boden berührt, „versinkt“ er im Boden und landet in einer Kanalröhre. Nunmehr entfesselt der Regisseur alle möglichen Bewegungseffekte. Es folgen Szenen mit einer subjektiven Kamera – die mögliche Wahrnehmung innerhalb einer Waschmaschine. Spiralbewegungen nach rechts und links wechseln sich ab mit Einblendungen von Einzelszenen. Nur die wichtigsten möchte ich erläutern. Der Protagonist sprayt in der Röhre auf eine Wand mit roter Farbe. In Nahaufnahme glauben wir Blut zu erkennen, zumal in direkter Folge die Aufnahme seiner blutenden Nase präsentiert wird. Daraufhin sitzt er in einem Reifen, von rechts nach links rollend. Es folgt eine Szene, in der er eine Tablette einnimmt. Daraufhin vergrößern sich seine Pupillen (als wäre er auf einem Trip). Eine alte Frau beobachtet den Jugendlichen in der Trommel. Weiterhin dreht sich die Trommel nach rechts und nach links. Plötzlich öffnet sich die Trommel, und der Jugendliche kommt heraus. Im folgenden Bild sitzt er schwer atmend in einem Reifen (Abb. 106). In der letzten Szene steht er einer elektrischen Birne gegenüber, die er mit einem Fausthieb zerschlägt.

Abb. 105: Jugendlicher im Spannungsfeld

Abb. 106: Im Autoreifen

Im manifesten Text erzählt der Spot von einer Mutprobe, im symbolischen Text von Jugendlichen, die um eine Frau rivalisieren. In Verbindung mit dem strukturell-analytischen Text läßt sich der symbolische Text lesen als eine mißglückte Initiation. In der Psychoanalyse gelten Röhren als Geburtskanäle. Im Animismus und Schamanismus sind Tunnel (Röhren) ein Symbol für eine Übergangssituation. Immer wenn Menschen auf der Suche nach einer neuen Identität sind, müssen sie durch einen Tunnel.[61] Das ist der psychologische Raum der Initiation. Die weitere Analyse des Films bestätigt, daß der Spot als symbolische Initiation gelesen werden kann. Der Junge steht zu Anfang des Films im rechten Winkel (Symbol für die Männlichkeit) und wird im Verlauf des Spots nur noch in Beziehung mit Kreisen (Trommelrevolver, Röhre, Waschtrommel, Autoreifen) gezeigt. Kreise gelten wiederum als Symbol für die Ganzheit, aber auch für das Weibliche.

Der Jugendliche sucht nach seiner Identität, seiner Anima. Revolver (Trommel, Lauf), die Türen (schwarz, weiß) verweisen schon zu Anfang auf Polarität. Das Aktionsfeld befindet sich oberhalb und unterhalb der Erde. Dem „suchenden“ Mann tritt das Weibliche gegenüber. In der Trommel gerät er in den Widerspruch zwischen Zukunft (rechts) und Vergangenheit (links), das entspricht visuell dem Motiv der Spirale (matriarchalisches Ursymbol). Das „Blut“ in dem Gang läßt sich lesen als Menstruationsblut, denn der Naseneingang, wie übrigens auch die Ohröffnung, lassen sich als Synonyme für die weibliche Scheide deuten. In Verbindung mit dem Blut, das aus der Nase tropft (Menstruation), verdeutlicht dies den Wunsch nach bzw. die Angst vor dem Weiblichen. Von der Liebesgöttin wird er in die Trommel „geschickt“ und von der Todesgöttin wird er nur beobachtet, jedoch nicht empfangen. Er kommt ans (elektrische) Licht und schlägt es mit einem Schlag aus. Während das Dunkle, die Tiefe, das Erdhafte ebenfalls dem Weiblichen zugeordnet werden können, steht das Licht für das Männliche. Im Mittelalter stand das Licht als Zeichen für Erkenntnis, genauer für die Erkenntnis Gottes. Er zerschlägt das Licht der Erkenntnis und somit mißlingt die Initiation.

---

61 Der Frankfurter Medienpädagoge Bernhard Kayser produzierte im Jahre 1992 ein Video mit straffällig gewordenen bzw. gefährdeten Jugendlichen. Es handelte sich um eine biographische Auseinandersetzung zum Thema Gewalt. Das Bedürfnis, aus dem Gewalt-Schema auszubrechen, eine neue Identität zu gewinnen, war ein Aspekt des Videoprojekts. Zu meiner Verblüffung spielten zentrale Szenen des Films in einer Röhre. Wie ich später erfuhr, handelte es sich dabei um den (geheimen) sozialen Treffpunkt der Gruppe. Auch bei professionellen Spielfilmen läßt sich diese Metapher finden. Im Spielfilm *Der Rasenmähermann* (Brett Leonrad, USA 1992) wird an einem geistig beschränkten jungen Mann ein Gehirnmanipulation vorgenommen. Die Bilder, die er dabei sieht, entsprechen einer Fahrt durch einen Tunnel.

5.4 Videokunst – Video heißt nicht, ich sehe, Video heißt, ich fliege

Obwohl die Videoskulptur (Videoinstallation) in den letzten Jahren eine immer stärkere Beachtung erfahren hat, gehört sie weiterhin zu einem Bereich, der weitgehend im „Kunstraum" reflektiert und diskutiert wird. Eine Wechselwirkung mit dem Mainstream ist nur mittelbar zu beobachten. Da Videoskulpturen hervorragende Möglichkeiten bieten, über Medien zu reflektieren und die Auseinandersetzung über die Wirkung von Medien zu fördern, sind sie ein interessantes Medium für die Medienpädagogik (vgl. Kap. 6).

Der koreanische Fluxuskünstler Nam June Paik hatte im Jahre 1963 manipulierte Fernseher präsentiert, deren Programme nur Störbilder zeigten. Damit begann eine intensive Beschäftigung mit den Medien Video und Fernsehen. Wolf Vostell wickelte daraufhin Fernseher in Stacheldraht und beerdigte sie. Den Höhepunkt dieser anfangs nur von einzelnen Künstlern getragenen „Videokunst" erlebte diese neue künstlerische Gestaltungsform auf der Kasseler *documenta 6* im Jahre 1977. Aus der Gegenwartskunst ist die Videoskulptur nicht mehr wegzudenken (vgl. Herzogenrath/Decker 1989, S. 9). Unterschiedliche Entwicklungen sind seither zu beobachten. Während bei Vostell „nur" der Fernsehapparat gesehen wurde, den es zu destruieren gilt, Vostell spricht von „dé-coll/age" interessieren sich der Koreaner Nam June Paik und die amerikanischen Künstler wie Buky Schwartz mehr für das Fernsehbild und die Möglichkeiten konstruktiver Veränderungen.

Bedeutenden Einfluß auf die Videokunst hatte die Fluxus-Bewegung. Aus der hetereogenen und uneinheitlichen Vielfalt der Videokunst werden drei Arbeiten vorgestellt, denen es gelingt, die Wahrnehmungsfähigkeit des Betrachters zu aktivieren. Intentional werden in diesen Produkten Sinnfragen thematisiert. Am Beispiel von Paiks *Buddha* (1974) wird verdeutlicht, daß es den Video-Künstlern bei den sogenannten Closed-Circuit-Installationen um Selbstkonfrontation und damit eine Auseinandersetzung mit sich selbst geht. *Labyrinthian Space* (1985) von Schwartz eröffnet einen eindrucksvollen Erfahrungsbereich über die Orientierung im Raum mit Hilfe des Orbits Fernseher. Ein Videoobjekt wird zur simulierten Als-ob-Erfahrung täglichen Umgangs mit dem Fernseher. Marie-Jo Lafontaine, die sich in ihren Videoarbeiten als Bildhauerin versteht, hat mit ihren *Tränen aus Stahl (Les larmes d'acier)*, einer Auseinandersetzung über männliche Kraft- und Machtrituale, bei der *documenta 8* (1987) sehr widerspruchsvolle Reaktionen ausgelöst.

5.4.1 *Buddha* – die Erfahrung des Closed-Circuit

Die Fluxuskünstler waren die ersten, die sich dem Medium Video „stellten". Mit dem tragbaren Videorecorder kam es zum „Ausbruch" der Fernseher aus der monolithischen Struktur des öffentlichen Fernsehens, das für ein Massenpublikum produzierte (vgl. Simmons 1983, S. 15). Er bot eine Gelegenheit, Programme zu machen, die so vielfältig waren wie sein Publikum. Viele Ansätze favorisierten die Idee und den Prozeß, während die formale Abbildung vernachlässigt wurde.

Bei Foto und Film besteht durch die verstrichene Zeit eine (ontologische) Differenz zwischen der Realität der Aufnahme und der Realität der Abbildung. Diese Differenz ist bei Video aufgehoben, die Einheit von Raum und Zeit ist gegeben. Die simultane Bildaufzeichnung und -wiedergabe ermöglicht, daß die reale Existenz und die Existenz des Bildes zusammenfallen. Im Video sieht sich der Abgebildete zugleich als Subjekt und Objekt. Beobachter-Status und Handlungs-Status fallen zusammen. Wenn ein geschlossener Regelkreis vorliegt und die Videosignale direkt über Kabel zu einem Monitor gelangen, wird von Closed-Circuit gesprochen.

Menschen, die ihr Konterfei live im Bildschirm sehen, beginnen sofort, ihre Haltung und ihre Gesten nach dem Bildschirm auszurichten. Besonders Kinder und Jugendliche lieben es, sich mit der Kamera abzubilden und danach die Wirkung ihres Abbildes auf sich selbst zu ergründen. Friedrich Heubach vermutet, daß bei derartigen Installationen die Identifikation des Betrachters vom eigenen Selbst auf die abgebildete, handelnde Figur, das reale Abbild des eigenen Selbst übergeht (1983, S. 63). Das Abbild gibt den Definitionsraum und die Orientierung nicht nur für die Wahrnehmung, sondern auch für das Verhalten. Der Monitor organisiert und orientiert in Folge Verhalten und Aktion, so daß das Abbild Funktionsträger der Handlung wird, bzw. das reale Selbst handlungsrelevant seine eigene Abbildung antizipiert, bis die Person mit ihrer Identifikation im Abbild übereinstimmt. Das Abbild wird zum Vorbild bzw. das Subjekt zum eigentlichen Bildträger. „Er ist sich also selbst in einer Wahrnehmung als Wahrnehmender und als Wahrgenommener gegeben. In dieser kontinuierlichen gleichzeitigen Erfahrung als Abbild und Existenz erfährt sich schließlich das Subjekt nicht mehr als entweder im Bild *oder* in einer Realität situiert, sondern in einer *Abbildungsrealität.* Sein Verhältnis ist ein Abbildungsverhältnis geworden“ (ebd.). Dem Abbild schreibt er dabei die regulierende Instanz eines externalen Gewissens zu (vgl. auch Videoeinsatz bei Banken, Polizei, Sport). Die Abbildung triumphiert über die Wirklichkeit, sie ist wirklicher als die Wirklichkeit, da sie zu Verhaltensäußerungen Anlaß gibt oder sie auch unterdrückt. Video ist somit für Heubach kein Medium der Abbildung, sondern ein Medium der Verinnerlichung der Abbildung (ebd., S. 64f.). Video bildet nicht die Realität ab, sondern gibt der Abbildung Realität.

Während Heubach davon ausgeht, daß das Abbild dem Betrachter ein Vorbild aufdrückt, sieht Paik die Chance, durch die Erfahrung des Closed-

Abb. 107: *Buddha,* Nam June Paik (1974)

Circuit das eigene Sehen und Erleben zu erweitern und damit sich Inhalten zu nähern, die ohne diese Erfahrung nicht möglich sind. Heubach steht somit in der Tradition des Bildimmanentismus, während Paik davon ausgeht, daß Konsumenten zu Produzenten werden, die in der Lage sind, mit dem sie umgebenden Medienmaterial kreativ umzugehen. Paik steht damit in der Tradition des rezipientenorientierten Ansatzes, der davon ausgeht, daß das Wahrnehmen des Kunstwerks erst die Bedeutung schafft. Das innige Verhältnis zwischen Betrachter und Bild führt dazu, daß dieser in das Kunstwerk einbezogen wird. „Der Betrachter wird im wahrsten Sinne des Wortes angeschaut" (Herzogenrath 1989, S. 41). Der Betrachter wird demgemäß immer zum Vollender des Werkes. Wenn bei der Videokunst der Betrachter in die Handlung einbezogen wird, kommt es zu einer Intensivierung dieses Wechselverhältnisses. Es bedarf dann nur noch der Bereitstellung eines Skeletts, „das lebendige Fleisch" fügt der „Kunstfreund" als aktiver Teil selbst hinzu. Heubachs Beobachtungen lassen sich nicht vollständig entkräften. In seinen Argumenten läßt sich ebenfalls eine Remythisierung erkennen, die durchaus vorstellbar. ist. Allerdings sind auch Paiks Argumente stichhaltig. Beide Reaktionen sind denkbar. Die konkrete biographische Situation gibt vermutlich den Ausschlag für die Aneignungsform. Bei den Videoskulpturen scheint allerdings die Wahrscheinlichkeit höher, daß Rezipienten sich die Objekte aktiv aneignen, da sie über Taktilität, Begehbarkeit und Interaktivität ein höheres Maß an Kommunikation erlauben.

Der „einfachste", aber zugleich einer der schlüssigsten Beiträge der Closed-Circuit-Installationen stammt von Nam June Paik, der sich mit seiner Installation *Buddha* (1974) sehr listig mit dieser Fragestellung auseinandergesetzt hat. Diese optisch beeindruckende Installation besteht aus einer Holzfigur, die Buddha, vor einem Monitor sitzend, abbildet. Bei einer Performance in Köln hat sich Paik selbst in Meditationshaltung vor sein eigenes Abbild gesetzt. „Das Ziel seiner Meditation war die absolute Leere, jenseits von Zeit und Raum, das Kamerabild auf dem Monitor warf ihn jedoch zurück auf seine Leiblichkeit, der er nicht entrinnen konnte. Buddha, das Symbol für morgenländische Weisheit, wurde so gezwungenermaßen zu einem modernen Narziß“ (Decker 1988, S. 73). Herzogenrath sieht in dieser Installation einen fünfstufigen Wandlungsprozeß: Meditation – Auflösung – Erscheinung (Dasein) – Sich-Aufheben – Wiedererstehen (1983, S. 86). Die *Buddha*-Installationen laden ein, über das Verhältnis von Welt und Abbild der Welt zu reflektieren, ebenso wirken sie wie ein Anstoß, über die Unterschiede zwischen westlicher und östlicher Philosophie nachzudenken.

5.4.2 *Labyrinthian Space* – Orbit Fernseher

Im Jahre 1985/1986 kreierte der amerikanische Künstler und frühere Bildhauer Buky Schwartz eine Videoinstallation mit dem Titel *Three Angles of Coordination for Monotoring the Labyrinthian Space*. Auch diese Installation gehört zum Closed-Circuit-Typus. Erst durch die aktive Begehung des Labyrinths „entsteht“ die Skulptur. Um ein Zentrum hat Schwartz wabenförmig 18 kleine dreieckige Räume gebaut, die drei Ein- und Ausgänge haben. Die Wände der Installation sind höher als die Augenhöhe. Von jedem Raum aus können die Besucher nur mit Hilfe eines Kameramonitors den Zusammenhang des Labyrints erschließen. Die Idee ist, daß die Leute sich nicht direkt sehen, sondern nur mit Hilfe eines Monitors, der mit einer Kamera verbunden ist, miteinander kommunizieren können. Diese Kamera ist oberhalb des Zentrums der Installation angebracht. Ihre Bilder geben gleichzeitig die einzige Chance, sich in dem Raum-Labyrinth zurechtzufinden. Der Monitor erweist sich als Wegweiser im „Dschungel der Realität“.

Abb. 108: *Labyrinthian Space*, Buky Schwartz (1985/86)

Für Schwartz bildet seine Installation eine visuelle Beschreibung, wie die Menschen heutzutage miteinander in Verbindung treten. Die Menschen leben in kleinen Kabinen, sie sitzen zu Hause und schauen Fernsehen. Sie empfangen und senden Informationen. Der Kontakt mit ihrer Umwelt erfolgt mit Hilfe von modernen Kommunikationsmitteln wie z.B. Telefon und neuerdings per Computer. Diese Kommunikation ist zumeist indirekte Kommunikation. Sie tritt in Konkurrenz zur persönlichen Kommunikation und verändert klammheimlich die Art und Weise, wie Welt wahrgenommen wird.

Schwartz greift das barocke Verwirrspiel der Gartenlabyrinthe auf. Wie im barocken Garten nur der Fürst, der einen erhobenen Standpunkt innehatte, in der Lage war, den Gesamtzusammenhang zu erfassen, sind die heutigen Herrscher die Monitore, die mit Hilfe von Kameras in der Lage sind, sich einen Überblick über Gesamtzusammenhänge zu verschaffen. Die Monitore repräsentieren die Macht, zu der wir aufschauen. Nur mit ihrer Hilfe sind können wir uns zurechtzufinden.

Das Labyrinth von Schwartz läßt auch Deutungen zu, die in die archaische Zeit zurückgehen. Die Installation knüpft an den griechischen Mythos von Theseus an. Theseus findet mit Hilfe des Fadens der Ariadne aus dem Labyrinth, nachdem er den Minotaurus getötet hat. In den vorchristlichen Mythen wird das Labyrinth verschieden gedeutet, so z.B. als Rückkehr zum Zentrum, die Erlangung von Erkenntnissen durch Selbsterfahrung, Bewährungsprobe und Prüfung. Es wird vermutet, daß Labyrinthe Zonen des Übergangs vom profanen in den heiligen Raum waren (vgl. Cooper 1986, S. 106). Während jedoch das Labyrinth im Mythos ein Raum ist, den der Held aufsucht, um ein Zentrum zu finden (sich selbst zu finden), gibt es bei Schwartz keinen separierten Raum, die gesamte Gesellschaft wird zum Labyrinth. Im archaischen Mythos wird der Held erlöst, wenn er das Zentrum findet. In heutigen Labyrinthen gibt es zwar auch ein Zentrum, doch ist dieses Zentrum nicht mehr durch eine innere Erfahrung erreichbar, sondern nur durch den Blick nach draußen, den orbitalen Blick.

5.4.3 *Tränen aus Stahl* – elektronische Körperfaszination

Die Videoinstallation *Tränen aus Stahl* (*Les larmes d'acier*, 1985/86) besteht aus einer großen Monitorwand mit 27 Monitoren in sieben Blöcken, auf den in stilisierten Schwarzweißaufnahmen das Krafttraining junger Männer zu sehen ist. Die Installation drängt den Zuschauer in eine beobachtende Position. Einerseits entsteht das Gefühl von Distanz, andererseits binden die Bilder, die Musik und die Choreographie den Zuschauer ein. Die Rezipienten, die sich der modernen Ikonenwand öffnen, fühlen sich bald integriert und setzen sich zu Boden, so meine Beobachtungen bei der *documenta 8* in Kassel. Rezipienten, die sich dem unübersehbaren religiösen und mythischen Kontext, dem Rausch der Bilder verwehren, bleiben stehen.

Les larmes d'acier polarisiert und führt zu ganz unterschiedlichen Einschätzungen. Die im Bild erscheinenden monumentalisierten Figuren und die dramatische Musik von Vincenzo Bellini (Koloraturpartien aus der Oper *Norma*) schlagen in den Bann und erschweren eine distanzierte Haltung (vgl. Herzogenrath/Decker 1989, S. 191). Dagegen sieht Friedemann Malsch bei den Beobachtern der Installation nur Betrachter, die Fernsehen schauen. „Der Betrachter erlebt das Kunstwerk als ein Fremdes, Fernes, dessen ästhetische Qualitäten er genießen und mit dessen gedanklicher Fülle er sich beschäftigen kann. Der Ereignischarakter jedoch, der der Arbeit anhaftet, wird durch die Rehabilitation der traditionellen

Abb. 109: *Tränen aus Stahl*, Marie Jo Lafontaine (1985/86)

Kriterien ein tautologischer, die Erlebnisintensität gründet sich allein auf ästhetische Werte“ (1989, S. 33). Für Malsch handelt es sich bei der Installation, deren Glätte der Inszenierung, Perfektion der Ausführung und Massivität des technologischen Einsatzes er kritisiert, nur um leere Bewegung, irreale Bilder, hinter denen nicht nur der Künstler, sondern hinter ihm auch die ganze Welt verschwindet.

Ganz wesentlich bei Lafontaine ist der Rhythmus. Der Ton spielt als Stimmungsträger eine große Rolle. Eine Reihe von Einzelbildern wird einem Rhythmus unterworfen. Lafontaine geht es um die Darstellung ritualisierter Affekte im Sport, im konkreten Fall um Kraftrituale. Sie zeigt die Sportler in verlangsamten Bewegungen und in Nahaufnahmen in ihrem asketischen, masochistischen Training, wobei sich die Bilder in ausgeklügelten Rhythmen wechselnder Synchronität ändern. Erstaunlicherweise stehen die *Tränen aus Stahl* nicht in Beziehung zu den Schweißtropfen der Männer. Der Titel ist eine Anspielung auf die Bomben im Zweiten Weltkrieg, die ein Spektakel fürs Auge waren und ein Grauen, wenn sie einschlugen. „Lafontaine setzt die masochistische Anstrengung der Bodybuilder in Beziehung zum Krieg, der ohne kampfesmutige und opferbereite junge Männer nicht möglich ist“ (Herzogenrath/Decker 1989, S. 191f.). Die Bodybuilder werden immer mehr zu Maschinen, überschreiten die Belastungsgrenze und brechen zum Schluß zusammen. In diesen Bildern ist somit ein Hang des Maschinenzeitalters, sich selbst als Maschine zu frönen, zu erkennen (vgl. Gassert

1989, S. 56). Lafontaines Installation setzt sich mit den psychischen und physischen Grenzen und dem Verlust des mentalen und physischen Raums auseinander. Sie macht sichtbar, wie Menschen sich in Extremsituationen verhalten.

Die synchrone Begleitmusik aus klassischen, pathetischen Klängen verdichtet den Eindruck von Erotik und Gewalt. Im gleichen Moment, wenn der Körper sich die Maschinenwelt für seine erotischen Projektionen erschließt, wird er verdinglicht. Die Installation zelebriert die Geburt des Willens zur Macht aus der Pathologie der Selbstunterwerfung. Selbst die Monitorwand von *Tränen aus Stahl* wirkt in ihrer Architektur gewaltig. Sie ist wie eine Ikonenwand aufgestellt und greift damit mythisch-religiöse Subtexte auf. Die Männer quälen sich, einem Kreuzgang gleich, immer ihre imaginäre Aufgabe vor Augen. Sie streben nach Erlösung. Ihr Ziel ist es, einem idealisierten Männerbild, das antiken Vollendungsvorstellungen entspricht, zu gleichen. Damit einher geht eine Opferung, die Marterung des Körpers.

Die Bild-Assoziationen reichen von Nietzsches Übermenschen als Nachfolger der Götter bis hin zum Herrenmenschen des deutschen Faschismus. Der Mythos physischer Überlegenheit des Mannes wird hier repetiert. Lafontaine macht unübersehbare ästhetische Anleihen bei Leni Riefenstahls Olympiafilmen *Fest der Völker, Fest der Schönheit.* Die tiefergreifenden Themen Lafontaines sind die Bereitschaft zur Verführung zur Macht, die Faszination des Vollendungswahns und die Erbauung angesichts von Schrecken und Gewaltproduktion.

Die große Anwesende in diesem Bilderrausch ist, obwohl abwesend, die Frau. Sie bricht nicht in Tränen des Schweißes aus, sie vergießt wirkliche Tränen über die Taten der Maschinen-Helden und ihrer Helden-Maschinen. Die Botschaft der Installation heißt damit in den Worten von Sigmar Gassert (ebd., S. 58): „Schlimmer als die Götter kann nur die Gottwerdung des Mannes sein."

5.5 Computeranimation – die digitale Schöpfung

Eines der beliebtesten Genres der letzten Zeit ist die Computeranimation. Die Produktpalette beginnt bei künstlerisch ambitionierten Animationen und endet im Mainstream. Im Gegensatz zur Videoskulptur hat die Computeranimation von Anfang an Kinder und Jugendliche über die Medien Fernsehen und Film erreicht und gehörte sehr schnell zur Erlebniswelt von Jugendlichen. Inzwischen sind die Techniken der Computeranimation so komplex geworden, daß den Rezipienten kaum Möglichkeiten gegeben sind, zu erkennen, welche Szenen filmische Realität sind und welche Szenen vom Computer errechnet wurden. Einzelne Beispiele stehen für die vielfältigen Subtexte, die in diesem Genre anzutreffen sind.

Noch vor nicht allzu langer Zeit waren die Animationen durch ihre deutlich erkennbare künstliche Gestaltung, die Aneinanderreihung von Punkten, verbunden mit einem Rastersystem von Linien, als künstliche Produkte erkennbar. Es waren digitale Schöpfungen, die immer gleichzeitig von ihrer Herkunft aus dem Computer zeugten. Inzwischen ist die Technologie so weit vorangeschritten, daß selbst Realanimationen möglich sind. In dem Trickfilm *Toy Story* (John Lasseter, USA 1995) entsteht der Eindruck, als seien die künstlich errechneten Figuren lebensecht. Die Unterscheidungsfähigkeit, ob wir einen realen abgefilmten oder im Computer errechneten Film anschauen, löst sich sukzessive auf. In den Medien entstehen neben der Abbildung der realen Welt Abbildwelten von virtuellen Welten. „Virtuelle Welt“ steht für die Vermittlung zwischen physischer Erfahrung und symbolischer Wirklichkeit. „Virtuell“ bezeichnet etwas Unwirkliches, das aber wirklich erscheint. Virtuelle Realität besteht aus synthetischer Wirklichkeit und vermittelt real erfahrbare Illusionen. Der Ausgangspunkt dieser Entwicklung liegt bei der Computeranimation.

Bei einer Computeranimation wird ein Gegenstand, ein Objekt, ähnlich wie im Trickfilm, mit Hilfe digitaler Berechnungen „zum Leben erweckt“. Objekte, wie Stühle, Tischlampen, können sich wie lebende Personen bewegen, d.h. sie werden anthropomorphisiert. Der jeweilige Programmierer erlebt sich damit als Gestalter von Produkten, die entsprechend seiner Programme agieren. Er wird somit zum Schöpfer neuer Welten. Dies ist eine unbewußte animistische Praxis. Im Animismus/Schamanismus gibt es keine Trennung zwischen lebend und tot, alle Dinge sind durch feinstoffliche Energien miteinander verbunden. Sämtliche Wesen und Dinge stehen in Verbindung, es gibt die Tradition der Einheit aller Dinge. Alles Sein ist lebendig und in einem inneren Zusammenhalt mit der schöpferischen Essenz. Seele und beseeltes Universum sind nicht getrennt, sie bilden eine Einheit. Tiere und Pflanzen und andere Lebewesen besitzen ebenfalls einen spirituellen Leib. Das schamanistische Weltbild überspringt Raum und Zeit. Die Zeit ist dehnbar, der Raum ist plastisch und die Materie durchlässig. Der Mensch wird als Wesen verstanden, das in ein universelles magisches Kraftfeld eingebunden ist (vgl. Eliade 1994b; Findeisen/Gehrts 1989; Kalweit 1983).

In naher Zukunft werden durch Digital Composing, digitales Klonen, Desktop-Animation und Cyberspace die künstlichen Schöpfungen zunehmen. Da Computeranimationen keine physikalischen Grenzen beachten müssen, eröffnen sich der Phantasie alle denkbaren Gestaltungsformen. Es fällt auf, daß vorwiegend Männer die Entwicklungen vorantreiben. Dies läßt den Verdacht aufkommen, daß der Mann mit Hilfe eines riesigen technischen Aufwands seinen Gebärneid bearbeitet. Hard- und Software ermöglichen eine symbiotische Verschmelzung. Der Computer mutiert zum Uterus. *Mann* kreiert Produkte, die er als seine Kinder ansieht. Sie werden parthenogenetisch zur Welt gebracht. Dieses Phänomen läßt sich bereits im Genre Computeranimation finden. Reflektiert man Animationen unter den oben skizzierten Gesichtspunkten, wird man schnell fündig. Bezüge zum Animismus lassen sich immer wieder erkennen.

Mit *Luxo Junior* von John Lasseter wird dieses Phänomen an einem Beispiel beschrieben. Die Idee und Vorstellung, Schöpfer von Welten zu sein, drückt sich ebenfalls in vielen Produkten aus. Dazu wird *Particle Dreams* von Karl Sims als Beispiel herangezogen. In *Green Movie* von Elena Chiesa und Todd Ruff geht es um Selbst-Konzepte.

5.5.1 Anthropomorphismus – *Luxo Junior*

Die 1987 bei der *ars electronica* in Linz ausgezeichnete Computeranimation *Luxo Junior* handelt von zwei Tischlampen. Die große Tischlampe (Luxo) steht „stoisch" links im Bildfeld, während von rechts ein kleiner Ball auf sie zurollt. Der Ball rollt aus ihrem Lichtkegel. Luxo bewegt den Kopf, um den Ball von allen Seiten gemächlich anzuschauen. Plötzlich stößt sie den Ball mit einem Kopfstoß wieder rechts aus dem Bild. Doch der Ball kommt zurück. Nunmehr schaut Luxo in die Richtung, aus der der Ball gekommen war. Mit einem noch festeren Kopfstoß befördert sie den Ball wieder zurück. Zum Erstaunen von Luxo kommt der Ball jedoch wieder zurück, rollt aber an ihr vorbei. Danach erklingt eine beschwingte Musik und eine kleine Lampe (Junior) kommt von rechts ins Bildfeld, schaut keck zu Luxo, wackelt mit den Beinen (Gestell), gibt Laute von sich, hüpft davon und holt den Ball. Während Luxo gemächlich mit dem Ball umgeht (nur mit Kopfbewegungen), stößt Junior wild nach dem Ball, springt schließlich auf ihn, wippt solange, bis dem Ball die Luft ausgeht. Luxo und Junior schauen mit Erstaunen auf den zu einer Scheibe reduzierten Ball. Kopfschüttelnd tadelt Luxo Junior, der ob des Tadels in die Knie geht. Mit gesenktem Haupt und einem Seufzer geht er rechts aus dem Bild. Die Irritation währt nicht lange. Parallel mit der wieder gesteigerten Musik fliegt ein noch größerer Ball vorbei an Luxo in das Bildfeld, und Junior kommt mit ausgelassenem Hüpfen hinterher. Luxo schaut (verständnislos) die Zuschauer an, schüttelt und senkt den Kopf.

Abb. 110: *Luxo Junior*, John Lasseter (1987)

Schon die Beschreibung der Animation übernimmt die in ihr angelegte Anthropomorphisierung. Die Lampe wird durch ihre dem Menschen ähnliche Verhaltensweise zu einem menschlichen Wesen transformiert. Es wird nicht die Animation von zwei Tischlampen wahrgenommen, sondern eine Geschichte zwischen Vater/Mutter und/oder Sohn/Tochter. Schon bei der ersten Bewegung der großen Lampe können wir uns der automatischen Zuordnung „belebt" nicht entziehen. Nach wenigen Sekunden erkennen wir, daß die Animation den Generationenkonflikt visualisiert. Wir identifizieren sehr schnell die Unbeweglichkeit von Luxo mit der älteren Generation. Während der Animation verläßt Luxo nur einmal kurz seinen Standpunkt, da er erschrocken war. Junior, der keinen festen Standpunkt hat, agiert hingegen tatendurstig, Lebensraum ergreifend.

5.5.2 Parthenogenese – *Particle Dreams*

In *Particle Dreams* (1988) von Karl Sims blicken wir auf einen aus Rasterpunkten und -linien bestehenden männlichen Kopf (Grafikmuster eines vom Computer animierten Kopfes), der als besondere Merkmale rote Lippen und blaue Augen aufweist. Der Kopf bewegt sich ruckhaft, nach links und rechts, nach oben und fällt plötzlich nach unten, dabei löst er sich in Hunderte von Punkten auf. Gleichzeitig hören wir ein Geräusch, als zerspringe ein Glasgegenstand. Bis die Punkte zur Ruhe kommen, hören wir eine sphärische Musik. Aus der Mitte des verstreuten Punktehaufens ergibt sich sodann ein Wirbel, der sich aus der Fläche senkrecht erhebt. In dem Wirbel, der entgegen dem Uhrzeigersinn rotiert, können wir rote und blaue Punkte erkennen. Der Wirbel dreht sich nach links und danach um seine Achse. Anschließend löst sich der Punktwirbel auf und fügt sich zu einem Kopf zusammen, der identisch mit dem Kopf aus der ersten Sequenz ist. Der Kopf wird jetzt im Seitenprofil gezeigt, leicht nach links geneigt. Kaum ist der Kopf gebildet, löst er sich, ausgehend vom unteren Hinterkopf, wieder in einem Wirbel auf. Der Wirbel fließt in Richtung Mund, wird vom Mund nach oben rechts ausgespien. Zum Schluß bleibt wieder eine chaotische Vielfalt von Punkten und bunten Flecken, die sich wiederum bald zu einer Figur konturieren. Es handelt sich dabei um die gleiche Figur mit der gleichen Bildeinstellung wie zu Beginn. Der Kopf beginnt wieder zu rucken, exakt wie in der ersten Sequenz der Animation.

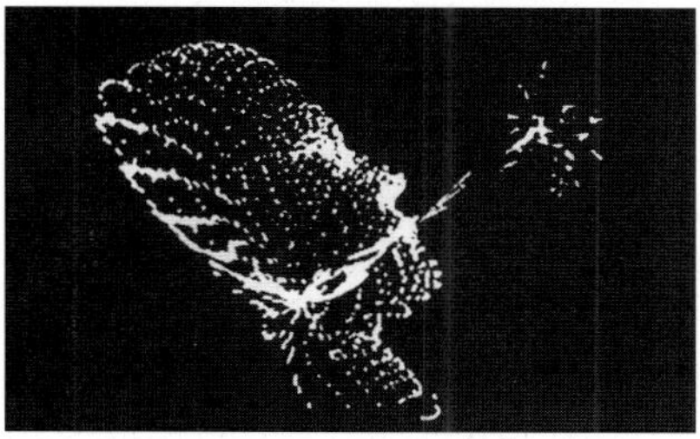

Abb. 111: *Particle Dreams*, Karl Sims (1988)

Die Animation enthält mindestens vier subtextuelle Botschaften. Die erste Botschaft lautet: Tod und Leben bilden eine Einheit. In der Animation wird die mythische Vorstellung vom Tod, der das Leben gebiert, visualisiert. Wir sehen den Tod und die Wiederauferstehung des Kopfes. Die zweite Botschaft verkündet: Leben ist die Wiederkehr des ewig Gleichen. Der Anfang und das Ende der Animation sind identisch und lassen vermuten, daß der beobachtete Prozeß sich wiederholt. Zeit ist nicht linear, sondern in einem Kreis „gedehnt". In der dritten Botschaft wird von dem Nichts, dem Chaos, aus dem alle Formen entstehen und in das sie wieder zurückgehen, berichtet. Die vierte Botschaft erzählt vom Mann als Schöpfer und Gebärer. Der Mann ist mittels eines Computers befähigt zur Selbstzeugung, zur Parthenogenese. Er benötigt keine Frau. Der Mann integriert in sich jetzt auch die Dimension des Weiblichen.

5.5.3 Das multiple Ich – *Green Movie*

Ein Bild dreht sich um seine horizontale Achse, wird mit Seilen von der Decke heruntergelassen und sodann bildfüllend präsentiert. Wir sehen einen Ausschnitt von Michelangelos Fresken in der Sixtinischen Kapelle, die Szene der Erschaffung Adams durch Gott. Kurze Zeit später wird das Bild abgedunkelt und eine rechteckige X-Ray-Scheibe über den Körper von Adam und Gott geschoben, wobei wir jeweils an den Stellen, an denen sich die Scheibe befindet, ein Röntgenbild, d.h. die Knochen sehen. In der nächsten Sequenz wird das abgedunkelte Bild „sauber" gemacht. Ein Pinsel wird diagonal (von links oben beginnend) durch das Bild geführt, und das Bild erstrahlt im ursprünglichen Glanz. In der darauffolgenden Sequenz „säubert" der Pinsel noch einmal. Nun werden die Umrisse der beiden Figuren deutlich. In den Körperteilen sind Nummern enthalten wie bei einem dechiffrierten Puzzle. Dann fällt das Bild in einzelne Stücke, und im Hintergrund erkennen wir eine mit Ziegelsteinen gemauerte Wand. Die Wand „löst" sich auf, und es erscheint ein Gemälde mit Adam und Eva, die im linken Bildfeld positioniert sind. Oberhalb von Adam und Eva thront St. Michael, der die beiden aus dem Paradies verjagt. Ein Lichtspot, der von der äußersten oberen Ecke rechts nach links unten weist, ist auf Adam gerichtet und begleitet ihn in den folgenden Sequenzen. Der nackte Adam löst sich aus dem Bild und läuft in den rechten Bildraum. Er begegnet einem Bild von Leonardo da Vinci. In einem Kreis und einem Quadrat ist ein Mann mit ausgestreckten Armen abgebildet. Während Adam durch das Bild läuft, bleibt er zwar immer noch nackt, aber er verwandelt sich in einen Renaissance-Jüngling, erkennbar an der Frisur. Gleichzeitig hören wir einige Takte Renaissance-Musik. Daraufhin begegnet er einem Bild, das eine „barocke" Mutter mit säugendem Kind inmitten einer Kulturlandschaft zeigt. Wir hören Donner und sehen Blitze zucken, wenn Adam

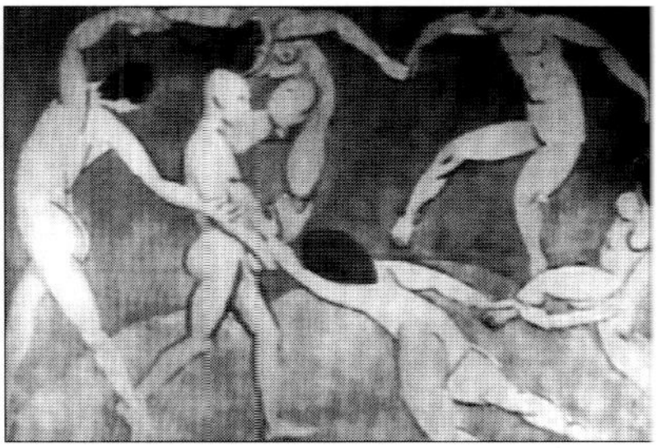

Abb. 112, 113: *Green Movie,* Elena Chiesa und Todd Ruff (1991)

durch das Bild geht, dabei sieht er aus wie ein Wandergeselle. Beim nächsten Bild durchquert er den Klassizismus, dabei mutiert er zu Mozart und wir hören einige Takte von Mozarts Musik.

Im Anschluß daran folgen Bilder von Degas, Monet, Van Gogh, Matisse, Picasso, Mondrian, Jackson Pollock. Zum Schluß taucht Adam, einen Anzug tragend, in einem Fernseher auf und macht eine einladende Bewegung zu den Zuschauern. Zwischen den Bildern bleibt Adam identisch mit seiner ursprünglichen Erscheinung. Während seiner Begegnungen mit den Kunstbildern transformiert er sich zu einer Person, die in der Zeit lebt, als die dargestellten Bilder gemalt wurden. Wenn er die impressionistische Malerei erreicht hat, wird er zu einer Figur, die entweder in dem Bild enthalten ist oder zu einer Figur, die den jeweiligen Malstil widerspiegelt. Bei dem Durchlaufen der Bilder wird jeweils eine zeit- bzw. bildgemäße Musik gespielt.

Diese Animation, die als Fernsehvorspann kreiert und bei der *ars electronica* in Linz 1991 ausgezeichnet wurde, eröffnet vielfältige Interpretationsmöglichkeiten. Obwohl die Animation von einer Frau und einem Mann konzipiert wurde, ist deutlich der männliche Blick erkennbar. Die Konstrukteure der Animation korrigieren mit ihrem virtuellen Pinsel das Schöpfungsbild Michelangelos. Sie zeigen sich als die kompetenteren Schöpfer, da sie mehrere Dimensionen des Bildes kreieren. Dies kann man als männlichen Schöpferblick interpretieren. Die männliche Sicht wird spätestens deutlich, wenn nur Adam aus dem Paradies aufbricht und Eva alleine läßt. Adam kommt aus dem linken Bildfeld (Vergangenheit) und geht an einer linearen Zeitachse entlang nach rechts in die Zukunft. Damit ist die Animation einem christlichen Denken verpflichtet, das die Zeit als Linie interpretiert, die einen Anfang und einen Schluß hat. Auf seinem Weg durch die Kunstgeschichte bleibt Adam zwischen den Bildern unverändert. Dies könnte bedeuten, Adam ist nicht in der Lage, sein eigentliches Wesen zu verändern, er bleibt immer gleich, nur seine Maske, seine Persona verändert sich. Seine Persona ist vorgegeben von der jeweiligen

(Bild-)Welt, in der er sich befindet. Es gibt kein eigenständiges Selbst. Die Lebenskultur, in der er existiert, bestimmt seine Persona. Adam, so die zentrale Aussage der Animation, hat kein einzigartiges Ich. Sein Ich entwirft sich jeweils neu als multiple Bricolage, korrespondierend mit seinen jeweiligen Umwelten.

5.6 Subtext und Symbolik in der Musik

Wie im Verlauf des Textes bereits vereinzelt erwähnt, hat Musik eine ganz besondere Bedeutung in den Medien. Im Gegensatz zu den bisher diskutierten Genres handelt es sich bei der Musik um eine „nichtdarstellende" Kunst. Die Form ist ihr Wesen selbst. Die Musik hat keinen eigenen Inhalt. Die künstlerische Bedeutung eines Werks gehört zu dem sinnlich Wahrgenommenen selbst.

Kant räumte der Musik den niedrigsten Rang unter den Formen der Kunst ein, da sie nicht auf den Intellekt, sondern auf das Gemüt wirke. Schon die Griechen wußten von dem emotionalen Echo, das Musik auslösen kann. Damit die Bürger nicht durch erschlaffende und wollüstige Weisen versuchen würden, sich demoralisierenden Gefühlen hinzugeben, forderte Platon in seinem idealen Staat *(Politeia)* eine strenge Zensur von bestimmten Tonarten und Instrumenten. Die Sage von der narkotischen Wirkung von Musik konkretisiert sich auch in den Mythen von Orpheus und den Sirenen. Das Alte Testament berichtet von dem Fall der Mauern von Jericho, ausgelöst durch Posaunen. Ngoma, der afrikanischen Trommel, wird nachgesagt, sie könne beeinflussend wirken. Der Trompetenstoß beim Angriff in der Schlacht hatte die Funktion, die Soldaten zu einem euphorisierenden Verhalten zu motivieren. Der Brauch, Kinder mit Liedern in den Schlaf zu singen, geht ebenso von einer Wirkung der Musik auf den Menschen aus.

Bis heute hat sich die Überzeugung gehalten, das Wesen der Musik sei ein unmittelbarer Ausdruck des Selbst und entspreche damit einer emotionalen Katharsis. Unumstritten ist, daß Musik den Puls und die Atmung verändert, den Organismus erregen oder entspannen kann. Der Musiker Charles Avison (1775) war davon überzeugt, daß die Musik unmittelbarer Selbstausdruck des Musikers ist, da die Menschen mit Musik bestimmte Gefühle verbinden. Die Musik ist ganz alleine in der Lage, Leidenschaften in der menschlichen Brust zu erregen, den gehörten Klängen entsprechend. „Bestimmte Klänge sind der Freude natürlich, andere dem Kummer oder der Schwermut, andere der Zärtlichkeit und Liebe; wenn wir nun diese hören, so sympathisieren wir ganz von selbst mit denen, die froh sind oder leiden" (Avison, zitiert nach Langer 1987, S. 212).

Susanne K. Langer wendet Bedenken ein gegen die Gleichsetzung von Kunst und Naturgesetzen. „In Wahrheit verhält es sich so, daß die Musik sich zwar verwenden läßt, um unsere subjektiven Erfahrungen abzureagieren und unser inneres Gleichgewicht wiederherzustellen, doch ist dies keineswegs ihre ursprüngliche Form“ (ebd., S. 215). Der Sinngehalt der Musik ist semantisch und nicht symptomatisch. Ihre Bedeutung liegt in ihren Anzeichen für Emotionen, aber nicht in ihrer Eigenschaft als emotionales Reizmittel. Der emotionale Inhalt ist genauso symbolisch wie die Sprache. „Weder leitet sich die Bedeutung von Affekten ab, noch zielt sie auf solche; wohl aber läßt sich mit gewissen Einschränkungen sagen, daß sie von ihnen handelt. Musik ist ebensowenig die Ursache von Gefühlen wie deren Heilmittel. Sie ist ihr logischer Ausdruck; und sie hat in dieser Eigenschaft ihre sehr spezifische Funktionsweise, die sie der Sprache und auch präsentativen Symbolen wie Bildern, Gesten und Riten, unvergleichbar macht“ (ebd., S. 215f.). Der Sinngehalt der Musik ist in irgendeiner Weise der eines Symbols.

Bedeutungsvoller als die Auffassung von der Musik als Gefühlssymptom ist es, die Musik als eine Art Sprache zu betrachten. Die Musik hat zwar nicht die charakteristischen Eigenschaften der diskursiven Sprache, sie kann jedoch ein präsentatives Symbol sein und durch sinnlich unmittelbare, ganzheitliche Formen emotionale Erfahrungen veranschaulichen. Die Stärke der musikalischen Expressivität liegt darin, Formen zu artikulieren, „die sich durch die Sprache nicht kundtun lassen“ (ebd., S. 229). Diese präsentativen Symbole werden von den Rezipienten intuitiv in ihrer Ganzheit erkannt. Die Musik kann die Natur der Gefühle detaillierter und wahrhaftiger als Sprache offenbaren, da die Formen des menschlichen Fühlens kongruenter sind mit den musikalischen Formen als mit denen der Sprache.

Langer orientiert sich dabei an einem Gedanken Arthur Schopenhauers, der die Musik als einen symbolischen Modus mit einem Ideengehalt und nicht als simples Anzeichen bloß emotionaler Verfassung interpretierte (Langer 1987, S. 217). Sie betrachtet die Musik unter rein logischen Gesichtspunkten „als eine Art möglicher symbolischer Form“ (ebd., S. 223). Eine gesicherte Tatsache ist für sie, daß musikalische Strukturen bestimmten dynamischen Organisationsformen der menschlichen Erfahrung ähnlich sind. Sie setzt dabei voraus, daß musikalische Figuren eine „logische Form“ haben, da wir alles, was wir begreifen, nur in einer Form erfassen können. Diese Auffassung ist von der Gestaltpsychologie geprägt. Wolfgang Köhler, ein wichtiger Vertreter der Gestaltpsychologie, wird daher auch von ihr zitiert, um die Beschreibung des sichtbaren Verhaltens mit den physischen Haltungen und Gebärden des inneren Lebens in Beziehung zu setzen. „Wie diese Qualitäten in der Welt der akustischen Erfahrungen vorkommen, so finden sie sich auch in der visuellen Welt und so können sie gleiche dynamische Züge des inneren Lebens in direkt zu beobachtender Tätigkeit ausdrücken. ... Dem zunehmenden inneren Tempo und dynamischen Niveau entspricht ein Crescendo und Accelerando in der sichtbaren Bewegung. Natürlich kann sich die gleiche innere Entwicklung akustisch ausdrücken, wie im Accelerando und Reforzando des Sprechens ... Zögern und Mangel an innerer Bestimmtheit wird sichtbar ... als Ritardando des sichtbaren und hörbaren Verhaltens ..." (Köhler, zitiert nach Langer ebd., S. 223).

Anhand weiterer Experten (Jean d'Udine, Havelock Ellis, Kurt Huber) weist sie nach, daß gewisse Aspekte des sogenannten „inneren Lebens" formale Eigentümlichkeiten aufweisen, die denen der Musik ähneln. Für Langer besteht kein Zweifel daran, daß musikalische Formen bestimmte Eigenschaften besitzen, die sie für symbolische Verwendung prädestinieren. „Die rein strukturellen Bedingungen eines Symbolismus werden also durch das tonale Phänomen, das wir ‚Musik' nennen, erfüllt" (ebd., S. 225).

Die Musik besitzt zwar das Kennzeichen eines echten Symbolsystems und ist zur Konnotation fähig, aber ihr Inhalt ist ambivalent, niemals fixiert. Sie ist unstreitig eine symbolische Form, aber ein unvollendetes Symbol. Sie ist Artikulation, aber beinhaltet keine bestimmte Aussage, ihre Konnotationen sind nicht feststehend (vgl. ebd., S. 235f.). Die Bedeutung der Musik ist nicht gleichbleibend. Langer sieht daher in der Musik eine sinnhaltige Form ohne konventionellen Sinngehalt. Die wahre Macht der Musik ist ihre Fähigkeit, das Gefühlsleben so lebenswahr darzustellen, wie Sprache dazu nicht in der Lage ist. „Die Musik macht offenbar, wo Worte verdunkeln, weil sie nicht nur *einen* Inhalt haben kann, sondern viele flüchtig ineinander spielende Inhalte zugleich. Sie vermag Gefühle zu artikulieren, ohne an ihnen hängen zu bleiben. Der physische Charakter eines Tones ... kann dadurch, daß er eine physische Reaktion hervorruft, eine momentane Deutung suggerieren. Ein Wechsel der Tonart kann ein neues Weltgefühl vermitteln. Die Sinnbeilegung ist ein immer wechselndes, kaleidoskopisches Spiel, das vermutlich unterhalb der Bewußtseinsschwelle, sicherlich außerhalb der diskursiven Vernunft vonstatten geht. ... Weil in der Musik die Sinnbeilegung niemals konventionalisiert wird, überdauert Bedeutung niemals den vorübereilenden Klang; die flüchtige Assoziation aber ist eine aufblitzende Einsicht. Wie die erste Wirkung, welche die Sprache auf die geistige Entwicklung ausübt, so besteht die bleibende Wirkung der Musik darin, daß Dinge begreifbar, nicht daß Aussagen gespeichert werden. Nicht zur Kommunikation, sondern zur Einsicht verhilft uns die Musik" (ebd., S. 238f.).

Drei Aspekte sind bei Langers Ausführungen für die hier vorgenommene Untersuchung von Bedeutung. Wie schon ausgeführt, ist das Abbild nicht identisch mit dem Bild, sondern verweist auf das Bild. Es kann dabei in der konkreten Alltagserfahrung zu unterschiedlichen Adaptionen der Aneignung des Abbildes kommen, wie dies bereits am Beispiel der unterschiedlichen Bildbedeutungen (vgl. Kap. 3) entwickelt wurde. Die Musik mit den Gefühlen gleichzusetzen (Affektlehre) bedeutet, das Bild mit dem sie repräsentierenden Wesen gleichzusetzen. Bezogen auf die Musik macht Langer auf dieses Problem aufmerksam. Gewisse Wirkungen der Musik ähneln zwar Gefühlen, so daß wir sie leicht mit ihnen verwechseln, dennoch macht sie zu Recht darauf aufmerksam, daß dies zweierlei Affekte sind. Aus dieser Differenzierung läßt sich der zweite wichtige Aspekt, auf den Langer aufmerksam gemacht hat, ableiten. Die Herausarbeitung der symbolischen Funktion der Musik und damit die Bildung einer Differenz zwischen Musik und Gefühl eröffnen gesellschaftliche bzw. individuelle Zuschreibungen, die gerade für die Art und Weise, wie Jugendliche mit Musik umgehen, typisch sind. Damit löst sich Langer von universalistischen Zuschreibungen. Offensichtlich ist es jedoch nicht einfach für uns, die symbolische Form der Musik zu erkennen. Daher bezeichnet Langer die Musik nicht zu unrecht als unseren „Mythos des inneren Lebens" (ebd., S. 240). Ein dritter wichtiger Punkt ist ihr Verweis auf die hohe Bedeutung der Musik in ihrer erkenntnisfördernden Funktion. Ihre Bemerkung, Musik helfe nicht zur Kommunikation, bezieht sich vermutlich nur auf den kognitiven Aspekt der Kommunikation. Musik kann sehr wohl auch beitragen zur nonverbalen Kommunikation. Ganz wesentlich trägt sie zur Einsicht bei. Ich sehe in dieser von Langer „Einsicht" genannten Qualität des Diskurses eine ontologische Qualität. Musik hilft Sinnbezüge herzustellen, sie schafft eine Verortung, hilft Dinge zu verstehen, zu akzeptieren und/oder zu bewältigen, die mittels Sprache nicht lösbar sind.

In diesem Sinne argumentiert auch Claude Lévi-Strauss. Er ist der Überzeugung, daß die Mythologie zwischen den diametral entgegengesetzten Typen von Zeichensystemen, der artikulierten Sprache und der musikalischen Sprache, steht. Dadurch ist sie am besten von allen menschlichen Werken geeignet, uns über das Wesen der Mythologie aufzuklären. „Die Musik bringt dem Individuum seiner physiologischen Verwurzelung nahe, die Mythologie macht dasselbe mit seiner sozialen Verwurzelung. Die eine nimmt uns bei den Eingeweiden, die andere, wenn man so sagen darf, ‚bei der Gruppe'. Und um das zu erreichen, bedienen sie sich solcher außerordentlich subtilen kulturellen Maschinen wie der Musikinstrumente und der mythischen Schemata. Im Falle der Musik reproduziert die Verdoppelung der Mittel in der Form von Instrumenten und von Gesang – durch ihre Vereinigung – die gleiche Vereinigung von Natur und Kultur, da man weiß, daß der Gesang sich von der gesprochenen Sprache darin unterscheidet, daß er die Beteiligung des ganzen Körpers verlangt, aber streng diszipliniert durch die Regeln eines Vokalstils. Noch dort behauptet infolgedessen die Musik ihre Ansprüche in vollkommener, systematischerer und zusammenhängenderer Weise“ (Lévi-Strauss, zitiert nach Schiwy 1969, S. 54).

Anhand von drei Beispielen wird der Bedeutung der Musik in aktuellen Medienprodukten nachgegangen. Recherchen von Matthias Keller (*Sounds of Cinema. Spielarten der Filmmusik.* CD, München 1995) über die psychosoziale Beeinflussung von Spielfilmen durch Musik geben einen Eindruck, wie Gefühle und Stimmungen im Film erzeugt werden. Am Beispiel des Einsatzes von klassischer Musik in der Werbung wird veranschaulicht, daß die psychosozialen Muster, die Keller beim Spielfilm identifiziert hat, sich auch in den Werbespots finden lassen. Jugendliche erleben Musik als einen der wichtigsten und bedeutsamsten Aspekte ihres Lebensgefühls. Ein Beitrag zur Symbolik, unter besonderer Berücksichtigung der Heavy-Metal-Szene, soll einerseits verständlich machen, welche Funktion und Bedeutung Symbole in der Rockmusik haben, andererseits Verständnis dafür eröffnen, wie die Musik als Symbol von Lebensausdruck Gestalt erhält.

5.6.1 Musik in Spielfilmen – die akustische Brille

Film und Musik bilden eine Einheit, nicht nur beim Videoclip. Selbst der sogenannte Stummfilm war nie wirklich stumm. Es wurde bei diesen Filmen immer Musik gespielt, meist Klaviermusik. Die Musik vermittelte einen Unterton zum Geschehen, wirkte insbesondere zu Beginn der Filmmusik wie ein Kommentar. Berühmt wurde Bernard Herrmanns Musik während der sogenannten „Frühstücksmontage“ in Orson Welles Film *Citizen Kane* (USA 1941). Der langjährige Verfall einer Ehe wird hier in musikalischen Variationen kommentiert. Während wir am Anfang ein Walzeridyll hören, endet die Szene zuletzt in musikalischer Resignation. Die Musik wurde eingesetzt, um dem filmischen Geschehen emotionale Aspekte hinzufügen. Nicht erst seit Richard Wagner ist bekannt, daß Musik das beste Vehikel für Gefühle und Empfindungen ist. Bei Wagner, der sein Orchester im Graben verschwinden ließ, damit das Publikum visuell nicht abgelenkt wurde, hatte die Musik die Funktion, unterschwellig dem Handlungsgeschehen auf der Bühne eine dramaturgisch bedeutsame Ergänzung beizugeben. Weitere Mittel, wie das Leitmotiv und das Wechselspiel zwischen Musik und Dialog, sind von Wagners Nachfahren längst in den Kanon der Filmmusik integriert worden. Das Auf und Ab von Musik- und Bilddominanz in der Filmmusik lassen Anleihen an die Operntradition erkennen. Damals wie heute zielt das Leitmotiv auf das affektive Gedächtnis der Zuschauer. Obwohl Filmmusik funktionale Musik ist, d.h. sie ist bestimmt für einen bestimmten Handlungskontext, hat sie inzwischen auch bei Jugendlichen eine eigenständige Wertschätzung erhalten. Die hohen Verkaufszahlen der Filmsoundtracks verweisen auf das gesteigerte Interesse an der Filmmusik. Parallel zu dieser Entwicklung ist zu beobachten, daß anerkannte Popgrößen Filmmusik schreiben, wie z.B. Peter Gabriel für *Birdy* (Alan Parker, USA 1984) und *Passion* (Jean-Luc Godard, Frankreich/Schweiz 1982). Es gibt aber auch Fälle wie z.B. den Musiker Michael Nyman, der erst durch seine Musik in den Filmen von Peter Greenaway hohe Aufmerksamkeit auf sich gezogen hat. Nino Rota, der u.a. die Musik zu Viscontis *Der Leopard* (Frankreich/Italien 1963) geschrieben hat, erweiterte eine Filmpartitur zu einer Konzertsinfonie.

Trotz der gesteigerten Bedeutung, die Filmmusik erfahren hat, sind sich die meisten Zuschauer kaum bewußt, welche zentrale Bedeutung die Musik hat. Für Keller hat die Musik Steuerungsfunktion, sie transportiert die Gefühle, sie bringt den Puls des Zuschauers zum Rasen, läßt seine Hände zittern und schlägt die Kinogänger in Bann. Ob Dinge harmlos, nebensächlich, groß oder wichtig sind, wird maßgeblich durch die Musik ausgedrückt. Musik erlaubt sogar ein Erkennen der sozialen Zugehörigkeit. Gesellschaftliche Gruppierungen haben ihr eigenes (musikalisches) Vokabular. Im ausgehenden Mittelalter wurde die Fiedel und die Drehleier vom feinsinnigen Instrumentarium der herrschenden Klasse unterschieden. Michael Cimino greift dies in seinem Film *Heaven's Gate* (USA 1980) auf. Während die Abiturienten bei Orchesterklängen einen Walzer tanzen, hören wir bei den einwandernden Slawen die Klänge der Fiedel, die im Mittelalter als das Instrument des „Pöbels" galt. Ebenso ist Musik in der Lage, zeitgeschichtliche Zusammenhänge zu klären, da jede Musikepoche ihren eigenen „Dialekt" hat. So versetzt die romantisch-sinfonische Musik Nino Rotas in Viscontis *Der Leopard* den Zuscheuer umgehend ins 19. Jahrhundert, während die Musik György Ligetis in Stanley Kubricks *2001 – Odyssee im Weltraum* (Großbritannien 1968) keinen Zweifel daran läßt, daß die Handlung in der Zukunft spielt.

Die Musik schlägt eine Brücke zwischen dem eher nüchtern beobachtenden „objektivierenden" Auge und dem emotionalen Anspruch der Handlung. Keller setzt sich auf unterschiedlichsten Ebenen mit dem Subtext Musik auseinander. Er verweist auf die Nutzung archetypischer Klänge, wenn z.B. Ennio Morricone in dem Film *In the Line of Fire* (Wolfgang - Petersen, USA 1993) mit dem Fanfarenimitat einer Bläsergruppe die Ankunft des Präsidenten ankündigt. Die Fanfare weist hin auf Feierlichkeit und Würde. Schon im Mittelalter hatte sie die Aufgabe, die Ankunft der Majestät anzumelden. Während die Oboe freundlich, friedlich und hell wirkt, klingt die Klarinette hinterhältig, schleichend (Heimlichkeit) und dumpf. Weitere (film-)musikalische Archetypen sind für Keller u.a das Tremolo (Angstbeben, Zittern, Bibbern), der Paukenwirbel (Donnergrollen), tiefe (Dunkel, Nacht) und hohe Lagen (Helligkeit, Licht, Sonne). In der Intervallik diagnostiziert er im „positiven Sextaufschwung" (große Sext)

„Ich habe mich ergeben“, in der „melancholischen“ kleinen Sext (das Leidensintervall) eine „Schicksalsmelodie“, im Groß-Kleinterz-Gestus eine Dur/moll-“Stimmung“, in den Dissonanzen wie Sekundenreibungen, Nonen und Tritoni erkennt er Nervenkitzel und Anspannung, in den „leeren“ Quinten/Oktaven Natur, Weite und Galaxien (Begleitheft zur CD, S. 23). Es werden jedoch nicht nur einzelne Bildsequenzen durch die Musik einem Interpretationsschema zugeordnet, die Musik hat ebenfalls die Funktion, Zusammenhänge herzustellen. Einige der wichtigsten Aufgaben, die nach Keller Musik zu leisten hat, werden im folgenden vorgestellt:

1. *Atmosphäre herstellen* – Die Titelmusik gilt als Hauptschlüssel der Handlung. Sie gibt Hinweis auf die Grundstimmung des Films. So wird in Alfred Hitchcocks *Der unsichtbare Dritte* (USA 1959) der Hauptdarsteller (und damit auch die Gefühle der Zuschauer) durch die Musik von Bernard Herrmann permanent vorangetrieben. Ry Cooders relaxte Klänge zu dem Wim-Wenders-Film *Paris, Texas* (BRD/Frankreich 1984) signalisieren eher Stillstand, während John Williams Titelmusik zu Steven Spielbergs *Schindlers Liste* (USA 1993) eine Konfrontation mit den eigenen Empfindungen leistet, die Bilder allein kaum erreicht hätten.

2. *Bilder integrieren* – Die entscheidende Bedeutung bei der Filmmusik kommt dem Sound zu, er ist die Botschaft, durch die eine Filmhandlung gehört bzw. „gesehen“ wird. Auf der Folie des Sounds finden die Zuordnungen zu den Bildern statt. Die Musik ist eine wortlose Vermittlerin. Bei Rückblenden, wechselnden Bildfolgen und dem Zusammenfügen unterschiedlicher Blickwinkel zu einer Gesamtwahrnehmung kann die Musik Bezüge herstellen. Ein markantes Beispiel läßt sich bei Lina Wertmüllers Film *Camorra* (Italien 1986) beobachten. Während Pergolesis Passionsmusik *Stabat mater* erklingt, konfrontiert uns Wertmüller mit einer Gruppe von Frauen, die im stummen Protest zum Justizpalast marschieren. Wir sehen die Blicke von verzweifelten Müttern und unschuldigen Kindern in Großaufnahmen, dazwischen Gitterstäbe und die teilnahmslosen Mienen der Angeklagten. Die Musik transportiert die Subtextbotschaft, Mütter tragen das Kreuz ihrer Kinder.

3. *Epische Bezüge herstellen* – In Form von Leitmotiven können unterschwellig Schlüsselstellen „akustisch markiert“ und an späteren Stellen wieder abgerufen werden. „Die Wirkung von Musik als ‚akustische Adressdatei‘ beruht auf dem sogenannten *affektiven Gedächtnis,* jener Fähigkeit des Ohres, selbst nebensächlichste akustische Ereignisse auch nach langer Zeit noch der entsprechenden Filmsituation zuzuordnen“ (Begleitheft, S. 26). Ein markantes Beispiel ist das Mundharmonika-Thema in *Spiel mir das Lied vom Tod* (Sergio Leone, USA/Italien 1968). Der Held des Films, Charles Bronson, hat eine Rechnung zu begleichen, die eine tönende Vorgeschichte hat. Die Mundharmonika-Musik von

Bronson taucht während des Films immer wieder auf und klingt dabei wie eine akustische Drohung.

4. *Emotionen abbilden* – Musik kann in die Köpfe der Handelnden eindringen, kann Gefühle „sichtbar" machen. Diese Fähigkeit der Musik nennt Keller „musikalische Röntgenbilder". Sie gehören zur Essenz der Filmkomposition. Deutlich wird dieses Potential u.a. , wenn die stumme Hauptdarstellerin in dem Film *Das Piano* (Jane Campion, Australien/ Frankreich 1993) ihre Emotionen einem Klavier anvertraut oder wenn Dustin Hoffman nach Abschluß seines Abiturs im Film *Die Reifeprüfung* (Mike Nichols, USA 1967) in den *Sound of Silence* (Simon & Garfunkel) flieht, die lautlose Welt der Fische. In *Schindlers Liste* wird John Williams musikalisches Hauptthema zur Geste wortloser Verständigung zwischen den Opfern und ihrem Retter.

5. *Raumgefühl und Zeitempfinden herstellen* – Zwischen Ton*raum* und *Raum*vorstellungen gibt es ein Analogieverhältnis. Die Musik knüpft an diese Beziehung an. Philip Glass läßt in *Koyaanisqatsi* (Godfrey Reggio, USA 1983) mit seiner Musik einen mythischen, imaginären Raum entstehen, Klaus Doldinger gelingt es in dem Wolfgang-Petersen-Film *Das Boot,* (BRD 1981) die räumliche Enge als reale Erfahrung für den Zuschauer zu transformieren. Die Musik kann ebenso unsichtbare geographische Landschaften vor dem inneren Auge entstehen lassen. Ebenso kann sie das Zeitempfinden beeinflussen. Sie kann eine Handlung beschleunigen, verlangsamen oder stillstehen lassen.

6. *Publikum kollektivieren* – Kirchenchoräle, Nationalhymnen und Märsche haben seit jeher die „Aufgabe", ein Gefühl der Zusammengehörigkeit zu „produzieren". Auch in Filmen wird Musik als einendes Element verwendet. Meist werden dabei „präexistente", d.h. bereits vertraute Musiken benutzt. Ein sehr bekanntes Beispiel ist Beethovens *Ode an die Freude* (*Freude schöner Götterfunken),* das in dem Peter Weirs *Der Club der toten Dichter* (USA 1989) eine einschwörende Funktion hat, damit „alle Menschen Brüder werden".

7. *Psychophysisch konditionieren* – In Katastrophen- und Horror-Filmen mischen sich Musik und Geräusche, greifen unmittelbar ineinander, so daß das Publikum „in die akustische Mangel" genommen wird. Verstärkt werden diese Tonmischungen durch spezielle Ton-Verfahren, die dazu führen, daß das Publikum *psychophysisch* konditioniert wird. Ein klassischer Vorläufer dieses Verfahrens ist Alfred Hitchcocks *Die Vögel* (USA 1963) mit der Musik von Bernard Herrmann. Ein aktuelleres Beispiel ist Howard Shores Soundcollage zu Jonathan Demmes Thriller *Das Schweigen der Lämmer* (USA 1991).

König sieht in dieser Musik-Geräusche-Montage „akustische Attentate", deren Alptraumhaftigkeit „akustischen Terror" auf das Publikum ausübt.

Das Problem bei Kellers Analyse ist, daß er ein direktes Analogieverhältnis zwischen „realer Gegenstandswelt und musikalischer Abstraktheit" (Begleitheft, S. 33) unterstellt. Der Zuschauer wird, ob er will oder nicht, durch die Musik augenblicklich in eine Stimmung versetzt, die ihn psychologisch konditioniert. Damit ist Keller der Affektenlehre verpflichtet, die davon ausgeht, daß der Musikgenuß zu naturgesetzlichen Reaktionen führt. Langer hat diese Position zu Recht kritisiert. Der emotionale Inhalt ist, wie bei der Sprache oder beim Bild, eine symbolische Form. Das schmälert nicht Kellers beachtliche Leistung, die unterschiedlichen Subtexte in Spielfilmen herausgearbeitet zu haben. Unumgänglich ist es jedoch, die Ambivalenz von Musik als System konnotativer Zuweisungen zu beachten. Musikalische Topoi können auch im Kontext von individueller und gesellschaftlicher Rezeption umdefiniert werden. Die Universalisierungen Kellers sind daher nicht haltbar. Das ändert nichts daran, daß die von Keller herausgearbeitete psychosozialen Dimension der Musik die von ihm vermuteten Wirkungen haben können.

Ein weiterer Aspekt bei Keller, der der Korrektur bedarf, ist seine Bewertung des Verhältnisses von Musik und Bild. Er gesteht zwar zu, daß „simple Melodien, ein paar läppische Streicherakkorde, ein scheinbar belangloses Baßmotiv-Element" erst in Verbindung mit dem Bild eine erschütternde Wirkung ausüben können (Begleitheft, S. 5). Doch ist die Tendenz seiner Argumentation dem Verständnis verpflichtet, daß die Musik „das Geheimnis des Erfolges" des Spielfilms begründet. „Beim Film arbeiten Auge und Ohr in einer Art Funktionsachse zusammen, wobei die Musik grundsätzlich in langen Bildeinstellungen dominiert (z.B. der klassische Landschaftsschwenk), während die Bilder vor allem die aktionsreichen Szenen beherrschen (z.B. in der klassischen Verfolgungsjagd)" (Begleitheft, S. 24). Dem ist zu entgegnen, daß z.B. Andrej Tarkowskij nahezu immer mit langen Bildeinstellungen gearbeitet hat, dabei u.a. in seinem Film *Stalker* (UdSSR 1980) Bilder von einer poetischen Kraft gefunden hat, die im Kontext mit der Musik ihre besondere Wirkung entfalten, aber auch ohne Musik tiefen Nachhall hinterlassen. Des weiteren schreibt Keller: „Musik hat - im Unterschied zum Bild - vor allem eine Eigenschaft: Sie kann Gefühle ‚sichtbar' machen, in die Köpfe der Handelnden eindringen" (Begleitheft, S. 26). Das Dilemma der Musiktheoretiker (das betrifft auch Joachim-Ernst Berendt) ist es, daß sie die Bedeutung der Töne immer als Kampfbegriff gegen die Bilder einsetzen. Daß die Filmkritik lange Zeit die Bedeutung der Filmmusik vernachlässigt hat, darf nicht dazu führen, den umgekehrten Fehler zu machen. „Das Geheimnis des erfolgreichen Films" liegt auch in der Musik, genauer in der kongenialen Verbindung zwischen Musik und Bild als präsentative symbolische Form, die in ihrer Wirkung ganzheitlich ist und sich nicht als detaillierte Funktion abspalten läßt. Die ausführlichen Reflexionen über den Subtext im Film, Videoclip, in der Werbung etc. haben gezeigt, daß auch in Bildern Gefühle gebunden sind, daß Bilder ebenso Wahrnehmungen von Raum und Zeit eröffnen. Die Wahrnehmung des Musik-Subtextes ist bedeutsam für das Verständnis von Medienwirkungen. Dies darf aber nicht dazu führen, die Bedeutung der Bilder zu vernachlässigen.

5.6.2 Klassische Musik in der Werbung – das Konzert der Verführer

Neben den Videoclip- und den Spielfilmproduzenten greift die Werbebranche am markantesten auf die Möglichkeit zurück, über Musik Gefühle und Emotionen anzusprechen. Der Werbefilmer Thomas Bohn[62] sieht den Musikeinsatz in der Werbung als „zwingend notwendig“, wenn es um eine emotionale Geschichte geht, „wo es darum geht, noch etwas im Unbewußtsein zu vermitteln“, wenn die Bilder oder die Aussagen nicht überzeugend genug sind. Nahezu keine musikalische Stilart fehlt im Repertoire der Werbeproduzenten. Es fällt auf, daß in den letzten Jahren die klassische Musik verstärkt Verwendung findet. Wenn Grundsätzliches ausgedrückt werden soll, setzt Bohn Klassik ein, da Klassik einen riesigen Wiedererkennungswert hat und ein „Urbedürfnis“ formuliert, „das schon sehr lange in den Menschen drin ist“. In der Werbebranche herrscht ganz allgemein die Vorstellung, populäre Melodien machen auch Produkte populär.

Seit einiger Zeit lassen sich in der Werbung Werke bedeutender Klassiker finden, z.B. von Bach, Debussy, Händel und Mozart. Bei Naturprodukten werden vor allem Edvard Grieg und Smetana favorisiert. Mozarts *Don Giovanni* geht auf *Post*kundenjagd. Mozart taucht bei *Söhnlein*-Sekt und bei *Gervais*-Käse auf. *Mercedes* fährt ebenso zu Klängen von Mozart, aber auch zur Musik von Haydn. Selbst für BH-Werbung *(Kleine Nachtmusik)* von *Triumph* scheint Mozart nicht zu schade. *Appolinaris* sprudelt zu der *Schönen blauen Donau* von Johann Strauß. Bei *Barilla*-Werbespots ist ein Eric-Satie-Arrangement zu hören *(Gymnopädien)*. Die Werbeagentur von *Licher Bier*, die Volksnähe und Natürlichkeit als Corporate Identity einsetzt, läßt einige Takte aus *Peer Gynt* von Grieg erklingen, da sie davon überzeugt ist, daß Klassik die Realität verzaubert. *Carmina Burana* wurde erstmals 1991 bei einem *Nestlé-Schokolade*-Spot eingesetzt, um ihren Slogan „Schokolade weckt alle Sinne in Dir“ mit musikalischem Akzent zu unterstützen. Seither dienten Teile der *Carmina Burana* in mehreren Spots als musikalische Untermalung, aber ebenso wurden sie bei der

---

[62] Die in diesem Kapitel zitierten Expertenaussagen sind dem Dokumentarfilm *Das Konzert der Verführer. Klassische Musik in der Werbung* von Horst Brandenburg (Arte, 1994) entnommen.

Eröffnung von Sportereignissen gespielt, und Michael Jackson startete seine *Dangerous Tour*-Konzert mit dem *O Fortuna* aus *Carmina Burana.*[63]

Beliebt bei den Werbeproduzenten sind ungewohnte Kombinationen und Brüche, die Nichterfüllung von Erwartungshaltungen. *Nike* inszenierte gar mit Stars aus der Sportszene „große Oper". Diese musikalische Gegenbesetzung gelingt durch Parodie. Der *Nike*-Schuh wird durch die klassische Musik geadelt, er wird zum Opernstar und damit zu einem Klassiker. Damit wird der Versuch unternommen, die Qualität der Musik direkt auf das Produkt zu übertragen. Bei einem der gelungensten Werbespots sprengt ein einziger Keks von *Bahlsen* die musikalische Darbietung, eine Arie aus *Macbeth* von Verdi. Der Werbemacher Konstantin Jacoby fand für seinen *Jade*-Werbespot in Claude Debussys *Clair de lune* eine klassische Musik, die eine romantische Stimmung und Harmonie erzeugt, die Gefühle mit Rhythmus untermalt und die Emotionen antreibt. Bei einem der aufregendsten Werbespots handelt es sich um eine Parfüm-Werbung der Marke *Egoiste,* produziert von der Firma *Chanel.* Nach deren Aussagen handelt es sich um den teuersten Werbespot der Werbegeschichte. Ein Hotel wurde maßstabsgerecht in Brasilien aufgebaut, 47 Topmodels, gekleidet in Lagerfeld-Abendkleider schreien ihre Sehnsucht aus sich heraus, bei melodramatischer Unterstützung eines Musikstücks aus *Romeo und Julia* von Prokofjew. Ingrid Rosen (*Classic Radio*) ist überzeugt davon, daß durch Klassik Emotionalität ausgelöst würde, die durch Popmusik nicht erreicht wird. Klassik, die richtig verpackt ist, kann Gefühle auslösen, die mit Worten nicht zu beschreiben sind.

Der Dokumentarfilmer Horst Brandenburg erweist sich ebenso als Vertreter der Affektenlehre. Er sieht in der (klassischen) Musik einen heimlichen Verführer, der kaum merklich sich einschleicht, die Haut zum Reagieren bringt, den Pulsschlag höher schlagen läßt, und die Herzfrequenz beschleunigt. „Musik reizt, versetzt den Menschen in Erregung, spielt mit dem Gemüt, weckt Lüste, Sehnsüchte, Begierden". Werbung mit klassischer Musik verspricht Schönheit, Reinheit, Verläßlichkeit, Persönlichkeit, Kraft, Eleganz und Erotik. Klassische Musik verkörpert aber auch Qualität, Geist und Schwung. Da die Klassiker die Verführungskunst über Jahrhunderte verfeinert haben, gelten sie als die Experten mit der reichsten Erfahrung. Das Marketing zieht daraus alle Register. Die klassischen Verführer geben den Ton und den Takt an. Brandenburg stützt sich dabei auf das Votum des Dirigenten Sir Neville Marriner, der davon ausgeht, daß

---

[63] Oftmals passen die Originalstücke nicht für die benötigten Werbezeiten von 20 oder 30 Sekunden. Noten müssen daher „geköpft", Takte gekürzt und Harmonien gerafft werden, um die Elemente und die Harmonien, die den stärksten Wiedererkennungswert haben, herauszuziehen.

es so etwas wie eine chemische Reaktion im Gehirn oder Körper gibt, die mit bestimmten Harmonien oder Rhythmen ausgelöst wird. Weiterhin läßt er Olaf Parge vom Institut für angewandte Psychologie zu Wort kommen. Parge beschäftigt sich mit der psychoaktiven Wirkung von Musik. Genaues Wissen liegt über die direkte Beeinflussung von Erregungszuständen des Menschen in Abhängigkeit zum Rhythmus eines Stückes vor. Durch den Rhythmus läßt sich der Pulsschlag verändern, der mit dem vegetativen Nervensystem zusammenhängt und von ihm maßgeblich gesteuert wird, wodurch sich Rückkoppelungsmöglichkeiten ergeben. Der stärkere Herzschlag wird vom Menschen wahrgenommen und vom zentralen Nervensystem als „Empfindung“ interpretiert.

Der Musikpsychologe Klaus-Ernst Behne geht von animalischen Wirkungen der Musik aus, die auch bei Tieren zu beobachten seien. Das Sozialverhalten von Mäusen ist durch Musik beeinflußbar. Bei der Musik von Ravel und Rachmaninow sind, so Behne, Mäuse kommunikativer, neugieriger und eindeutig sexuell aktiver. Er weist allerdings darauf hin, daß dies nicht unbedingt auf Menschen übertragbar ist, da wir kulturelle, kognitive Wesen sind und damit die Wirkungen von Musik beim Menschen in der Regel kulturell und kognitiv überformt sind. Brandenburg überhört diese ganz wesentliche Einschränkung von Behne und folgert aus dem „Mäuse-Experiment“, die klassische Musik sei ein Katalysator für Begierden und Leidenschaften. Da die Werbung nur Lüste wecken will, um Verbrauchermassen zu bewegen, ist für ihn klassische Musik für ihre Zwecke bestens geeignet.

Der Werbefilmer Bohn hat demgegenüber eine realistischere Einschätzung. So wichtig die Musik auch für die Emotionen ist, erreicht sie alleine gar nichts. „Du mußt die passenden Bilder dabei haben.“ Parge resümiert, daß bis heute niemand begründen kann, warum bestimmte melodische oder rhythmische Qualitäten zu einem Hit werden und warum andere, die nach den gleichen Prinzipien gestaltet sind, erfolglos sind. Mit hoher Wahrscheinlichkeit kann Musik Stimmungen, Gefühle, Emotionen beeinflussen. Doch zeigt sich wiederum, daß deterministische Erklärungsmuster keine Überzeugungskraft haben. Die kulturellen Prägungen greifen in Entscheidungsmuster des vegetativen Erregens, das durch die Musik ausgelöst wird, ein und geben den aufgewühlten Emotionen Formgestalt in Wünschen. Diese Gefühle können mit dem Produkt verwechselt werden (Reanimismus), es kann aber auch zu einer Umdeutung kommen. Insbesondere in der Rockmusik ist die Praxis der Umdeutung üblich.

5.6.3 Symbolik in der Rockmusik – *Sympathy for the Devil*

Darstellungen von Satanismus und Okkultismus in der modernen Rockmusik (Videoclips, Rockkonzerte, Emblematisierung von Rockstars) haben wiederholt zu aufgeregten Debatten geführt, da sie zudem oft mit Horror und Gewalt in Verbindung standen. Eine Reflexion dieser Verhaltensweisen kann Hinweise geben, wie Jugendliche Musik aus ihrem affektiven Determinismus herauslösen und ihr im Rahmen subkultureller Nutzung eine neue bzw. andere Bedeutung zuweisen.

Nochmals zur Erinnerung: Bilder sind Abbilder der Realität. Sie entsprechen nicht ihrem Wesen, können jedoch Anteil an ihm haben. In bestimmten Situationen können sie sich auch von dem Urbild lösen und Eigenständigkeit gewinnen. Das gilt sowohl für Bilder auch für Musik. Das Bild eines Teufels, eines Kruzifixes steht nicht unbedingt für den Teufel oder für das Leiden Christi. Das Abbild hat die potentielle Eigenschaft, sich von seiner inhaltlichen Bezugsebene, dem Bedeutungsgehalt und der Referenzebene (der Realität) zu lösen und kann sich verselbständigen. Während Erwachsene eher geneigt sind, Inhalt und Form gleichzusetzen, kann bei Jugendlichen das Abbild (Signifikat, das Bezeichnende) Eigenleben entwickeln und Zuschreibungen erhalten, die dem Bild, dem Gegenstand in seiner ursprünglichen Bedeutung nicht zukamen.

Allerdings ist es denkbar, daß die jeweils benutzten Symbole hinter dem Rücken ihrer Anwender wiederum ein Eigenleben führen und die archaische, mythische Bedeutung als ein Anteil sich dennoch im Unbewußten festsetzt. Eine Wiederkehr des Verdrängten (Animismus des Bildes) könnte ebenfalls Motiv und Anlaß bilden, sich mit okkulten Symbolen zu beschäftigen (vgl. Abschnitt 3.4). Sollte dies zutreffen, wird damit die Notwendigkeit einer Reflexion über den Themenzusammenhang um so bedeutsamer.

Musik hat bei Jugendlichen eine hohe Distinktionsfunktion. Mit Musik grenzen sie sich gegen Erwachsene und gegenüber Verhaltensstilen von Gleichaltrigen ab. Je stärker eine Gruppe sich eingeengt fühlt, desto deutlicher wird dieser Mechanismus wirksam. Eine dieser Abgrenzungsformen bildet die Musik. Schon immer kam der Musik in dieser Funktion eine besondere Bedeutung zu. Der Sound läßt sich als wortloser Konsens über ein bestimmtes Lebensgefühl innerhalb einer Gruppe Gleichgesinnter bezeichnen.

Nicht nur die Popgruppe Queen mit ihrem unlängst verstorbenen Sänger Freddy Mercury knüpfte in ihren Videoclips und Bühnenshows an spirituelle Vorbilder an. Viele Inszenierungen lehnen sich an die Erlöserfigur von Christus an. Das Beispiel von Michael Jackson wurde ausführlich referiert (Abschnitt 5.2.1.1). Madonna zeigt, wie ebenfalls ausgeführt (Abschnitt 5.2.1.2), daß ihr oder ihrem Management das Neue Testament bekannt ist, aber auch die Mythen über die „Große Mutter“. Die französische Tänzerin und Sängerin Guesch Patti (vgl. Abschnitt 5.2.2.2) beschäftigt sich mit asiatischen Religionen, der Suche nach dem Ursprung der Polarität, dem Urzustand, in dem Mann und Frau noch eine Einheit waren. In mannigfaltiger Weise lassen sich, wie gezeigt wurde, christliche und andere religiöse Bildebenen in Videoclips (aber auch in Spielfilmen) nachweisen. Viele Konzerte sind in ihrer „Choreographie" aufgebaut wie ein christliches Hochamt oder ein Mysterienspiel. Um sich innerhalb der Rockmusik von diesen soften Annäherungen an Heilsgeschichten abzugrenzen, bedarf es schon auffallender Bildmetaphern.

Im Kontext der Debatte leistet dies die Heavy-Metal-Musik. Es ist offensichtlich kein Zufall, daß insbesondere Jugendliche aus unteren sozialen Schichten und unsicheren Berufsperspektiven sich einer Musik verschrieben haben, die am markantesten mit Gewalt und Okkultismus in Verbindung gebracht wird. In dieser Musik sehen sie ihre Werte und Phantasien am ehesten verwirklicht.

Bei der Heavy-Metal-Musik geht es um gezielte und bewußte Provokationen (vgl. Altrogge/Amann 1991, S. 7). Der öffentlich zur Schau gestellte ungebremste Hedonismus dient ebenso zur Abgrenzung wie die „Live hard and die young"-Attitüde. Distinktion ist eine ganz wesentliche Funktion dieser Musik. Die Musik und die Texte sind einfach und direkt. Sie vermitteln Authentizität und Integrität, da die Interpreten aus den gleichen sozialstrukturellen Zusammenhängen kommen. Die Werte der Erwachsenenkultur werden abgelehnt. Durch extreme physische Verausgabung und Darstellung von Emotionen sowohl der Musiker als auch der Fangemeinde wird eine gruppenkonstituierende Kultur geschaffen. Die Unterscheidung zu anderen Gruppen wird neben der musikalischen Form und Darbietung durch die Darstellung von Symbolen hergestellt, deren jeweilige Bedeutung nur den Fans (Eingeweihte, Initiierte) bekannt ist. Fanmagazine gewährleisten die zielgruppenspezifische Kommunikation.

Fantasy sowie mythische und okkulte Symbole haben in der Fankultur einen hohen Stellenwert. Selten sind den Jugendlichen die Bezugspunkte ihrer sich im Gebrauch befindlichen Bilder und Symbole bekannt. Neben der Symbolwelt geht es vor allem um sexuelle Projektionen zumeist männlicher Omnipotenzphantasien. Die Heavy-Metal-Welt versteht sich dabei als ein Gegenentwurf zur Welt der Erwachsenen und lebt den Gestus der Revolte, gepaart mit einem starken individualisierten Freiheitsbegriff. Erkennbar ist jedenfalls, daß die Erwachsenen sich distanzieren und damit der Wunsch nach Unabhängigkeit erreicht wird.

Angefangen hatte die Relevanz okkulter Zeichen innerhalb der Rockkultur im Jahre 1967. Die Rolling Stones veröffentlichten in diesem Jahr mit ihrem Album *Their Satanic Majesties* die ersten satanistischen Musik-Texte. Insbesondere der später veröffentlichte Song *Sympathy For the Devil* erlangte Weltberühmtheit und wurde für viele Jugendliche zu einem Kultsong. Doch verstanden die Rolling Stones diesen Titel keineswegs als

Bekenntnis, wie sie durch öffentliche Äußerungen bestätigten. Gesellschaftskritik hatte sie angeregt, diesen Song zu schreiben. Beeinflußt waren sie von einem Schüler Aleister Crowleys, auf dessen Schriften und Ideen viele Rockmusiker sich auch später noch bezogen. Crowley verfolgte einen satanistischen Pantheismus. Das Göttlich-Satanische lag seiner Meinung nach im Menschen selbst. Durch die Verbindung mit dem Satan, der durch ein Tier verkörpert wird, soll der Mensch innerweltliche Vollkommenheit anstreben, um sich schließlich mit dem göttlichen Urprinzip, das als satanistisch gilt, zu vereinigen.

Obwohl einige Textsongs sich auf Crowley beziehen, scheint zweifelhaft, ob dies reflektiert geschieht. Michael Altrogge und Rolf Amann kamen bei ihrer Untersuchung zum Ergebnis, daß 80 Prozent der Befragten nicht in der Lage waren, den Text von ihnen gut bekannten Rock-Titeln nachzuerzählen. Keiner der 500 befragten Jugendlichen erklärte sich z.B. mit den Gewaltdarstellungen einverstanden (1991, S. 180f.).

Ähnlich wie bei den Rolling Stones ist zu vermuten, daß auch die heutigen Rockgruppen (z.B. Marylin Manson) mit dem Satanismus ein Gegenprinzip favorisieren. Es ist auffallend, daß in den meisten Rockmusiktexten Satan als Gegenprinzip zu Gott gedacht ist. Satan kann durchaus als Bestandteil einer Gegenwelt, als Symbol gelten für einen Protest gegen die ganze Welt. Jugendliche vereinigen sich im Symbol des Satanismus, der für sie den Widerstand gegen Gott und das Gute repräsentiert, das nach ihrer Wahrnehmung nur als Anspruch besteht, jedoch tagtäglich in der Alltagspraxis sich als Illusion entlarvt.

Nach der Ermordung eines jungen Schwarzen auf dem Festival in Altamont im Jahre 1969 distanzierten sich die Rolling Stones fortan von satanistischen Texten. Wenn auch umstritten bleibt, ob die Texte und die Musik auf dem Festival Anlaß zur Tat gaben, bildete das Festival in Altamont einen Einschnitt in der Rockgeschichte. Doch es dauerte nicht lange und andere Gruppen führten schwarzmagische Rituale und dämonische Konzertshows durch, so z.B. Led Zeppelin, Black Sabbath und in heutiger Zeit die Heavy-Metal-Gruppen. Während bei den Gruppen Kiss und Alice Cooper die okkultischen Elemente des öfteren als Teil einer Bühnenschau präsentiert wurden, inszenierte z.B. Blue Öyster Cult regelrechte Horrorszenarien. Zu den Accessoires dieser Gruppen gehören u.a. Totenschädel, Fledermäuse, schwarze Kutten und Pentagramme. Längst hat die Mode viele dieser Zeichen verkaufsträchtig in ihre Angebotspalette integriert. Es werden daher immer schockierendere, provozierendere Bilder benötigt, um sich abzugrenzen.

Die Musiktexte beziehen sich oft auch auf sakrale Quellen. So beginnt die Gruppe Iron Maiden einen Song mit zwei Zitaten aus der Offenbarung (Offb. 8,13; Offb. 13,18). Texte haben allerdings, wie schon erwähnt, eine geringere Tiefenwirkung. Zentrale Bedeutung hat bei den meisten Jugendlichen der Sound. Der Sound ist die Ebene, die die nichtlineare Verbindung mit den Gleichgesinnten ermöglicht. Im gleichzeitigen Erleben des Sounds entheben sie sich ihrer Individualität und erlangen partiell die Befähigung, sich in der Masse (der Gleichgesinnten) aufzulösen und damit intensivste Geborgenheitsempfindungen zu erleben. Das Syndrom des Wir-Gefühls, das bei derartigen Ereignissen „produziert" wird, ist keineswegs ein Zeichen von Dekadenz. Bei den hehren Ursprüngen der abendländischen Kultur, im antiken Griechenland, ist ähnliches zu finden (vgl. Eco 1992). Im antiken Athen ist man keineswegs scharenweise in die Amphitheater geströmt, um dort brav und sittsam auf den Stufen zu hocken, bis alles vorüber war. „Man ging hin, um ein Ereignis mitzuerleben, bei dem auch die Anwesenheit der anderen zählte – und die Stände mit den Speisen und Getränken, das Ritual mit dem ganzen Drumherum eines ‚kulturellen' Festivals. ... Was zählt, ist das kollektive Ritual" (ebd., S. 183). Häufige Wiederholungen und Anknüpfungen an bekannte Arrangements, unkomplizierte und einprägsame Melodien erleichtern den Einstieg in dieses kultische Lebensgefühl. Damit drückt sich auch ein Hunger nach besonderen Erfahrungen und nach ungewöhnlichen Erlebnissen aus.

Das Hören von Heavy- und Black-Metal-Musik wird nach einer Untersuchung von Martin Blachmann (1992) als eine Lebenseinstellung erfahren, die nur selten zur Übernahme von okkulten Anschauungen führt. Wie Blachmann nach einer Sendung mit Heavy-Metal-Fans durch Interviews in Erfahrung brachte, besteht die Leistung der Rockmusiktexte insbesondere darin, Ängste, Sehnsüchte und Protest zu thematisieren (Blachmann, zitiert nach Kath. Landesarbeitsgemeinschaft 1992, S. 48f.). Aggressionen und Frustrationen sollen verarbeitet werden. Soziale Probleme, die häufig durch Arbeitslosigkeit ausgelöst werden und mit dem Gefühl der Perspektivlosigkeit einhergehen, führen zur Nicht-Verortung. Aggressive und brutale Texte, Provokationen und Respektlosigkeiten haben daher vor allem Symbolcharakter.

Mit dem Hören der Musik, dem „Zudröhnen", wird für den Zeitraum des Musikgenusses einerseits ein Leidensdruck verdrängt, andererseits ist darin ein Wunsch nach weitergehender Bedürfnisbefriedigung erkennbar. Ein Rückblick in die Vergangenheit mag dies verdeutlichen. Im Mittelalter galt die Musik als symbolischer Ausdruck der statischen Ordnung einer hierarchisch gegliederten Welt. Die Bedeutung der Musik war mit dem christlichen Mythos einer Harmonie der göttlichen Sphären verknüpft. Musik wurde verstanden als innerer Bezugspunkt des göttlichen Systems, als Teil des Weltplans. Die Klangerzeugung war ein Mittel, unmittelbaren Anteil am göttlichen Schaffen und der mit ihm verbundenen Ordnung zu erhalten. Die Musik diente zur Vergewisserung einer umfassenden Ordnung der Welt und hatte damit identitätsstabilisierende Funktion (vgl. Voulliéme 1987, S. 54).

Das neuzeitliche Subjekt kennt keine vergleichbare das Weltbild stabilisierende Erfahrung. Die Entzauberung des religiös-metaphysischen Weltbildes (vgl. Weber 1947) führte nicht nur zum Verlust der Erlösungsgewißheit, sondern auch zur Entfaltung theoretischer und praktischer Rationalität und damit der Möglichkeit der Realisierung menschlicher Potentiale. Das Subjekt ist allerdings auf sich selbst gestellt und muß lernen, mit ambivalenten Wirklichkeitsinterpretationen umzugehen. Auch die Musik übernimmt andere Aufgaben und bezieht sich nunmehr auf den Bedeutungskontext des Subjekts. Im 18. Jahrhundert leistete Musik (als Teil von Kunst) für die Trägerschichten des entstehenden Kapitalismus eine „innerweltliche Erlösung“ vom Alltag und dem Druck des Rationalismus. „Mit diesem Anspruch tritt sie aber in eine direkte Konkurrenz zur Erlösungsreligion“ (ebd., S. 555). In feierlichen Akten zelebrierte der Bürger als „Genußmensch“ Musik als Erlebnis.

Mit der Rationalität, der Aufklärung verschwindet jedoch keineswegs das Bedürfnis nach Erlösung. Dieses Bedürfnis wird durch die moderne Empfindsamkeit der Subjektivität noch gesteigert (vgl. Voullième 1987, S. 61). Die neuartige Funktion des bloßen Genießens von Musik erklärt sich durch die situative Realisierung und ästhetische Wendung der Erlösungsverheißung. „In diesem Sinne kann auch Rockmusik als ästhetische Erlösungsverheißung verstanden werden, die so lange für situativ-subjektive Befriedigung sorgt, wie ihr eine objektive Gegenwart entspricht“ (ebd., S. 62). Rockmusik hat ein umfassendes Variationspotential, so daß ein vielfältiges Angebot von Musik mit einem differenzierten Publikum korrespondiert. Der Prozeß, individuelle Glückserfahrung am sinnlichen Genuß von Musik festzumachen, kommt einem Versuch der „Wiederverzauberung der Wirklichkeit“ gleich, der mit Hilfe einer ästhetischen Fiktion gelingt. „Denn nur so kann die Welt eine mythenhafte Bezauberung erfahren, die ihr aus rationalistischer Perspektive nicht zukommt“ (ebd.). Rockmusik stellt somit eine Möglichkeit der intuitiven Weltvergewisserung dar. Dies trifft nicht nur auf Heavy-Metal-Musik, sondern ebenso auf HipHop oder Techno zu.

In Konzerten können die Zuhörer ihre Innerlichkeit in der Illusion eines quasi-religiösen Gefühls inszenieren. Musik transzendiert die Wirklichkeit und wird als ästhetische Erfahrung zu einem mythischen Erlebnis. Die ästhetischen Mittel der Musik werden, um auf das Beispiel der Heavy-Metal-Musik zurückzukommen, zu einem geeigneten Medium des Protestes und/oder der Provokation, bei gleichzeitiger Bündelung der Emotionen als situative Heilserfahrung.

5.7 Medienkonsum und symbolische Identität

Sinn- und Identitätskonzepte erfuhren in den letzten Jahrhunderten eine beachtliche Wandlung. Gleichwohl gibt es aber auch Indizien dafür, daß soziale Gruppen dazu neigen, angestammte Traditionen zu bewahren (vgl. Müller 1987, S. 90). Ein Rückblick in die Vergangenheit kann helfen, die in der heutigen Zeit an Jugendliche und Erwachsene gestellten Anforderungen besser zu verstehen. In traditionellen Kulturen bemühte sich die Stammesgemeinschaft, die jeweiligen Mechanismen der Identitätskonzepte zu erhalten. Der Ethnologe Klaus E. Müller (1992) hat die Weltanschauung geschlossener traditioneller Gruppen mit stabiler Identität untersucht. Er stellte fest, daß in diesen Kulturen zwischen einer eigenweltlichen Endosphäre und einer fremdweltlichen Exosphäre unterschieden wurde. Dabei hat er vier „Erhaltungsmechanismen" herausgearbeitet:

– Traditionelle Kulturen entwickeln *Rationalisierungs- und Begründungsmechanismen.* Sie kommen zu einsichtigen Erklärungen, die Sinn verleihen. Das Gegebene wird plausibel begründet und legitimiert. Schöpfer- oder Kulturheroen richten die Daseinsordnung ein und werden zu den Ahnen des jeweiligen Stammes. Sie leben im Jenseits fort und wachen über den Stamm. Wer älter ist, besitzt Vorrechte, da er den Ahnen am nächsten steht. Daraus entwickelt sich das Prioriäts- bzw. Senioritätsprinzip.

– Der *Ritualisierungsmechanismus* soll eine Veränderung der sozialen Ordnung verhindern. Gefahr droht nicht nur von außen. Gefahr droht insbesondere von innen. Gefährlich sind systemimmanente Instabilitäten. Besonders Übergangssituationen bzw. -zustände gelten als strukturell instabile Phasen. Diese Übergangssituationen beziehen sich auf räumliche wie auch auf soziale Wandlungsformen. In diesen Phasen wird das Verhalten stark ritualisiert (z.B. bei räumlichen Übergängen durch Türklopfen, Geschenke mitbringen, Händeschütteln und Verneigungen). Als besonders bedeutsam gelten in den traditionellen Gesellschaften die sozialen Übergangsformen der Pubertät und der Heirat. Der Übergang des Jugendlichen in den Erwachsenenstatus wird als rituelle Wiedergeburt interpretiert. Das gleiche gilt bei der Heirat, durch die in der Regel die Frau von der Verwandtschaftsgruppe des Mannes adoptiert wird.

– Die jeweils dominante Gruppe in der Stammesgemeinschaft setzt die eigene Seinsordnung als absolut und sieht in ihr das Nonplusultra aller menschlichen Daseinsverwirklichungen, es entsteht ein *Verabsolutierungsmechanismus.* Die eigene Kultur wird als die bestentwickelte interpretiert, sie wird im Zentrum der Welt lokalisiert. Die Angehörigen der eigenen Ethnie werden als die wahren Repräsentanten der Menschheit angesehen. Somit entsteht eine ethnozentrische Einstellung mit stabiler Identität.

– Alles, was nicht in das Weltbild paßt, das Ungewohnte, das Andersartige, die fremd-ethnische Außenwelt, wird negativ besetzt, verächtlich gemacht, abgewertet, diskriminiert, verunreinigt, der Versehrtheit bezichtigt. Die fremdweltliche Exosphäre gilt als Unheil vermittelnd und wird mit einem *Negativismusmechanismus* belegt.

Bei den traditionellen Kulturen dienen Initiationsriten dazu, die Übergänge zu mildern, um die dabei entstehenden Gefährdungen für die Gesellschaft abzuwenden. In unserer Gesellschaft fehlen derartige Instrumentarien. Familie und Gesellschaft haben zunehmend ihre Bedeutung als Helfer während schwieriger Wandlungsphasen (z.B. Pubertät) verloren. Versachlichung, Technokratisierung und Verwissenschaftlichung bieten enorme Zugangsmöglichkeiten zu Wissensbeständen über die Welt, jedoch ist damit kein Sinnangebot verbunden. Somit entsteht ein Paradoxon. Mit der Zunahme des Wissens über die Welt wird die Sinnhaftigkeit von Welt abstrakter und unverständlicher.

Jürgen Habermas bezeichnet diese Entwicklung als *Die Neue Unübersichtlichkeit* (1985). In unserer Gesellschaft ist nach dem Verlust christlicher Erlösungsgewißheit und politischer Utopien ein Vakuum entstanden. „Die Menschengattung hat sich also im weltgeschichtlichen Prozeß der Aufklärung von den Ursprüngen immer weiter entfernt und doch vom mythischen Wiederholungszwang nicht gelöst. Die moderne, die vollends rationalisierte Welt ist nur zum Scheine entzaubert; auf ihr ruht der Fluch der dämonischen Versachlichung und der tödlichen Isolierung. In den Lähmungserscheinungen einer leerlaufenden Emanzipation äußert sich die Rache der Ursprungsmächte an denen, die sich emanzipieren mußten und doch nicht entkommen konnten“ (Habermas 1983, S. 409). Dies erinnert an die Prophezeiung von Max Weber, der eine Rückkehr der Menschheit zu ihren mythischen Formen der Seinsvergewisserung auf einer höheren Ebene vorausgesehen hatte. „Die alten Götter, entzaubert und daher in Gestalt unpersönlicher Mächte, entsteigen ihren Gräbern, streben nach Gewalt über unser Leben und beginnen untereinander ihren ewigen Kampf“ (Weber 1968, S. 605). Die in Kap. 5 aufgeführten mannigfaltigen Belege mythischen und symbolischen Denkens in der Medienkultur lassen den Eindruck entstehen, daß der Kampf gegen den Mythos wenig Erfolg verspricht (vgl. Abschnitt 4.3).

Die hohe Nachfrage nach mythen- und symbolträchtigen Medienprodukten spricht für einen „Bedarf an Mythen“. Da Jugendliche beim Versuch der Identitätsstabilisierung und Sinnorientierung von den ihnen bekannten gesellschaftlichen Institutionen kaum Hilfe erhalten, da deren Denken in einem „Verabsolutierungsmechanismus“ verharrt, greifen sie auf andere Erklärungsmuster zurück. Scheinbar gehen sie dem Bedürfnis nach Unterhaltung nach. Es gelingt ihnen, durch Medienkonsum ihre soziale Übergangssituationen zu mildern, da sie sich gleichzeitig (meist unbewußt) mit Mythen beschäftigen. Weil Jugendliche sich auf unterschiedlichen Ebenen in einer Übergangssituation befinden, sind sie sensibel für Angebote, die ihnen bei der Suche nach Sinn und Verortung Anregung geben. Das macht sie aufnahmebereit für symbolische und mythische Botschaften. „Gesucht werden neue (und in diesem Falle: alte) Werte, Rituale und Mythen, welche Verbindlichkeiten, Hoffnungen, Befürchtungen und auch Ängsten Gestalt(en) geben und damit die unübersichtlich gewordene Lebenspraxis in eine sinnstiftende Transzendenz einordnen" (Reichertz 1994a, S. 23). Auch in der Moderne benötigt der Mensch, speziell der Jugendliche, eine Daseinsvergewisserung. Es gibt ein Interesse der modernen Subjekte nach „Inszenierung ihrer Innerlichkeit" (Voulliéme 1987, S. 68). Die präsentative Symbolik von Rockmusik, Spielfilmen, Videoclips, Werbung, Videokunst und Computeranimationen tritt an die Stelle traditioneller Symbole. Sie gestattet ein (trivial-)mythisches Erleben, ohne den Status eines aufgeklärten und rationalen Bürgers aufzugeben.

Mit hoher Wahrscheinlichkeit dienen die aktuellen Medien als Erinnerungsträger der traditionellen symbolischen Erfahrungs- und Lernprozesse, gleichwohl thematisieren sie auch konkrete gesellschaftliche Problemzusammenhänge. Wesentlich ist, daß sie Sinn-Fragen bearbeiten und (indirekt) helfen, das Bewußtsein des Selbst zu stabilisieren. Entsprechend dem Stand der gesellschaftlichen Reproduktionsbedingungen und der vorhandenen Kommunikationskultur werden für Jugendliche bedeutsame Diskurse, wie z.B. die Frage nach der Geschlechtsidentität, über Videoclips und Werbung geführt. Der Videoclip erweist sich bei genauerem Hinsehen u.a. als audiovisueller Diskurs zu universalen Fragen, der keinen pädagogischen Zeigefinger braucht, wenn auch die Absicht der Produzenten außer Zweifel steht, den Umsatz der Musikbranche zu erhöhen. Spielfilme thematisieren Fragestellungen, die sich mit der Ganzheit des Selbst beschäftigen und entwerfen mögliche Potentiale zukünftigen Seins. Selbst in Fernsehunterhaltungsserien wie z.B. *Verzeih' mir*, auf deren Analyse aus Platzgründen verzichtet wurde, sind Äquivalente zu religiösen Praktiken erkennbar. Diese Sendung ist derart aufgebaut, daß sich vor Augen der Öffentlichkeit das Schicksal von eingeladenen Personen verändert. Die Sendung lädt zur emotionalen Beteiligung (inkl. Schadenfreude) ein. Der einzelne Zuschauer versichert sich durch gemeinschaftsstiftende Handlungen seiner gesellschaftlich-kulturellen Identität. Dabei kommt es zur „Sakralisierung" (Keppler 1995) von Interaktionen, wenn auch ohne Glaube an eine höhere Instanz.

In den aktuellen Bildern der Medien sind somit Potentiale gebunden, die seelische Energien freisetzen. Sie erinnern an Gefühle der Geborgenheit und der Verlassenheit, sie eröffnen Orientierungsmöglichkeiten und sind gestaltete Formen gegen Sinnlosigkeit. Dabei ist der Umgang mit Bildern kein passiver Akt. „Das Verstehen eines Bildes ist als Nachvollzug immer auch ein schöpferischer Akt“ (Fischle 1980, S. 13). In dem diffusen Raum der gesellschaftlichen Normierung stoßen die Medien in eine Lücke. Die einzelnen Rezipienten suchen und finden, geprägt durch ihre Biographie, die gesellschaftlichen Umstände, die Bilder, die ihnen helfen bei der Suche nach ihrer inneren Stabilisierung. „Die existentielle Differenz zwischen Ich und Selbst ist der offene Raum, in dem wir die Bilder dessen finden oder entwerfen, was wir sein sollten oder sein möchten. Idole, Vorbilder, maßgebende Menschen oder die Idee des im Rahmen einer freien Gesellschaft ganz zur Freiheit befreiten Menschen, das sind einige der Konstitutionshorizonte, innerhalb deren wir einzelne Handlungen, Charakterzüge, Schicksale, Lebensläufe als Hinweise auf das Mögliche deuten“ (Saner 1989, S. 16).

Die Diskussion der Medienprodukte hat gezeigt, daß es in den Medien keinen einheitsstiftenden Monomythos mehr gibt. Die „neue Unübersichtlichkeit“ wiederholt sich auch im Medienangebot. Der Monomythos des Christentums wird ergänzt durch ältere Mythen, wie z.B. den Animismus, Schamanismus, das Matriarchat oder asiatische Religionen, um nur die wichtigsten zu nennen. Selbst afrikanische und australische Mythen, die aus Platzgründen hier nicht aufgeführt sind, werden in der Werbung zitiert.

Die Medien machen (Sinn-)Angebote, die be- oder unbewußt wirken können. Es wird jedoch kein Universalitätsanspruch formuliert. Kulturelle und individuelle Faktoren sind ganz wesentlich daran beteiligt, wie und ob sich die jeweilige Botschaft aktualisiert. Ästhetische Medienbotschaften gelangen in verschiedene soziale Situationen. Ihr Funktionszusammenhang realisiert sich im sozialen Leben und in symbolischen Tauschvorgängen. Eco (1992) spricht von der Interpretationsvariabilität als „Grundgesetz der Massenkommunikation“ (ebd., S. 152). Die von Pierangelo Maset (1995), Hans Ulrich Reck (1994), Rainer Winter (1995) und Paul Willis (1991) postulierte Folgerung, daß der zerlegende, rekonstruktive Blick des Betrachters den Schlüssel liefert für den Realitätsgehalt der Bilder, teile ich nicht. Das ästhetische Differenzierungsdogma ist angesichts des Erfolgs von Medienprodukten, die bewußt mit mythischen Stoffen arbeiten, nicht haltbar. Bilder können auch unbewußt Wirkungen auf den Rezipienten ausüben und damit das rationale Verständnis unterlaufen.

Das schließt nicht aus, daß Rezipienten bei der Medienaneignung produktiv beteiligt sind. Durch eigene Beobachtungen in medienpädagogischen Projekten konnte ich die Erfahrung sammeln, daß insbesondere Jugendliche über ein gewachsenes Bewußtsein den Medien gegenüber verfügen und in der Lage sind, Bruchstellen auszunutzen, und „Parallelfilme während der Filmbetrachtung“ herzustellen sowie Schnittechniken sofort und spielerisch zu analysieren. Die von Willis berichteten Fähigkeiten von

Jugendlichen, den gegebenen Bedeutungen weitere hinzuzufügen, „mit dem Interpretieren der Kodes zu spielen, bestimmte Formen neu zu gestalten und die Medien über ihre eigenen elementaren Ästhetiken in Beziehung zu setzen“ (1991, S. 47), kann ich ebenfalls bestätigen. Es läßt sich allerdings ebenso beobachten, daß Jugendliche ein besonderes Interesse für mythische Botschaften entwickeln. Auf der einen Seite unterläuft die Rezeptionsfähigkeit die Simulationsgrundlage. Auf der anderen Seite offenbaren sich Verhaltensmuster, die inner- und außerhalb der hier diskutierten Medienwelten, wie z.B. im Sport[64], die Relevanz mythischen Denkens dokumentieren.

Ebenso wie die Universalisierungsthese der unmittelbaren Affektwirkung von Bildern und/oder Musik nicht haltbar ist, ist die plakative Gegenposition in gleicher Weise nicht überzeugend. Jugendliche nehmen als produktive Zuschauer teil an der Dechiffrierung der Medienbotschaften. Ich halte es allerdings für ausgeschlossen, daß sie sich gänzlich den subtextuellen Botschaften der Bilder entziehen können. Es gibt nicht das Entweder-Oder, sondern das Sowohl-als-Auch, beide Möglichkeiten sind gegeben. Subjektive und kulturelle Dispositionen wirken als Oszillator für die jeweiligen Optionen. Die Vielzahl der mythischen Belege und die nachweisbaren Erfolge (Kinobesuche, Umsatzzahlen) sprechen eine unmißverständliche Sprache.

---

[64] So werden jeden Samstag bei den Sportsendungen der Fernsehsender während der Berichterstattung über die Fußballbundesliga unzählige Beispiele mythischer Handlungen kolportiert: Beckenbauer wird seit Jahren als „Lichtgestalt“ des deutschen Fußballs gefeiert. – Vor wichtigen Spielen fahren die Mannschaften in Hotels, die ihnen in vergleichbarer Situation „Glück“ gebracht hatten. – Die Spieler des 1. FC Kaiserslautern, die im Volksmund „die Roten Teufel“ heißen, hatten wegen eines Umbaus ihrer Stadionanlage den Standort des Maskottchens, eines symbolischen Teufels, verändert. Volkes Stimme ist überzeugt, daß dies einer der Gründe dafür war, daß der 1. FC Kaiserslautern 1997, nach 36jähriger ununterbrochener Zugehörigkeit zur 1. Bundesliga, abgestiegen ist. Kurz vor Ende der Saison wurde der „Teufel“ wieder an seine ursprüngliche Stelle versetzt, doch offensichtlich zu spät. – Der argentinische Fußballspieler Maradonna hatte bei einer Weltmeisterschaft, entgegen der Regel, einen Ball mit der Hand ins Tor geschlagen und somit ein irreguläres Tor erzielt. Da dies der Schiedsrichter nicht gesehen hatte, wurde der Treffer anerkannt. Auf die Vorwürfe der Unsportlichkeit und Manipulation angesprochen, antwortete Maradonna, den Treffer hätte „Gottes Hand“ erzielt, er sei nur Werkzeug gewesen. – Der holländische Fußballverband hat kurz vor Beginn der Europameisterschaft 1996 verboten, einen der berühmtesten holländischen Fußballer und Trainer, Johann Cruyff, als „Gott“ zu bezeichnen. Ebenso wurde verboten, den in der holländischen Nationalmannschaft spielenden Sohn, Jordi Cruyff, als „Gottes Sohn“ zu titulieren. Daß Cruyff sich selbst als Inkarnation von Christus ansieht, wurde deutlich, als er nach Konflikten mit dem Präsidenten vom FC Barcelona im Mai 1996 entlassen wurde. Die Nachricht von der Entlassung wurde ihm von dem stellvertretenden Vereinsvorsitzenden überbracht. Cruyff empfing ihn mit den Worten: „Warum streckst du mir die Hand aus, du Judas?“ (FAZ, 20.5.1996).

Selbst wenn symbolische und mythische Botschaften nur zum Teil wirken, ist dies bedeutsam genug, um einen produktiven Reflexionsprozeß anzuregen. Die hier vorgeschlagene Medienpädagogik hält es für sinnvoll, die Wahrnehmungsfähigkeit des Betrachters zu aktivieren und sein Formbewußtsein zu steigern. Dazu gehört auch die Fähigkeit, Subtext-Botschaften zu erkennen sowie die Bedeutung und Funktion von Mythen zu interpretieren. Dabei geht es jedoch nicht um die Zerstörung der Faszination, die diese Mythen auslösen können. Es geht um einen komplexeren Umgang mit Bildern und Tönen, dessen Möglichkeit, Faszination auszulösen, als wichtige Kraft interpretiert wird. Wir müssen lernen, mit unserem „Bedarf an Mythen" zu leben, d.h. nicht, sich den Mythen zu unterwerfen. Es geht um die „Arbeit am Mythos", d.h. die Transformation des (regressiven) Potentials von Medienmythen hin zu einer progressiven Aneignung.

In der handlungsorientierten Medienarbeit sehe ich eine unumgängliche Ergänzung zu der Reflexion und Auseinandersetzung mit Mythen und Symbolen. Bei der eigenständigen aktiven Medienarbeit besteht die Chance, die Hintergründe für die emotionalen Wirkungen von Medien und damit den strukturellen Code, den Subtext der Medien kennenzulernen. Genauso bedeutsam ist die Aussicht, mit der eigenständigen Medienarbeit den konkreten Lebensalltag und damit die gesellschaftliche Wirklichkeit in den Diskurs zu integrieren. Im folgenden Kapitel wird die Instrumentierung eines wahrnehmungs- bzw. symbolorientierten medienpädagogischen Lernprozesses vorgestellt.

6. Kapitel

ZUR INSTRUMENTIERUNG EINER SYMBOLORIENTIERTEN MEDIENPÄDAGOGIK

6 Zur Instrumentierung einer symbolorientierten Medienpädagogik

Obwohl die audiovisuellen Medien seit geraumer Zeit den kommunikativen Diskurs bestimmen, gibt es wenige medienpädagogische Publikationen (Ausnahmen bilden u.a. Baacke 1996a; Schnoor 1992; Weidenmann 1990), die die Dringlichkeit ästhetisch-anschaulichen Denkens in Verbindung mit Medienkompetenz reflektieren. Medienkompetenz bedeutet im Angesicht veränderter gesellschaftlicher Kommunikationsstrukturen vor allem die Notwendigkeit der Urteilsfähigkeit im Umgang mit dem jeweils aktuellen durch die Medien vermittelten Kommunikationscode. Dieser Code wird im Moment vom ästhetischen Denken geprägt (vgl. Abschnitt 2.4).

Medien werden unter diesen Ausgangsbedingungen zu einem unentbehrlichen Instrument des Verstehens von sozialer Wirklichkeit. Dabei gehen wir[65] von der Beobachtung aus, daß Kinder und Jugendliche sich in ihrem Lebenskontext bereits mittels Konsum mediale Kompetenzen angeeignet haben. Die von uns intendierte Medienkompetenz setzt an den vorhandenen Potentialen von Kindern und Jugendlichen an. Der medienpädagogische Lernprozeß verläuft nicht nach schulischen Curricula, sondern nach jugend-spezifischen Kriterien, d.h. erlebnisorientiert und methodisch durch sinnlich-ästhetische Elemente geprägt (audiovisuelles Konzept). Konkretisiert wird dieses Konzept durch Anstöße zur Selbst-Reflexion, die Befähigung, symbolische Botschaften wahrnehmen und analysieren zu können und durch konkrete Medienpraxis.

Das hier vorgeschlagene Konzept geht von der universalen Bedeutung der Symbolisierung als Grundvoraussetzung menschlicher Kommunikation aus. Susanne K. Langers (1987) Unterscheidung zwischen einer diskursiven und einer präsentativen Symbolik wird aufgenommen.[66] Da sich das Konzept als ästhetischer bzw. wahrnehmungsorientierter Lernprozeß versteht, basiert es vorwiegend auf der Ebene der präsentativen Symbolik. Nach der Skizzierung von Bausteinen für ein Konzept einer präsentativen

---

[65] Da einige der im folgenden darzustellenden Projekte in Zusammenarbeit mit Kollegen und Mitarbeitern des *Institutes für Medienpädagogik und Kommunikation (MuK), Landesfilmdienst Hessen e.V.* entstanden sind, wird in diesem Kapitel die „Wir-Form" benutzt.

[66] Während Langer (1987, S. 115) die Sprache als die höchstentwickelste Form des Symbolismus versteht und die präsentativen Formen des Denkens auf eine niedrigere Rangstufe stellt, halten wir eine Bewertung dieser beiden Denk- und Artikulationsmöglichkeiten für problematisch. Beide Symbolisierungsformen sind gleichwertig. Dies gilt besonders in Anbetracht der Zunahme ineinandergreifender, unterschiedlicher audiovisueller Medien (z.B. Multimedia) und damit der „Anreicherung" unserer Alltagserfahrung mit präsentativen Symbolen.

Kompetenzerweiterung wird in einem zweiten Schritt ein idealtypisches Medienseminar vorgestellt. In einem dritten Schritt werden, bezogen auf die Basismedien Foto, Ton-Dia, Video, Multimedia und Videoinstallationen (Sozialplastiken), Medienprojekte vorgestellt, die nach dem hier dargestellten Konzept von Kindern und Jugendlichen hergestellt wurden.

6.1 Bausteine einer präsentativen Kompetenzerweiterung

Die Medien sind entscheidende Träger der Alltagskultur (vgl. Baacke/Lauffer 1996, S. 224). Sie dringen in die Bereiche der sozialen Interaktionen, der sinnlichen und normorientierten Auseinandersetzung mit der Umwelt ein. Den traditionellen Sozialisationsagenturen wie Familie und Schule fällt es schwer, angemessene Antworten auf die Einflußnahme der Medien zu finden. Die erforderlichen Lernhilfen, die Befähigung zum Navigieren im Medienraum, werden in den seltensten Fällen zur Verfügung gestellt. Kinder haben keine Erinnerung an eine Zeit und eine Gesellschaft, in der die Bild-Medien nicht ständig und vielfältig verfügbar waren. Sie werden in eine Welt hineingeboren, in der Bild-Kommunikation immer bedeutsamer wird. Dies führt unweigerlich zu einem Generationenkonflikt. Während frühere Generationen dominant von der diskursiven Logik geprägt waren, sind heutige Jugendliche eher von der präsentativen Symbolik beeinflußt, da die von Jugendlichen favorisierten Medienprodukte, wie z.B. Spielfilme, Videoclips und Werbespots, sich in Form des präsentativen Symbolismus artikulieren.

Kinder und Jugendliche sind jedoch keineswegs nur hilflos den Medien ausgesetzt, denn ihnen sind schnelle Wechsel von Bild- und Sinnwelten vertraut. Dieter Baacke und Jürgen Lauffer beobachten auf der einen Seite infantile Bestrebungen, durch den Medienkonsum regressive und narzißtische Handlungen partiell auszuleben (1996, S. 287). Sie sehen auf der anderen Seite eine Fülle von Hinweisen, daß Jugendliche als aktiv handelnde Subjekte differenziert und selektiv mit Medien umgehen können. Jugendliche setzen „der Faszination des Diffussionssogs" eigene Strukturierungsleistungen entgegen (ebd.). Sie entwickeln spezifische Medienpräferenzen und sind in der Lage, die Informationen in ihre Wissensbestände und Gefühlshaushalte zu integrieren. Patricia M. Greenfield nennt diese Fähigkeiten *viewing literacy*, die Fähigkeit, mit dem Kommunikationscode der Medien umzugehen (1987, S. 9). Kinder und Jugendliche lernen nur mit Hilfe des Fernsehers oder des Monitors ihre Erfahrungen zu globalisieren, die sie in den unterschiedlichen Erlebnisräumen der realen und der imaginären Welt (Medien) gesammelt haben. Die Qualifikationen, die die Kinder dabei erwerben, die „viewing literacy", sind jedoch eher durch symbolisch-assoziatives Denken (Bild-Denken, präsentative Symbolik) und nicht durch Sprache und Wort (diskursive Logik) geprägt. Die von Jugendlichen favorisierten Medien vermitteln ihre „Inhalte“ nicht über kognitive Botschaften, sondern über Zeichen und Symbole. Da den kommunikativen Erweiterungen Defizite genau in den gesellschaftlich anerkannten Kommunikationsformen gegenüberstehen, werden sie in der Regel von den Institutionen der institutionellen Bildung (z.B. Schule) unterdrückt.

Baacke/Lauffer gehen davon aus, daß der offene Deutungshorizont durch die Bilder verstellt ist (1996, S. 301). An die Stelle von Tiefendeutung ist nach ihrer Auffassung die Signalentzifferung getreten. Sie stellen die Frage, ob die zahlreichen Botschaften der Medien Sinnspuren hinterlassen können und befürchten eine „Gemengelage von Gefühlen“ und „kognitiven Blitzen“, die nur schwer zu einer Sinnfigur zu ordnen sind. Wenn die Unterscheidung von Wahrnehmungsakt und Wahrnehmungsdeutung aufgegeben wird, sehen sie einen Verlust für ästhetische Sensibilität. Gleichwohl ziehen sie in Betracht, die neuen Wahrnehmungsformen könnten zu neuen Chancen eines „ästhetischen Sichvergewisserns“ führen (ebd.). Genau an diesem Punkt setzt die symbolorientierte bzw. wahrnehmungsorientierte Medienpädagogik an. Durch die höhere Bewertung der diskursiven Logik in der Gesellschaft (Elternhaus, Schule) können die neuen Formen des Verstehens und der Wahrnehmung sich nicht immer entfalten. Viele dieser Qualifikationen sind daher in der Regel nur potentiell vorhanden. In der Bildungsarbeit können wir beobachten, daß durch Medienkonsum erworbene Kompetenzen der „viewing literacy“ in erheblichem Maße als „ruhende“ Kompetenzen vorhanden sind.

Mit wenig Mühe lassen sich Signale als Symbole entziffern, mittels aktiver Medienarbeit gelingt das konzentrierte Eindringen in komplexe Sinnzusammenhänge. Im ästhetisch organisierten kommunikativen Lernprozeß aktualisieren sich sehr schnell die über passiven Medienkonsum erworbenen potentiellen Fähigkeiten. Zum Bewußtsein gebrachte Tiefendeutungen von Spielfilmen und Videoclips führen zu Instrumentarien der Erkenntnis. Handlungsorientierte Medienprojekte, so z.B. die Produktion von Videofilmen, einer Fotoausstellung, einer Fotozeitung, einer Ton-Dia-Schau und/oder einer Videoplastik, rekonstituieren den gestaltschauenden Blick. Die Aneignungen der technischen Apparate und deren Kommunikationscodes führen zur Vertrautheit, verschiedene Handlungsstränge miteinander zu verbinden. Ereignisfelder und ästhetische Prinzipien werden durch die tätige Aneignung der Medien zu einem komplexeren Verständnis von realer und imaginärer Realität genutzt. In der Montage, der Verknüpfung der unterschiedlichen Erfahrungsebenen zu einem Gesamtprodukt, erfährt der Medienproduzent eine dem logisch-rationalen Denken gleichwertige Reflexionsebene.

Die Befähigung zur reproduktiven Imagination steht gleichwertig neben dem Erschließen von Potentialen einer produktiven Imagination. Die wahrnehmungs- bzw. symbolorientierte Medienpädagogik hilft, das Subjekt hinter dem Objektiv zu erkennen und trägt damit dazu bei, die Sinnfigur von Bildern und Medien anhand von Medienanalysen und eigener Selbsterfahrung zu erleben. Die Jugendlichen lernen zwischen Erscheinung und Wesen zu unterscheiden, um die Dinge hinter den Dingen identifizieren zu können. Die Produktion mit Medien gestaltet sich dabei als Motor der Erkenntnissuche. Die symbolorientierte Medienpädagogik intendiert eine audiovisuelle Alphabetisierung der Sinne und die handlungsorientierte Aneignung von Medien als Teil der Alltagskultur.

Das Ausgangsmaterial für die unterschiedlichen Medienprodukte finden wir vorwiegend im konkreten Lebensumfeld der Jugendlichen oder in der urbanen Alltagskultur. Die Lebenswelt, die jeweils wahrgenommene Wirklichkeit, wird mit der über Symbole vermittelten Wahrnehmungswelt konfrontiert. Während die diskursive Logik die rationale Beurteilung, Reflexion und Auseinandersetzung mit den konkreten Lebensbedingungen eröffnet, kann der audiovisuelle Lernprozeß, vermittelt über die präsentative Symbolik, Dimensionen des Vor- und Unbewußten enthüllen. Beabsichtigt ist dabei, über die Deskription des Vorhandenen hinauszukommen, die Strukturen der Lebenswelt besser verstehen zu lernen. Die aktuelle Lebenserfahrung soll unter einem neuen Gesichtspunkt, mit einem anderen Standpunkt rekonstruiert, die Stabilität des Selbst gestärkt und die sinnliche Kraft gemeinschaftlichen Lernens und Lebens gespürt werden.

Die Ergebnisse dieses Lernprozesses führen in Form eines vorzeigbaren Produktes zur Herstellung von (medialer) Wirklichkeit. Kinder und Jugendliche werden in die Lage versetzt, in den Diskurs der Bildkommunikation eintreten zu können.

Zusammenfassend lassen sich folgende Schwerpunkte herausstellen:

- Lebensweltenkundung,
- Sinnesvorstellungen erweitern,
- Wahrnehmung schulen,
- kompetenter Umgang mit symbolischen und mythischen Botschaften,
- Inhalte und Absichten in symbolische Codes übersetzen,
- die selbst produzierten Bildwelten als Teil des vor- und unbewußten Aneignungsprozesses von subjektiver Wirklichkeit verstehen,
- ontologische Fragestellungen auslösen,
- in den selbstgeschaffenen „symbolischen“ Bildwelten Teile seines Selbst besser kennenlernen,
- Phantasie, Kreativität entfalten,
- Produktionslust erfahren,
- produktives Denken erproben,
- sozial-ästhetische Realität produzieren,
- künftige Subjekthaftigkeit projizieren.

6.1.1 Medienpädagogik als Lebensgestaltungsfunktion

Die Welt des Alltags ist Aktionsfeld und Gegenstand unseres Handelns. Um unsere Ziele und Absichten zu verwirklichen, müssen wir in diese „Welt“ eingreifen und sie verändern. Die Wahrnehmung der Lebenswelt des Alltags ist von Wirklichkeits-Deutungen des handelnden Subjektes geformt. Es handelt sich um eine intersubjektive Welt, die von unseren Vorfahren bereits als geordnete Welt erlebt und gedeutet worden ist. „Sie ist unserem Erleben und unserer Deutung vorgegeben. Alle Deutungen dieser Welt sind in einem Vorrat von früheren Erfahrungen begründet“ (Schütz 1971, S. 238). Bei der Lebenswelt, die wir in unserem subjektiven Empfinden wahrnehmen, handelt es sich somit ebenfalls um eine gedeutete Wahrnehmung von Welt. Gesellschaftliche und ökonomische Rahmenbedingungen, soziale und kulturelle Lebensformen, sozial-konditionierte Verhaltensweisen von Peer-groups und biographische Lebenserfahrungen bestimmen die Denkformen und Handlungsspielräume der Menschen, ebenso, wie „die psychisch und kulturell konstituierten Formen und verhaltenssteuernden Wirkungen der Empfindungen, der emotionalen Sensibilitäten, des Glaubens, des Bewußtseins der Menschen“ (Vierhaus 1994, S. 8).

Bei der Lebenswelt handelt es sich um eine kulturell gestaltete, gesellschaftlich konstituierte, symbolisch gedeutete Wirklichkeit, die Verhaltensweisen, Lebensstile und Leitvorstellungen und damit dem jeweiligen subjektiven Selbst-Verständnis Form verleiht. Dieser Lebenswelt-Begriff geht von einer vom jeweiligen Subjekt konstruierten Wirklichkeit aus. Diese (subjektive) Wirklichkeit der Lebenswelt ist jedoch nicht nur durch Vorgaben beeinflußt, sie kann umgekehrt auch durch unser Handeln verändert werden. Die Lebenswelt ist keineswegs statisch. Sie ist sowohl dem Wandel durch äußere Einwirkungen als auch durch innere Entwicklung ausgesetzt. Unabhängig davon wird die lebensweltlich erfahrbare Wirklichkeit vom einzelnen Subjekt als individueller Erfahrungsraum erlebt.

Die Erfahrung von Lebenswelt ist immer eine mittelbare. Der Mensch ist kein objektiver Beobachter der Welt, er steht ihr nicht direkt gegenüber. Er ist Teil dieser Welt und deutet sie mittels Symbolen und kann ohne das Dazwischenschalten von künstlichen Medien (sprachliche Formen, Kunstwerke, mythische Symbole, religiöse Riten) nichts erfahren oder erblicken. Welt ist immer gedeutete Welt. Darauf haben u.a. Ernst Cassirer (1988, 1990a,b), Langer (1987) sowie Dieter Baacke, Horst Schäfer und Ralf Vollbrecht (1994) aufmerksam gemacht. Heute sind es die technischen Medien, die vor allen anderen symbolischen Ausdrucksformen das Ausgangsmaterial für die Deutung der Welt bilden. Lebenswelterfahrung ist daher immer auch Erfahrung im Umgang mit Medien. Medien sind einerseits Teil der Lebenswelt, andererseits bildet die Medienerfahrung eine

Folie für die Interpretation von Welt. Medien sind jedoch keineswegs eine „Wirklichkeit aus zweiter Hand", da unsere Wahrnehmung in gewisser Weise schon eine Wirklichkeit aus zweiter Hand ist, weil eine außerhalb unserer Wahrnehmung existierende Wirklichkeit für uns nicht zugänglich ist. Die Medien machen Wirklichkeitswahrnehmungen allenfalls vielschichtiger, sie sind aber selbst Bestandteil der Wirklichkeit, in der wir leben. Sie sind daher von ihr nicht abzuspalten als eine „andere" oder „zweite" Wirklichkeit. Dennoch besteht kein Zweifel, daß die Medien sowohl zu unserem Verständnis von Welt als auch zur Einschätzung unserer Lebenswelt erheblich beitragen.

Während auf der einen Seite die Lebenswelterfahrungen die Disposition für die Aufnahme und Bewertung von Medien mitbeeinflussen, wirken die Medien in den Erfahrungsraum der Lebenswelt hinein. Untersuchungen von Baacke/Sander/Vollbrecht (1988, 1990a) sowie von Dieter Baacke, Günter Frank und Martin Radde (1991) weisen nach, daß die Medien als Ensemble wirken. Das Ineinandergreifen unterschiedlicher Medien innerhalb konkreter Lebenszusammenhänge kann nur verstanden werden, wenn Handlungs- und Erfahrungsfelder nicht isoliert, sondern als sozialökologisches (Baacke/Schäfer/Volkmer 1995), integriertes Wirkfeld betrachtet werden. Medien bilden ein reichhaltiges Material, aus dem die Jugendlichen Versatzstücke für die Bricolage ihrer Selbstfindung benutzen. Pädagogische Lernprozesse müssen beide Aspekte berücksichtigen, sowohl die konkrete Lebenswelt als auch das Ensemble der imaginären Medienwelt. Die reale Lebenswelt verobjektiviert sich nicht in der Erlebniswelt, sie ist ebenso wie der imaginäre Erfahrungsraum auch ein symbolischer Raum. Die Erfahrungen im (Lebens-)Raum werden bewertet und führen ebenso wie bei den Medien zu Deutungen. Diese Deutungen gilt es daher ebenfalls zu beachten. Dem realen Raum wird daher die gleiche Bedeutung für die subjektive Generierung von Wirklichkeit beigemessen wie den imaginären und den medialen Räumen.

Somit ergibt sich eine wechselseitige Beeinflussung. Die in den Medienwelten erworbenen Formen der ästhetischen Wirklichkeitsaneignung wirken auf die Lebenswelt, wie umgekehrt die soziale Wirklichkeit Auswirkungen hat auf die Rezeption von Medien. Erworbene Kompetenzen bei der Decodierung von Medienbotschaften sind daher auch im Alltag anwendbar. Soziale und gesellschaftliche Themen können nur dann handlungsrelevant Einfluß auf das Verhalten nehmen, d.h. zu politischem Lernen führen, wenn sie wahrgenommen werden. Wahrnehmungsorientierte Medienarbeit kann die unterschiedlichen Erfahrungsebenen bewußt machen. In mit Bildern angereicherten Lebensweltkulturen überzeugt man nicht mit guten Argumenten, sondern mit einer „professionellen" Außendarstellung, die in ihrer strukturierenden Logik den herrschenden Sehweisen und damit der herrschenden Bildlogik angelehnt sein muß, da dies die Sprache nicht nur der Herrschenden, sondern auch die Sprache der Beherrschten ist.

Das Konzept der symbolorientierten Medienpädagogik intendiert die Entwicklung von Modellen, die sowohl dem Lernfeld Alltag „Raum" öffnet, als auch gleichsam den Medien eine (Mittler-)Rolle zuschreibt, gestaltend in den Lebensalltag einzugreifen. Produktive Medienarbeit kann Brücken zwischen medialer und sozialer Wirklichkeit errichten. Die symbolorientierte Medienpädagogik bleibt daher nicht bei der Decodierung von Medienbotschaften stehen. Es geht ihr nicht nur um rekonstruktives Verstehen von Medienhandeln, die Stärkung von intra- und interpersonaler kommunikativer Kompetenz, sondern auch um die Produktion und Reproduktion von sozialem Leben.

6.1.2 Lebensweltbezug und ästhetischer Lernprozeß

Die Lebenswelt ist aus den ausgeführten Gründen ein zentraler Baustein der symbolorientierten Medienpädagogik. Ästhetische Erfahrungen im Umgang mit „realen" Räumen dienen als Ausgangspunkt, um sie danach mit der eigenen Selbst-Wahrnehmung und der medialen Wirklichkeit zu konfrontieren. Bei diesem Ansatz werden Raum- und Bilderfahrungen transformiert. Dem ästhetischen Lernprozeß kommt die Funktion zu, bisherige Welt-Deutungen zu überprüfen, neue Aneignungen von Wirklichkeit zu entwerfen und probehaft auszuleben. Durch aktive Medienarbeit werden Vorbilder produziert und so Bedingungen zum Vorbild-Sein geschaffen, d.h. mit dem Produkt erfolgt ein handlungsorientierter Eingriff in die soziale Lebenswelt. Neben dem Einwirken auf die konkrete Lebenswelt steht eine ontologische Vergewisserung, die Befähigung zur ästhetischen Gestaltung von Medienprodukten und des eigenen Lebens. Die Beschäftigung mit Selbst-Entwürfen wird nicht immer thematisiert, sie ist quasi eine nicht unwillkommene Begleiterscheinung produktiven Medienhandelns. Die Medien werden zum Katalysator einer Auseinandersetzung mit der Lebenswelt und den subjektiven Welt-Deutungen.

Ein Paradoxon wird mit einem Gegenparadoxon beantwortet. Unser Gehirn ist kein objektives Instrument zur Erfassung der Welt (vgl. Abschnitt 2.3). Das Gehirn prozessiert Daten. Die sich in unserem Gehirn als Wirklichkeit konstituierende „Welt" ist bereits ein Abbild und stellt damit keineswegs die Realität dar, sondern „Wirklichkeit", d.h. eine subjektiv generierte Welt. Der wahre oder eigentliche Zugang zur Welt ist immer ein vermittelter. Das Gegenparadoxon wäre somit die Option, sich mit technischen Instrumenten wie Kameras die konkrete Lebenswelt „künstlich" anzueignen, um in der durch diese Hilfsmittel erfahrenen Welt die reale Welt angemessener oder, genau genommen, mehrdimensionaler erfassen zu können.

Während wir unseren Augen unterstellen, daß sie die Welt „wirklich" abbilden, wissen wir, daß Medien die Realität transformieren. Der Blickpunkt des Autors gestaltet Raum, und die Objektive der Kameras verdichten, entzerren bzw. ziehen Raum und Zeit zusammen. Die nachträgliche Bearbeitung des Aufnahmematerials bei der Montage gestattet es, Raum- und Zeitbezüge aus unterschiedlichen Kontexten zusammenzufügen. Im Prozeß der Montage wird durch die Koordination von Auge und Hand „Wirklichkeit" aus verschiedenen Standpunkten neu zusammengesetzt. Die übliche Sicht der Dinge ist es, die Welt monokausal zu sehen. Die durch Medien(-technik) vermittelte Erlebniswelt erweitert unsere bisherige eindimensionale Sinneswahrnehmung. Durch den Umgang mit ästhetischen Ausdrucksformen machen sich die Handelnden ein komplexes Bild von der Welt und generieren dabei bewußt oder unbewußt eine erweiterte Sicht von Welt. Die produktive Medienerfahrung begünstigt somit die Wandlung von Weltbildern.

Die Objektive der Kamera bieten kein reales Bild von der Welt, sie berichten jedoch über das Sichtbare in der Welt. Die symbolorientierte Medienpädagogik bleibt nicht bei der Auseinandersetzung mit dem Sichtbaren, der konkreten Erfahrungswelt des Lebensweltbezuges stehen. Gleichfalls ist intendiert, der Bedeutung und Funktion von archaischen, traditionalen, gesellschaftlichen und lebensweltbezogenen Symbolen nachzugehen. „Das Wesentliche soll vom Unwesentlichen getrennt, das Essentielle sichtbar gemacht und das Bedeutungsvolle des Zufälligen als Wegweiser des Unbewußten erkannt werden. Dabei gilt es, Formen zu finden, die dem Inhalt dienen und ihn erhellen. Aus Außen-Bildern sollen Innen-Bilder entstehen und aus Innen-Bildern Außen-Bilder gemacht werden „Sehen ist erkennen" formuliert der Fotograf Robert Häusser, und „Bewußtes Sehen mobilisiert Kreativität; es ist eine Basis des Schöpferischen" (Röll 1995a, S. 158).

6.1.3 „Alphabetisierung" (audio)visueller Kompetenzen

Die symbolorientierte Medienpädagogik setzt sich bewußt mit der durch Zeichen und Symbole geprägten Medienkultur auseinander. „In einer Gesellschaft, in der alles über Darstellung seine Funktion erhält (Symbole, Metaphern), erschließt sich deren tieferer Sinn verstärkt über die Decodierung formaler Abbildungen und die assoziative Annäherung an hypothetische Erkenntnis von Symbol und Struktur" (Krügler 1987, S. 22). Die Befähigung zur komplexen Wahrnehmung, des Lernens im Umgang mit Bildern und Symbolen, wird in von Medien dominierten Gesellschaften zur Schlüsselqualifikation. Dies kann nur gelingen, wenn ästhetisches Lernen nicht als defizitär verstanden und der potentielle Kompetenzzuwachs erkannt wird. Eine wichtige Voraussetzung ist dabei, pädagogische und/oder politische Bildungsprozesse mittels ästhetischer Kriterien zu organisieren. Notwendig erscheint eine „Schule des Sehens“[67] bzw. eine Alphabetisierung (audio)visueller Kompetenzen.

Mit dem Begriff der „Alphabetisierung“ sind zwei Bereiche gemeint. Ein Aspekt zielt auf medienpädagogische Reflexionen über Medien, die Befähigung zur Decodierung von medialen Botschaften, die Entschlüsselung von mythischen, symbolischen und strukturellen Codes, die sowohl im Genre Spielfilm als auch auf der Ebene der Werbung und im Videoclip Verwendung finden. Erarbeitet werden Kriterien zur Decodierung von Subtext-Bedeutungen medialer Produktionen.[68] Die zweite Betrachtungsweise bezieht sich auf die Qualifizierung im Herstellen von medialen Botschaften. Bei handlungsorientierten Medienprojekten wie z.B. Foto- und Videoseminaren spielen insbesondere strukturelle Bildbotschaften eine bedeutende Rolle. Wie diese Codes im medienpädagogischen Lernprozeß vermittelt werden, wird durch „Hinweise zur normativen Kraft der Ästhetik“, der Darstellung eines idealtypischen Seminarkonzeptes und anhand von beispielhaften Projekten gezeigt.

6.1.3.1 Emotionale Strategien der Filmgestaltung

Im Rahmen von Seminaren werden Filme zu unterschiedlichen Themenschwerpunkten analysiert, wie z.B. Rhythmus und Film, Sexualität im Film, das neue starke Geschlecht, Erlösung im Film. Die Grundlage der Seminare sind Filme, die in der Gunst von Jugendlichen einen hohen Stellenwert haben (Mainstream-Kino). Bei der Analyse der Filme steht nicht die inhaltliche Bewertung im Vordergrund, sondern die möglichen Kriterien, weshalb Filme Erfolg haben. Mit unterschiedlichen didaktischen Methoden wird nach Gründen für die Faszination, die Filme auslösen können, gesucht. Besonderes Augenmerk wird darauf gerichtet, ob die Gestaltung, der Subtext des Films (Dramaturgie, Formalästhetik, Dekor, Symbolik, Montage, Bildgeschwindigkeit, Kamerabewegungen), die Wirkung beeinflußt. Vermutet wird, daß der Erfolg von Filmen mit der Verwendung von Subtexten, den emotionalen Strategien der Filmgestaltung korrespon-

---

[67] Der Begriff „Schule des Sehens“ ist nicht wörtlich zu nehmen. Gemeint ist ein grundlegender Lernzusammenhang, der jedoch nicht vergleichbar ist mit curricularem Lernen. Ebenso ist die Kapitelüberschrift nur als Analogie zu verstehen. Bei der symbolorientierten Medienpädagogik geht es gerade nicht um eine lineare Denkform, wie dies für die Schule typisch ist. In dem hier verwandten Zusammenhang bezieht sich „Alphabetisierung“ auf elementare Grundlagen, das Basiswissen visueller Gestaltung.

[68] Selbstverständlich gehört zur „Alphabetisierung“ gleichermaßen die Vermittlung von Kenntnissen über Herrschaftszusammenhänge, Monopolisierungen oder Finanzverflechtungen in den Medien. Diese Arbeit konzentriert sich jedoch „nur“ auf die symbolischen Erfahrungswelten in den Medien.

diert. Christian Mikunda ist davon überzeugt, daß von den kinematographischen Codes physische Aktivierungen ausgehen können (1986, S. 14). „Die Entscheidung, auf welchen Elementen im Bild die Schärfe liegt, wie Licht und Schatten verteilt sind, welche Einstellungsgröße der Kameramann wählt und ob die Kamera statisch oder bewegt ist, formt das gefilmte Material. Es wird dadurch unsere Wahrnehmung auf bestimmte Weise vorinterpretiert, quasi verschlüsselt“ (ebd., S. 12). Ergänzend muß hinzugefügt werden, daß es sich dabei um eine mögliche bzw. wahrscheinliche Interdependenz und nicht um einen Verweisungszwang zwischen Subtext und Rezeption handelt.

Auf detaillierte Filmbeispiele wird verzichtet, da in Abschnitt 5.1 bereits beispielhaft Spielfilme behandelt wurden. Aus unterschiedlichen (Betrachter-)Standpunkten werden die Filme analysiert. Folgende Fragen dienen als Grundlage von Filmgesprächen:

- Welches sind die beeindruckendsten Szenen?
- Welche Emotionen hat der Film evoziert?
- Wie wird in dem Film Spannung erzeugt?
- Welche (persönliche) Erinnerungen sind durch den Film ausgelöst worden?
- Welche Filme sind zitiert worden?
- Welche filmischen Besonderheiten sind aufgefallen?
- Welche Bildkompositionen bestimmen das visuelle Wahrnehmungsfeld (Bildraum)?
- Welche ästhetische Mittel werden benutzt, um die Wahrnehmung des Zuschauers zu führen?
- Werden durch Bildschärfe, Licht und Schatten, Einstellungsgröße des Bildes verschlüsselte Informationen gegeben?
- Wie hat der Regisseur Bildzusammenstellungen zu Sequenzen (Montage) gefügt, um einen bestimmten Eindruck beim Zuschauer zu induzieren?
- Welche Musik wird eingesetzt und zu welchen Bildern wird sie in Bezug gesetzt?

Im gemeinsamen Gespräch werden die unterschiedlichen Subtexte des Filmes erarbeitet, um die Tiefenstruktur der Filme zu erfassen. Soweit nötig werden eigene Interpretationsansätze oder auch Filmkritiken aus der Fachpresse in den Auswertungsprozeß integriert. Am jeweiligen Film wird verdeutlicht, daß symbolische und mythische Botschaften in nahezu allen Filmen enthalten sind. Jugendliche lernen zwischen einem manifesten und einem latenten Filmtext zu unterscheiden. Sie erhalten Kenntnis über unterschiedliche symbolische Deutungsebenen. Sie lernen aber auch, daß Filme mehrdimensional interpretierbar sind. Ebenso wird verdeutlicht, daß die symbolischen Botschaften nicht linear wirken, der jeweilige

(Rezeptions-)Standpunkt zur Filmbewertung beiträgt. Die Erfahrungen im medienpädagogischen Alltag zeigen, daß bei der Aufzählung der beeindruckendsten Szenen (emotional oder ästhetisch) nahezu immer die Szenen enthalten sind, die am deutlichsten die symbolischen Codes transportieren. Gleichwohl werden nicht alle bedeutsamen Szenen der Filme bewußt erfaßt. Werden subtile „Schlüsselstellen" der Filme übersehen, wie z.B. die Szenen mit den Lampen (Museum, Pfahl) in dem beschriebenen *Indiana-Jones*-Film, führt die nachträgliche Interpretation zu einem „Aha"-Erlebnis.

Eine weitere Möglichkeit der Filmanalyse liegt in der Darstellung von einzelnen Subtexten, wie sie in unterschiedlichen Filmen Verwendung finden, so z.B. die Funktion und Bedeutung von Dekor, Licht, Schatten, Bildgestaltung, Farbe, Bewegung und Rhythmus. Jugendliche lernen erstaunlich schnell, mit den Codes umzugehen. Dies betrifft sowohl die mythischen (Held, Animus/Anima-Figur etc.), die symbolischen (Geschlechterrolle) als auch die strukturellen Codes (Linie, Perspektive etc.). In Videoclips und in der Werbung, wie in den Abschnitten 5.2 und 5.3 ausführlich dargestellt, tauchen diese Codes am häufigsten auf. Sie eignen sich daher besonders gut, um auf die Tiefenstruktur von Bildbotschaften hinzuweisen.

6.1.3.2 Hinweise zur normativen Kraft der Ästhetik

Bei allen handlungsorientierten Seminaren gehört die Vermittlung der Basisqualifikation „Bildgestaltung" zu einem wesentlichen Bestandteil des Konzepts. In zwei Phasen wird sich der Bildgestaltung genähert. In der ersten Seminarphase gibt es einen kurzen Input über ästhetische Grundregeln. Referiert werden grundlegende ästhetische Fragestellungen, die bei allen audiovisuellen Medienproduktionen Bedeutung haben. Anhand von sechs Schwerpunkten werden die Grundregeln mit Dias, Filmbeispielen aus der Werbung oder einem Videoclip kursorisch skizziert. Nach den jeweiligen Recherchen werden in einer späteren Phase die Bilder u.a. nach diesen Schwerpunkten reflektiert. Wie noch ausgeführt wird, setzt sich die symbolorientierte Medienpädagogik mit der Frage auseinander, ob die Art und Weise der jeweiligen Nutzung von Bild und Raum als symbolische Botschaft aufgefaßt werden kann. Vermutet wird, daß mit der bildhaften Darstellung gleichsam ein seismographisches Element der jeweiligen Vorstellungen von Welt, das persönliche Weltbild, zum Ausdruck kommt. Das subjektive Weltbild konkretisiert sich in den selbsterzeugten Bildern. Die Vermittlung ästhetischer Gestaltungsregeln soll nicht nur helfen, Bildbotschaften besser verstehen zu lernen, sondern auch deutlich machen, daß wir geneigt sind, Bilder und damit auch die Realität nach bestimmten Schemata wahrzunehmen. Das über die eigenen Sinne erfahrene Erleben anderer Schemata und damit anderer Standpunkte der Wahrnehmung der Welt führt zu einer Differenzierung bisheriger Sichtweisen. Das persönliche Wahrnehmungsfeld erweitert sich durch das Wissen und insbesondere durch den aktiven Umgang mit den sozialpsychologischen Wirkungen von Bildwelten und kann sich für andere Gesichts- bzw. Standpunkte öffnen. Die Vorstellung von Welt wird erweitert, da nunmehr komplexere Instrumentarien der Wahrnehmung von Welt zur Verfügung stehen. Die Schulung der Bildgestaltung verstehen wir als Eingangstor zu einem bewußteren Sehen und eigenem kreativen Gestalten.

Die „normativen" Grundlagen der Ästhetik sind nicht dogmatisch zu verstehen. Bilder können mehrdeutig sein. Bilder können sich von ihrem Vorbild lösen, sich verselbständigen und einen Eigenwert erhalten (vgl. Abschnitt 3.3). Dementsprechend kann es auch vorkommen, daß die von Jugendlichen produzierten Bilder zwar „zurückschauen" auf die Produzenten, aber der Code von den Beobachtern nicht mehr erkannt werden kann. Der „produktive" Zuschauer bzw. Produzent kann die Bildercodes aufgrund biographischer und gesellschaftlicher Faktoren subjektiv verwenden. Wir gehen daher nicht von Determinanten, sondern von Wahrscheinlichkeiten aus, von bevorzugten Leseformen. Die permanente, fast schon aufdringlich zu nennende Wiederholung von ästhetischen Grundregeln in Werbung, Videoclips und Spielfilmen gibt allerdings markante Hinweise, diese Grundregeln ernst zu nehmen. Unsere Erfahrungen in der Bildungsarbeit zeigen, daß die Wahrscheinlichkeit einer von Schemata beeinflußten Wahrnehmung nicht zu unterschätzen ist. Der individuelle Rezipient kann mit den Bildwelten nur dann konstruktiv und damit bewußt umgehen, wenn er sie auch wahrnimmt. Die Schemata beeinflussen in Bereichen, die selten bewußt wahrgenommen werden.

Sechs „normativ" prägende visuelle Beeinflussungsfaktoren werden im folgenden beschrieben. Der erste beschäftigt sich mit der Macht der Mitte, der zweite mit dem Bildrand, der dritte behandelt die Regeln zur Herstellung von Harmonie und Spannung, der vierte setzt sich mit Raum und Perspektive auseinander, der fünfte konzentriert sich auf die Aufhebung der Form, der sechste widmet sich der Bedeutung der Farbe. Soweit dies möglich ist, werden bei der Darstellung der ästhetischen Grundregeln Bezüge zur medienpädagogischen Praxis hergestellt. Die archetypischen, sozialpsychologischen und gestalterischen Aspekte können hier nur skizziert werden. An anderer Stelle haben wir uns ausführlich mit diesen Aspekten beschäftigt (Röll/Wolf 1993a,b und 1994a–d).

6.1.3.2.1 Die Macht der Mitte

Bei ersten Fotografieversuchen werden die Köpfe von Personen nahezu immer in der Bildmitte positioniert. Wird eine Person fotografiert, wird

Abb. 114: Falsche Mitte[69]

Abb. 115: Richtige Mitte

sie in der Mittelachse verortet (vgl. Abb. 114). Vorder- und Hintergrundinformationen werden nicht beachtet. Die Horizontlinie verläuft durch den Kopf, die Beine werden abgeschnitten. Im vorliegenden Fall wäre es besser gewesen, auf den Horizont zu verzichten und die Person in die Hell-Dunkel-Flächen des Flußhintergrundes einzubinden (vgl. Abb. 115).

Ohne fotografisches „Vorwissen" produzierte Foto- oder Videoaufnahmen weisen auf einen (unbewußten) Drang zur Mitte hin. Die eigene Position wird als Mitte erfahren. Von dieser Mitte aus wird mit dem Zentrum des Objekts eine Beziehung hergestellt. Das Ich-Zentrum kongruiert mit dem Objekt-Zentrum im Bildraum, das gleichzeitig als Gleichgewichtszentrum fungiert. Diese Verhaltenstendenz korrespondiert mit der Tradition der bildenden Kunst, das jeweils Bedeutsamste in die Mitte zu stellen. Nur änderte sich im Lauf der Jahrhunderte die Vorstellung vom Gleichgewichtszentrum bei Personendarstellungen. In der Tradition des römischen Architekten Vitruv liegt das Zentrum auf dem Sitz

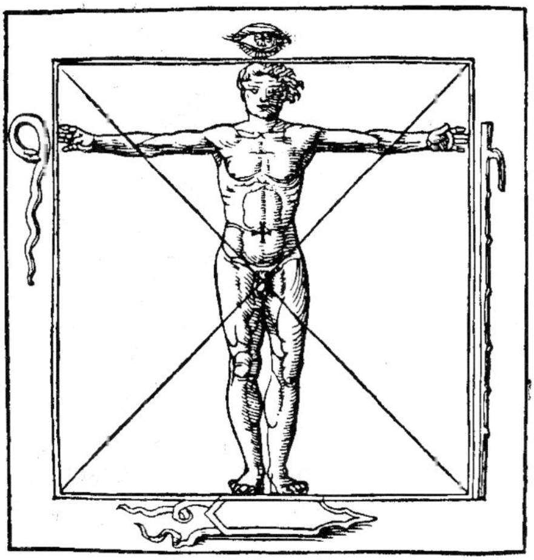

Abb. 116: Mythische Mitte

[69] Präziser müßte davon gesprochen werden, daß mit hoher Wahrscheinlichkeit bei diesem Bild die intendierte Bildwirkung vom Rezipienten nicht im Sinne des Produzenten decodiert wird.

der Begierde (vgl. Abb. 116). Dies löste einen Zwiespalt zwischen animalischer und geistiger Natur aus (vgl. Arnheim 1983, S. 106). Diese Verortung widersprach dem humanistischen Konzept und wurde folgerichtig nach oben geändert. Inzwischen ist sie auf Augenhöhe angelangt. Dies entspricht der hohen Bedeutung, die unseren Sehorganen als Instrument der Weltaneignung zukommt. Die Teilnehmer adaptieren damit unbewußt die hohe Wertschätzung der Augen und des Visuellen in unserer jetzigen Kultur.

Der geometrische Ausdruck der Mitte ist der Kreis. Der Kreis ist die einzige Form, die von unserem Gehirn auch dann fortgedacht wird, wenn die Kreislinie unterbrochen ist. In früheren Kulturen galt der Kreis als Abbild des Kosmos und der Ewigkeit (vgl. Eliade 1994a). Das Zentrum wurde nicht nur mit dem zentralen Ort (Heiligtum, Tempel), sondern auch mit dem Volk gleichgesetzt. In der Mitte stand das von den Göttern jeweils ausgewählte Volk. Stammesmythen sind daher ausnahmslos ethnozentrisch. Den Lebensbedürfnissen des eigenen Volkes wird Vorrang vor den Interessen anderer gewährt. Sehr viele Menschen nehmen Welt konzentrisch, d.h. aus ihrer jeweiligen Mitte wahr. Der medienpädagogische Lernprozeß kann visuell vergegenwärtigen, daß alles eine Mitte hat und damit sich die eigene Mitte relativiert.

Im Rahmen der Bildgestaltung dient die Kreisfläche als Form zur Darstellung von Ruhe, Kontemplation und ethnozentrischer Geborgenheit. Die Kreisoberfläche steht für Unendlichkeit und Geschlossenheit. Die Macht der Mitte aktualisiert sich nicht nur im geometrischen Symbol des Kreises, sie bezieht sich noch deutlicher auf die Symmetrie. Wenn sich auch die jeweiligen Bedeutungszuschreibungen wandelten, so hat die Symmetrie weiterhin eine wichtige Bedeutung. Die Antike verstand unter Symmetrie eine harmonistisch-kosmologische Vollkommenheit. Die Renaissance „reduzierte" die Symmetrie auf „Zahlen" und „Anordnungen", die idealistischen Romantiker sahen in ihr die Erreichung einer inneren Balance. Später wurde in der Kunsttheorie Symmetrie als eine immanente Korrespondenz ausgewogener Formen verstanden (vgl. Wolpert 1986, S. 336).

Das Bedürfnis nach der Gebundenheit des Kreises nehmen wir auf. Wir öffnen jedoch die direkte Ich-Beziehung zum Objekt-Zentrum, der Verortung in einer Mitte, und vermitteln die Fähigkeit zur immanenten Korrespondenz ausgewogener Formen. Damit wird das innere Gefühl von Geschlossenheit bewahrt. Die ethnozentrische Fixiertheit kann gelöst werden, da sinnlich erfahrbar wird, daß Ausgewogenheit mit unterschiedlichen Objekten im Bildraum erreicht werden kann, das heißt, es gibt keinen optimalen Bezugspunkt, sondern mehrere denkbare Bezugspunkte.

6.1.3.2.2 Der Bildrand

In der medienpädagogischen Praxis erleben wir, daß bei den ersten Versuchen, ein Abbild von einem Objekt zu gestalten, nahezu immer der Bildrand nicht beachtet wird. Abb. 117 zeigt eine typische Aufnahme, bei der die Bildbegrenzung ignoriert wurde. Baum und Gitter im rechten Bildrand stören, sie sind nicht in die Komposition des Bildraumes integriert. Das Hochhaus im linken Bildraum läßt vermuten, daß das Beziehungsverhältnis zwischen alt und neu thematisiert werden sollte. Das Bild wird durch das Hochhaus in linken Bildfeld mit zusätzlicher Bedeutung aufgeladen, obwohl die Absicht bestand, eine bildfüllende Aufnahme von der Alten Oper in Frankfurt zu machen. Der Abstand zwischen Aufnahmestandpunkt und Objekt ist zu groß.

Die Bildaussage wird besser verstanden, wenn der Produzent sich auf das Wesentliche beschränkt (Reduktion). Eine geeignetere Abbildungsform ist in Abb. 118 zu sehen. Bei dieser Aufnahme ist der Bildraum vom oberen Rand (Dachgiebel) zum unteren Rand (Treppenaufgang) unter Beachtung der beiden Seitenbegrenzungen konzipiert. „Bildfüllend" bedeutet nicht, das gesamte Objekt abzubilden. Es kann sinnvoll sein, das Objekt im oberen Bildteil anzuschneiden, um eine Verdichtung der Bildinformation zu erzielen. Beachtet werden muß neben dem Rand die Proportionierung der Anschnitte.

Für die auffallend häufige Nichtbeachtung des Randes gibt es mindestens drei Gründe. Meist ist die Position der Fotografen zu weit vom Objekt entfernt. Die Befähigung, Nähe zum Objekt herzustellen, muß gelernt werden. In der Regel wird versucht, zu viele Informationen in einem Bild unterzubringen. Zweitens wird beabsichtigt, alle Gefühle, die beim Fotografieren vorhanden waren, in einem Bild zusammenzufassen. Besser ist es, sich für mehrere Aufnahmen mit unterschiedlichen Blickpunkten (gegebenenfalls Details) zu entscheiden, um durch die Summe der einzelnen Bilder ein Gesamtgefühl zu erzielen. Dies entspricht der Methode, wie unser Wahrnehmungssystem Realität aufnimmt und verarbeitet. Die Erfahrung des Menschen kennt keinen begrenzten Bildraum. Unsere Sehwelt,

Abb. 117: Nichtbeachtung des Randes

Abb. 118: Bildaufbau vom Rande

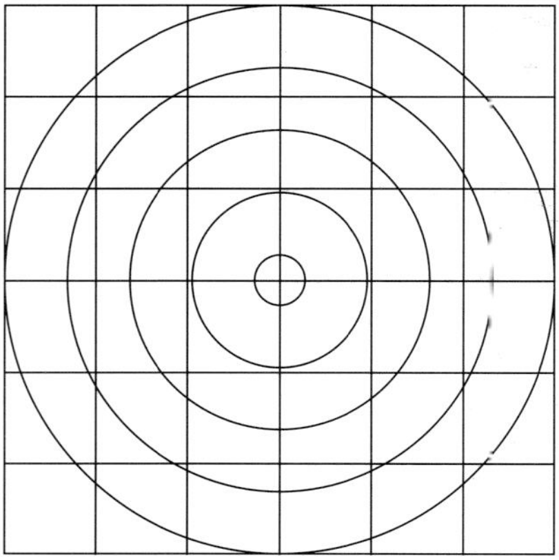

Abb. 119: Rudolf Arnheims kosmisches Modell

dies ließe sich als dritter Grund anführen, kennt keine Grenzen. Scheinbar besteht unsere Sehwelt aus einem endlosen, stetigen Raum. Wir nehmen den tatsächlichen Ausschnittcharakter unserer Wahrnehmung nicht bewußt wahr. Da unsere Vorstellung vom „in der Welt sein“ insbesondere durch die Blickrichtung vorgegeben wird, interpretieren wir die jeweils erfahrbare Realität als unsere (subjektive) Wirklichkeit. Die Integration des Bildrandes in den aktiven Wahrnehmungsraum erweitert die bisherige Wahrnehmung und schließt bisher übersehene Wahrnehmungsobjekte in die bewußte Aufnahmefähigkeit mit ein.

Der Bildrand entspricht einem Rahmen, der Existenz schafft. Mit den Bildausschnitten wird ein- und ausgegrenzt. Auch bei erfahrenen Foto- und Videografen gibt der ausgewählte Bildausschnitt Hinweise auf die jeweilige Zuordnung von wichtig/unwichtig oder bedeutsam/unbedeutsam. Senkrechte und Waagerechte im Bildraum bedeuten das Hineinverlegen des Bildrandes in das Bild. Durch bewußte oder unbewußte Plazierung von Objekten, in Verbindung mit der Senkrechten und Waagrechten, können Aus- und Eingrenzungen vorgenommen werden.

Die Waagerechte partizipiert an der Wirkung des Querformats. Fotolehrbücher schreiben dem Querformat eher Ruhe, Stille, Passivität, Tiefe und Kälte zu, während im Hochformat Aktion, Nähe und Aggressivität ausgedrückt werden kann (vgl. Mante 1977; Weber 1979). Während die Waagerechte als passive Linie interpretiert wird, gilt die Senkrechte als aktive Linie. Die Waagerechte, die liegende Linie, schafft die Grundorientierung, sie wird dem Horizont, der Natur, der Erdoberfläche zugeordnet. In der indischen Mythologie wird sie mit dem weiblichen Prinzip gleichgesetzt. Die aufrecht stehende Linie (Senkrechte) wird als das einfachste Bild des handelnden und aktiven Grundelements der Schöpfung interpretiert. Die Senkrechte wird verknüpft mit dem aktiven Grundelement der Schöpfung. Daraus entwickelte sich die Vorstellung, den senkrechten Strahl als männliches Prinzip bzw. Sinnbild der männlichen Kraft zu interpretieren. Auch in unserer Kultur lassen sich ähnliche Deutungen finden. So sieht z.B. Sigmund Freud in Schornsteinen (Senkrechten) Phallus-Symbole. Tauchen in den Bildern von Seminarteilnehmern vermehrt Horizontale oder Vertikale auf, wird ihnen speziell die Aufgabe gegeben, die ihnen nicht vertraute Formate zu bearbeiten.

Rudolf Arnheim sieht in dem Wechselspiel der Zentriertheit des kosmischen Modells (Macht der Mitte) und des existenzschaffenden Randes in Verbindung mit den Senkrechten und Waagerechten, die nach innen laufen (Gitter), das Grundmuster der bildenden Kunst (1983, S. 8f., 123). Das zentrierte System steuert den Mittelpunkt bei; die Verortung, das kartesianische Gitter, schafft ideale Bezugspunkte für die räumliche Orientierung (vgl. Abb. 119). Zur Bestimmung von oben und unten, links oder rechts ist es unentbehrlich. Im kompetenten Umgang mit beiden Modellen erschließt sich eine adäquate ästhetische Aneignung von Wirklichkeit.

6.1.3.2.3 Harmonie und Spannung

Seit den Anfängen des kulturellen Schaffens wird vermutet, daß dem Kosmos eine universale Gesetzmäßigkeit bestimmter Maßverhältnisse zugrunde liegt. Eines dieser Maßverhältnisse wird Goldener Schnitt genannt.

Den Goldenen Schnitt finden wir in nahezu allen klassischen Bauwerken, in den ägyptischen und griechischen Tempeln ebenso wie in der griechischen Plastik. Otto Hagenmaier hat die *Harmonieformel* beim Bau der Kathedralen, in der Natur und beim Menschen „entdeckt" (1984, S. 15ff.). Joachim-Ernst Berendt identifiziert in ihm ein Sext-Phänomen, ein im Kosmos und in der Musik besonders wichtiges Intervall (1989, S. 105f.). Der Chaosforscher Friedrich Cramer erkennt in dem Goldenen Schnitt den Ausdruck eines natürlichen Wachstumsgesetzes (1993, S. 84). Der Goldene Schnitt definiert für ihn die Grenze zwischen Chaos und Ordnung. Die Häufigkeit des Goldenen Schnitts läßt diese Teilung als eine vorbewußte Ahnung erscheinen.

Eine Untersuchung aktueller Werbung wird mit hoher Wahrscheinlichkeit zu dem Ergebnis kommen, daß die Proportion des Goldenen Schnitts im Vergleich zu früher weniger Verwendung findet. Die Tendenz zur höheren Bedeutung der Horizontalen (Major-Proportion) des Rechteckes im Vergleich zur Senkrechten (Minor-Proportion) ist augenfällig. Diese Veränderung betrifft nicht nur die Außenmaße, sie ist auch innerhalb des Bildfeldes anzutreffen. Untersucht man die Proportionen der „neuen" Schön-

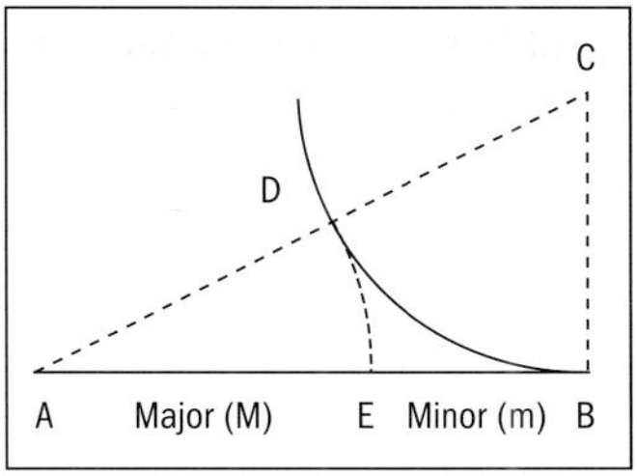

Abb. 120: Ermittlung des Goldenen Schnitts mit dem Zirkel (E = Goldener Schnitt, CB = AB:2). Der Goldene Schnitt teilt eine Strecke so, daß sich die Strecke EB (Minor – kleinerer Teil) zur Strecke AE (Major – größerer Teil) proportional so verhält, wie AE (Major) zur Gesamtstrecke AB (EB : AE = AE : AB). Die Teilung verhält sich annäherungsweise wie 3:5, 5:8, 8:13, 13:21 oder 21:34.

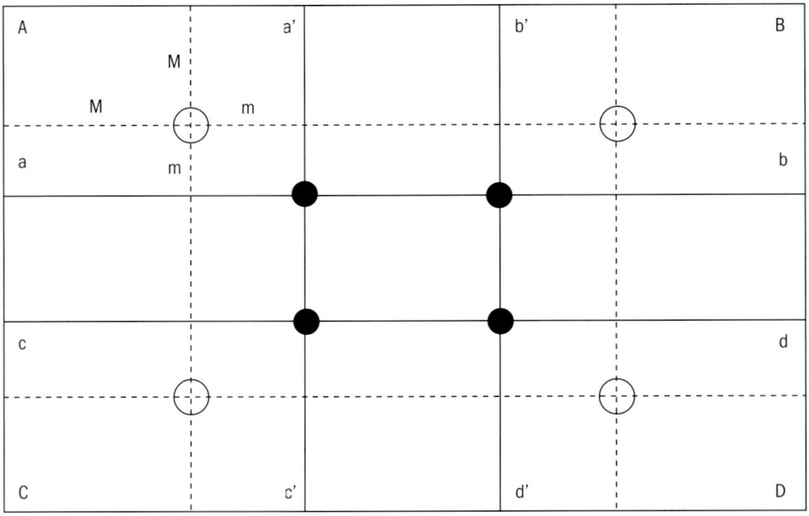

Abb. 121: Rechteck, dessen Seiten (AB = Major, AC = Minor) im Verhältnis des Goldenen Schnittes stehen. Horizontale Goldene Schnitte sind ab und cd, vertikale Goldene Schnitte sind ac und bd mit den Goldenen Punkten an den Schnittstellen. Gestrichelt sind die „radikalen" Goldenen Schnitte mit Kreisen um die „radikalen" Goldenen Punkte (M = Major, m = Minor).

heitsmaße genauer, läßt sich Erstaunliches feststellen. Zuerst unterteilt man ein Rechteck klassisch nach dem Goldenen Schnitt in Major- und Minor-Proportionen. Unterteilt man daraufhin die Minor-Proportion noch einmal nach dem Goldenen Schnitt, erhält man eine neue optische Linie, die wir den „radikalen" Goldenen Schnitt nennen. Während die Schnitte „Goldene Linien" genannt werden, bezeichnen wir die Knoten als „Goldene Punkte". Abb. 121 zeigt eine Rasterung idealer Gestaltungspunkte.

Sozialpsychologisch läßt sich dieser Trend zum Bildrand als Herauslösen aus der (bisherigen) „harmonia mundi" interpretieren. Wenn auch weiterhin ästhetische Maße gesucht werden, die auf den traditionellen Prinzipien aufbauen, ist ein ästhetischer Trend zu entdecken, der nicht nur aus der Mitte, sondern sogar aus dem Goldenen Schnitt herausgeht. Es gibt offensichtlich eine Suchbewegung hin zum Rand. So ließe sich die „neue" Ästhetik als Suchbewegung nach Grenzerfahrungen mit dem Bildrand bestimmen, der das „es gibt" bzw. das „es gibt nicht" definiert. Allein anhand ästhetischer Kategorien ließen sich Belege für sich auflösende Formstrukturen finden, die im Sinne der Chaostheorie dem Chaos näherstehen als dem Ordnungsprinzip.

Während es sich beim Goldenen Schnitt um eine „natürliche" Form handelt, wird die Diagonale, die Spannungslinie (meist) bewußt gesetzt.

Abb. 122: Die Diagonale als Lebenslinie. Die Bildfläche wird als Entwicklungslinie wahrgenommen. Die von links nach rechts gerichtete Diagonale gilt als steigende, die von links oben nach rechts unten gerichtete Diagonale als fallende Diagonale. Der Nullpunkt wird als Anfang eines Weges gedacht, die Abszisse nach rechts bildet eine Zeitachse. Die Ordinate bezeichnet die Höhe des erreichten Niveaus. Die Diagonale kann wie eine Lebenslinie mit Anfang und Ende interpretiert werden (vgl. Riedel 1988b, S. 28).

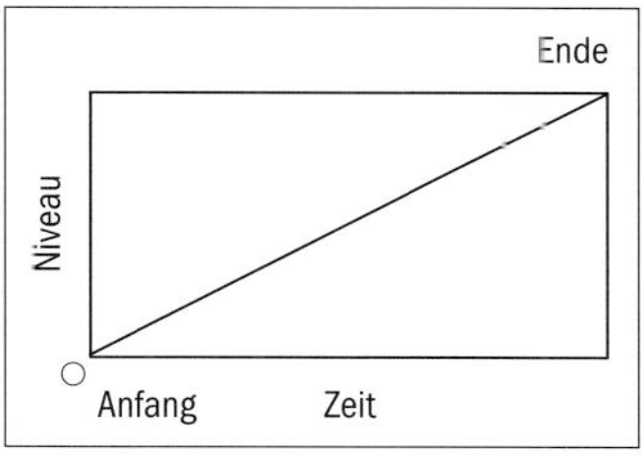

Sie kommt in der Natur in Reinform nicht vor, sie entspricht daher nicht den üblichen Sehgewohnheiten. Dadurch erzielt sie eine höhere Aufmerksamkeit und Spannung. Die Diagonale steht im Spannungsfeld zwischen Senkrechter und Waagerechter. Sie löst im Gehirn Aktivitäten der Zuordnung zu diesen dominanten Linien aus. Tendenziell vermutet das Gehirn, daß die Diagonale nach unten fällt. Dadurch werden Nervenzellen aktiviert, die den Reiz auslösen, die fallende Linie zu halten. Damit wird ein Aufmerksamkeitsimpuls angesprochen, der anregt, die Bildinformation intensiver und konzentrierter aufzunehmen und auszuwerten.

Die Diagonale unterteilt das Bildfeld in Dreiecke, die elementarste Form aller Vielecke. Wie die Diagonale kommt es in seiner strengen geometrischen Form in der Natur kaum vor. Es ist vor allem eine von Menschen konstruierte Form. Das Dreieck entwickelt dynamische Spannungsfelder. Wer sich zwischen drei Seiten (in einem Dreieck) befindet, lebt in Spannung. Die Dynamik des Dreiecks bezieht sich vor allem auf die rhythmische Zahl Drei. Die Drei rundet ab, sie setzt einen Schlußpunkt. Die Drei bildet die Synthese der Eins und Zwei und verkörpert das Symbol der Vermittlung. Die Wahrnehmung der psychologischen Dimension des Dreiecks bedarf nicht der geschlossenen Linienform. Drei Punkte im Bildfeld genügen, um die Wahrnehmung eines Dreieckes auszulösen.

Die kompetente Aneignung der Diagonalen fällt schwerer als die Reproduktion des Goldenen Schnitts. Die zu bildliche Übernahme der Diagonalen führt schnell zu einer statischen Bildaufnahme. Damit der Blick nicht aus dem Bild herausgeführt wird, bedarf es einer Bindung zu einer

Abb. 123: Spannungsvolle „negative" Diagonale

horizontalen oder vertikalen Linie. Am intensivsten wirkt die Diagonale (vgl. Abb. 123), wenn sie im Bildraum mit anderen Linien integriert wird.

6.1.3.2.4 Raum und Perspektive

Für Fische, so sagt ein chinesisches Sprichwort, ist das Wasser eine unbekannte Größe, da sie es immer um sich haben. Erst wenn der Fisch einen Beobachterstatus zu seiner Eingebundenheit in sein natürliches Umfeld gewinnt, kann er sich eine Vorstellung von dem machen, was seine Existenz bedingt. Diese Situation trifft auf den Menschen ebenso zu. Die „visuelle Alphabetisierung" kann einen wichtigen Beitrag liefern, die Eingebundenheit des natürlichen Umfeldes für den Wahrnehmungsprozeß transparent zu machen. Dazu gehört die Erziehung zur (bewußten) Raumwahrnehmung. In den seltensten Fällen nehmen wir „Raum" bewußt wahr, dennoch agieren wir ständig in Räumen. Die Frage, ob unsere Raumwahrnehmung allen Menschen gegeben ist oder ob es kulturspezifische Ausprägungen gibt, ist umstritten. Raumwahrnehmung läßt sich als Anlagevermögen bezeichnen. Für Immanuel Kant sind Raum (und Zeit) reine Anschauungen, die wir a priori, vor aller wirklichen Wahrnehmung erkennen (1990, S. 63ff.). Diese Anlagen können jedoch durch besondere kulturelle Bedingungen modifiziert werden, worauf die Arbeiten von Erwin Panofsky (1982) und Gaby Ramm (1989) verweisen.

Bezogen auf das Bild lassen sich vier unterschiedliche Raumdimensionen differenzieren. Bilder lassen sich in Anlehnung an Ingrid Riedel (1988a, 1988b) als Gleichnissysteme verstehen, die wie eine Typographie der Psyche Orientierungsmöglichkeiten in der Wirklichkeit erschließen. Durch Positionierungen im (Bild-)Raum ergeben sich subtextuale Botschaften, die Hinweise geben auf die Verortung des jeweiligen Produzenten (vgl. S. 250, Abb. 100).

Eine zweite Richtung beschäftigt sich mit der ganzheitlichen Wahrnehmung des Raumes, der Differenzierung zwischen Subjekt und Objekt bzw. von Figur und Grund. Die Beziehung von Figur und Grund hilft Wesentliches vom Unwesentlichen zu unterscheiden. Die Gestalttheorie (vgl. Wertheimer 1923; Köhler 1920; Arnheim 1978) hat sich mit diesen Fragen beschäftigt (vgl. Abschnitt 2.3.2). Die Lehre der Bildgestaltung in der Fotografie knüpft an diese Forschungen an. „Ein Objekt wird nur dann wahrgenommen, wenn es sich durch Kontrast von seiner Umgebung abhebt. Die Unterscheidungsgrenze formt zugleich seine äußere Gestalt" (Weber 1979, S. 15). Die Figur-Grund-Beziehung entspricht einem visuellen Wertungssystem. Visuelle Alphabetisierung heißt in diesem Falle zu lernen, wie unser Sehsystem Figur und Grund voneinander abhebt.

Eine Figur kann nicht ohne Grund wahrgenommen werden. Geschlossene und symmetrische Formen werden bevorzugt als Figur gesehen. Auf-

Abb. 124: Zentralperspektive

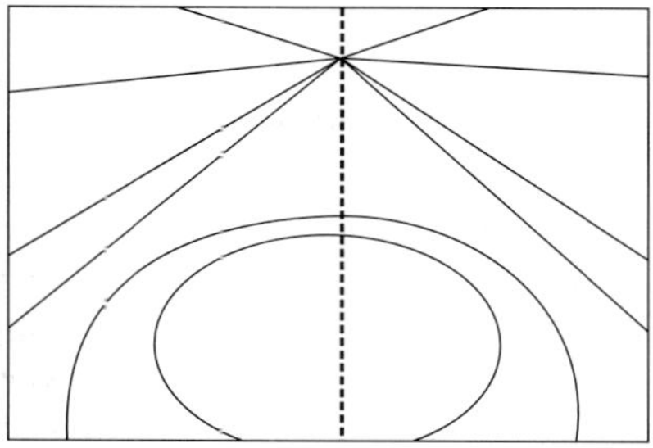

Abb. 125: Struktur von Abb. 124

nahmen mit symmetrischem Aufbau haben eine prägnante Gestalt und wirken ausgewogen. Geometrische Muster und Formen werden zu einer Figur zusammengefaßt. Je dichter die visuellen Elemente beieinanderliegen, desto eher werden sie zu einer Figur zusammengefaßt. Die in einer Bildfläche untenliegende Fläche wird bevorzugt als Figur gesehen. Kleine Flächen werden eher als Figur interpretiert. Je größer die Ausdehnung einer Fläche, desto wahrscheinlicher wird sie als Grund wahrgenommen.

Meist wird die eingeschlossene Fläche als Figur, die einschließende als Grund angesehen. In bestimmten Situationen können Wahrnehmungsmöglichkeiten jedoch gleichwertige Bedeutung zukommen. Unter diesen Voraussetzungen entscheiden subjektive (biographische) Faktoren, welches Bildelement als Figur bzw. Grund gewählt wird.

Die dritte Ebene der Raumreflexion beschäftigt sich mit der Darstellung von räumlichen Verhältnissen auf einer Fläche. Dies wird in der Kunsttheorie auch als Perspektive bezeichnet. Die Zentralperspektive betrachten wir heute als die realistischste Art, den dreidimensionalen Raum

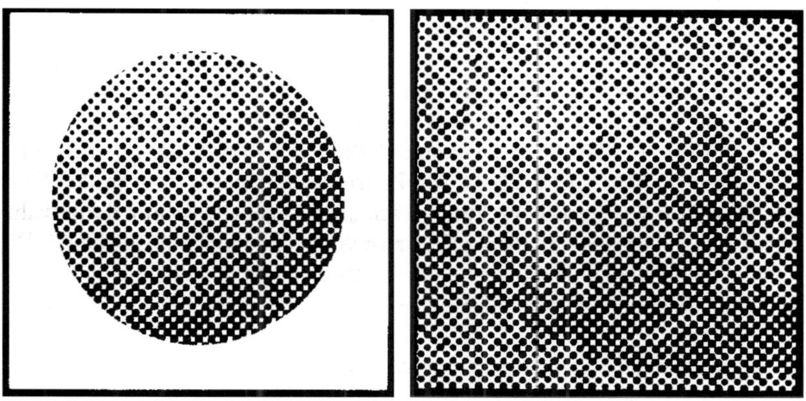

Abb. 126 a–b: Figur-Grund-Verhältnis (Moles)

auf einer Fläche wiederzugeben. Bei dieser (für uns) üblichen Sicht handelt es sich ursprünglich um eine Darstellungsweise, heute ist sie Darstellungs- und Sichtweise, die sich erst während der Renaissance durchgesetzt hat. Es liegt ihr die Idee einer Sehpyramide zugrunde. Zwischen dem Auge des Betrachters und dem Objekt läßt sich ein System von geraden Linien darstellen, bei der parallele Linien nach hinten und horizontale Linien auf einen Punkt zusammenlaufen. Damit ist die Vorstellung verbunden, eine objektive Grundlage für die Darstellung von Sehobjekten zur Verfügung zu haben. Dabei wird von *einem* optimalen Betrachterstandpunkt ausgegangen.[70]

Neben der Zentralperspektive gibt es weitere Methoden, (die) Tiefe (des Raumes) visuell darzustellen. Durch die Gestaltung von Vorder- und Hintergrund, Licht und Schatten, Verformungen, Schrägen und durch Gefälle kann der Eindruck von Tiefe „erzeugt" werden. Da unser Wahrnehmungssystem gewohnt ist, fehlende bzw. verdeckte Teile zu ergänzen, wird Tiefenbildung ebenso durch Überschneidung erreicht. Die Überschneidung läßt sich am einfachsten mit dem Teleobjektiv bewerkstelligen. Teleobjektive haben die Eigenschaft, Teile aus einem Bildfeld herauszulösen und damit Motive zu verdichten. Es entsteht der Eindruck eines verkürzten Raumes. In der Regel verschwindet bei einer Teleaufnahme der Vordergrund nahezu. Der Hintergrund wird wegen der geringen Tiefenschärfe verwischt und bildet damit eine optimale Hintergrundebene für das mit selektiver Schärfe gestaltete Motiv (Figur). Mit dem Weitwinkel läßt sich ebenfalls Raum verdichten. Während beim Teleobjektiv insbesondere der Vordergrund schrumpft, läßt sich mit dem Weitwinkel der Vordergrund plastisch herausbilden, und der Hintergrund wird durch Miniatisierung verdichtet.

Die Fotografie kennzeichnet mit (Raum-)Perspektive unterschiedliche fotografische Standpunkte. Raum wird nach diesem Verständnis (vierte Ebene) gestaltet durch den Abstand vom Objekt, den Blickwinkel und die Objektivbrennweite.

Im allgemeinen Sprachgebrauch wird der Begriff Perspektive zur Kennzeichnung unterschiedlicher Anschauungsweisen verwendet. Im Rahmen unserer medienpädagogischen Projekte gilt unsere Aufmerksamkeit der Beobachtung unterschiedlicher Sehweisen und ihrer Erweiterung durch ergänzende Perspektiven. Die Aspekte, die wir bei den Projekten hervorheben, um auf die Funktion und Bedeutung anderer Perspektiven aufmerksam zu machen, werden im idealtypischen Seminarkonzept dargestellt.

[70] Über unterschiedliche perspektivische Wahrnehmungsmodelle (konzentrische, isometrische und zentrale Perspektive) habe ich an anderer Stelle ausführlich berichtet (vgl. Röll 1993).

6.1.3.2.5 Aufhebung der Form

Nach Auffassung der Gestalttheorie legt der Mensch allen seinen Tätigkeiten und Schöpfungen eine Ordnung auf. Wolfgang Köhler (1920) nennt diese Ordnung „Einfachheitsgesetz" oder auch „gute Gestalt", da sie eine Tendenz zur Einfachheit, Symmetrie und Regelmäßigkeit habe. Für Arnheim bildet Ordnung eine Bedingung für das Sichtbarwerden einer jeden Struktur. „Ordnung lenkt die Aufmerksamkeit auf Gleichheiten und Ungleichheiten, auf Zusammengehörigkeit und Unabhängigkeit" (1979b, S. 9). Demgemäß widerspiegelt das Sichtbare und Hörbare, die äußere Erscheinung, eine innewohnende Ordnung. Wenn eine Beziehung zwischen äußerer und innerer Ordnung fehlt oder unterschiedliche Ordnungsebenen aufeinanderprallen, wird dies als Unordnung wahrgenommen. Die sogenannte Unordnung enthält gleichwohl, wenn auch auf niedrigerem Niveau, ordnende Gestaltungsprinzipien, da ohne Ordnung der Mensch nicht in der Lage ist zu verstehen.

Die Vorstellung vom harmonischen Streben nach Ordnung in der Natur steht ganz in der Tradition des Ersten Hauptsatzes der Thermodynamik, der sich auf die Erhaltung der Energie bezieht. Demgegenüber besagt der Zweite Hauptsatz der Thermodynamik (Gesetz der steigenden Entropie), daß sich die Welt der Materie, von einer Ordnung ausgehend, auf eine wachsende Unordnung hin bewegt. Der Endzustand des Weltalls entspricht einem Höchstmaß an Unordnung. Entropie wird das quantitative Maß für den Grad der Unordnung in einem System genannt. Die Tendenz zur geometrischen Ordnung und die Tendenz zur mechanischen Unordnung (Entropieprinzip) werden in der Physik als kosmische Tendenzen bezeichnet (ebd., S. 16ff.). Der russische Maler Kasimir Malewitsch (Konstruktivismus) repräsentiert in der Kunst des 20. Jahrhunderts programmatisch das geometrische Ordnungsprinzip, während Pablo Picasso und die Kubisten eher dem Entropieprinzip zugewandt sind.

Im Rahmen ästhetischen Gestaltens gibt es die Möglichkeit, sich auf widersprechende Kräfte zu beziehen. Abb. 127 a–c zeigt eine Reproduktion des Gemäldes von Allegri da Correggio *Leda mit dem Schwan*. Das Bild ist

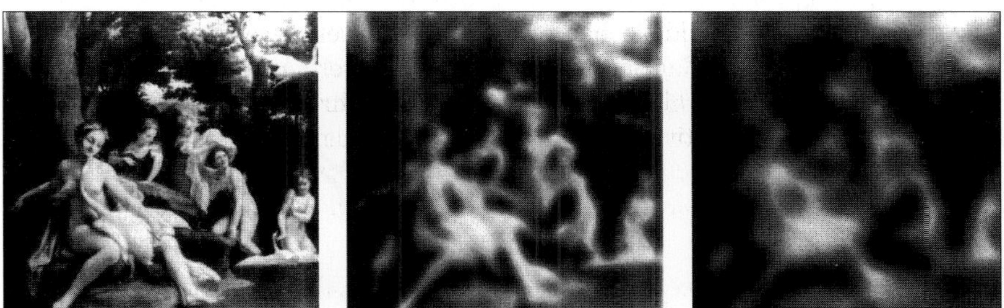

Abb. 127 a–c: Variationen zu Correggios *Leda mit dem Schwan*

nach den Konventionen des 16. Jahrhunderts komponiert. Die Teileinheiten Leda mit dem Schwan, der Engel und die Frauengruppe werden im Wahrnehmungssystem zu einer Komposition zusammengefaßt, da sie aufeinander bezogen sind (Abb. 127a). Ändert man das Bild durch Unschärfe (Abb. 127b), wird die strukturelle Ordnung des Bildes gestört. Die Hauptflächen werden vereinfacht, die Spannung wird gemindert. Bei zunehmender Unschärfe (Abb. 127c) ist die Bildbotschaft kaum verständlich. Die Ordnung des Bildes wird zerstört, während sich das Entropieniveau erhöht. Gleichwohl entsteht eine neue Ordnung mit niedrigerem Niveau. Diese Spannungsverminderung nennt Arnheim (ebd.) katabolische Störung. Die katabolische Störung löst die Ordnung nicht auf, es verringert sich nur der „Wert" der Ordnung.

Die Optimierung der Gestaltung wird meist nur erreicht, wenn zwischen den beiden Wirkkräften optimal oszilliert wird. Die formbildende Struktur, das für die Ordnung zuständige Prinzip, nennt Arnheim in Anlehnung an Lancelot L. Whytes „Schema der strukturellen Ordnung" (vgl. Abb. 128) „die anabolische Tendenz" (ebd., S. 50). Das (inhaltliche und formale) Skelett, das Strukturthema ist in der anabolischen Tendenz enthalten. Es birgt die Grundbedeutung eines Werkes und schafft Kräftekonstellationen und bildet die Grundbedingung allen Gestaltens.

Künstliche, aber auch natürliche Eingriffe können zur Formzerstörung führen. Ein Sammelbegriff der Wirkungskräfte und Vorgänge, die eine Formzerstörung bewirken, wird von Arnheim als „katabolische Zerstö-

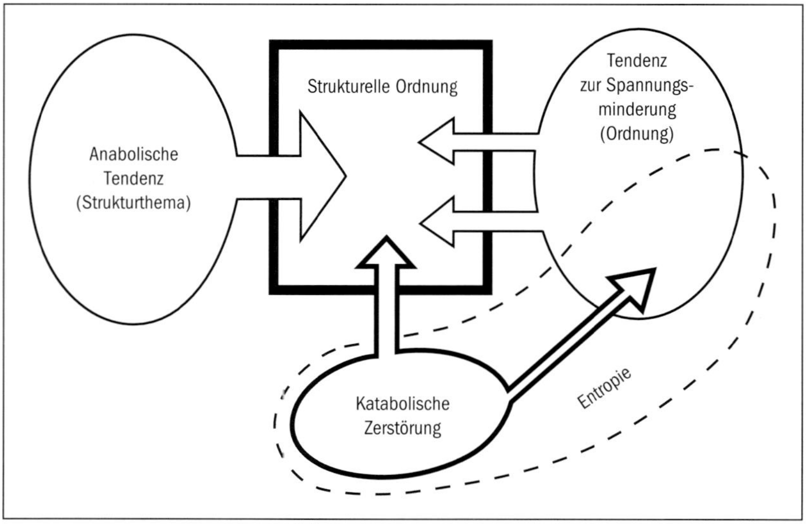

Abb. 128: Lancelot L. Whytes Schema der strukturellen Ordnung

rung" bezeichnet (ebd., S. 55). Die Beseitigung von Zwängen und Erweiterung und/oder Sprengung von Ordnungsniveaus erhöht den katabolischen Effekt. Dies läßt sich anhand der Abbildungen134b und 134c demonstrieren. Bei diesen veränderten Aufnahmen von Leda wird die Spannung vermindert, wobei eine ordnende Einfachheit wirksam wird.[71]

Diese beiden Wirkkräfte sollten auch in der medienpädagogischen Praxis Berücksichtigung finden. Die bisher beschriebene formale Ästhetik bedarf daher der „entropischen" Ergänzung, bei der subjektive, künstlerische und konzeptionelle Elemente in den Vordergrund gestellt werden. Gottfried Jäger nennt diese Form der Ästhetik „bildgebend", während er der formalen Ästhetik eine „abbildende" Funktion zuschreibt (1988, S. 10f).

Da bei der bildgebenden Ästhetik die Gefahr besteht, daß die subjektive Komponente die Botschaft überformt und somit für den Rezipienten nicht mehr decodierbar ist, wird daher eine Annäherung zwischen der normativen Kraft der Ästhetik und der individuellen Kreativität des einzelnen oder der Gruppe angestrebt.

Die „bildgebende" Funktion der Ästhetik läßt sich besonders gut im Rahmen von fotografischen Inszenierungen umsetzen. Dabei kann gleichzeitig der Wunsch nach Selbstwahrnehmung integriert werden. Diese Form der Medienpädagogik nennen wir *inszenierte Fotografie*. Sie wird in Abschnitt 6.3.2.3 ausführlich dargestellt.

6.1.3.2.6 Klänge der Farben

Arnheim geht davon aus, daß die Farbe gegenüber der Form als Mittel zur Identifizierung und Orientierung eine untergeordnete Bedeutung hat, da für ihn die Strukturmerkmale in unserer natürlichen Umwelt beständiger sind (1978, S. 325f.). Die Ordnung einer Bildkomposition kann jedoch den Eigenwert der jeweiligen Farbe stabilisieren. Unterschiede in der Art werden nach seiner Überzeugung von unserem Wahrnehmungssystems leichter differenziert als Unterschiede des Grades. Kenntnisse von Bildkompositionen sind daher auch bei der Nutzung des Ausdrucksmittels Farbe unumgänglich. Harald Küppers vertritt demgegenüber die Überzeugung, daß Formen nur wahrgenommen werden, weil es Farbunterschiede im Gesichtsfeld gibt (1985, S. 8).

C. G. Jung (1984) ist der Auffassung, der Mensch verfügt über Signal- und Auslösemechanismen, die entweder angeboren oder über gattungs-

---

[71] Mit dem scheinbaren Widerspruch zwischen Ordnung und Unordnung beschäftigt sich auch die Chaostheorie. Nach den Prämissen dieser Forschungsrichtung ist Unordnung keineswegs die Abwesenheit von Ordnung, eher ein Zusammenprall selbstähnlicher Einzelordnungen oder eine Zwischenphase im Übergang. Für Cramer (1993, S. 83) ist das Schöne weder das eine noch das andere. Im Schönen sieht er eine Gratwanderung zwischen Chaos und Ordnung, zwischen dem Ungeformten und dem Erstarrten.

spezifische Lernerfahrungen erworben wurden. Die Jung-Schülerin Riedel ist der Überzeugung, daß hinter jeder Farbe ein bestimmter Archetypus steht, von dem Emotionen (Strahlungskräfte, Energien) ausgehen, die positiv oder negativ auf uns einwirken (1990, S. 11). Helle Flächen überstrahlen und wirken somit größer als dunkle Flächen. Sie wirken näher, während dunklere Flächen die Eigenschaft aufweisen, zurückzuweichen. Farbiges Licht kann auf den Blutkreislauf und die Muskelkraft Einfluß nehmen. Farben können Puls, Herzschlag, Blutdruck und Atemfrequenz erhöhen oder mindern. Langwellige Farben (z.B. Rot), große Helligkeit und ein hoher Sättigungsgrad lösen Erregung aus. Farben können demgemäß auf unsere Wahrnehmung einwirken. Kalte Farben schätzen wir gewöhnlich zwei bis drei Grad Celsius niedriger und warme Farben zwei bis drei Grad Celsius wärmer ein. Die Wahrnehmung von Temperaturen orientiert sich scheinbar an einem inneren Programm. Die Wahrnehmung der Farbe erfolgt offensichtlich nicht allein durch das Außenorgan Auge.

Vezio Ruggieri und Maria Grazia Petruzziello gehen von zentrifugalen Prozessen bei der Wahrnehmung aus, d.h. bei jeder Wahrnehmung werden vom Zentrum Impulse zur Peripherie gesendet und lösen dort tonische Aktivitäten aus, die den Eindruck des gesehenen Objektes bestimmen (zitiert nach Rittelmeyer 1996, S. 138). Die Beeinflussung der Wahrnehmung durch „somaästhetische Begleitprozesse" (biochemische und biophysische Prozesse) wird auch von Warden/Flynn bestätigt (zitiert nach Braem 1987, S. 15f.). Sie ließen verschieden farbige Packungen schätzen. Zu ihrer Überraschung kamen sie zu dem Ergebnis, daß bei einer Ausgangsrelation von 3 Pfund für Weiß gleichschwere farbige Packungen wie folgt geschätzt wurden: Gelb: 3,5 Pfund - Grün: 4,1 Pfund - Blau: 4,7 Pfund - Grau: 4,8 Pfund - Rot: 4,9 Pfund - Schwarz: 5,8 Pfund.

Max Lüscher ist der Überzeugung, daß es sich bei den Farben um visualisierte Gefühle handelt (1971, S. 9f.). Der Betrachter reagiert auf die empfangene Farbempfindung gefühlsmäßig. Dadurch bleibt die Bewertung verborgen. Für Lüscher sind Farben Resonanzkräfte, die zum Mitschwingen veranlassen. Farben „schwingen" auch im kommunikativen Alltag mit. Judith Gerhard hat Beispiele aus der Alltagssprache zusammengetragen, um den Wert der Farben als charakterisierendes Kommunikationsmittel deutlich zu machen, so z.B. „rotsehen", „schwarzsehen", „auf keinen grünen Zweig kommen", „grün und blau ärgern", „durch eine rosarote Brille sehen" (1987, S. 111).

In unserem sozialen Alltag lassen sich Bedeutungen und Funktionen von Farben finden, die identisch sind mit dem Charakter der Farben. Das aktive, aggressive Gelb fungiert als Symbol für Schnelligkeit bei der Post. Das leuchtende Rot taucht als Warnung (Ampel) auf und hilft, die Aufmerksamkeit zu erregen (Feuerwehr). Das passive zurückweichende Blau wird als Signal für Hinweise (Verkehrsgebote, Autobahnschilder) verwendet. Das positive, frische Grün (grüne Ampel) signalisiert freie Fahrt. Doch auch im Kontrast (Blaulicht) gestaltet sich der Widerspruch zwischen dem passiven Blau und dem aggressiven Martinshorn zu einer beklemmenden Aufmerksamkeit, die höchste Gefahr vermittelt. Beispielhaft werden im folgenden die Farben Rot und Blau genauer beschrieben.

Rot drängt sich auf, zieht den Blick an und hat Signalcharakter. Rot suggeriert Energie, Leistungsfähigkeit und Lebensfreude. Dynamik und Kraft sind seine Eigenschaften. Rot aktiviert den Nervus sympathikus, bewirkt eine Beschleunigung des Herzschlages, der Atmung, steigert den Puls und den Blutdruck. Rot wirkt erregend, da es an Blut, Feuer und Revolution erinnert. Rot entspricht der aktiven Seite der Macht. Das nach vorne drängende Rot ist die Farbe der männlich-aktiven sexuellen Energie (vgl. Riedel 1990, S. 31). In allen bekannten Kulturen wird Rot als Symbol für Sinnlichkeit, Leidenschaft und Liebe verwandt. Bei vielen Indianerstämmen wurden rote Farbtöne zur Dämonenbeschwörung benutzt. Im alten China war Rot die Glücksfarbe. Mit purpurroter Tinte unterschrieben die Kaiser von Byzanz ihre Urkunden. Dem römischen Kriegsgott Mars war die Farbe Rot zugeordnet. Die rote Fahne war im römischen Heer (wie auch bei vielen archaischen Gesellschaften) das Signal für Angriff. In vielen Wappen und Fahnen manifestiert sich die Farbe Rot als Symbol der Vereinigung von Massen. Bei der Französischen Revolution wurde die rote Fahne zum Symbol des gewaltsamen Umsturzes. Als Zeichen für aktive Geschlossenheit wurde Rot zum Symbol des politischen Radikalismus.

Blau aktiviert den Nervus vagus, der eine beruhigende Funktion auslöst. Blau verlangsamt Atmung, Herzschlag und läßt Puls und Blutdruck fallen. (Dunkel-)Blau ist die Farbe der Passivität und der Ruhe. Blau wirkt kühl wie das Wasser. Blau gilt als Farbe des Gemüts. Blau steht für Tradition, Vertrauen, Innerlichkeit und Treue. „Blau als entspannte Empfindsamkeit ist die Voraussetzung für die Einfühlung, für ästhetisches Erleben und besinnliches Nachdenken" (Lüscher 1971, S. 23). Blau steht für den Zyklus, für den wiederkehrenden Kreislauf des Seins. Für Lüscher ist Blau daher eine weibliche Farbe. Blau gilt bei ihm als Farbe der mutterrechtlichen Religionen (ebd.). In Ägypten war Dunkelblau die Farbe der lebensspendenden Nilgottheiten. Im Alten Testament wird Blau als besondere Kultfarbe beschrieben. In China steht Blau für die Mächte des Himmels und die Unsterblichkeit. Im indischen Denken wird Blau mit dem Herz des schöpferischen Weltprinzips assoziiert. Der Zustand der Materie am Anfang der Welt wird als blaues Licht gedacht. Der Mantel der Gottesmutter Maria ist blau, er symbolisiert Wahrheit und Ewigkeit. Blau ist die Farbe des Märchens, des Rätselhaften, des Traumes und des Wunderbaren. In seiner weiteren Bedeutung steht sie für Unerreichbarkeit, Sehnsucht und die Vertretung des Geistigen und die Welt des Jenseits (vgl. Frieling 1981; Riedel 1990).

Obwohl wir der Auffassung folgen, daß die jeweiligen individuellen Ausformungen der Farbwahrnehmung sich aufgrund einer allgemein-menschlichen, urtypischen, psychischen Grundlage darstellen, darf jedoch nicht vergessen werden, daß die universellen Vorstellungen und Ideen, die mit den Farben verknüpft werden, keineswegs determinierende Verhaltensmodelle sind. Lerndispositionen im jeweiligen Kulturkreis sowie biographische und kulturelle Erfahrungen tragen zur Wirkung der Farben auf Gefühle bei und können die archetypische Prädisposition mildern bzw. transformieren. Darüber hinaus darf nicht vergessen werden, daß ein codifizierter Umgang mit Farben sich schon aus dem Grund als problematisch erweist, daß Hintergründe und Nachbarschaften das Farbwahrnehmen beeinflussen. Die jeweilige Farbwahrnehmung wird über die jeweilige Umgebung mitdefiniert. Die Identität einer Farbe wird erst durch den Zusammenhang bestimmt, sie liegt nicht in ihr selbst. Blau nähert sich einem Grün, wenn es unmittelbar neben einem starken Rot positioniert ist. Nie können wir sicher sein, ob eine bestimmte Farbe von allen Beobachtern gleich wahrgenommen wird, da wir nur Farbbeziehungen vergleichen können.

6.2 Seminarkonzept symbolorientierter Medienpädagogik

Die einzelnen Projekte sind so konzipiert, daß sie ein bewußteres Verständnis der Wechselbeziehung von realer und imaginierter Welt ermöglichen. Die audiovisuelle Reflexion und handlungsorientierte Beschäftigung mit der Medienästhetik hilft, die Erlebnisse im segmentierten Lebensraum besser einordnen zu können. Die bisherige Lebenswelt wird aus einer neuen Sicht, einer anderen Perspektive erlebt und erfahren. Ästhetisches Lernen führt zur Stabilisierung der sinnlichen Erfahrungen im segmentierten Lebensraum.

6.2.1 Visuelle Animation

Seminare, Projekte starten wir immer mit einem visuellen Einstieg. Dies erlaubt uns, die unterschiedlichen Sichtweisen, die jeweiligen Aneignungsformen von Wirklichkeit, bei den Teilnehmer kennenzulernen. Gleichzeitig wird von Beginn an die Zielrichtung vorgegeben, die vorrangige Nutzung (audio)visueller Lernformen. Die Frage nach der Selbstwahrnehmung (Wer bin ich?) und die Frage nach Utopien möglichen Seins (Wo möchte ich hin?) bilden die inhaltliche Basis der ersten Annäherung. Unterschiedliche Methoden haben sich dabei bewährt:

- *Bildbank.* Wir legen etwa 300 Fotos aus einer selbst angelegten Bildbank (Aufnahmen mit ganz unterschiedlichen Motiven) auf den Fußboden. Jeder Teilnehmer sucht sich je ein Bild aus, das ihm ge- bzw. mißfällt.

– *Polaroid-Fotos* oder *Polaroid-Dias.* Die Teilnehmer erhalten die Aufgabe, sich paarweise zweimal zu fotografieren. Ein Foto soll ein Porträt des Partners sein, während das andere Foto einen utopischen Aspekt verdeutlichen soll.

– *Reiß-Dias.* Tesa-Film in der Breite eines Kleinbild-Dias wird auf ein Bild einer Illustrierten geklebt. Das Tesa wird mit dem Fingernagel fest angedrückt und anschließend abgezogen. Dabei löst sich die obere Farbschicht der Zeitung. Danach wird die Rückseite mit Öl befeuchtet. Durch das Öl ergibt sich eine transparente Struktur. Das Dia muß geglast werden, damit es projiziert werden kann. Das Tesafilm-Dia wirkt in der Dia-Projektion wie ein künstlerisches Gebilde.

– *Ektagraphic-Dias.* Ektagraphic-Dias haben eine transparente Trägerschicht und lassen sich mit wasserlöslichen Stiften bemalen. Bei dieser Methode erhalten die Teilnehmer die Aufgabe, mittels einer symbolischen Abbildung ihre momentane Verfassung beziehungsweise eine Zukunftserwartung zu skizzieren.

Jugendliche gehen ohne bewußtes Wissen vertraut mit ästhetischen Proportionsregeln um. Mit der Bildbank- und der Reiß-Dia-Methode läßt sich dies sehr gut erkennen. Da die Teilnehmer nahezu immer die Fotos nach inhaltlichen Kriterien auswählen, überrascht es immer wieder, daß die als „schön“ ausgesuchten Bilder meist nach dem Goldenen bzw. radikalen Goldenen Schnitt ausgesucht sind. Die Kategorie Schönheit wird somit unbewußt mit (ästhetischen) Proportionen gleichgesetzt. Daraus folgern wir, daß die „passive“ ästhetische Wahrnehmung elaborierter ist als die aktive Gestaltung. Werden sich die Teilnehmer der Proportionsregeln bewußt, gelingt es ihnen problemlos, sie bei ihren ästhetischen Gestaltungsvorhaben handlungsorientiert einzusetzen.

Die anderen Methoden orientieren sich an dem Ist- und Kann-Zustandsbild der eigenen Person. Das Selbstbild und das potentielle Bild vom eigenen Selbst stehen sich gegenüber. Anhand der divergierenden Ergebnisse zwischen eigenem Selbstbild und dem möglichen Sein ergeben sich Aufschlüsse über die Verortung in der Welt. Die Auswertung gibt eine erste Ahnung, daß Bilder nicht nur Abbilder von Objekten sind. Es wird sinnlich erfahrbar, daß sie Subtexte enthalten. Das geschaffene Bild bzw. Dia wird zum Kommentar oder zur Korrektur des bewußten Sehens und Denkens. Bereits in der Anfangsphase deuten wir auf mögliche Entdeckungen, auf das Bild hinter dem Bild, und geben somit erste Hinweise auf „normative“ ästhetische Grundlagen.

Diese Seminareinstiege basieren auf der Hypothese, daß bei jeder Entscheidung über visuelle Gestaltung (aktuelle) Gefühlsebenen angesprochen werden. Der Bericht über die ausgewählten Fotos ist gleichzeitig eine Aussage über die jeweiligen Wahrnehmungswelten. Das Gespräch über die Bilder schafft Distanz zur eigenen Person und eröffnet gleichzeitig eine persönliche und ungezwungene Gesprächsatmosphäre. Von Beginn an wird der Lernzusammenhang visualisiert. Die Teilnehmer erfahren darüber hinaus, daß die Seminare hilfreich sein können, mehr oder anderes über das eigene Sehen zu erfahren. Sie werden zum „inneren Sehen“ sensibilisiert. Mit „innerem Sehen“ ist die Fähigkeit gemeint, den symbolischen Code eines Abbildes (Foto, Dia, Video- oder Filmaufnahme, Computeranimation) zu erkennen und in bezug zu sich selbst zu setzen. Offenheit ist eine notwendige Voraussetzung. Wichtig ist es daher, eine angstfreie Situation zu schaffen, da die Gespräche über die Bilder substantiell berühren (können).

6.2.2 Raumwahrnehmungen

Die symbolorientierte Medienpädagogik geht vom Erfahrungsfeld des äußeren, des abgebildeten sowie des inneren Raumes aus. Jede Imagination wie auch jedes Bild hat einen typographischen Raum, wie jeder typographische Raum als Imagination und als Bild gelesen werden kann. Auseinandersetzungen mit allen drei Raumebenen lösen Bildwahrnehmungs-Assoziationen aus, d.h. es werden weitere Bilder evoziert, die von biographischen, gesellschaftlichen und archetypischen Erinnerungsmustern gespeist sind.[72] Die gewonnenen Erfahrungen in der Lebenswelt (Außenbilder), der auch Ausdrucksunmittelbarkeit zugeschrieben wird, verändern wiederum die Innenbilder. Wir gehen daher von einer wechselseitigen Beeinflussung von Außen- und Innenbildern aus. Das Ergebnis dieses Wechselverhältnisses, die Art und Weise, Bilder zu sehen bzw. zu produzieren, ist kein Selbstzweck, sondern Spiegel emotionaler Dispositionen.

Den Ausgangspunkt der medienpädagogischen Projekte bildet die Lebenswelt, dazu gehört auch die Medienwelterfahrung. In der Lebenswelt sehen wir einen sozialästhetischen Raum (vgl. Abschnitt 6.1.2). Auf der einen Seite motivieren wir, die Lebenswelt unter ästhetischen Gesichtspunkten zu beobachten und zu bewerten, auf der anderen Seite regen wir an, über die Lebenswelt ästhetische Produkte in Form von Filmen, Fotoausstellungen etc. zu erstellen. Medien können helfen, das Besondere im Alltäglichen zu entdecken. Sie können bei der Wiederbesetzung verlorener Räume und bei der Suche nach Selbstverwirklichung dienlich sein. Lebensraumerfahrung und Selbstwahrnehmung stehen nicht im Wider-

[72] Eine direkte Bearbeitung von inneren Bildern, d.h. von subjektiven, imaginisierten Bildern findet nicht statt, da dies eine therapeutische Lernsituation provozieren würde. Die inneren Bilder werden über die Auseinandersetzung mit Lebenswelt-Bildern und medialen Abbildern angeregt und „bearbeitet“.

spruch, sondern ergänzen einander. Wichtig ist, daß Jugendliche die aus ihrer Lebenswelt gewonnen Seh- und Wahrnehmungsweisen in den medialen Lernprozeß integrieren können.

Der konkrete Lernprozeß wird in der Regel durch eine topographische Raumerkundung ausgelöst. Das durch die Topographie des Raumes angeregte Bild wirft ein Echo auf den Betrachter, der dieses Echo jedoch verarbeitet und in den (Lebens-)Raum zurückschickt. Zwischen den topographischen Raum und die Selbstwahrnehmung tritt die Kamera. Sie verwandelt den Raum in Ab-Bilder. Diese Bilder habe eine eigene Wirklichkeit, ein eigenständiges symbolisches Bezugssystem, das von den Lebenswelt-Bildern getrennt ist. Diese Bilder wiederum schaffen die Basis für den produktiven Umgang mit Medien. Das Ursprungsbild wird transformiert und bildet den Anstoß zu multiplen Gestaltungsformen. Befragt wird die Realität nach ihrer bildnerischen Qualität. Mit der Kategorie des Imaginären wird die Kategorie des Realen aufgeweicht. Das Vorgefundene wird zum Amalgam einer bildnerischen Bewältigung, dabei geht es um die integrale Nutzung divergenter Bilder in einem präsentativen Symbolzusammenhang.

6.2.2.1 Topographischer Raum als symbolischer Raum

In der ersten Phase eines Seminares geben wir Rechercheräume vor. Meist handelt es sich um offene Räume, wie z.B. Stadtteile oder Stadtbezirke, in manchen Fällen auch konkrete Orte, wie z.B. Museen. Die Teilnehmer erhalten den Auftrag, alle Dinge und Objekte aufzunehmen, die ihnen bedeutsam erscheinen. Intendiert ist eine subjektive Aneignung von Lebensräumen. Die Topographie des Alltagsraumes bietet ungeahnte Dimensionen, die sich meist erst entschlüsseln, wenn sie als Abbilder reflektiert werden. Gabriele L. Rico spricht von der evozierenden Kraft der Alltagswelt (1987, S. 171).

Kognitive Filmkonzepte sind demgegenüber auf Vorgaben eines Drehbuchs, Storyboards oder Exposés angewiesen. Die zu filmenden Handlungsabläufe bedürfen der Planung und genauer Vorgaben. Unvorhergesehene Möglichkeiten, Phantasien, dynamische Erlebnisfelder werden durch diese Methode eingeschränkt und oft ausgeschlossen.

Drei Erfahrungsebenen eröffnen sich bei unserer Methode. Die Teilnehmer nehmen Bilder auf, die bei ihnen „Eindrücke" hinterlassen haben, d.h. es handelt sich vor allem um *ihre* Bilder. Die Ausdrucksunmittelbarkeit der Topologie des Raumes führt zu „starken" Bildern, d.h. Bildern, die entweder technisch, ästhetisch, emotional oder inhaltlich interessant sind. Es werden die Bilder aufgenommen, die berühren und beschäftigen.

Es werden Dinge und Objekte erkannt, die vorher übersehen wurden. Veränderungen in der Lebensumwelt, dies betrifft die zweite Erfahrungsebene, werden oft nicht beachtet, da sie sukzessive erfolgen. Durch die Einbeziehung von Archivmaterial können gesellschaftliche Veränderungen des Lebensraumes über größere Perioden aufgezeigt werden. Mit Hilfe der Kamera werden Räume angeeignet, die der konkreten Erfahrung meist verschlossen sind (vgl. Abschnitt 2.2.1). Die (imaginäre) Wiederbesetzung verlorener Räume weckt Potentiale, die Verwandlung der realen Umwelt bewußter zu erleben.

Die dritte Ebene, das Erkunden des Nahraumes mit der „Prothese" Foto oder Videokamera, hält Augen-Blicke fest, die Möglichkeiten des Nahsehens zulassen. Mittels des Mediums Video können Szenen mehrfach angeschaut und durch Standbild, Zeitlupe und Zeitraffer „anders" angeeignet werden. Dadurch können Aspekte sichtbar gemacht werden, die dem Alltagsbeobachter entgehen. Somit werden ganz neue Bedeutungen freigelegt. Dies führt dazu, andere Standpunkte kennenzulernen. Es entwickelt sich ein erweitertes Sehen und Hören.

6.2.2.2 Inszenierung des Zufalls

Nach der ersten Erkundung der Lebenswelt empfehlen wir den Teilnehmern, ihre Kameras an Orten zu plazieren, die aufgrund ihrer topographischen Struktur (Treppe, Plätze, wo Linien zusammenlaufen etc.) auffallen. Dabei gehen wir von der Prämisse aus, daß Bewegung im Raum durch Rhythmen und strukturelle Bildbotschaften (Diagonale, Kreis etc.) geprägt sind (Ausdrucksunmittelbarkeit topographischer Räume). Diese Rhythmen beeinflussen unbewußt. Die Beobachtung eines Platzes von einem höheren Standpunkt läßt sehr schnell ritualisierte Bewegungsstrukturen und Handlungsabläufe der Passanten erkennen. Wird eine Kamera unter Berücksichtigung bildgestalterischer Aspekte an einer dieser „Rhythmen produzierenden" topographischen Orte aufgebaut, bedarf es nur noch der Geduld. Die Kamera fängt derweil perfekt „inszenierte" authentische Alltagsbilder ein, die in ihrer Dichte immer wieder verblüffend sind.

Diese inszenierten Bilder können eine rein ästhetische Bedeutung haben, wie z.B. das Abfilmen aus- und einsteigender S-Bahnfahrgäste, es können aber auch symbolische Aussagen „konstruiert" werden. Zeichen auf Straßen und an Wänden können als symbolische Botschaften fungieren. Linien können Personen, die in ihnen agieren, „kommentieren". Besonders bei Menschenaufnahmen hat sich diese Methode bewährt. Menschen verlieren sehr schnell ihre natürliche Bewegung, wenn sie merken, daß eine Kamera auf sie gerichtet ist (Closed-Circuit-Verhalten; vgl. Abschnitt 5.4.1). Einer Kamera ohne Monitor, die scheinbar unachtsam an der Seite steht, wird kaum Bedeutung beigemessen. An einer Kamera vorbeilaufende Menschen verhalten sich, wenn keine Person direkt hinter der Kamera steht, „normal". Somit ist es mit dieser Methode möglich, nicht nur ungewöhnliche, sondern auch natürliche Aufnahmen zu erzielen. Doch selbst „Actionszenen" lassen sich problemlos einfangen, wie z.B. auf Baustellen oder beim Abriß eines Hauses.

Bei unerwarteten Ereignissen haben wir die Methode ebenfalls einbezogen. Während eines Projektes in Leipzig stießen zwei Straßenbahnen zusammen. Sofort wurde von den beteiligten Teilnehmern das Konzept geändert. Sie warteten an der Unfallstelle und die Ereignisse präsentierten sich ihnen vor der Kamera. Es war nicht nötig, hinter den Ereignissen herzulaufen, die Ereignisse fanden vor unseren Kameras statt. Bei dem von Karsten Krügler betreuten Videofilm *Out of Berchtesgaden* stellten die Jugendlichen eine Kamera auf ein Stativ am Ende eines Stollens des ehemaligen Führerbunkers auf dem Obersalzberg in Berchtesgaden. Der Stollen war zugemauert. Mit einer Sprühdose war „Ende" auf die Wand gesprüht. Bei Auswertung der automatisch aufgenommenen Bänder war ein älterer Mann zu sehen, der schlurfend (Original-Ton) sich dem Stollenende näherte, kopfschüttelnd davor stehen blieb, sich der Kamera zuwandte (!), hilflos mit den Armen rudernd, entrüstet feststellte: „Da ist ja Ende."

6.2.2.3 Der symbolische Raum der Bilder

Bei der Auswertung der ersten Erkundungen wird über Codierung und Decodierung reflektiert, d.h. entspricht die Aufnahme der Absicht des jeweiligen Autors? Kann ein potentieller Zuschauer diese Absicht erkennen? Dabei geht es insbesondere um Kriterien der Bildfülle, der Informationsreduktion bzw. -überlastung etc. Nach der zweiten Recherche werden die symbolischen Kontexte der jeweiligen Bilder diskutiert. Die Bilder bieten Anlaß zu Gesprächen über vorbewußte Selbst- und Fremdwahrnehmungen. Schon nach der ersten Recherche läßt sich bei vielen Teilnehmern die charakteristische Art identifizieren, wie sie ihre Motive abbilden. Unabhängig vom Objekt (Architektur, Alltagsleben, Personenaufnahmen) lassen sich Vorlieben feststellen, wie die Welt fotografisch erfaßt wird.

Die Standorte der Fotografen sind neben dem physischen Aspekt immer auch Ausdruck der emotionalen und geistigen Position, die gegenüber dem Motiv bezogen wurde. Der Standort entspricht im übertragenen Sinne dem Standpunkt, von dem aus die Welt gesehen wird. Die Fotos geben daher nicht nur Hinweis auf das Abgebildete, sie verraten auch einiges über den Blickwinkel und die subjektiven Perspektiven. Ferner vermitteln die Positionierungen von Objekten im Bildraum subjektive An-Sichten. Diese persönliche Sicht ist besonders deutlich bei etwas geübteren Fotografen festzustellen. Während bei Anfängern der Drang zur Mitte dominiert (vgl. Abschnitt 6.1.3.2), sind bei im Umgang mit Fotografie erfahrenen Medienproduzenten u.a. folgende Verdichtungen in der Darstellungsweise vorzufinden:

– *Raumaufteilung.* Die Positionierung der bildwichtigen Teile wiederholt sich in auffallender Weise. Zentrale Bildteile werden immer wieder in einem bestimmten Raumquadranten positioniert. Ebenso erfolgt die Horizontfestlegung meist nach einem subjektiven inneren Schema.

– *Figur-Grund-Verhältnis.* Die Figur-Grund-Beziehung ähnelt einem Grundschema. So werden sehr oft die zentralen Bildobjekte immer in gleiche Beziehung gesetzt zu Hintergrundformen. Darüber hinaus gibt es wiederkehrende Muster bei den Bildanschnitten und -überschneidungen.

– *Brennweiten-Fixierung.* Die Nutzung von Objektiven mit unterschiedlichen Brennweiten (z.B. Makro-, Weitwinkel- und Teleobjektiv) eröffnen ungewöhnliche Sichten. Eine Fixierung auf eine bestimmte Brennweite läßt interessante Interpretationen zu. So muß man bei einem kompetenten Umgang mit dem Weitwinkelobjektiv die Fähigkeit besitzen, Nähe zum Objekt herzustellen. Mit dem Teleobjektiv hält man Distanz zum Objekt. Die Wirkung beim Betrachter des Fotos ist dabei jedoch genau umgekehrt.

– *Abstand zum Objekt.* Der Aufnahmeabstand zum Objekt ist ein weitere Möglichkeit, mit dem Objektiv eine subjektive Beziehung zu dem fotografierten Gegenstand auszudrücken. Angelehnt an die Filmsprache unterscheidet man dabei: Totale, Halbtotale, amerikanische Einstellung, Halbnah, Nah und Detail.

– *Standpunkt.* Von besonderer Bedeutung ist die Sichthöhe zu dem abgebildeten Objekt (vgl. Abb. 129 – 131). Werden die Aufnahmen von erhöhter Sicht gemacht (Vogelperspektive), verkleinert bzw. verniedlicht man. Aus der Froschperspektive werden die Objekte erhöht (glorifiziert) bzw. machtvoll (bedrohend) präsentiert. Die Augenperspektive entspricht der Normalsicht.

Die jeweilige persönliche Perspektive verkörpert einen zentralen Ausdruck des jeweiligen Selbst, sie öffnet den Blick in die ontologische Verortung der jeweiligen Produzenten. Sowohl der Bildraum der Wahrnehmung (subjektive Wirklichkeit) als auch der des produzierten Bildes wird als ein psychologischer Raum interpretiert. Gemeinsam wird überlegt, worauf die

Abb. 129 – 131: Fotografische Perspektiven: Vogel-, Normal- und Froschperspektive

jeweilige Prägung zurückzuführen ist. Die jeweilige ästhetische „Folie“, das Schema der persönlichen Sicht der Welt, wird bewußt gemacht. Parallel dazu werden Folien/Schemata von anderen Produzenten anschaulich gemacht, um die Mehrdimensionalität von Welt zu zeigen. Um eine erweiterte Sicht im Bildaufbau und in der Wahrnehmung des Lebensraumes zu erreichen, vermitteln wir den Teilnehmern ergänzende bzw. kontrastierende Sichtweisen. Die Teilnehmer erhalten nach der ersten Recherchephase konkrete „ästhetische“ Aufträge. Sie werden gebeten, Perspektiven einzuüben, die bisher nicht zu ihrem Wahrnehmungsrepertoire gehörten. Sie werden beauftragt, ein spezielles Objekt unter einem bzw. mehreren Gesichtspunkten aufzunehmen, um so mit anderen Standpunkten konfrontiert zu werden. Personen, die vorwiegend Details aufnehmen, werden gebeten, Totale-Ansichten zu produzieren. Personen, die nur runde Objekte sehen, werden neugierig auf die Ästhetik des Dreiecks gemacht. Wer sich in seinem Wahrnehmungsfeld nur im linken Bildfeld aufhält, wird auf die Bedeutung der rechten Bildhälfte aufmerksam gemacht. Da die Ich-Wahrnehmung im hohen Maße an die Auge-Hand-Koordination geknüpft ist, setzen sich die Teilnehmer mit den von ihnen selbst produzierten anderen Sichtweisen intensiv auseinander. Im Verlauf des Produktionsprozesses eignen sich die Teilnehmer eine andere Sicht von „Welt“ an.

Da Bilder sich von ihrem Ursprung lösen und ein Eigenleben entwickeln können, werden die Ergebnisse keineswegs „statisch“ interpretiert, eher als aktuelle Form einer Suchbewegung. Dem jeweiligen Bild wird eine „Als-ob-Realität“ zugeschrieben. Im spielerischen und lustvollen Umgang mit ihrem potentiellen symbolischen Schattenwesen schlüpfen die Teilnehmer in einen virtuellen Lernprozeß. Die bei diesem Lernprozeß erweiterten Sichtweisen dienen als neuer Ausgangspunkt zukünftiger Alltagswahrnehmung. Wer einmal gelernt hat, Dinge nicht nur als Zeichen, sondern auch als Symbol zu sehen, geht bewußter mit der Wirklichkeit um und erweitert damit seine Möglichkeiten der Strukturierung und Deutung nicht nur von Bildwelten, sondern auch seiner persönlichen Lebenswelt. Es geht dabei um das Erlernen von Differenzierungspotentialen, die Wahrnehmung von Gemeinsamkeiten, Format-Erkennung und die Förderung visueller Vorstellungskraft, ohne aktionsbezogene (Mobilität, Action) und sinnliche Erfahrungen (Faszination) zu vernachlässigen. Es wird eine Sensibilisierung für Wahrnehmung von symbolischen Codes angestrebt. Diese Kompetenzerweiterung sehen wir als eine wichtige Voraussetzung für eine bewußtere Sinn- und Selbstsuche in durch Medien geprägten Lebenskulturen. Neben der durch das Produzieren von Medienprodukten geförderten interaktiven kommunikativen Kompetenz steht nach unserer Auffassung gleichberechtigt die Erweiterung der Kompetenz der intrapsychologischen Wahrnehmung.

6.2.3 Clustering und Mind-mapping

Die frühontogenetisch erworbene Grundausstattung bestimmt neben dem genetisch Vorgegebenem die perzeptive und präkognitive Phase der Wahrnehmung (vgl. Roth 1997, S. 257f.). Wachsen Kinder in einer von Bildern geprägten Alltagskultur auf, hat dies Konsequenzen. Seit Mitte der achtziger Jahre konnten wir beobachten, daß die dominanten Kompetenzen von Jugendlichen sich eher der rechten als der linken Hemisphäre zuordnen lassen. Bei unseren Seminaren und Projekten stellten wir fest, daß die meisten Jugendlichen (mit Ausnahme der Gymnasiasten) Probleme hatten, sich kognitiv-rational auszudrücken oder in diesem Bereich Defizite aufwiesen. Die Probleme zeigten sich bei der Erstellung von Drehbüchern bzw. Storyboards. Demgegenüber produzierten die Jugendlichen, die mit dem Schreiben von Drehbüchern große Probleme hatten, begeisternde und faszinierende Bilder, die allerdings selten Verwendung fanden, da die Auswahl der Bilder von einem vorher abgesprochenen Drehplan abhing. Jugendliche, die in der Lage waren Drehbücher zu schreiben, waren meist nicht fähig, Bilder zu finden bzw. ihre Ideen in geeignete Bilder umzusetzen.

Über die unterschiedliche Aneignung von Wirklichkeit hat beispielhaft Richard M. Jones in seinem Buch *Fantasy and Feeling in Education* berichtet (zitiert nach Rico 1987, S. 64). Der Schüler Billy hatte die Aufgabe, das Unendliche zu definieren. Nach einigem Zögern antwortete er „Die Unendlichkeit ist so was wie 'ne Schachtel *Cream of Wheat.*“ Die Lehrerin interpretierte die Lösung von Billy als Unsinn und ließ sich von einem Klassenkameraden die einzig richtige Anwort geben, die sie sich vorstellen konnte: „Das Unendliche ist unermeßlich und grenzenlos in Raum, Zeit oder Menge.“ Während Billy mit einem komplexen Bild aus der rechten Gehirnhälfte geantwortet hatte, erwartete die Lehrerin eine logische Definition aus der linken Gehirnhälfte. Sie kannte die Schachtel nicht und konnte daher mit Billys Antwort nichts anfangen. Dennoch handelte es sich bei Billys Aussage um eine angemessene Antwort. Billy blieb standhaft und begründete seine Erklärung: „Auf einer Schachtel *Cream of Wheat* ist ein Mann drauf, der hat eine Schachtel *Cream of Wheat* in der Hand hat - und das geht immer so weiter, auch wenn man es nicht mehr sieht. Ist das nicht Unendlichkeit?“ (ebd., S. 65).

Die medienpädagogische Erfahrung verdichtete bei uns den Eindruck, daß immer mehr Jugendliche sich ihre Lebenswelt favorisiert mit sinnlich-ästhetischen Mitteln aneignen. Wir hielten es daher für sinnvoll, unser Konzept den Potentialen der rechten Hemisphäre anzupassen. Wir öffneten uns der sinnlich-emotionalen Denkweise der rechten Hemisphäre und entwickelten Konzepte, angelehnt an das Clustering und die Mind-mapping-Methode, um einerseits den Jugendlichen ein Instrument in die Hand zu geben, eine ihrer dominanten Denkweise angemessene Kommunikationsform zu bekommen, und um andererseits unbewußten und vorbewußten Dimensionen Raum zur Entfaltung zu geben.

Wie Rico anhand verschiedener Autoren (u.a. Goldberg) nachweist, ist es bei der Erfassung von neuen Informationen oder Beobachtungen ohnehin günstiger, wenn sie mit Hilfe der rechten Hemisphäre ins Bewußtsein kommen (ebd., S. 71). Neue Erfahrungen können in der rechten Hemisphäre besser verarbeitet werden, da die rechte Hemisphäre interregional besser miteinander verbunden ist. Die kreativen, ideenschöpfenden Anfangsstadien des Denkens liegen in der rechten Gehirnhälfte. Die rechte Hemisphäre ist für Aufgaben zuständig, für die noch kein Bewältigungsschema angelegt ist. Die linke Gehirnhälfte kann infolge ihrer sequentiellen Neuronenanordnung etablierte und bekannte Codes besser speichern und verarbeiten. Sobald ein Schema entdeckt ist, macht sich die linke Hemisphäre die Wahrnehmung zu eigen. In dem Diskurs zwischen den beiden Hirnhälften koordiniert der Balken, das Corpus callosum (vgl. Abschnitt 2.3.3).

Rico macht darauf aufmerksam, daß selbst beim Schreiben stets die rechte Gehirnhälfte den Anfang machen muß (ebd., S. 73). Erst in den späteren Phasen, wenn syntaktische und systematische Fähigkeiten gefordert werden, erhält die linke Gehirnhälfte die zentrale Bedeutung. Während in der Schule die „Linkslastigkeit“ gefördert wird, konzentrieren wir uns mehr auf die rechte Seite des Gehirns mit ihrer Vorliebe für Ganzheit, Bilder und Metaphern. Diese Orientierung an der rechten Hemisphäre entspricht der präsentativen Logik Susanne K. Langers und ihrer Beobachtung in *Problems of Art*, daß das Gehirn jenseits bloßer begrifflicher „Klas-

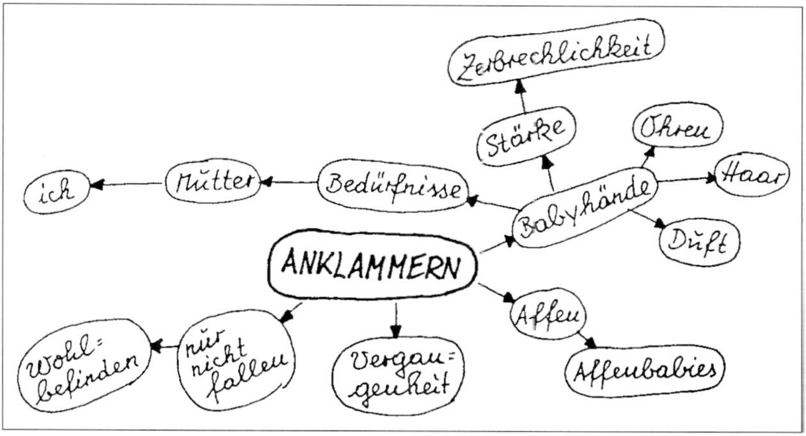

Abb. 132: Clustering (Beispiel von Gabriele L. Rico)

sifizierung der Dinge" disponiert ist für Formen, Strukturen, Bilder und Ganzheiten. „Ein Verstand, der sehr empfänglich für die Form als solche ist und sich ihrer über das normale Bedürfnis nach ... Klassifizierung der Dinge hinaus bewußt ist, vermag seine Vorstellungsbilder metaphorisch zu verwenden und dank ihrer schillernden Bedeutungsvielfalt entlegene oder ungreifbare Ideen erfassen" (Langer, zitiert nach Rico 1987, S. 79).

Eine ganz wichtige visuelle Lehrmethode bildet für uns das Clustering (vgl. S. 333, Abb. 132). Mittels dieses Verfahrens kann die emotional-sinnliche und assoziative Denkleistung der rechten Gehirnhälfte besser freigesetzt werden. Für den Leiter der psychiatrischen Klinik in Massachusetts, William Gray sind wir fühlende Wesen, bevor wir denkende Wesen werden (zitiert nach Rico 1987, ebd., S. 81). Die emotionalen Zwischentöne haben eine primäre und organisierende Erkenntnisfunktion. Das Clustering nutzt diesen Zusammenhang produktiv. Eine ähnliche Methode hat Mogens Kirckhoff (1990) entwickelt, er nennt sie Mind-mapping. Sie hat Ähnlichkeit mit dem Clustering-Verfahren. Der Begriff wurde 1984 von Tony Buzan eingeführt. Übersetzt könnte dies heißen „Spinnennetz-Notizen", „Ideenmuster" oder „Entscheidungsbaum". Mind-maps können als methodisch strukturierte Schlüsselwörter bezeichnet werden. Während mit dem Cluster keine Wertung verbunden ist, gibt es beim Mind-mapping ein Schlüsselwort, das den Zugang zu anderen Schlüsselwörtern öffnet, d.h. es gibt Hauptäste, Zweige und Nebenzweige (vgl. Abb. 133). Die Verästelungen sollen die Orientierung in den Gedankengängen stützen. Bei dieser Methode wird mit jedem neuen Schlüsselwort die Vorstellungskraft für neue Einfälle erschlossen.

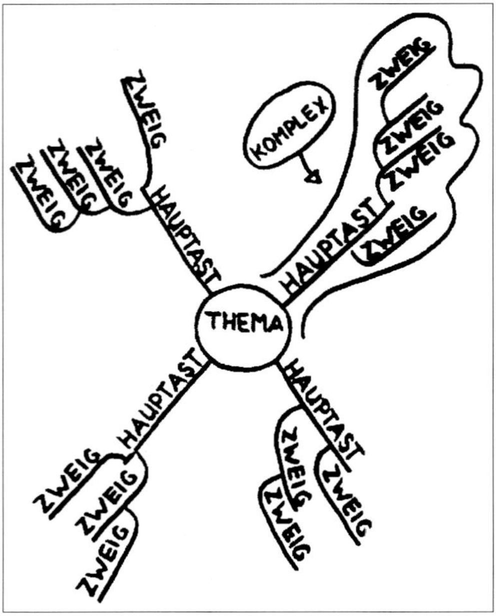

Abb. 133: Mind-mapping (Beispiel von M. Kirckhoff)

Kirckhoff geht dabei von der Prämisse einer Entwicklung vom Allgemeinen zum Speziellen aus (1990, S. 8). Je weiter sich die Verästelungen vom ursprünglichen Schlüsselwort entfernen, desto mehr entwickelt sich die Begriffswelt. Bei jedem neuen Schlüsselwort können Symbole, konkrete Bildideen oder Aufnahmeorte hinzugeschrieben werden. Kirckhoff vermutet, daß das Gehirn an unfertigen Mind-maps weiterarbeitet, da ihre Struktur im Unbewußtsein gespeichert wird (ebd., S. 11). Mind-maps ebenso wie Cluster entlasten von kognitiven Verkrampfungen. Die Erstellung von Clustern bzw. Mind-maps sind eine sinnvolle Tätigkeit und wirken gleichzeitig wie ein Spiel.

Bei unseren Projekten haben wir eine Methode entwickelt, die sich an das nicht-lineare Clustering-Verfahren bzw. Mind-mapping anlehnt. Diese Methode bricht mit der Vorherrschaft der linken Gehirnhälfte, sie provoziert zu unverbrauchten Wahrnehmungen und läßt bedeutungsvolle Konstruktionen von Wirklichkeit zu. Cluster und Mind-maps zeigen oft Begriffsassoziationen, die auf den ersten Blick keinen Zusammenhang ergeben. Nur über das Schema werden sie zusammengehalten. Sie motivieren (besonders in der ersten Phase) alles Denk- und Vorstellbare aufzunehmen. Es gibt daher keine falschen Ideen und/oder Bilder. Erst in der abschließenden Montage erweist sich, ob die jeweiligen Ideen/Bilder wichtig, bedeutsam und/oder „themengerecht" sind.

Mit dieser Methode können die Jugendlichen ihre potentiellen Fähigkeiten intensiver entwickeln. Die Jugendlichen suchen nicht nach festgelegten Bildern, sondern setzen ihre inneren Bilder in äußere um bzw. entdecken anhand äußerer Bilder eine innere Zuordnung. In allen Formen der Seminargestaltung wird die assoziativ-verknüpfende Logik der kausalen Logik vorgezogen. Der Ansatz fördert den Umgang mit der präsentativen Logik und ist somit einem ganzheitlichen Denken verpflichtet. Nahezu jedes Thema läßt sich aus unterschiedlichen Gesichtspunkten bearbeiten. Werden aufgrund einer Vorgabe (u.a. Wunsch der Gruppe) inhaltliche Themen bearbeitet, achten wir darauf, daß die Fragestellung ganz allgemein gestellt wird oder, anders formuliert, sehr abstrakt ist, damit nicht durch das Thema innere Zensuren vorgenommen werden.

Wird ein Thema vorgegeben, empfiehlt sich die Methode des Mind-mappings. Entsprechend dieser Methode nehmen wir nur ein Schlüsselwort als Ausgangsbasis einer assoziativen Annäherung, wie z.B. Gewalt, Computer, Wasser. Der Begriff wird an eine Wandtafel geschrieben und die Teilnehmer äußern alle Gedanken, Ideen und Begriffe, die ihnen zu dem jeweiligen Begriff spontan einfallen. Dabei wird nicht gewertet. Wir unterstützen bei der Gliederung und der Zusammenfassung der einzelnen Punkte. Bei Erwachsenen ist es empfehlenswert, auch bei thematischen Seminaren, mit einem Mind-map zu beginnen. Erwachsene benötigen in der Regel vor der ersten Recherche eine Orientierung, eine rationale (logistische) Hilfe, um Bilder zu finden. Meist fehlt es ihnen an Spontaneität, sich von ihren Gefühlen und Empfindungen leiten zu lassen. Das Mind-map gibt ihnen Sicherheit, besänftigt ihre kognitiven Ansprüche und erweitert gleichzeitig ihr emotional-sinnliches Denkvermögen.

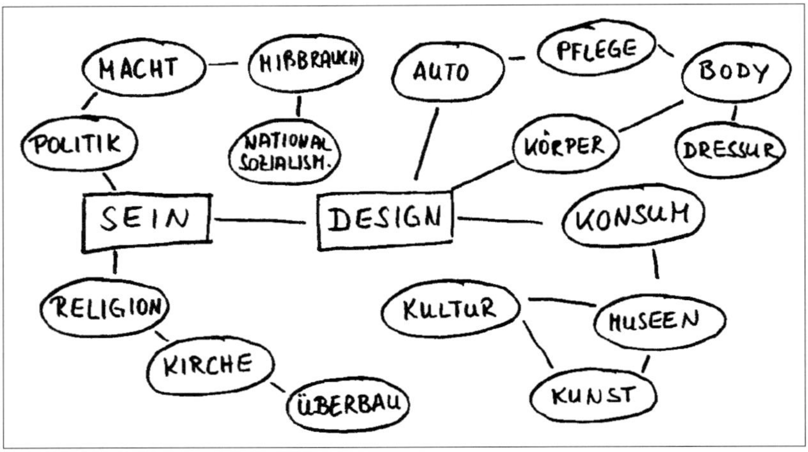

Abb. 134: Cluster von *Sein und Design*

Bei Jugendlichen ziehen wir die Cluster-Methode vor. Cluster werden entweder vor der ersten, spätestens aber nach der zweiten Recherche erstellt. Die erste Recherche dient dazu, sich Sicherheit zu verschaffen über die Bedeutung von Codierung (beabsichtigte Bildaussage) und Decodierung (vermutliche Wahrnehmung des Rezipienten). Es gibt einen allgemeinen Austausch über die Erfahrungen, Erlebnisse und mögliche reizvolle Punkte, die gemeinsam erarbeitet werden können. Unrealistische Vorhaben werden gestrichen oder gegebenenfalls in neue Ideen integriert. Die zweite Recherche dient, neben der Erkennung des „subjektiven“ Standpunktes, der inhaltlichen Annäherung an das Thema oder den Erlebnisraum. Aufgrund der gewonnenen Erfahrungen bei der zweiten Recherche wird anschließend das Cluster entwickelt. Cluster sind dann besonders bedeutsam, wenn innere Blockaden die Annäherung an ein Thema erschweren. Mit dem Cluster als Hintergrunderfahrung lassen sich dann meist problemlos ganz unterschiedliche Bildwelten den Themen bzw. Erfahrungsräumen zuordnen.

Die Erstellung des Clusters ist die wichtigste Vorarbeit zur Erarbeitung eines Montageplans. Das Cluster ordnet die unterschiedlichen subjektiven Eindrücke. Nach der zweiten Recherche werden sowohl bei den themenzentrierten Seminaren als auch bei den Seminaren, bei denen die Raumrecherche im Vordergrund steht, alle Begriffe aufgeschrieben, zu denen Bilder vorhanden sind (!). Die dabei gefundenen Begriffe werden geordnet. Danach werden, soweit notwendig, Überbegriffe gefunden. Diese bilden dann die zentralen Bausteine für die Erstellung des Montageplanes. Bei diesem Verfahren geht es nicht um die optimale Gestaltung eines Medienproduktes, sondern um die optimale Gestaltung des vorhandenen Materials. Im Verlauf der Produktion können jederzeit besondere Ereignisse den Inhalt und die Dramaturgie des Produkts verändern.[73]

Die emotional besetzten Assoziationen der rechten Gehirnhälfte werden durch das Cluster bzw. das Mind-map freigesetzt, und das Thema und die sinnliche Raumrecherche erfahren eine höhere Aktivierung und damit auch intensivere emotionale Teilhabe. Die Erfahrungen zeigen, daß es mit dieser Methode möglich ist, an unbekannte oder unverarbeitete Wahrnehmungsmuster heranzukommen. Das freie Fließen der Gedanken öffnet der subjektiven (und damit auch der inneren) Welt der Jugendlichen Räume zur Gestaltung.

6.2.4 Montage – die Dialektik der Bilder

Die Lernprozesse im Verlauf eines Projektes sind immer auf den „Fluchtpunkt" Montage ausgerichtet. Die Montage beinhaltet den zentralen Orientierungspunkt innerhalb einer jeden Produktion. Nachdem mit Hilfe des Clusters die wichtigen Themen/Bilder gefunden sind, wird ein Montageplan (Strukturplan) erstellt, der die Folie bildet für den sich anschließenden Ton- bzw. Bildschnitt. Im Verlauf der Montage werden die an verschiedenen Orten und zu unterschiedlichen Zeiten assoziativ aufgenommenen Bilder zueinander in Beziehung gesetzt und zu einem einheitlichen Werk verdichtet. Die Filmszenen bzw. einzelne Dias werden durch die Montage so zu einer Einheit gefügt, daß zum Schluß ein ganzheitliches Produkt entsteht, in dem jede Bildeinstellung als Teil eines Kontinuums sich auf eine andere bezieht. Montage bezeichnet somit das Zusammenfügen von räumlich und zeitlich Zusammenhängendem und/oder Disparatem zu einem kohärenten Raum/Zeit-Konzept. Der Filmkünstler hat durch die Montage ein Mittel, die von der Kamera aufgenommenen Wirklichkeitsvorgänge zu formen, zu deuten und zu vertiefen (vgl. Arnheim 1979a, S. 112). Trennen und Verbinden läßt sich daher als der zentrale Zusammenhang des Montage-Denkens bezeichnen.

Durch die Montage können Vergangenheit, Gegenwart und Zukunft miteinander verknüpft werden. Über die Verbindung von in Raum und Zeit getrennten Ursprungssituationen können ganz unterschiedliche Abbild-

[73] Bei einem Bildungsurlaubsseminar, das in Leipzig kurz nach der Wende stattfand, fanden jugendliche Produzenten den verlassenen Schlachthof von Leipzig, der aussah, als ob die Arbeiter nach einer Katastrophe die Fabrik fluchtartig verlassen hatten. Die Bilder beeindruckten die Jugendliche so sehr, daß die Produktion sofort eine neue inhaltliche Richtung erhielt. Das Finale der Produktion sollte sich nunmehr mit der Arbeitssituation in Leipzig beschäftigten. Alle bisherigen Aufnahmen wie z.B. die Neubauten (insbesondere von Banken) wurden dramaturgisch so in die Schau eingebaut, daß sie (unmerklich) auf das Finale vorbereiteten.

Welten entstehen. Mit jedem Schnitt, jeder Montage kann bei gleichem Ausgangsmaterial ein neuer Film generiert werden. Die über Abbilder geschaffene neue „künstliche“ Wirklichkeit wird als verfügbarer, plastischer Raum erlebt, der über Interaktionen (Montage) potentiell veränderbar ist. Die Veränderbarkeit der Realität wird damit über den Umweg realitätserzeugender Apparate erfahrbar. „Die Montage ist nicht zu trennen vom Denken. Vom analysierenden, kritischen, synthetisierenden Denken, vom zusammenfassenden und verallgemeinernden“ (Pudowkin 1984b, S. 86). Die Montage als Realitätskonstruktion öffnet den Blick, den Lebensalltag als Montage zu verstehen. Die sinnliche Praxis im Umgang mit Montage kann dazu führen, sich nunmehr auch „reale“ Räume, aber auch gesellschaftliche Strukturen als Orte möglicher Transformation vorstellen zu können. Die Erfahrung des Montagedenkens entspricht einem Probehandeln. Die sogenannte Realität wird erfahren als Einheit von Fiktion und Realität.

6.2.4.1 Montage als Sinnproduktion

Durch die Erfahrung der Montage erleben die Teilnehmer, wie über die Dialektik der Bilder Sinn(-bilder) induziert wird (werden). Die Montage ist der eigentliche schöpferische Moment bei der Medienproduktion. Hier wird filmische Wirklichkeit konstruiert. Im Verlauf des medienpädagogischen Lernprozesses werden die Teilnehmer mit Montagetheorien vertraut gemacht. Die Montage enthält Potentiale, in uns Gefühle, Bedeutungen und Gedanken zu assoziieren, „die in uns *anschaulich werden, ohne selber sichtbar zu sein*“ (Balázs 1984, S. 86). Implizit stehen im Hintergrund u.a. die Arbeiten der russischen Filmpioniere Wsewolod I. Pudowkin (1984a,b) und Sergej M. Eisenstein (1984). Die Montage stellt das stärkste Kompositionsmittel für die Verwirklichung des Filmsujets dar (Balázs 1984, S. 61). Durch die Montage können innere und verborgene Zusammenhänge von realen Erscheinungen in einen sichtbaren Kontext verwandelt werden. Montage bedeutet das „Aufdecken und Aufklären von Zusammenhängen zwischen Erscheinungen des realen Lebens in Filmkunstwerken“ (Pudowkin 1984b, S. 81). Dabei geht es uns sowohl um das Wahrnehmen eines Filmes als auch um das Verstehen und Erkennen bei der Produktion von Filmen. Schnitte und Überblendungen haben die Aufgabe, beim Zuschauer beabsichtigte Wirkungen zu erzielen. Sowohl mit Hilfe des Konzeptes des Zusammenpralls (Eisenstein) als auch dem der Verknüpfung (Pudowkin) können über Bildnachbarschaften innere Zusammenhänge verdeutlicht werden, da die jeweiligen Bilder vor und nach dem Bild in einem unmittelbaren organischen Bezug miteinander stehen.

Bei den sowjetischen Montagetheoretikern herrscht allerdings die Überzeugung, daß jedes Einzelbild innerhalb eines Films nur ein Fragment der Realität (des Filmes) darstellt, somit zunächst ohne Bedeutung existiert und erst durch die Montage der Bedeutungsgehalt geschaffen wird, den die Bilder objektiv nicht enthalten. „Der Sinn liegt nicht im Bild, er ist dessen durch die Montage in das Bewußtsein des Zuschauers projizierter Schatten" (Bazin 1984, S. 262). André Bazins Zusammenfassung pointiert noch einmal die Bedeutung der Montage als zentralem Sinngeber. Dies ist zweifellos ein wesentlicher Aspekt beim Film, wir können uns jedoch nicht der damit verbundenen Auffassung anschließen, daß das Einzelbild bedeutungslos ist. Auch Béla Balázs verweist darauf, daß einzelne Bilder durch die Einstellung eine symbolische Bedeutung erhalten können (1984, S. 87). „Jedes Bild meint eine Einstellung, jede Einstellung meint eine Beziehung, und nicht nur eine räumliche. Jede Anschauung der Welt enthält eine Weltanschauung. Darum bedeutet jede Einstellung der Kamera eine innere Einstellung des Menschen. Denn es gibt nichts Subjektiveres als das Objektiv" (ebd., S. 71). Dennoch ist unzweifelhaft, daß der Sinn eines Bildes sich durch die Beziehung zu benachbarten Bildern verändert. Wenn zwei und mehr Bilder in Beziehung zueinander stehen, scheint es induktive Übertragungen zu geben, die Kuleschow-Effekt[74] genannt werden. Im Augenblick der Berührung mit einem anderen Bild, unabhängig ob es sich um ein reales oder imaginäres Bild handelt, löst dies eine Bedeutungstendenz aus.

Im Verlauf der Projekte vermitteln wir den Teilnehmern, „zwischen" den Bildern zu erzählen. Wenn der Sinn und die Bedeutung einer Medienproduktion „zwischen" den Bildern liegt, bedarf es einer ausgiebigen Beschäftigung mit der subjektiven Leistung des Bewußtseins, aus einer wahrgenommenen Differenz Sinn zu erzeugen. Fast kein Regisseur hat Interesse an einer beliebigen Interpretation seines Films. Die Montage erlaubt, Interpretationswahrscheinlichkeiten zu formulieren. Mit Montagetechniken können Erkenntnisse, Folgerungen und Wertungen induziert werden. Balázs spricht von der „Montagesuggestion" (ebd., S. 87). Die Kunst der Montage liegt nun darin, daß die in uns ausgelösten Bilder keine Gedanken abbilden, sondern Gedanken in uns evozieren. Die Gedanken müssen als Folgerungen entstehen.

Der Begriff der Montage wird mit ganz unterschiedlichen Bezügen verknüpft. Jede Filmsekunde ist in ihrer Makrostruktur eine Zusammensetzung unzähliger Einzelbilder. Wegen der Trägheit des Auges, das die

[74] Der russische Regisseur Lew Kuleschow hatte eine fast ausdruckslose Nahaufnahme des Schauspielers Moshukin nacheinander mit Aufnahmen eines spielenden Kindes, einer Suppenterrine und einer Frau im Sarg montiert. Rezipienten ordneten dem Schauspieler entsprechend den benachbarten Bildern jeweils passende Ausdrucksformen wie Freude, Hunger und Trauer zu.

schnell aufeinanderfolgenden Bilder nicht identifizieren kann, entsteht in unserem Wahrnehmungsapparat der Eindruck einer kontinuierlichen Bewegung. Erst in der Mikrostruktur entsteht eine „unmerkbare Montage" (Arnheim 1979a, S. 122). Jeder Filmschnitt bzw. Bildüberblendung führt zu der bekanntesten Montageform, der Außen-Montage. Eine dritte Montageform wird als Binnen-Montage bezeichnet. Bei dieser Montageform wechselt der Handlungsbereich bei gleichbleibender Bildeinstellung. Bezogen auf ein gesamtes Produkt läßt sich unterscheiden zwischen horizontaler und vertikaler Montage.

6.2.4.2 Horizontale Montage – die Verdichtung von Raum und Zeit

Mit horizontaler Montage ist die Verbindung zwischen den Bildern gemeint, wie die Bilder mittels Außen- bzw. Binnenmontage zu einer einheitlichen Wirkung zusammengefügt werden. Pudowkin (1984a,b)[75], Eisenstein (1984) und Christian Metz (1972)[76] haben Regeln über Montageformen aufgestellt. Im Rahmen der Bildungsarbeit ist es nur beschränkt möglich, komplexe Montagetheorien zugänglich zu machen. Die Grundidee der Montage wird jedoch erfahrungsgemäß sehr schnell verstanden.

Die Art und Weise, wie im medienpädagogischen Prozeß Montage eingesetzt wird, steht im Zusammenhang des jeweiligen Projektes und der Wirkung, die mit dem Produkt erzielt werden soll. Es gibt zwar eine vage Grundorientierung (vgl. Abb. 135), die aber jederzeit transformiert werden kann. Bei der Gesamtmontage haben wir eine visuelle Hilfslinie eingeführt, eine Sinuskurve, um die einzelnen Sequenzen, die mit Hilfe des Clusters gefunden wurden, dramaturgisch einfacher bearbeiten zu können. Mit dieser visuellen Hilfslinie lassen sich sehr schnell Projekte strukturieren. Montage wird auf der horizontalen Ebene in zwei Bereichen eingesetzt, einerseits auf der Ebene der Zuordnung der unterschiedlichen Sequenzen (Produkt insgesamt), andererseits auf der Ebene innerhalb der Sequenzen. Diese Methode entlastet davon, die Produkte von Anfang an als Gesamtheit „konzipieren" zu müssen.

Nachdem bei dem Cluster die zentralen Begriffe gefunden sind, wird eine Waagerechte auf eine Wandzeitung gezogen, die Repräsentation der Zeitlinie. In die Waagerechte wird eine Sinuskurve eingezeichnet. Jede Amplitude der Sinuskurve wird einem Themenschwerpunkt, einer Se-

[75] Pudowkin (1984b) unterscheidet fünf Haupttypen der Montage: Kontrast, Parallelität, Symbolismus, Gleichzeitigkeit und Leitmotiv.

[76] Metz entwarf ein Diagramm, das beabsichtigte, die unterschiedlichen Montagetheorien zu verschmelzen. Er zeigte, wie acht Montagetypen logisch miteinander verbunden sind (1972, S. 198).

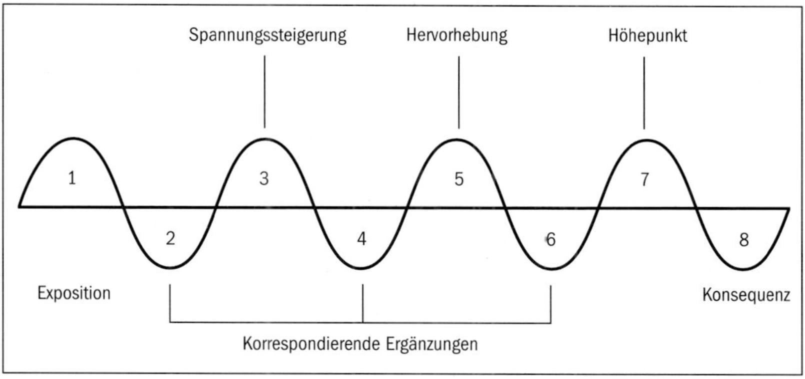

Abb. 135: Sinuskurve als Montageplan

quenz zugeordnet. Die zentralen Begriffe aus dem Cluster entsprechen den gesuchten Sequenzen. Die einzelnen Amplituden verweisen auf einen Tonschnitt und einen thematischen, ästhetischen oder optischen Schwerpunkt innerhalb des gesamten Films. Wird ein Videoclip verfilmt, bezieht sich die Sinuskurve auf die Intervalle, Harmonien oder die Melodien des Musikstückes. Die Sinuskurven-Methode ist daher anwendbar auf einzelne Musikstücke und/oder komplexe Medienprodukte.

Die Film- bzw. Montagestruktur wird sukzessive entwickelt. Die einzelnen Sequenzen werden wie Bausteine der Sinuskurve zugeordnet und nach Diskussionsstand jederzeit wieder verändert. Gleichwohl ist klar, daß jede Sequenz in Beziehung zum gesamten Produkt steht. Symmetrie, Asymmetrie, Entspannungsphase und Höhepunkte lassen sich sofort erkennen. Anhand der Sinuskurve ist die dramaturgische Konzeption ständig visuell präsent.

Zuerst wird nach der zentralen Botschaft, dem dramaturgischen Höhepunkt der Produktion gefragt. Der Höhepunkt kann sich inhaltlich, ästhetisch (Bilder) oder dramaturgisch (Ton) akzentuieren. Diese zentrale Sequenz wird kurz vor Schluß gezeigt. Eine „Produzentenweisheit“ lautet „Hebe das Beste bis zum Schluß auf!“ Bei acht Sequenzen liegt der Höhepunkt der Schau bei sieben Achtel (vgl. Spielberg – Abschnitt 5.1.2). Danach wird nach einer Spannungssteigerung zu Beginn der Schau gesucht. Dafür ist die dritte oder zweite Sequenz geeignet. Die fünfte Sequenz bietet sich für eine Hervorhebung an. Entsprechend der Entscheidung für die dritte und siebte Sequenz ergänzt die fünfte Sequenz die dramaturgische Vielfalt. Nach Festlegung des Höhepunktes wird über den Ein- und Ausstieg entschieden. Die erste Sequenz (Einstieg), die Exposition führt in das Werk ein, macht neugierig, deutet Muster an, ohne sie zu entfalten. Die

Abschlußsequenz thematisiert Aspekte, die als Konsequenz auf die erzählte Geschichte verstanden werden können.

Die Entscheidung für die Zuordnung der Sequenzen zwei, vier und sechs geschieht in Korrespondenz mit den festgelegten Höhepunkten. Um die Spannung richtig zur Wirkung kommen zu lassen, muß auf Entspannung geachtet werden. Dies kann bedeuten, (dramaturgische) Erholungsphasen einzubauen, dies kann aber auch heißen, auf Höhepunkte (durch Ablenkung) hinzuführen oder ergänzende Aspekte des Themas zu beleuchten. Die Alltagspraxis zeigt, daß es vorteilhaft ist, anhand von „Eckpfeilern" eine Produktion zu entwerfen. Diese Methode hat zusätzlich den Vorteil, daß Sequenzen offen gelassen werden können und die Entscheidung erst kurz vor dem Schnitt erfolgen kann. Dies kommt dann zum Zuge, wenn die audiovisuelle Erfahrung der ersten Sequenzen eine assoziativ-intuitive andere Entscheidung begünstigt. Die Lernerfahrung beim Schnitt, die direkt ausgelöste Sensibilität mit dem Umgang von Bildwirkungen öffnet den Blick für Sequenzzuordnungen, die vorher verdeckt waren. Ein weiterer Vorteil dieser Methode liegt darin, den Film, die Produktion, von außen nach innen zu denken. Die lineare Denkstruktur wird erweitert, der Blick für induktive Bildwirkungen geöffnet. Beispielhaft wird der Montageplan des Videofilms *Wasser* dargestellt (Abb. 136).

Aufnahmen von einer Müllkippe wurden als Höhepunkt des Films (siebtes Achtel) festgelegt. Entsprechend der Methode der Inszenierung des Zufalls waren Aufnahmen von Sintis gemacht worden, die sich im Takt von Walzerklängen bewegen. Eine andere Gruppe hatte parallel einen alten Mann aufgenommen, der mit langsamer Bewegung bis zum Ende eines Zugwaggons verfolgt wird und dann aus dem Bild geht. Sehr schnell entwickelte sich die Idee, die beiden Bilder in einer Montage zu verbinden. Zum ästhetischen Höhepunkt wurde die Szene mit den „tanzenden" Sinti bestimmt. Die Szene mit dem alten Mann hatte die Funktion eines Unterbrechers. Da die Szene mit dem alten Mann eine ganz ruhige Kameraführung aufweist, mußte der Ton die ergänzende Spannung liefern. Mit *The Final Countdown* von der Popgruppe Europa wurde ein geeignetes Stück gefunden. Die siebte Sequenz wurde als ironischer Höhepunkt gestaltet. Der Tanz auf dem Müll, das Ergebnis ungebremster Konsumorientierung, wurde mit der harten Musik von Europa gebrochen, der alte Mann erinnert an Siechtum. Die Szene mit dem Zug wurde symbolisch vorbereitet, zwischen der vierten und fünften Sequenz war eine kurze Originalszene eines fahrenden Zuges zu sehen, so daß die Szene mit dem alten Mann wie eine Metapher, als intentionale Botschaft (abgefahrener Zug) wirkt. Damit auch weniger sensible Rezipienten die Botschaft verstehen, wurde ein kräftiger Gewitterschlag eingebaut, dazu in Bruchteilen von Sekunden Totenschädel gezeigt. Bevor die Zuschauer die Wirkung die-

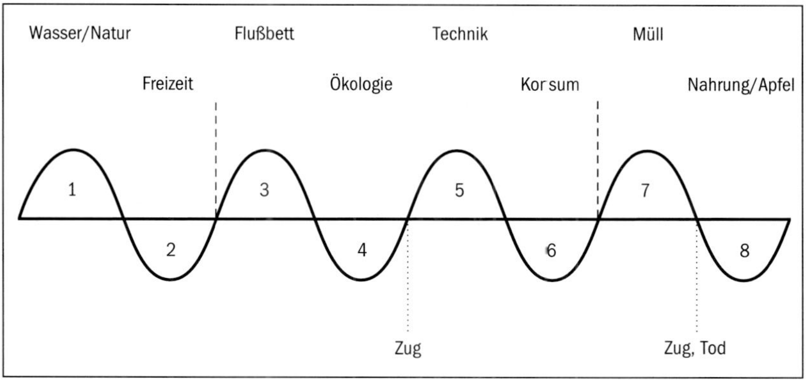

Abb. 136: Montageplan des Videofilms *Wasser*

ser Szene realisieren können, kommt die Abschlußsequenz. Im Verhallen des Gewitters wird die Musik der siebten Sequenz, der Walzer, wieder aufgenommen, und wir sehen, wie Äpfel in Kreisbewegung in einer chemischen Brühe desinfiziert werden. Die optische Information, der Eingriff des Menschen in die Natur, steht in Kontrast zu der optimistischen Walzermusik (damit wird das Prinzip, das bei der Müll/Sinti-Szene schon angewandt worden war, wiederholt). Höhepunkt und Schluß waren damit sehr schnell entschieden und ausgenommen effektvoll geplant. Daraufhin war klar, der Beginn des Films mußte das Gegenteil des Schlusses zeigen, die Idylle. Die Exposition des Films (erste Sequenz) zeigt daher verschiedene Wasserläufe, deren Wasser immer größer werden, die aber dennoch von Menschenhand unberührt sind.

Damit war die „story structure", der Montagekurve zwischen den Achsen Natur/Idylle und Umweltzerstörung/Tod festgelegt. Das Symbol für diese Veränderung wurde, wiederum rein zufällig, im Rahmen einer Raumrecherche, gefunden. Es handelt sich um Aufnahmen in einer Obstplantage. Mit Gasmaske wurden Äpfel mit Chemikalien gespritzt. Das beeinträchtigt bekanntlich die Natürlichkeit und die Bekömmlichkeit der Äpfel, noch bedeutsamer ist aber die damit verbundene Vergiftung des Grundwassers. Diese Szene wurde an die vierte Stelle gesetzt und hat damit die Funktion einer Achse, da sie Bezug nimmt zur Exposition, dem natürlichen Wasser, und zur Schlußsequenz, dem vergifteten Wasser, in dem Äpfel schwimmen. Der „break" mit dem fahrenden Zug deutet die Richtung an. Diese Richtung wird in der fünften Sequenz anhand weiterer Beispiele für Eingriffe des Menschen in die Natur thematisiert. Es werden visuelle Hinweise gegeben, weshalb der Mensch in den Wasserhaushalt der Natur eingreift, z.B. um Strom zu erhalten. Somit fehlte noch eine Sequenz, bei der der natürliche Lauf des Wasser „gebändigt" wird. Die dritte Sequenz war für diese Bildaussage gut geeignet. Da sowohl der dritte als auch der fünfte Teil Eingriffe des Menschen in die Natur behandeln, wurden diese Phasen musikalisch und schnittechnisch spannungsvoll inszeniert. Damit war klar, daß in der zweiten und sechsten Sequenz entspannende Passagen angebracht waren, die ästhetisch reizvoll sind, aber die inhaltliche Note des Films nicht aufladen sollten. Der ungezwungene Umgang mit der Natur, dargestellt am Freizeitverhalten in und am Wasser geben in der zweiten Sequenz noch eine Ahnung einer möglichen Koalition zwischen Mensch und Natur, in der sechsten Sequenz wird die Freizeit jedoch als passive Konsumorientierung dargestellt, ohne Reflexion und Bezug zu dem lebenswichtigen Element Wasser.

6.2.4.3 Vertikale Montage – Klangbilder und Bildklänge

In seinem Essay *Die Synchronisation der Sinne* formuliert Eisenstein die Notwendigkeit einer vertikalen Montage (zitiert nach Weibel 1987, S. 91). Damit meint er die Simultaneität zwischen Musik und Bild. Die sequentielle Ordnung der Bilder soll sich mit der simultanen Ordnung der Töne mischen. Damit will er eine „innere Synchronisation" zwischen Bildern und Tönen herstellen. Eisenstein entwickelt dabei, wie anhand von Abb. 137 zu sehen ist, erste Ansätze einer audiovisuellen Sprache. Er intendiert eine Korrespondenz zwischen Auge und Ohr, Bild und Ton, der Bewegung der Musik und der Bewegung der Bilder. Mit der vertikalen Montage erweiterte er die polyphone (horizontale) Montage um die Vertikalität. Die simultane Ordnung der Töne mischt sich mit der sequentiellen Ordnung der Bilder. Die Bilder beeinflussen sich demnach nicht nur auf der horizontalen Montagestruktur, sondern auch auf der auf einer horizontalen Folge errichteten vertikalen Tonfolge, „in der sich nicht nur die Töne gegenseitig beeinflussen, sondern simultan und zeitlich diagonal auch Töne und Bilder" (ebd., S. 92). Der gegenwärtige Ton kann somit sowohl das auf der gleichen Achse befindliche Bild als auch das vorangegangene und nachfolgende Bild beeinflussen, wie umgekehrt das vorangehende Bild auf den nachfolgenden Ton einwirken kann.

Bei diesen audiovisuellen Montagen geht es um die innere Synchronisation zwischen Tönen und Bildern. Diese Beziehung wird auch Synästhesie genannt, der Versuch einer Synthese zwischen akustischen und illustrativen Darstellungen. Schon in früheren Jahrhunderten hat man sich mit dieser Fragestellung beschäftigt. Nach Pythagoras hatten die Töne der Musik, die als Spiegel der kosmischen Ordnung galten, ein sichtbares Äquivalent im Farbspektrum. Das Spiegelbild der Ordnung konnte nach Pythagoras durch die abstrakten Muster von Farbklängen hergestellt werden (vgl. Bódy/Weibel 1987, S. 18). Die aktuellste Form der Farb-Klang-

Wirkungen, der Videoclip, kann sich daher auf eine archaische Geschichte berufen (vgl. Abschnitt 5.2).

Damit die synästhetische Wirkung von Bildklängen und Klangbildern sich entfalten kann, ist die Auswahl der Musik bzw. des Tons von großer Bedeutung. Nachdem der Montageplan erstellt ist, werden im Seminar (Produktionsprozeß) zwei Gruppen gebildet. Eine Gruppe sondiert die Bilder, die andere Gruppe sucht nach geeigneter Musik, die den einzelnen Sequenzen zugeordnet wird. Musik ist für Jugendliche emotional besetzt, deshalb legen wir großen Wert darauf, daß die Auswahl der Musik durch die Jugendlichen selbst erfolgt. Vor den Projekten bitten wir die Teilnehmer, Musik ihrer Wahl mitzunehmen. Die Musikmontage setzt sich zusammen aus den mitgebrachten Musikstücken. Nachdem die Musikauswahl entschieden wurde, wird sie der gesamten Gruppe vorgestellt. Gibt es Einwände gegen die Auswahl, wird gemeinsam so lange nach einer Alternative gesucht, bis eine mehrheitliche Übereinstimmung gefunden ist. Daraufhin erfolgt der Tonschnitt. Nach dem Tonschnitt werden die Bilder den Tönen zugeordnet, d.h. der Ton „führt“ und bestimmt die Zuordnung der Bilder. Bevor die Zuordnung der Bilder zu den Tönen erfolgt, wird eine Musikanalyse vorgenommen. Ein Beispiel wird in Abschnitt 6.3.4.2 dargestellt. Die Musikanalyse dient dazu, Rhythmen und Takte zu identifizieren. Bekannt ist, daß die Rhythmen der Musik den Hörer stark beeinflussen können. Musik, die im Radio gehört wird, kann zu Empfindungen führen, vergleichbar einem Strom, der durch den Körper pulsiert. Manchmal führt sie dazu, durch eigene rhythmische Bewegungen den gehörten Rhythmus zu kopieren. Personen, die neben einer Blasmusikkapelle laufen, nehmen unbewußt den Marschrhythmus auf. Musikrhythmus und Bewegungsrhythmus verstärken einander.

Der Effekt der rhythmischen Beeinflussung läßt sich auch mit dem Filmschnitt, der Montage erzielen. Besonders wenn Bildschnitte exakt auf die musikalischen Akzente gesetzt sind (vertikale Montage), ergibt sich eine rhythmi-

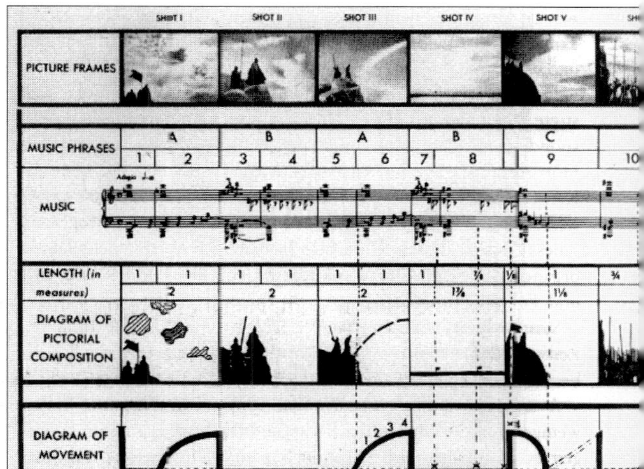

Abb. 137: *Alexander Newsky* (Sergej M. Eisenstein, 1938), Sequenz einer audiovisuellen Korrespondenz (Ausschnitt)

sche Wirkung. Das Tempo der Montage wird dann zur Ausdrucksbewegung des dramatischen Inhalts. Wenn der Bildschnitt parallel zu einzelnen Tönen bzw. dem Rhythmus der Musik angepaßt ist, kann dadurch die Bildmontage eine Wucht erhalten, die mit optischen Mitteln allein schwer zu erzielen ist. Die Verstärkung (Wiederholung) von optischen Bewegungen auf der Leinwand kann zur gleichen Empfindungsqualität führen wie bei der Beobachtung von aktiv motorischen Bewegungen (vgl. Mikunda 1986, S. 193ff.). Musikrhythmus und ein synchron optischer Reizwechsel verstärken einander.

Balázs nennt dies optische Musik, die in eigener Sphäre neben der Begrifflichkeit des Inhalts einherlaufe (1984, S. 90). Die Motive für Rhythmus-Collagen, wie sie heute typisch für den Videoclip sind, wurden schon in den zwanziger Jahren entwickelt. Bestimmend bei diesen Collagen waren Licht, Schatten, Form und Bewegung. Für Balázs gibt es bei dem absoluten Film, wie der Videoclip in den zwanziger Jahren hieß, einen tiefen irrationellen Sinn, dessen Verbindung nur durch das Unbewußte gehe. Der Montagerhythmus wird dabei nicht nur durch die Länge der Bilder erzielt, sondern auch durch die Formgestalt der Bilder, der Richtungsanzeige und der Bewegung. Fünf verschiedene Sphären und Dimensionen identifiziert Balázs in den rhythmischen Gebilden der Montage. „In der Montage werden Tempi und Formen, Bewegungen und Richtungen und inhaltliche Akzente noch dazu aufeinander abgetönt und zu *einem* ornamentalen Bewegungsgebilde komponiert“ (ebd., S. 93). Die Synthese dieser Dimensionen schafft eine neue Bedeutung. Eisenstein nennt diese Wirkung die „Obertöne der Montage“, die für feine Ohren wie Quinten zu hören seien, obwohl sie nicht klingen (vgl. Eisenstein, zitiert nach Balázs 1984, S. 93).

6.2.5 The Final Cut – Öffentlichkeit

Eine Idee wird mittels eines Werkzeuges in ein Produkt transformiert, das wiederum als Objekt Anlaß gibt für gesellschaftliche Kommunikation (Öffentlichkeit). Damit eröffnen sich Potentiale, die Erfahrungen des segmentierten Lebenszusammenhanges in einem sozialästhetischen Produktionsprozeß aufzuheben. Da Arbeit nur noch wenigen Menschen ganzheitliche Erfahrungen bietet, läßt sich im produktiven Umgang mit imaginären Bildwelten die Idee von Ganzheit bewahren. Medienarbeit bietet Jugendlichen eine imaginäre Werkstatt, die es ihnen erlaubt, sich mit der Lebenswelt auseinanderzusetzen, „neue“ ästhetische Aneignungen von Wirklichkeit zu erproben, originäre und originelle Erfahrungen zu sammeln und diesen Prozeß am eigenen Leibe zu spüren.

Die symbolorientierte Medienarbeit in dem hier vertretenen Sinne hat das Ziel, Öffentlichkeit herzustellen. Dies kann mit der Intention geschehen, soziale Anerkennung in der Peer-group zu erfahren. Genauso wichtig ist es, in einen kommunikativen Lernprozeß mit anderen zu treten. Damit wird nicht nur gesellschaftliche Kommunikationskultur hergestellt, es kommt außerdem zur individuellen Selbstvergewisserung. Sobald Öffentlichkeit hergestellt werden soll, bedarf es jedoch eines Produktdesigns, das den herrschenden Sehgewohnheiten angemessen ist, damit es überhaupt im Labyrinth der Nachrichten und audiovisuellen Botschaften aufgenommen wird. Das bedeutet nicht, sich stromlinienförmig den jeweilig aktuellen Modeströmungen anzupassen. Das sollte jedoch heißen, die jeweilige „story structure", die Dramaturgiekurve, die aktuellen Montageformen von Produkten, die von den Jugendlichen favorisiert werden, zu kennen und „produktiv" anzuwenden. Wie innerhalb der jeweiligen Strukturen das konkrete Produkt dargestellt wird, kann ganz unterschiedlich sein. Wenn in einer Gesellschaft die audiovisuelle Ästhetik dominiert, ist es ratsam, seine Botschaften mit einer vergleichbaren Ästhetik zu vermitteln. Damit dies nicht zu einem Abklatsch und einer schlechten Kopie der Originale verkommt, bedarf es der Integration von Ideen, die sich aus der Lebenswelt der Macher und der anvisierten Öffentlichkeit speisen.

Durch neue, ungewöhnliche Annäherungen an die soziale Lebenswelt können auch für andere sehenswerte Produkte entstehen. Eingeschliffene Strukturen können aufgebrochen, durch Irritation neue Wahrnehmungsräume erschlossen werden. Die Lebenswelt kann durch Interviews, Töne und Bilder in virtuelle Bilder aufgelöst und in einem Produkt neu montiert (geschaffen) werden. Die öffentliche Darbietung ist genauso wichtig wie der Produktionsprozeß. Sie kann zum entscheidenden Katalysator des medienpädagogischen Prozesses werden. Die Jugendlichen lernen wie mit Hilfe von Medien Öffentlichkeit hergestellt werden kann. Dieses Vertauschen der Elemente, bei dem die Aktion der Macher zu einer Reaktion der Betrachter mutiert, kann zu einer ganz wichtigen Erfahrung führen. Dies führt zu einer Auseinandersetzung mit den Zuschauern, da sie ihre Produkte begründen und erläutern müssen. Dabei erlangen sie möglicherweise erst über die im Verlauf der Präsentation gesammelten Erfahrungen eine bewußte Beziehung zu den von ihnen produzierten sozialästhetischen Recherchen.

6.3 Wahrnehmungsorientierte Medienprojekte

Die symbolorientierte Medienpädagogik weist der Wahrnehmung eine besondere Bedeutung zu, sie läßt sich auch als Realisation einer wahrnehmungsorientierten Medienpädagogik bezeichnen. Im Verlauf des medienpädagogischen Prozesses werden sich die Teilnehmer ihrer bisherigen Wahrnehmungsschemata bewußt. Mit den eigenen Sinnen erleben sie komplexere Aneignungsweisen von Realität. Dadurch wird das bisherige Selbstverständnis in Frage gestellt, neue Dimensionen der Welt-Erfahrungen und andere Vorstellungsräume erweitern das bisherige Selbst-Konzept.

Von der ursprünglichen Idee, über die Bildrecherche, die Montage sowie den Ton- und Bildschnitt erleben die Teilnehmer alle Tätigkeiten bei der Erstellung eines Produktes. Obwohl unterschiedliche Zuneigungen und Talente eine Spezialisierung nahelegen, wie dies nicht nur in der professionellen Medienarbeit üblich ist, wird bei unserem Konzept rotiert. Bei der Herstellung eines Videofilmes oder einer Ton-Dia-Schau gibt es bei dem von uns vertretenen Ansatz keine speziellen Funktionen, wie z.B. Kamera- oder Tonmann. Alle filmen (fotografieren), schneiden Töne und wirken bei der Montage mit. Wir verfolgen ein ganzheitliches, präsentatives Konzept, das die im Arbeitsalltag zu erlebende Reduktion auf Einzelfunktionen aufhebt. Jeder hat Anteil an der Planung, Gestaltung und Verwirklichung. Über die Erfahrung produzierender Tätigkeit, deren Sinn man begreift, wird Identifikation geschaffen und eine Gegenerfahrung zu der atomisierten und algorithmisierten Alltagswelt ermöglicht.

6.3.1 Filme als Anstiftung zur Kommunikation

Die Rezeption von Filmen ist kein passiver Vorgang. Filme werden vom Rezipienten aktiv angeeignet. Filmwahrnehmung ist ein produktiver Vorgang. Der Zuschauer rezipiert den Film entsprechend seines biographischen und kulturellen Hintergrundes (vgl. Willis 1991; Winter 1995). Gleichwohl bilden die von den Filmemachern, den Kameraleuten und den Cuttern intendierten Texte und Subtexte das Ausgangsmaterial und die Basis der Aneignung der Filme. Dieser Aspekt wird bei den genannten Autoren vernachlässigt. Symbolische und mythische Subtexte entziehen sich der empirischen Beobachtung und können nur durch Subtextanalysen (vgl. Röll 1991a,b) bzw. tiefenhermeneutische Verfahren zugänglich gemacht werden (vgl. König 1994b,c). Die intrapsychische Verarbeitung des Films ist offen, unabhängig davon, ob der Film im Sinne der Filmemacher verstanden wird oder ob eine subjektive Filminterpretation erfolgt.

Medienpädagogische Projekte können diese Kommunikation begünstigen. Die einzelne Filmpräsentation, die Vorstellung des „wertvollen" Filmes, dürfte jedoch an den Interessen eines jugendlichen Publikums vorbeigehen. So konnten wir z.B. im Rahmen der *Odenwälder Jugendfilmtage* die Erfahrung sammeln, daß die Integration von Filmpräsentationen im Rahmen von Festivals mit Rahmenprogramm und Erlebnisfeldern bei Jugendlichen großen Zuspruch findet. Zu den Themenschwerpunkten „Orwell 1984" und „Jugend damals – Jugend heute" dienten Musikveranstaltungen, produktorientierte Medienarbeit, Seminare und eine mit Jugendlichen produzierte Ausstellung zu einer komplexen Aufarbeitung der Themen. Die gezeigten Filme waren integriert in ein Veranstaltungsprogramm und bildeten den Anstoß für Recherchen und Rekonstruktionen. Die ersten Erfahrungen mit dem „respektlosen" Umgang mit Film sammelten wir im Rahmen eines Kinderkino-Projektes. Da dieses Projekt für unser Verständnis von Medienpädagogik „stilbildende" Lernprozesse auslöste, wird das zugrundeliegende Konzept ausführlich vorgestellt.

6.3.1.1 Kinderkino in der Provinz

Die Konzeption für das *Kinderkino Zeilhard* wurde 1983 vom Verein *Zur Guten Quelle* in Kooperation mit dem *Landesfilmdienst Hessen* entwickelt.[77] Am 14. Januar 1984 fand die erste Kinderkino-Veranstaltung statt. Das *Kinderkino Zeilhard* verstand sich als eine Antwort auf die Erfahrung des segmentierten Lebensraumes. Mit dem Projekt sollte die isolierte Erfahrung mit imaginären Erlebniswelten, wie z.B. Fernsehen und Filmerlebnis aufgebrochen werden. Gleichzeitig war beabsichtigt, den Nahraum kulturell wiederzubeleben, der Gleichgültigkeit, Beziehungslosigkeit und Ideenlosigkeit in der Provinz entgegenzuwirken und die Handlungs- und Orientierungsmuster im kommunikativen Alltag zu beleben (vgl. Krügler/Röll 1985; Röll 1985, S. 77).

Das Kinderkino Zeilhard gab den komplexeren ästhetischen Fähigkeiten von Kindern Raum zur Entfaltung. Im Hintergrund der konzeptionellen Überlegungen stand der Wunsch, zur Regeneration des Selbstbewußtseins aufgrund entmutigender Erfahrung im kognitiven Lernzusammenhang beizutragen (vgl. Krügler/Röll 1985, S. 4f.). Mit dem Projekt war weiterhin beabsichtigt, Kindern in der Provinz ein kulturelles Angebot zu machen. Das Kino bot die Gelegenheit, die verkrustete Sozialstruktur des Ortes aufzubrechen und damit örtliche Kommunikationskultur anzuregen. Ein weiteres Bestreben war, Kindern das Medium Film nahezubringen und durch gezielte Nachspielaktionen den Kindern einen subjektiven und interaktiven Erfahrungsraum bei der Verarbeitung der Filme zur Verfügung zu stellen. Der Film erhielt die Bedeutung eines Mediums, er hatte eine Anspielfunktion und diente als Bildvorrat, Erinnerungshilfe, um produktorientiert eigene Alltagserfahrungen „ästhetisch" zu bearbeiten. Intendiert war der handlungsorientierte Umgang mit dem Medium Film. Den Kindern wurden Möglichkeiten geboten, sich assoziativ dem Film zu nähern, ihre Phantasie und Kreativität zu entfalten. Zu dem Konzept gehörte es, den Kindern einen „offenen" Raum anzubieten, um ihnen eine integrative Selbstorientierung im kommunikativen Umgang mit Gleichaltrigen zu

[77] Das Projekt wurde von den Mitgliedern des *Vereins zur Guten Quelle,* sieben Erwachsenen, sieben Kindern, und dem *Landesfilmdienst Hessen (MuK)* getragen.

eröffnen. Im Kinderkino konnten die Kinder imaginäre Räume, Phantasiewelten und Traumlandschaften betreten und gleichfalls reale Räume reaktivieren, die Erprobungshandeln zuließen.

6.3.1.2 Erlebnisraum Kinderkino

Die im Kino gezeigten Filme wurden vorher gesichtet. Dabei wurde auf die Kernaussagen des Filmes, seine manifesten und latenten Botschaften ebenso geachtet wie auf die Dramaturgie, Bildsprache und Montage. Bei den Filmen wurde nach den Identifikationsangeboten (Projektion, Substitution und Introjektion) recherchiert. Gefragt wurde ebenso, ob in den Filmen Vorurteile vorkommen, das Thema Gewalt diskutiert und ob fremde Sitten und Kulturen thematisiert werden. Aufgrund dieser Ausgangsüberlegungen wurde der Film ausgewertet, um die filmspezifische Reflexion der Nachbereitung optimal vorzubereiten. Vier Fragen standen dabei im Vordergrund:

- *Transfer:* Die Auswahl der für die Nachbereitung relevanten Inhalte, die den Kindern möglichst nahegebracht werden sollten;
- *Wiederholung:* Die Rekonstruktion wichtiger Szenen durch „vertiefende" Bearbeitung;
- *Erweiterung:* Die Weiterbehandlung von Aspekten, die im Film zu kurz kamen;
- *Korrektur:* Die Ergänzung von inhaltlich oder emotional problematischen Stellen durch eine „korrigierende" Erfahrung.

Ein besonderer Augenmerk lag auf der Raumgestaltung. Damit die Kinder sich vor, während und nach dem Film ständig frei bewegen konnten, gab es im Zuschauerraum keine Bestuhlung (vgl. S. 354, Abb. 141). Meist war der Raum mit Symbolen, die an den Film erinnerten, ausgestaltet. Bei der Vorführung des Films *Die Reise im Ballon* (Albert Lamorisse, Frankreich 1958/60) schwebte ein riesiger Ballon zum Schluß des Films auf der Bühne. Bei dem Film *Sechs Bären und ein Clown* (Oldrich Lipsky, CSSR

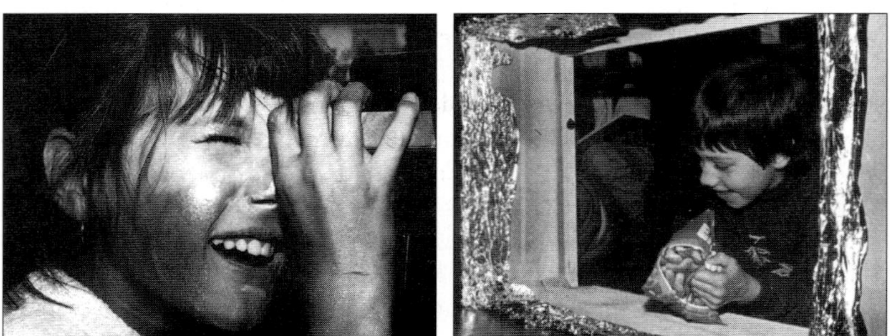

Abb. 138, 139: *Kinderkino Zeilnard,* Videoaktivitäten und „Fernsehen"

1972) war der Zuschauerraum zu einer Manege umgebaut worden (vgl. S. 353, Abb. 148). Den Film *Ikarus* (Heiner Carow, DDR 1975) sahen die Kinder in einem Ambiente, das an eine Flugzeughalle erinnerte. Die Filmwirklichkeit wurde in die Realwirklichkeit transformiert und erlaubte den Kindern, bei der anschließenden Nachspielaktion weitgehend „bruchlos" anzusetzen.

Jeder Film wurde durch eine Performance, ein Rollenspiel oder eine Installation eingeleitet, um bestimmte Aspekte des Films auf einer konkreten Handlungsebene zu vergegenständlichen. Diese Aktion nannten wir „special effect". Zum besseren Verständnis des geschichtlichen Bezuges wurde bei dem Film *Ikarus* eine Schattenspielszene vorangestellt. Eine Sprecherin berichtet im Off von der Legende: „Ikarus, fliege nicht zu tief, denn das Wasser macht Deine Flügel schwer und Du wirst abstürzen. Fliege nicht zu hoch, denn die Sonne wird Dir Deine Flügel verbrennen und Du stürzt ins Meer ..." Zum gleichen Zeitpunkt sahen die Zuschauer zwei Schatten von Menschen mit riesigen Flügeln, die scheinbar über dem Meer flogen. Einer der Schatten „flog" immer höher und achtete nicht auf die Warnung. „Ikarus fühlte sich so leicht und so frei und stieg immer höher und kam der Sonne zu nah und stürzte ab." Das Abstürzen wurde mit einem Beckenschlag lautstark intoniert. Das Licht verlosch augenblicklich und sofort erklang der erste Takt des Spielfilmes *Ikarus* und die ersten Bilder tauchten auf. Der kindliche Hauptdarsteller lief in einer Straße mit ausgebreiteten Armen und mimte „fliegen".

Nach jedem Film wurde die Leinwand automatisch hochgezogen. Dahinter wurde eine Bühne sichtbar. Sodann begann ein Rollenspiel als Übergang von Film und Nachspielaktion. Meist wurde eine markante Szene aus dem Film zitiert, dabei wurde auf die aufgeführten korrektiven Inputs, Transfer, Wiederholung, Erweiterung und Korrektur, zurückgegriffen. Bei dem Film *Warten, bis Lili kommt* (Rainer Boldt, Rita Ziegler, BRD 1982), der sich mit dem Thema Sucht auseinandersetzt, waren auf der Bühne mehrere Fernsehrahmen zu sehen. Ein flackerndes Stroboskoplicht erzeugte einen surrealen Eindruck. In den Fernsehrahmen lagen Kinder, die unterschiedliche Comics laut vorlasen. Die jeweiligen Inhalte waren nicht zu verstehen. Kommunikation zwischen den Kindern fand nicht statt. Nach einem „lightbreak" (kurze Dunkelphase) wiederholte sich die Szenerie mit anderen Sujets. Nunmehr stopften sich die Kinder, die in den Fernsehrahmen saßen, Kartoffelchips und Süßigkeiten in den Mund (vgl. Abb. 139).

Der „special effect" wurde zum Animateur für das eigene Gestalten, Verhalten und Erleben im Raum des Kinos. Anschließend folgte die gestalterische und bildnerische Umsetzung. Sieben Stationen mit sieben Themenschwerpunkten wurden im Zuschauerraum verteilt aufgebaut, abgeleitet aus den Inhalten des Films, umgesetzt in sieben kreative Gestaltungsangebote für Kinder, um im Anschluß an den Film kommunikativ und frei assoziierend diesen zu bearbeiten. Die Kinder konnten mit kreativen Mitteln ihre Erfahrungen und Beobachtungen, die sie während des Films gemacht haben, ausagieren. Alle denkbaren bildnerischen Mittel und Techniken wurden eingesetzt: Malen, Collagieren, Modellieren, Biegen, Basteln, Filmen, Fotografieren (Polaroid), Fotobatik, sowie darstellende Tätigkeiten wie Theater spielen, Singspiel einüben, freies Verkleiden, Schminken, Erkundungen am Bach, im Gelände, im Wald und vieles mehr. Es blieb den Kindern überlassen, auf welche konkreten Lernfelder sie sich einließen.

6.3.1.3 Sinnlich-ästhetische Aneignung imaginärer Bildwelten

Bei den angebotenen Erfahrungsfeldern handelte es sich nahezu ausschließlich um ästhetische Angebote, da der Umgang mit Bildwelten zur dominanten Alltagserfahrung von Kindern (und Jugendlichen) gehört. Wir wollten mit der Vermittlung von Kenntnissen im aktiven Umgang mit ästhetischen Wahrnehmungsprozessen das Selbstbewußtsein der Kinder stärken und ihnen zu einer Artikulation ihrer inneren Erlebnisse verhelfen. Die Angebote waren so vielseitig, daß ganz unterschiedliche Lernfelder angesprochen wurden.

1. *Aneignung von Räumen*: Bewußt ist der Raum offen gestaltet (daher keine Bestuhlung), damit beabsichtigte Aktivitäten nicht durch das Mobiliar nahegelegt oder ausgeschlossen werden. Der Kinoraum ist offen, damit die Kinder ihn als gestaltbaren Spiel-, Lern- und Erlebnisraum erleben. Wir gehen davon aus, daß zwischen Lernbereitschaft, Lernfähigkeit und den konkreten Räumlichkeiten enge Zusammenhänge bestehen.

2. *Lebensweltbezug*: Durch die Integration von Lernfeldern, bei denen ein Bezug zum Alltag hergestellt wird, spüren Kinder, daß sie ernst genommen werden. Soweit dies möglich ist, werden Aspekte der Lebensbedingungen zum konkreten Gegenstand der Nachspielaktionen. Auf jeden Fall wird „Raum“ gegeben, die „Primärerfahrungen“ der Kinder in die Aktionen zu integrieren.

3. *Eskapismus*: Es werden Spielfelder aufgebaut, die den Alltag transzendieren. Die Monotonie des Alltags wird mit dem Filmnachmittag aufgebrochen, neue Erfahrungs- und Erprobungsebenen werden zugelassen. In einem geschützten Raum sammeln die Kinder Grenzerfahrungen, Ereignisse, die ihnen bisher nicht oder wenig zugänglich sind.

4. *Action*: In der Gestaltung des Nachmittags sind überraschende, erlebnisorientierte Momente integriert. Es werden Aktivitäten initiiert, die Spannung, Thrill und Aufregung versprechen. So wurde nach einem Film ein „Riesenesel“ aus Dachlatten, Stoff und Papierbahnen gebaut, der in einem „Triumphzug“ durch das Dorf gefahren wurde. Aber auch beim

Verkleiden und Gesichter-Anmalen wird der Wunsch nach Aktion ernst genommen.

5. *Faszination*: Der Saal und die Spielaktionen stellen eine Atmosphäre her, die es erlaubt, Gefühle auszuleben. Die Kinder lernen, sich fallen zu lassen, ohne sich zu verlieren, in einem Erfahrungsfeld aufzugehen und doch sie selbst zu bleiben.

6. *Emotionalität/Körpererfahrung*: Besonders bei Kindern ist das Bedürfnis nach psychischem Wohlbefinden und Sinnlichkeit zu beachten. Die Ausgangsüberlegung war, an die Stelle des Gedankens die Wärme des Leibes zu setzen (vgl. Nitzschke 1984). Daher wurden den Kindern Kuschelecken angeboten, um Körperwahrnehmungen und Körpergefühle auszuleben.

7. *Produktorientiertheit*: Ein Großteil der Nachspielaktionen sind produktorientiert. Die Kinder verarbeiten ihre Filmerfahrung durch eine konkrete Tätigkeit. Auch hier spielt der Aspekt der ganzheitlichen Erfahrung ein wichtige Rolle. Die verinnerlichten Gefühle und Eindrücke finden in Form eines Produktes ihren konkreten Ausdruck. Die hergestellten Produkte dürfen von den Kindern mit nach Hause genommen werden. Nur die gemeinschaftlich produzierten Objekte (z.B. Drahtesel) bleiben im Kino.

8. *Kompetenzerfahrung*: Von der Gesellschaft definierte Maßstäbe, oftmals von den Eltern als „Leistungskriterien" verinnerlicht, führen dazu, daß viele Kinder ihr Kompetenzgefühl in Frage stellen. Die Angst der Eltern um die Zukunft ihrer Kinder behindert die Eigenentwicklung. Unse-

Abb. 140: *Kinderkino Zeilhard*, Zirkusatmosphäre nach *Sechs Bären und ein Clown*

Abb. 141: *Kinderkino Zeilhard,* Matratzenlager

re besondere Aufmerksamkeit gilt der Wiederentdeckung eigener Kompetenzen bzw. bisher noch nicht wahrgenommener kreativer und gestalterischer Fähigkeiten.

9. *Authentizität*: Die Teamer sind ein wichtiger Teil des kommunikativen Lernprozesses. Das Einlassen auf die Kinder fordert authentische Betreuer. In der sterilen, kühlen und sachlichen Verantwortung sehen wir kein primäres Ziel, eher in der engagierten, widersprüchlichen, aber menschlich nachvollziehbaren Persönlichkeitsstruktur.

10. *Bilderkultur*: Ein wesentlicher Bestandteil des Konzepts ist das Einlassen auf Bildungsprozesse, in denen Bilder, also die ästhetische Wahrnehmung, den bedeutendsten Bestandteil des Kommunikationsprozesses bilden. Kinder erfahren sich im Umgang mit unterschiedlichen Bildwelten und setzen sich dabei mit ihren imaginären Erlebniswelten auseinander.

An vielen Stellen sperrte sich die kindliche Assoziation gegen die beabsichtigte Bedeutung der Montage und schuf eigene Bedeutungszusammenhänge. Die symbolische Sprache des Bildes wurde von den Kindern zu ihren biographischen und kulturellen Erfahrungen in Bezug gesetzt. Ebenso war zu beobachten, wie die Kinder den Identifikationsangeboten der Regisseure folgten. Über die von den Kindern nach dem Spielfilm produzierten Videos, Hörspiele, Theaterstücke, Gemälde, Fotografien etc. erfuhren wir einen Ausschnitt aus ihrer Erlebniswelt. Wir erlebten, wie aus einer empfangenen symbolischen Botschaft eine verarbeitete und gestaltete symbolische Botschaft wurde. Durch das Kinderkinoprojekt wurden wir erstmals mit der komplexen Bedeutung von Medienwirkungen konfrontiert. Das Projekt lehrte uns, daß Filme Auslöser von tief beeindruckenden kreativen und symbolischen Handlungen sein können. Wir erlebten, wie Filme einerseits emotionale Wirkungen auslösten, andererseits beobachteten wir, wie Kinder kreative Gestaltungsformen entwickelten und mit den durch die Filme ausgelösten Gefühlen produktiv umgingen.

6.3.2 Fotografie als sozialästhetische Annäherung

Trotz elektronischer Medien läßt sich die klassische Schwarzweiß-Fotografie, das Basismedium der technologischen Abbildmedien, weiterhin hervorragend einsetzen, um grundlegende Dispositionen der Wahrnehmungsbildung kennenzulernen. Da Bilder unsere emotionale Urteilsbildung ansprechen, lassen sich mit ihrer Hilfe Botschaften eindringlicher und weitergehend als mit dem Medium Sprache formulieren. Gerade Vorurteile, gefestigte Standpunkte, feste Positionen sind nach unserer Erfahrungen nur sehr mühsam in einem kognitiven Lernprozeß zu bearbeiten. Da die fotografische Annäherung averbal verläuft, bietet sie die Möglichkeit, Erfahrungsebenen des Vor- und Unbewußten zu aktualisieren. Bilder/ Fotos verkörpern Botschaften unterhalb/oberhalb des logisch-rationalen Denksystems und vermitteln damit u.a. Zugang zu Vorurteilen und dem inneren Selbstverständnis.

6.3.2.1 Fotografie als Ontologie

Das Wissen von den psychologischen Mechanismen der Wirkung von Bildwelten kann das persönliche Wahrnehmungsfeld erweitern und damit für differenziertere und vielfältigere Botschaften öffnen. Mit Medien, speziell der Fotografie, eröffnen sich Chancen, Sensibilität, Sinnlichkeit und Verständnis für andere Sehweisen zu fördern. Fotografie ist weiterhin ein aktuelles Medium, das zum gegenseitigen Verständnis und zum interkommunikativen Austausch erheblich beitragen kann. Es gibt mindestens zehn Gründe, dem Medium Fotografie besondere (Augen-)Blicke zu widmen.

1. *Fotografieren heißt: ich beobachte.* Joseph Nicéphore Niepce gelang es 1826 zum ersten Mal, ein Foto auf einer Zinnplatte zu konservieren. Das Motiv des ersten Fotos war nicht zufällig ein Blick aus einem Fenster. Das erste erhaltene Foto ist also ein Blick aus einem Raum nach außen. Das Foto verweist damit auf eine Sicht außerhalb des Aktionsfeldes der Fotografen. Es ist der Blick des Beobachters, der nicht in die Ebene des Beobachteten eingreift. Es ist der Blick des Voyeurs, der unsichtbar eindringt und dennoch draußen bleibt. Dieser Blick entspringt der Sehnsucht nach dem „Anderen“, dem Wunsch, sich aus dem Raum des eigenen Selbst zu entfernen. Der Blick aus dem Fenster, aus dem Bildfenster der Kamera, gibt Schutz vor der Realität, schafft damit einen Schonraum und zugleich die Chance, sich dieser Realität ungefährdet zu nähern. Mit diesem Schutz können Räume angeeignet werden, die ohne Kamera verschlossen geblieben wären. Die Kamera erlaubt es, aus dem eigenen Selbst zu fliehen. Letztlich bedeutet dies eine virtuelle Grenzüberschreitung.

2. *Fotografieren heißt: ich beharre.* Die Fotografen schaffen mit ihren Produkten Erinnerungen. Sie halten fest, was gegebenenfalls vergessen werden könnte. Fotografie ist damit immer auch ein Festhalten der Zeit,

der Versuch, dem Wandel von Geschichte in einem Moment das Vergessen zu entreißen. Der schleichende Prozeß der Veränderung wird durch das Gerinnen der Zeit zu einem zitierbaren, vorzeigbaren Ereignis, mit dem zugeschriebenen Verdacht, eine für alle zutreffende Wirklichkeit erfaßt zu haben. Fotografie wirkt der Schwäche unseres Gedächtnisses entgegen. Die im Foto festgehaltene Zeit hilft, die mit den Bildern verbundene Erinnerung heraufzubeschwören. Wir werden dabei verführt zu glauben, wir könnten der Zeit entfliehen. Fotografie soll die Angst mindern, die die Vergänglichkeit, die zeitliche Begrenzung unserer Existenz in uns weckt. Die Fotografie bietet gewissermaßen einen magischen Ersatz für die vergangene Zeit.

Die Fotografie greift Dinge heraus und bringt sie zum Stillstand, sie hält die Zeit fest. Mit dem Akt des Fotografierens wird die Zeit auf einen Zeitpunkt fixiert. Der Bildrand entscheidet darüber, wer und was über die Abbildung in die Geschichte eintritt. Mit dem Festhalten eines Momentes wird die Zeit festgehalten, der schleichende Prozeß der Veränderung erhält die Würdigung der „Inaugenscheinnahme“. Belichtungszeit wird als eingefangene Erfahrung Lebenszeit. Der einzelne Moment erhält eine besondere Aura, den Charakter des Besonderen. Der schleichende Prozeß der Veränderung wird durch die im Foto inkorporierte Zeit zum geschichtlichen Ereignis. Das bedeutet auch, daß in allen Bereichen das „Besondere“ versteckt enthalten ist. Aus dem unsichtbaren Fluß der Lebensbilder entsteht ein visuelles Gedächtnis, aus dem Nichts wird ein soziales und politisches Erinnerungsvermögen gerettet. Was nicht festgehalten wird, hat keine Berechtigung für Existenz (ex-sistere = darauf beharren), darauf wird nicht beharrt. Fotografie beinhaltet neben dem Aspekt des Festhaltens der Zeit daher auch den Aspekt des Verschwindens der Zeit.

Fotografie bedeutet daher immer auch eine Auseinandersetzung mit dem Tod. Roland Barthes berichtet, daß er beim Anblick des Kinderfotos seiner Mutter sich darüber klar wurde, daß sie sterben wird (1985, S. 106). Indem die Fotografie die vollendete Vergangenheit der Pose darbietet, setzt sie für ihn den Tod in der Zukunft. Schon semantisch („to shoot“) läßt sich Fotografie als Tötung des Augenblicks (Schnappschuß) begreifen (vgl. Schmid 1989, S. 35), der dann leblos virtuell in alle Ewigkeit weiterexistieren kann. Der fotografische (Augen-)Blick (der Wahrheit) wird Todesmoment für die Situation und Lebensmoment für die Imaginisierung.

3. *Fotografieren heißt: ich kommuniziere.* Da Bilder einen ontologischen Vorrang haben, ihre Glaubwürdigkeit subjektiv höher scheint als beim Wort oder bei der Schrift, werden immer mehr Bilder produziert, um die jeweiligen Interessen besser transportieren zu können. Bildhaft (medial) produzierte Dinge erhalten einen höheren Stellenwert. Dies betrifft nicht nur die Bereiche Kultur, Sport und Freizeit. In noch bedeutsamerer Wei-

se gilt dies für den Bereich Politik. Längst gehört es zum Alltag, daß kulturelle und sportliche Ereignisse von vornherein auf ihre mediale Attraktivität hin konzipiert und finanziert werden.

Unabhängig von der Bewertung dieser Beobachtung führt dies zu einer enormen Aufwertung des Selbstverständnisses von Bildproduzenten. Für die Fotografen bedeutet dies eine Teilnahme an einem gesellschaftlich anerkannten, kommunikativen Tausch. Sie erwerben durch das Herstellen (aber auch durch den Erwerb) von Bildern die Kompetenz, sich im herrschenden Code zu verständigen und werden damit gleichzeitig virtuelles Mitglied einer imaginären Foto-Gemeinschaft. Das Medium Fotografie bekommt damit die Funktion eines universalen Kommunikates und verbindet auf ideelle Weise die Bildproduzenten. Nicht nur auf der immaterieller Ebene, sondern auch auf der Ebene der Alltagserfahrung kann die Fotografie helfen, Begegnungen zu begünstigen oder zu erinnern, da sie Anlaß zur Kommunikation stiftet. Das Foto dient zur Rekonstruktion gemeinschaftlich begangener Situationen (vgl. Bourdieu 1983, S. 26f.). Fotos können im Rahmen von Medienpädagogik soziale Kontakte und damit den kommunikativen Austausch erleichtern. Dies aktualisiert sich bei der Aufnahme und im Idealfall bei der Übergabe der produzierten Fotos. Das Foto gibt Anstöße, sich mit der Sicht einer anderen Person zu beschäftigen, macht neugierig und unterbindet dennoch nicht die eigenständige Interpretation der Betrachter. Es ist damit ein hervorragendes Mittel der sozialen Annäherung. Die Relevanz der angedeuteten Selbsterfahrung zeigt sich, wenn Fotos, die im Rahmen einer fotografischen Recherche aufgenommen wurden, den „Betroffenen“ zurückgebracht werden (vgl. Abschnitt 6.3.2.2).

Das Selbstbild wird im Diskurs in Frage gestellt und/oder bestätigt. Im Idealfall bleibt es nicht bei einem individuellen Lernprozeß. Die Fotografie kann optimal in einem gemeinsamen Lernprozeß mit anderen eingesetzt werden, um z.B. eine Foto-Ausstellung oder eine Foto-Zeitung zusammenzustellen oder eine Ton-Dia-Schau zu produzieren. In der Zusammenstellung einzelner Sichten zu einer gemeinsamen Sicht wird aus dem individuellen Lernen ein gemeinschaftliches Lernen. Da Medienprodukte nach Möglichkeit einen einheitlichen Stil haben sollten, bedarf es der Angleichung an einen gemeinsamen Standpunkt. Nicht die Normen der Gesellschaft sind dabei maßgebend, sondern eher die jeweils von der Peergroup favorisierten Seh- und Wahrnehmungsweisen. Das jeweilige Produkt wird zum Medium der Suche nach einer gemeinsamen ästhetischen Kommunikationsform.

4. *Fotografieren heißt: ich konsumiere.* In früheren Gesellschaften stand das Prestige einer Person in Verbindung mit seiner Fähigkeit, Produkte/Waren herzustellen bzw. herstellen zu lassen, die zum (gesellschaftli-

chen) Tausch angeboten wurden. Im idealen Zustand wurde Idee, Planung und Umsetzung als eigenständiger Prozeß erlebt. Heute muß von einem gewandelten Aneignungs(Tausch-)prozeß ausgegangen werden. Der einzelne ist in der Regel in Arbeitsbedingungen eingebunden, die es ihm nicht ermöglichen, den Ablauf des Arbeitsprozesses selbst zu bestimmen. Im allgemeinen sind wir heute Teil eines nicht überschaubaren Ganzen. Die Produktionssphäre gibt nicht mehr den Anstoß für die Stabilisierung des Selbstwertgefühles. In der souveränen Nutzung (fremd-)erzeugter Produkte, in den Konsumtionserfahrungen erlebt sich der einzelne als gesellschaftlich anerkannt und legitimiert. Der italienische Kunstkritiker Achille Bonito Oliva formuliert es drastisch. Für ihn wird der Konsum zum letztgültigen intersozialen Verbindungsakt zwischen Mensch und Realität (1991, S. 26).

Bildwelten laden insbesondere ein, sich im „Rausch des Konsums" zu verlieren. Aktive Fotografie bedeutet nicht nur, mit einem Fotoapparat auf Motivsuche zu gehen. Aktive Fotografie bedeutet, dem kreativen Aspekt eine besondere Bedeutung beizumessen. Mitnichten sind nur die teuersten Geräte in der Lage „Selbst-Entwürfe" zuzulassen. Die Qualität der Fotoapparate ist keineswegs entscheidend für die Möglichkeit, sich mit dem Medium Fotografie auszudrücken. Oftmals hilft gerade die Reduktion, der Rückbezug auf die Grundlagen, sich besser als „Selbst" zu artikulieren. (Selbst-)Bewußt zu konsumieren kann unter diesen Bedingungen heißen, sich nicht von den jeweiligen aktuellen Standards dominieren zu lassen. Der kreative Lernprozeß sollte sich nicht im kompetenten Kauf erschöpfen. Schon heute gibt es Fotoapparate mit digitalisierter Motivkontrolle. Fotoapparate, deren elektronische Bauteile die Autoren (positiv formuliert) „erheblich unterstützen", lassen die identitätssteigernde Erfahrung beim Fotografieren gefährdet erscheinen. Demgegenüber versprechen die sogenannten Still Videos (elektronische Fotografie) Potentiale eigenständiger, kreativer Eingriffe, da über Computer jeder einzelne Bildpunkt nachträglich verändert werden kann und eine spätere „individuelle" Bearbeitung des Bildes am Computer möglich ist, wenn auch unter Vorgabe der Software.

5. *Fotografieren heißt: ich ordne.* Bei den meisten Kulturen wird von einem Ordnungsprinzip ausgegangen, das als Grundlage des künstlerischen und kulturellen Schaffens angesehen wird. Fotografieren kann heißen, sich kompetent mit diesen Ordnungskriterien auseinanderzusetzen (vgl. Abschnitt 6.1.3.2), nicht nur, um sie anzuwenden, sondern um sie in anderen Fotos, Bildern oder Filmen zu erkennen. Die Befähigung zur Wahrnehmung der emotionalen Botschaft der Bilder ist wichtig, da sie unsere kognitive, kritische Reflexion unterlaufen können und damit eindringlicher wirken als die sogenannte inhaltliche Botschaft.

6. *Fotografieren heißt: ich begrenze.* Die Begrenzung des Bildraumes entspricht nicht der Erfahrung des Menschen. Den tatsächlichen Ausschnittcharakter unserer Wahrnehmung nehmen wir in der Regel nicht bewußt wahr. Durch die hohe Bedeutung, die wir dem Augensinn zumessen, wird unsere Vorstellung vom In-der-Welt-Sein insbesondere durch die Blickrichtung vorgegeben.[78] Die jeweilige Blickrichtung wird als die erfahrbare Realität, als subjektive Wirklichkeit interpretiert. Eine bewußte Wahrnehmung des Randes des Blickfeldes wird nicht vorgenommen. Darüber hinaus erkennen wir nicht, daß unsere Sehorgane nur in einem ganz geringen Gradbereich (in der Mitte des Blickfeldes) scharfe Bilder produzieren. Genausowenig bemerken wir, daß am Rande unseres Gesichtsfelds, auf unserer Netzhaut, sich keine scharfen Bilder abzeichnen. In den beiden äußeren Sektoren des Gesichtsfeldes befinden sich Perzeptoren, die insbesondere Bewegungsmeldungen sofort an unser Gehirn (das eigentliche Wahrnehmungsorgan) weiterleiten. Werden Bewegungen beobachtet, erfolgt sofort eine sogenannte sakkadische Augenbewegung. Das heißt, das Auge richtet sich frontal mit ganz schnellen Abtastbewegungen auf das Objekt, das die Bewegung signalisiert (vgl. Hubel/Wiesel 1986, S. 36ff.).

7. *Fotografieren heißt: ich entwerfe.* Die Ureinwohner Australiens sind davon überzeugt, daß sie zwei Seelen besitzen. Eine Seele steht in Beziehung zu den leiblichen Ahnen, und eine Seele, die Schattenseele, steht im Kontakt mit den Urahnen, die als Schöpfergötter die Welt in der Traumzeit erschaffen haben. Wird ein Ureinwohner fotografiert, befürchtet er, daß seine Schattenseele auf das Foto gebannt wird und somit bei seinem Tod die Wiedervereinigung seiner Seele mit den Ahnen verhindert werden könnte (vgl. Lommel 1981). Die Vorstellung, daß ein (fotografisches) Abbild ein Eigenleben haben kann, ist möglicherweise nicht nur bei primitiven Gesellschaften zu beobachten. Allerdings gibt es auch die umgekehrte Beobachtung. Westlich erzogene Menschen fürchten nicht, sondern suchen die Fotografie. Sie liefert ihnen die Vorlage eines Entwurfes möglichen Seins, dem sie nachzufolgen trachten. Sie lassen sich durch die Wahrnehmung ihres eigenen Abbildes beeinflussen (vgl. Abschnitt 5.4.1).

8. *Fotografieren heißt: ich generiere Welten.* Je mehr die Fotografie zum Gegenstand des alltäglichen Gebrauchs wurde, desto mehr entwickelte sich parallel dazu die Absicht, das Medium Fotografie als kreativ-künstlerisches Medium zu nutzen. Fotografen begannen, eigene Handschriften zu

[78] Dies war nicht immer so. Darauf weist Joachim-Ernst Berendt (1989) hin. Nach seiner Auffassung war in der Frühphase der Menschheit die Verortung des Menschen in der Welt mit dem Hören verbunden. Heute hat die akustische Welt an Einfluß eingebüßt. Sehr oft dienen Töne als sogenannte „eye-catcher“ (= „Blickfang“, besser „ear-catcher“ = „Hörfang“). Nach der Lokalisierung eines Tones erfolgt eine sofortige Fixierung der Augen in Richtung der Tonquelle.

Abb. 142: Fotografische Inszenierung, Seminarergebnis

entwickeln. Die Erweiterung des Mediums sollte dazu beitragen, die Oberfläche der äußeren Erscheinung zu durchdringen. Zuerst wurde die Abbildungstreue in Frage gestellt. Der erste „Sündenfall" war die Abkehr von der Schärfe. Inszenierungen und Fotomontagen haben das ursprüngliche Selbstverständnis der Fotografie nach Abbildungstreue ins Wanken geraten lassen. Nunmehr besteht der Wunsch, nicht nur Ansichten festzuhalten, sondern bestehende Ansichten zu beeinflussen und zu verändern. Dieses „generative Fotografie" genannte Konzept wendet sich gegen die Indifferenz und Gedankenlosigkeit im Umgang mit dem Medium Fotografie (vgl. Jäger 1988, S. 10). Gesucht werden neue Möglichkeiten der Artikulation, beabsichtigt ist eine Erweiterung bzw. Veränderung bisheriger Sehgewohnheiten. Der freie kompositorische Umgang mit dem fotografischen Prozeß bietet die Chance, in die Gesetzmäßigkeiten von eingefahrenen und überholten Konventionen einzugreifen, damit unabhängige Ausdruckspotentiale sich entfalten können. Konstruktion und Reflexion werden als Motive für diese Bildwelten genannt.

Schon Man Ray hatte 1934 mitgeteilt, daß die Verletzung der Regeln des benützten Mediums die persönlichen Überzeugungen eines Autors deutlich machen kann (Ray, zitiert nach Jäger 1988, S. 9). Zur reinen Verwirklichung einer Idee ist ein gewisses Maß an Verachtung für das verwendete Material unerläßlich. Der persönliche Stil, der in der Regel der inneren Einstellung des Fotografen entspricht, hilft, ein Motiv individueller zu gestalten und fotografisch umzusetzen. Während in früheren Generationen sich die Künstler in der Mehrzahl darum bemühten, zu einem Selbstausdruck der jeweils herrschenden Konventionen zu gelangen, werden zunehmend Bemühungen deutlich, zu einem persönlichen Stil zu gelangen. Oftmals ist dieser Stil mit Konventionsverletzungen verbunden, da nur über Regeländerungen die gewünschte Originalität und Aufmerksamkeit erzielt werden kann. Die Verletzung von Formen kann ganz unterschiedliche Motive haben.

Sicherlich ist sie auch ein bildhafter Ausdruck der von den Soziologen diagnostizierten Tendenz der Segmentierung und Individualisierung. Gleichzeitig bergen Konventionsverletzungen immer aber auch Hinweise auf sich wandelnde Sehgewohnheiten der Menschen. Ästhetische Konventionen können sich wandeln. Künstler können als Seismographen sich verändernder Wahrnehmungsformen gelten. Ihr Wahrnehmungssystem ist wirklicher als die Wirklichkeit, da sie Zeitströmungen virtuell erfassen, bevor diese sich in der Gesellschaft konkretisieren. Konventionsstörungen können helfen, Wandlungen in den Seh- und Wahrnehmungsweisen zu verdeutlichen. Der Fotoapparat kann wie ein Pinsel oder ein Musikinstrument als ein kreatives Werkzeug dienen und zu einem persönlichen künstlerischen Ausdruck verhelfen.[79]

9. *Fotografieren heißt: ich verändere meinen Standpunkt.* Die Positionierungen der jeweiligen Objekte im Bildraum werden meist unbewußt gesetzt. Fotos berichten nicht nur über das Abgebildete, sondern auch über die Abbildenden. Da die Ich-Wahrnehmung im hohen Maße mit der Auge-Hand-Koordination korreliert ist, setzen sich die Teilnehmer mit den von ihnen selbst produzierten Sichtweisen intensiver auseinander als dies über kognitive Lernprozesse der Fall ist. Das bisherige Bild von der Welt, das eigene Weltbild, wird durch die Erfahrung neuer Sichtweisen erweitert. Auf visuellem Wege läßt sich damit zu einer toleranteren Wahrnehmung erziehen. Wer gelernt hat, daß seine Sichtweise, seine Perspektive nur eine von mehreren möglichen Perspektiven ist, hat danach Potentiale, die Welt komplexer wahrzunehmen. Aus diesen Gründen achten wir bei Fotoseminaren darauf, daß jeder einen Fotoapparat zur Verfügung hat.

10. *Fotografieren heißt: ich bin.* Fotografieren bedeutet, ein Abbild von der Realität zu schaffen. Mißverständlicherweise wird das Ergebnis, das Foto, oft mit der abgebildeten Realität verwechselt. Obwohl es analytisch gesehen unmöglich ist, Realität abzubilden, wird die Fotografie dennoch als Medium verstanden, das in der Lage ist, die subjektiv erlebten Wirklichkeitswahrnehmungen als Realität festzuhalten. Bei der Realität der Fotos handelt es sich aber immer um eine ausschnitthafte Abbild-Realität. Fotografie nutzt Realität, schafft aber eine „andere“, eine neue Wirklichkeit und dies durch die subjektive Sicht des Autors, über den Einsatz die Wahrnehmung verändernder Objektive (u.a. Weitwinkel, Tele, Makro), die Benutzung von Filtern, durch Bildmanipulation im Negativ- und Positivlabor oder im Computer (Photoshop). Daher ist die Fotografie keineswegs ein objektives Dokument. Sie stellt sich selbst dar und dann vor allem die Sichtweise der jeweiligen Autoren. Die Fotografen gestalten, konstruieren, schaffen durch die Kadrage der Bildgestaltung „es gibt“ oder „es gibt nicht“ (vgl. Abschnitt 6.1.3.2). Das geschaffene Bild vermittelt dabei zwei

[79] Es sollte jedoch nicht vergessen werden, darauf hinzuweisen, daß die Herausbildung eines (Foto-)Kunstmarktes, der nach Marktprinzipien organisiert ist, eine innere Logik verlangt, die diesen Prinzipien entspricht. Dies bedeutet notwendigerweise die Produktion der permanenten Entwertung von Konventionen. Trends und Mode helfen, diesen Verschleiß zu organisieren.

Wirklichkeiten. Es verweist auf eine Realität, die das Motiv für das Abbild (Foto) war, und ist doch gleichzeitig eine neue Realität, nämlich ein Foto. Alles was auf dem Foto nicht enthalten ist, läßt sich von späteren Beobachtern des Fotos nicht mehr rekonstruieren und ist somit nicht existent. Während sich die Autoren möglicherweise an das konkrete Erlebnis bei der Aufnahme erinnern können, wird vom Betrachter allein das Foto als eigenständige Wirklichkeit erlebt. Da Fotos die Eigenschaft haben, so zu wirken, als ob sie die wahrhaftige Realität darstellen, kann es dazu kommen, daß sie von Betrachtern mit der ursprünglichen Realität gleichgesetzt werden (Immanentismus).

Die subjektive Seite des Objektivs ist der jeweilige Autor, der mit seinen persönlichen Vorlieben und Vorerfahrungen den Gegenstand, das Wahrnehmungsfeld gestaltet. Dies läßt sich als schöpferischer Prozeß beschreiben, der eine Auseinandersetzung mit dem eigenen Selbst bedeutet. Bewußt kann dies werden, wenn diese Erfahrung durch Auswertung der Ergebnisse reflektiert wird. Die Suche nach der Schaffung neuer Welten läßt sich als Suche nach einer Vergewisserung des Selbst bezeichnen. Neben der Selbstverwirklichung im kreativen Prozeß geht es elementar um die Erfahrung schöpferischen Gestaltens. Die Fotografie eröffnet daher Möglichkeiten der Suche nach Identität. Die Aneignung der neu geschaffenen, abgebildeten Gegenstände kann bedeuten, etwas bewirken zu können. Dies kann den Eindruck auslösen, Einflußnahme über die abgebildeten Objekte auszuüben. Jedes gelungene Foto oder jede geschaffene Medienproduktion, ob Ton-Dia-Schau, Videofilm oder Videoinstallation, entspricht einem aus den Sinnen geformten Sinnbild der Produzenten und ist Ausdruck eines subjektives Weltbildes, ein möglicher Entwurf zukünftigen Seins. Es stellt die ästhetische Imagination der Bearbeitung von Phänomenen der Weltwahrnehmung dar. In den Produkten ist Sinn verdichtet.

6.3.2.2 Fotografische Grenzerfahrungen

Wie sich die Potentiale der Fotografie in der medienpädagogischen Praxis entfalten, wird anhand von zwei Modellen dargestellt. Bei dem ersten Modell handelt es sich um den Einsatz von Fotografie im Rahmen von internationalen Begegnungen. Diese Begegnungen leiden oft darunter, daß Kommunikation wegen der Sprachprobleme nur beschränkt möglich ist. Dolmetscher können diesen Nachteil mindern, doch nicht gänzlich lösen. Es besteht meist die Gefahr, daß internationale Begegnungen „didaktisch“ überfrachtet werden. Dieses Problem läßt sich durch eigenständige Erkundung, die Integrierung der selbständigen Erfahrungsebene und die produktorientierte Auseinandersetzung mit einer Aufgabe lösen. Da der Diskurs der Bilder universale Elemente enthält, halten wir die averbale Kommunikation der Bildmedien für geeignet, um zu einem kommunikati-

Abb. 143: Projekt *Grenzerfahrungen,* Seminarergebnis

ven Austausch zu gelangen. Bei dem Projekt *Grenzerfahrungen* konnten dies die Teilnehmer (be-)greifbar erleben.

Darmstädter Jugendliche sollten sich ein Bild von ihrer polnischen Partnerstadt Plock machen. Beide Städte sind vom Jugendstil geprägt. Dies ist der offizielle Grund für die Städtepartnerschaft. Bei dem Projekt wurde an dieser Gemeinsamkeit angeknüpft. Als zweiter Aspekt war geplant, den Lebensalltag von Jugendlichen in Plock aus der Sicht der Darmstädter Jugendlichen fotografisch zu erkunden. Das ursprüngliche Thema lautete *Jugendstil – Jugendstile.*

In der Vorbereitungsphase fotografierten die Jugendlichen in Darmstadt zum Thema Jugendstil. Sie wurden in die Grundlagen der Bildgestaltung eingewiesen und lernten Filme zu entwickeln und das Vergrößern von Abzügen. In Plock wurden die in Darmstadt gewonnenen Kenntnisse angewandt. In einem eigens hergerichteten improvisierten Fotolabor wurden die bei Tage belichteten Filme am Abend und in der Nacht entwickelt. Mit Hilfe von Kontaktabzügen war es möglich, die jeweiligen Ergebnisse sofort auszuwerten. Bald zeigte sich, daß das ursprüngliche Konzept, die fotografische Aneignung der Welt von Jugendlichen, sich nicht verwirklichen ließ. Die Darmstädter Jugendlichen fanden keine Plätze und Orte, an denen sich polnische Jugendliche aufhielten, d.h. Jugend-Sein stand entgegen eigener Erfahrung nicht mit Öffentlichkeit in Verbindung. Das Projekt wurde umformuliert zum Thema *Grenzerfahrung.* Die Jugendlichen sollten nunmehr lernen, ihre eigenen Grenzen zu überschreiten, sich mit Hilfe der Fotografie den Menschen in ihrem Alltag zu nähern. Die soziale Wirklichkeit sollten die Jugendlichen nunmehr genauer wahrnehmen, das Alltägliche zum Gegenstand der Reflexion und Interpretation machen. Über die Vermittlung des Mediums Foto sollten sie sich mit dem Gesehenen kommunikativ auseinandersetzen, um die Strukturen des scheinbar Unsichtbaren, das Besondere in der Alltäglichkeit, zum Vorschein zu bringen.

Die fotografische Annäherung in zwei Dörfern in der Nähe von Plock führte zum katalysatorischen Erlebnis des Seminars. Nachdem die ersten Aufnahmen gemacht, die Filme entwickelt und die aussagekräftigsten Fotos vergrößert worden waren, wurden die Aufnahmen den Dorfbewohnern übergeben. Bei der Übergabe der Fotos spielten sich beeindruckende Szenen ab. „Unbeschreiblich die Reaktionen der Frauen und Kinder auf unsere Aufnahmen. Staunen, Freude, Dankbarkeit, Scham und Verlegenheit vermischen sich. Vorbeigehende Nachbarn werden angesprochen und kommen teilweise aus Neugier, teilweise aus Eigeninteresse. Auch ihr Wunsch ist es, ‚groß' fotografiert zu werden" (Rasch 1990, S. 27). Die Dorfbewohner fühlten sich durch die Fotos aufgewertet, da nach ihrem Verständnis, wie sie anhand ihrer Fotoalben auch zeigten, Fotos bisher nur mit außergewöhnlichen Umständen in Verbindung standen (Geburt, Kommunion, Heirat, Kindtaufe etc.).

Abb. 144: Polnisches Mädchen in Plock

Die Jugendlichen erhielten somit nicht nur einen Einblick in Alltag und soziales Leben der Bauern, sondern gleichzeitig einen Eindruck über die Funktion und Bedeutung von Fotografien für die Identität der Bauern. Die Fotografie eröffnete nonverbale Kommunikationsmöglichkeiten, sie bildete eine Brücke und ermöglichte, über Dinge zu reden, die der rationalen Erkenntnis nicht ohne weiteres zugänglich waren. Einen erschütternden Eindruck hinterließ die Übergabe des Bildes eines kleinen Mädchens, das in Plock aufgenommen wurde. Die Eltern teilten uns mit, daß ihre Tochter seit ihrer frühesten Kindheit an einer unheilbaren Schilddrüsenkrankheit leidet (vgl. Abb. 144). Das Bild verkörpert damit die von Barthes (1985) und Georg Schmid (1989) formulierten Gedanken zu Fotografie in umgekehrter Weise (vgl. Abschnitt 6.3.2.1). Für die Eltern war das Bild ein Zeichen des Lebens, ein Hoffnungsschimmer. Die Schönheit des Fotos gab ihnen Kraft zu glauben, daß ihr Kind die schwere Krankheit überwindet – der symbolische Tod des Augenblicks als Hoffnungsträger für zukünftige Lebensfreude.

Mehr als ein halbes Jahr lang trafen sich die Jugendlichen diskontinuierlich, um als Ergebnis des Seminars eine Ausgabe der vom *MuK* herausgegebenen Zeitschrift *AV-Information* mit dem Titel *Fotografische Grenzerfahrungen* zu produzieren. Den Schwerpunkt der Zeitung bildete die Präsentation von Fotos zu Leben und Alltag in Plock. Ergänzt wurden diese visuellen Ein-Sichten mit Beiträgen zum Jugendstil, einer auswertenden Montage des Konzentrationslagers von Stutthoff, sowie Beobachtungen und Auswertungen des Projektes. Einzelne Fotos wurden vergrößert und „professionell" auf Passepartoutkarton gezogen. Gemeinsam mit den polnischen Fotografen aus Plock wurde im Foyer des Justus-Liebig-Hauses in Darmstadt eine Fotoausstellung organisiert, die der Öffentlichkeit zugänglich gemacht wurde. Die Jugendlichen konnten im Verlauf des skizzierten Projektes, von der Idee über die Recherche, die Gestaltung, bis zur Umsetzung und der anschließenden öffentlichen Präsentation, einen ganzheitlichen Lernprozeß erleben. Ihre Fremd- und Selbstwahrnehmung wurde bei der Fotografie im Rahmen der Auswertungen, durch die Begegnungen mit den Menschen und am Ende bei der öffentlichen Präsentation gefördert.

6.3.2.3 Fotografische Inszenierungen

Bei dem zweiten Seminarmodell steht die Methode der „Inszenierung" im Vordergrund. Bei Jugendlichen beobachten wir ein großes Interesse an (der Inszenierung von) Selbstwahrnehmung. Mit Hilfe der Fotografie läßt sich dieses Bedürfnis kreativ nutzen. Dem Wunsch nach Selbstwahrnehmung geben wir im Rahmen von Fotoaktionen, die wir inszenierte Fotografie nennen, Raum für Gestaltung.

In der Anfangsphase („warming-up") beginnen wir mit Aufnahmen von Körperteilen, z.B. Händen, Füßen, Augen. Anschließend werden Hilfsmittel (Glasscheibe, Gitter, Gazestreifen) benutzt, um irreale bzw. witzige Porträts zu erzielen. Erst wenn genügend Vertrautheit hergestellt ist, nähern wir uns dem Gesicht. Diese Porträts nennen wir Gesichtslandschaften. Die Aufnahmen sind so nah, daß das Gesicht sich wie eine Landschaft entfaltet. Sowohl auf seiten der Fotografen als auch auf der der Modelle bedarf dies eines sensiblen Lernprozesses. Gelernt wird dabei, die innere (animistische) Scheu, sich fotografieren zu lassen, abzubauen bzw. die Kompetenz zu erwerben, so nah fotografieren zu können. Für die Teilnehmer ist es von hohem Interesse zu erleben, daß ihr Gesicht, obwohl kurz hintereinander aufgenommen, immer wieder ganz unterschiedliche Ausdrucksformen aufweist.

Die zweite Phase steht mit der Idee in Verbindung, historische, aktuelle oder fiktive Selbstporträts zu erzielen. Meist wird mit einer Aufgabenstellung gearbeitet, um die Teilnehmer über psychologische Hürden zu dirigieren, die sie aus eigenem Antrieb glauben nicht überwinden zu können. Sie erhalten spezielle Problemstellungen. Reizvoll ist es, historische, aktuelle oder fiktive Selbstporträts herzustellen. Dies kann durch eine offene, freie Gestaltung geschehen oder durch Hilfestellung, wie z.B. die Darstellung einer fiktiven Person aus den dreißiger oder sechziger Jahren, dem 21. Jahrhundert oder einer anderen Epoche. Nach eigener Vorstellung sollen (innere) Bilder entstehen. Die Ergebnisse zeigen, daß mit nur wenigen Kunstgriffen eine verblüffende Veränderung der Ausdrucksform der jeweiligen Gesichter erreicht wird.

Abb. 145 zeigt die Aufnahme einer Frau, die sich in ihrem Selbstverständnis zurückversetzt hat in das Zeitalter der Römer. Nur mit etwas Laub gelingt ihr eine verblüffende Wahrnehmungsveränderung ihres Gesichtes. Oft erleben wir dabei, daß die Teilnehmer in Rollen schlüpfen, die ihrem eigentlichen Selbstverständnis (soweit dies von außen erkennbar ist) nicht entsprechen. So ließ sich bei einem Seminar ein hochsensibler Student mit freiem Oberkörper und aufgemalten Tätowierungen ablichten. Das dabei entstandene Machobild widersprach seinem alltäglichen Verhalten. Eine zurückhaltende Frau verwandelte sich mit Hilfe eines Hutes zu einer mondänen Dame (vgl. S. 360, Abb. 142). Eine lebenslustige Frau ließ sich in einem nekrophil-surrealistischen Zusammenhang ablichten.

Abb. 145: Römerin, inszenierte Fotografie

Diese Verwandlungen geben Hinweise für verdeckte oder verschüttete Aspekte bei der jeweiligen Person. Die Bilder motivieren die Teilnehmer, in einen spannenden Diskussionsprozeß über Fremd- und Eigenbild zu treten. Diese inszenierten Selbstdarstellungen lassen sich auch als Suchbewegung nach einem unbewußten und verdrängten Teil des Selbst inter-

Abb. 146: Selbstporträt, inszenierte Fotografie

pretieren. Wir erleben immer wieder, daß die Inszenierungen existentielle Fragen berühren. Dies wurde nicht nur bei dem Selbstporträt von Peter Leckelt (Abb. 146), einem nebenamtlichen Mitarbeiter des *Landesfilmdienstes Hessen e.V., Institut für Medienpädagogik und Kommunikation (MuK),* mit dem einige der Foto-Inszenierungs-Seminare gemeinsam durchgeführt wurden, deutlich. Als Anregung wurde dieses Foto mit den Teilnehmern nachgestellt.

Bei diesem Bild handelt es sich um eine Doppelbelichtung. Nach Ermittlung der optimalen Lichtwerte (Blende/Zeit) wurde zuerst die Fensterfront mit der Hälfte der ermittelten Zeit aufgenommen. Danach wurde eine zweite Belichtung mit der Person auf dem Stuhl vorgenommen, so daß für beide Fotos die errechneten Blenden/Zeit-Verhältnisse erzielt wurden. Der besondere Reiz des Fotos liegt in seiner symbolischen Wirkung. Die Person wirkt, als ob sie an einem Kreuz hängt. Die Durchzeichnung des Körpers durch die transparenten Bäume läßt gleichzeitig die Assoziation zu, daß der Mensch in seinem Verhältnis zur Natur einem Leidensprozeß ausgesetzt ist oder aber auch, daß die Natur vom Menschen gekreuzigt wird. Die religiöse Metapher wird durch den Tisch (Altar) und die Dreigliederung der Fenster verstärkt.

In der dritten Phase werden keine inhaltlichen Vorgaben gemacht. Nach eigener Vorstellung sollen (innere) Bilder entstehen. Auf Wunsch

Abb. 147: Inszenierte Fotografie, künstliche Beleuchtung, Blitzaufnahme

können Requisiten (Tücher, Hüte u.a. Accessoires) helfen, die Phantasiebildung zu beschleunigen. Damit die äußeren Bedingungen diesen Prozeß begünstigen, werden visuelle Reize ausgeklammert, d.h. der Raum, in dem die Inszenierungen stattfinden, wird weitgehend verdunkelt. Jeweils nach individuellem Geschmack wird Musik abgespielt, um weitere Gefühlsebenen anzuregen.

Die technische Ausgangsbedingung ist der Einsatz von künstlichem Licht. Dabei haben sich zwei Beleuchtungsformen bewährt: Lampen oder Blitzanlage. Lampen (Heißlicht) haben den Vorteil, daß mit den entstehenden Schatten sich weitere kreative Gestaltungsmöglichkeiten ergeben, aber den Nachteil, daß sie eine große Hitzeausstrahlung haben und die Atmosphäre stark beeinträchtigen. Bei Lampeneinsatz gibt es einen höheren technischen Aufwand (es werden mindestens drei Lampen benötigt, um angemessene Inszenierungen im Raum fotografieren zu können). Außerdem besteht die Gefahr, sich an den Lampen zu verbrennen.

Eine Blitzanlage erhält die Atmosphäre des Raumes und vermittelt obendrein den Eindruck einer professionellen Arbeitssituation. Mit einer Blitzanlage können Fotos gemacht werden, die mit anderen Mitteln nicht möglich wären. So legte sich z.B. bei Abb. 147 die rechts abgebildete Person mit dem Rücken auf einen Tisch. Der Kopf ragte über den Tisch hinaus. Die linke Person beugte sich zu dem Zeitpunkt der Aufnahme über die liegende Person. Der Hintergrund des Motivs wurde mit schwarzem Tuch abgedunkelt.

Abb. 148: Inszenierte Fotografie, künstliche Beleuchtung, Einsatz von Lampen

Durch den punktgenauen Einsatz des Blitzes wurden Vordergrund und Hintergrund voneinander getrennt. Die Schräglage der Person wurde durch eine vertikale Aufnahme der Fotokamera ins Gegenteil verkehrt. Faktisch handelt es sich um eine Hochformataufnahme, die im Querformat abgedruckt wurde. So entsteht der visuelle Eindruck eines Zusammenhangs zwischen der Aktion der Person links (schreien) und der Reaktion der Person rechts (fliegende Haare).

Abb. 148 zeigt eine Aufnahme, die mit Lampen erzielt wurde. Sehr schön ist zu sehen, wie durch die Schatten die Bedeutung des Bildes aufgeladen wird. Die Wirkung der Bildgestaltung wird durch die Schatten intensiviert. Sinnvoll ist der Einsatz von drei Lampen, wobei eine Lampe frontal gerichtet wird, während die beiden anderen Lampen jeweils an der Seite stehen. Entsprechend dem Stand der Lampen wird die Wirkung des Objektes bzw. der Personen verändert.

6.3.3 Audiovision – Bilder lernen laufen

In der Jugend- und Bildungsarbeit wird das Medium Ton-Dia kaum noch eingesetzt, obwohl es eines der aufregendsten Medienkarrieren hinter sich hat. Die avancierte Form der Ton-Dia nennt sich heute Audiovision oder Multivision und verknüpft die analogen Medien Fotografie (Dia) und Ton und mit dem digitalen Medium Computer (Steuereinheit). Wegen des hohen technischen und ästhetischen Standards lassen sich im Vergleich zu Video erheblich bessere Produkt-Präsentationen herstellen, die insbesondere im Rahmen von Öffentlichkeitsarbeit publikumswirksam eingesetzt werden können.

Die Faszination der Dia-Audiovision (AV) beruht auf der ästhetischen Wirkung von groß projizierten Einzelbildern und der Verbindung dieser Einzelbilder zu einer rhythmischen Collage. Die Zuschauer können Bild für Bild in die inhaltliche, gestalterische und symbolische Bedeutung des einzelnen Dias eintauchen. Gleichzeitig ermöglicht die Überblendtechnik bei einem fließenden Bildwechsel Effekte, die mit dem Begriff „Das Dritte Bild“ beschrieben werden. Mittels der Überblendung entsteht zwischenzeitlich ein Bild, das Elemente des vorherigen und nachfolgenden Bildes enthält, ein virtuelles Bild. Die Beziehung zwischen den Bildern wird jedoch nicht nur durch das sogenannte „Dritte Bild“ erzeugt. Durch die Verknüpfung von Bildern zu Sequenzen (Blöcke) kann ebenso ein Zusammenhang zwischen den Bildern hergestellt werden. Bei einer Dia-AV geht es nicht um die Darstellung von schönen Einzelbildern. Gefordert ist ein In-Bezug-Setzen der Bilder zu einem präsentativen Gesamteindruck. Die unter systematischen Gesichtspunkten in eine Reihenfolge gebrachten Bildsequenzen können mit einer Tonfolie (Originalton, Text und/oder Musik) zu einem synthetischen Gesamtwerk zusammengefügt werden.

Die Zusammenstellung der einzelnen Sequenzen erfolgt nach dramaturgischen Kriterien. Die Kunst der Dia-AV besteht somit in der harmonischen Verbindung von Einzelbildern, der Berücksichtigung der spezifischen Gestaltungsform der Überblendung von zwei und mehr Bildern auf einer Bildfläche und der Beachtung konzeptioneller Gestaltungsprinzipien. Am Beispiel der AV-Produktion *Triade* wird der Produktionsverlauf einer AV-Schau dargestellt. Es handelt sich um eine Ton-Dia-Audiovision mit sechs Projektoren auf einer Bildfläche, einer sozialästhetische Annäherung an die Stadt Frankfurt. Bei der Produktion war beabsichtigt, medienpädagogisches Lernen mit künstlerischen Ausdrucksformen zu einer Einheit zu verknüpfen. Die Schau sollte somit eine Verbindung herstellen zwischen ästhetischer Aneignung des sozialen Alltags, wahrnehmungsorientierter Medienarbeit und künstlerischer Selbstdarstellung. An die Stelle der üblichen Kurzzeitpädagogik sollte ein längerfristiger gemeinsamer Lernprozeß treten. Die Projektbeschreibung gibt gleichfalls Einblick in konzeptionelle Überlegungen zu Gestaltungsprinzipien bei der Herstellung einer Ton-Dia-AV. Während in Abschnitt 6.2 die strukturell bedeutsamen Aspekte der Konzeption dargestellt wurden, geht es in Abschnitt 6.3 um die Konkretisierung am Beispiel von Projekten. Dabei kommt es zu inhaltlichen Überschneidungen.

6.3.3.1 Bildhauerei in Licht und Zeit

Schon zu Beginn eines Seminars werden visuelle Selbstdarstellungen eingesetzt (vgl. Abschnitt 6.2.1). Diese „warming up“-Phase dient dazu, sinnlich zu erfahren, daß in Bildern Gefühle gebunden sind. Den Teilnehmern wird dabei vermittelt, daß Eigen- und Fremdwahrnehmung nicht identisch sind und die jeweilige Wahrnehmung sehr viel über das eigene Selbstbild verrät. Die subjektive Seite des Objektivs und die Mehrdimensionalität des bildhaften Diskurses wird den Teilnehmern nähergebracht. Noch am ersten Seminarabend wird von den Teamern anhand ausgewählter Fotos eine Einführung in die Grundlagen der Bildgestaltung gegeben. Die bei der Sensibilisierungsphase angesprochenen Problembereiche werden systematisiert und in Beziehung gesetzt zu den Positionen der klassischen fotografischen Bildgestaltung (vgl. Abschnitt 6.1.3.2). Diese Grundlagen werden nicht als Dogma präsentiert, sondern als Hilfsmittel, um sich dem jeweiligen Thema visuell anzunähern.

Am zweiten Tag erfolgt die erste Recherche. Die Teilnehmer erhalten den Auftrag, in ausgewählten Stadtteilen zu fotografieren (vgl. Abschnitt 6.2.2). Die Dias werden schnellstmöglichst entwickelt, auf eine große Leinwand projiziert und ausgewertet. In dieser Phase geht es sowohl um die korrekte Belichtung eines Objekts als auch um die präzise Gestaltung eines Aufnahmegegenstands. Die Eigenwahrnehmung, die Absicht, ein Bildmotiv abzubilden, zu codieren, wird der Fremdwahrnehmung der Gruppe gegenübergestellt. Die Gruppe decodiert das jeweilige Bild anhand seiner strukturellen Bildinformationen. Dabei wird auf die vorher diskutierten Kriterien der Bildgestaltung Bezug genommen. Danach folgt eine allgemeine Auswertung. Nachdem Hinweise auf Mittenorientierung, Goldener Schnitt, Beachtung des Bildrandes, weitgehenden Verzicht auf die Himmel-Horizontalen, die Relevanz von hellen Punkten als „eye-catcher", also Blickfang, und auf die Funktion und Bedeutung von Linien gegeben wurden, lernen die meisten überraschend schnell. Die beeindruckenden Lernleistungen der Jugendlichen bringen wir in Verbindung mit einer latenten Befähigung im Umgang mit Bildern, der „nur" über Konsum angeeignet wurde. Medienpädagogische Hilfen lassen diese schlummernden Kompetenzen schnell zur Entfaltung kommen.

Bei der zweiten Recherche werden zur Ergänzung des vorhandenen Materials konkrete Rechercheorte vorgeschlagen. Bei der Auswertung der zweiten Recherche werden neben der Diskussion über die strukturelle Bedeutung der jeweiligen Fotos mit den jeweiligen Autoren Gespräche über ihre subjektive Bildgestaltung geführt. Nach unserer Auffassung sind in den von den Teilnehmern „gefundenen" Bildausschnitten geronnene Spuren der jeweiligen Welt-Ansichten bzw. Welt-Anschauungen verdichtet. Einerseits machen wir die fotografischen Schemata, die benutzt werden, deutlich, anderseits geben wir Hilfestellungen, um die schematisierte Wahrnehmung aufzubrechen. So erhält z.B. eine Person, die nur zentralperspektivisch fotografiert, die Aufgabe, Bilder mit Betonung des Bildrandes aufzunehmen. Eine Person, die im Bildaufbau immer die gleiche Horizontlinie setzt, erhält die Vorgabe, beim nächsten Film ohne Horizont zu fotografieren. Die Teilnehmer lernen mit Hilfe dieser Methode neue „Standpunkte" kennen (vgl. Abschnitt 6.2.2.2). Zusätzlich wird durch diesen Reflexionsprozeß eine Nivellierung der Einzelsichten gewährleistet, die eine notwendige Ausgangsbedingung ist, um bei mehreren Personen zu einem harmonischen Gesamtprodukt zu kommen.

Spätestens vor der dritten Recherche wird gemeinsam ein Cluster (vgl. Abschnitt 6.2.3) entwickelt. Es werden Begriffe, die den Teilnehmern zu dem zu bearbeitenden Thema einfallen, auf eine Wandzeitung geschrieben. Die Begriffe werden systematisiert und mit den vor-

Sensibilisierung
Bildgestaltung
1. Recherche
Auswertung/Bildsprache
Inhalt/Symbol-Reflexion
2. Recherche
Auswertung/Psychologie
Clustering
3. Recherche
Montageplan
Tonschnitt/Bildauswahl
Computer-Programmierung

Abb. 149: Strukturelles Seminarkonzept

handenen Aufnahmen in Zusammenhang gebracht. Danach wird überprüft, ob relevante Aspekte nicht berücksichtigt wurden. Die fehlenden Aspekte werden bei der abschließenden dritten Recherche ergänzt. Weiterhin dient die dritte Recherche zur Ergänzung teilweise vorhandener Bilder. Die Fotos der dritten Recherche werden ebenfalls gemeinsam auf einer Leinwand gesichtet, damit alle eine Vorstellung von dem vorhandenen Material haben. Ausgehend von dem erstellten Cluster wird gemeinsam ein Montageplan erstellt. Dieser Montageplan bildet die Grundlage für den Ton-Schnitt, die Bildauswahl und die Computerprogrammierung, so daß sich das (strukturelle) Seminarkonzept wie auf Abb. 149 ergibt.

6.3.3.2 Kompositionsregeln und Subtexte in der Dia-AV

Die ideale Medienproduktion besteht aus einer ausgewogenen Komposition zwischen inhaltlicher und formaler Botschaft. Da eine AV-Produktion aus ganz verschiedenen Teilen besteht, die jedoch von den Betrachtern als Gesamtheit aufgenommen werden, bedarf es einer sensiblen Abstimmung zwischen Inhalt und Form. Bildmotive, die sich in ihrer strukturell-ästhetischen Gestaltung sehr ähneln, erzeugen nach einiger Zeit Langeweile. „Selbstähnliche" Bildmotive können zur Abstumpfung und damit zum Desinteresse der Zuschauer führen. Wie in allen Bereichen unserer Wahrnehmung läßt die Aufmerksamkeit durch Gewöhnung nach. AV-Produktionen stehen daher unter dem Gebot der Kreativität und/oder der Vielfalt. Zu viel Abwechslung hat jedoch die gegenteilige Konsequenz: Sie führt zur Irritation und zur Erschöpfung. Ordnungsprinzipien können dem Zuschauer helfen, die Gedankengänge der Produzenten besser nachzuvollziehen.

Mindestens fünf Kriterien gilt es zu beachten, um, bezogen auf die Gesamtmontage und innerhalb der Sequenzen, ordnend zu gestalten: 1. Über den Inhalt vermittelt sich die konzeptionelle Idee. 2. Die Farbe schafft die emotionale Grundstimmung. 3. Die Struktur (Punkt, Linie, Fläche) bietet Raum für ästhetische Gestaltungen (Drittes Bild). 4. Der Ton (die Musik) stellt ein Zeitgefühl her und hält die verschiedenen Aspekte zusammen. 5. Die Montage läßt sich als die Spannungskurve bzw. die „story structure" (das, was eine Schau zusammenhält) einer Dia-AV bezeichnen. Geprägt durch die (Gesamt-)Montage erhält die Schau einen inhaltlichen und ästhetischen Sinnzusammenhang. Die in Abschnitt 6.3.2.1 vorgestellte „fotografische Ontologie" aktualisiert sich nicht als didaktische Einheit, sondern im Kontext der handlungsorientierten Medienarbeit.

6.3.3.2.1 Der Inhalt

Ein wesentliches Hilfsmittel bei der Gestaltung bildet die inhaltliche Strukturierung. Die erste Aufgabe ist die Herausarbeitung einer zentralen Botschaft. Auf diese Botschaft hin muß die Schau konzipiert werden. Die

Transportmittel für diese Botschaften können ganz unterschiedliche Formen annehmen. Die Inhalte können u.a. durch das Erzählen einer Geschichte vermittelt werden, einen historischen Verlauf schildern, eine surreale Traumvision darstellen, ein Erlebnis oder Ereignis dokumentieren, eine experimentelle oder eine poetische Reflexion repräsentieren. Die Bildauswahl wird von der Art und Weise der inhaltlichen Erzählweise beeinflußt.

6.3.3.2.2 Die Farbe

Farbfotografie (Diapositive) nutzen wir als Ausgangsmaterial für die Erstellung einer Audiovision (Ton-Dia-Überblendschau mit mehreren Projektoren). Farbe löst bei Betrachtern unbewußt Emotionen aus. Eine bewußte Farbgestaltung kann helfen, die Bildgestaltung zu einem harmonischen Gesamtwerk zu verdichten. Für den Maler Wassily Kandinsky (1963, S. 64) ist Farbe ein Mittel, „direkten Einfluß auf die Seele auszuüben". Sie steht nach seiner Auffassung mit den Klängen bestimmter Musikinstrumente in wechselseitiger Beziehung. Wenn es bei einer Audiovision gelingt, die Bildwechsel mit Hilfe des Tones (Musik) zu einer organischen Einheit zu verschmelzen (Synästhesie-Effekt, vgl. Abschnitt 6.2.4.3), werden Bilder zu Klängen und Klänge zu Bildern. Um diese Wirkung zu erzielen, bedarf es der Kenntnis einiger Grundregeln.

Bei der Erstellung einer Audiovision muß von Anfang an berücksichtigt werden, daß es nicht um die Präsentation von guten Einzelbildern, sondern um das Komponieren von Bild-Sequenzen geht. Kein Bild steht bei einer Audiovision für sich alleine. Jedes Bild hat ein Vor- und ein Nach-Bild. Inhaltlich verwandte Bilder, die getrennt aufgenommen wurden, können mit Hilfe der Überblendung zu einer Einheit verschmolzen werden. Daher müssen immer die Bildnachbarschaften beachtet werden. Kriterien für eine optimale Zusammenstellung der jeweiligen Fotos sind Inhalt, strukturelle Form und Farbe.

Die unbunte Farbe Schwarz als Hintergrund ist eine ideale Fläche für Überblendungen, da bei einer Überblendung die hellen Bildpunkte des folgenden Bildes sich in den dunklen Partien zuerst realisieren. Der Überblendeffekt des „Dritten Bildes" läßt sich aus schwarzen Bildpartien besonders gut erzielen. Schon bei der Aufnahme sollte daher auf eine hohe Kontrastwirkung geachtet werden, damit bei entsprechender Belichtung Schatten nicht mehr durchzeichnet sind, sondern schwarz werden, d.h. die Belichtungsmessung sollte sich an den Lichtern der zu fotografierenden Objekte orientieren.

Farbharmonie innerhalb einer Sequenz ist ein wesentliches Mittel, um dem Zuschauer die Orientierung in der Ordnungsstruktur der Produktion zu erleichtern. Innerhalb einer Sequenz werden nur Bilder verwandt, die vom Farbton, vom Kontrast und von der Helligkeit vergleichbar sind. Nach Möglichkeit sollte innerhalb der Sequenzen auf eine einheitliche Farbtemperatur geachtet werden. So werden z.B. bei der AV-Schau *Triade* die Repro-Fotografien der Exposition (Häusser) und der Marey-Läufer in einem einheitlichen Sepiaton gehalten, damit der Zuschauer eine (farbliche) Beziehung zu den Bildern herstellt (warme Grundfarbe). Bei der Hochhausphase wurde bewußt darauf geachtet, daß die Hochhäuser sich gegen einen klaren blauen Himmel (kalte Grundfarbe) abbilden.

Diese Regel kann jedoch unterbrochen werden, wenn durch musikalische Akkorde bzw. rhythmische Akzentuierungen (Binnenmontage) oder durch Tonschnitte (Außenmontage) eine Veränderung im Ton vorkommt. Die Farbe kann auch innerhalb einer harmonischen Struktur einer Tonsequenz geändert werden, wenn das jeweils folgende Bild ein Farbelement aufnimmt, das im vorherigen Bild enthalten war. Der Wechsel von Rot auf Gelb als dominante Farbe wäre dann problemlos möglich, wenn bei einem Bild mit ausschließlich gelber Farbe vor dem Wechsel auf Rot ein Zwischenbild verwendet wird, das bei dominantem Gelb ebenfalls noch einen Bildteil mit der Farbe Rot enthält. Abweichungen von dieser Grundregel können problemlos durch Überblendungen zu einer Komplementärfarbe erfolgen, da dies als angenehm empfunden wird, so z.B. eine Überblendung von Rot auf Grün oder von Gelb auf Blau. Ist eine Montage der Bilder aufgrund des vorhandenen Materials nach diesen Kriterien nicht möglich, empfiehlt es sich, mit Zwischenbildern zu arbeiten, d.h. man nähert sich der angestrebten Farbe entlang der Farbskala.

Die Farbharmonie kann mit Hilfe einer Außenmontage (Ton-Schnitt) durchbrochen werden. Durch die Außenmontage lassen sich ganz unterschiedliche Bilder/Töne miteinander verknüpfen und damit die jeweiligen Sequenzen, bezogen auf das Gesamtwerk, dramaturgisch ordnen. Die Binnenmontage hilft innerhalb einer Sequenz, dramaturgische Akzente zu setzen. Sie ist jedoch nur anwendbar, wenn der Farb-Wechsel in Beziehung gesetzt wird mit der Harmonie und der Komposition des Tones.

6.3.3.2.3 Die Struktur

Eine Optimierung von Überblendungen läßt sich nur ermöglichen, wenn die strukturellen Aspekte der Fotografie beachtet werden. Der Horizontalen kommt eine besondere Bedeutung zu. Ein springender Horizont wird wie ein Fehler interpretiert. Für die Zuschauer entsteht besonders dann eine Irritation, wenn die Horizontlinie nur wenig verändert wird. Die (scheinbar) einfachste Lösung liegt darin, die Horizontlinie immer beizubehalten. Die Alternative liegt in einer variierenden Positionierung der

Horizontalen, d.h. einer größere Differenz zwischen den Linien. Dies hat den Vorteil, daß bei der Überblendung reizvolle und oftmals überraschende Wirkungen erzielt werden.

Enthalten die Aufnahmen keine Horizontalen, fällt es den Betrachtern schwerer, Größenproportionen herzustellen, wenn nicht bekannte Objekte, so z.B. Personen, eine Vergleichssituation ermöglichen. Fehlt der Größenvergleich und damit die Möglichkeit für die Zuschauer, eine direkte Beziehung zu ihrer Erfahrungswelt herzustellen, sind sie eher bereit, die Distanz zwischen sich und den Bildern aufzulösen. Die Imaginationsfähigkeit der Zuschauer wird somit gesteigert. Sie werden aus ihrem konkreten Verhältnis von Raum und Zeit herausgelöst und der „mythischen Botschaft" der Bilder ausgesetzt. Die Alternativen lauten daher „radikale" Horizontnutzung oder Verzicht auf den Horizont. Bei Preisgabe der Horizontlinie sind die Produzenten gezwungen, sich dem Objekt von verschiedenen Standpunkten und Perspektiven anzunähern. Der Blick öffnet sich für Details, Nahaufnahmen und ungewöhnliche Aufnahmewinkel. Dadurch werden die fotografischen Ergebnisse besser. Neben der Horizontalen bedarf die Vertikale (Bildtrenner) und der Bildrand einer sensiblen Beachtung. Die geschickte Positionierung von Objekten im rechten und linken Bildraum ermöglicht vielfältige Gestaltungsmöglichkeiten

Schon bei der Aufnahme können die Überblendungseffekte vorbereitet werden. Vorteilhaft ist ein monochromer Hintergrund, vor dem sich die Objekte (Figuren) abzeichnen. Die Konzentration auf eine bewußte Gestaltung zentralperspektivischer Abbildung läßt sich als weitere bedeutsame Form der Bildgestaltung unter strukturellen Gesichtspunkten betrachten. Insbesondere mit dem Kreis oder mit ovalen Formen sind optimale Überblendeffekte zu erzielen. Im Zentrum des Bildes wird ein kreisrundes Objekt, eine Blume oder ein Lichterkranz positioniert, und die folgenden Bilder erweitern oder verringern das Kreissegment unter Beibehaltung des Zentrums als Achse.

Bei schnellen Bildwechseln ist es sinnvoll, auf eine zentrierte Montage zu achten, d.h. jeweils Bilder mit der gleichen Bildachse zu verwenden. Das Gegenteil der zentrierten Montage liegt in der Ausnutzung der Breite des Bildraumes. Damit ist eine weitere Variation sequentieller Bildgestaltung angesprochen, die Anwendung von Schrägen und Diagonalen als strukturell korrespondierende Achsen. Unter Einbezug von Schrägen läßt sich der gesamte Bildraum gestalten. Für die Zuschauer sind Überblendungen am attraktivsten, die mit amorphen Bildern arbeiten, so z.B. Spiegelungen. Der Verschmelzungseffekt (Drittes Bild) ist hier am intensivsten. Ebenfalls ist die Verlagerung von Tiefenschärfe ein geeignetes Mittel, den Zuschauern reizvolle Überblendungen zu präsentieren.

6.3.3.2.4 Der Ton – die Musik

Die Aufmerksamkeit der Zuschauer wird durch den Ton maßgeblich beeinflußt, er gilt als „eye-catcher“. Das Auge folgt dem Ohr und (ver-)führt dadurch die Zuschauer. Die emotionale Wirkung bei einer Dia-Schau geht insbesondere von der Tongestaltung der Musik aus (vgl. Abschnitt 5.7.1). Die Musik öffnet unmittelbare Empfindungen. Sie wirkt auf unser Zeitgefühl. Über die Musik wird das Gefühl der Einheit bei einer Dia-Schau geschaffen. Bei gleicher Musik werden vom Zuschauer unterschiedliche Motive in einen Zeitzusammenhang gestellt. Tonschnitte machen Zeitsprünge für die Zuschauer transparent, auch akzentuierte Akkorde und Tempiwechsel innerhalb eines Musikstückes können helfen, unterschiedliche Zeitebenen zu gliedern.

Bevor wir eine Bildsequenz zusammenlegen, fällt nach Maßgabe der inhaltlichen Konzeption die Entscheidung für eine Ton-(Musik-)Montage. Beachtet werden muß die Klangfarbe, wenn Musik und Bild zu einer Synthese verschmelzen sollen. Wenn der Tonschnitt vorliegt, erarbeiten wir eine Musikanalyse, die dann Vorgabe für die Auswahl der Bilder ist. Takt und Harmonie geben die Orientierung bei der Auswahl der Bilder. Bild und Ton werden so zusammengefügt, daß sie eine Einheit ergeben. Dabei legen wir entsprechend der Musikanalyse Zuordnungen fest. Danach entscheiden wir, mit welchen Bildern unter Berücksichtigung bildgestalterischer Kriterien und Farbbeachtung (tiefer Ton = dunkle Farbe) die beabsichtigte synästhetische Wirkung im Kontext der Gesamtaussage erzielt werden kann.

Die Musik gibt die Vorgabe für die jeweiligen Überblendzeiten. Jede Musik verlangt ihre eigene Anpassung an die Bildüberblendung. Gleichbleibende Überblendzeiten ermüden nicht nur, sondern vernachlässigen eine der wichtigsten Gestaltungsformen, den Rhythmus. Anzustreben ist daher eine Beziehung zwischen der Musik und dem Rhythmus der Bildwechsel. Die Dynamik der Musik „ist der Zement, der die Bilder aneinander bindet“ (Werbrouck 1997, S. 13). Für die Dynamik der Musik verantwortlich sind Tempo (schnell, lebhaft, sehr schnell, langsam, breit, ruhig), Kadenz (gleichmäßiges oder freies Tempo), Lautstärke und Akzente (graduelle Verstärkung bzw. Abschwächung eines Tones).

6.3.3.2.5 Die Montage

Auf die Bedeutung der Montage wurde bereits in Abschnitt 6.2.4 ausführlich hingewiesen. Die dort geäußerten Prinzipien sind auch für Dia-AV anwendbar. Bei Dia-AV kommt der horizontalen Montage, den Bildnachbarschaftenn eine besondere Bedeutung zu. Alle hier erwähnten Kriterien, Inhalt, Farbe, Struktur, die Musik und die Gesamtmontage, müssen beim Zusammenlegen der Bilder beachtet werden. In dieser Phase lernen die Jugendlichen, wie mit Bildmontagen beim Zuschauer induktive Schlüsse nahegelegt werden. Sie eignen sich Kenntnisse an, wie sich die Wirkung der Bilder durch Musik oder Töne verändert und wie durch die Nachbarschaften von Bildern neue Zusammenhänge entstehen. Die Montageerfahrung gehört zu den bedeutendsten Lernprozessen innerhalb der Medienarbeit. Jugendliche erleben sinnlich, wie Bilder durch das unterschiedliche Zusammenfügen eine andere Wirkung erhalten und damit eine andere Wirklichkeit transportieren. Auf der rationalen Ebene können sie nunmehr besser nachvollziehen, wie mit Bildern manipuliert werden kann. Genauso wichtig ist jedoch, daß sie bei der Montage mit realen, verdichteten und imaginisierten Wirklichkeitswelten konfrontiert werden und lernen, Entscheidungen zu treffen, innerhalb dieser unterschiedlichen Welten Bezüge und damit Bedeutungen herzustellen.

6.3.3.3 *Triade*

Die Produktion *Triade* entstand im Rahmen eines Bildungsurlaubsseminars des *Landesfilmdienstes Hessen (MuK).*[80] Bei diesem Seminar hatten wir sowohl einen realen als auch einen imaginären Raum vorgegeben. Die Stadt Frankfurt a.M. bildete die Vorgabe des realen (Recherche-)Raumes, der imaginäre Raum lautete „Dreieck". Bei der Produktion der *Triade* wurde sehr schnell deutlich, daß die Teilnehmer das Thema zu konkret umgesetzt hatten. Sie fanden nur geometrische Dreiecke. Bei der Reflexion der Schwierigkeiten, die bei der ersten Recherche aufgetreten waren, wurde deutlich, daß an eine symbolische Interpretation des Begriffs „Dreieck" nicht gedacht worden war. Diese Selbsterfahrung öffnete den Blick und schuf eine gute Ausgangsbedingung, über die anthropologische und religiöse Bedeutung des Dreiecks zu reflektieren. Da das Dreieck seine psychodynamische Spannung aus der Zahl Drei bezieht, richtete sich das Interesse der Teilnehmer auf die mythische Bedeutung der Drei. Es wurden Überlegungen angestellt, das dreigeteilte schamanistische Weltbild Unter-, Mittel- und Oberwelt) als Tiefenstruktur der Schau zugrunde zu legen.

Die zweite Recherche ging von dem neuen Verständnis aus, das Dreieck als Symbol zu sehen und seine mythische Bedeutung im konkreten Lebensalltag aufzuspüren. Geleitet von der Idee des dreigeteilten schamanistischen Weltbildes wurden drei verschiedene Räumlichkeiten vorgegeben. Dies sollte die Raumrecherche erleichtern und optimale Bedingungen für angemessene Bilder schaffen. Eine Gruppe erhielt den Auftrag, „Unter-

[80] Über das Projekt, das von Hildegard Wolf und mir medienpädagogisch betreut wurde, ist bereits ausführlich berichtet worden (Röll/Wolf 1995). 14 Teilnehmer im Alter zwischen 20 und 35 Jahren nahmen an dem Projekt teil. Im folgenden Kapitel handelt es sich um eine Kurzfassung dieses Textes.

welt"-Bilder zu fotografieren. Das alte Frankfurter Klärwerk, ein Jugendstilgebäude, das zu Anfang des Jahrhunderts erbaut worden war, wurde als Rechercheraum ausgewählt. Das Gebäude versprach geeignete Fotos, da in seinem Kellergewölbe Aufnahmen gemacht werden konnten, die an „archaische" Bildwelten erinnerten. Ferner galt das Augenmerk dieser Gruppe den Bewegungsräumen unterhalb der Erde (U-Bahn, B-Ebene). Die zweite Gruppe sollte im Innenstadtbereich Menschen in ihrem Lebensalltag fotografieren. Das Subtext-Thema dieser Gruppe lautete, Aufnahmen herzustellen, die zum Thema „Mittelwelt" passen. Die dritte Gruppe suchte zwei Tempel der Kunst auf, die als Symbol für die „Oberwelt" gedacht waren. Im Fokus der Objektive stand auf der einen Seite ein von Friedrich Hundertwasser entworfener Kindergarten, bei dem es keinen rechten Winkel und damit auch kein Dreieck gibt, und das Museum für Moderne Kunst, dessen Grundriß ein Dreieck bildet. Darüber hinaus durfte alles fotografiert werden, was gefällt. Die Aufträge bildeten somit „Mindestaufgaben". Vor der dritten Recherche wurde ein Cluster erstellt. Das Cluster half, die bisherigen Ergebnisse zu vergegenwärtigen und öffnete den Blick auf fehlende Aspekte. Eine Gruppe hatte Abfallhalden im Ostend fotografiert. Zu diesen Aufnahmen wurde noch ein ästhetisches Äquivalent gesucht. Eine andere Gruppe berichtete von einem Schrottkunstwerk an der Alten Oper, so daß die fehlende „Lücke" schnell gefunden war.

Bei dem Projekt *Triade* war an eine besondere Verzahnung von Inhalt und Form gedacht. Da der Begriff Dreieck die Teilnehmer in ihren Phantasien zu sehr festlegte, entschied sich die Gruppe für den abstrakteren Begriff *Triade* als Titel der AV-Schau. Drei Wirklichkeitswelten der Stadt Frankfurt sollten reflektiert werden. Die Schau war so konzipiert, daß sowohl eine reale als auch eine symbolische Deutung der Schau gewährleistet war. Wie dem Strukturplan (vgl. Abb. 150) zu entnehmen ist, wurde *Triade* in vier Hauptteile mit jeweils drei Sequenzen gegliedert.

Die Exposition der Schau bilden Reprofotografien von Robert Häusser, die im Stil des magischen Realismus gestaltet sind und eine mythische Grundstimmung enthalten. Der erste Hauptteil, *Triade I,* reflektiert Fantasiewelten, die mit der Unterwelt in Beziehung stehen. Während in patriarchalischen Kulturen die Unterwelt mit dem Teufel in Verbindung gebracht wird, gilt die Unterwelt bei den traditionellen Kulturen als Raum des Heiligen, als Ort, wo Leben und Tod eine Einheit bilden oder, wie es in den Mythen heißt, „der Tod das Leben gebiert" (vgl. Gimbutas 1995, S. 187ff., und den Dokumentarfilm *Der Tod gebiert das Leben* von Hannes Heer aus der Serie *Mythen der Völker,* ZDF 1988). Die erste Sequenz dieses Teils beginnt mit unscharfen Bildern. Vage ist erkennbar, daß es sich um verzerrte Bilder aus Innenräumen der heutigen Zivilisation (die patriarchalisch geprägt ist) handelt. Diese Bilder sind Personifikationen der Wandlung und

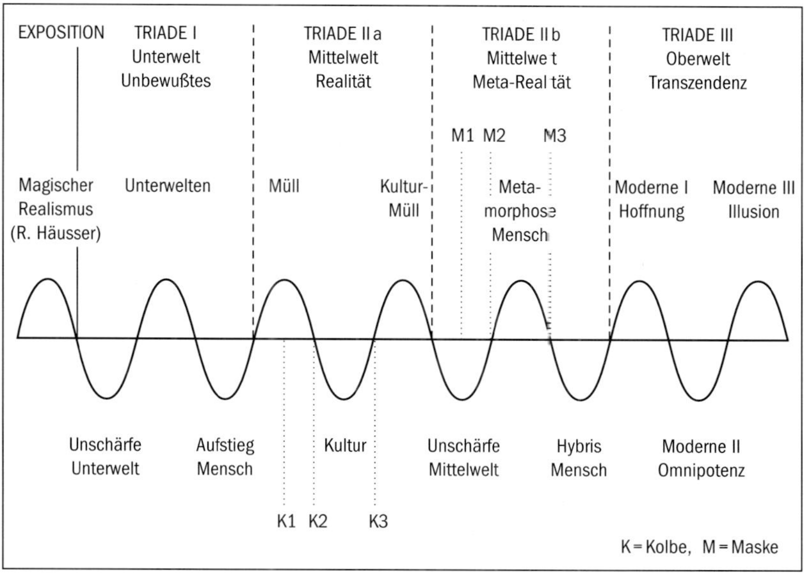

Abb. 150: Strukturplan *Triade*

sollen Sehnsucht verheißen. Es sind nur Aufnahmen mit künstlichem Licht zu sehen. Während in früheren Kulturen das Dunkle, das Schwarze eher dem weiblichem Kosmos zugeschrieben wurde, steht das Licht im Zeichen des männlichen Kosmos. Obwohl vermutlich die matriarchalischen den patriarchalischen Kulturen vorausgingen, bildet diese Sequenz den eigentlichen Beginn der Schau. Die Positionierung an dieser Stelle soll einerseits eine Vorahnung induzieren, andererseits den Ausgangspunkt für eine elliptische Montage schaffen. Die Schau wird skaliert, d.h. rhythmisch unterbrochen, von drei Sequenzen mit unscharfen Bildern. Sie stehen zu Beginn, bilden die Mittelachse und den Abschluß der Schau.

Der Wechsel von der patriarchalischen hin zur matriarchalischen Unterwelt wird mit einer Bildanimation verknüpft. Es handelt sich dabei um Abbildungen von Chrono-Fotografien Etienne-Jules Mareys. Vier Läufer (Symbol für die vier Hauptteile) laufen nach links. Links steht in diesem Zusammenhang für Vergangenheit, d.h. die Läufer gehen zurück in die Vergangenheit. Die Läufer stehen auch als Symbol unserer linearen Vorstellung von Bewegung und Zeit. Sie repräsentieren unser heutiges (lineares) Zeitempfinden. Über die Präsentation der Fotos wird eine widerspruchsvolle Beziehung von Raum und Zeit dargestellt. Diese Animation wird in eine runde Uhr überblendet, die neben der männlichen Zeit auch die weibliche Form (das Runde) symbolisiert. Damit ist auch auf formaler

Ebene ein stimmiger Übergang gewährleistet, um in der zweiten Sequenz das zu zeigen, was Sehnsucht verkörpern könnte, wie z.B. der Blick zurück in die „heilige" Unterwelt der Vergangenheit. Während die Musik und die formalästhetische Gestaltung der Bilder „das Heilige" ausdrücken, wird diese Zuschreibung der Bilder durch den Inhalt gebrochen. Mit ästhetisierenden Bildern, bei dominanter Nutzung des Kreises als Gestaltungsform, wird der Abfall der Stadt Frankfurt gezeigt. Diese Bilder gehen im Rhythmuswechsel der Musik über in Aufnahmen der Metro von Moskau.[81] Die Aufnahmen der „Kloake" und der Metro von Moskau sind so stilisiert, daß beim Zuschauer, unabhängig vom „Inhalt", der Eindruck einer Kathedrale ausgelöst wird. Die Zuschauer sollen spüren, daß bei entsprechender architektonischer Gestaltung das Unterirdische immer noch starke Gefühle bindet. Selbst scheinbar profane Objekte, wie z.B. Kläranlagen oder Verkehrswege, erhalten sofort die „Aura des Heiligen", wenn die Architektur und die davon zeugenden Fotografien Erinnerungen an frühere Kulturvorstellungen zulassen. Im Ausklang von *Triade I* werden Menschen gezeigt, wie sie aus dem Untergrund an die Oberfläche kommen. Die Menschen, die oben ankommen, sind jedoch gescheiterte Menschen, die in unserer Gesellschaft als Modernisierungsverlierer bezeichnet werden.

Danach beginnt der zweite Hauptteil, die Darstellung der Mittelwelt, *Triade II*. Die Menschen lösen sich von der Eingebundenheit in die Natur, kommen an die Oberfläche und werden dort konfrontiert mit Auswirkungen der Zivilisation, mit Müll. Bei gleicher Klangfarbe der Musik wird in einem Dreierschritt das Thema „Ästhetik" behandelt. In der ersten Sequenz dieses Teiles werden schön fotografierte Abfallhalden gezeigt. Aus den Müllbergen wächst im Hintergrund die Skyline. Mächtige Kräne, die in den Himmel ragen, symbolisieren das Heraustreten aus der Natur. Danach folgen in der zweiten Sequenz Bilder von der Alten Oper Frankfurt, die dem Klassizismus verpflichtet sind und als Symbol für das Wahre, Schöne und Gute stehen, dem klassischen Schönheitsbegriff. In der dritten Sequenz von *Triade II* werden polare ästhetische Aspekte miteinander verknüpft. Gezeigt werden Bilder eines Schrott-Kunstwerkes. Anfangs sehen die Zuschauer im Vordergrund von einem Künstler zusammengepreßte Autos, die über mehrere Meter den Vorplatz der Alten Oper Frankfurt ausfüllen, wobei die Alte Oper in einem kleinen Ausschnitt auf dem Foto noch erkennbar ist. Nach mehreren Bildwechseln wird die Alte Oper verdrängt, und der Kunst-Müll rückt in den Vordergrund. Zum Schluß sitzt

[81] Ursprünglich war es vorgesehen, Bilder von der U-Bahn Frankfurts zu nehmen. Da es bei den Aufnahmen Probleme wegen der Foto-Erlaubnis gegeben hatte, wurden „ersatzweise" Bilder von der U-Bahn Moskaus verwandt. Ein weiterer Aspekt war die besondere Ästhetik der Moskauer Metro.

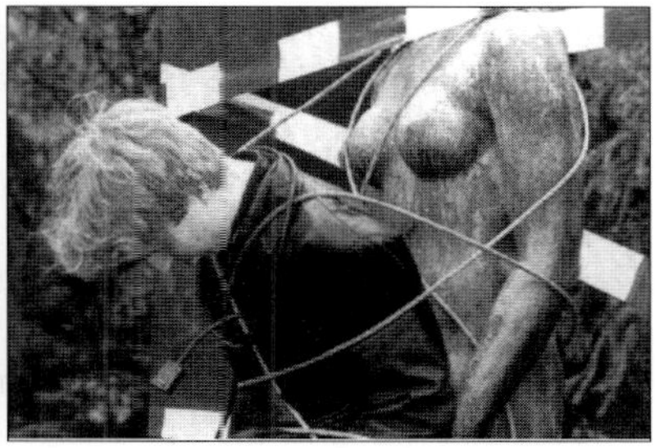

Abb. 151, 152: *Triade*, Herrschaft des rechten Winkels, Kolbe-Figur und Mann

ein Mann neben einem Müllkorb, mitten im Kunstwerk, bevor er sich in spiegelnden Fassaden auflöst.

Innerhalb dieses Hauptteiles sind als Trennung (Paukenschläge) zwischen den drei Sequenzen jeweils drei Bilder von einem jungen Mann zu sehen, der an einen nackten Frauentorso (Kolbe-Skulptur) mit Seilen festgebunden ist (vgl. Abb. 152).

Diese Aufnahmen wurden mit erheblichem Aufwand inszeniert. Sie bieten Anlaß zum visuellen Bild-Diskurs (Montage-Denken). Durch die Integration dieser drei Bilder in den Zusammenhang einer Sequenz mit Müll wird eine hypothetische Beziehung zwischen der Umweltzerstörung, der Müllherstellung (Konsum-Denken) und der (psychologischen) Abhängigkeit des Mannes von der Natur (dem Weiblichen) dargestellt. Wegen seiner Unfähigkeit, das Weibliche in sich anzunehmen, eignet sich der Mann die Natur an, bleibt aber auch an sie gekettet, kann ohne sie nicht existieren. Derartige Bildsequenzen gehen von der Hypothese aus, daß der Zuschauer nicht nur Konsument ist, sondern sich eine Dia-AV aktiv aneignet und mitbeteiligt ist bei der Herstellung der Gesamtwirkung. Die perfekteste Überblendung entsteht nicht auf der Leinwand, sondern im Kopf der Zuschauer.

Während die Mittelwelt in *Triade II* als eine gebrochene Beziehung zur Unterwelt interpretiert wird, behandelt der dritte Hauptteil, *Triade III*, die Beziehung der Mittelwelt zur Oberwelt. Dies läßt sich auch als ein neuer Versuch der „Menschwerdung" interpretieren. Die Mittelwelt (die Welt des Menschen) wird charakterisiert als eine Welt des Übergangs. Die in dieser Welt zu sehenden Menschen sind auf der Suche nach Verortung. Wiederum stehen unscharfe Bilder zu Beginn dieses Hauptteiles. Bezogen auf das Gesamtwerk handelt es sich um die Mittelachse der Schau. In dieser Sequenz sind die Unschärfen auf der Straße (Außenaufnahmen) erzielt worden. Menschen hasten vorbei, werden nur noch schemenhaft wahrgenommen, lösen sich in Fragmente auf. Bei einem Bild sieht man nur noch einen Fuß, bei einem anderen eine Hand. Das Selbst, das Personsein verschwindet. Die Figuren, die Subjekte, lösen sich vor einem dominierenden Hintergrund auf. Dieser Hintergrund ist ebenfalls unscharf, aber gleichwohl auch die Lichtquelle, der Energieträger. Es handelt sich um Schaufenster, die den Menschen den Weg zu einem nicht mehr zu identifizierenden Ziel weisen.

Wiederum in einer Dreier-Interpunktion „intervenieren" Masken. Sie schieben sich über die vom Menschen geschaffene Architektur. Dabei werden drei Hilfsmittel verwendet. Der Bilderrahmen, den eine Maske um den Kopf geschlungen hat, gilt als Hinweis auf die zentralperspektivische Wahrnehmung mit der wir uns Welt aneignen. Die Kadrage unseres Bewußtseins durch vorgegebene Sichtweisen wird durch eine weitere Aufnahme deutlich gemacht (vgl. Abb. 151). Eine Kerze soll die Suche nach Erkenntnis verkörpern. Ein Spiegel steht als Ausdruck einer Suche nach dem eigenen Ich. Die Masken begleiten die Suchbewegung nach Identität in der Moderne. Spiegelfassaden und Hochhäuser stehen als Abbild der Moderne. Diese Aufnahmen wirken ebenfalls wie (Bilder-)Rahmen, verdeutlichen den rechten Winkel, den Herrschaftswinkel, der am markantesten das kartesianische Denken verkörpert. Dramaturgisch verknüpft mit der Musik vollzieht sich eine Metamorphose. Das Streben des Menschen inkarniert in Glas und Stein. Diese Sequenz wirkt wie ein Fanal, eine Neuorientierung, an dessen Ende majestätisch, den (patriarchalischen) Göttern gleich, die Hochhäuser Frankfurts gen Himmel ragen.

Die ästhetisch beeindruckenden Architekturaufnahmen, durch Froschperspektive noch überhöht, versinnbildlichen die Suchbewegung des Menschen nach oben (zu Gottvater) und das Abwenden von der horizontalen Perspektive (Natur). Während die Ästhetik der Horizontalen mit Ruhe in Verbindung gebracht wird, steht die Ästhetik der Vertikalen mit dem Attribut Unruhe in Beziehung. Diese Unruhe, die dem „senkrechten Blick" eigen ist, wird verstärkt durch die gleichzeitige Präsentation von zwei Bildern auf einer Bildfläche (Doppelprojektion), wobei die jeweiligen Bildpaare jeweils weniger als eine Sekunde gezeigt werden. Der Schrecken und die Schönheit der Überwältigung durch die Dominanz der Senkrechten ist die Folge.

Der vierte Hauptteil, die Darstellung der Oberwelt, *Triade IV*, wird als Wunsch nach transzendentaler Erfahrung skizziert. Nach der Natur und dem Streben nach Höherem wird die Oberwelt als imaginärer Suchraum, verkörpert durch die Kunst, präsentiert. In *Triade IV* steht die Kunst im Zentrum der Seinssuche. In der ersten Sequenz dieses Teils werden Bilder von einem Frankfurter Kindergarten gezeigt, der nach Plänen des Wiener Künstlers und Architekten Friedensreich Hundertwasser gebaut wurde. Bei diesem Kindergarten gibt es keine rechten Winkel, es dominiert die gebrochene Linie, das Runde, das Elliptoide. Auffallend ist die grelle Farbgebung und die Vielfalt an Baumaterialien. Dieser außergewöhnliche Kindergarten verkörpert den kreativen Widerspruch zur Zweckrationalität. Das Gebäude des Kindergartens hat allerdings neben der äußeren noch eine innere Wahrheit. Wie inzwischen bekannt wurde, sind zwar die Außenfassaden nach den Wünschen des Künstlers gebaut worden, aber die von außen nicht zu sehenden Bauteile sind entgegen den Auflagen des Künstlers nicht mit Naturmaterialien, sondern mit Beton angefertigt worden. Bild und Wirklichkeit als gewünschte symbolische Neuorientierung stehen im Widerspruch zueinander.

Die konfliktträchtige und widerspruchsvolle Lebenswelt im Zeitalter der Moderne wird in der darauffolgenden Sequenz über das Museum für Moderne Kunst deutlich. Die Darstellung der ungewöhnlichen Dreiecksstruktur der Museumsarchitektur wechselt im Rhythmus und dem Takt der Musik und den Ausstellungsstücken aus dem Museum. Die ästhetische Darstellung dieser Sequenz nimmt die architektonische Grundstruktur des Gebäudes, das Dreieck, auf und variiert diese geometrische Grundform mit der Zentralperspektive und den in dem Museum ausgestellten Produkten. Andy Warhols Bild von *Marilyn Monroe* wird konfrontiert mit dem Kopf eines Gefolterten, On Kawaras *Date-Paintings* stehen der *Benetton*-Werbung dramaturgisch gegenüber. Spätestens jetzt wird deutlich, daß es keinen heiligen, sprich schützenswerten Raum mehr gibt. Kunst, Mythos, Aufklärung und Religion verdichten sich widerspruchsvoll im einzelnen Kunstwerk.

Ein älterer Mann sitzt neben einem Ausstellungsbild. Der neutrale Betrachter wird unschlüssig: Handelt es sich um einen Museumswärter? Oder um einen Mann, der aussieht wie ein Museumswärter – es könnte aber auch gleichzeitig ein soziales Kunstwerk in Verbindung mit den Ausstellungsstücken sein. Die Schlußmontage gibt keine Antworten, es werden keine Lösungen vorgeschlagen, sondern neue Fragen aufgeworfen. Die Interpretation des Werkes wird auf die Betrachter zurückgeworfen. Die AV-Schau fordert den Betrachter auf, die Suche nach der Botschaft bei sich selbst zu beginnen. Folgerichtig löst sich in der Schlußphase, der dritten Sequenz dieses Teiles, die Struktur des Bildes auf. Künstliche Menschen, die an einem langen Tisch sitzen, lösen sich in Unschärfe auf.

6.3.3.4 Musikeinsatz in *Triade*

Die Musik in den ersten beiden Sequenzen von *Triade I* wurde in einem Wasserspeicher aufgenommen (Conrad Bauer u.a.: *Vor der Flut. Hommage an einen Wasserspeicher*). Es handelte sich um ein letztes Konzert. Anschließend wurde der Wasserspeicher zerstört. Sowohl Klangfarbe als auch der Zusammenhang des Entstehens der Töne zeigen eine hohe Annäherung im Sinne synästhetischen Denkens (vertikale Montage; vgl.

Abschnitt 6.2.4.3). Dies wird gebrochen von der Musik, die diese Phase ablöst. Ein Gesang, geschrieben von Hildegard von Bingen, einer christlichen Mystikerin, die trotz ihrer Bezüge zum „Wissen der Frauen" ein integriertes Mitglied der christlichen Religion im Mittelalter war, verkörpert auf musikalischem Weg die Gebrochenheit. Mit etwas Phantasie läßt sich diese Sequenz auch als Anspielung auf die Vertreibung aus dem Paradies interpretieren.

Zu Beginn von *Triade II* wird die Musik kontrapunktisch eingesetzt. Musik und Bild wirken ausgenommen disharmonisch. Während Müllbilder zu sehen sind, erklingen beschwingte Töne. Während der Produktionsphase war die Entscheidung für die Musik an dieser Stelle heftig umstritten. Ausgewählt hatte diese Musik einer der jüngsten Teilnehmer. Bei den Entscheidungen, welche Musik ausgesucht wird, halten wir uns zurück, geben allerdings unsere subjektiven Eindrücke zur Stimmigkeit der Musik (Absicht und mutmaßliche Wirkung) wieder. Im konkreten Fall konnte der Jugendliche (mit unserer Unterstützung) sich nur mit hauchdünner Mehrheit im Gruppenkonsens durchsetzen. Nach Abschluß der Schau waren alle verblüfft, wie über die unterschiedliche Zuordnung von Inhalt und Musik ein Raum-Zeit-Zusammenhang zwischen Müll und Kultur und Müllkultur hergestellt wird. Die kontrapunktische Funktion der Musik löst sich auf, unterbrochen von jeweils drei Paukenschlägen, und kommt zum Schluß zu einer ironischen Übereinstimmung.

Der ästhetische Höhepunkt der Schau wird musikalisch akzentuiert. Mit der Sequenz *Hybris* (Ende *Triade II b*) beginnt eine furiose Musikmontage. Sie ist der Filmmusik von *Terminator 2* (Komponist: Brad Friedel) entlehnt. Die Musikvorlage wurde jedoch mehrfach zusammengeschnitten und verdichtet, so daß eine eigenständige Klangskulptur entstand. Sie hat zwei Ebenen und verfügt über einen drohend wirkenden Hintergrundton, der die Klangfarbe der Musik bestimmt. Obwohl die Harmonie und der Takt der Stücke sich verändert, läßt die Klangfarbe den Zusammenhang spüren. Es wird somit über die Musik deutlich, daß Zeit und Raum gedehnt sind, dramaturgisch jedoch zusammengehören. Die Handlung (Hochhäuser, Kindergarten, Museum) wird durch die elektronische „Vordergrund-Musik" vorangetrieben.

Die vertikale Montage (Bild-Ton-Zusammenhang) beachtet bei der Hochhausszene Takt und Rhythmus. Bei der Kindergartensequenz wird der Schwerpunkt auf den Rhythmus der Musik gelegt, in der Museumssequenz dominiert wieder der Takt, wobei in der Anfangsphase der Bildwechsel je halber Takt gesetzt wurde, um den Bruch zwischen der linear-strukturellen Ästhetik der Moderne gegenüber der organisch-assoziativen Ästhetik von Hundertwasser abzugrenzen. Gegenüber den Rundungen, Ellipsen und der feingliedrigen Ästhetik des Kindergartens wirken die ersten sehr reduktiven Bilder des Museums (verschiedene Farben und Detailaufnahmen von Keramiken, dazwischen Andy Warhols Bilder von *Marilyn Monroe*) wie Paukenschläge. Der Blickwinkel öffnet sich immer mehr, wir sehen die Architektur des Museums, gleichsam wird der schnelle Rhythmus der Bildwechsel zurückgenommen und die Bilder wechseln im Taktbereich. Diese musikalische Zuspitzung wird mit einer Toncollage im Stil von Ernst Jandl aufgelöst. Menschen, die unartikuliert zusammen reden, werden der *Terminator*-Musik zugemischt, während diese Musik mit einem langen Tonschnitt ausgeblendet wird.

Die Gesamtmontage der Musik lebt von der Dialektik der *Wasserspeicher*-Musik und der *Terminator*-Musik. Beide Stücke arbeiten mit Leitmotiven und lassen den emotionalen Eindruck von „Endzeit" entstehen. Die *Wasserspeicher*-Musik entspricht einem Abgesang an eine einst bedeutsame industriell-kulturelle Einrichtung. Die Wehmut dieser Musik überträgt sich auf den Verlust traditionaler Sicherheiten, die Ebene der Bilder. Die *Terminator*-Musik läßt ebenfalls Endzeitmusik fantasieren, der heroisch letzte Kampf des Helden (des Menschen). Während die *Wasserspeicher*-Musik elegisch wirkt, treibt die *Terminator*-Musik voran.

Durch die unterschiedlichen Leitmotive erhält die Tonmontage eine polare Struktur. Sie steht im Kontrast und in Spannung mit der „dreigestalteten" Bildmontage.

6.3.4 Video – Ich sehe, also bin ich

Video ist das Medium, das in der medienpädagogischen Praxis am meisten eingesetzt wird.[82] Die schnelle Zugriffmöglichkeit auf das Bild zeichnet dieses Medium aus. Video eignet sich wegen seines beweglichen Einsatzes vorzüglich als Medium der Recherche. Bei den meisten Jugendlichen ist Video ein Medium des Alltags, es hat einen vergleichbaren Status wie der Fotoapparat. Diese Selbstverständlichkeit im Umgang mit dem Medium läßt spontane und eigenwillige Produktionen zu.

Jugendliche sind nach unserer Erfahrung thematisch relativ offen, wenn sie sich entscheiden, bei einem Videoprojekt teilzunehmen. Viele Jugendliche neigen dazu, Grundideen von bekannten Sendungen (Spielfilme, Unterhaltungssendungen, Gameshows, Werbung) aufzunehmen und zu parodieren. Die Teilnehmer sind aber ebenso bereit, sich an den Erwartungen der Medienpädagogen zu orientieren. Sie zeigen sich ebenso interessiert, „anspruchsvolle" Sendungen des Fernsehens zu imitieren (z.B. Nachrichten, Features). Passen sie sich den Pädagogen an, dann kommt es zu einer Adaption journalistischer Vorbilder, die die Jugendlichen meist

[82] Wegen des hohen Bekanntheitsgrades von Video werden Videoprojekte nur kursorisch dargestellt.

sehr schnell an ihre Grenzen bringt. Derartige Produkte wirken meist „versehrt" (und sind aus diesen Gründen bei Pädagogen sehr beliebt). Soweit bei diesen Sendungen originelle Pfade betreten werden, wie z.B. vom *Wuppertaler Medienzentrum*[83], können mit dieser Methode aufregende Produkte entstehen. Wichtig ist, daß ein Blickwinkel eingenommen wird, der dem Film eine „personale", d.h. jugendgemäße Färbung gibt. Ein kleiner Kreis von Jugendlichen interessiert sich für ästhetische Video-Experimente. Am liebsten würden sie allerdings große Spielfilme drehen. Dies läßt sich bei den von uns betreuten Projekten nicht verwirklichen, da wir vorrangig Kurzzeitpädagogik durchführen. Bei unseren Videoprojekten empfehlen wir daher, auf einen Spielfilm zu verzichten, da dies das Zeitbudget der Projekte in der Regel nicht zuläßt. Wir streben an, daß die Jugendlichen ihre Möglichkeiten optimal entfalten. Dafür sind Videoclips und experimentelle Kurzfilme in Form von ästhetischen Sozialrecherchen bestens geeignet. Hier können sie ihre realen und potentiellen Fähigkeiten am besten anwenden. Bei diesen Genres können wir an den Stärken von Jugendlichen ansetzen und am ehesten eine Verwirklichung unserer Lernziele erreichen: die Erweiterung der Wahrnehmungsfähigkeit und die Stabilisierung des Selbstbewußtseins. Die Adaption der Videoclipkultur ist ein Angebot an die jugendlichen Sehweisen. Wir regen Jugendliche an, diese Gestaltungsform zu nutzen, um über sich und die konkrete Lebenswelt mehr und anderes zu erfahren.

Nach einer kurzen technischen Einführung werden erste Aufnahmen in der unmittelbaren Umgebung gemacht. Von Beginn an ist einkalkuliert, daß viele Fehler gemacht werden, wie z.B. unruhige Kamerafahrten. Diese Fehler sind wichtig, da anhand eigenständig produzierter Bilder besser gelernt wird. Die Reflexion über selbstproduzierte Bilder steigert die Lernmotivation. Danach gibt es eine zweite kurze Recherche, wobei folgende unterschiedliche Kamerapositionen eingeübt werden:

Standbild	**Bewegtes Motiv – ruhende Kamera**
Kameraschwenks (horizontal, vertikal oder topographisch)	Kamerafahrt (bewegte Kamera)

Abb. 153: Kamerapositionen

Zoomfahrten werden wegen des Effekts der künstlichen Nähe verboten. Dieses Verbot wird selten eingehalten. Ebenso sind „wilde" Schwenks und Bildunschärfe keine Seltenheit. Auch wenn die Aufgaben nicht in der ge-

[83] Das *Wuppertaler Medienzentrum,* geleitet von Andreas von Hören, packt Themen wie z.B. Gewalt in der Beziehung oder Aids im journalistischen Stil an, dies aber brisant und ästhetisch unkonventionell.

wünschten Form umgesetzt werden, läßt sich anhand der Reflexionen eine intensivere Auseinandersetzung mit intentionalen und nichtintentionalen Bildern führen. Danach filmen die Jugendlichen eigenständig. Entsprechend dem Thema werden gegebenenfalls Interviewtechniken vermittelt. Das anschließende Vorgehen gleicht dem schon vorgestellten Konzept (vgl. Abschnitt 6.2).

Die Einsatzmöglichkeit von Video ist vielfältig. Unabhängig von dem hier vorgeschlagenen Konzept sind ganz unterschiedliche Lernformen denkbar. Im folgenden werden drei ungewöhnliche Projekte beschrieben, um die Variationsbreite des Mediums Video aufzuzeigen.

6.3.4.1 Kompilation und Kreativität

Bei benachteiligten Jugendlichen, die erfahrungsgemäß über weniger Konzentrationsfähigkeit verfügen, ist es besonders wünschenswert, schnell zu guten Ergebnissen zu kommen. Gerade bei dieser Zielgruppe hat sich Video als ein geeignetes Medium erwiesen. Wenn kein kontinuierlicher Arbeits- und Lernprozeß durchführbar ist (Jugendzentren) und die Gruppenmitglieder fluktuieren, bedarf es einer didaktischen Anpassung des Konzeptes an die jeweiligen Strukturen. Es hat sich als sehr günstig erwiesen, mit bereits veröffentlichtem Bildmaterial zu arbeiten. Bei einem dieser Projekte mit diskontinuierlich mitarbeitenden Jugendlichen haben wir folgende Methode erfolgreich angewandt:

Ausgangspunkt war ein bereits fertiger, professioneller Videoclip. Zuerst fragten wir die Jugendlichen nach der Musik, die ihnen besonders gut gefällt. Als Antwort kam Rap-Musik. Danach suchten wir nach einem Rap-Video und fanden *Beat dis* von der Rap-Gruppe Bomb the Bay. Dieser Clip fand allgemeine Zustimmung. Wir spürten nach den besten Stellen in dem Clip und nach den Stellen, die uns nicht gefielen. Nachdem die besten Szenen herausgefunden waren, schlugen wir vor, alle anderen Stellen neu zu verfilmen und im Insert-Schnitt-Verfahren den Videoclip zu „verbessern“. Wir überspielten den Videoclip auf ein Band und hatten nach jedem Arbeitsschritt immer einen fertigen Clip. Mit jedem Treffen wuchs der Anteil der eigenen Szenen. Auf diese Weise gab es nach jedem Arbeitstermin ein Erfolgserlebnis. Der abschließende Film war eine Mischung aus eigener Kreativität und kompilierten Materialien.

6.3.4.2 *Every Week*

Ebenfalls mit kompiliertem Material entstand in Kooperation mit einem Jugendhausleiter in Offenbach (Harry Köhler) das sehr aufwendige Projekt *Every Week*. Im Verlauf einer Woche zeichneten die Jugendlichen alle Fernsehsendungen auf, die ihnen wichtig erschienen, um die wöchentliche Häufung von Bild- und Tonerfahrungen zu charakterisieren. Eine kaum noch in den Griff zu bekommende Bildfülle war gesammelt worden. Die Sichtung der Bänder, das Erstellen von Bandprotokollen dauerte mehr als ein halbes Jahr. Mindestens einmal wöchentlich, meist mehrmals trafen sich die Jugendlichen im Jugendhaus. „Zufällig“ hatte sich in der Woche, in der die Videoaufzeichnungen gemacht worden waren, ein schweres Unglück ereignet. Bei der *Ramsteiner Flugschau* waren Flugzeuge zusammengeprallt. Ein Flugzeug war in die Zuschauer gestürzt. Dies dramatische Ereignis war so spektakulär, daß die Bilder von dem Unglück zur zentralen Botschaft werden sollten. Bei dem Cluster, das als erste Auswertung der aufgezeichneten Filme erstellt wurde, war von Anfang an berücksichtigt worden, ob die jeweiligen Bilder zu dem Unglück von Ramstein passen.

Wegen der Vielzahl unterschiedlicher Bilder mußte bei der Tonauswahl darauf geachtet werden, daß die Musik den Film zu einer Einheit verband. Die Gruppe entschloß sich, ausschließlich Musik der vielseitigen Popgruppe Art of Noise zu nehmen, damit unterschiedliche musikalische Formen nutzbar gemacht, aber dennoch auf eine gleichbleibende Klangfarbe zurückgegriffen werden konnte. In spannenden Gesprächen, Überlegungen, Diskussionen und Entwürfen wurde das Konzept entwickelt.

In der ersten Sequenz wird die Schönheit der Natur gezeigt, die Faszination von unberührten Landschaften. Ein Donner läßt nahendes Unheil erahnen. Das dazugehörige Bild zeigt die Großaufnahme eines Auges. Darin ist zu erkennen, wie ein Pilot sich aus einem Flugzeug per Schleudersitz herauskatapultiert. In der zweiten Sequenz greift der Mensch in die Natur ein. Er kultiviert die Erde, macht sie sich untertan. Daraus folgt die in der dritten Sequenz zu sehende Fülle von Getreide, Obst, Fleisch und Waren, um den Traum des Menschen nach dem (Paradies) Schlaraffenland darzustellen. Der Mensch bedarf der Technik, um diese Fülle zu erreichen. Mit Hilfe der Technik beherrscht er auch die Natur. In der vierten Sequenz werden die Errungenschaften, die durch die Technik erreicht wurden, dargestellt. Die „Technik-Schau“ wird als Hybris präsentiert. Dies kommt durch den Wechsel zur sechsten Sequenz zum Ausdruck. Während in wunderschönen Bildern ein Flugkörper zur Erde sinkt, wird auf eine Gruppe

Abb. 154: Vogel in *Every Week*

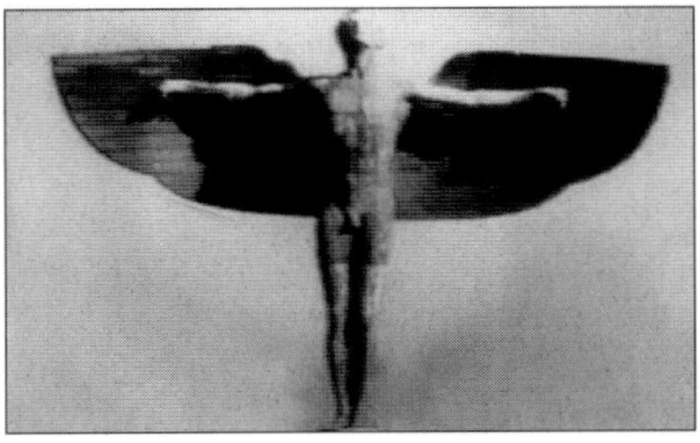

Abb. 155: Ikarus in *Every Week*

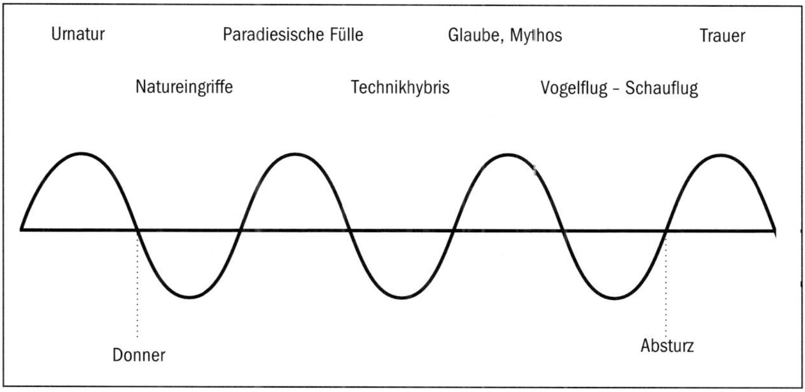

Abb. 156: Montageplan von *Every Week*

von Menschen überblendet, die sich in einem rituellen Tanz begegnen. Damit wird eine Sequenz eingeleitet, in der frühere Formen der Suche nach Sinn dargestellt. werden. Es werden religiöse und mythische Praktiken aus ganz unterschiedlichen Kulturen gezeigt. Während wir heute den Sinn in der Technikverherrlichung sehen, so die Subtext-Botschaft, suchten frühere Kulturen den Sinn in dem Einklang mit der Natur. In einem scheinbaren Bruch taucht in der sechsten Sequenz ein Vogel auf. Mit jedem Bildschnitt werden es mehr Vögel. Zum Schluß sehen wir Hunderte von Vögeln im Himmel. Diese Vögel gehen über in Stahlvögel (Flugzeuge). Scheinbar ähnlich virtuos fliegen sie über die Erde. Mit einem unerwarteten Ton- und Bildschnitt werden die Flugaufnahmen unterbrochen und die Zuschauer werden konfrontiert mit einem metallischen Geräusch, während wir nur noch dunkle, schwarze Wolken sehen, die die Sicht verdecken. Bevor sich die Irritation gelegt hat, werden wieder die Flugzeuge gezeigt, die kurze Zeit später zusammenstoßen. Sie sind die Auslöser der Wolke.

Nach einem harten Schnitt folgt die siebte Sequenz. Es ist ein Ausblick auf eine postmenschliche Gesellschaft. Das Bild ist „eingerahmt“ mit den Wolken von Ramstein. Innerhalb eines Fensters sind Urtierchen zu sehen, ein neuer Versuch der Natur, Leben zu entwickeln. Zum Schluß sehen wir einen Schwan, wie er elegant nach einem Flug auf dem Wasser landet. Der Schwan wird überblendet in eine Statue von Ikarus, dem Symbolträger der Hybris des Menschen, den Vögeln gleich zu fliegen. Diese Figur war vorher als kurzes Insertbild bereits gezeigt worden, so daß sich sein Sinn nunmehr zum Schluß erschließt.

Das Projekt knüpfte an den christlichen Mythos der Erschaffung der Erde an. Entsprechend dem biblischen Mythos wurde in sieben Sequenzen (Tagen) eine Genesis nachgezeichnet. Während im christlichen Mythos

Gott am siebten Tage ausruhte und sah, daß das Werk gut war, stand für die jugendlichen Produzenten von *Every Week* der siebte Tag für die Apokalypse, für die Angst, daß der Mensch die Herrschaft über die Technik verliert und Dinge, die er selbst schuf, das Ende des Menschen bedeuten könnten. Die moralisch-ethische Botschaft rekurrierte auf dem Wunsch, einen Einklang mit der Natur zu finden.

Das Aufregende bei diesem Projekt war für die 15- bis 17jährigen Jugendlichen die Erfahrung, Bilder aus einem Zusammenhang zu nehmen und in einen neuen Kontext zu stellen. Sie stellten fest, daß Rezipienten von Filmen keine Chance haben, den Ursprungszusammenhang von Bildern zu rekonstruieren, d.h. die Jugendlichen lernten, wie Bildern durch Montage ein neuer Sinnzusammenhang zugewiesen wird und sie damit neben der inhaltlichen auch eine andere symbolische Botschaft erhalten.

6.3.4.3 *Da werden die Augen Ohren machen*

Einen ganz anderen Weg gingen wir bei einem Projekt, das wir *Da werden die Augen Ohren machen* nannten. Bei diesem Projekt war beabsichtigt, sowohl die Musik als auch den dazugehörenden Videoclip ohne Anleihen völlig selbständig zu bearbeiten. Im Rahmen eines Bildungsurlaubsseminars war beabsichtigt, Musik und Bild gemeinsam herzustellen. Die Teilnehmer wurden in Musiker und Filmemacher unterteilt. Die Musikergruppe erarbeitete sich ein musikalisches Konzept zum Thema Gewalt. Die Filmemachergruppe fuhr in eine nahegelegene Stadt und suchte Bilder zum Thema Gewalt. Im wechselseitigen Lernprozeß vermittelten die beiden Gruppen ihre Vorstellungen von Gewalt. Nachdem die Musiker ihr Stück abgeschlossen hatten, folgte eine Musikanalyse, d.h. das Musikstück wurde nach Auffälligkeiten, Takt, Rhythmus und Harmonien untersucht. Anhand der vorgefundenen Akzentuierungen wurden die einzelnen Sequenzen zusammengestellt. Hervorhebungen einzelner Instrumente wurden markiert und mit geeigneten Bildern in Beziehung gebracht.

Besonders aufregend an dem Projekt war, daß die Bilder, die der Musikgruppe zum Thema Gewalt eingefallen waren, keineswegs mit den Bildern übereinstimmten, die die Filmgruppe zu dem Thema fand. Die Musikgruppe hatte ganze Handlungssequenzen, narrative Erzählungen mit ihrer Musik imaginisiert. Die Filmgruppe mußte von vorfindbaren Bildern ausgehen, die schnell zu produzieren waren und in einem gegebenen Zufallsraum (Kassel) verortet waren. Sie konzentrierte sich daher auf Beobachtungen von strukturellen Gewaltformen (Architektur, Straßenverkehr, einengende Kinderspielplätze), persönliche Erfahrungsebenen von Gewalt (körperliche Behinderungen) und abstrakte Formen von Gewalt (Konsumangebot). Die Musiker hatten erhebliche Probleme, daß nunmehr andere (Jugendliche) zu ihrer Musik (die Aspekte ihrer Identität gebunden hatte)

Bilder verwandten für ein Produkt, das sie nicht intendiert hatten. Ein gemeinsames Montagekonzept zusammen mit den Musikern scheiterte daher. Sie produzierten ein weiteres Musikstück (das später ebenso verfilmt wurde), während die Filmgruppe das Video (ausgehend nur von der Musik) ohne direkten Reflexionsprozeß mit der Musikergruppe umsetzte.

Bei der ersten öffentlichen Vorführung waren die Musiker überrascht von der Wirkung des Films. Sie waren zwar weiterhin der Meinung, daß der Film, den sie im Kopf hatten, der geeignetere gewesen wäre, dennoch gaben sie zu, die Gefühle, die sie in ihrer Musik veranschaulichen wollten, in dem Video der Filmgruppe zu spüren.

6.3.5 True-Multimedia

Mit Multimedia wurde ursprünglich die Benutzung unterschiedlicher Medien in einem Lernzusammenhang verstanden. Seit Mitte der achtziger Jahre wurde der Begriff Multimedia von der professionellen AV-Szene vereinnahmt. Mit Multimedia wurden die Steuersysteme bezeichnet, die es erlauben, mit Hilfe einer zentralen Kontrolleinheit u.a. Dia-AV, Video, Daten- und Overhead-Projektion, Raumlicht, Verdunkelung, Belüftung, Nebelmaschine, Spot-Scheinwerfer oder Laser zu steuern. Multimedia in diesem Sinne ermöglicht unterschiedliche Geräte zeitgleich oder auch hintereinander (z.B. Video integriert in Diaprojektion) zu bedienen, die auf einer oder mehreren Bildflächen präsentiert werden.

Bei dem heute von der Computerindustrie genutzten Begriff wird als Multimedia die Integration unterschiedlicher Dienste und Informationen (Video, Foto, Grafik, Text, Ton und Musik) bezeichnet, die, gesteuert von einem Computer, innerhalb eines Bildschirmes dargestellt werden. Es handelt sich um eine entgegengesetzte Bedeutung. Während bei dem früheren Multimedia-Begriff mehrere Medien in einem Raum oder in Teilräumen eingesetzt wurden, beinhaltet der aktuelle Multimedia-Begriff gleichermaßen eine Bündelung von verschiedenen Medien; er konkretisiert sich in einem Medium, dem Monitor bzw. dem Bildschirm. Die AV-Industrie hatte aufgrund der schwächeren Marktsituation keine Chance, ihren Begriff zu bewahren. Sie reagierte durch eine Ergänzung. Nunmehr nennnt sie ihre Systeme True-Multimedia, die „wahre" Multimedia.

In unserer medienpädagogischen Arbeit knüpfen wir an das Ursprungskonzept von Multimedia an, wobei sich zwei Schwerpunkte herausgebildet haben. Bei meinem Konzept wird ein Produkt mit mehreren Medien erstellt und mit mehreren Medien, die auf eine Bühne/Leinwand gerichtet sind, abgespielt. Dieses Konzept wird am Beispiel des Projektes *Sein oder Design* beschrieben. Karsten Krüglers Konzept steht in der Tradition der Performance und der Kunst der Videoinstallation (1990; 1993; 1995). Dieses Konzept versteht sich als multimediales Arrangement. Un-

Symbolorientierte Medienpädagogik (Röll)	Endogene Medienpädagogik (Krügler)
Lebens-Raum Bildsymbolik, innerer Raum Montage mit Materialien des Vor- und Unbewußten Video, Foto, Ton, Dia, Multivision	Lebens-Raum Sozialrecherche, Exkursion, inversale Aktion Montage von Materialien der Zufälligkeiten Videoinstallation
Öffentlichkeit	
Anstiftung zur Selbst-Verortung	Anstiftung zur Selbst-Entfaltung

Abb. 157: Zwei multimediale Konzepte

terschiedliche Medien werden zusammengefaßt und erhalten eine Ensemble-Funktion. Anhand des Projektes *Gewalt auf der Spur* wird das didaktische und methodische Prinzip dargestellt. Beide Konzepte verfolgen eine Schulung des Sehens und orientieren sich an der präsentativen Symbolik.

6.3.5.1 *Sein oder Design*

Die Videoproduktion *Sein oder Design* entstand im Rahmen einer berufsbegleitenden Fortbildung für Mitarbeiter von Jugendzentren. Alle Teilnehmer waren erfahren im Umgang mit dem Medium Video. Die Fortbildung war der Abschluß eines über mehrere Jahre laufenden diskontinuierlich laufenden gemeinsamen Lernprozesses. Im Zentrum der Fortbildung stand die Intention, die Teilnehmer mit „neuen" Nutzungsformen von Video vertraut zu machen. Im Verlauf der einwöchigen Fortbildung sollten sich die Teilnehmer einem Thema mittels dreier Medien nähern: Video, Computer und Ton-Dia. Video bildete das Leitmedium, in das die anderen Medien integriert werden sollten.

Die Gruppe bestand aus sieben Personen, die in drei Gruppen aufgeteilt wurden. Zwei Teilnehmer setzten sich mit Computer und zwei weitere mit Ton-Dia und drei Personen mit Video auseinander. Die Computer-Teilgruppe hatte sich den Auftrag gegeben, Computeranimationen als Vor- und Nachspann zu produzieren. Diese Gruppe arbeitete im Verlauf der Woche weitgehend autonom. Demgegenüber war die Arbeit der beiden anderen Gruppen eng aufeinander bezogen.

Der erste Tag diente zur Sensibilisierung. Es bestand Interesse, sich mit der Bedeutung von Design zu beschäftigen. Gemeinsam wurden die Rechercheräume festgelegt, deren Zentrum Frankfurt a.M. war. Die Teilnehmer kannten das Konzept, so daß wir uns auf zwei Recherchen konzentrieren konnten. Das Cluster wurde aus dem gleichen Grund schon nach der ersten Recherche, am Abend des zweiten Tages, erstellt. Bei der Auswertung der ersten „zufälligen" Recherche hatte ein Teilnehmer die Autofahrt entlang eines Kreisels gefilmt. Allen war klar, daß diese Bilder hohe symbolische Ausdruckskraft besitzen. Die Kamerafahrt war noch zu unruhig, und es wurde überlegt, ob es an einer anderen Stelle Chancen für noch bessere Bilder gäbe. Die Kreisfahrt sollte Verwendung finden, da sie geeignet war, subtextuelle Botschaft wie z.B. die Wiederkehr des Gleichen zu transportieren.

Die erste Skalierung innerhalb des Montageplanes bildete die Kreisfahrt, die dreimal gezeigt werden sollte. Die Lehre von der Bildgestaltung geht davon aus, daß die Zahl Drei den Beginn einer Reihe darstellt (vgl. Mante 1977; Weber 1979). Wenn dreimal das gleiche wiederholt wird, nimmt der Zuschauer eine Kontinuität wahr, die der Vier nicht mehr bedarf. In der asiatischen Philosophie hat dies Laotse in einem Gedicht formuliert: „Der Sinn erzeugt die Eins. Die Eins erzeugt die zwei. Die Zwei erzeugt die Drei. Die Drei erzeugt alle Dinge“ (1994, S. 85). Außerdem partizipiert die Drei, wie schon dargestellt, an mythischen und religiösen Bedeutungszusammenhängen (vgl. Abschnitt 5.2.12 und 6.1.3.2).

Offensichtlich verändert sich unsere Gesellschaft. Dies steht im scheinbaren Widerspruch zur Kreisthese. Es sollte herausgearbeitet werden, daß Fragestellungen gleichbleiben können, obwohl sich Dinge, Umstände etc. verändern. Die Antithese zur „Wiederkehr des Gleichen“ bildet die Idee des Fortschritts. Während die Wiederholung kongenial durch die Kreisfahrt ästhetisch beschreibbar ist, bedurfte es einer ästhetischen Gegenbewegung. Diese wurde in der Vertikalen gesehen, da durch die Kamerafahrt entlang des Verkehrskreisels sich für den Zuschauer die Waagerechte als dominante Linie abzeichnet. Optisch eindrucksvolle Bilder von vertikalen Linien, die Fortschritt symbolisieren sollen, finden sich in Hochhäusern. Die visuelle Umsetzung des Fortschritts läßt sich problemlos in drei Pha-

	1. Kreisel	2. Kreisel	3. Kreisel
Inhalt	Fundament	Basis	Dach (Spitze)
Bildgestaltung	Vogelperspektive	Normalsicht	Froschperspektive
Symbolik	chthonische Welt	reale Welt	transzendentale Welt

Abb. 158: Subtext von *Sein oder Design*

sen einteilen: Fundament, Basis, Spitze. Übersetzt in die Bildsprache heißt dies: Vogelperspektive, Normalsicht und Froschperspektive. Die symbolisch-mythische Botschaft lautet chthonische Welt (Unterwelt), reale Welt (Mittelwelt), transzendentale Welt (Oberwelt).

Bei der zweiten Recherche wurden diese Überlegungen mit einbezogen. Durch „inszenierten“ Zufall wurden für den ersten Kreisel Bilder von Bauarbeitern gefunden, die die Basis eines Kranes zusammenbauten. Handwerker und Fassadenputzer verkörperten die zweite Ebene, während die dritte Ebene durch den Aufstieg in die Spitze des Hochhauses bzw. durch ein in den Himmel ragendes Hochhaus dargestellt wurde. Jeweils dreimal sollte die Kreisfahrt unterbrochen werden, so daß drei Dimensionen dreimal auftauchten.

Es wurde nach der Motivation und dem Antriebsmoment für das aktuelle Interesse an Ästhetik, Design und Kultur gesucht. Die Ausgangshypothese war, daß die jetzigen Bedürfnisse als aktualisierte Ausdrucksform generalisierbarer Wünsche interpretiert werden könnten und die Suche nach Sinn und Identität als das maßgebliche Motiv bezeichnet werden kann. Anhand dieser Diskussion ergab sich das Thema des Projektes *Sein oder Design*. Als Gegenpol zu der Design/Kultur-Ebene mußten zwei Bereiche gefunden werden, die in früheren Zeiten paradigmatisch identitätsvermittelnde Bedeutung hatten. Aus den unterschiedlichen Vorschlägen wurden die Kirche und der Staat (die Politik) ausgewählt. Staat, Kirche und Kulturindustrie wurden als Institutionen angesehen, die Angebote für die wiederkehrenden Bedürfnisse nach Sinn machen. Die Gruppe entschied, diese Themen mit Ton-Dia-AV zu bearbeiten. Die Ästhetik der Ton-Dia-AV bietet andere Eindrücke als Video. Durch die Besetzung dieser Sequenzen mit dem durch Computer gesteuerten Einzelbild wurden diese Sequenzen, formal gesehen, durch die Wahl des Mediums AV aus dem Gesamtprodukt hervorgehoben.

Ein Teilnehmer hatte in der Woche zuvor die Fernsehsendung *Ehe die Bomben fielen*, ein Bericht über den Frankfurter Fotografen Paul Wolff, dem persönlichen Fotografen Hitlers, aufgezeichnet. Anknüpfend an die Bilder aus der Frankfurter Vorkriegszeit konnte die Indienstnahme der Begeisterungsfähigkeit von Jugendlichen anhand von Wolffs Fotos, dargestellt am Beispiel Sport, Spiel, Manneszucht bis hin zur Kriegsvorbereitung zusammengetragen werden. Diese Sequenz zeigte am Beispiel des Nationalsozialismus, wie das Bedürfnis nach Sinn politisch mißbraucht werden kann. Relevante Fotos wurden vom Bildschirm abfotografiert. Diese Fotos wurden später mit Hilfe eines computergesteuerten Programmes in eine AV-Schau integriert, die dann mit einer Kamera aufgenommen wurde und anschließend als eine Sequenz in dem ganzen Videofilm Verwendung fand. Eine gelungene Aufnahme von einem Kirchenfenster brachte uns zu der Entscheidung, für die Kirchen-Sequenz nur Innenaufnahmen zu verwenden. Bei der ersten zufälligen Recherche waren sehr schöne Aufnahmen von Schaufensterpuppen entstanden. Das Kultur/Design-Thema sollte daher anhand von Schaufensterpuppen dargestellt werden. Bei der Auswertung der ersten Recherche waren beim Clustering noch zwei Themen aufgefallen, die berücksichtigt werden sollten. Dies war auf der einen Seite die Museenlandschaft (Museumsufer) und auf der anderen Seite die Körperkultur (Bodybuilding).

Am dritten Tag erfolgte die zweite Recherche. Am Abend wurden Bandprotokolle hergestellt und die Videoaufnahmen gemeinsam ausgewertet.

Sinn-Anbieter	Politik	Kirche	Design (Kultur)
Inhalt	Erziehung im Nationalsozialismus Hitler und die Massen	Bilder aus dem Neuen Testament Christus am Kreuz	Museen Körperkult Schaufensterpuppen
Ästhetik	Kathoden-Licht	Natürliches Licht	Künstliches Licht
Symbolik	Hitler als Verführer	Christus als Erlöser und Heilsbringer	pantheistische Götterwelt

Abb. 159: Inhaltliches Konzept von *Sein oder Design*

Die Dias konnten wegen der späten Filmentwicklungszeit erst am vierten Tag ausgewählt werden. Zu Beginn des vierten Tages wurde mit Hilfe des Sinuskurven-Modells die Gesamtmontage erarbeitet. Zwei Dreier-Blöcke standen fest und mußten nur versetzt der Zeitlinie zugeordnet werden. Unumstritten war, daß zum Schluß des Filmes die neuen Götter, personifiziert durch Museen, Körperkult und Konsum (Schaufensterpuppen), stehen sollten.

Bei der zweiten Recherche war das Videoteam durch eine Autowaschstraße gefahren und hatte den automatischen Waschvorgang dabei gefilmt. Die Bilder waren großartig, und es wurde überlegt, ob es für sie eine sinnvolle Verwendung gäbe. Schließlich wurden sie vor die Sequenz mit den Faschismusbildern gesetzt. Die Zuschauer sollten assoziieren, daß die heutige Kultur die Vergangenheit sauber wäscht, sich aber nicht mit ihr auseinandersetzt. Die Pflege des Äußeren als Ersatz für die Beschäftigung mit dem Inneren. Um diese Metapher zu verdeutlichen, fanden in dieser Sequenz nicht nur die Autowasch-Szenen, sondern auch kurze Körperpflegeszenen Verwendung. Der Montageplan hatte somit die in Abb. 160 dargestellte Struktur.

In der nächsten Arbeitsphase wurde die Musik ausgewählt. Die Kreiselfahrt wurde mit dem deutschen Popsong *Es geht voran* markant besetzt. In der ersten Sequenz (K 1) wurde der Refrain als Instrumentalstück ge-

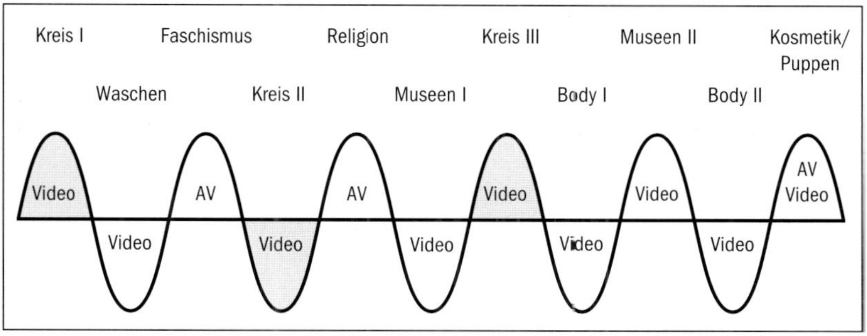

Abb. 160: Montageplan von *Sein oder Design*

nutzt. Bei den anderen beiden Sequenzen ertönt der Refrain mit Text: „Keine Atempause, Geschichte wird gemacht, es geht voran". Bei der „Waschszene" fand ein Musikstück von Laurie Anderson *(Home of the Brave)* Verwendung. Ihre Stimme, die „listen" singt, klang im Zusammenhang mit den Bildern wie „waschen", da Andersons Stimme mit einem Vokalizer gedehnt wurde. Die Musik der Faschismus-Sequenz hatte einen vorantreibenden Rhythmus. Zum Schluß kippte sie um. Sie klang, als ob sie in einen Strudel geriet. An dieser Stelle waren Hitler und die Massen zu sehen, wobei die Bilder in einer Loop-Funktion (ständige Wiederholung) gezeigt wurden. Die Musik in der Kirchen-Sequenz hatte einen markanten Rhythmus mit einer Tiefenebene, die klerikale Assoziationen mitschwingen ließ. Eine chorale Musik, von Michael Nyman komponiert, pathetisierte die Sequenz der Museen. Technomusik wies den Körperbildern ein angemessenes Klangbild zu. Sie wurde unterbrochen von Walzermusik, bei der Innenaufnahmen von Museen zu sehen waren. In der abschließenden Sequenz kam eine atonale Musik zum Zuge, die eher einem Klangteppich als einer Musikpartitur glich. Damit wurde die Konfusion verdeutlicht, in der Kultur-, Körper und Konsumbereich eine Verortung zu finden.

Nach dem Tonschnitt, der Bildauswahl (Bandprotokoll) erfolgte die Montage. Bezogen auf die Musik, wurden in den verschiedenen Gruppen (Video und AV) die Bilder ausgewählt und mit der fertigen Musikmontage verknüpft. Besonders hervorzuheben sind die Museumsbilder (außen), die in dem Kontrast von Blau und Weiß schwelgten. Im Kontext von Nymans Musik wirkten die Museen wie Kathedralen. Die Kameraführung verstärkte diesen Eindruck. Ebenso schwangen Bild und Musik in der Sequenz der Innenaufnahmen in den Museen im Walzertakt. Diese „Leichtigkeit" im Anblick der Kultur wurde jedoch ironisch gebrochen durch eine Aufnahme, bei der ein Wärter zu sehen ist, wie er in ein kleines Fenster einsteigt und hockend heimlich eine Zigarette raucht. Die Zigarette ist jedoch kaum zu sehen, so daß die Szene Hospitalismus assoziieren läßt.

Die Bodybuilder-Szenen bildeten einen Rahmen (Frame) um diese Sequenz. Hier wird der Mensch wie in einer Folterkammer auf Schönheit zugerichtet (vgl. Abschnitt 5.4.3). Zum Schluß wurden diese Schönheitssuche-Bilder (Make-up) kombiniert mit den Eingangshallen der Museums-Tempel. Parallel dazu wurden auf einer zweiten Leinwand Schaufensterpuppen gezeigt (dritte AV-Phase), die die Orientierung an Abbildern des Konsums symbolisieren. Am Ende folgt ein Rausch der Bilder. Die ungewöhnliche Musik verstärkte die Irritation. Der Schluß wirkt fast wie eine Erlösung.

Die auf Video abgefilmten AV-Bilder wurden per Insert-Schnitt auf das Master-Videoband überspielt, wie auch das Ergebnis der Computeranima-

Abb. 161, 162: Szenen aus *Sein oder Design*

tion jeweils am Anfang bzw. am Ende in den Film integriert wurde. Trotz relativ kurzer Zeit (fünf Tage) konnte ein aufwendiges Projekt mit unterschiedlichen Medien zu einem Gesamtwerk zusammengefügt werden. Die zentrale Botschaft des Filmes ist, daß der Körper, die Kultur (Museen) und der Konsum die neuen Götter unserer Gesellschaft sind und damit unsere Vorstellungen von Sinn prägen. Diese Botschaft erschließt sich nicht durch die Kenntnis der Einzelteile des Films, sondern nur durch die Wahrnehmung der Gesamtheit, der präsentativen symbolischen Verdichtung von Bild und Ton.

6.3.5.2 Multimediale Inszenierungen – *Der Gewalt auf der Spur*

Karsten Krügler nennt seinen Ansatz „endogene Medienpädagogik“ (1993, S. 27), d.h. von der Klientel selbst bestimmte Medienpädagogik. Darunter versteht er den stärkeren Einbezug „der stattfindenden Selbstaneignung herrschender Kommunikationsstrategien durch die Benutzer“ (Krügler 1995, S. 233). Erfahrungen im Umgang mit Medien hinterlassen, so Krügler, Spuren, Codes oder Universali in Form von Kompetenzen. Jugendliche haben einen alltäglichen Umgang mit mittelbaren Erfahrungen von Wirklichkeit. So sind ihnen alphanumerische Präfigurationen vertraut. Jugendliche lernen, sich in den medialen Kulturen zu bewegen, sie sind gewohnt, sich in Medienbiotopen aufzuhalten und erwerben sich Fähigkeiten, Medien selbstbestimmt und produktiv einzusetzen. Die endogene Medienpädagogik setzt hier an. Sie versteht sich als Anstiftung, die durch die Vororganisation, das Bereitstellen von Räumen, Geräten etc. gewährleistet wird. Das bei den Jugendlichen oft als defizitär beschriebene Suchverhalten wird als Bedürfnis organisiert. „Das Bedürfnis nach Nähe oder Selbständigkeit, nach Erkennen oder Verstehen sind damit nicht Mangel oder Unvollkommenheit, sondern autogenerierte Suchbewegungen eines genuin menschlichen Seins“ (ebd., S. 234). Die Produkte dienen nicht als Selbstzweck oder als Simulation eines pädagogischen Vorhabens. Mit Hilfe der durch probendes Handeln erzeugten Produkte können die Jugendlichen Wirkungen erfahren. Im Suchen, Finden, Analysieren und Neuordnen erleben sie die Wirkung der Selbsterneuerung. In einem inter- und intrakommunikativen Lernprozeß wird die medienpädagogische Praxis zur Simulation von (Erfahrungs-)Welt.

Das Verhältnis zwischen den Pädagogen und den Jugendlichen wird als Unschärferelation interpretiert. Es geht nicht um die monokausale Vermittlung von Wissen und Methoden. Krügler intendiert, „über den Kenntnisabgleich des zu bearbeitenden Phänomens oder Themas mit den TeilnehmerInnen einen ganzheitlichen und lernästhetisch aufgelegten Arbeitsplan mitzuleben" (ebd., S. 235). Unzulänglichkeiten (z.B. auf Seiten der Pädagogen) werden nicht stigmatisiert, sondern als Hinweis für Suchbewegung nach Selbstausdruck angesehen. Gegensätze dienen damit als Gegenstand produktiver Auseinandersetzung. Durch initiierte Recherchen, Exkursionen und Aktionen will Krügler das bisherige Wirklichkeitsverständnis von Kindern und Jugendlichen aufbrechen und durch Irritation neue Wahrnehmungsräume eröffnen. Eingespielte und bewährte Verhaltensmuster sollen in Frage gestellt werden und die Bedeutungen und Bedeutungszusammenhänge neu ausgelotet werden. Diese Irritation soll helfen, eigene Gewißheiten aufzugeben, um Möglichkeiten zu erfahren, aus sich herauszutreten. Die vertrauten Wahrnehmungsbilder sollen ergänzt werden von einer erweiterten Aneignung von Wirklichkeit.

1. *Lokale Sozialrecherche.* Wie in dem bisher beschriebenen Ansatz bildet auch bei Krügler der lokale Raum, der Stadtteil, der Nahraum die Ausgangsbasis der Recherchen (1993, S. 28). Mit Hilfe eines selbstgewählten Mediums soll der Raum der sozialen Erfahrung genutzt werden, um eine neue, eine mediale Wirklichkeit zu initiieren. Bei dem Projekt *Der Gewalt auf der Spur* standen die strukturellen Gewaltverhältnisse des Lebensalltags im Zentrum der Recherchen. Zehn Kinder- und Jugendhäuser in städtischer und freier Trägerschaft beteiligten sich bei der Projekteinheit. Etwa 20 haupt- und nebenamtliche Fachkräfte aus der Kinder- und Jugendarbeit motivierten etwa 200 Kinder und Jugendliche zur gemeinsamen multimedialen Recherche zum Thema Gewalt. Auf den unterschiedlichsten Ebenen näherten sich die Kinder und Jugendlichen diesem Thema. Sie befragten Polizisten, besuchten Videotheken und eine Großraumwohnanlage. Ihre Kameras entdeckten Selbstschußanlagen bei Kebab-Imbißstationen und Bankfilialen. In Hochhäusern wurden Polaroid-Aufnahmen von Bewohnern gemacht und andere Bewohner gefragt, ob sie die Person (einen Nachbarn) kennen. Am ungewöhnlichsten war die Kamerafahrt in einem Einkaufswagen, die später Grundlage bildete für einen Film über Konsum als Gewaltverhältnis. Die strukturelle Gewalt von Straßenverkehr und eingeschränkten Spielplätzen blieb ihnen ebensowenig verborgen wie

das blaue Auge eines Jugendlichen oder die soziale Deprivation eines arbeitslosen Mannes am Kiosk an der nächsten Straßenecke. Sie befragten Passanten nach ihrer Meinung zur Ausländerfeindlichkeit oder Fremdenhaß. Alle Aussagen, Töne und Bilder, die in Kleingruppen von drei bis fünf Teilnehmer erkundet wurden, zeigten einen bemerkenswerten Umgang mit den eingesetzten produktiven Medien.

2. *Regionale Exkursion.* Durch persönliches Aufsuchen von Institutionen, Einrichtungen oder Schauplätzen, die den Kindern und Jugendlichen in der Regel verborgen sind, öffnen sich Erfahrungsräume, ohne daß der Verdacht von Belehrungen und pädagogischem Zwang auftaucht. Die Erweiterung ihrer Erfahrung, der Kontakt zu Exkursionsorten, die im Kontext eines erweiterten Gewaltbegriffs standen, hat oft einen anstiftenden Charakter für eine weiterführende Diskussion. Bei dem „Gewalt-Projekt“ besuchte eine Gruppe die Football-Mannschaft von *Frankfurt Galaxy,* eine weitere Gruppe führte das Stichwort „Ausländerfeindlichkeit“ zum zentralen Asylanten-Aufnahme-Lager, eine weibliche Gruppe nahm Kontakt auf mit dem Verein *Huren wehren sich gemeinsam,* und die Videogruppe machte zusammen mit dem Jugendschutzbeauftragten einen Rundgang durch die Videotheken und besuchte die Studios eines Privatsenders.

3. *Produktion.* Ein bis zwei Tage Zeit blieb, um aus dem Repertoire der gesammelten lokalen Eindrücke Videofilme, Ton-Dia-Schauen, Hörspiele oder Fotoausstellungen herzustellen. Die Endprodukte der Sozialrecherchen wurden in eine Sozialplastik verwandelt. Gefundene Materialien aus dem Alltag (Sperrmüll, Gerümpel auf dem Hinterhof, Materialien aus dem Dachboden der Familie) wurden zu Videoinstallationen verdichtet. Aus einem Einzelstück wird ein Teilelement der Gesamtheit. Krügler knüpft dabei an Marcel Duchamps Methode an, Alltagsgegenstände („ready mades“) aus ihrem funktionalen Zusammenhang zu lösen und in einen neuen Seins-Modus zu stellen. Bei der Produktion wird der Blick durch den Zufall gelenkt. Diese Sozialplastiken, auch Medien-Ensembles genannt, bezeichnet Krügler als inversal. Inversal sind diese hybriden Objekte als künstlerisches Schaffen deshalb, weil nach Abschluß der Aktion eine Umkehrfunktion eintritt. Die einzelnen Produkte werden im Rahmen einer Großveranstaltung oder einer Ausstellung der Öffentlichkeit präsentiert. Der identitätsstiftende Lernprozeß aktualisiert sich durch die Reaktion der Zuschauer und die kommunikative Selbstdarstellung der Sozialplastik.

Alle Teilergebnisse wurden in einer multimedialen Gesamtschau zusammengeführt und im Frankfurter Römer, auf dem elektronischen Marktplatz der Einkaufsgalerie *Les Facettes* bzw. der Kunsthalle Schirn der Öffentlichkeit vorgestellt. Drei beispielhafte Ergebnisse veranschaulichen das Konzept.

1. Beispiel: *Der Bruch als Signal* nannte eine Gruppe junger Mädchen ihre Medienplastik. In einer ausgebrannten Telefonzelle hatten sie einen Fernsehmonitor plaziert. Auf dem Monitor war ein Film zu sehen, das Ergebnis einer Recherche der Mädchen über die Gründe der Zerstörung einer Telefonzelle. Die Mädchen konnten die „Täter" ausfindig machen und psychosoziale und „ästhetische" Hintergründe für die Aktion finden. Sie erfuhren von selbstempfundener Benachteiligung, ökonomischen Problemen und Unzulänglichkeiten mit Eltern und der Nachbarschaft. Diese Aussagen kontrastierten sie mit Aufnahmen aus dem Stadtteil, sie dokumentierten Plätze und Aufenthaltsräume in postmodernen Stadtanlagen. Der Sinn der Plastik läßt sich auf den ersten Blick nicht erschließen. Die Betrachter dieser Sozialplastik „oszillieren zwischen dem Symbol von zerstörter Kommunikation (Telefonzelle) und den tiefgehenden Betrachtungen über strukturelle Gewalt in modernen Industriegesellschaften (Video)" (Krügler 1995, S. 243). Ursache und Wirkung kehren sich um. Erst nach Sicht des Filmes kann der Betrachter den Verlauf von Anfang und Ende zusammenführen.

2. Beispiel: 25 Einkaufswagen wurden bei der Installation *Die Kollektivierung der Wirklichkeit* zusammengetragen und zu einem fünf Meter hohen Turm aus Draht, Chrom und Stahl verbunden. Durch deplazierte Häufung erhält ein alltägliches Objekt des Alltags eine fiktive Wirklichkeit. In der Mitte des Turmes leuchtet ein Monitor und gibt damit kund, daß es sich um eine Einkaufswagen-Installation handelt und nicht um einen Schrotthaufen. Von den Betrachtern durch Metallstreben getrennt, läuft ein selbstgedrehter Videoclip. Die Installation und der Film auf dem Monitor beschäftigen sich mit dem Einkaufswagen als Symbol der Teilnahme an unserer Konsumwelt. Der Einkaufswagen gestattet das Sammeln im säkularisierten Paradies des Supermarktes. Die gefüllten Regale wirken verlockend wie der Apfel der Erkenntnis, den Eva Adam gegeben hatte. Doch nicht wie im Paradies die freie Entscheidung, sondern ökonomische Bedingungen regeln den Zugriff. Dafür gibt es jedoch mehrfaches Eintrittsrecht. Das Paradies kann fast zu jeder Zeit angeschaut werden, die Früchte des Paradieses werden aber nur dem gegeben, der am Ausgang die „Abrechnung" bezahlt. Die scheinbare paradiesische Freiheit entlarvt sich als Freiheit des Auges. Bezahlen und nicht bezahlen, im Einkaufswagen haben oder nicht haben, sind Ausdrucksformen von Ein- und Ausgrenzungen.

3. Beispiel: Auf dem Boden steht ein Monitor. Über dem Monitor ist ein pyramidenförmiges Sand-Zement-Gemisch aufgeschüttet. An einem über dieser Installation hängenden Eimer befindet sich Wasser, das tropfenweise auf das Gemisch tropft und es in einen Betonklotz verwandelt. *Manifest(ation) der Vision* nennt die Gruppe diese Sozialplastik. In dem

Abb. 163: Videoinstallation *Der Gewalt auf der Spur*

Monitor laufen ungeschnittene Originalvideos über eine Abbruch-Baustelle. Abrißbirnen schlagen ein in Hauswände, Bagger schaufeln den Schutt auf, Lastwagen transportieren ihn weg. Von Stunde zu Stunde wird der Betonklotz härter. Nach einer Woche etwa erreicht die Feuchtigkeit den Monitor. Am Anfang entstehen kurzfristig Bildstörungen, danach verschwindet die Farbwiedergabe, der Ton setzt aus, wird noch einmal unerträglich laut und verschwindet zum Schluß. Am Ende der Ausstellung „war der Film zu Ende". Die Autoren sehen in dieser Installation den Sieg der Manifestation über die Vision. Das Ergebnis der Installation wirkt wie ein Grabhügel. Unklar bleibt, ob damit das Medium Fernseher begraben werden sollte oder der Eingriff des Menschen in die urbane Lebenskultur. Die Installation hinterließ mehr Fragen als Antworten und gab Antworten auf Fragen, die nicht gestellt wurden.

6.4 Ästhetische Erfahrung als progressiver Lernprozeß

Seit Platon wird der Phantasie, der Einbildungskraft nur ein zweifelhafter Erkenntniswert zuerkannt (vgl. Kamper 1990, S. 94). Im 18. Jahrhundert gab es Tendenzen (z.B. bei Saint Simon) die Geistesgeschichte der Phantasie zur produktiven Arbeit hinzuzuzählen und damit ihr einen Anteil bei der Entfesselung der Produktivkräfte zu geben. Doch spätestens nach Auguste Comte, dem Gegner der Phantasie und ‚Feind von Metaphysik" (ebd., S. 86). wurde die Einbildungskraft diffamiert und abgedrängt. Theodor W. Adorno identifizierte in unserer Gesellschaft einen unaufhaltsamen Bildersturm, der die als rational verstandenen, „gedachten Begriffe" demoliert (1985, S. 184). Adorno sieht die Fähigkeit zur Abstraktion schwinden. Deutlich wird ein Gegensatz von Sehen und Denken, wie er auch im folgenden Zitat zum Ausdruck kommt: „In dem lückenlosen Gefüge der Verdoppelung der Realität durch die technische Apparatur des Films wird jede Intention, und wäre es selbst die Wahrheit, zur Lüge" (ebd., S. 186). Bei den Humanwissenschaften spielte die Phantasie die Rolle eines niederen Erkenntnisvermögens. Dieter Baacke hat am Beispiel der Kinokultur den (pädagogischen) Widerwillen gegen den Seh-Sinn aufgezeigt. In einem Text weist er nach, „daß das pädagogische Denken und die pädagogische Praxis vor allem in den Schulen, aber auch anderswo, jede Art von Sinnenerfahrung einzuschränken sucht. Dazu gehört auch das Sehen" (1995, S. 25).

Rudolf Arnheim, der in der Tradition der Gestaltpsychologie steht, vertritt die Position, alles wirklich produktive Denken geht in Sinnesvorstellungen vor sich (1980, S. 9). Sehen ist für ihn umfassender, differenzierender und ausdrucksvoller als Sprache. Sehen beinhaltet die Fähigkeit, ein ganzes Netz an Beziehungen zu aktualisieren, zu vergegenwärtigen, z.B. Auswahl, Reihenfolge, Zuordnung, Ursache, Identität, Äquivalenz, Symmetrie, Gleichgewicht, In-Beziehung-Setzen von Gegenständen, Menschen und persönlichen Erfahrungen (vgl. Abschnitt 2.3.2). Der Kunsterzieher Kurt Staguhn sieht im bildnerischen Gestalten eine grundlegend „geistige" Leistung (zitiert nach Maset 1995, S. 105). Auch die Transzendentalphilosophie, so Kamper, erkennt in der Bedingung von Erkenntnis überhaupt „die dunkle, aber die höchste, d.h. die unüberbietbare menschliche Kraft der Erfahrung" (1990, S. 87).

Die ästhetische Erfahrung, der kreative, künstlerische Lernprozeß führt zu einer reflektierenden Transparenz und erschließt die progressive Bedeutung des Bilddenkens (vgl. Abschnitt 4.6). Ästhetisches Denken und Handeln geht über die Nachahmung, die bloße Spiegelung hinaus, sie hat die Kraft der Hervorbringens, der „Vergegenwärtigung" (vgl. Jähnig 1975, S. 25). Bei der Vergangenheitserkenntnis und bei der Veränderung der Welt kommt dem über Bilder vermittelten ästhetischen Denken ein Vorrang zu. Die Produktion von ästhetischer Realität ermöglicht, die eigentliche Realität klarer und präsenter zu erfassen.[84] Die Einbildungskraft steht nicht mit dem nach Regeln verfahrenden Verstande (kognitiven Denken), sondern mit dem Leben „im Bilde sein" in Verbindung. Offensichtlich dominiert im 20. Jahrhundert das Auge. Die optische Wahrnehmung wird kultiviert. Karl Pawek spricht von einer neuen Toleranz, einer neuen Weltorientierung mittels Optik, die sich im *optischen* Zeitalter anbahnt (1963, S. 15). „Die Vernunft ist intolerant, und das Auge ist tolerant. Die Vernunft entscheidet, das Auge aber sieht, was ist, daher ist das Auge toleranter. Es läßt alles gelten, was es sieht. Die Vernunft läßt nur gelten, was ‚vernunftgemäß' ist, d.h. sie läßt nur gelten, von dem sie annimmt, daß es ihr entspricht ... Die Vernunft bestimmt, was existieren darf und

[84] Dieter Jähnig (1975, S. 26) macht darauf aufmerksam, daß die Kunst (das ästhetische Denken) ursprünglich das war, was den Menschen als Mensch kennzeichnete.

was als Fiktion abzutun ist, gleichgültig, ob es uns in der Wirklichkeit begegnet oder nicht" (ebd., S. 231).

Ästhetik verweist auf die Aktivierung einer Erfahrung, die Bezug nimmt auf Hypothesen, Fiktionen, Dinge und Ereignisse, die noch nicht existieren. Damit verbunden ist die Erschließung neuer Felder, neuer Formen der Erfahrung, die utopische Korrektur am Bestand bisheriger organisierter Welterfahrungen. Die Erfahrung möglicher Wirklichkeiten der Wahrnehmung wird ausgeweitet. Ästhetische Erfahrung aktualisiert sich in dem in dieser Arbeit vorgeschlagenen Konzept auf drei Ebenen:

- *Aktive Imagination* bedeutet die Beschäftigung mit dem Symbol als schöpferische Auseinandersetzung mit dem Unbewußten.[85] In der Befähigung zur Symbolbildung sehe ich einen schöpferischen Prozeß. „Im Symbol werden ja die Gegensätze Bewußtsein und Unbewußtes immer wieder überwachsen in einem Dritten, das die Gegensätze auf einer anderen Ebene übergreift. Das ist das Prinzip des Schöpferischen"[86] (Kast 1991, S. 51). Damit knüpfe ich an die These Jungs an, der die symbolische Bewältigung durch aktive Imagination als einen Schlüssel sieht, das Unbewußte zu beeinflussen (vgl. von Franz 1967). Es geht um eine (imaginäre) Dialogfähigkeit gegenüber inneren Phantasiebildern und symbolisch aufgeladenen Medienbildern. Die Wahrnehmung von Symbolen wird als gestaltbar interpretiert.
- *Reflexive Imagination* meint die Befähigung zur Decodierung von ästhetischen Objekten und sozialen Alltagserfahrungen.[87] Jugendliche sollen in die Lage versetzt werden, der Ästhetisierung der Welt mit reflexiven Instrumentarien des ästhetischen Denkens (wie z.B. Montage-Denken, Symbol-Decodierung) gegenüberzutreten. Der Welt des Imaginären läßt sich nur mit Einbildungskraft begegnen (vgl. Kamper 1990, S. 279). Während bei Kamper das Thema „in einer Form zur Sprache" gebracht werden soll, kann nach meiner Auffassung die Logik des Imaginären neben der Sprache auch mit ästhetischem Denken begegnet werden. Ihm wird im Vergleich zur Sprache eine gleichwertige Bedeutung beigemessen. Die bei Kamper festzustellende Befürchtung einer Remythisierung der Erfahrung (ebd.) teile ich ebenfalls nicht, da ich die Beschäftigung mit Mythen und

---

[85] Der Begriff stammt von C.G. Jung. Er hat bei ihm die Funktion „eine Synthese der bewußten und unbewußten Persönlichkeit zuwege zu bringen (von Franz 1973, S. 83).

[86] „Emotionen verändern unsere Bilder, Bilder verändern aber auch unsere Emotionen. Nicht nur kann das Unbewußte unsere bewußte Stimmung verändern, wir können über bewußtes Wahrnehmen und die Konzentration auf Bilder auch unser Unbewußtes verändern" (Kast 1991, S. 58).

[87] Der Begriff ist Dietmar Kamper entlehnt (1990, S. 282). Er verbindet damit die Erkenntnis, mittels einer Einbildungskraft, „die über sich selbst und ihre historischen Folgen aufgeklärt ist" (ebd., S. 279). Der Begriff wird allerdings bei mir anders verwandt.

Symbolen als Seinsvergewisserung verstehe. Das schließt jedoch nicht aus, sondern ein, sich mit den über die Bilder transportierten Mythen kritisch auseinanderzusetzen.

– Als *Produktive Imagination* bezeichne ich die handlungsorientierte Beschäftigung mit Bildwelten. Hier wird gelernt, die Erfahrung von konkreter Realität in einen symbolischen Kontext zu übersetzen. Bei der produktiven Imagination wird die Lebenswelt in den Lernprozeß integriert, dabei ist der „Vorgang", der Prozeß, genauso wichtig wie das Resultat. Ein Seminar dient als Anstoß, das Wahrnehmungslernen als impliziten Lernprozeß in den Lebensalltag zu inaugurieren. Intendiert ist eine subjekt-interne Verarbeitung, die über den Seminarzusammenhang hinausgeht. Die produktive Imagination hat sich als wichtiges Element innerhalb dieser Bildungsabsichten erwiesen, da die verarbeiteten Erfahrungen in den sozialen Alltag einwirken.

Diese unterschiedlichen Aspekte ästhetischer Erfahrung haben eine gemeinsame Verbindung. Auf allen drei Ebenen birgt die ästhetische Erfahrung die Möglichkeit von entstehendem Sinn oder die Ahnung von Sinn (vgl. Anderegg 1991, S. 54). Ästhetische Ausdrucksformen sind Momentaufnahmen, sie fixieren nicht, sie geben eher Anstöße. Nach jedem gelungenen ästhetischen Entwurf entsteht das Bedürfnis nach Erweiterung. „Im Reich der Einbildungskraft gilt, daß das Sein, sobald ein Ausdruck vorgebracht ist, Bedürfnis nach einem anderen Ausdruck hat, daß das Sein alsbald zum Sein eines anderen Ausdrucks werden muß" (Bachelard 1960, S. 245). Ästhetische Erfahrung läßt sich als übergreifendes Koordinationssystem bezeichnen, worin alles eingeordnet wird, worauf alles bezogen wird. Es handelt sich um ein Instrument, mit dessen Hilfe die innere und äußere Lebenswelt gedeutet wird; Erfahrungen werden organisiert, erklärt, überprüft, verarbeitet, gegliedert und geformt werden (vgl. Hübner 1989, S. 41, 43).

Die Thematisierung von Sinnfragen wird besonders durch die produktive Imagination, den ästhetischen Produktionsprozeß ausgelöst, da das Produktionserlebnis ein hohes Maß an Selbst-Wahrnehmung zuläßt. Audiovisuelle Medienprodukte spiegeln das subjektive Weltbild der Autoren wider. Bei den Produkten handelt es sich um aus den Sinnen geformte Sinnbilder, in denen Sinn verdichtet ist. Es handelt sich um Entwürfe für ein zukünftiges mögliches Sein. Die selbstgeschaffenen Medienprodukte repräsentieren das Ergebnis der Bearbeitung von Phänomenen der Weltwahrnehmung (aktive Imagination), sie enthalten reflexive Imagination als Ergebnis eines audiovisuellen Lernprozesses und als katalysatorische ästhetische Erfahrung die produktive Imagination, der Prozeß bei dem die unterschiedlichen Dimensionen der ästhetischen Erfahrung zusammenfließen. Eine ganz zentrale „ästhetische" Erfahrung für die Selbst-Wahrnehmung kann sich durch die Reaktion von Rezipienten bei öffentlicher Präsentation der Produktionen eröffnen. Daher bilden öffentliche Darbietungen der Produkte eine bedeutsame Rolle.

Die intersubjektive Selbstwahrnehmung wird auf zwei Ebenen durch Fremdwahrnehmung einem Lernprozeß ausgesetzt. Medienprodukte bedürfen eines „einheitlichen" ästhetischen Stils, daher bedarf es der Annäherung an einen gemeinsamen Standpunkt der jeweiligen Produzenten. Ausgehend von den Seh- und Wahrnehmungsweisen von Jugendlichen muß eine gemeinsame Form gefunden werden. Der Videofilm, die Dia-AV, die Foto-Ausstellung werden zum Medium der Suche nach einer gemeinsamen ästhetischen Kommunikationsform. Auf der zweiten Ebene dienen diese Produkte zur interaktiven Kommunikation mit anderen, mit Freunden, aber auch mit Fremden. Für die Identitätsbildung heutiger Jugendlicher scheint es jedoch nicht mehr relevant zu sein, ob diese Produkte einem diskursiven oder ethischen Diskurs unterzogen werden. Wichtig erscheint ihnen vielmehr, daß sie in der Re-Präsentation ihres Ausdrucks Aspekte ihres inneren Selbst wiederfinden. Das geschaffene Medienprodukt (Videofilm, Fotoausstellung etc.) führt zu einer Datenspur und damit zu einer ontologischen Vergewisserung. Sowohl die intrasubjektive als auch die intersubjektive Selbstwahrnehmung partizipieren an dieser Datenspur, wobei die Schaffung eines Selbstbildes und damit die Herausbildung von Identität davon beeinflußt wird.[88]

Für einen kurzen Augenblick erscheinen die Jugendliche als aktiv Steuernde im Fluß der elektronischen Bildwelten. Sie erleben in diesem Moment die Ahnung und das Versprechen kreativer Selbstverwirklichung. Nicht nur, daß sie durch konkreten Nachvollzug der technischen Möglichkeiten audiovisueller Produktionen zum bewußteren Konsum und Genuß der Medienprodukte qualifiziert werden, sie wissen nunmehr, daß in ihnen eine virtuelle Persönlichkeit enthalten ist, die Potentiale kreativer Ausdrucksformen in sich birgt. Dies löst Kräfte und Energien nach Selbstverwirklichung und damit Veränderung aus.

[88] Unsere Mediengesellschaft ist bestrebt, allen ihren Mitgliedern zu vermitteln, daß nur das bedeutungsvoll ist, was öffentlich gezeigt wird und damit eine Datenspur hinterlassen hat. Medienprodukte werden gesehen und dienen damit dem gesellschaftlichen Diskurs als Material und dem Selbst als Basis für seine Zuordnung.

7. Kapitel

MEDIEN UND IDENTITÄT

7 Medien und Identität

In diesem abschließenden Kapitel werden Schlußfolgerungen gezogen. Ausgehend von der Sicht der sozialen Konstitutionstheorie über die Herausbildung von Identitäten im Kommunikationsprozeß wird die Relevanz der Medien für die Selbst-Definition des einzelnen herausgestellt. Dabei wird der Stellenwert des präsentativen symbolischen Diskurses, des symbolisch-mythischen Denkens als ergänzende bzw. erweiternde Form der Selbst- und Fremdversicherung betont. Anschließend werden auf zwei Ebenen die (potentiellen) Wirkungen von Medien beschrieben. Auf der vertikalen Ebene transportieren sie Botschaften zwischen den Generationen, auf der horizontalen Ebene machen sie vertraut mit der präsentativen Symbolik der aktuellen gesellschaftlichen Kommunikation und prägen dabei vorwiegend den Diskurs innerhalb der Generationen. Soweit es notwendig ist, wird auf Ergebnisse der Arbeit verwiesen. Abschließend wird in einem Ausblick die Rolle des Subjekts angesichts zu erwartender digitaler Medienwelten reflektiert.

7.1 Identität im Medienzeitalter

Auf George Herbert Mead geht die Auffassung zurück, Identität als soziale Konstitution zu interpretieren (1980, S. 241ff.). Bei Mead liegen die Wurzeln der Identität in der sozialen Interaktion, im dialogischen Austausch. Sie ist eine Folge von sozialer Praxis und nicht der autonome Entwurf eines Subjekts. Jürgen Habermas (1988) ist ebenfalls der Überzeugung, daß Identität[89] nur in einem sozialen Rahmen hervorgebracht werden kann. „Die Identität vergesellschafteter Individuen bildet sich zugleich im Medium der sprachlichen Verständigung mit anderen und im Medium der lebensgeschichtlich-intrasubjektiven Verständigung mit sich selbst. Individualität bildet sich in Verhältnissen intersubjektiver Anerkennung und intersubjektiv vermittelter Selbstverständigung“ (ebd., S. 191). Die Selbst- und Fremdverständigung wird bei Habermas von zwei Quellen gespeist: einmal durch die *Zustimmung zu den Handlungen* des Selbst unter normativen Gesichtspunkten, des weiteren durch die *Anerkennung als* Person mittels der realisierten Biographie. Gesellschaftliche Normen oder allgemeine moralische Prinzipien gelten als Orientierung für die Suche nach Zustimmung. Im Rahmen der Selbstdarstellung findet

[89] Rainer Döbert, Jürgen Habermas und Gertrud Nunner-Winkler (1980, S. 9) definieren Identität wie folgt: „‚Identität‘ nennen wir die symbolische Struktur, die es einem Persönlichkeitssystem erlaubt, im Wechsel der biographischen Zustände und über die verschiedenen Positionen im sozialen Raum hinweg Kontinuität und Konsistenz zu sichern.“

Zustimmung (zum Handeln)			
Fremd-verständigung	von Erwartungen, Normen oder Prinzipien geleitete Kooperation	Verinnerlichung von Regeln und Rollen	**Selbst-verständigung**
	Selbstdarstellung und Bürgschaft für die eigene Lebensgeschichte	Selbstsymbolisierung und Akzeptanz	
Anerkennung (als Person)			

Abb. 164: Schema zur Selbst- und Fremdverständigung des Subjekts auf den Dimensionen „Zustimmung zum Handeln" und „Anerkennung der Person" in Anlehnung an Habermas

die Suche nach Anerkennung als Interaktion mit dem Gegenüber ihren Ausdruck.

Während bei Habermas die Identitätssuche in Zusammenhang mit sprachlicher Verständigung (kognitiver Diskurs) steht, gehe ich davon aus, daß eine inter- und intrakommunikative Selbstverständigung als Ausgangsbedingung für die Entwicklung auch über einen durch sinnliche Wahrnehmung vermittelten Diskurs mit Medien vonstatten gehen oder beeinflußt werden kann. Die Stabilisierung von Identität läßt sich auch in der Auseinandersetzung mit Bildern (audiovisuellen Medien) verwirklichen. Der Ansatz von Habermas hat seine Relevanz in einer von Schrift- und Sprachkultur geprägten Gesellschaft. Inzwischen überformt die Medienkultur und die Informationstechnologie die Wortkultur (Abschnitt 2.1). Unser Wissen von der Welt wird weitgehend von dem bestimmt, was wir durch die Medien erfahren. Neben Niklas Luhmann (1995) haben u.a. Marshall McLuhan (1994) und Joshua Meyrowitz (1987) in ihren Arbeiten auf die zentrale Bedeutung der Medien in unserer Kommunikationskultur aufmerksam gemacht. Auf der interkommunikativen Ebene dienen die audiovisuellen Medien als Agenda, sind Basis und Potential für Kommunikation und Austausch innerhalb der Peer-groups, die Deutungsmuster entwerfen.[90] Diese Deutungsmuster enthalten neben dem sprachlichen Code emotionale, sinnliche und symbolische Botschaften, die einen „eigenständigen" Code bilden, der nicht auf der linearen, sondern auf der präsentativen Logik (Langer 1987) basiert.

Dieter Baackes Verständnis von Identität ist hilfreich, um die Bedeutung der Medien beim Individuationsprozeß besser zu verstehen. Er definiert Identität als historisch gewachsen, änderbar und „nie ein für allemal festgelegt" (1993, S. 227f.). Die allgemeine Bestimmung des Identitäts-

---

90 „Der Terminus Deutungsmuster bezeichnet allgemein die praktisch handlungsrelevanten überindividuell geltenden und logisch konsistent miteinander verknüpften Sinninterpretationen sozialer Sachverhalte. Deutungsmuster stellen die generative, sich historisch wandelnde Tiefenstruktur des gesellschaftlichen Bewußtseins dar, aus der heraus Vorstellungen, Argumentationen und Handlungsintentionen ihrerseits erst erzeugt werden" (Dewe/Ferchhoff 1984, S. 76).

begriffes setzt sich bei ihm aus drei Teilen zusammen. Sie ist zunächst eine Beziehungsleistung, die sich durch Imitation, Identifikation und den Vergleich mit anderen bildet. Dieser Vergleich mit anderen führt zweitens zur Erkenntnis der Begrenztheit eigener Kompetenzen, die den einzelnen dazu bringt, sich in Relation zu anderen zu sehen. Auf einer dritten Ebene entspricht sie der Fähigkeit, in sich einen Innenraum zu erkennen, die personale Kontinuität in der Zeit zu erleben und zu rekonstruieren. „Ich sehe andere als anders und damit mich selbst als den, der ich bin, mit anderen vergleichbar und doch unterscheidbar“ (ebd., S. 229). Die Zuordnung und Abgrenzung zu dem anderen geschieht vor allem in den Peer-groups. Hier findet die Transformation der aufgenommenen medialen Erfahrungen statt. Die individuell oder auch gemeinsam erlebten Medienerfahrungen werden umgewandelt in subkulturelle bzw. jugendkulturelle Kommunikationsformen.

Während Thomas Ziehe in der Jugendkultur eine rigide stilistische Vereinheitlichung und Abgrenzung ästhetischen Ausdrucksverhaltens, fester Rollendispositionen und ritualisierter Umgangsformen erkennt, die die gemeinsame symbolische Bedürfnisbefriedigung absichern (1980, S. 174f.), betont Baacke die andere Seite dieser Entwicklung. Baacke sieht in den Jugendlichen *auch* „autonome Konstrukteure lebensweltlicher Bezüge und Ordnungen“ (1993, S. 232). Jugendliche tragen zu kulturellen Neu-Schöpfungen bei. Auf der Basis ihrer Medienerfahrung entwickeln sie neue Aneignungsweisen von Wirklichkeit. Auf die Optionenvielfalt der Kulturindustrie, so Baacke, reagieren sie mit Pluralisierung und Bricolage, aus denen neue Formen der Ich-Deutung entstehen. Die Ästhetisierung der Lebenskultur, die Schaffung ästhetisch durchstrukturierter Lebensräume (vgl. Schulze 1993) sind eine kulturell produktive Antwort auf eine Welt, deren Kultur einen *präfigurativen* Charakter entwickelt. Der Begriff des „Präfigurativen“ geht auf Margaret Mead zurück, die in der Zukunft eine präfigurative Kultur erwartet (1974, S. 83ff.) In dieser Kultur wird es keine Stabilität von bestimmten Identitäten geben, da sich die Phänomene ständig wandeln. Geschichte verschwindet als Dimension überindividueller Zeitlichkeit, da der Wandel schon innerhalb einer Generation eintritt.

Baacke benutzt diese Terminologie nicht, jedoch gesteht er den Medien und damit der präsentativen Symbolik eine zentrale Bedeutung bei der Herausbildung jugendlicher Identitäten zu. Bei Baacke wird der Einfluß der Medien allerdings transformiert über den interpersonalen Austausch innerhalb der Peer-group, d.h. Basis für die Herausbildung der Identität sind interkommunikative Prozesse. Diese Kommunikationsprozesse bilden zweifelsohne einen ganz wesentlichen Teil bei der Identitätsbildung. Nach den in dieser Arbeit vorgelegten Materialien gibt es jedoch plausible Gründe, den Medien auch Potentiale bei der intrapsychischen Kommunikation als (heimliche) Sozialisationsagenten mit identitätsfördernder Wirkung zuzuschreiben. In telematisch geprägten Gesellschaften können die Medien bei der intrapsychischen Selbstvergewisserung „Essentiale“ bilden.

Die audiovisuellen Medien können auf bewußte (oder unbewußte) Weise Einfluß auf die intrasubjektive Wahrnehmung nehmen. Der einzelne Rezipient kann zwar, unter der Maßgabe seiner biographischen Sozialisation, produktiv mit Medienbotschaften verfahren, dennoch ist die Wahrscheinlichkeit gegeben, daß er aufgrund schematisierter Wahrnehmungsmuster, die entweder phylogenetischer, ontogenetischer oder gesellschaftsbezogener Herkunft sind, zumindest einen Teil der audiovisuellen Botschaften aufnimmt und in seinem sekundären Sehgedächtnis speichert.[91] Der Konsument nimmt einen Abgleich mit seinem Weltbild vor. Seine symbolisch gedeutete Welt-Wahrnehmung ist die Basis der Aufnahme und Verarbeitung des jeweiligen Medienproduktes. Wahrnehmungsrelevante Wirksamkeit entfaltet das jeweilige Produkt, wenn Fragestellungen angesprochen werden, die bei den jeweiligen Konsumenten eine aktuelle Bedeutung haben. Es handelt sich dabei weniger um die Inhalte als um die symbolischen und mythischen Botschaften und die mit dem jeweils benutzten Medium in Verbindung stehende Art und Weise der Wahrnehmung. Nach meiner Auffassung sind in (nahezu) allen populären Medienprodukten symbolische und mythische Subtexte enthalten. Diese Subtexte haben keinen deterministischen Einfluß. Je weniger die Rezipienten mit ihnen vertraut sind, desto wirksamer können sie jedoch werden. Sie können (möglicherweise sogar unbewußt) unsere Wahrnehmungsformen, unser Weltbild, die Art und Weise, wie wir wahrnehmen und unsere emotionale Grundstruktur (ontologische Verortung) ansprechen.

Die Medienindustrie hat das Interesse, möglichst viele Konsumenten von einem Produkt zu überzeugen. Daher müssen Angebote präsentiert werden, die bei unterschiedlichen Konsumenten Akzeptanz zur Folge haben. Die Konsumindustrie hat zwei Strategien entwickelt. Eine erfolgreiche Strategie ist die Inszenierung von Monomythen. Gleichwohl läßt sich erkennen, daß die Zeit der Monomythen schwindet. Eine zweite Strategie ist die Produktion von polysemen Produkten.[92] Immer größere Bedeutung erhalten somit Medien, die auf mehreren Ebenen Angebote machen. Dies läßt sich bei Spielfilmen (u.a. von David Lynch), Videoclips,

---

[91] Die im sekundären Sehgedächtnis gespeicherten Wahrnehmungsmuster müssen keineswegs bewußt realisiert werden. Gleichwohl ist es nicht ausgeschlossen, daß ihnen zu einem späteren Zeitpunkt eine verhaltensrelevante Bedeutung zukommt.

[92] Diese Strategie ist nicht nur eine Reaktion auf die segmentierte Gesellschaft. Schon beim Kultfilm *Casablanca* (1942) von Michael Curtiz wurde diese Methode erfolgreich eingesetzt.

der Werbung und bei Computerspielen beobachten. Die Medien bieten ein Patchwork von Möglichkeiten, sich mittels Bricolage eigene Muster zu entwerfen, seinen „eigenen" Mythos zu montieren. Die Produzenten haben längst auf den „produktiven" Zuschauer reagiert. Der Konsument erhält mehrere Deutungsangebote, aber weiterhin wird er mit mythischen Stoffen konfrontiert. Die Erodierung des patriarchalischen (christlichen) Monomythos führt nicht zu einem Ende des Mythischen in den Medien, sondern eher zum Gegenteil, einer Reaktualisierung scheinbar verlorengegangener früherer mythischer Entwürfe von Welt und Wirklichkeit. Die heutigen Medien greifen auf nahezu alle mythologischen Wurzeln zurück und entwerfen zudem neue, gesellschaftsbezogene Mythen (Barthes 1964). Die Ursprungsmythen erscheinen jedoch meist nicht in ihrer substantiellen Struktur, sie werden durch die gesellschaftlichen Erfahrungen jeweils präfiguriert. Die Diskussion von Kapitel 5 aufnehmend und zusammenfassend, lassen sich sechs unterschiedliche mythische Quellen, die ich im folgenden Symbolgestalten nenne, identifizieren:

– *Gestaltpsychologische Symbolgestalten* sind die normativen Gesetze ästhetischen Gestaltens. Sie stehen in Verbindung mit der Wirkung von Linie, Form, Struktur, Farbe im Bildfeld. Dazu gehört der Goldene Schnitt, das Figur-Grund-Verhältnis etc. Je weniger narrative Formen einen audiovisuellen Text bestimmen, desto bedeutsamer werden diese ästhetischen Figurationen. Beim Videoclip und in der Werbung erhalten sie zentrale Bedeutung.

– *Animistische und schamanistische Symbolgestalten* gehören zu den ältesten Erinnerungen menschlicher Kultur. Sie stammen aus der Erfahrungswelt der Sammler und Jäger. Die Anthropomorphisierung ist eines der charakteristischen „Erbbilder" aus dieser Zeit. Die Bedeutung der Auflösung von Raum und Zeit als Erfahrungswelt (vgl. Abschnitt 7.3.) läßt Erinnerungen an schamanistische Vorbilder zu. Die Werbung und die Computeranimation greift auf diese Symbolgestalten zurück.

– *Asiatische Symbolgestalten* sind in allen Medienprodukten zu verorten. Bevorzugt werden buddhistische und hinduistische Symbole im Videoclip und in der Werbung eingesetzt. Dazu gehören z.B. thailändische Mönche, die bei *West*-Reklame Go-Kart fahren oder Bilder der mythischen Tempelstadt Angkor Vat, die den Hintergrund bilden für eine Deodorant-Werbung.

– *Matrilineare Symbolgestalten* stehen eng im Kontext von Ackerbaukulturen und dem Kult der Großen Göttin (Mutter). Der zentrale Mythos ist die Schöpferkraft der Frau (Natur) und der Kreislauf des Lebens (Geburt, Leben, Tod, Heilige Hochzeit). In der Popkultur, speziell bei Madonna, und in der Werbung lassen sich vermehrt Anleihen an diesen mythischen Mustern finden.

– *Patriarchalische Symbolgestalten,* wie bei uns im Christentum, haben noch die größte Bedeutung in unserer Medienkultur. Die Monomythen unserer Medienkultur stammen vorwiegend aus diesem Reservoir. Oftmals basieren allerdings diese Mythen auf Stoffen, die älteren Ursprungs sind. Weiterhin werden über die Medien Monomythen verbreitet, jedoch haben sie keine hegemoniale Bedeutung mehr. Hier wird die Frage nach der Herkunft des Menschen, die Funktion und Bedeutung des Helden und des Erlösers, der Antagonismus zwischen Gut und Böse, die Spannung zwischen Mensch/Natur und Mann/Frau bearbeitet.
– *Gesellschaftliche Symbolgestalten.* Unübersehbar ist, daß die Mediengesellschaft auf die Segmentierung der Lebenserfahrung mit segmentierten Neomythen reagiert. In den Medien werden zunehmend „Stammesmythen" (von der jeweiligen Gesellschaft produzierte lokale Mythen) gezeigt. Damit wird der gesellschaftlichen Lebenssituation eine Bedeutung bei der Produktion von Mythen beigemessen, wie Thomas Meyer (1992) am Beispiel der Politik nachgewiesen hat. Die konkrete historische Situation hat Einfluß auf die Produktion von mythischen Stoffen.

Im Medienzeitalter oszillieren die dargestellten Symbolgestalten in einem präfigurativen Erlebnisfeld, bei dem das logisch-kausale Denken Interventionspotentiale hat. Die Mediengesellschaft bietet ein breites Angebot mythogener Stoffe, aus denen die einzelnen oder die Peer-groups ihre Identitäten zusammenstellen. Gäbe es keinen Bedarf nach diesen Mythen, könnten sie sich in dieser Mannigfaltigkeit nicht durchsetzen. Es handelt sich jedoch nicht um feststehende Muster, um einen speziellen Mythos (z.B. Erlösermythos), sondern um ganz unterschiedliche Mythen, die sich sogar widersprechen können (Motiv des Zusammenführens, Motiv des Differenzierens). Die Medien bieten durch die Identifikation mit dem erzählten Mythos eine der jeweiligen Entwicklungsstufe angemessene, partielle Verortung an. Wie in einem riesigen Warenlager bedienen sich die Jugendlichen und konstruieren in ihrer Peer-group-Kultur Stammesmythen, eine Bricolage aus den formulierten Symbolgestalten. So frei sie sich in diesen Symbolwelten bewegen, bleiben sie dennoch dem symbolischen Denken verhaftet.[93] Es gibt kein Entrinnen vor dem Mythos, es gibt nur die Arbeit an bzw. mit dem Mythos (vgl. Abschnitt 4.3). Damit die Symbolwelten nicht zur Klischeebildung (Lorenzer 1970) dienen oder zum Fetisch (Ziehe 1988, 1994), oder zur der „mythischen Falle" (Görden/

[93] Eine der Tendenzen der Postmoderne bildet der Abbau der Solidität des Subjekts. Selbst auf der bewußten Ebene kann von einer definierbaren Identität keine Rede sein. Bei dem sogenannten „Ich" handelt es sich, wie mit Hilfe von Flusser bereits in Abschnitt 5.2.1.1 ausgeführt, um Prozesse, „welche einem Gewebe von „unbewußten" kollektiven psychischen Vorgängen aufsitzen und von diesem Gewebe nicht nur gespeist, sondern auch weitgehend gelenkt werden (Flusser 1994, S. 13).

Meiser 1994) werden, bedarf es der Einordnung bzw. Verarbeitung dieser symbolischen Welten. Dies kann durch aktive, reflexive und/oder, noch wirksamer, auf der Ebene produktiver Imagination geschehen.

Der aktive Umgang mit Medien erzieht zum mehrdimensionalen Blick. Dieser Blick ist ästhetisch[94], er nutzt die progressive Funktion des Symbols (vgl. Abschnitt 5.8). Er läßt dem symbolischen und mythischen Denken in seiner Funktion als Stabilisator einer ontologischen Suchbewegung „Raum", bleibt jedoch auf dieser Stufe nicht stehen. Der ästhetische Blick setzt sich ebenso mit der Gegenwart auseinander und entwirft Zukunft in dem Spannungsfeld zwischen Kunst und Lebensalltag. Der Raum der Kunst, die ästhetische Auseinandersetzung, ist der Bereich, wo symbolisches Denken und Entwerfen von imaginären Welten die Gefahr der sogenannten „Regression" bannt, wo die Verortung als auch der Entwurf möglichen Seins zusammenkommt. Der ästhetische Blick kann dabei die Bedeutung einer „vitalen Ressource" (Maset 1995, S. 22) erhalten.

Dieter Baacke, Günter Frank und Martin Radde (1991) sehen ebenfalls die Sinnhaftigkeit, sich mittels medialer Erfahrungen in eine frühere Entwicklungsphase zu „begeben", ungeachtet dessen, daß sie die hier verwandte Terminologie nicht verwenden. Jugendliche brauchen, ausgehend von diffusen Ausgangserfahrungen, „die Entgrenzungen und Entdifferenzierungen der Medien, um differenzierte Fähigkeiten und Persönlichkeitsmerkmale zu entwickeln. Erst durch die medial vermittelte Identitätsdiffusion hindurch bildet sich die Identitätsstruktur" (ebd., S. 248). Jugendliche müssen bereit und in der Lage sein, „sich mittels Medien ‚fallen zu lassen' um vorwärts zu kommen" (ebd.). Die Metapher des „Fallenlassens", um vorwärtszukommen, oder auch des „Zurückgehens", um voranzuschreiten, kann helfen, die Bedeutung der Medien für die Identität besser einzuordnen. Medien sind ausgezeichnete Prothesen bei der Suche nach dem Standpunkt zur Welt. Produktive Medienerfahrungen erweitern subjektive Weltbilder. Ihre Relevanz wird noch deutlicher, wenn man die Frage nach der Identität im Medienzeitalter aus dem Blickwinkel der Anthropologie reflektiert.

7.2 Initiation und Identität

Die moderne Kultur und die Medien als eines ihrer „Sprachrohre" verfügen über kein kohärentes Weltbild. Entgegen den traditionellen Gesellschaften werden in modernen Gesellschaften keine Riten eingesetzt, um in sozialen Übergangssituationen Hilfestellung zu leisten (vgl. Abschnitt 4.7). Die

---

[94] Bei dem Begriff der Ästhetik geht es (vgl. Einleitung) um die Einübung genereller Wahrnehmungs-, Realisations- und Interpretationsprozesse, wie dies Gunter Otto schon vor 20 Jahren für die ästhetische Erziehung gefordert hat (1974, S. 17).

Medien treten in diese Lücke und übernehmen „klammheimlich“ diesen Part. Spielfilme, Video- und Werbeclips (und auch andere Medienprodukte wie z.B. Computerspiele) bieten das Reservoir für intentionale oder unbewußte Orientierung. In unserer Gesellschaft, so die These, übernehmen die Medien die Aufgabe, die Jugendlichen in die Gesellschaft zu integrieren. In telematischen Gesellschaften erhalten die Medien die Rolle der Transmitter im Übergang von räumlichen und sozialen Übergangszuständen. Sie bilden nicht nur die Basis und den Ausgangspunkt für die gesellschaftliche Kommunikation, sie sind gleichzeitig Träger der für die Sinnorientierung bedeutsamen symbolischen und mythischen Botschaften.

Während bei den traditionellen Gesellschaften die Vor-Bilder für das eigene Verhalten bindend sind, haben die heutigen Medien-Vorbilder keinen determinierenden Einfluß. Sie bieten „nur“ Angebote für die Identifizierung. Ein weiterer Unterschied ergibt sich im Verhältnis zwischen den Generationen. In traditionellen Gesellschaften dient die Kultur u.a. auch zur Integration aller ihrer Mitglieder. Demgegenüber schafft die Medienkultur nur geringe Verbindungen zwischen der Kultur der Erwachsenen und der Kultur der Jugendlichen. Sie trägt viel eher zu einer Differenzierung innerhalb der Gesellschaft bei. Insbesondere durch den Einfluß von Medienerfahrungen entwickeln Jugendliche eigenständige (Sub-)Kulturen. Diese Kulturen werden vornehmlich von Peer-groups getragen, die in Konkurrenz stehen mit der Welt der Erwachsenen. Erhaltensmechanismen von Identitätskonzepten verlaufen heute gegen die Elterngeneration und parallel zu den Peer-group-Erfahrungen. Sie stehen vorwiegend im Kontext der gesellschaftlich dominanten technologischen Entwicklung.

Die ungeheure Beschleunigung der Produktivkräfte und die damit verbundene qualitative Veränderung der Kommunikationsstrukturen führen zu einer Aufwertung der Bedeutung von Medien. Es läßt sich eine vertikale und eine horizontale Ebene unterscheiden. Auf der vertikalen Ebene haben Medien die Aufgabe, bei der Initiation in die Erwachsenengesellschaft zu helfen. Repräsentiert wird dies durch die mythische Reise des Helden[95] im Spielfilm (patriarchalischer Monomythos). Über die Identifikation mit dem Helden nehmen die Rezipienten an einem Reifeprozeß teil. Sie erleben eine (mythische) innere Reise oder erfahren über Identifikation und Introjektion (Ansatz der Psychoanalyse) oder Mimesis (Lerntheorie) eine „innere Einsicht“.

Im Videoclip oder auch in der Werbung konnten wir die hohe Bedeutung der Anima/Animus-Problematik dechiffrieren (vgl. Abschnitt 5.2.2),

[95] In dieser Arbeit wurde im wesentlichen die Bedeutung und Funktion von männlichen Jugendlichen reflektiert. Es ist wahrscheinlich, daß die Beispiele aus der Sicht weiblicher Jugendlicher anders verlaufen.

ein für Jugendliche besonders wichtiges Thema. Die Bewältigung dieses Themas steht in Verbindung mit einem Reifeprozeß, er erfolgt im Kommunikationsprozeß auf der vertikalen Ebene. Hier werden den Jugendlichen die für ihre Entwicklung wichtigen globalen Sinnangebote offeriert. Ähnlich wie in traditionellen Gesellschaften neigen Erwachsene zum Verabsolutierungsmechanismus, d.h. sie gehen davon aus, daß die jeweiligen Werte, die sie für richtig halten, auf alle Generationen übertragbar sind (vgl. Abschnitt 4.7). Durch den rapiden Wandel der Gesellschaft sind jedoch einige Werte transformiert, wie z.B. die Bedeutung des rationalen und diskursiven Denkens. Dadurch prallen unterschiedliche Werte aufeinander, die keineswegs alle konsensfähig sind. Jugendliche erhalten durch die Medien Informationen und Kenntnisse, die ihnen Kenntnisse vom Erwachsen-Sein vermitteln, bevor sie dieses Stadium erreichen. Dies führt zu einer Diffussion ihrer Rollenerfahrung.

Ihr Jugendsein basiert auf einem anderen Erfahrungsfeld als dies bei den heutigen Erwachsenengenerationen der Fall war. Es gibt für heutige Jugendliche Erfahrungswelten, die nicht mit entwicklungspsychologischen Reifeprozessen, sondern mit gesellschaftlichen Lernerfahrungen in Verbindung stehen. Dies bezeichne ich als horizontale Differenzierung. Auf der horizontalen Ebene haben die Medien die Aufgabe, in die telematische Gesellschaft einzuüben. Die Jugendlichen lernen durch Konsum oder auch interaktive Nutzung (z.B. Computer) die Techniken kennen, die ihnen erlauben, kommunikativ mit und innerhalb der Gesellschaft zu agieren. Dazu gehört beispielsweise die Kompetenz der Auge-Hand-Koordination, die Befähigung, mehrere Standpunkte einzunehmen, unterschiedliche Aufgaben zu erfüllen und Bildinformationen blitzschnell zu erfassen. Gleichzeitig verweisen die Medien auf der horizontalen Ebene auf Zeitgeisttransformationen. Während auf der vertikalen Ebene die sogenannten „ewigen“ Mythen, die archetypischen Wertemuster, angesprochen werden, geht es auf der horizontalen Ebene um die aktuellen (gesellschaftlichen) Symbolgestalten. Ihre Integration bezieht sich nicht auf die Erwachsenengesellschaft. Es handelt sich somit nicht um eine hierarchische, sondern eine egalitäre Eingliederung innerhalb der Peer-groups. Neben den gesellschaftlich produzierten Mythen aktualisieren sich hier lokale Mythen, d.h. Stammesmythen. Ein Beispiel ist die Tendenz der „Feminisierung der Medien“ oder die Beobachtung zunehmender unisexueller Vorbilder.

Im Unterschied zu den traditionellen Gesellschaften verhelfen die Medienmythen auf dieser Ebene zu einer Stabilisierung der eigenständigen Kultur der Gleichaltrigen, die in Konkurrenz mit der Welt der Erwachsenen steht. Für Jugendliche ist die Peer-group der Bereich, wo unterschiedliche Lebensformen erfahren und ausprobiert werden können. Diese Kulturen grenzen sich zwar gegenseitig ab, sind aber dennoch durchlässig.

Da sich die Lebensentwürfe dieser Peer-groups über ästhetische Dimensionen definieren und abgrenzen und nicht, wie noch bei älteren Generationen, in der Verwirklichung durch Arbeit oder in einem höheren politischen Ideal, setzen angemessene kommunikative Dialoge einen ästhetischen Diskurs voraus. Da in der Freizeit der Bereich des potentiellen Freiwerdens (von gesellschaftlichen Zwängen) gesehen wird, erhalten Erfahrungsmöglichkeiten innerhalb dieses Sektors eine höhere Bedeutung. Bei der Suche nach Sinn und Identität erleben sich Jugendliche in vielfältigen Erfahrungsebenen, die in ihren extremen Ausdrucksformen immer im Schutz von Cliquen und Peer-groups ausgetragen werden. In einer Gruppe lassen sich extreme und unzerstörbare Erfahrungen geschützter zu Ende führen. Je unsicherer die Suche nach der Identität verläuft, desto bedeutsamer wird in der Gruppe Schutz, Selbststabilisierung und Abgrenzung erfahren. Die ästhetische Distanzierung spielt dabei eine wichtige Rolle. „Persönlicher Stil wird zum Zeichen, an dem sich Individuen orientieren, um sich voneinander abzugrenzen. Wählen impliziert Nichtwählen, soziale Annäherung impliziert soziale Distanzierung. Im Ausleben alltagsästhetischer Episoden wird soziale Distanzierung manifest“ (Schulze 1993, S. 178f.). Je ästhetischer eine Gesellschaft ihre Kommunikationskultur entfaltet, desto bedeutsamer wird die Mehrdeutigkeit des Diskurses. Damit entfalten sich die Potentiale symbolischer und mythischer Botschaften.

Die Medien bieten somit neben den Monomythen auch polykulturell beeinflußte Leitbilder an. Es entsteht somit die Existenz von gleichzeitig sich anbietenden heterogenen Symbolgestalten. Medienpädagogik kommt die Aufgabe zu, Bedingungen zur Verfügung zu stellen (Räumlichkeiten, Projektzusammenhänge, aber auch Navigationshilfen) sowie Bezüge zwischen den mythischen und symbolischen Kontexten der Medien und den aktuellen gesellschaftlichen Lern- und Problemzusammenhängen herzustellen. Individuation würde dann Bewußtwerdung bedeuten, in dem Sinne, „daß der Mensch sich immer mehr einer Korrespondenz zwischen der äußeren und der inneren, archetypischen Welt bewußt wird, ohne daß dadurch die äußere Welt ihrer Bedeutung entkleidet würde“ (Barz 1991, S. 37).

Hans Ulrich Reck verweist auf den Zusammenhang, daß bei fortschreitender Mediatisierung Metaphysik und Macht zusammenfallen. Fehlt die Auseinandersetzung mit den propagandistischen Strategien der Gegenwart, werden die Medientechnologien und deren Symbolstrukturen zu einer quasi-theologischen Wirkkraft, die durch den Ausschluß von Alternativen und den besetzten übergeordneten Platz zu einer „Letztgültigkeit bestimmenden Erfahrung“ führen kann (1994, S. 18). Unter diesen Gesichtspunkten könnte Wahrnehmungsschulung, gesteigertes Zeichenbewußtsein und polysynthetische Einbildungskraft zu einem unverzichtbaren Instrument jeglicher pädagogischer und politischer Bildung werden.

Dies ist schon allein deswegen dringlich, weil die hier beschriebenen Medien erst der Anfang sind. Mit den interaktiven Medien (Multimedia, Internet, Cyberspace, Interaktives Fernsehen), die bald den Lebensalltag von Jugendlichen bestimmen werden, wird ein Kommunikationscode kommen, der alle gesellschaftlichen Bereiche verändern wird. Dieser Code wird nicht mehr zwischen Jugendlichen und Erwachsenen unterscheiden, er wird ein universaler Code sein. Diejenigen, die sich mit den damit in Beziehung stehenden kommunikativen Veränderungen nicht auseinandersetzen, könnten recht schnell zu den Analphabeten des 21. Jahrhunderts werden.

7.3 Das Subjekt im Zeitalter der entgrenzten Medien

Zahlreiche Arbeiten (u.a. Heitmeyer/Olk 1990; Flusser 1994; Baacke/Lauffer 1996) postulieren die Tendenz, das Subjekt nicht als definierbare autonome Einheit zu definieren. Gesamtgesellschaftlich erfolgt eine Individualisierung, gleichzeitig verlieren sich die harten Konturen eines kohärenten Selbst. In Zukunft wird man von einem multiplen Ich oder von Identitätsfragmenten ausgehen müssen, wobei die Individuen stärker gefordert sind an der Selbstkonstitution mitzuwirken. Pierangelo Maset faßt den „neuen“ Subjektbegriff positiv. Er versteht ihn als modale Konstellation von Mannigfaltigkeiten, „die durch unabschließbare Differenzdynamiken funktioniert. Es spaltet sich fortwährend, nimmt neue Inhalte, Formen an, tauscht sich aus und begibt sich in immer neue Vielheiten“ (1995, S. 56). Jugendliche scheinen, wie Rolf Hanusch es formuliert, Identitätsmuster zu entwickeln, „die bewußt einen bruchstückhaften Charakter haben“ (1986, S. 318). Bei der Herausbildung dieser Identitätsmuster spielen die Erfahrungswelten der Bildmedien eine bedeutende Rolle. Blitzlichtartige Vergegenwärtigungen ersetzen die lineare Zeitabläufe, wie sie noch vor kurzem im Produktionsprozeß bestimmend waren. Die Identifikationsmuster, die Vorlagen für die Bricolage des von Maset (1995) genannten „dividuellen Subjekts“[96] liefern, erfolgen mittels der Medien und in dem von den Medien favorisierten audiovisuellen Diskurs. Die neuen Technologien widersprechen dieser Entwicklung keineswegs, sie beschleunigen diesen Prozeß.

Schon jetzt ist abzusehen, daß im Zeitalter der Computer die gutenbergischen Errungenschaften der linear-sequentiellen Schriftkultur durch eine Kultur der Hypertexte ersetzt werden wird. Operativ-testende, taktile Wahrnehmungsmuster erhalten eine größere Relevanz. Während die

[96] Die hohe Bedeutung, die Maset der Verbindung von Kunst, Ästhetik und Alltagswelt und deren Folgen für das Subjekt zuweist, teile ich. Während Maset aus dieser Entwicklung die Entstehung des „dividuellen Subjekts“ folgert und bei ihm Wahrnehmung immer Differenz bedeutet und jede Wahrnehmung immer wieder eine neue Differenz produziert (1995, S. 56), gehe ich davon aus, daß wir wesentliche Anteile unserer Weltwahrnehmung über Schemata und Formate aneignen.

Begriffsregister, Stellenverzeichnisse und indexalen Aufschlüsselungen verschwinden, werden universalisierte Zugriffmöglichkeiten auf akkumulierte Archive und/oder Datenbanken einer insgesamt multimedial codierten Kultur ein technisch-modulares, telematisches bzw. rhizomatisches organisiertes Denken verlangen (vgl. Deleuze/Guattari 1977).

In der beginnenden Ära, die Schulze (1994) das „Zeitalter der entgrenzten Medien“ nennt, wird nicht nur die Dimension der Wahrnehmung eine Erweiterung erfahren. Die Entwicklung kann dazu führen, daß wir dank „visueller Poesie“ (Flusser 1993b) eingebildete Welten entwerfen. Damit eröffnen sich Projekte für alternative Realitäten. Wir beginnen Sachverhalte zu entwerfen, die uns nicht mehr bedingen, sondern „bezeugen“. Die bisher als unveränderlich geltende Welt wird als transformierbarer Raum erlebbar. Mit ästhetischen Mitteln wird in den Lebenskontext eingegriffen, symbolisch werden Lebensräume gestaltet, der Lebensalltag wird zum Aktions- und Erfahrungsfeld von virtueller Bildung. Leben wird dann als Entwurf, als Projekt verstanden. Hypertexte, Morphing-Verfahren, Virtuelle Studios, Sampling-Technik, Internet, Cyberspace und Interaktives Fernsehen deuten auf zukünftige Erfahrungshorizonte hin.

Das digitale Morphing-Verfahren wird dazu beitragen, unsere bisherige Sichtweise als Betrachter eines Objektes zu verändern. Das Übergleiten von einem Bild in ein anderes läßt Raum und Zeit verschmelzen. Während früher durch einen Bildschnitt oder die Überblendung die Raumerfahrung zerteilt wurde, wird nunmehr Zeit- und Ortsgleichheit induziert. Jeweils ein Bild ist der Ausgangspunkt für das folgende, jedoch verliert das Ursprungsbild seine Dinghaftigkeit, es mutiert zu einem anderen Objekt. Aus Händen werden Bohrmaschinen, aus einem Tiger ein Auto. Solange die beiden Objekte sich wesentlich unterscheiden und der Morphingprozeß sich „nur“ im Handlungsfeld und nicht im Bildhintergrund abspielt, haben die Rezipienten Chancen, den Verlauf des digitalen Eingriffs nachzuvollziehen. Je mehr sich die Objektebenen ähneln, desto schwieriger wird es aber sein, die Transformation zu erkennen. Der feste Status von Objekten „verflüssigt“ sich. Die bisherige Dominanz zentralperspektivischer Raumwahrnehmung geht verloren. Die reflexive Imaginisierung wird damit erschwert.

Die ersten Experimente der *Virtuellen Studios*, die es erlauben, nahezu übergangslos Hintergründe auszuwechseln, induzieren vergleichbare Wahrnehmungsveränderungen. Wenn Zeit und Raum nicht mehr wahrnehmungsrelevant getrennt werden können, entfällt die bisherige Vorstellung, Zeit als kontinuierlichen Prozeß des linearen Fließens zu interpretieren. Zeit und Raum entwickeln sich als temporale Relation, d.h. nicht mehr linear, sondern zyklisch, in Form einer Spirale. Dies entspricht einer transhistorischen Erfahrung, sie widerspricht der Erfahrung des Buchdruck-Zeitalters, die wesentlich das Weltbild des kohärenten Selbst geprägt hat, und sie nähert sich dem Zeitverständnis der vorschriftlichen Kulturen, die Zeit und Raum als ineinanderfallend empfanden.

In der Musik verweist die *Sampling-Technik* auf veränderte Nutzungskonzepte. Dabei werden Geräusche, Klänge oder Musikpassagen aus vorhandenen Kompositionen exzerpiert und zu einem neuen Kontext gefügt. Die Erfahrung des segmentierten Lebensraumes, die Tendenz, aus der konkreten Lebenswelt die eigene Wahrnehmung in Form einer Bricolage zu gestalten, erfährt über das Sampling eine adäquate Ausdrucksform. Der Autor und damit das Subjekt verschwindet. Das Prinzip des Samplings spielt auch bei der Datenkommunikation eine wichtige Rolle. Informationen, Daten, Grafiken, ästhetische Objekte können über Mail-Boxen oder per *Internet* gespeichert und verändert werden. Die Modifikation kann jederzeit wieder in den Datenkreislauf zurückgeführt werden. Die Autorenschaft wird verflüssigt. „Der individuelle Schöpfer eines ästhetischen Objektes existiert in solch einem Kreislauf nicht mehr" (Maset 1995, S. 192). Der Rezipient wird zum Produzenten, die einzelnen Werke werden als Impulse angesehen, die jederzeit rekonfiguriert werden können. Potentiell kann jede Idee unendlich abgewandelt werden. Es gibt keinen absolut letzten Text oder ein letztes Bild. Jedes Ergebnis ist wiederverwertbar. Das Neue ist dabei jeweils eine kontextuelle Modifikation der vorhandenen Zeichenressourcen oder ikonologischen Traditionen. Dadurch modifizieren die neuen Technologien auf der Abbildebene die vorausgegangenen Technologien und transzendieren die jeweiligen Wahrnehmungsweisen.

Mit hoher Wahrscheinlichkeit wird sich die Wahrnehmungsperspektive bei ständig abgewandelten Objekten wandeln. Daten figurieren dann wie Obertöne. Jeder Grundton löst Oktaven (Resonanzen) aus, die wiederum Oktaven zur Folge haben. Während beim Obertongesang die jeweiligen Oktaven sich halbieren, jedoch theoretisch nie aufhören zu schwingen, kann im Datenkreislauf die Resonanz bedeutsamer sein als die ursprüngliche Eingabe. Während beim Oberton der Schall von einer Quelle ausgeht, erfährt die Resonanz der Daten, so z.B. im Internet, eine Verstärkung durch eine rhizomartige Verknüpfung des Netzes. Dennoch kann mit Hilfe des (mythischen) Obertons die Funktion der Daten im Raum beschrieben werden. Der eigentlich mythische Raum ist jedoch das Netz. Angeschlossensein wird zur kategoriellen Funktion gesellschaftlicher Teilhabe und Kommunikation. Das Netz erhält den Raum der reanimisierten Erfahrungswelt. Dies wird deutlich, wenn man sich Grundprämissen des Schamanismus (vgl. Eliade 1994b; Findeisen/Gehrts 1989; Kalweit 1983; Stolz 1988) vergegenwärtigt.

Das schamanistische Weltbild überspringt Raum und Zeit. Die Zeit ist dehnbar, der Raum ist plastisch und die Materie durchlässig. Der Mensch wird als Wesen verstanden, das in ein universelles magisches Kraftfeld eingebunden ist. Die Wahrnehmung der Welt geschieht mittels unsichtbarer, feinstofflicher Kräfte, den sogenannten Energiemanifestationen. Diese Erkenntnisse sind unserem Wahrnehmungssystem verborgen. Im Schamanismus stehen sämtliche Wesen und Dinge in Verbindung (Tradition der Einheit aller Dinge), alles Sein ist lebendig und in einem inneren Zusammenhalt mit der schöpferischen Essenz. Seele und beseeltes Universum sind nicht getrennt, sie bilden eine Einheit. Tiere und Pflanzen und andere Lebewesen besitzen ebenfalls einen spirituellen Leib. Die Seele ist nicht an den jeweiligen Körper gebunden. Sie kann sich von seinem Gefährt (Körper/Objekt) lösen. Ein Mittel der Lösung von Körper und Seele ist die Ekstase. Sie gilt daher als wichtigstes Merkmal eines Schamanen. Durch die Ekstase unterscheidet sich der Schamane vom Zauberer, Magier, Medizinmann und Priester. Der Schamane bedient sich ihr willentlich. In der Ekstase verläßt die Seele den Körper und verbindet sich mit den Geistern des Himmels (Oberwelt) oder der Erde (Unterwelt). Die Ekstase im Zeitalter der entgrenzten Medien ist das Auflösen des Subjekts im Datenraum. Während sich im Netzsurfen die Trennung von Raum und Zeit, die Erfahrung von Welt als temporale Relation schon abzeichnet, kündigt sich mit der Cybertechnologie, den virtuellen Welten, dem „Chip-Schamanismus“ ein (er)weiter(t)es Erfahrungsfeld an.

Die heutigen Chip-Schamanen benötigen erheblich mehr Aufwand, um sich von Raum und Zeit zu lösen. Sie sind auf eine aufwendige Technologie angewiesen. Die Reise in einen (künstlich) gerechneten Raum gelingt mit Hilfe eines „head-mounted-display“ genannten Datenhelm. Zur Zeit wird bereits an neuen Displays gearbeitet, die mit superleichten Flüssigkristall-Monitoren arbeiten, die wie Kontaktlinsen getragen werden. Weiterhin wird ein „data glove“ genannter Datenhandschuh, eine sechsdimensionale Maus, ein Joystick oder ein Space-ball und ein Computer benötigt. Mit Hilfe von errechneten Bildern kann der Nutzer sich in eine computergenerierte künstliche Welt versetzen lassen. In dieser Welt kann mit virtuellen Gegenständen hantiert werden. Die Cyberspace-Entwickler gehen davon aus, daß in naher Zukunft ein Arzt seinen Patienten zum vereiterten Blinddarm führt, ein Querschnittgelähmter sich als begnadeter Fußballer austoben kann, ein Architekt ein Haus begehen wird, bevor es gebaut ist, Kinder im Geschichtsunterricht einen Ausflug ins Mittelalter unternehmen werden und die Militärtechnologen fantasieren, eine Roboterarmee in einem atomar verseuchten Kriegsgebiet agieren zu lassen.

Die Technologie des *Cyberspace* oder der *Virtuellen Realität* gibt ebenfalls Hinweise auf sich wandelnde Sehgewohnheiten. Obwohl der Nutzer im Cyberraum sich Bildern gegenüber sieht, die nach den Kriterien der Zentralperspektive errechnet wurden, erlebt er ganz unterschiedliche

Perspektiven. Er ist in seinem Helm, der ihn von Außenreizen isoliert, in einer Welt, in der er per Hand in das Feld seiner Wahrnehmung eingreift, somit löst sich der Betrachterstandpunkt auf. Er ist Beobachtender und Handelnder zugleich. Entgegen der zentralperspektivischen Aneignung von Welt durch die Gegenüberstellung, den Betrachterstandpunkt, zerstört Cyberspace die westliche Illusion, daß es einen Blick von außen gibt, daß ein Objekt der Beurteilung frei zugänglich ist. Während wir durch die Verinnerlichung der Zentralperspektive als wesentliche Form der Aneignung von Wirklichkeit eher auf eine von uns getrennte Welt blicken, von der wir ausgeschlossen sind, vermittelt Cyberspace den Eindruck, Teil der Gesamtheit des Erfahrungsraumes zu sein. Mit Cyberspace sind wir in der Lage, frühere perspektivische Vorstellungen von Raum und Zeit zu integrieren. Die konzentrische (Kreiswahrnehmung), die isometrische Vorstellungen (Wechseln des Betrachterstandpunktes) und selbst die Zentralperspektive (die Vorstellung einer einzigen, wahren Perspektive) sind in der holographischen Cyberperspektive integriert (vgl. Röll 1993).

Cyberspace könnte als Medium (möglicherweise sogar hinter dem Rücken der Planer und Nutzer) dazu beitragen, die bei uns vorherrschende Standpunkt-Sicht von Wirklichkeit in Frage zu stellen. Wir hätten somit die Gelegenheit, mit hohem technologischem Aufwand andere perspektivische Wahrnehmungsformen in unser aktuelles Weltbild einzubeziehen. Dies bedeutet das Annähern an ganzheitlichen Erkenntnisformen, die in der asiatischen Philosophie seit jeher der üblichen Sicht der Welt entsprechen. Somit aktualisiert sich auch bei dieser Technologie ein mythisch-symbolischer Erfahrungsraum. Wir könnten darüber hinaus lernen, die in der abendländischen Kultur vorherrschende Vorstellung der Trennung von Subjekt und Objekt, den Betrachterstandpunkt, zugunsten einer mehrperspektivischen Aneignung von Wirklichkeit aufzuheben. Die sinnliche Erfahrung temporaler Relationen und unterschiedliche perspektivischer Aneignungen von Wirklichkeit könnte zu einem komplexeren und einem ganzheitlicheren Verständnis unserer Lebensbedingungen führen. Ferner läßt Virtual Reality symmetrische und interaktive Kommunikationsformen erahnen.

Niels Werner weist darauf hin, daß Virtual Reality in der Tradition der „Entdifferenzierungsutopien" der Romantik steht (1993, S. 889f.). Es handelt sich daher keineswegs um den ersten Versuch einer Resymmetrierung der asymmetrischen Funktionsrollen von Produzent und Rezipient. Die Utopie, den Menschen wieder ganzheitlich in die Gesellschaft zu integrieren, steht auch in Verbindung mit Hölderlin, Schlegel, Schiller und Novalis (vgl. ebd.). Diese offensichtlich immer wiederkehrende Suchbewegung nach Aufhebung der Trennung in Funktionsrollen und die damit verbundene Hoffnung auf interaktive Kommunikation läßt sich möglicherweise mit Cyberspace noch nicht erfüllen. Doch schon eine weitere Annäherung an diese Utopie kann reizvoll genug sein, sich nicht nur mit den Risiken, sondern auch mit den Chancen dieser Technologie zu beschäftigen.

Bei offenem Datenaustausch lassen sich die schon verstaubten Argumente von Bertolt Brechts Radiotheorie aktualisieren. Dann erscheint die Morgenröte eines „Strukturwandels der Öffentlichkeit", der jedoch nicht beabsichtigt, sich im realen Raum zu verwirklichen, sondern nur im imaginären Raum. Genaugenommen verlieren unter Berücksichtigung der zu erwartenden Entwicklungen die Begrifflichkeiten Konsument und Rezipient an semantischer Präzision. Der zukünftige Konsument bedarf erheblicher Kompetenzen, um seine Möglichkeiten auszuschöpfen. Die Benutzungsoberflächen von interaktiven Systemen werden zunehmend dem Nutzer angepaßt. Erste Anwendungsbereiche im Touch-Screen-Verfahren, akustische Rückkopplungen und Virtual-Reality-Environments deuten an, daß die Mensch-Maschine-Schnittstelle immer mehr dem menschlichen Tast- und Augensinn angenähert wird, so daß die Bedienungsanforderungen die geringsten Probleme aufweisen werden. Um adäquat in dem Medienspiel des 21. Jahrhunderts agieren zu können, bedarf es sowohl eines informationstechnologischen Basiswissens, um sich als Interakteur bzw. Mitspieler in einem kaum übersehbaren elektronischen Telemarkt (interaktives Fernsehen) angemessen verhalten zu können, als auch der Kompetenz der Bewertung, Analyse und Nutzung von symbolorientierter Kommunikation und damit einer audiovisuellen Kompetenz. Auch im Zeitalter der entgrenzten Medien hat Medienpädagogik eine wichtige Bedeutung.

Während bei den herkömmlichen Medien der Medienpädagoge, neben seiner pädagogischen Eignung, die Aufgabe hat, technische Kenntnissen (Kamera, Schnittrecorder) weiterzugeben, werden im Zeitalter der entgrenzten Medien mit hoher Wahrscheinlichkeit die Nutzer bessere Kenntnisse von den Geräten, Techniken, Nutzungsformen haben. Den Medienpädagogen im Zeitalter der entgrenzten Medien sehe ich als Navigator. Ontologische, emotionale, dramaturgische und ästhetische Fragestellungen erhalten eine höhere Bedeutung.

Interaktive Lernprogramme, Multimedia und Internetkommunikation zeigen, daß in Zukunft neben der weiterhin hohen Bedeutung, die dem audiovisuellen Code bei der Kommunikation zukommt, zwei weitere Aspekte eine wichtige Rolle spielen werden. Die Wissensvermittlung wird auf der Ebene der Faktenvermittlung durch individuellen und dem persönlichen Lernrhythmus angepaßten Zugriff eine Flexibilisierung und Effektivierung von Information ermöglichen (vgl. Stang 1993, S. 5). Ferner wird eine spielerische Komponente, die über die Auge-Hand-Koordination vermittelt wird, den kommunikativen Diskurs ergänzen. Als Spieler nimmt man teil an einem Geschehen, das aber nur von einer Perspektive aus übersehbar ist. Die Reaktionen können so vielfältig sein, daß der Spieler immer in einen mehrdimensionalen Diskurs eingebunden ist, wo er nie weiß, wann und wo Reaktionen zu erwarten sind. Das spielerische Element löst nach Florian Rötzer die hohe Faszination aus, die von den neuen Maschinen und den künstlichen Welten ausgeht (1995, S. 136). Dabei wird die Schnittstelle zwischen einem Computerspiel und einer wissenschaftlichen Simulation immer enger, so daß Kompetenz im Umgang mit Computerspielen gleichzeitig eine Basisqualifikation im kommunikativen Umgang mit der maschinellen Kommunikation bedeutet. Bei Verbreitung von interaktiven Medien und vernetzten Medien wird diese notwendige Qualifikation jedoch vermutlich nicht Spiel genannt werden, sondern Befähigung zur Steuerung von komplexen Systemen.

Denken und kommunikative Kompetenz beschränken sich nicht auf Sprache, sondern schließen auch und gerade visuelle und interaktive Kommunikationsformen ein. Die Mittel der Kommunikation prägen zwar die Form des Kommunikationsprozesses, sie legen aber keineswegs die Inhalte und das Komplexitätsniveau fest. Schon immer haben technologische Entwicklungen Erfahrungen auf der einen Seite erweitert und auf der anderen Seite verringert. Medienpädagogik ist mehr denn je gefordert sich aktiv in den Diskussionsprozeß einzuschalten, damit die Verluste sich nicht auf Kosten der Mehrheit und die Erweiterung zum Nutzen von einzelnen realisieren.

Literatur

ADORNO, THEODOR W. (1985): Minima Moralia. Frankfurt a.M.

AGENTUR BILWET (1993): Cameron Terminator. In: Medien Archiv. Bensheim/Düsseldorf, S. 261-267

ALBERSMEIER, FRANZ JOSEF (Hrsg.) (1984): Texte zur Theorie des Films. Stuttgart

ALBUS, ANITA / FRANK BÖCKELMANN / BAZON BROCK / PETER GORSEN / HAZEL E. HAZEL / RITA MÜHLBAUER (1972): Masculin - Feminin. München

ALTROGGE, MICHAEL / ROLF AMANN (1991): Videoclips. Die geheimen Verführer der Jugend? Berlin

ANDEREGG, JOHANNES (1991): Symbol und Ästhetische Erfahrung. In: JÜRGEN OELKERS / KLAUS WEGENAST (Hrsg.): Das Symbol - Brücke des Verstehens. Stuttgart/Berlin/Köln, S. 46-54

ANDERS, GÜNTHER (1987): Die Antiquiertheit des Menschen. Über die Seele im Zeitalter der zweiten industriellen Revolution, Bd. 1. 7. Aufl., München

ANFANG, GÜNTER (1985): Videofilmen mit Jugendgruppen. In: medien + erziehung, Heft 6/85, S. 358-363

ARBEITSGRUPPE BIELEFELDER JUGENDFORSCHUNG (1990): Das Individualisierungs-Theorem. Bedeutung für die Vergesellschaftung von Jugend. In: WILHELM HEITMEYER / THOMAS OLK (Hrsg.): Individualisierung von Jugend. Weinheim/München, S. 11-34

ARIÈS, PHILIPPE (1981): Geschichte der Kindheit. München

ARNHEIM, RUDOLF (1978): Kunst und Sehen. Neufassung. Berlin/New York

ARNHEIM, RUDOLF (1979a): Film als Kunst. Frankfurt a.M

ARNHEIM, RUDOLF (1979b): Entropie und Kunst. Ein Versuch über Unordnung und Ordnung. Köln

ARNHEIM, RUDOLF (1980): Anschauliches Denken. Zur Einheit von Bild und Begriff. 4. Aufl., Köln

ARNHEIM, RUDOLF (1983): Die Macht der Mitte. Eine Kompositionslehre für die bildenden Künste. Köln

ARTE (1996): Konfusion der Geschlechter (Red.: KATHRYN BRINKMANN). Arte-Monatsheft 4/96

AUFENANGER, STEFAN / MAGRIT LENSSEN (Hrsg.) (1986): Handlung und Sinnstruktur. Bedeutung und Anwendung der objektiven Hermeneutik. München

BAACKE, DIETER (1980): Kommunikation und Kompetenz. Grundlegung einer Didaktik der Kommunikation und ihrer Medien. 3. Aufl., München

BAACKE, DIETER (1984): Kommunikationskultur und Jugend. In: IMME DE HAEN (Hrsg.): Medienpädagogik und Kommunikationskultur. Frankfurt a.M., S. 37-53

BAACKE, DIETER (1987): Sozialökologische Ansätze in der Jugendforschung. In: HEINZ HERMANN KRÜGER (Hrsg.): Handbuch der Jugendforschung. Leverkusen, S. 71-94

BAACKE, DIETER (1992): Von der Medienpädagogik zur Kommunikationskultur? Ausblick auf die 90er Jahre. In: GMK-Rundbrief, Heft 31, S. 18-33

BAACKE, DIETER (1993): Jugend und Jugendkulturen. Darstellung und Deutung. 2. überarb. Aufl., Weinheim/München

BAACKE, DIETER (1994): Medienwelten sind Ausdruckswelten. Zu neuen Wahrnehmungsformen, insbesondere bei Kindern und Jugendlichen. In: GMK-Rundbrief, Heft 36, S. 3-16

BAACKE, DIETER (1995): Zum pädagogischen Widerwillen gegen den Sehsinn. In: DIETER BAACKE / FRANZ JOSEF RÖLL (Hrsg.): Weltbilder Wahrnehmung Wirklichkeit. Der ästhetisch organisierrte Lernprozeß. Opladen, S. 25-49

BAACKE, DIETER (1996a): Medienkompetenz als Netzwerk. Reichweite und Fokussierung eines Begriffs, der Konjunktur hat. In: medien praktisch, Heft 2/96, S. 4-10

BAACKE, DIETER (1996b): Jugend im Spannungsfeld von Medienexpansion und sozialem Wandel. Zum Stellenwert medienpädagogischer Projektarbeit. In: GMK-Rundbrief, Heft 39/40, S. 2-15

BAACKE, DIETER / GÜNTER FRANK / MARTIN RADDE (1991): Medienwelten Medienorte. Jugend und Medien in Nordrhein-Westfalen. Opladen

BAACKE, DIETER / JÜRGEN LAUFFER (1996): Medien als Sozialisationsinstanz für Kinder und Jugendliche in Nordrhein-Westfalen. In: MINISTERIUM FÜR ARBEIT, GESUNDHEIT UND SOZIALES DES LANDES NORDRHEIN-WESTFALEN (Hrsg.): Kinder und Jugendliche in Nordrhein-Westfalen. 6. Jugendbericht Expertisen. Düsseldorf, S. 221-316

BAACKE, DIETER / FRANZ JOSEF RÖLL (Hrsg.) (1995): Weltbilder Wahrnehmung Wirklichkeit. Der ästhetisch organisierte Lernprozeß. Opladen

BAACKE, DIETER / UWE SANDER / RALF VOLLBRECHT (1988): Sozialökologische Jugendforschung und Medien Rahmenkonzept, Perpektiven, erste Ergebnisse. In: Publizistik, 1988, S. 223-242

BAACKE, DIETER / UWE SANDER / RALF VOLLBRECHT (1990a): Lebenswelten Jugendlicher. Bd. 1: Lebenswelten sind Medienwelten; Bd. 2: Lebensgeschichten sind Mediengeschichten. Opladen

BAACKE, DIETER / UWE SANDER / RALF VOLLBRECHT (1990b): Neue Netzwerke der Unmittelbarkeit und Ich-Darstellung. Individualisierungsprozesse in der Mediengesellschaft. In: WILHELM HEITMEYER / THOMAS OLK (Hrsg.): Individualisierung von Jugend. Gesellschaftliche Prozesse, subjektive Verarbeitungsformen, jugendpolitische Konsequenzen. Weinheim/München, S. 81-129

BAACKE, DIETER / ERICH SCHÄFER / INGRID VOLKMer (1995): Aspekte sozialökologischer Lebenswelterkundung. Umweltbezogene Wahrnehmungsprozesse und ihre Relevanz für Bildungsprozesse. Opladen

BAACKE, DIETER / HORST SCHÄFER / RALF VOLLBRECHT (1994): Treffpunkt Kino. Daten und Materialien zum Verhältnis von Jugend und Kino. Weinheim/München

BACHELARD, GASTON (1960): Poetik des Raumes. München

BACHMAIR, BEN (1990a): Alltag als Gegenstand von Forschung. In: MICHAEL CHARLTON / BEN BACHMAIR (Hrsg.): Medienkommunikation im Alltag. Interpretative Studien zum Medienhandeln von Kindern und Jugendlichen. München, S. 57-75

BACHMAIR, BEN (1990b): Interpretations- und Ausdrucksfunktion von Fernseherlebnissen und Fernsehsymbolik. In: MICHAEL CHARLTON / BEN BACHMAIR (Hrsg.) Medienkommunikation im Alltag. Interpretative Studien zum Medienhandeln von Kindern und Jugendlichen. München, S. 103-145

BALÁZS, BÉLA (1984): Schriften zum Film, Bd. 2: Der Geist des Films. Budapest

BARTETZKO, DIETER (1985): Illusionen in Stein. Stimmungsarchitektur im deutschen Faschismus. Ihre Vorgeschichte in Theater- und Filmbauten. Reinbek

BARTHES, ROLAND (1964): Mythen des Alltags. Frankfurt a.M.

BARTHES, ROLAND (1966): Die strukturalistische Tätigkeit. In: Das Kursbuch, Nr. 5/66, S. 190-196

BARTHES, ROLAND (1985): Die helle Kammer. Frankfurt a.M.

BARZ, HELMUT (1991): Grundzüge der Psychologie C.G. Jungs. In: HELMUT BARZ / VERENA KAST / FRANK NAGER (1991) (Hrsg.): Heilung und Wandlung. C.G. Jung und die Medizin. München, S. 9-38

BARZ, HELMUT / VERENA KAST / FRANK NAGER (1991) (Hrsg.): Heilung und Wandlung. C.G. Jung und die Medizin. München

BAUCH, KURT (1960): Imago. In: HÖFLING, HELMUT (Hrsg.): Beiträge zu Philosophie und Wissenschaft: Wilhelm Szilasi zum 70. Geburtstag. München, S. 8-28

BAUDRILLARD, JEAN (1978): Die Agonie des Realen. Berlin

BAUDRILLARD, JEAN (1982): Der symbolische Tausch und der Tod. München

BAUER, KARL. W. / HEINZ HENGST (1980): Wirklichkeit aus zweiter Hand. Kindheit in der Erfahrungswelt von Spielwaren und Medienprodukten. Reinbek

BAUER, WOLFGANG / IRMTRAUD DÜMOTZ / SERGIUS GOLOWIN (1986): Lexikon der Symbole. Wiesbaden

BAUMGARTEN, ALEXANDER GOTTLIEB (1983): Texte zur Grundlegung der Ästhetik. Hamburg

BAZIN, ANDRÉ (1984): Die Entwicklung der kinemathographischen Sprache. In: FRANZ JOSEF ALBERSMEIER (Hrsg.): Texte zur Theorie des Films. Stuttgart, S. 259-277

BECK, ULLRICH (1986): Risikogesellschaft. Auf dem Weg in eine andere Moderne. Frankfurt a.M.

BECKER, HELMUT / JÖRG EIGENBRODT / MICHAEL MAY (1984): Pfadfinderheim, Teestube, Straßenleben. Jugendliche Cliquen und ihre Sozialräume. Frankfurt a.M.

BENEDETTI, GAETANO / UDO RAUCHFLEISCH (Hrsg.) (1989): Welt der Symbole. Interdisziplinäre Aspekte des Symbolverständnisses. 2. Aufl., Göttingen

BERENDT, JOACHIM-ERNST (1989): Das Dritte Ohr. Vom Hören der Welt. Reinbek

BERGER, PETER L. / THOMAS LUCKMANN (1970): Die gesellschaftliche Konstruktion der Wirklichkeit. Eine Theorie der Wissenssoziologie. Frankfurt a.M.

BILANG, KARLA (1989): Das Gegenbild. Die Begegnung der Avantgarde mit dem Ursprünglichen. Leipzig

BLUMENBERG, HANS (1971): Wirklichkeitsbegriff und Wirkungspotential des Mythos. In: MANFRED FUHRMANN (Hrsg.): Terror und Spiel. Probleme der Mythenrezeption. München, S. 11-66

BÓDY, VERUSCHKA / GÁBOR BÓDY (Hrsg.) (1986): Video in Kunst und Alltag. Vom kommerziellen zum kulturellen Videoclip. Köln

BÓDY, VERUSCHKA / PETER WEIBEL (Hrsg.) (1987): Clip, Klapp, Bum. Von der visuellen Musik zum Musikvideo. Köln

BÖHLER, EGON (1971): Die Bedeutung der komplexen Psychologie C. G. Jungs für die Geisteswissenschaften und die Menschenbildung. In: CARL GUSTAV JUNG: Bewußtes und Unbewußtes. Frankfurt a.M., S. 7-10

BOEHM, GOTTFRIED (Hrsg.) (1994a): Was ist ein Bild? München

BOEHM, GOTTFRIED (1994b): Die Wiederkehr der Bilder. In: GOTTFRIED BOEHM (Hrsg.): Was ist ein Bild? München, S. 11-38

BÖRGE, VAGN: Weltmacht Film. Wien 1960

RAINER BOHN (Hrsg.) (1988): Ansichten einer künftigen Medienwissenschaft. Berlin

BOHRER, KARL HEINZ (Hrsg.) (1983): Mythos und Moderne. Frankfurt a.M.

BOLZ, NORBERT (1983): odds and ends. Vom Menschen zum Mythos. In: KARL HEINZ BOHRER (Hrsg): Mythos und Moderne. Frankfurt a.M., S. 471-492

BOLZ, NORBERT (1989): Entzauberung der Welt und Dialektik der Aufklärung. In: PETER KEMPER (Hrsg.): Macht des Mythos. Ohnmacht der Vernunft. Frankfurt a.M., S. 223 - 241

BOLZ, NORBERT (1990): Theorie der neuen Medien. München

BOLZ, NORBERT (1992): Die Welt als Chaos und als Simulation. München

BOLZ, NORBERT / DAVID BOSSHART (1995): Kult-Marketing. Die neuen Götter des Marktes. Düsseldorf

BOURDIEU, PIERRE (1974): Zur Soziologie der symbolischen Formen. Frankfurt a.M.

BOURDIEU, PIERRE (1983): Kult der Einheit und kultivierte Unterschiede. In: BOURDIEU/BOLTANSKI/CASTEL/CHAMOREDON/LAGNEAU/SCHNAPPER: Eine illegitime Kunst. Die sozialen Gebrauchsweisen der Fotografie. Frankfurt a.M., S. 25-84

BRAEM, HARALD (1987): Die Macht der Farben. München

BRAUN, HANS-JÜRG (1988): Mircea Eliades Interpretation des Mythos im Blickfeld der Philosophie der symbolischen Formen. In: HANS-JÜRG BRAUN / HELMUT HOLZHEY / ERNST WOLFGANG ORTH (Hrsg.): Über Ernst Cassirers Philosophie der symbolischen Formen. Frankfurt a.M., S. 206-219

BRAUN, HANS-JÜRG / HELMUT HOLZHEY / ERNST WOLFGANG ORTH (Hrsg.) (1988): Über Ernst Cassirers Philosophie der symbolischen Formen. Frankfurt a.M.

BROADBENT, D. E (1966): Perception and communication. Oxford/London/Edinburgh/New York/Toronto/Paris/Braunschweig

BROCK, BAZON / HANS ULRICH RECK (1986a): Stilwandel als Kulturtechnik, Kampfprinzip, Lebensform oder Systemstrategie in Werbung, Design, Architektur, Mode. Köln

BROCK, BAZON (1986b): Vom kommerziellen zum kulturellen Videoclip. In: VERUSCHKA BÓDY / GÁBOR BÓDY (Hrsg.): Video in Kunst und Alltag. Vom kommerziellen zum kulturellen Videoclip. Köln, S. 7-10

BROWN, NORMAN O. (1979): Love's Body. München

BRUNER, JEROME SEYMOUR / LEO POSTMAN (1949): Perception, Cognition and Behavior. In: Journal of Personality, Vol. 18, S. 14–31

BURCKHARDT, LUCIUS (1986): Der gute Geschmack. In: BAZON BROCK / HANS ULRICH Reck (Hrsg.): Stilwandel als Kulturtechnik. Köln, S. 37–52

CAMPBELL, JOSEPH (1978): Der Heros in tausend Gestalten. Frankfurt a.M.

CAMPBELL, JOSEPH (1989): Die Kraft der Mythen. Bilder der Seele im Leben der Menschen. Zürich/München

CAMPBELL, JOSEPH (1992): Die Mitte ist überall. Die Sprache von Mythos, Religion und Kunst. München

CAMPBELL, JOSEPH (1993): Mythen der Menschheit. München

CASSIRER, ERNST (1956): Der Begriff der symbolischen Form im Aufbau der Geisteswissenschaften. In: ders.: Wesen und Wirkung des Symbolbegriffs. Darmstadt, S. 169–200

CASSIRER, ERNST (1960): Was ist der Mensch? Philosophie der menschlichen Kultur. Stuttgart

CASSIRER, ERNST (1987): Philosophie der symbolischen Formen, Bd. 2, 8. Aufl., Darmstadt

CASSIRER, ERNST (1988): Philosophie der symbolischen Formen, Bd. 1. 9. Aufl., Darmstadt

CASSIRER, ERNST (1990a): Philosophie der symbolischen Formen, Bd. 3. 9. Aufl., Darmstadt

CASSIRER, ERNST (1990b): Versuch über den Menschen. Einführung in eine Philosophie der Kultur. Frankfurt a.M.

CHARLTON, MICHAEL / BEN BACHMAIR (Hrsg.) (1990): Medienkommunikation im Alltag. Interpretative Studien zum Medienhandeln von Kindern und Jugendlichen (Schriftenreihe: Internationales Zentralinstitut für das Jugend- und Bildungsfernsehen, Bd. 24). München

CHARPENTIER, LOUIS (1990): Die Geheimnisse der Kathedrale von Chartres. 11. Aufl., Köln

COHEN-SÉAT, GILBERT (1962): Film und Philosophie. Gütersloh

COOPER, J. C. (1986): Illustriertes Lexikon der traditionellen Symbole. Leipzig

CRAMER, FRIEDRICH (1993); Das Schöne ist eine Gratwanderung zwischen Chaos und Ordnung. In: KUNSTFORUM (Hrsg.): Das Neue Bild der Welt. Wissenschaft und Ästhetik, Bd. 124, S. 82–87

CRAWLEY, TONY (1993): Steven Spielberg. Eine Erfolgsstory. München

CURRY, RAMONA (1993): Madonna von Marylin zu Marlene. Pastiche oder Parodie? In: BARBARA NAUMANN (Hrsg.): Vom Doppelleben der Bilder. Bildmedien und ihre Texte. München, S. 219–247

DAMM, DIETHELM (1977): Politische Jugendarbeit. Grundlagen, Methoden, Projekte. 2. Aufl., München

DAMM, DIETHELM (1980): Die Praxis bedürfnisorientierter Jugendarbeit. München

DANTO, ARTHUR C. (1994): Abbildung und Beschreibung. In: GOTTFRIED BOEHM (Hrsg.): Was ist ein Bild? München, S. 125–147

DARSCHIN, WOLFGANG / BERNWARD FRANK (1994): Tendenzen im Zuschauerverhalten. Fernsehgewohnheiten und Fernsehreichweiten 1993. In: Media Perspektiven, Heft 3/94, S. 98-110

DARSCHIN, WOLFGANG / BERNWARD FRANK (1997): Tendenzen im Zuschauerverhalten. Fernsehgewohnheiten und Programmbewertungen 1996. In: Media Perspektiven, Heft 4/97, S. 174-185

DECKER, EDITH (1988): Paik Video. Köln

DELEUZE, GILLES / FÉLIX GUATTARI (1977): Rhizom. Berlin

DEMISCH, HEINZ (1984): Erhobene Hände. Geschichte einer Gebärde in der bildenden Kunst. Stuttgart

DERRIDA, JACQUES (1988): Randgänge der Philosophie. Wien

DEWE, BERND / WILFRIED FERCHHOFF (1984): Deutungsmuster. In: HARALD KERBER / ARNOLD SCHMIEDER (Hrsg.): Handbuch Soziologie. Zur Theorie und Praxis sozialer Beziehungen. Reinbek, S. 76-81

DIEDERICHSEN, DIEDRICH (1993): Offene Identität & zynische Untertanen. In: DIEDRICH DIEDERICHSEN / CHRISTEL DORMAGEN / BORIS PENTH / NATALIA WÖRNER: Das Madonna Phänomen. Hamburg 1993, S. 6-25

DIEDERICHSEN, DIEDRICH / CHRISTEL DORMAGEN / BORIS PENTH / NATALIA WÖRNER (1993): Das Madonna Phänomen. Hamburg

DISTLER, SONJA (1989): Mütter, Amazonen und Dreifältige Göttinnen. Eine psychologische Analyse des feministischen Matriarchatsmythos. Wien

DITFURTH, HOIMAR VON (1980): Der Geist fiel nicht vom Himmel. Die Evolution unseres Bewußtseins. 9. Aufl., Hamburg

DOELKER, CHRISTIAN (1991a): Kulturtechnik Fernsehen. Analyse eines Mediums. Stuttgart

DOELKER, CHRISTIAN (1991b): Außenbilder - Innenbilder. Elemente einer Bildtheorie. In: medien praktisch, Heft 1/91, S. 4-9

DÖBERT, RAINER / JÜRGEN HABERMAS / GERTRUD NUNNER-WINKLER (Hrsg.) (1980): Entwicklung des Ichs. Königstein

DORMAGEN, CHRISTEL (1993): Nichts Neues unter der Sonne? Schuhprobe mit Madonna. In: DIEDRICH DIEDERICHSEN / CHRISTEL DORMAGEN / BORIS PENTH / NATALIA WÖRNER: Das Madonna Phänomen. Hamburg, S. 90-112

DORNES, MARTIN (1994): Der kompetente Säugling. Die präverbale Entwicklung des Menschen. Frankfurt a.M.

ECCLES, JOHN C. (1993): Die Evolution des Gehirns. Die Erschaffung des Selbst. 2. Aufl., München

ECO, UMBERTO (1972): Einführung in die Semiotik. München

ECO, UMBERTO (1992): Über Gott und die Welt. Essays und Glossen. 3. Aufl., München

ECO, UMBERTO (1993): Das offene Kunstwerk. 6. Aufl., Frankfurt a.M.

EHMER, HERMANN K. (Hrsg.) (1971): Visuelle Kommunikation. Beiträge zur Kritik der Bewußtseinsindustrie. Köln

EHMER, HERMANN K. (1971a): Zur Metasprache der Werbung. Analyse einer

„Doornkaat“-Reklame. In: ders. (Hrsg.): Visuelle Kommunikation. Beiträge zur Kritik der Bewußtseinsindustrie. Köln, S. 162-178

EHMER, HERMANN K. (1971b): Von Mondrian bis Persil. Zur Ideologie des Reinen in Kunst und Werbung. In: ders. (Hrsg.): Visuelle Kommunikation. Beiträge zur Kritik der Bewußtseinsindustrie. Köln, S. 179-211

EHRENBERG, MARGARET (1992): Die Frau in der Vorgeschichte. München

EISENSTEIN, SERGEJ M. (1984): „E!“ Zur Reinheit der Kinosprache. In: FRANZ JOSEF ALBERSMEIER (Hrsg.): Texte zur Theorie des Films. Stuttgart, S. 58-72

ELIADE, MIRCEA (1988): Ewige Bilder und Sinnbilder. Über magisch-religiöse Symbolik. 2. Aufl., Frankfurt a.M.

ELIADE, MIRCEA (1990): Das Heilige und das Profane. Vom Wesen des Religiösen. Frankfurt a.M.

ELIADE, MIRCEA (1994a): Kosmos und Geschichte Frankfurt a.M., Leipzig

ELIADE, MIRCEA (1994b): Schamanismus und archaische Ekstasetechnik. Frankfurt a.M.

EURICH, CLAUS (1980): Das verkabelte Leben. Wem schaden und wem nützen die Neuen Medien? Reinbek

EURICH, KLAUS / GERD WÜRZBERG (1983): 30 Jahre Fernsehalltag. Wie das Fernsehen unser Leben verändert hat. Reinbek

FIEDLER, LESLIE A. (1986): Die Rückkehr des verschwundenen Amerikaners. Die Wiedergeburt des Indianers im Bewußtsein des Neuen Westens. Frankfurt a.M.

FINDEISEN, HANS / HEINO GEHRTS (1989): Die Schamanen. Jagdhelfer und Ratgeber. Seelenfahrer. Künder und Heiler. 2. Aufl., München

FISCHLE, WILLY H. (1980): Der Weg zur Mitte. Wandlungssymbole in tibetischen Thangkas. Stuttgart

FLAIG, BERTHOLD BODO / THOMAS MEYER / JÖRG UELTZHÖFFER (1993): Alltagsästhetik und politische Kultur. Zur ästhetischen Dimension politischer Bildung und politischer Kommunikation. Bonn

FLUSSER, VILÉM (1985): Ins Universum der technischen Bilder. Göttingen

FLUSSER, VILÉM (1988a): Für eine Philosophie der Fotografie. Göttingen

FLUSSER, VILÉM (1988b): Krise der Linearität. Bern

FLUSSER, VILÉM (1991): Gesten. Versuch einer Phänomenologie. Düsseldorf/Bensheim

FLUSSER, VILÉM (1992): Die Schrift. Frankfurt a.M.

FLUSSER, VILÉM (1993a): Dinge und Undinge. Phänomenologische Skizzen. München/Wien

FLUSSER, VILÉM (1993b): Lob der Oberflächlichkeit. Für eine Phänomenologie der Medien. Bensheim/Düsseldorf

FLUSSER, VILÉM (1994): Vom Subjekt zum Projekt. Menschwerdung. Bensheim/Düsseldorf

FOHRBECK, KARLA / ANDREAS J. WIESAND (1981): Wir Eingeborenen. Magie und Aufklärung im Kulturvergleich. Leverkusen

FRANK, MANFRED (1983): Die Dichtung als „Neue Mythologie“. In: KARL HEINZ BOHRER (Hrsg.): Mythos und Moderne. Frankfurt a.M., S. 15-40

FRANZ, MARIE-LOUISE VON (1973): Die aktive Imagination in der Psychologie C.G. Jungs. In: Wilhelm BITTER (Hrsg.): Meditation in Religion und Psychotherapie. 2. Aufl., München, S. 124-134

FRANZ, MARIE-LOUISE VON (1985): Der Individuationsprozeß. In: CARL GUSTAV JUNG / MARIE-LOUISE VON FRANZ / JOSEPH L. HENDERSON / JOLANDE JACOBI / ANIELA JAFFÉ: Der Mensch und seine Symbole. 8. Aufl. der Sonderausgabe. Olten, S. 160-229

FREUD, SIGMUND (1972): Die Traumdeutung. Studienausgabe, Bd. II. 4. Aufl., Frankfurt a.M.

FRIELING, HEINRICH (1981): Mensch und Farbe. Wesen und Wirkung von Farben in allen menschlichen und zwischenmenschlichen Bereichen. Göttingen/Zürich

FUHRMANN, MANFRED (Hrsg.) (1971): Terror und Spiel. Probleme der Mythenrezeption. Poetik und Hermeneutik IV. München

FRÜNDT, BODO : Vom Jesus des Maschinenzeitalters. James Camerons Action-Orgie „Terminator 2". In: Süddeutsche Zeitung, 27.10.1991

GADAMER, HANS-GEORG (1975): Wahrheit und Methode. 4. Aufl., Tübingen

GALLAS, HELGA (1989): Der Blick aus der Ferne. Die mythische Ordnung der Welt und der Strukturalismus. In: PETER KEMPER (Hrsg.): Macht des Mythos. Ohnmacht der Vernunft. Frankfurt a.M., S. 267-288

GAMM, GERHARD (1989): Wahrheit aus dem Unbewußten? Mythendichtung bei C.G. Jung und Siegmund Freud. In: PETER KEMPER (Hrsg.): Macht des Mythos. Ohnmacht der Vernunft. Frankfurt a.M., S. 148-175

GARDNER, HOWARD (1992): Dem Denken auf der Spur. Der Weg der Kognitionswissenschaft. Stuttgart

GASSERT, SIGMAR (1989): Glanz und Elend. Die Multimedia-Kunst von Marie-Jo Lafontaine. In: Performance, Nr. 58/89, S. 55-65

GAUBE, KARIN / ALEXANDER VON PECHMANN (1986): Magie, Matriarchat und Marienkult. Frauen und Religion. Versuch einer Bestandsaufnahme. Reinbek

GAUBE, UWE (1978): Film und Traum. Zum präsentativen Symbolismus. München

GAUTHIER, XAVIÈRE (1980): Surrealismus und Sexualität. Inszenierung der Weiblichkeit. Wien/Berlin

GERHARD, JUDITH (1987): Farben: Wirkung und Empfinden. Diplomarbeit. Wiesbaden

GERHOLD, HANS (1984): Das Leben. Eine Montage. Beobachtungen zur Veränderung von Filmsprache und Filmwahrnehmung. In: film-dienst, Heft 17/84, S. 370-373

GIMBUTAS, MARIJA (1995): Die Sprache der Göttin. Das verschüttete Symbolsystem der westlichen Zivilisation. 2. Aufl., Frankfurt a.M.

GLEICH, ULI / JO GROEBEL (1993): ARD-Forschungsdienst. Die emotionale Qualität von (Fernseh-)Nachrichten: Zuschauerinteresse und Wirkung. In: Media Perspektiven, Heft 9/93, S. 445-449

GLEICH, ULI / JO GROEBEL (1994): ARD-Forschungsdienst. Gestaltungsmerkmale von Werbung und ihre Wirkung auf den Konsumenten. In: Media Perspektiven, Heft 2/94, S. 86-91

GLOGAUER, WERNER (1994): Kriminalisierung von Kindern und Jugendlichen in den Medien. Wirkungen gewalttätiger, sexueller, pornographischer und satanistischer Darstellungen. 4. Aufl., Baden-Baden

GÖRDEN, MICHAEL / HANS CHRISTIAN MEISER (1994): Madonna trifft Herkules. Die alltägliche Macht der Mythen. Frankfurt a.M.

GOMBRICH, ERNST H. (1984): Bild und Auge. Neue Studien zur Psychologie der bildlichen Darstellung. Stuttgart

GOMBRICH, ERNST H. (1986): Kunst und Illusion. Zur Psychologie der bildlichen Darstellung. 2. Aufl., Stuttgart/Zürich

GORSEN, PETER (1972): Intersexualismus und Subkultur. Zum Abbau der Geschlechterspannung. In: ANITA ALBUS / FRANK BÖCKELMANN / BAZON BROCK / PETER GORSEN / HAZEL E. HAZEL / RITA MÜHLBAUER: Masculin – Feminin. München, S. 93–137

GOTTWALD, ECKART (1992): Der alltägliche Mythos. „Terminator 2" und die neue Kinokultur als Ausschnitt unseres Alltags betrachtet. In: medien praktisch, Heft 2/92, S. 57–58

GREENFIELD, PATRICIA M. (1987): Kinder und neue Medien. Die Wirkungen von Fernsehen, Videospielen und Computern. München/Weinheim

GREGORY, RICHARD L. (1966): Auge und Gehirn. Zur Psychophysiologie des Sehens. München

GRUBER, BETTINA / MARIA VETTER (1983): Kunst und Video. Internationale Entwicklung und Künstler. Köln

HABERMAS, JÜRGEN (1971): Vorbereitende Bemerkungen zu einer Theorie der kommunikativen Kompetenz. In: JÜRGEN HABERMAS / NIKLAS LUHMANN: Theorie der Gesellschaft oder Sozialtechnologie. Frankfurt a.M., S. 101–141

HABERMAS, JÜRGEN (1975): Strukturwandel der Öffentlichkeit. 7. Aufl., Neuwied/Berlin

HABERMAS JÜRGEN (1981): Theorie des kommunikativen Handelns. 2 Bde. Frankfurt a.M.

HABERMAS, JÜRGEN (1983): Die Verschlingung von Mythos und Aufklärung. In: KARL HEINZ BOHRER (Hrsg.): Mythos und Moderne. Frankfurt a.M., S. 405–431

HABERMAS, JÜRGEN (1985): Die Neue Unübersichtlichkeit. Kleine Politische Schriften V. Frankfurt a.M.

HABERMAS, JÜRGEN (1988): Individuierung durch Vergesellschaftung. Zu G.H. Meads Theorie der Subjektivität. In: ders.: Nachmetaphysisches Denken. Frankfurt a.M., S. 187–241

HABERMAS, JÜRGEN / NIKLAS LUHMANN (1971): Theorie der Gesellschaft oder Sozialtechnologie. Frankfurt a.M.

HÄFLIGER, WERNER (1993): Das (schöne) Gesicht. Vom Ideal zum „pret-á-porter". In: JOHANN GERHARD LISCHKA (Hrsg.): Der entfesselte Blick. Bern, S. 88–115

HAEN, IMME DE (Hrsg.) (1984): Medienpädagogik und Kommunikationskultur. Frankfurt a.M.

HAGENMEIER, OTTO (1984): Der Goldene Schnitt. Ein Harmoniegesetz und seine Anwendung. 5. Aufl., Gräfelfing

HANUSCH, ROLF (1986): Kulturelle Fragmente und Identität. In: Deutsche Jugend. Heft 7-8/86, S. 315–321

HARTMANN, HANS A. / ROLF HAUBL (Hrsg.) (1992): Bilderflut und Sprachmagie. Fallstudien zur Kultur der Werbung. Opladen

HAUBL, ROLF (1992): „Früher oder später kriegen wir Euch". In: HANS A. HARTMANN / ROLF HAUBL (Hrsg): Bilderflut und Sprachmagie. Fallstudien zur Kultur der Werbung. Opladen, S. 9–32

HAUBL, ROLF (1994): Psychoanalytische Medientheorie. Ein Beitrag zu einer interdisziplinären kritischen Medienwissenschaft und Medienpädagogik. In: medien praktisch, Heft 1/94, S. 4–11

HAUG, WOLFGANG FRITZ (1971): Kritik der Warenästhetik. Frankfurt a.M.

HEITMEYER, WILHELM / THOMAS OLK (Hrsg.) (1990): Individualisierung von Jugend. Gesellschaftliche Prozesse, subjektive Verarbeitungsformen, jugendpolitische Konsequenzen. Weinheim/München

HELMHOLTZ, HERMANN VON (1867): Handbuch der physiologischen Optik. Leipzig

HERZOGENRATH, WULF: Nam June Paik. Fluxus. Video. München 1983.

HERZOGENRATH, WULF (1989): Die Closed-Circuit-Installation oder: Die eigenen Erfahrungen mit dem Doppelgänger. In: WULF HERZOGENRATH / EDITH DECKER (Hrsg.): Video-Skulptur. retzrospektiv und aktuell 1963–1989. Köln, S. 39–50

HERZOGENRATH, WULF / EDITH DECKER (Hrsg.) (1989): Video-Skulptur. retrospektiv und aktuell 1963–1989. Köln

HEUBACH, FRIEDRICH (1983): Die verinnerlichte Abbildung oder Das Subjekt als Bildträger. In: BETTINA GRUBER / MARTINA VETTER: Kunst und Video. Internationale Entwicklung und Künstler. Köln, S. 62–65

HEUERMANN, HARTMUT (1994): Medienkultur und Mythen. Regressive Tendenzen im Fortschritt der Moderne. Reinbek

HIEGEMANN, SUSANNE / WOLFGANG H. SWOBODA (Hrsg.) (1994): Handbuch der Medienpädagogik. Opladen

HIRSELAND, ANDREAS (1992): Vertreibung ins Paradies. Eine zeichenpraktische Bildlektüre. In: HANS A. HARTMANN / ROLF HAUBL (Hrsg): Bilderflut und Sprachmagie. Fallstudien zur Kultur der Werbung. Opladen, S. 224–243

HÖNGE, FOLKER (1988): Der Kinofilm als Videoclip? In: Film&Fakten. Heft 6/88, S. 10–12

HOFFMANN, HILMAR (Hrsg.) (1994): Gestern begann die Zukunft. Entwicklung und gesellschaftliche Bedeutung der Medienvielfalt. Darmstadt

HORKHEIMER, MAX / THEODOR W. ADORNO (1984): Dialektik der Aufklärung. Frankfurt a.M.

HORST, SABINE (1991): Seitenwechsel. James Camerons zweiter „Terminator"-Film. In: Frankfurter Rundschau, 29.10.1991

HUBEL, DAVID H. / TORSTEN N. WIESEL (1986): Die Verarbeitung visueller Informationen. In: Spektrum Wissenschaft (Hrsg.): Wahrnehmung und visuelles System. Heidelberg, S. 36–47

HÜBNER, KURT (1979): Mythische und wissenschaftliche Denkform. In: HANS POSER (Hrsg.): Philosophie und Mythos. Berlin, S. 75–92

HÜBNER, KURT (1989): Aufstieg vom Mythos zum Logos? Eine wissenschaftstheoretische Frage. In: PETER KEMPER (Hrsg.): Macht des Mythos. Ohnmacht der Vernunft. Frankfurt a.M., S. 33-52

HÜPPAUF, BERND (1983): Mythisches Denken und Krisen der deutschen Literatur und Gesellschaft. In: KARL HEINZ BOHRER (Hrsg.): Mythos und Moderne. Frankfurt a.M., S. 508-527

IRION, ULRICH (1989): Religiosität ohne Religion. Rudolf Otto, Rudolf Bultmann, Klaus Heinrich, Mircea Eliade. In: PETER KEMPER (Hrsg.): Macht des Mythos. Ohnmacht der Vernunft. Frankfurt a.M., S. 289-309

JÄGER, GOTTFRIED (1988): Bildgebende Fotografie. Fotografik, Lichtgrafik., Lichtmalerei. Ursprünge, Konzepte und Spezifika einer Kunstform. Köln

JÄHNIG, DIETER (1975): Welt-Geschichte: Kunst-Geschichte. Zum Verhältnis von Vergangenheitserkenntnis und Veränderung. Köln

JAMESON, FREDERIC (1992): Postmodernism or, the cultural logic of late capitalism. 3. Aufl., Duke University

JAYNES, JULIAN (1993): Der Ursprung des Bewußtseins. Reinbek

JONAS, HANS (1994): Homo Pictor. Von der Freiheit des Bildes. In: GOTTFRIED BOEHM (Hrsg.): Was ist ein Bild? München, S. 105-124

JÜNGER, ERNST (1949): Sprache und Körperbau. Frankfurt a.M.

JUNG, CARL GUSTAV (1971): Bewußtes und Unbewußtes. Frankfurt a.M.

JUNG, CARL GUSTAV (1976): Die Archetypen und das kollektive Unbewußte. Gesammelte Werke, Bd. IX/1. Olten/Freiburg

JUNG, CARL GUSTAV (1984): Archetyp und Unbewußtes. Grundwerk C. G. Jung, Bd. 2. Olten

JUNG, CARL GUSTAV (1985a): Zugang zum Unbewußten. In: CARL GUSTAV JUNG / MARIE-LOUISE VON FRANZ / JOSEPH L. HENDERSON / JOLANDE JACOBI / ANIELA JAFFÉ (1985): Der Mensch und seine Symbole. 8. Aufl. der Sonderausgabe. Olten, S. 18-103

JUNG, CARL GUSTAV (1985b): Mensch und Kultur. Grundwerk C. G. Jung, Bd. 9. Olten

JUNG, CARL GUSTAV / MARIE-LOUISE VON FRANZ / JOSEPH L. HENDERSON / JOLANDE JACOBI / ANIELA JAFFÉ (1985): Der Mensch und seine Symbole. 8. Aufl. der Sonderausgabe. Olten

KAHNEMANN, DANIEL (1973): Attention and Effort. Englewood Cliffs

KALWEIT, HOLGER (1983): Die Welt der Schamanen. Traumzeit und innerer Raum. Bern

KAMPER, DIETMAR (1990): Zur Geschichte der Einbildungskraft. Reinbek

KAMPER, DIETMAR / CHRISTOPH WULF (Hrsg.) (1984): Das Schwinden der Sinne. Frankfurt a.M.

KANDINSKY, WASSILY (1963): Über das Geistige in der Kultur. 7. Aufl., Bern-Bümplitz

KANT, IMMANUEL (1990): Kritik der reinen Vernunft. Allgemeine Anmerkungen zur transzendentalen Ästhetik. 3. Aufl., Hamburg

KAROW, OTTO (1989): Der kosmische Symbolismus und die Gebundenheit des menschlichen Denkens an den Kosmos. Bonn

KASSEL, MARIA (1991): Symbol und Religionsdidaktik. Thesen zu einer tiefenpsychologisch-feministisch-theologischen Hermeneutik. In: JÜRGEN OELKERS / KLAUS WEGENAST (Hrsg.): Das Symbol - Brücke des Verstehens. Stuttgart/Berlin/Köln, S. 182-197

KAST, VERENA (1991): Die Bedeutung der Symbole im therapeutischen Prozeß. In: HELMUT BARZ / VERENA KAST / FRANK NAGER: Heilung und Wandlung. C.G. Jung und die Medizin. München, S. 39-68

KATH. LANDESARBEITSGEMEINSCHAFT JUGENDSCHUTZ NORDRHEIN WESTFALEN E.V. (Hrsg.) (1992): Zauberlehrlinge. Zur Auseinandersetzung mit Okkultismus und Schattenreligiösität. Münster

KEBECK, GÜNTHER (1994): Wahrnehmung. Theorien, Methoden und Forschungsergebnisse der Wahrnehmungspsychologie. Weinheim/München

KEPPLER, ANGELA (1995): Die Kommunion des Dabeiseins. Formen des Sakralen in der Fernsehunterhaltung. In: Rundfunk und Fernsehen, Nr. 43, Heft 3/95, S. 301-311

KELLNER, JOACHIM / ULRICH KURTH / WERNER LIPPERT (1995): 50 Jahre Werbung in Deutschland. 1945 bis 1995. Ingelheim

KEMPER, PETER (Hrsg.) (1989): Macht des Mythos. Ohnmacht der Vernunft. Frankfurt a.M.

KEPPLINGER, HANS M. (1987): Darstellungseffekte. Experimentelle Untersuchungen zur Wirkung von Pressefotos und Fernsehfilmen. Freiburg, München

KIRCKHOFF, MOGENS (1990): Mind-Mapping. Die Synthese von sprachlichem und bildhaften Denken. Berlin

KLEINSPEHN, THOMAS (1989): Der flüchtige Blick. Sehen und Identität in der Kultur der Neuzeit. Reinbek

KLOEPFER, ROLF (1988): Medienästhetik. Polysensitivität. Semiotik und Ästhetik. Ein Versuch. In: RAINER BOHN (Hrsg.): Ansichten einer künftigen Medienwissenschaft. Berlin, S. 75-89

KLOEPFER, ROLF / HANNE LANDBECK (1991): Ästhetik der Werbung. Der Fernsehspot in Europa als Symptom neuer Macht. Frankfurt a.M.

KNIETZSCH, HORST (1984): Filmgeschichte in Bildern. Berlin

KNORR, WOLFRAM (1991): Der Automat, die Maschine - das bin ich! Warum „Terminator 2“ mit Arnold Schwarzenegger zum erfolgreichsten Film aller Zeiten werden wird. In: Weltwoche, 31.10.1991

KOCH, JOACHIM (1988): Abschied von der Realität. Das illusionistische Zeitalter. Reinbek

KÖHLER, WOLFGANG (1920): Die physischen Gestalten in Ruhe und im stationären Zustand. Braunschweig

KÖHLER, WOLFGANG (1971): Die Aufgaben der Gestaltpsychologie. Berlin/New York

KÖNIG, HANS-DIETER (1992): Der amerikanische Traum. Eine tiefenhermeneutische Analyse produzierter Unbewußtheit. In: HANS A. HARTMANN / ROLF HAUBL (Hrsg): Bilderflut und Sprachmagie. Fallstudien zur Kultur der Werbung. Opladen, S. 50-69

KÖNIG, HANS-DIETER (1994a): Mutter und Sohn und ein Mann aus Stahl. Tiefenhermeneutische Rekonstruktion von „Terminator 2". In: medien praktisch, Heft 1/94, S. 12–18

KÖNIG, HANS-DIETER (1994b): Mutter und Sohn und ein Mann aus Stahl. Tiefenhermeneutische Rekonstruktion von „Terminator 2". In: medien praktisch, Heft 2/94, S. 45–49

KÖNIG, HANS-DIETER (1994c): Mutter und Sohn und ein Mann aus Stahl. Tiefenhermeneutische Rekonstruktion von „Terminator 2". In: medien praktisch, Heft 3/94, S. 52–60

KÖNIG, HANS-DIETER (1994d): Tiefenhermeneutik als sozialwissenschaftliche Methode. In: medien praktisch, Heft 3/94, S. 58

KÖNIG, HANS-DIETER (1995): Filmerleben und ästhetische Illusion. Zugleich eine Kritik gegen meine tiefenhermeneutische Medienanalyse von „Terminator 2" erhobene Einwände. In: medien praktisch, Heft 2/95, S. 45–51

KOFFKA, KURT (1950): Principles of Gestalt Psychology. 3. Aufl., London

KOHLER, IVO (1951): Über Aufbau und Wandlungen der Wahrnehmungswelt. Insbesondere über „bedingte Empfindungen" (Österreichische Akademie der Wissenschaften, Sitzungsberichte, Nr. 227, Bd. 1). Abhandlung. Wien

KOHLER, IVO (1962): Experiments with goggles. In: Scientific American, Bd. 206, S. 63–72

KOHUT, HEINZ (1975): Bemerkungen zur Bildung des Selbst. Aufsätze zu allgemeinen Themen und zur Psychologie des Selbst. In: ders.: Die Zukunft der Psychoanalyse. Frankfurt a.M., S. 252–285

KRACAUER, SIEGFRIED (1973): Theorie des Films. Die Errettung der äußeren Wirklichkeit. Frankfurt a.M.

KRIEGSKARLE, MICHAEL (1992): Werbung in Deutschland 1945–1965. Die Nachkriegszeit im Spiegel ihrer Anzeigen. Köln

KROEBER-RIEL, WERNER (1993): Bildkommunikation. Imagerystrategien für die Werbung. München

KROIS, JOHN MICHAEL (1988): Problematik, Eigenart und Aktualität der Cassirerschen Philosophie der symbolischen Formen. In: HANS-JÜRG BRAUN / HELMUT HOLZHEY / ERNST WOLFGANG ORTH: Über Ernst Cassirers Philosophie der symbolischen Formen. Frankfurt a.M., S. 15–44

KRÜGER, HEINZ HERMANN (Hrsg.) (1987): Handbuch der Jugendforschung. Leverkusen

KRUEGER, MYRON W. (1993): Kunstgeschichte der künstlichen Realität. In: FLORIAN RÖTZER / PETER WEIBEL (Hrsg.): Cyberspace. Zum medialen Gesamtkunstwerk. München 1993, S. 289–304

KRÜGER, UDO MICHAEL (1996): Tendenzen in den Programmen der großen Fernsehsender 1985 bis 1995. Elf Jahre Programmanalyse im dualen Rundfunksystem. In: Media Perspektiven, Heft 8/96, S. 418–440

KRÜGLER, KARSTEN (1987): Die real virtuelle Welt von Kindern und Jugendlichen. In: AV-Information 2/87, S. 17–22

KRÜGLER, KARSTEN (1990): Visionale Frankfurt am Main. Medienpädagogisches Projekt in der Großstadt. In: medien praktisch, Heft 4/90, S. 25–28

KRÜGLER, KARSTEN (1993): Der Gewalt auf der Spur. Ein Praxisbeispiel aus der endogenen Medienpädagogik. In: medien praktisch, Heft 1/93, S. 27-32

KRÜGLER, KARSTEN (1995): Die inversale Aktion oder die soziale Plastik als Ergebnis multimedialer Inszenierungen. In: DIETER BAACKE / FRANZ JOSEF RÖLL (Hrsg.): Weltbilder Wahrnehmung Wirklichkeit. Der ästhetisch organisierte Lernprozeß. Opladen, S. 233-247

KRÜGLER, KARSTEN / FRANZ JOSEF RÖLL (1985): Kinderkino in der Provinz. Film als Anstiftung zur Kommunikation. In: medien praktisch, Heft 1/85, S. 4-8

KRÜGLER, KARSTEN / FRANZ JOSEF RÖLL (1987): Von der Wort- zur Bildkultur. Video in der Jugendbildung. In: Deutsche Jugend, Heft 5/87

KRUG, CHRISTIAN (1991): Das einsame Genie. In: Stern, Heft 48/91, S. 30 - 40

KRUG, CHRISTIAN / JOCHEN SIEMENS (1993): Ein Idol auf der Flucht. In: Stern, Heft 48/93, S. 32-38

KÜPPERS, HARALD (1985): Die Farbenlehre der Fernseh-, Foto- und Drucktechnik. Farbentheorie der visuellen Kommunikationsmedien. Köln

KUNSTFORUM (Hrsg.) (1993): Das neue Bild der Welt. Wissenschaft und Ästhetik. Chaos-, Gehirn-, Systemforschung, Robotik, Künstliche Intelligenz, Virtuelle Realität. Bd. 124. Roßdorf

LACAN, JACQUES (1987): Die vier Grundbegriffe der Psychoanalyse. Das Seminar. Buch XI. Weinheim/Berlin

LANGE, WOLFGANG (1983): Tod ist bei Göttern nur ein Vorurteil. Zum Komplex des Mythos bei Nietzsche. In: KARL HEINZ BOHRER (Hrsg.): Mythos und Moderne. Frankfurt a.M., S. 111-137

LANGER, SUSANNE K. (1953): A note on the film. In: SUSANNE K. LANGER: Feeling and Form. A Theory of Art developed from Philosophy in a New Key. New York, S. 411-415

LANGER, SUSANNE K. (1987): Philosophie auf neuem Wege. Das Symbol im Denken, im Ritus und in der Kunst. Frankfurt a.M.

LANNERS, EDY (1986): Edy Lanners Illusionen. 7. Aufl., München/Luzern

LAOTSE (1994): Tao Te King. Das Buch vom Sinn und Leben. 8. Aufl., München

LAU, JÖRG (1997): Der Kopf des Orpheus. Was bleibt von der Faszination des Mythos? In: Die Zeit, Nr. 11, 7.3.1997, S. 55

LAUFFER, JÜRGEN / INGRID VOLKMER (Hrsg.) (1995): Kommunikative Kompetenz in einer sich ändernden Medienwelt. Opladen

LEROI-GOURHAN, ANDRÉ (1988): Hand und Wort. Die Evolution von Technik, Sprache und Kunst. Frankfurt a.M.

LÉVI-STRAUSS, CLAUDE (1978): Traurige Tropen. 9. Aufl., Frankfurt a.M.

LÉVI-STRAUSS, CLAUDE (1991): Strukturale Anthropologie I. 5. Aufl., Frankfurt a.M.

LÉVI-STRAUSS, CLAUDE (1992): Strukturale Anthropologie II. 2. Aufl., Frankfurt a.M.

LÉVI-STRAUSS, CLAUDE (1994): Das wilde Denken. Frankfurt a.M.

LISCHKA, GERHARD JOHANN (1993a): Splitter Ästhetik. Bern

LISCHKA, GERHARD JOHANN (Hrsg.) (1993b): Der entfesselte Blick. Bern

LOMMEL, ANDREAS (1981): Fortschritt ins Nichts. Die Modernisierung der Primitiven. Frankfurt a.M./Berlin/Wien

LORENZER, ALFRED (1970): Zur Kritik des psychoanalytischen Symbolbegriffs. Frankfurt a.M.

LORENZER, ALFRED (1972): Zur Begründung einer materialistischen Sozialisationstheorie. Frankfurt a.M.

LORENZER, ALFRED (1973a): Sprachzerstörung und Rekonstruktion. Frankfurt a.M.

LORENZER, ALFRED (1973b): Über den Gegenstand der Psychoanalyse. Sprache und Interaktion. Frankfurt a.M.

LORENZER, ALFRED (1976): Die Wahrheit der psychoanalytischen Erkennntnis. Ein historisch-materialistischer Entwurf. Frankfurt a.M.

LORENZER, ALFRED (1977): Sprachspiel und Interaktionsformen. Frankfurt a.M.

LORENZER, ALFRED (1981): Das Konzil der Buchhalter. Die Zerstörung der Sinnlichkeit. Eine Religionskritik. Frankfurt a.M.

LORENZER, ALFRED (1986): Tiefenhermeneutische Kulturanalysen. In: ders. (Hrsg.): Kultur-Analysen. Frankfurt a.M.

LORENZER, ALFRED (1991): Der Symbolbegriff und seine Problematik in der Psychoanalyse. In: JÜRGEN OELKERS/KLAUS WEGENAST (Hrsg.): Das Symbol – Brücke des Verstehens. Stuttgart/Berlin/Köln, S. 21-30

LUHMANN, NIKLAS (1971): Systemtheoretische Argumentationen. Eine Entgegnung auf Jürgen Habermas. In: JÜRGEN HABERMAS/NIKLAS LUHMANN: Theorie der Gesellschaft oder Sozialtechnologie. Frankfurt a.M., S. 291-404

LUHMANN, NIKLAS (1992): Beobachtungen der Moderne. Opladen

LUHMANN, NIKLAS (1995): Die Realität der Massenmedien. Opladen

LURKER, MANFRED (1990): Die Botschaft der Symbole in Mythen, Kulturen und Religionen. München

LÜSCHER, MAX (1971): Der Lüscher Test. Persönlichkeitsbeurteilung durch Farbwahl. Hamburg

MALSCH, FRIEDEMANN (1989): Das Verschwinden des Künstlers? Überlegungen zum Verhältnis von Performance und Videoinstallation. In: WULF HERZOGENRATH/EDITH DECKER (Hrsg.): Video-Skulptur. retrospektiv und aktuell 1963-1989. Köln, S. 25-34

MANDER, JERRY (1981): Schafft das Fernsehen ab. Eine Streitschrift gegen das Leben aus zweiter Hand. Reinbek

MANTE, HARALD (1977): Bildaufbau. Gestaltung in der Fotografie. 4. Aufl., München

MATHILDENHÖHE DARMSTADT (Hrsg.) (1986): Symmetrie in Kunst, Natur und Wissenschaft. Bd. 1, Texte. Ausstellungskatalog. Darmstadt

MASET, PIERANGELO (1995): Ästhetische Bildung der Differenz. Kunst und Pädagogik im technischen Zeitalter. Stuttgart

MATTENKLOTT, GERD (1970): Bilderdienst. Ästhetische Opposition bei Beardsley und George. München

MATTENKLOTT, GERT (1989): Wen interessieren heute Göttergeschichten? In: PETER KEMPER (Hrsg.): Macht des Mythos. Ohnmacht der Vernunft. Frankfurt a.M., S.12-32

McLuhan, Marshall (1994): Die magischen Kanäle. Understanding media. Dresden/Basel

Mead, George Herbert (1973): Geist, Identität und Gesellschaft. Frankfurt a.M.

Mead, George Herbert (1980): Die soziale Identität. In: Ders.: Gesammelte Aufsätze. Frankfurt a.M., S. 241-249.

Mead, Margaret (1974): Der Konflikt der Generationen. Jugend ohne Vorbild. Freiburg

Media Perspektiven (Hrsg.) (1996): Basisdaten. Daten zur Mediensituation in Deutschland 1996. Frankfurt a.M.

Meier, Gert (1990): Die Wirklichkeit des Mythos. Bern/Stuttgart

Meier-Seethaler, Carola (1993): Von der göttlichen Löwin zum Wahrzeichen männlicher Macht. Ursprung und Wandel großer Symbole. Zürich

Merleau-Ponty, Maurice (1984): Das Auge und der Geist. Hamburg

Merleau-Ponty, Maurice (1994): Der Zweifel Cézannes. In: Gottfried Boehm (Hrsg.): Was ist ein Bild? München, S. 39-59

Metz, Christian (1972): Semiologie des Films. München

Meyer, Thomas (1992): Die Inszenierung des Scheins. Voraussetzungen und Folgen symbolischer Politik. Frankfurt a.M.

Meyer, Thomas (1995): Herausforderungen und Perspektiven einer visuellen Kultur. In: Dieter Baacke / Franz Josef Röll (Hrsg.): Weltbilder Wahrnehmung Wirklichkeit. Der ästhetisch organisierte Lernprozeß. Opladen, S. 50-70

Meyrowitz, Joshua (1987): Die Fernseh-Gesellschaft. Wirklichkeit und Identität im Medienzeitalter. Weinheim/Basel

Michel, Karl Markus (1996): Die Kopfgeburt. In: Kursbuch, Nr. 123, Erotik. Berlin, S. 73-90

Mikos, Lothar (1995): Die Faszination des Cyborgs im Actionkino. Kritische Anmerkungen zur tiefenhermeneutischen Rekonstruktion von „Terminator 2". In: medien praktisch, Heft 1/95, S. 47-53

Mikunda, Christian (1986): Kino spüren. Strategien der emotionalen Filmgestaltung. München

Mollenhauer, Klaus (1991): Die Funktion des Symbols in der Erziehung. In: Jürgen Oelkers / Klaus Wegenast (Hrsg.): Das Symbol - Brücke des Verstehens. Stuttgart/Berlin/Köln, S. 98-110

Mollenhauer, Klaus / Christoph Wulf (1996): Aisthesis/Ästhetik. Zwischen Wahrnehmung und Bewußtsein. Weinheim

Mookerje, Ajit (1987): Rituelle Kunst Indiens. München

Moray, N. (1967): Where is capacity limited? A survey and a model. In: Acta Psychologica, Heft 27/67, S. 84-92

Morin, Edgar (1958): Der Mensch und das Kino. Stuttgart

Morris, Charles William (1988): Grundlagen der Zeichentheorie. Ästhetik der Zeichentheorie. Frankfurt a.M.

Müller, Klaus E. (1987): Das magische Universum der Identität. Elementarformen sozialen Verhaltens. Ein ethnologischer Grundriß. Frankfurt a.M./New York

MÜLLER, KLAUS E. (1992): Identität und Geschichte. Widerspruch oder Komplemetarität? Ein ethnologischer Beitrag. In: Paideuma, Heft 38/92, S. 17–29

MÜLLER-DOOHM, STEFAN (1987): Medienwirkungen im Zivilisationsprozeß. In: medien+erziehung, Heft 4/87, S. 196–208

MÜLLER-DOOHM, STEFAN (1990): Medienforschung als Symbolanalyse. In: MICHAEL CHARLTON / BEN BACHMAIR (Hrsg.): Medienkommunikation im Alltag. München, S. 76–102

MUMFORD, LEWIS (1986): Mythos der Maschine. Kultur, Technik und Macht. Frankfurt a.M.

NAUMANN, BARBARA (Hrsg.) (1993): Vom Doppelleben der Bilder. Bildmedien und ihre Texte. München

NEISSER, ULRIC (1979): Kognition und Wirklichkeit. Prinzipien und Implikationen der kognitiven Psychologie. Stuttgart

NIESYTO, HORST (1991): Erfahrungsproduktion mit Medien. Selbstbilder, Darstellungsformen, Gruppenprozesse. Weinheim/München

NIETZSCHE, FRIEDRICH WILHELM (1954): Werke in drei Bänden. München

NITZSCHKE, BERND (1984): Von der Kälte des Gedankens und der Wärme des Leibes. München

NOWGORODOWA, ELEONORA (1979): Alte Kunst der Mongolei. Leipzig

OBST, ANDREAS (1991): Mit Dynamit gegen die Dunkelheit. In: Frankfurter Allgemeine Zeitung, 29.10.1991

OELKERS, JÜRGEN / KLAUS WEGENAST (Hrsg.) (1991): Das Symbol – Brücke des Verstehens. Stuttgart/Berlin/Köln

OEVERMANN, ULLRICH (1986): Kontroversen über das Sinnverstehen der Soziologie. In: STEFAN AUFENANGER / MAGRIT LENSSEN (Hrsg.): Handlung und Sinnstruktur. Bedeutung und Anwendung der objektiven Hermeneutik. München

OLIVA, ACHILLE BONITO (1991): Ars Metropolis. In: CHRISTOS M. JOACHIMIDES / NORMAN ROSENTHAL (Hrsg.): Metrooolis, Stuttgart 1991, S. 25–29

ONASCH, KONRAD (1961): Ikonen. Berlin

OPPITZ, MICHAEL (1993): Notwendige Beziehungen. Abriß der strukturalen Anthropologie. 2. Aufl., Frankfurt a.M.

ORTH, ERNST WOLFGANG (1988): Zugänge zu Ernst Cassirer. Eine Einleitung. In: HANS-JÜRG BRAUN / HELMUT HOLZHEY / ERNST WOLFGANG ORTH: Über Ernst Cassirers Philosophie der symbolischen Formen. Frankfurt a.M., S. 7–11

OTTO, GUNTER (1974): Didaktik der Ästhetischen Erziehung. Braunschweig

OTTO, WALTER FRIEDRICH (1962): Mythos und Welt. Stuttgart

PANOFSKY, ERWIN (1982): Die Perspektive als „symbolische Form". In: ders: Aufsätze zu Grundfragen der Kunstwissenschaft. Berlin, S. 99–167

PAWEK, KARL (1963): Das optische Zeitalter. Grundzüge einer neuen Epoche. Olten/Freiburg

PEIRCE, CHARLES SANDERS (1965): Über Zeichen. Stuttgart

PENTH, BORIS / NATALIA WÖRNER (1993): Das elfte Gebot: Madonna Ciccone. In: DIEDRICH DIEDERICHSEN / CHRISTEL DORMAGEN / BORIS PENTH / NATALIA WÖRNER: Das Madonna Phänomen. Hamburg, S. 26–89

PIAGET, JEAN (1947): Psychologie der Intelligenz. 3. Aufl., Zürich/Stuttgart

PIAGET, JEAN / BÄRBEL INHELDER (1980): Die Psychologie des Kindes. Stuttgart

PIAGET, JEAN / BÄRBEL INHELDER (1990): Die Entwicklung des inneren Bildes beim Kind. Frankfurt a.M.

PLATON (1964): Menon - Hippias I - Euthydemos - Menexenos - Kratylos - Lysis - Symposion (Gastmahl). Sämtliche Werke 2. 8. Aufl., Reinbek

POCHAT, GÖTZ (1983): Der Symbolbegriff in der Ästhetik und Kunstwissenschaft. Köln

POSER, HANS (Hrsg.) (1979): Philosophie und Mythos. Berlin

POSTMAN, NEIL (1987): Wir amüsieren uns zu Tode. Urteilsbildung im Zeitalter der Unterhaltungsindustrie. 6. Aufl., Frankfurt a.M.

PREUSS-LAUSSITZ, ULF u.a.: Kriegskinder, Konsumkinder, Krisenkinder. Zur Sozialisationsgeschichte seit dem Zweiten Weltkrieg. Weinheim/Basel 1983

PRINZ, URSULA (1986): Einführung. In: Neuer Berliner Kunstverein (Hrsg.): Androgyn. Sehnsucht nach Vollkommenheit. Berlin

PROSS, HARRY (1974): Politische Symbolik. Theorie und Praxis der öffentlichen Kommunikation. Stuttgart/Berlin/Köln/Mainz

PUDOWKIN, WSEWOLOD I. (1984a): Filmregie und Filmmanuskript. In: FRANZ JOSEF ALBERSMEIER (Hrsg.): Texte zur Theorie des Films. Stuttgart, S. 73-76

PUDOWKIN, WSEWOLOD I. (1984b): Über die Montage. In: FRANZ JOSEF ALBERSMEIER (Hrsg.): Texte zur Theorie des Films. Stuttgart, S. 77-99

RAMM, GABY (1989): Sehen, deuten, erkennen. Visuelle Informationsmedien in Entwicklungsprojekten. Der Fall Nepal. Bad Honnef

RASCH, TORSTEN (1990): Interkulturelle Begegnungen durch Photographie. In: AV-Information, Heft 1/90, S. 26-28

RECK, HANS ULRICH (1991): Grenzziehungen. Ästhetiken in aktuellen Kulturtheorien. Würzburg

RECK, HANS ULRICH (1994): Zugeschriebene Wirklichkeit. Würzburg

REDEN, SIBYLLE VON (1989): Die Megalith-Kulturen. Zeugnisse einer verschollenen Urreligion. 6. Aufl., Köln

REETZE, JAN (1993): Medienwelten. Schein und Wirklichkeit in Bild und Ton. Berlin/Heidelberg

REICHERTZ, JO (1994a): Religiöse (Vor-)Bilder in der Werbung. Zu Anzeigen von Benetton, Kern und Diesel. In: medien praktisch, Heft 2/94, S. 18-23

REICHERTZ, JO (1994b): Varianten zur Otto-Kern-Werbung. In: medien praktisch, Heft 3/94, S. 44-45

REIMER HINRICHS (1995): Sexualität und Dummheit. In: Kursbuch, Nr. 119, Verteidigung des Körpers. Berlin, S. 33-43

RENCKSTORF, KARSTEN (1977): Neue Perspektiven der Massenkommunikationsforschung. Beiträge zur Begründung eines alternativen Forschungsansatzes. Berlin

REXRODT, FRIEDRICH WILHELM (1981): Gehirn und Psyche. Hirnforschung und Psychologie in ihren Zusammenhängen erklärt. Stuttgart

RICO, GABRIELE L. (1987): Garantiert schreiben lernen. Sprachliche Kreativität methodisch entwickeln. Ein Intensivkurs auf Grundlage der modernen Gehirnforschung. Reinbek

RICOEUR, PAUL (1974): Die Interpretation. Ein Versuch über Freud. Frankfurt a.M.

RICOEUR, PAUL (1986): Die lebende Metapher. München

RIEDEL, INGRID (1988a): Formen. Kreis, Kreuz, Dreieck, Quadrat, Spirale. Stuttgart

RIEDEL, INGRID (1988b): Bilder in Therapie, Kunst und Religion. Stuttgart

RIEDEL, INGRID (1990): Farben. In Religion, Gesellschaft, Kunst und Psychotherapie. 8. Aufl., Stuttgart

RIESMAN, DAVID (1982): Die einsame Masse. Eine Untersuchung der Wandlungen des amerikanischen Charakters. Reinbek

RIETH, MICHAEL / WOLFGANG SPINDLER (1992): Das Ding in den weißen Socken. Michael Jackson Gigastar oder: Der Rock 'n' Roll im Zeitalter seiner technischen Reproduzierbarkeit. In: Frankfurter Rundschau, 31.8.1992

RIMMELE, ULRIKE (1986): Jugendliche Porträts. In: Deutscher Werkbund e.V. (Hrsg.): Schock und Schöpfung. Jugendästhetik im 20. Jahrhundert. Darmstadt/Neuwied, S. 87-91

RITTELMEYER, CHRISTIAN (1996): Synästhesien. Entwurf zu einer empirischen Phänomenologie der Sinneswahrnehmung. In: KLAUS MOLLENHAUER / CHRISTOPH WULF: Aisthesis/Ästhetik. Zwischen Wahrnehmung und Bewußtsein. Weinheim, S. 138-152

ROBIN, HARRY (1992): Die wissenschaftliche Illustration. Basel/Boston/Berlin

ROCK, IRVIN (1983): The logic of perception. Massachusetts

ROCK, IRVIN (1985): Wahrnehmung. Vom visuellen Reiz zum Sehen und Erkennen. Heidelberg

RÖLL, FRANZ JOSEF (1984): Erfahrung durch Fotografie. Berlin mit der Kamera entdeckt. In: medien praktisch, Heft 3/84, S. 57-59

RÖLL, FRANZ JOSEF (1985): Kultur in der Provinz. Kinderkino als Anstiftung zur Kommunikation. In: DIETER BAACKE / INGRID VOLKMER (Hrsg.): Neue Kommunikationskultur durch Neue Medien? Forum Kommunikationskultur 1984 (Dokumentation Nr. 25 der Kulturpolitischen Gesellschaft). Hagen, S. 70-88

RÖLL, FRANZ JOSEF (1990): Psychodynamische Aspekte der Fotografie im Zeitalter elektronischer Medien. In: AV-Information, Heft 1/90, S. 4-7

RÖLL, FRANZ JOSEF (1991a): Symbolik in Filmen und Videoclips. In: medien praktisch, Heft 3/91, S. XII-XVI

RÖLL, FRANZ JOSEF (1991b): Des Videoclips vielfältige Gewänder, In: Film und Fakten, Nr. 14/91, S. 2-6

RÖLL, FRANZ JOSEF (1992): Polyvision und Multivision. Abbilder im Dschungel von Bild-Klang-Welten. In: DIETER BAACKE / MICHAELA THIER: Kreative Medienarbeit. Perspektiven jugendlicher Produzenten in den neunziger Jahren. Bielefeld, S. 91-101

RÖLL, FRANZ JOSEF (1993): Perspektivenwandel durch Cyberspace. Zum Wandel unserer Welt-Anschauung durch Virtual Reality. In: medien praktisch, Heft 3/93, S. 53-58

RÖLL, FRANZ JOSEF (1995a): Bild, Raum und Identität. Sinnsuche im Medienzeitalter. In: DIETER BAACKE / FRANZ JOSEF RÖLL: Weltbilder Wahrnehmung Wirklichkeit. Der ästhetisch organisierte Lernprozeß. Opladen, S. 142-167

RÖLL, FRANZ JOSEF (1995b): Navigieren im Medienraum. Interaktive Medien, die Schlüsseltechnologien im Stadium entgrenzter Medien. In: JÜRGEN LAUFFER / INGRID VOLKMER (Hrsg.): Kommunikative Kompetenz in einer sich ändernden Medienwelt. Opladen, S. 147-165

RÖLL, FRANZ JOSEF / HILDEGARD WOLF (1993a): Grundlagen der Bildgestaltung. 1. Die Macht der Mitte. In: medien praktisch, Heft 3/93, S. 27-32

RÖLL, FRANZ JOSEF / HILDEGARD WOLF (1993b): Grundlagen der Bildgestaltung. 2. Der Ursprung der Formen. In: medien praktisch, Heft 4/93, S. 54-60

RÖLL, FRANZ JOSEF / HILDEGARD WOLF (1994a): Grundlagen der Bildgestaltung. 3. Harmonie und Spannung. In: medien praktisch, Heft 1/94, S. 44-49

RÖLL, FRANZ JOSEF / HILDEGARD WOLF (1994b): Grundlagen der Bildgestaltung. 4. Raum und Perspektive. In: medien praktisch, Heft 2/94, S. 53-59

RÖLL, FRANZ JOSEF / HILDEGARD WOLF (1994c): Grundlagen der Bildgestaltung. 5. Aufhebung der Formen. Inszenierte Fotografie, Heft 3/94, S. 60-66

RÖLL, FRANZ JOSEF / HILDEGARD WOLF (1994d): Grundlagen der Bildgestaltung. 6. Farben spüren. In: medien praktisch, Heft 4/94, S. 51-57

RÖLL, FRANZ JOSEF / HILDEGARD WOLF (1995): Triade. Handlungsorientierte Medienarbeit als künstlerischer Selbstausdruck. In: DIETER BAACKE / FRANZ JOSEF RÖLL (Hrsg.): Weltbilder Wahrnehmung Wirklichkeit. Der ästhetisch organisierte Lernprozeß. Opladen, S. 197-213

RORTY, RICHARD (Hrsg.) (1967): The Linguistic Turn. Recent Essays on philosophical Method. Chicago

ROTH, GERHARD (1997): Das Gehirn und seine Wirklichkeit. Kognitive Neurobiologie und ihre philosophischen Konsequenzen. 5. Aufl., Frankfurt a.M.

RÖTZER, FLORIAN (1995): Vom Paradigma der Ästhetik zum Paradigma des Spiels. In: DIETER BAACKE / FRANZ JOSEF RÖLL (Hrsg.): Weltbilder Wahrnehmung Wirklichkeit. Der ästhetisch organisierte Lernprozeß. Opladen, S. 119-141

RUBIN, EDGAR (1921): Visuell wahrgenommene Figuren. Studien in psychologischer Analyse. Kopenhagen

RUDEL, FRIEDWART MARIA (1985): Video et cogito. Die Philosophie der Wahrnehmung und die kinematographische Technik. Essen

RÜTTNER-COVA, SONJA (1988): Frau Holle. Die gestürzte Göttin. Märchen, Mythen, Matriarchat. 2. Aufl., Basel

SALJE, GUNTHER (1976): Psychoanalyse und Film. Dissertation. Universität Bremen

SALJE, GUNTHER (1980): Film, Fernsehen, Psychoanalyse. Frankfurt a.M./New York

SANER, HANS (1989): Der Mensch als symbolfähiges Wesen. In: GAETANO BENEDETTI / UDO RAUCHFLEISCH: Welt der Symbole. Interdisziplinäre Aspekte des Symbolverständnisses. 2. Aufl., Göttingen, S. 11-22

SAUNDERS, NICHOLAS J. (1996): Tiergeister. Seelenverwandte der Menschen. Symbole, Opfer und Rituale. Rheda-Wiedenbrück

SAUSSURE, FERDINAND DE (1967): Grundfragen der allgemeinen Sprachwissenschaft. 2. Aufl., Berlin

SCHÄFER, HORST / DIETER BAACKE (1994): Leben wie im Kino. Jugendkulturen und Film. Frankfurt a.M.

SCHELL, FRED (1989): Aktive Medienarbeit mit Jugendlichen. Theorie und Praxis. Opladen

SCHENK, MICHAEL (Hrsg.) (1987): Medienwirkungsforschung. Tübingen

SCHIWY, GÜNTHER (1969): Der französische Strukturalismus. Mode Methode Ideologie. Reinbek

SCHMID, GEORG (1989): Spuren der Tiefe. Das Geschichtete der Photographie. In: Photographie und Gesellschaft. Zeitschrift für photographische Imalogie, Heft 2/89, S. 32–45

SCHMIDT, SIEGFRIED J. / BRIGITTE SPIESS (1994): Die Geburt der schönen Bilder. Fernsehwerbung aus der Sicht der Kreativen. Opladen

SCHNEIDER, MANFRED (1983): Über den Grund des Vergnügens an neurotischen Gegenständen. Freud, C. G. Jung und Mythologie des Unbewußten. In: KARL HEINZ BOHRER (Hrsg.): Mythos und Moderne. Frankfurt a.M., S. 197–216

SCHNELLE, FRANK (1993): Die Spielberg-Factory. Kindheitsträume im Kino. München

SCHNOOR, DETLEV (1992): Sehen lernen in der Fernsehgesellschaft. Das pädagogische Prinzip der Anschaulichkeit im Zeitalter technischer Bilder. Opladen

SCHOBERT, WALTER / HANS-JÜRGEN WEBER / JÜRGEN BERGER / RÜDIGER KOSCHNITZKI / BETTINA THIENHAUS (Hrsg.) (1982): Fischer Film Almanach 1982. Filme, Festivals, Tendenzen. Frankfurt a.M.

SCHORB, BERND (1995): Medienalltag und Handeln. Medienpädagogik in Geschichte, Forschung und Praxis. Opladen

SCHRECKENBERG, ERNST (1994): Film als Text. Film als Subtext: In: AV-Information, Heft 1-2/94, S. 40–43

SCHULZE, GERHARD (1993): Die Erlebnisgesellschaft. Kultursoziologie der Gegenwart. 4. Aufl., Frankfurt a.M./New York

SCHULZE, GERHARD (1994): Just in time. Das Medienspiel der Zukunft. In: Frankfurter Rundschau, 23.7.1994

SCHUMM, GERHARD (1993): Die Macht der Cuts. Einstellungsverkettungen und Verkettungsserien in Kate Bushs „Cloudbusting“: Vorschläge zur Videoclip-Analyse. In: BARBARA NAUMANN (Hrsg.): Vom Doppelleben der Bilder. Bildmedien und ihre Texte. München, S. 249–278

SCHÜTZ, ALFRED (1971): Gesammelte Aufsätze I. Das Problem der Sozialen Wirklichkeit. Den Haag

SEEMANN, HANS-JÜRGEN (1992): Copy. Auf dem Weg in die Repro-Kultur. Weinheim/Basel

SEESSLEN, GEORG (1991a): Mythos und Film. Eine mögliche Annäherung an das populäre Kino. In: medien praktisch, Heft 3/91, S. II–V

SEESSLEN, GEORG (1991b): „Red River“ Ein Film rebelliert gegen den Mythos. In: medien praktisch, Heft 3/91, S. VII–XI

SEESSLEN, GEORG (1994): Mythos und Symbol im Film. „Blue Steel" - ein postfeministischer Polizeithriller. In: AV-Information, Heft 1-2/94, S. 26-39

SHEGIN, L. F. (1982): Die Sprache des Bildes. Form und Konvention in der alten Kunst. Dresden

SIMMONS, ALLISON (1983): Fernsehen und Kunst. Geschichtlicher Abriß einer unwahrscheinlichen Allianz: In: BETTINA GRUBER / MARIA VETTER: Kunst und Video. Köln , S. 14-23

SJÖÖ, MONICA / BARBARA MOR (1985): Wiederkehr der Göttin. Die Religion der großen kosmischen Mutter und ihre Vertreibung durch den Vatergott. Braunschweig

SLOTERDIJK, PETER (1987): Kopernikanische Mobilmachung und ptolomäische Abrüstung. Frankfurt a.M.

SLOTERDIJK, PETER (1993): Medien-Zeit. Drei gegenwartsdiagnostische Versuche. Stuttgart

SOEFFNER, HANS-GEORG (1991): Zur Soziologie des Symbols und des Rituals. In: JÜRGEN OELKERS / KLAUS WEGENAST: Das Symbol - Brücke des Verstehens. Stuttgart/Berlin/Köln, S. 63-81

SORGE, ELGA (1985): Religion und Frau. Weibliche Spiritualität im Christentum. Stuttgart

SPEKTRUM WISSENSCHAFT (Hrsg.) (1986): Wahrnehmung und visuelles System. Heidelberg

STANG, RICHARD (1993): Touch me! Interaktive Medien und Kommunikationsstrukturen. In: medien praktisch, Heft 2/93, S. 4-7

STARK, SUSANNE (1994): Bildkommunikation. Eine adäquate Antwort auf aktuelle Kommunikationsbedingungen. In: AV-Information, Heft 1-2/94, S. 10-15

STEPHAN, CORA (1994): Deutsche gerontokratische Republik. In: Kursbuch, Nr. 117, Das Volk, der Souverän. Berlin, 123-135

STERN, DANIEL D. (1992): Die Lebenserfahrung des Säuglings. 2. Aufl., Stuttgart

STOLZ, ALFRED (1988): Schamanen. Ekstase und Jenseitssymbolik. Köln

SWOBODA, WOLFGANG H. (1994): Medienpädagogik. Konzeptionen, Problemhorizonte und Aufgabenfelder. In SUSANNE HIEGEMANN / WOLFGANG H. SWOBODA: Handbuch der Medienpädagogik. Opladen

TIMM, HERMANN (1983): Remythologisierung? Der akkumulative Symbolismus im Christentum. In: KARL HEINZ BOHRER (Hrsg.): Mythos und Moderne. Frankfurt a.M., S. 432-456

TOSCANI, OLIVIERO (1996): Die Werbung ist ein lächelndes Aas. Mannheim

TREMEL, HOLGER (Hrsg.) (1986): Das Paradies im Angebot. Religiöse Elemente in der Werbung. Frankfurt a.M.

UHLIG, HELMUT (1991): Die Mutter Europas. Ursprünge abendländischer Kultur in Alt-Anatolien. Bergisch Gladbach

VIDAL, GORE (1984): Wer macht das Kino? In: Günter OHNEMUS / ILSE OHNEMUS (Hrsg.): Ein Parkplatz für Johnny Weissmuller. Siegen, S. 34-46

VIERHAUS, RUDOLF (1994): Die Rekonstruktion historischer Lebenswelten. Es geht um die gesellschaftlich konstituierte, kulturell gestaltete, symbolisch gedeutete Wirklichkeit des Menschen. In: Frankfurter Rundschau, 28.9.1994

VOULLIÉME, HELMUT (1987): Die Faszination der Rockmusik. Überlegungen aus bildungstheoretischer Perspektive. Opladen

WALKER, BARBARA G. (1986): Die weise Alte. Kulturgeschichte - Symbolik - Archetypus. München

WALKER, BARBARA G. (1993): Das geheime Wissen der Frauen. Ein Lexikon. Frankfurt a.M.

WEBER, ERNST A. (1979): Sehen - Gestalten und Fotografieren. Berlin/New York

WEBER, MAX (1947): Gesammelte Aufsätze zur Religionssoziologie. Bd. 1. Tübingen

WEBER, MAX (1968): Gesammelte Aufsätze zur Wissenschaftslehre. 3. Aufl., Tübingen

WEGENER, CLAUDIA (1994): Reality TV. Fernsehen zwischen Emotion und Information. Opladen

WEIBEL, PETER (1987): Von der visuellen Musik zum Musikvideo. In: VERUSCHKA BÓDY / PETER WEIBEL: Clip, Klapp, Bum. Köln, S. 63-163.

WEIDENMANN, BERND (1990): Wissenserwerb mit Bildern. Forschung für eine visuelle Lernkultur. In: Unterrichtswissenschaft, Heft 1/90, S. 62-66

WELSCH, WOLFGANG (1988) (Hrsg.): Wege aus der Moderne. Einleitung. Weinheim

WELSCH, WOLFGANG / CHRISTINE PRIES (Hrsg.) (1991): Ästhetik im Widerstreit. Weinheim

WELSCH, WOLFGANG (1993): Ästhetisches Denken. 3. Aufl. Stuttgart

WELSCH, WOLFGANG (1995): Künstliche Paradiese? Betrachtungen zur Welt der elektronischen Medien und zu anderen Welten. In: DIETER BAACKE / FRANZ JOSEF RÖLL: Weltbilder Wahrnehmung Wirklichkeit. Der ästhetisch organisierte Lernprozeß. Opladen, S. 71-95

WERBROUCK, JOHAN: Die Musik im Diaporama. In AV-Tip, Heft 1/97, S. 12-13

WERNER, NIELS (1993): Neue Medien, alte Hoffnungen. In: Merkur, Sonderheft. Medien Neu? Über Macht, Ästhetik, Fernsehen. München, S. 887-893

WERTHEIMER, MAX (1923): Untersuchungen zur Lehre von der Gestalt II. In: Psychologische Forschung, Heft 2/23, 4. Bd., S. 301-350

WHYTE, LANCELOT L. (1965): Atomism, Structure and Form. In: KEPES, GYORGY (Hrsg.): Structure in Art and Science. New York, S. 20-28

WILLIS, PAUL (1991): Jugend-Stile. Zur Ästhetik der gemeinsamen Kultur. Hamburg

WINN, MARY (1979): Die Droge im Wohnzimmer. Reinbek 1979

WINTER, RAINER (1995): Der produktive Zuschauer. Medienaneignung als kultureller und ästhetischer Prozeß. München

WINTER, RAINER (1996): Zur König-Mikos Debatte. Kritische Bemerkungen zur Relevanz der Tiefenhermeneutik für die Medienforschung anläßlich der Interpretation von „Terminator 2". In: medien praktisch, Heft 1/96, S. 54-56

WINTERHOFF-SPURK, PETER (1994): Land unter? Medienpsychologische Anmerkungen zur Informationsflut. In: HILMAR HOFFMANN (Hrsg.): Gestern begann die Zukunft. Entwicklung und gesellschaftliche Bedeutung der Medienvielfalt. Darmstadt, S. 198-216

WISSER, RICHARD (1994): Bildwerdung der Welt. Weltwerdung des Bildes. Fernsehen nah gesehen. Zu einer Philosophie des Fernsehens. In: HILMAR HOFFMANN (Hrsg.): Gestern begann die Zukunft. Entwicklung und gesellschaftliche Bedeutung der Medienvielfalt. Darmstadt, S. 294-312

WITKIN, HERMAN A. (1949): Perception of body position and the position of the visual field. In: Psychol. Monogr., 63 (7), Nr. 302

WITTGENSTEIN, LUDWIG (1973): Tractatus logico-philosophicus. Logisch-philosphische Abhandlung. 9. Aufl., Frankfurt a.M.

WOHLFAHRT, GÜNTER (1994): Das Schweigen des Bildes. In: GOTTFRIED BOEHM: Was ist ein Bild? München, S. 163-183

WOLPERT, KLAUS (1986): Symmetrie und Autonomie. Die Sehnsucht nach der Mitte oder Seelische Balance und freie Selbstbestimmung als kongruente Denkfiguren in Ästhetik und Kunsttheorie. In: Mathildenhöhe Darmstadt (Hrsg.): Symmetrie in Kunst, Natur und Wissenschaft, Bd. 1, Texte. Ausstellungskatalog. Darmstadt

WUSS, PETER (1990): Die Tiefenstruktur des Filmkunstwerks. 2. Aufl., Berlin

WUSS, PETER (1993): Filmanalyse und Psychologie. Strukturen des Films im Wahrnehmungsprozeß. Berlin

WYSS, DIETER (1970): Die tiefenpsychologischen Schulen von den Anfängen bis zur Gegenwart. 3. Aufl., Göttingen

ZAHLMANN, CHRISTEL (1994): Subjekt und Lebenswelt. In: Frankfurter Rundschau, 28.6.1994

ZAJONC, ARTHUR (1994): Die gemeinsame Geschichte von Licht und Bewußtsein. Reinbek

ZANKER, PAUL (1990): Augustus und die Macht der Bilder. 2. Aufl., München

ZEIHER, HELGA (1983): Die vielen Räume der Kinder. In: ULF PREUSS-LAUSSITZ u.a.: Kriegskinder, Konsumkinder, Krisenkinder. Zur Sozialisationsgeschichte seit dem Zweiten Weltkrieg. Weinheim/Basel, S. 176-195

ZIEHE, THOMAS (1980): Die gegenwärtige Motivationskrise Jugendlicher. In: Gewerkschaftliche Monatshefte, Heft 6/80, S. 369-282.

ZIEHE, THOMAS (1988): Der Gehalt des Symbols und die kulturelle Modernisierung von Jugend. In: JÜRGEN HEUMANN (Hrsg.): Bilder, Mythen und Symbole. Ihre Bedeutung für Religionsunterricht und Jugendkultur. Oldenburg, S. 99-122

ZIEHE, THOMAS (1994): Der Gehalt des Symbols und die kulturelle Modernisierung von Jugend. In: AV-Information, Heft 1-2/94, S. 16-23

ZIELINSKI, SIEGFRIED (1989): Audiovisionen. Kino und Fernsehen als Zwischenspiele in der Geschichte. Reinbek

ZILLESEN, DIETRICH (1991): „Symbole geben zu lernen". Elementare Erfahrungen bei der Wahrnehmung der Dinge. In: JÜRGEN OELKERS / KLAUS WEGENAST: Das Symbol - Brücke des Verstehens. Stuttgart/Berlin/Köln, S. 150 - 168.

Bildnachweis

Abb. 1 (S. 71), 27 (S. 38): Robin 1992
Abb. 2, 14, 17, 20, 45, 74, 75, 76, 82, 114, 115, 117, 118, 123, 124, 127a-c, 129, 130, 131, 138, 139, 141: Franz Josef Röll
Abb. 3: Krüger 1996, S. 430
Abb. 4: Christian Einsiedel
Abb. 5: Koch 1988, S. 67
Abb. 6: Gregory 1966, S. 11
Abb. 7: Neisser 1979, S. 92
Abb. 8: Kebeck 1994, S. 185
Abb. 9 (S. 70), 132 (S. 82): Rico 1987
Abb. 10: Fohrbeck/Wiesand 1981, S. 172
Abb. 11: Foto Inst., München
Abb. 12: Charpentier 1990, S. 103
Abb. 13: Albert Speer
Abb. 15: Staatliches Kunsthistorisches Museum Nowgorod
Abb. 16: Jurassic Park, Steven Spielberg
Abb. 18: Larousse, Paris
Abb. 19: National Gallery, London
Abb. 21: Metropolis, Fritz Lang
Abb. 22: Firma Renault, Brühl
Abb. 23: National History
Abb. 24: National Periodical Pubications Inc., New York
Abb. 25: Leonardo Bonzi
Abb. 26: Mike Busselle
Abb. 28 (S. 108), 29 (S. 96): Lanners 1986
Abb. 30: Fluß ohne Wiederkehr, Otto Preminger
Abb. 31: Ziehe 1994, S. 16
Abb. 32: Karin Wiekhorst
Abb. 33: Annie Leibovitz
Abb. 34: Campbell 1978, S. 237
Abb. 35 (Ben Hur, William Wyler), 36 (Jud Süß, Veit Harlan), 38 (Die Verdammten, Luchino Visconti), 41, 42, 43, 44 (Jäger des verlorenen Schatzes, Steven Spielberg), 50, 51a-c (Dangerous Tour, Michael Jackson), 52a-c (Triumph des Willens, Leni Riefenstahl), 53 (Holiday, Madonna), 55, (Open Your Heart, Madonna), 57 (Express Yourself, Madonna), 58, 59 (Like a Prayer, Madonna), 60 (Justify My Love, Madonna), 61 (Evita, Madonna), 64a-d, (Cloudbusting, Kate Bush), 65, 67, 69, 70, (Etienne, Etienne, Guesch Patti), 71a-c, 71d-f (Strange Love, Depeche Mode), 86 (Davidoff-Werbung), 101a-f, (Cliff-Werbung) 102a-f (Gerstel-Bräu-Werbung), 103, 104 (Carling-Werbung), 105, 106 (Waschmaschinenspot), 110 (Luxo Junior, John Lasseter), 111 (Particle Dreams, Karl Sims), 112, 113 (Green Movie, Elena Chiesa und Todd Ruff): Franz Josef Röll, Reprofotografien vom Bildschirm
Abb. 37: Jaynes 1993, S. 152.
Abb. 39, 40: Deutsches Institut für Filmkunde

Abb. 46: PPW-Max Kohr
Abb. 47 (S. 104), 48 (S. 103): Häfliger 1993
Abb. 49a-e: Sipa Press
Abb. 54: Meier 1990, S. 65
Abb. 56: Metropolis, Fritz Lang
Abb. 62a-d Der blaue Engel, Josef von Sternberg
Abb. 63: British Museum
Abb. 66: Fischle 1980, S. 54
Abb. 68: Bauer/Dümotz/Golowin 1986, S. 28
Abb. 72: Die Zeit, 29.03.1996
Abb. 73: Max, 5/96
Abb. 77, 78: Max, 2/93
Abb. 79: Nowgorodowa 1979, S. 104
Abb. 80: LTU-Magazin 1994
Abb. 81: Agnes Susanne Schulz
Abb. 83: Museum für Völkerkunde, Berlin
Abb. 84: Prinz 1996
Abb. 85: Demisch 1984, S. 35
Abb. 87, 89, 99: Focus 1993 - 1996
Abb. 88: Kriegeskorte 1992, S. 161
Abb. 90: Welt am Sonntag, 11.02.1996
Abb. 99: Volkswagen-Leasing-Werbung, Stern 4/98
Abb. 92: Max, 7/94
Abb. 93: Toscani 1996, S. 106
Abb. 94, 98: Frankfurter Rundschau, 1994, 1996
Abb. 95: Zeit-Magazin, Nr. 35/94
Abb. 96: Archäologisches Museum Ankara
Abb. 97: Museum Heraklion, Kreta
Abb. 100 (S. 39), 122 (S. 28): Riedel 1988b
Abb. 107: Stedelijk Museum, Amsterdam
Abb. 108: Mattress Factory, Pittsburg
Abb. 109: Jean-Louis Elzeard
Abb. 116: Wolpert 1986, S. 339
Abb. 119: Arnheim 1983, S. 9
Abb. 120 (S. 44), 121 (S. 46), 125 (S. 56), 128 (S. 62) [nach einer Vorlage von Arnheim 1979b, S. 55]: Röll/Wolf
Abb. 126a-b: Weber 1979, S. 16
Abb. 133: Kirckhoff 1990, S. 5
Abb. 134, 135, 136, 142, 143, 144, 145, 147, 148, 150, 151, 152, 154, 155, 156, 160, 161, 162: MuK, Landesfilmdienst Hessen (Seminarergebnisse)
Abb. 137: Bódy/Weibel 1987, S. 94f.
Abb. 140: Bernd Friedrich
Abb. 146: Peter Leckelt
Abb. 163: Hildegard Wolf